ZWISCHEN KONVENTION UND AVANTGARDE

Doppelstadt
Jena - Weimar

ZWISCHEN KONVENTION UND AVANTGARDE

Doppelstadt Jena - Weimar

Herausgegeben von

Jürgen John und Volker Wahl

1995

BÖHLAU VERLAG WEIMAR KÖLN WIEN

Verlag und Herausgeber danken den Städten Jena und Weimar sowie der Deutschen Buchgemeinschaft (Bertelsmann) für die Unterstützung bei der Drucklegung dieses Bandes.

Bausteine zur Jenaer Stadtgeschichte; hg. von Joachim Bauer, Jürgen John, Holger Nowak, Thomas Pester und Axel Stelzner, Bd. 2

Die Deutsche Bibliothek – CIP-Einheitsaufnahme

Zwischen Konvention und Avantgarde: Doppelstadt Jena - Weimar hrsg. von Jürgen John und Volker Wahl. - Weimar; Köln; Wien: Böhlau 1995
ISBN 3-412-08894-3
NE: Jürgen, John [Hrsg.]

Copyright © 1995 by Böhlau Verlag GmbH & Cie, Weimar, Köln
Alle Rechte vorbehalten
Satz: academica & studentica Jenensia e.V.
Umschlagabbildungen: Roland Dreßler
Lithographien: Corax Color, Weimar
Druck: KM-Druck, Groß-Umstadt
Printed in Germany

ISBN 3-412-08894-3

Inhaltsverzeichnis

Jürgen John / Volker Wahl
Zur Einführung:
Die „Doppelstadt Jena-Weimar" um 1900 - eine Einheit von Gegensätzen IX

Erlebte Geschichte

Cornelia Schröder-Auerbach
Eine Jugend in Jena.. 1

Persönlichkeiten

Erhard Naake
Nietzsche in Weimar... 21

Claus Pese
„Wir halten die Welt der Kunst in unserer Hand"
Henry van de Velde und Weimar................................... 33

Ulf Diederichs
Jena und Weimar als verlegerisches Programm
Über die Anfänge des Eugen Diederichs Verlages in Jena........... 51

Gisela Horn
Frauenleben im Umbruch
Die Schriftstellerin Helene Voigt-Diederichs 81

Birgitt Hellmann
Paul Weber - Kunsthistoriker, Museumsgründer und Denkmalpfleger in Jena.. 91

Maria Schmid
Erich Kuithan und die freie Zeichenschule in Jena................. 105

Otto Löw
Von Franz Liszt zu Max Reger..................................... 111

Ernst Koch
Christentum zwischen Religion, Volk und Kultur. Beobachtungen zu
Profil und Wirkungen des Lebenswerks von Heinrich Weinel 127

Barbara Kluge
Peter Petersen und der Jena-Plan 161

Ereignisse, Entwicklungen, Strukturen

Angelika Pöthe
Weimar zwischen Nachklassik und Moderne
Anmerkungen zu Literatur und Geselligkeit 181

Justus H. Ulbricht
„Deutsche Renaissance"
Weimar und die Hoffnung auf die kulturelle Regeneration Deutschlands zwischen 1900 und 1933 191

Jürgen Steiner, Uta Hoff
Vom Versuchslaboratorium zum Weltunternehmen.
Das Jenaer Glaswerk 1884 - 1934 209

Wolfgang Mühlfriedel
Zur Struktur der Jenaer Elite in den ersten beiden Jahrzehnten des
20. Jahrhunderts 233

Volker Wahl
Ein Gesellschaftsexperiment - die Gesellschaft der Kunstfreunde von
Jena und Weimar 249

Horst Groschopp
Den Deutschen eine neue Kultur
Forderungen und Tätigkeiten des „Weimarer Kartells"
von 1907 bis 1914 257

Meike G. Werner
Die akademische Jugend und Modernität
Zur Konstitution der Jenaer Freien Studentenschaft 1908 289

Anna-Maria Ehrmann
Die Botho-Graef-Stiftung Ernst Ludwig Kirchners für den Jenaer Kunstverein 311

Peter Fauser
Jena als Zentrum der Reformpädagogik
Notizen zu einem pädagogischen Topos, seiner Rezeptionsdynamik und Aktualität 331

Frank Rüdiger
„Neue Wege der Photographie" und „Aenne Biermann" - Zwei Ausstellungen moderner Fotografie des Jenaer Kunstvereins 343

Rüdiger Stutz
Der Jena-Weimar-Plan 1932 - Anliegen und Hintergründe 359

Anhang

Jürgen John
Jena und Weimar der 1880er bis 1930er Jahre
Synopse ausgewählter Daten 369

Weimar-Jena
Eine Thüringer Frage und Rundfrage (1921) 381

Personenregister 399

Abbildungsnachweis 427

Wohin willst du dich wenden?
Nach Weimar-Jena, der großen Stadt,
Die an beiden Enden
Viel Gutes hat.

Goethe

JÜRGEN JOHN / VOLKER WAHL

Zur Einführung:
Die „Doppelstadt Jena-Weimar" um 1900 - eine Einheit von Gegensätzen

„Wie zwey Enden einer großen Stadt" hat Goethe die beiden Nachbarstädte Jena und Weimar betrachtet, „welche im schönsten Sinne geistig vereint, Eins ohne das Andere nicht bestehen könnten"[1]. In der „klassischen Zeit" war diese Ansicht noch ganz allgemein. Der Große von Weimar und Jena ist wie kein Zweiter „zu Ehre des weimar-jenaischen Wesens, welches denn doch eigentlich nicht separirt werden kann und bei unmittelbarer Wirkung und Gegenwirkung miteinander stehen und fallen muß"[2], tätig gewesen.

Dieses Beziehungsgefüge hat sich über Jahrhunderte entwickelt. Seine Auswirkungen lassen sich bis in die Gegenwart verfolgen. Keineswegs beschränkte es sich auf die räumliche Nähe Weimars zum nur 25 km entfernten Jena. Die Beziehungen dieser Nachbarstädte mit ihren völlig verschiedenen Physiognomien einer Residenz- und Verwaltungs- bzw. Universitäts- und Industriestadt wären bestenfalls von siedlungsgeographischem und historischem Interesse, ginge es nicht um die Bezüge zweier geistig ebenso exponierter wie miteinander verbundener Städte.

Weimar und Jena wuchsen seit dem 16. Jahrhundert zu Kultur- und Bildungsstädten von europäischer Bedeutung und Ausstrahlungskraft mit jeweils eigenständigem, sich wechselseitig ergänzendem Profil. Seit die Ernestiner nach ihrer Niederlage im Schmalkaldischen Krieg 1547 Weimar zur Residenz ihres verbliebenen Territorialstaates erhoben und anstelle der verlorenen Wittenberger Universität 1548/58 die Alma mater Jenensis gegründet hatten, entwickelte sich auf engstem Raum eines kleinen Her-

---
[1] Goethe am 6.12.1825 an den Senat der Universität Jena; Abdruck in: Ehrengabe der Friedrich-Schiller-Universität Jena. Aus dem Universitätsarchiv zum 200. Geburtstage Goethes. Jena 1949, S. 6.
[2] Goethe am 1.5.1807 an Voigt; Abdruck in: Goethes Briefwechsel mit Christian Gottlob Voigt, Bd. 3, Weimar 1955, S. 162.

zogtums ein beziehungs- und spannungsreiches Wechselverhältnis, das seit der klassischen Zeit als „geistige Doppelstadt" europäischer Prägung empfunden und in dieser Konstellation häufig beschrieben wurde[3]. Das bezog sich keineswegs nur auf das Wirken der „Dichterfürsten" Goethe und Schiller in beiden Städten - jener fest in Weimar und nur gelegentlich in Jena, dieser zunächst als Geschichtsprofessor in Jena und dann nach Weimar übersiedelnd. Das Sinnbild von der „geistigen Doppelstadt" der klassischen und nachklassischen Zeit meinte ein sehr komplexes und spannungsreiches Beziehungsgefüge. Seit jenem intellektuellen „Aufbruch aus dem Ancien régime"[4] und seiner mit beiden Städten so eng verbundenen „Evolution des Geistes"[5], als Weimar für geraume Zeit zur literarischen, Jena zur philosophischen Hauptstadt der klassischen Periode aufstiegen, letzteres zudem den Kreis der Frühromantiker an sich zog und seinen Ruf als führender Verlagsort festigte, ist ihr Verbund als eine sich wechselseitig ergänzende Einheit von Gegensätzen fest im geistigen Bewußtsein verankert.

Beide Städte haben seitdem - gemeinsam oder doch „separirt" - in ihren besten Zeiten europäische Geistes-, Kultur-, Wissenschafts-, Bildungs-, Industrie- und Technikgeschichte geschrieben, Weimar als Gründungsort der ersten deutschen Republik zudem der politischen Nationalgeschichte seinen Stempel aufgedrückt. Dem „weltoffenen Weimar"[6] entsprach ein nicht minder weltoffenes Jena. „Von Weimar nach Europa"[7] - diese das geistige Spannungsfeld beider Städte umreißende Metapher galt auch in ihrer Umkehrung. Wer immer in diesen beiden relativ kleinen, vom großen Weltgeschehen scheinbar so weit abgelegenen Städten Thüringens sein Wirkungsfeld suchte, geriet bald ins Zentrum nationaler und europäischer Kontraste und Auseinandersetzungen.

Freilich erfuhren sie seit der klassischen Zeit vielfältigen Gestaltwandel, mannigfache Innovationen und Belastungen. Ihr Verbund und Beziehungsgefüge als Kulturkreis und „geistige Doppelstadt" schienen in den wider-

---

[3] Vgl. u.a. Adolf Stahr, Weimar und Jena, 2 Bde. Berlin ²1871; Jena und Weimar. Ein Almanach des Verlages Eugen Diederichs in Jena, Jena 1908; Hermann Wenck, Weimar und Jena, Berlin (1925); Heinz-Winfried Sabais, Weimar - Jena, die große Stadt, in: ders., Hrsg., Deutsche Mitte, Köln/Berlin 1964, S. 309-330.

[4] Vgl. Helmut Neuhaus, Hrsg., Aufbruch aus dem Ancien régime. Beiträge zur Geschichte des 18. Jahrhunderts, Köln/Weimar/Wien 1994.

[5] Vgl. Friedrich Strack, Hrsg., Evolution des Geistes: Jena um 1800. Natur und Kunst, Philosophie und Wissenschaft im Spannungsfeld der Geschichte, Stuttgart 1994.

[6] Vgl. Erhard v. Wedel, Weltoffenes Weimar. Weimars kulturelle Beziehungen zum Ausland in der Geschichte, Weimar 1950.

[7] Vgl. Edwin Redslob, Von Weimar nach Europa. Erlebtes und Durchdachtes, Berlin 1972.

sprüchlichen Entwicklungstrends des 19./20. Jahrhunderts ebenso oft auseinanderzubrechen wie sie neue Impulse erhielten. Schon zu Lebzeiten Goethes lösten der Einbruch Napoleons in den „Frieden des klassischen Weimars" und sein Jenaer Sieg über Preußen (1806), die Wirren der Befreiungskriege oder die Konfliktlagen des Deutschen Bundes - etwa im Zusammenhang des weimarischen Verfassungsgrundgesetzes (1816), des von Jenaer Burschenschaftern getragenen Wartburgfestes (1817), des Attentates des Jenaer Studenten Sand auf den Weimarer Dichter Kotzebue (1819) und der davon veranlaßten Karlsbader Beschlüsse - höchst unterschiedliche Wirkungen, tiefe Krisen und fruchtbare Neuansätze aus.

Im Gegensatz zu anderen klassischen Zentren Mitteldeutschlands, etwa zum Dessau-Wörlitzer Kulturkreis oder zur untergehenden Erfurter Universität, konnten Weimar als Musensitz und Jena als Universitätsstadt ihre Kontinuität in den Wandlungsprozessen seit 1800 wahren. Doch mußten sie ihren Platz und ihren „doppelstädtischen" Verbund in einer sich rasch verändernden Welt, im Zeitalter der Industrialisierung, der Nationalstaaten und Weltkriege, politischer Umbrüche und zerklüftender Polarisierungstendenzen neu bestimmen. Das bedeutete für beide Städte Zwang und Chance zugleich und geschah - wie die Studien dieses Bandes für den Zeitraum der 1880er bis 1930er Jahre zeigen - in ebenso kontrastierender wie ähnlicher Weise, auf getrennten wie miteinander verbundenen Wegen.

Dieser bemerkenswerte „doppelstädtische" Kulturraum zwischen Saale und Ilm entstand und entwickelte sich keineswegs zufällig und voraussetzungslos im Herzen Thüringens, in der Mitte Deutschlands und Europas. Er wurzelte ebenso im größeren, einst „mitteldeutschen" Geschichts- und Kulturraum[8] und in der lange Zeit kleinstaatlichen, dichten, eng vernetzten, erst seit 1920 in einem Landesverbund stehenden Kulturlandschaft Thüringens[9], wie sich Weimar und Jena als markante Kultur- und Bil-

---

[8] Vgl. neben den älteren Publikationsreihen „Mitteldeutsche Forschungen", „Mitteldeutsche Hochschulen" (darunter Erich Maschke, Universität Jena, Köln/Graz 1969), „Aus Deutschlands Mitte", „Historische Landeskunde Mitteldeutschlands" (darunter Hermann Heckmann, Hrsg., Thüringen, Würzburg 1986, ³1991), neuerdings auch Christof Römer, Hrsg., Mitteldeutsches Jahrbuch für Kultur und Geschichte, Bd. I/1994, Weimar/Köln/Wien 1994; vgl. auch Jürgen John, „Mitteldeutschland"-Begriff und „mitteldeutscher" Geschichtsraum des 19./20. Jahrhunderts (MS).

[9] Vgl. neuerdings auch Ulrich Heß, Geschichte Thüringens 1866 bis 1914, aus dem Nachlaß hrsg. von Volker Wahl, Weimar 1991; Peter Mast, Thüringen. Die Fürsten und ihre Länder, Graz/Wien/Köln 1992; Jörg Jochen Berns/Detlef Ignasiak, Hrsg., Frühneuzeitliche Hofkultur in Hessen und Thüringen, Erlangen/Jena 1993; Detlef Ignasiak, Hrsg., Herrscher und Mäzene. Thüringer Fürsten von Hermenefred bis Georg II., Rudolstadt/Jena 1994; Jürgen John, Hrsg., Kleinstaaten und Kultur in Thüringen vom 16. bis 20. Jahrhundert, Weimar/Köln/Wien 1994.

dungsstätten von ihrem Umfeld abhoben. Als relativ kleine und überschaubare Städte, in denen - zumindest im Kreis gehobener Schichten und engagierter Geister - gleichsam jeder jeden kannte, wiesen beide ein Klima enger Kommunikation und Kooperation, freilich auch entsprechender Animositäten und Abhängigkeiten auf.
Auf dem Untergrund und im Rahmen dieser wirtschafts-, kultur-, bildungs- und sozialisationsintensiven Region bildeten Weimar und Jena - so sehr sie sich als Stadttypen, in ihrer wirtschaftlichen, sozialen und geistigen Physiognomie voneinander unterschieden - einen strukturell und personell eng verflochtenen Kulturkreis. Er hob sich gerade in seiner „doppelstädtischen" Konstellation von anderen „mitteldeutschen" und thüringischen Kulturkreisen ab. An Größe standen beide Städte weit hinter den Kultur- und Wissenschaftszentren Halle, Leipzig oder Dresden zurück. Selbst in Thüringen wurden sie mitunter von anderen - etwa den Gothaer und Meininger Kulturkreisen - an Intensität und Ausstrahlungskraft übertroffen. Auch gingen sie oft voneinander unabhängige Bindungen zu anderen Nachbarstädten ein, Weimar namentlich zum nahen, bis 1945 administrativ separierten Erfurt als eigentlichem „Zentralort" und lange Zeit „verhinderter Hauptstadt" Thüringens[10]. Doch verblaßten solche Bezüge hinter dem kulturellen und intellektuellen Verbund Weimars und Jenas als Residenz- bzw. Universitätsstadt im kleinstaatlich-ernestinischen Milieu, dann als Haupt- und (Kultur) Hochschulstadt des 1920 gegründeten Landes Thüringen einer-, als Universitäts- und bildungsintensive Industriestadt dieses Landes andererseits. Diesem spannungsgeladenen Verbund verdankten beide Städte ihren Ruf als intellektuelles Doppelzentrum Thüringens und die unverwechselbare Gestalt eines „doppelstädtischen" Kulturkreises.

*

Diesen Verbund zu beschreiben, setzt freilich seine genauere Bestimmung voraus. Keineswegs kann man ihn als bloße Summe von Gemeinsamkeiten verstehen. Auch ein ahistorisches Herangehen verbietet sich. Weimar

---

[10] Vgl. auch Jürgen John, Erfurt als Zentralort, Residenz und Hauptstadt, in: Zeitschrift des Vereins für Thüringische Geschichte 46 (1992), Jena 1993, S. 65-94; für die klassische Zeit neuerdings Hans Tümmler, Über Goethe und Erfurt, mit besonderer Berücksichtigung seiner Beziehung zu dem kurmainzischen Statthalter von Dalberg, in: Michael Gockel/Volker Wahl, Hrsg., Thüringische Forschungen. Festschrift für Hans Eberhardt zum 85. Geburtstag, Weimar/Köln/Wien 1993, S. 273-293; der Verein für die Geschichte und Altertumskunde von Erfurt plant z. Zt. mit Blick auf 1999 - Weimar als Kulturstadt Europas - ein ganzes Heft seiner „Mitteilungen" zu historischen Erfurt-Weimar-Beziehungen.

und Jena standen im Verlaufe ihrer Geschichte in sehr unterschiedlichen Bezügen zueinander. Ihr Verbund hat sich in mannigfachen, oft wechselnden Konstellationen und Aspekten als eine Einheit von Gegensätzen entwickelt. Er wurde auch stets entsprechend widersprüchlich reflektiert. Dies nicht zu beachten, hieße, eher von der Fiktion als von der historischen Realität einer „geistigen Doppelstadt Weimar-Jena" auszugehen. Auf der Hand liegen die kulturell-geistigen Bezüge, die in der klassischen Periode und im ersten Drittel unseres Jahrhunderts besonders enge Gestalt annahmen und die „Doppelstadt" in eine nationale und europäische Dimension rückten. Mit dem Entstehen der Weimarer Museums-, Archiv- und Hochschullandschaft verstärkten sich auch die Bildungs- und Wissenschaftsbezüge. Bis in die 1950er Jahre waren Jena und Weimar - von der Episode der Erfurter Pädagogischen Akademie (1929/32) abgesehen - die einzigen Hochschulstädte der Region. Allerdings wirkten Wissenschaft und Hochschulbildung in der Universitätsstadt Jena weit strukturprägender als in Weimar mit seinen relativ kleinen Kunsthochschulen. Umgekehrt besaß Weimar als Museums- und Archivort weit größeres Gewicht als Jena. Dies gebar denn auch jenen - freilich von politischen Absichten nicht freien - „Jena-Weimar-Plan" (1932) zum Anschluß Weimarer Archiv- und Forschungsstätten an die Jenaer Universität[11].
Auch in administrativer Hinsicht verband beide Städte im hier betrachteten Zeitraum mehr als sie trennte. So stand die Regierungs- und Verwaltungsstadt Weimar in enger - allerdings oft konfliktreicher - Beziehung mit Jena als Sitz der ernestinischen Gesamt- bzw. Landesuniversität (1921), der thüringischen Oberlandes- (1817/79) und Oberverwaltungsgerichte (1912) sowie der vom Weimarer Kultusdepartement bzw. Volksbildungsministerium beaufsichtigten Carl-Zeiss-Stiftung (1889/91). Die Republikgründung 1919 sah beide Städte als Gründungsort (Weimar) bzw. Tagungsstätten (Weimar wie Jena) in engstem Verbund. Die Landesgründung 1918 bis 1920 wurde - nachdem das anfangs besonders engagierte preußische Erfurt aus diesem Prozeß ausscheiden mußte - von beiden Städten getragen, von Weimar als Sitz der Gemeinschaftseinrichtungen und als Landeshauptstadt ebenso wie von Jena, wo der Redakteur Albert Rudolph (SPD) den ersten Initiativkreis („Zwölfer-Ausschuß") leitete, der Zeiss-Geschäftsführer Max Fischer zu den wichtigsten Initiatoren aus dem Wirtschaftsmilieu gehörte und der Jurist Eduard Rosenthal Gemeinschaftsvertrag und Landesverfassung ausarbeitete[12]. Von Jena gingen

---
[11] Vgl. die Studie von Rüdiger Stutz in diesem Band.
[12] Vgl. zu den administrativ-strukturellen Aspekten und entsprechenden Jena-Weimar-Bezügen v.a. Ulrich Heß, Geschichte der Behördenorganisation der thürin-

zudem die Gründungsimpulse für die evangelische Landeskirche Thüringens aus, die dann freilich ihren Sitz nicht in Weimar, sondern in Eisenach nahm[13].
Als Mittelstädte in eher agrarischer Umgebung erreichten Weimar und Jena im hier betrachteten Zeitraum der 1880er bis 1930er Jahre ähnliche Größenordnungen. Freilich verschoben sich die Relationen. Zählte die Residenz- und Behördenstadt Weimar 1880 noch fast doppelt so viele Einwohner (19 944) wie die Universitäts- und angehende Industriestadt Jena (10 326), so übertraf Jena 1933 mit 59 723 Einwohnern bereits Weimar (49 448)[14]. Wirtschaftlich, sozial und in ihrer gesamten Lebenswelt unterschieden sich beide Städte stets beträchtlich. Dies schlug sich auch architektonisch und städtebaulich nieder. Der Weimarer Schloß- und Parklandschaft stand eine bürgerlich-universitär geprägte Jenaer Stadtarchitektur gegenüber. Geradezu symbolisch entstand der Jenaer Universitätsneubau (1908) anstelle des abgerissenen Schlosses - des Reliktes einer kurz bemessenen Jenaer Residenzzeit (1672/90). Obwohl sich Jena noch bis 1918 gern als „Residenz- und Universitätsstadt" bezeichnete, war das Staatsgebilde Sachsen-Jena doch nur Episode ohne größere strukturelle Auswirkungen geblieben. Überwog im Weimar des hier betrachteten Zeitraumes - trotz van de Velde und Bauhaus - die historistische bei weitem die avantgardistische Architektur, so nahm die Jenaer Industrie-, Universitäts-, Stadt- und Siedlungsarchitektur - trotz auch hier gegenläufiger Tendenzen - weit stärkere Impulse des „Neuen Bauens" auf. Als Stadttypen verkörperten Weimar und Jena geradezu Gegensätze. Die alten Kontraste verstärkten sich noch durch die rasche Industrialisierung Jenas. Doch wirkten auf Jena übergehende administrative Funktionen, die Weimarer Industrialisierungsansätze und die entstehende Weimarer Hochschullandschaft angleichend.
Gemeinsam wiederum war beiden Städten die jahrhundertelange Erfahrungsgeschichte von Krise und Neubeginn, Zusammen- und Aufbruch, Erstarrung und Innovation, von „Konvention und Avantgarde". Die-

---

gischen Staaten und des Landes Thüringen von der Mitte des 16. Jahrhunderts bis zum Jahr 1952, Berlin 1958 (Nachdruck Stuttgart/Jena 1994); Thomas Klein, Hrsg./Bearb., Grundriß zur deutschen Verwaltungsgeschichte, Reihe B, Bd. 15: Thüringen, Marburg/Lahn 1983; Jürgen John, Grundzüge der Landesverfassungsgeschichte Thüringens 1918 bis 1952, in: Thüringische Verfassungsgeschichte im 19. und 20. Jahrhundert, Jena 1993, S. 49-113; Thüringen-Handbuch. Territorien, Wahlen, Verfassung, Regierung und Verwaltung in Thüringen 1920 - 1995 (erscheint Weimar 1995).

[13] Vgl. Erich W. Reichardt, Der Neubau der Thüringer evangelischen Kirche, Jena 1922.

[14] Vgl. die Zahlenangaben im Anhang (Synopse).

ser erfahrungsgeschichtliche, im Symbolbegriff „Jena 1806" besonders signifikante Zusammenhang hat die Geschichte beider Städte namentlich im 19./20. Jahrhundert geprägt. Er stand schon an der Wiege ihrer „doppelstädtischen" Geschichte, als die militärische Niederlage und das Ende des ernestinischen Kurfürstentums 1547 die Weimarer Residenz- und die Jenaer Universitätsgründung veranlaßten und so zum Ausgangspunkt staatlichen und geistigen Neubeginns wurden.
Spätestens seit der klassischen Zeit sind beide so unterschiedlichen wie eng miteinander verbundenen Städte oft verglichen und in ihrer „doppelstädtischen" Konstellation einer sich wechselseitig ergänzenden Einheit von Gegensätzen beschrieben worden. Schiller etwa fand als angehender Jenaer Geschichtsprofessor die Universitätsstadt „ansehnlicher als Weimar", hob das studentische Selbstbewußtsein und die geistigen Freiheiten der von mehreren Staaten unterhaltenen akademischen Republik hervor[15]. Goethe, der in besonderem Maße das geistige Potential beider Städte, die ästhetischen Bestrebungen Weimars und die wissenschaftlichen Jenas zu verbinden suchte, faßte 1806 seine Sicht auf die Einheit und die Gegensätze der „Doppelstadt" in den Worten zusammen: „Die Städte Weimar und Jena sind gänzlich verschieden. In der letzteren hat sich als Lehrer und Schüler eine große Anzahl Männer ausgebildet, die vielen Akademien in Deutschland wie im Ausland Ehre machen. In Weimar haben sich viele bekannte und berühmte Schriftsteller kürzere oder längere Zeit aufgehalten ... Beide Städte haben stets in engen Beziehungen zueinander gestanden und haben viel zu einer lebhaften Zirkulation der Wissenschaften und der Künste in Deutschland beigetragen."[16].
Ein geistiges Band umschlang zur Zeit der Klassik Gemeinsamkeit und Verschiedenheit der beiden Nachbarstädte, die nach außen eher das Bild einer sauberen Teilung ihrer Interessensphären boten: Jena den Wissenschaften, Weimar den Künsten. Freilich traf es schon zu Goethes und Schillers Zeiten nur bedingt zu. Letzterer widmete sich als Jenaer Geschichtsprofessor keineswegs nur der Wissenschaft, verfaßte vielmehr in Jena einige seiner wichtigsten Dramen. Die gerade in jüngster Zeit gern wieder betonte Gegenüberstellung der „Schillerstadt Jena" und der „Goethestadt Weimar"

---

[15] Schiller am 29.8.1787 an Körner, in: Schillers Werke, Nationalausgabe, Bd. 24, Weimar 1989, S. 142-150.

[16] Abhandlung Goethes über Wissenschaft und Künste und den öffentlichen Unterricht in Jena und Weimar vom November/Dezember 1806; hier Übersetzung der französischen Fassung der endgültigen Ausarbeitung Goethes in: Thüringisches Hauptstaatsarchiv Weimar (im folg. ThHStAW) D 326; vgl. auch den Abdruck bei Willy Flach, Betrachtungen Goethes über Wissenschaften und Künste in den weimarischen Landen, in: Archivalische Zeitschrift 50/51 (1955), S. 478.

ist zumindest mißverständlich. Der ganz anders geartete Kreis Jenaer Romantiker paßte ebensowenig in das - ausschließlich männlich und hochkulturell geprägte - Ideal- und Selbstbild der Weimarer Klassik wie die vom Romantikerkreis ausgehenden frauenemanzipatorischen Tendenzen, ganz zu schweigen von den Niederungen der Alltagskultur, des Verlags- und Wirtschaftslebens, die der Weimarer Hochkultur erst zu ihrer Verbreitung verhalfen. Und diese Sicht schrieb sich in einer Zeit fort, in der die Werke Goethes und Schillers zum nationalen Bildungsgut avancierten, das deutsche Bildungsbürgertum die Klassik für sich in Anspruch nahm, Weimar zum „heiligen Kulturboden" erklärte und den Begriff der „Klassik" gegen die aufkommende neoromantische Bewegung wendete.

Es blieb dem Leipziger Verleger Eugen Diederichs vorbehalten, gerade diese, im Weimar-Jenaer Kulturkreis eher verschüttete romantische Tradition der „Universalität der Welterfassung" wieder aufzugreifen, als er 1904 seinen „neuromantischen Verlag" nach Jena als - wie er sie empfand - Stadt der Klassik, der Romantik und der Jugend verlegte[17], hier einen eigenen Kulturkreis bildete, Mittelpunkt und „Vaterfigur" jugendbewegter und freistudentischer Gruppen wurde. Nicht zufällig kam damit auch ein neuer jugend- und frauenemanzipatorischer Zug in die - in dieser Hinsicht eher konservative - Universitäts- und Industriestadt[18], in der Verbindungsstudenten nach protegierten „Männerkarrieren" strebten, Frauen erst spät zu Studium und Promotion zugelassen wurden, Professoren ihren Gattinnen bestenfalls in alter Salontradition Öffentlichkeit zubilligten und die Industrie Frauen nur als billige Hilfsarbeiterinnen schätzte.

Im gleichen Jahr, in dem sich mit Diederichs eine der schillerndsten und zugleich faszinierendsten Verlegerpersönlichkeiten jener ambivalenten, ebenso avantgardistisch wie kulturpessimistisch gestimmten „Zeitenwende" in Jena niederließ, trat der um eine „organische Kulturentwicklung" bemühte Architekt und Kulturtheoretiker Paul Schultze-Naumburg - seit 1902 Dozent an der Weimarer Kunstschule - den Vorsitz im Bund Hei-

---

[17] Vgl. Der deutsche Buchhandel der Gegenwart in Selbstdarstellungen, hrsg. v. G. Mentz, Bd. 2, H. 1: Eugen Diederichs, Leipzig 1927, S. 19, 30-33 sowie auch Erich Viehöfer, Der Verleger als Organisator. Eugen Diederichs und die bürgerlichen Reformbewegungen der Jahrhundertwende, Frankfurt/Main 1988 und die Studie von Ulf Diederichs in diesem Band.

[18] Vgl. auch den Erlebnisbericht von Cornelia Schröder-Auerbach und die Studien von Gisela Horn, Volker Wahl, Wolfgang Mühlfriedel und Meike Werner in diesem Band sowie auch dies., „In Jena begonnen zu haben, war ein besonderer Vorzug des Glückes". Der freistudentische Serakreis um Eugen Diederichs, in: John, Hrsg., Kleinstaaten und Kultur, S. 529-540.

matschutz an[19]. Auch er verkörperte einen neuromantischen, weit stärker als Diederichs aber traditionsbezogenen Reformansatz. Beide schritten die widersprüchlichen und polarisierenden Wege jener „Zeitenwende" und der anschließenden „Krisenjahre der Klassischen Moderne"[20] weit aus, Diederichs bis zum „Tat"-Kreis (1929)[21], aber auch andere Optionen wahrend, Schultze-Naumburg direkt ins „völkische" und nationalsozialistische Lager, und als dessen Repräsentant schließlich an die Spitze der Weimarer Kunsthochschulen tretend (1930)[22].
Zum Zeitpunkt der Ansiedlung des Diederichs-Verlages und der Gründung des Bundes Heimatschutz zeichneten sich in beiden Städten bereits tiefgreifende geistige und strukturelle Wandlungsprozesse ab. In Weimar nahmen höchst unterschiedliche - avantgardistische wie „völkische" - Gruppen den alten Musensitz für ihre Ziele in Beschlag. Die zunächst noch eher privaten Charakter tragende Gründung von Kunstschulen - der Großherzoglichen Kunstschule (1860), der Orchesterschule (1872) und der Kunstgewerbeschule (1902/07) - legte den Grundstein für die spätere Weimarer Hochschullandschaft. Der Musensitz begann sich zum Hochschulstandort zu wandeln. Damit trat ein neues Strukturelement in den Weimar-Jena-Verbund.
Mit der „Philosophie der Freiheit" (1893/94) des 1890/97 im Weimarer Goethe-und Schiller-Archiv tätigen Anthroposophen Rudolf Steiner[23] und der Ansiedlung des Nietzsche-Archivs (1896)[24] war Weimar auf bestem Wege, zu einem philosophischen Zentrum zu werden und in dieser Hinsicht der Jenaer Universität den Rang abzulaufen, wo - von dem Lebensphilosophen Rudolf Eucken abgesehen - eher Persönlichkeiten anderer Fächer das geistige Leben bestimmten - der Zoologe Ernst Haeckel, der Pädagoge Wilhelm Rein oder - zwar eher im Stillen, aber wissenschaftlich bahnbre-

---

[19] Vgl. Norbert Borrmann, Paul Schultze-Naumburg. Maler - Publizist - Architekt 1869 - 1949, Essen 1989; Andreas Knaut, Paul Schultze-Naumburgs „Kulturtheorie" um 1900, in: John, Hrsg., Kleinstaaten und Kultur, S. 541-554; vgl. zur Problematik und Ambivalenz der Heimatschutzbewegung auch Celia Applegate, A Nation of Provincials. The German Idea of Heimat, Berkeley/Los Angeles/Oxford 1990; Edeltraud Klueting, Hrsg., Antimodernismus und Reform, Darmstadt 1991.
[20] Vgl. Detlev J.K. Peukert, Die Weimarer Republik. Krisenjahre der Klassischen Moderne, Frankfurt/Main 1987.
[21] Vgl. auch Klaus Fritzsche, Politische Romantik und Gegenrevolution. Fluchtwege in der Krise der bürgerlichen Gesellschaft. Das Beispiel des „Tat"-Kreises, Frankfurt/Main 1976.
[22] Vgl. auch Adalbert Behr, Der Faschisierungsprozeß an der Staatlichen Hochschule für Baukunst, bildende Künste und Handwerk Weimar in den Jahren 1930 bis 1933, in: Wissenschaftliche Zeitschrift der Hochschule für Architektur und Bauwesen 13 (1966), S. 495-504 sowie Anm. 94 u. 115.
[23] Vgl. auch Rudolf Steiner, Mein Lebensgang, Stuttgart 1967.
[24] Vgl. auch die Studie von Erhard Naake in diesem Band sowie Anm. 64.

chend - der Mathematiker und Logiker Gottlob Frege. Währenddessen öffnete sich die dynamische Universitäts- und Industriestadt Jena moderner Kunst, dem Reformversuch eines „Neuen Weimars" (1902/06), den Aktivitäten des Jenaer Kunstvereins (1903) und dem „Gesellschaftsexperiment" Jena-Weimarer Kunstfreunde (1904)[25]. Die klassische intellektuelle Einheit mit ihrer strikten Arbeitsteilung - hie Kunst- da Wissenschafts-Stadt - war längst einem veränderten Koordinatensystem gewichen.
Zwar galt das literarische und philosophische Epochenzentrum Weimar-Jena aus der klassischen Zeit noch immer als signifikantes Beispiel und Vorbild für die geistige Doppelstadt in ihren Bezügen zu Wissenschaft und Kunst in Deutschland. Doch reichten unter den gewandelten politischen und wirtschaftlichen Bedingungen die überkommenen finanziellen und intellektuellen Mittel keineswegs mehr aus, um an beiden Orten mit dem Kulturbetrieb der größeren Städte in Deutschland Schritt zu halten. Die alte Jena-Weimar-Tradition mußte erstarren, wenn nur noch „Räuberfahrten" Jenaer Studenten in das Weimarer Hoftheater[26], kranzniederlegende Universitätsdeputationen zu den Weimarer Dichter-Ehrenmälern oder akademische Jenaer Gedenkfeiern die große Vergangenheit und Gemeinsamkeit beider Städte beschworen.
Doch hatten die geistigen Umbrüche einer sich wandelnden Welt das alte Traditions- und Beziehungsgefüge beider Städte längst in Bewegung gebracht. Dazu trugen die Mobilität derjenigen, die als Studenten, Akademiker, Wissenschaftler und Künstler die Anschauungen der Moderne - freilich in einer höchst widersprüchlichen, ja gegensätzlichen Weise - geistig verarbeiteten, ebenso bei wie der Aufstieg Jenas zu einer sich neuen Kultur-, Bildungs- und Geistesströmungen öffnenden Industriestadt. Das Traditionsgefüge Jenas und Weimars erreichte unter solchen Vorzeichen nach 1900 eine vom ambivalenten „Aufbruch in die Moderne" geprägte Dynamik und entsprechend veränderte Qualität. Vorrangig im Zeichen der Förderung moderner Kunst entfaltete sich in beiden Nachbarstädten eine kulturelle Bewegung, die neue Akzente in ihr überkommenes Verhältnis brachte[27].

---

[25] Vgl. Volker Wahl, Jena als Kunststadt. Begegnungen mit der modernen Kunst in der thüringischen Universitätsstadt zwischen 1900 und 1933, Leipzig 1988 sowie die Studie in diesem Band.

[26] Bis in die Goethezeit zurückreichende Tradition der Teilnahme Jenaer Studenten an einer Aufführung von Schillers Schauspiel „Die Räuber" in Weimar mit studentischem Ritual.

[27] Vgl. Volker Wahl, Das Traditionsgefüge Jenas und Weimars am Beginn unseres Jahrhunderts im Zeichen der Förderung der Modernen Kunst, in: John, Hrsg., Kleinstaaten und Kultur, S. 489-499.

Die an Goethes „Zahmes Xenion" von der Doppelstadt „Weimar- Jena" anknüpfende Gewißheit, daß auch unter den gewandelten Verhältnissen des 20. Jahrhunderts aus der alten Einheit der Gegensätze von Weimar und Jena ein kulturelles Kraftfeld von übernationaler Wirkung erwachsen könne, speiste sich aus solch neuen Entwicklungstrends wie aus Traditionsbewußtsein. So wählte die „Jenaische Zeitung" 1917 - mitten im Weltkrieg - den Sinnspruch des Dichters zum Ausgangspunkt entsprechender Überlegungen: „Goethes Wort trifft auch heute noch zu. Jena und Weimar, die beiden benachbarten Städte, ergänzen sich in der Tat und bilden zusammen eine Einheit. Kunstsinnige und bildungsfördernde Fürsten haben die eine der beiden Städte zum Sitz der Wissenschaft, die andere zum Sitz der schönen Künste gemacht, und durch die mit der Zeit verbesserten Verbindungen ist die Einheit auch rein äußerlich inniger geworden. Es wäre müßig darüber nachzusinnen, welche der beiden Schwestern einen größeren Anteil habe an dem gemeinsamen Weltruhm. Wo immer Weimar genannt wird, so gedenkt man auch Jenas, und umgekehrt. Die kulturelle Bedeutung aber dieser Einheit erhellt daraus, daß Weimar und Jena gerade zum klassischen Beispiel dafür geworden sind, daß die zahlreichen mittleren und kleineren Staaten Deutschlands für die Entwicklung unserer Kultur unentbehrlich und unersetzlich waren."[28].
Freilich kontrastierte diese Reminiszenz an die frühere kulturelle Kraft der Fürsten- und Kleinstaaten bereits mit der Realität und mit einer - gerade während des Weltkrieges - auf den Zusammenschluß dieser Staaten drängenden Grundtendenz[29], die schon bald im Gefolge der Revolution zur Gründung des Landes Thüringen führte und damit auch für die Doppelstadt Jena-Weimar eine gründlich veränderte Lage schuf. Schon lange vor diesen Ereignissen und vor dem Weltkrieg hatten widersprüchliche kulturelle Entwicklungstrends und der Aufstieg Jenas zur selbstbewußten Industriemetropole das Beziehungsgefüge beider Städte tiefgreifend verändert.

*

In der zweiten Hälfte des 19. Jahrhunderts schienen Weimar und Jena eher getrennte Wege zu beschreiten. Man kann sich den Entwicklungskontrast

---

[28] Jenaische Zeitung, Nr. 36 vom 13.2.1917, S. 2.
[29] Vgl. auch fast zeitgleich Paul Wentzcke, Thüringische Einigungsbestrebungen im Jahre 1848. Ein Beitrag zur Geschichte der deutschen Einheitsbewegung, Jena 1917; Die Thüringer Frage. Denkschrift über Vereinheitlichungen in Gesetzgebung und Verwaltung der Thüringischen Staaten, hrsg. vom Landesausschusse der Nationalliberalen Partei in Thüringen, Gera 1918.

kaum schärfer denken, vergleicht man die Ausgangssituation beider vom Ruf ihrer klassischen Zeit zehrenden Städte um 1850, als Weimar immerhin schon über Bahnanschluß verfügte, Jena aber bis in die 1870er Jahre davon abgeschnitten blieb und weithin als ein „liebes, närrisches Nest" (Goethe) und „Universitätsdorf" (Haeckel) galt, mit der Konstellation um 1900, als das nunmehr industriell geprägte Jena sich anschickte, die Nachbarstadt zu überflügeln.

Das „nachklassische Weimar"[30] kultivierte in der zweiten Hälfte des 19. Jahrhunderts geradezu sein Ambiente einer beschaulichen Hof-, Residenz- und Beamtenstadt. Mit überkommener Kultur- und neugeschaffener Museumslandschaft stilisierte es sich zum „Musensitz" und Mekka des deutschen Bildungsbürgertums[31]. Der frühe Eisenbahnanschluß (1846) kam vor allem dem Bildungstourismus zugute. Mit der Gründung der Goethe-Memorialstätten (1885) und als ständiger Vorort der Deutschen Schillerstiftung (seit 1890)[32] wurde Weimar zum exemplarischen Symbolort einer dann im 20. Jahrhundert eskalierenden Inszenierung und Instrumentalisierung des klassischen Erbes. Die kulturellen Neuansätze jener Jahrzehnte - von der „Weimarer Malerschule" über die „neue Musik" eines Franz Liszt und Richard Strauss bis zum Reformversuch des „Neuen Weimars" nach der Jahrhundertwende - konnten sich nur schwer gegen solch traditionalistische Strömungen behaupten.

Währenddessen wandelte sich das bislang universitär geprägte Jena mit den Zeiss- und Schott-Unternehmen und mit der von Ernst Abbe geschaffenen Carl-Zeiss-Stiftung zu einer Industriestadt von Weltruf[33]. Dieser

---

[30] Vgl. Adelheid v. Schorn, Das nachklassische Weimar, 2 Bde., Weimar 1911/12.

[31] Vgl. v.a. Karl Robert Mandelkow, Hrsg., Goethe im Urteil seiner Kritiker. Dokumente zur Wirkungsgeschichte Goethes in Deutschland 1773 - 1982, 4 Bde., München 1975/84; ders., Goethe in Deutschland. Rezeptionsgeschichte eines Klassikers 1773 - 1982, 2 Bde., München 1980; ders., Die bürgerliche Bildung in der Rezeptionsgeschichte der deutschen Klassik, in: Reinhart Koselleck, Hrsg., Bildungsbürgertum im 19. Jahrhundert, Teil II: Bildungsgüter und Bildungswissen, Stuttgart 1990, S. 181-196.

[32] Vgl. u.a. Karl-Heinz Hahn, Zur Geschichte des Goethe- und Schiller-Archivs, in: Festschrift für Wolfgang Vulpius zu seinem 60. Geburtstag, Weimar (1957), S. 37-51; ders., Die Goethe-Gesellschaft in Weimar. Geschichte und Gegenwart, Weimar 1989; Deutsche Schillerstiftung. Beiträge zur Überreichung der Ehrengaben am 8. November 1991 im Schillermuseum Weimar, (Weimar 1991).

[33] Vgl. neuerdings und die ältere Literatur zusammenfassend Rüdiger Stolz/Joachim Wittig, Hrsg., Carl Zeiss und Ernst Abbe. Leben, Wirken und Bedeutung. Wissenschaftshistorische Abhandlung, Jena 1993; Wolfgang Mühlfriedel/Edith Hellmuth, Die Geschichte der Optischen Werkstätte Carl Zeiss in Jena von 1875 bis 1891, in: Zeitschrift für Unternehmensgeschichte 38 (1993), S. 4-25 sowie die Studie von Jürgen Steiner/Uta Hoff in diesem Band.

erstaunliche Aufstieg Jenas von einer zwar weithin bekannten, doch kleinen Universitäts-, Studenten- und Professorenstadt mit schwacher Infrastruktur zu einem modernen, innovativen und weltoffenen Industriestandort veränderte das Koordinatensystem der „Doppelstadt" tiefgreifend und schuf in Jena einen kräftigen Resonanzboden für die von Weimar ausgehenden kulturellen Neuansätze. Diese zweifellos entscheidende Strukturveränderung des „doppelstädtischen" Verbundes im hier betrachteten Zeitraum sei deshalb in ihren Grundzügen, Auswirkungen und zugrundeliegenden Konzepten knapp skizziert.

Aus zunächst handwerklicher Wurzel der Zeiss-Werkstätte (1846) gewann der industrielle Wandel Jenas dank der Wissenschaftsleistungen Abbes und Schotts seit den 1870er/80er Jahren rasch an Dynamik. Während sich Weimar als Kultzentrum deutscher Klassikpflege etablierte, nahm das Zeiss-Unternehmen auf der Grundlage der Abbe'schen Entdeckungen die Fabrikproduktion auf (1880), entstand das Glastechnische Laboratorium Schott & Gen. (1884), entwickelte Schott neue, industriell bahnbrechende Glastypen (1887), führten Abbes weitsichtige Überlegungen (1887) zur Carl-Zeiss-Stiftung (1889/91) mit ihren den Verbund von Industrie, Wissenschaft und Sozialreform begründenden Statuten (1896, 1900). Das Zeiss-Werk ging gänzlich, das Schott-Unternehmen zum Teil, 1919 dann vollständig in Stiftungsbesitz über.

Die relativ späte Industrialisierung Jenas durch solch „wissenschaftliche", nicht von kurzsichtigen Kapitalinteressen abhängige „neue Industrien" stieß in ein noch weitgehend unerschlossenes Terrain. Binnen einer Generation bewirkte sie tiefgreifende Veränderungen mit moderner städtischer und universitärer Infrastruktur, Industriekultur und -architektur, neuen sozialen Milieus, Schichten und Eliten sowie einem nun auch proletarischen Organisations-, Vereins- und Kulturmilieu[34]. Die in vieler Hinsicht bahnbrechende Sozialpolitik ließ Jena neben Stuttgart und Dessau an die Spitze damaliger industrieller Zentren modernen, um sozialrechtliche, politische und kulturelle Emanzipation der Arbeiterschaft bemühter Sozialreform im Kontrast zum üblichen „laissez-faire"-Manchestertum oder zum autoritären Fabrikpatriarchalismus á la Krupp und Stumm rücken[35].

---

[34] Vgl. auch die Studie von Wolfgang Mühlfriedel in diesem Band sowie Peter Lange, Die wirtschaftliche Entwicklung in Jena (1845 - 1888), in: Stolz/Wittig, Hrsg., Carl Zeiss und Ernst Abbe, S. 37-50, ders., Jena um die Jahrhundertwende, in: ebd., S. 425-447; Joachim Wittig, Carl-Zeiss-Stiftung, Universität und Stadt Jena (1890-1920), in: ebd., S. 61-97.

[35] Vgl. zusammenfassend Jürgen John, Abbes Sozialpolitik in ihrer Zeit, in: ebd., S. 458-488; vgl. auch ders., „Autoritäre" und „konstitutionelle" Fabriken im Deutschen Kaiserreich, in: Zeitschrift für Geschichtswissenschaft 35 (1987), S. 589-600.

Um die Carl-Zeiss-Stiftung entstand ein dichtes Netz von Sozial-, Kultur- und Bildungseinrichtungen, deren Kern und Sinnbild das allen sozialen Schichten und parteipolitischen Richtungen offen stehende und deshalb von der traditionellen städtischen Elite heftig attackierte „Volkshaus" (1903) wurde[36].
Bildung und Kultur erhielten mit Volkshaus, öffentlicher Lesehalle, der Freien Zeichenschule Erich Kuithans[37], den Kulturprogrammen des „Komitees für Volksunterhaltung" Georg Pagas, später auch lebensreformerisch und reformpädagogisch beeinflußter Erwachsenenbildung, Volkshochschule, Urania etc. Möglichkeiten der Breitenwirkung[38]. Sie überschritten so Milieugrenzen und Bildungsschranken. Die Sozial-, Bildungs- und Kulturmöglichkeiten sowie das vergleichsweise hohe Lohn- und Freizeitniveau ließen die Grenzen zwischen bürgerlichen Kreisen und einer relativ breiten privilegierten Schicht qualifizierter männlicher Facharbeiter und Angestellter der Jenaer Stiftungsbetriebe fließend werden. Dies beeinflußte auch das - mit Ausnahme exklusiver „Professorenviertel" - sozial eher durchmischte Stadtwachstum. In Jena beschritt man den Weg des industriell subventionierten sozialen Wohnungs- und Siedlungsbaus auf genossenschaftlicher Basis statt der etwa für das Ruhrgebiet so charakteristischen Werkswohnungen, die die Arbeiter auch als Mieter in Abhängigkeit brachten.
Das alles zeitigte bis heute sehr umstrittene sozial wie politisch integrierende und emanzipierende Wirkungen unter der Arbeiterschaft. Es bewirkte in Jena für längere Zeit ein - trotz aller Konfliktlagen und Werkbindungen - recht stabiles, austariertes und gesellschaftlich offenes Sozial- und und Kulturmilieu. Es nahm manches von dem vorweg, was der Massenkultur als Integrations- und Demokratisierungspotential zugutegeschrieben wurde. Dies hat das Jenaer Kultur- und Bildungsmilieu den massenkulturellen Anprall der 1920er Jahre offenkundig weit besser verkraften lassen als anderenorts. Zwar wurde auch ihm vorgehalten, einem überholten Bildungskonzept verhaftet geblieben zu sein, das der massenkulturellen Öffnung der Arbeiterkultur im Wege gestanden habe. Doch erwies

---

[36] Vgl. zu den im Vorfeld der Volkshaus-Gründung liegenden Auseinandersetzungen namentlich zwischen Abbe und dem Oberbürgermeister Singer v.a. Friedrich Stier, Ernst Abbes Kampf um die Gleichberechtigung der politischen Parteien. Zugleich ein Beitrag zur Geschichte des Volkshauses in Jena und zu Abbes Auffassung von der Stellung seiner Stiftung zum Staate (MS Städtische Museen Jena).
[37] Vgl. auch die Studie von Maria Schmid in diesem Band.
[38] Vgl. auch 1919 bis 1994. 75 Jahre Volkshochschule Jena, Rudolstadt/Jena 1994 sowie die Studien von Peter Fauser und Barbara Kluge in diesem Band.

sich das Jenaer Sozial-, Bildungs- und Kulturmilieu vergleichsweise resistenter gegenüber den Erosionen und Negativwirkungen der Massenkultur, von denen der Nationalsozialismus dann in so verhängnisvoller Weise profitierte[39]. Sozialmilieu und Bildungsangebote boten eine Diskussions- und Arbeitsplattform für Lebensprobleme und politische Konflikte, wie man sie sich, um der jungen und zerbrechlichen Weimarer Demokratie willen, an vielen Stätten Deutschlands gewünscht hätte.
Die bis dahin nur von der Universität und dem Verlagswesen repräsentierte geistige Kultur fand durch die Industrie eine breitere Basis. In der Stadt, der es bislang an einer Weimar vergleichbaren kulturellen Infrastruktur gebrach, übernahmen industriell unterstützte Bürgergruppen wie der Jenaer Kunstverein (1903) oder die Gesellschaft der Kunstfreunde von Jena und Weimar (1904) die Initiative. Dank ihres Wirkens begann sich Jena den modernsten geistigen Strömungen der Zeit zu öffnen und zur Kunststadt zu wandeln[40]. Expressionismus und „Brücke"-Maler fanden in Jena frühzeitig Ausstellungs- und Wirkungsmöglichkeiten. Auch zogen die „wissenschaftlichen Industrien" Jenas mit ihren Wechselwirkungen auf Forschung, Bildung und Kultur neue engagierte Verlage nach Jena - den naturwissenschaftlich und nationalökonomisch ausgerichteten Fischer-Verlag (1878), einen der führenden deutschen Wissenschaftsverlage[41], und den Diederichs-Verlag (1904), der mit für die Jenaer Industriekultur und Arbeiterpolitik geradezu programmatischen Publikationen hervortrat[42].
Die zuvor allein von vier ernestinischen Kleinstaaten ausgehaltene Universität gewann einen finanzkräftigen industriellen Träger und Förderer[43]. Dies ermöglichte eine rasche Modernisierung ihrer Instituts- und Lehrstuhlstruktur. Sie sicherte ihr bis in die 1920er/30er Jahre führende Plätze auf den Gebieten etwa der Physik, der technischen Chemie, der angewandten Mathematik, der Medizin - namentlich der Neurologie und der Kinderheilkunde -, der Nationalökonomie, des Arbeitsrechts, aber auch der

---

[39] Vgl. zum Problem auch Jürgen John, Das „Jenaer Modell" in den massenkulturellen Prozessen der 1920er Jahre (MS 1992); Frank Walter u.a., Die SPD in Sachsen und Thüringen zwischen Hochburg und Diaspora. Untersuchungen auf lokaler Ebene vom Kaiserreich bis zur Gegenwart, Bonn 1993.
[40] Vgl. Wahl, Jena als Kunststadt sowie die Studie in diesem Band.
[41] Vgl. auch Friedrich Lütge, Das Verlagshaus Gustav Fischer in Jena. Seine Geschichte und Vorgeschichte, Jena 1928.
[42] Vgl. v.a. Eberhard Zschimmer, Die Glasindustrie in Jena. Ein Werk von Schott und Abbe, Jena 1909 (illustriert von Erich Kuithan); Moritz Theodor William Bromme, Lebensgeschichte eines modernen Fabrikarbeiters, hrsg. von Paul Göhre, Jena 1905.
[43] Vgl. auch Anm. 34 u. 114.

Pädagogik und anderer Disziplinen. Mit der Ernst-Abbe-Professur für Sozialpolitik (1906) erhielt sie den ersten Lehrstuhl dieser Art in Deutschland. Wie der Universitätsneubau (1908) wurden zahlreiche Lehr- und Forschungseinrichtungen von der Carl-Zeiss-Stiftung mitfinanziert. Mit dem industriell gestützten Aufschwung der Universität gewannen die Zirkel und Bünde um Eucken, Rein und Haeckel, dessen Monistenbund (1906) das Weimarer Kulturkartell (1907)[44] inspirierte, weltweite Ausstrahlungskraft und Gründungen wie die sozial- und heilpädagogischen Anstalten Johannes Trüpers (1890)[45] festen Rückhalt.

Alles in allem entstand eine sehr enge Verbindung von Industrie, Universität, Stadt, Kultur, Bildung und Sozialpolitik mit einem entsprechend dichten Netzwerk struktureller und personeller Beziehungen. Ihren Dreh- und Angelpunkt verkörperte die Carl-Zeiss-Stiftung, ihre Seele Ernst Abbe, ein oft mit Rathenau oder Ford verglichener, in seinen Wirkungen auf die Kultur der Moderne kaum geringer als Rathenau einzustufender industrieller Reformator und „systembuilder" von bemerkenswerter Statur[46]. Sie beruhte auf einem in seiner Art wohl einzigartigem, industriell getragenen, höchst aufgeschlossenem und liberalem Unternehmens-, Technik-, Wissenschafts-, Bildungs-, Kultur- und Sozialreformkonzept[47], das weltweites Aufsehen und - teils idealisiert[48], teils verworfen - entsprechend heftige Kontroversen hervorrief.

Es war von den Unternehmensinteressen bestimmt, aber in einer Weise, die zugleich auch die Interessen des gesamten, freilich von der Industrie zunehmend abhängiger werdenden, Umfeldes sicherten. Wissenschafts-, Bildungs- und Sozialinvestitionen sollten langfristig die Perspektive der Unternehmen sichern. Sie waren gleichsam als Investitionen in die Zukunft

---

[44] Vgl. die Studie von Horst Groschopp in diesem Band.

[45] Vgl. auch H. u. J. Trüper, Ursprünge der Heilpädagogik in Deutschland. Johannes Trüper. Leben und Werk, Stuttgart 1978.

[46] Vgl. z.B. Hilde Weiss, Abbe und Ford. Kapitalistische Utopien, Berlin 1927; Karl C. Thalheim, Sozialkritik und Sozialreform bei Abbe, Rathenau und Ford, Berlin (1929), zum hier zitierten Begriff auch Thomas P. Hughes, Walther Rathenau: „system builder", in: ders. u.a., Ein Mann vieler Eigenschaften. Walther Rathenau und die Kultur der Moderne, Berlin 1990, S. 9-31.

[47] Vgl. v.a. die Quellensammlungen Ernst Abbe, Sozialpolitische Schriften, Jena ²1921; Friedrich Schomerus, Werden und Wesen der Carl Zeiss-Stiftung an der Hand von Briefen und Dokumenten aus der Gründungszeit dargestellt, Jena 1940.

[48] Charakteristisch z.B. - auch für die in den späten 1920er Jahren um sich greifenden Tendenzen - die im Diederichs-Verlag erschienene Schrift von Werner Wesselhoeft, Ernst Abbe als Führer zur Volksgemeinschaft, Jena 1927; der Zeiss-Geschäftsführer Max Fischer schrieb am 1.11.1927 an Eugen Diederichs, das Verhältnis zwischen Arbeiterschaft und Abbe sei in dieser Schrift „zu idealistisch gefärbt" - vgl. Firmenarchiv Carl Zeiss GmbH Jena, Nr. 3570.

gedacht. Dies prägte die besondere Struktur Jenaer industrieller Modernität und machte für lange Zeit die innere Kraft dieses „Jenaer Modells"[49] und Jenaer „Sonderweges"[50] aus, denen der allerdings bald auch aus dem Militär- und Kriegsgeschäft gespeiste Wirtschaftserfolg die Basis schuf. Sicher wies dieses Modell später offenkundige Grenzen auf. Den eruptiven und polarisierenden Entwicklungstrends, politischen und wirtschaftlichen Strukturzusammenbrüchen des 20. Jahrhunderts zeigte es sich nur bedingt gewachsen. Es geriet unter vielfältigen wirtschaftlichen, sozialen, politischen und massenkulturellen Druck. Auch Jena wurde von sozialen Konflikten, allgemeinen Erosionen und polarisierenden Wählerbewegungen erfaßt. Abbe schätzte die Entwicklung des Arbeiteranteils an Wirtschaftswachstum und Sozialprodukt zweifellos anders ein als sie dann verlief. Phänomene wie Massen- und Dauerarbeitslosigkeit oder „jobless growth" waren für ihn kaum vorstellbar. In Abbes Konzept stellte die Arbeitskraft weniger einen Kosten- als einen Entwicklungsfaktor dar. Auch konnte man sich zu Abbes Zeiten sozialen nur durch technischen Fortschritt vorstellen[51]. An spätere Probleme und Grenzen des Wachstums dachte man kaum, hielt aber Maß. Erst später - namentlich seit der NS-Zeit - geriet Jena in strukturdeformierende Wachstumsbahnen[52]. Trotz solcher Grenzen stellte sich das industrielle Jena des hier betrachteten Zeitraumes dank der skizzierten Konstruktion und Wirkungen des Abbe'schen Modells weit weniger belastet, erheblich innovativer, integrations- und demokratiefähiger dar als andere Städte und Industriezentren. Noch auf dem Höhepunkt der Weltwirtschaftskrise wurde es auch im Vergleich zu Weimar geradezu als eine „Oase" in der wirtschaftlich, sozial und politisch bedrängten Weimarer Republik empfunden[53].

---

[49] Vgl. zum Begriff Jürgen John/Andreas Flitner, Das „Jenaer Modell". Ernst Abbes Kulturpolitik, in: Alma mater Jenensis 4 (1993), Nr. 9/10, S. 6 sowie Anm. 39.

[50] Vgl. auch - einen solchen Sonderweg bejahend - die Belegarbeit von Falk Burkhardt, Die Entwicklung der Stadt Jena zu einer modernen Universitäts- und Industriestadt unter Berücksichtigung der Fragestellung nach einem gesonderten Jenaer Weg (WS 1993/94, Hist. Inst. Univ. Jena).

[51] Vgl. z.B. Karl Diehl, Die sozialpolitische Bedeutung des technischen Fortschritts, in: Jahrbücher für Nationalökonomie und Statistik III/36 (1908), S. 167-224 (erschienen im Jenaer Fischer-Verlag).

[52] Vgl. Joachim H. Schultze, Jena. Werden, Wachstum und Entwicklungsmöglichkeiten der Universitäts- und Industriestadt, Jena 1955 mit der - freilich nicht beachteten - Warnung vor weiterem Wachstum und Infrastrukturausbau.

[53] So der amerikanische Journalist Hubert Renfro Knickerbocker, Deutschland so oder so?, Berlin 1932, S. 46-57 (Jena), 79-89 (Weimar) und im „Berliner Tageblatt" vom 7.2.1932.

Den ideellen Kern dieses „Jenaer Modells" bildete Abbes von linksliberal-freisinnigen Ansichten gespeistes Verständnis der Unternehmertätigkeit als einer „öffentlichen Funktion" mit sozialem Auftrag. Sie prägte die Konstruktion der Carl-Zeiss-Stiftung, aber auch seine Einstellung zur Sozialdemokratie wie überhaupt zu dezidierten, über den herkömmlichen Gesichtskreis von Unternehmerinteressen und Tagespolitik hinausreichenden Gestaltungs- und Zukunftskonzepten. „Wie töricht und unheilvoll nun auch die Verbesserungsideen der Sozialdemokratie befunden werden mögen", erklärte Abbe in einem Vortrag 1894 zum sozialpolitischen Programm der Freisinnigen Volkspartei, „*keine* Ideen haben zu wollen ist ihr gegenüber noch viel törichter und unheilvoller."[54]

Der von Abbe und seinem Umkreis geprägte liberale Geist des industriellen Jenas kontrastierte mit der allgemeinen Erosion des einst gerade im kleinstaatlichen Thüringen so hervorstechenden Liberalismus und mit den um sich greifenden oft antisemitisch eingefärbten konservativ-„berufsständischen" Geistes- und Politikhaltungen an der Universität vor allem unter Verbindungsstudenten und Professorenschaft, noch ausgeprägter in Weimarer Hofkreisen und unter den städtischen Honoratioren der Residenzstadt. Nicht zufällig war der Wahlkreis Weimar-Apolda 1907/09 durch einen Antisemiten im Reichstag vertreten. Der liberale Geist des industriellen Jenas stand auch bei der Weimarer Gründung des Verbandes Thüringischer Industrieller (1909), der dann freilich in den 1920er/30er Jahren andere Wege beschritt[55], wie bei der Republik- und Landesgründung Pate. Otto Schott gehörte 1918/19 zum Gründerkreis der Deutschen Demokratischen Partei, der Zeiss-Geschäftsführer Max Fischer zum Initiativkreis für die Landesgründung. Das industrielle Jena galt zur Zeit der Weimarer Republik neben Stuttgart, Dessau und Frankfurt/Main geradezu als Gegenstück zum „schwerindustriellen Hauptquartier" Düsseldorf.

Das überwiegend liberale Klima Jenas wirkte emanzipationsfördernd. Moderne Bildungs- und Kulturprogramme fanden im industriellen Jena einen ganz anderen strukturellen Rückhalt und Resonanzboden als etwa in Weimar, Sozialdemokratie und freie Gewerkschaften weit bessere Entfaltungsmöglichkeiten. Mußten sie in Weimar ihr „Volkshaus" aus eigenen Mitteln errichten, so stand ihnen in Jena das von der Carl-Zeiss-Stiftung errichtete „Volkshaus" zur Verfügung. Nicht zufällig ließ sich die Redaktion der für das Großherzogtum erscheinenden sozialdemokratischen „Weimarischen Volkszeitung" (1908) in Jena nieder. Auch das zwischen

---

[54] Zit. nach Abbe, Sozialpolitische Schriften, S. 3.
[55] Vgl. Firmenarchiv Carl Zeiss GmbH Jena, Nr. 3738.

Professorenkultur und Lebensreform keineswegs spannungsfreie Milieu des bürgerlichen Jenas zeigte ein von Weimar sehr abweichendes intellektuelles und politisches Klima[56]. Hatte sich - damit auf den vergleichenden Ausgangspunkt zurückkommend - das „nachklassische Weimar" der zweiten Jahrhunderthälfte mancher Erstarrungstendenzen zu erwehren, so etablierte sich das industrielle Jena auf diese Weise als ausgesprochenes und weit über Jena hinaus ausstrahlendes Innovations- und Reformzentrum. Während sich das von Hof, Beamtenschaft und Bildungsbürgertum geprägte Weimarer Wirtschafts-, Sozial- und Elitenmilieu kaum veränderte, unterlag das Jenaer einem geradezu atemberaubenden Wandel. Dies schlug sich auch parteipolitisch in abweichenden Wahlergebnissen sowie architektonisch und städtebaulich nieder. Rückblickend mußte es veränderungswilligen Weimarer Kreisen als verpaßte Chance zur Ansiedlung zukunftsweisender Industrien erscheinen, daß der gebürtige Weimarer Carl Zeiß 1846 - im gleichen Jahr, als Weimar Bahnanschluß erhielt - seine Optische Werkstätte nicht in der Residenz- sondern in der nahen Universitätsstadt errichtet hatte.

*

Doch erlangte, so sehr das alles die Koordinaten im Beziehungsgefüge der „Doppelstadt" verschob, dieses Gefüge zugleich neue strukturelle und geistige Grundlagen. Auch hielten sich die divergierenden Tendenzen in Grenzen. Verglichen mit den industriellen und großstädtischen Ballungszentren, verliefen industrielles Wachstum und Infrastrukturausbau in Jena durchaus maßvoll. In der Erinnerung stellte sich das industrielle Jena selbst noch der 1920er Jahre als - 1945 dann weitgehend zerstörtes - „altes Jena" dar[57]. Mit der Gründung der Waggonfabrik (1898) fand auch Weimar freilich bescheideneren Anschluß an großindustrielle Entwicklungstendenzen und zu einem gewissen proletarischen Milieu. Auch hier begannen Sozialdemokratie und freie Gewerkschaften Fuß zu fassen. Beide Städte erreichten um 1900 annähernd gleiche Größenordnungen. Fast zeitgleich nahmen sie den Straßenbahnbetrieb, auf Weimar schon 1899, Jena 1901.

---

[56] Vgl. auch die in dieser Hinsicht aufschlußreichen, beide Städte vergleichenden Erinnerungen von Wilhelm Flitner, Erinnerungen 1889 - 1945, Paderborn u.a. 1986 und Reinhard Buchwald, Miterlebte Geschichte. Lebenserinnerungen 1884-1930, hrsg. v. Ulrich Herrmann, Köln/Weimar/Wien 1992, neuerdings auch Hans Tümmler, Verschlungene Pfade. Lebenserinnerungen, Bochum 1993; sowie den Erlebnisbericht von Cornelia Schröder-Auerbach in diesem Band.

[57] So Buchwald, Miterlebte Geschichte, S. 259-303; vgl. zum Begriff auch Ernst Borkowsky, Hrsg., Das alte Jena und seine Universität, Jena 1908.

Zudem zeichneten sich in der zweiten Hälfte des 19. Jahrhunderts kulturell modernisierende Tendenzen ab, die dem „doppelstädtischen" Gefüge Weimars und Jenas neue Impulse, dem geistigen Verbund beider Städte neue Gestalt verliehen. Die kulturellen Ambitionen und die betont nationale Kulturprogrammatik der gern mit der Metapher vom „silbernen Zeitalter" umschriebenen Regierungszeit des Großherzogs Carl Alexander (1853/1901) verkörperten eine - bei aller betonten Klassikpflege - keineswegs nur epigonenhafte Periode Weimarer Kulturgeschichte. Zwischen „Nachklassik und Moderne"[58] fand Weimar zu neuer innovativer Kraft und Ausstrahlung auch auf die Nachbarstadt. In der Wirkungszeit von Franz Liszt (1842/86)[59] und Richard Strauss (1889/94) wurde Weimar zu einem Zentrum moderner Musikkultur, die „Weimarer Malerschule"[60] seit den 1860er/70er Jahren bahnbrechend für Freilichtmalerei und Impressionismus. Der Künstlerkreis um Liszt formierte sich - schon im Namen programmatisch - als „Neu-Weimar-Verein" (1854/67).

Für viele Intellektuelle blieb Weimar als reale Kulturstätte wie als ideelles Konstrukt eine „geistige Weltstadt"[61], die eigentliche „geistige Hauptstadt Deutschlands". Das eigentümliche Ambiente dieser kleinen und zugleich weltoffenen, traditionsbewußten wie veränderungswilligen Kulturstadt zog erneut Künstlergruppen und intellektuelle Zirkel nun mit dem Anspruch an, ein sehr unterschiedlich verstandenes „Neues Weimar"[62] im Kontrast zum Wilhelminischen Berlin zu schaffen. Und dies wirkte sich auf Jena aus, das auf seine Weise, aber doch wiederum in engem kulturellem Verbund mit Weimar, den Weg in die Moderne beschritt. Die entsprechenden Impulse gingen in erster Linie von Weimar aus. Was Jena an industrieller, das hatte Weimar an kultureller Modernität voraus. Andererseits fanden die kulturellen Neuansätze Weimars im reformoffenen Jena einen weit günsti-

---

[58] Vgl. die Studie von Angelika Pöthe in diesem Band sowie dies., Menschen, Literatur, Träume - das kulturelle Leben Weimars zur Zeit Carl Alexanders, in: John, Hrsg., Kleinstaaten und Kultur, S. 453-469; dies., „Nützlich und ergötzlich". Versuche zur Neubelebung der Fruchtbringenden Gesellschaft unter Großherzog Carl Alexander von Sachsen-Weimar-Eisenach im 19. Jahrhundert, in: Berns/Ignasiak, Hrsg., Frühneuzeitliche Hofkultur, S. 266-280; dies., Carl Alexander, Großherzog von Sachsen-Weimar und Eisenach, in: Ignasiak, Hrsg., Herrscher und Mäzene, S. 451-480.

[59] Vgl. auch die Studie von Otto Löw in diesem Band.

[60] Vgl. auch Walter Scheidig, Die Geschichte der Weimarer Malerschule 1860 - 1900, Weimar 1971.

[61] So z.B. Fürst Pückler, zit. nach Weimar im Urteil der Welt. Stimmen aus drei Jahrhunderten, Berlin/Weimar 1975, S. 199.

[62] Vgl. für den Kreis um Harry Graf Kessler Helene v. Nostitz, Aus dem alten Europa, Weimar/Leipzig 1924, für die völkischen Gruppen Adolf Bartels, Weimar und die deutsche Kultur, Weimar ³1937.

geren Resonanzboden als in Weimar selbst. Wieder einmal zeigte sich die alte Einheit der Gegensätze dieser „Doppelstadt" in einer veränderten Konstellation. Weimar wie Jena gerieten so zu ebenso charakteristischen wie widersprüchlichen Beispielen jenes Phänomens, das neuerdings gern als „Moderne in der Provinz" umschrieben wird.
Der ambivalente „Aufbruch in die Moderne"[63] um 1900 wie der Geist des „revolutionären Kulturpessimisten" und elitären Zukunftsphilosophen Friedrich Nietzsche, der seine letzten Lebensjahre, geistig umnachtet, in Weimar verbrachte, haben beide Städte in ihren konfliktprovozierenden Bann gezogen. Unterschiedlichste Gruppen der sich in dieser „Doppelstadt" sammelnden kulturellen Elite sahen nun in Nietzsche ihren Leitstern, im Weimarer Nietzsche-Archiv ihre Kultstätte. Dessen Name und Werk markierten eine - freilich in scharfem Kontrast zu den liberalen und technikoptimistischen Modernisierungs-, Gestaltungs- und Zukunftskonzepten Abbes stehende - genuin moderne, in ekklektizistischer Aneignung durch konservativ bis völkisch-nationalsozialistische Kreise allerdings bald entstellte kulturelle Position[64].
In diesem Kontext erlebte die „geistige Doppelstadt" um 1900 einen deutlichen kulturellen Struktur- und Stimmungswandel. Beide Städte wurden auf verschiedenen, in sozioökonomischer Hinsicht geradezu kontrastierenden Wegen zu Kraftfeldern der janusköpfigen, oft elitären Kultur- und Geistesbewegung der „Moderne"[65] und ihrer zutiefst widersprüchlichen

[63] Vgl. August Nitschke u.a., Hrsg., Jahrhundertwende. Der Aufbruch in die Moderne 1880 - 1930, 2 Bde., Reinbek bei Hamburg 1990; Überblicke und Problemstellungen auch bei Corona Hepp, Avantgarde. Moderne Kunst, Kulturkritik und Reformbewegungen nach der Jahrhundertwende, München [2]1992; Peter Ulrich Hein, Die Brücke ins Geisterreich. Künstlerische Avantgarde zwischen Kulturkritik und Faschismus, Reinbek bei Hamburg 1992; Thomas Nipperdey, Deutsche Geschichte 1866 - 1918, Bd. 1: Arbeitswelt und Bürgergeist, München [3]1993; Hermann Glaser, Bildungsbürgertum und Nationalismus. Politik und Kultur im Wilhelminischen Deutschland, München 1993.
[64] Vgl. aus der Fülle der Literatur u.a. Jürgen Krause, „Märtyrer und Prophet" - Studien zum Nietzschekult in der bildenden Kunst der Jahrhundertwende, Berlin/New York 1984; Roswitha Wollkopf, Das Nietzsche-Archiv im Spiegel der Beziehungen Elisabeth Förster-Nietzsches zu Harry Graf Kessler, in: Jahrbuch der Deutschen Schillergesellschaft 34 (1990), S. 125-167; Giorgio Penzo, Der Mythos vom Übermenschen. Nietzsche und der Nationalsozialismus, Frankfurt/Main 1992; Nietzsche und Kessler. Drei Vorträge, Weimar 1994 sowie auch die Studie von Erhard Naake.
[65] Der in den 1880er Jahren von Eugen Wolff - auf den „Naturalismus" gemünzt - als Sinnbild für eine Vergangenes überwindende Literatur im Wandel geprägte, später v.a. auf die Situation um 1900 angewandte Begriff - vgl. auch Horst Albert Glaser, Hrsg., Deutsche Literatur. Eine Sozialgeschichte, Bd. 8: Frank Trommler, Hrsg., Jahrhundertwende: Vom Naturalismus zum Expressionismus 1880 - 1918, Reinbek bei Hamburg 1987, S. 8 f., 340-352 - wird hier bewußt in seiner scheinbar wertneutralen Ambivalenz verwendet, um mit ihm das Phänomen unterschiedlichster, ja konträrer Neuansätze

Verbindung von Aufbruchs- und Krisenstimmung, Kulturpessimismus und kulturellem Avantgardismus, Zeitenwende und Zeitkritik. Deren Diagnosen führten zu höchst konträren Therapien, ihre Suche nach geistigen Fixpunkten, festen Werten oder „bündischer Gemeinschaft" in unterschiedlichste Richtungen und zu völlig neuen Formen von Organisationskultur. Eine Fülle konkurrierender Konzepte, Kunststile und kultureller Moden, darunter gegensätzliche Gruppen und Bestrebungen der „avantgardistischen" wie der „völkischen" Moderne wählten die „Doppelstadt" zum ideellen Kampfplatz für eine „neue Kultur", um „kulturelle Hegemonie" und „kulturelle Renaissance"[66]. Und dies verlängerte sich dann, polarisiert und radikalisiert durch das Weltkriegserlebnis, in die Nachkriegszeit.

Der erste Weltkrieg und seine Folgen verstärkten die von jener „Zeitenwende" um 1900 ausgehenden divergierenden Entwicklungstrends in eruptiver Weise. Sie markierten eine deutliche Zäsur des in diesem Band untersuchten Zeitraumes. Der Krieg, der das bürgerliche Europa in seinen Grundfesten erschütterte und in seine bis dahin tiefste Zivilisationskrise stürzte, wirkte als regelrechter Kulturschock und als Katalysator tiefgreifender Wandlungs- und Polarisierungsprozesse[67]. Das erschütternde Weltkriegserlebnis prägte eine ganze Nachkriegsgeneration. Not- und „Volksgemeinschafts"-Gefühle griffen ebenso um sich wie die inneren Gegensätze an Schärfe gewannen. Das alles wirkte höchst ambivalent auf die Nachkriegszeit[68].

Mit zunehmenden Opfern und Leiden verflogen die anfängliche Kriegsbegeisterung und die Bereitschaft, „gern und aus innerstem Herzen freiwillig in den Krieg" zu ziehen[69]. Sie wichen auch in der „Doppelstadt" Frie-

---

und Strömungen zu umschreiben; vgl. zum Problem und zur Kritik eines lediglich auf Überwindung und „Fortschritt" gerichteten Modernisierungsdenkens auch Hans van der Loo/Willem van Reijen, Modernisierung. Projekt und Paradox, München 1992.

[66] Vgl. auch die Studien von Claus Pese, Ulf Diederichs, Horst Groschopp und Justus H. Ulbricht in diesem Band.

[67] Vgl. auch Wolfgang J. Mommsen, Der Erste Weltkrieg und die Krise Europas, in: Gerhard Hirschfeld u.a., Hrsg., Keiner fühlt sich hier mehr als Mensch... Erlebnis und Wirkung des Ersten Weltkrieges, Essen 1993, S. 25-41.

[68] Vgl. etwa das in in dieser Hinsicht aufschlußreiche Weltkriegskapitel in den Erinnerungen des in Jena und Weimar wirkenden Verlagslektors und Volkshochschul-Pädagogen Reinhard Buchwald (wie Anm. 56), S. 221-258 sowie auch die Studie von Ernst Koch über Heinrich Weinel in diesem Band..

[69] So der Brief eines 1915 gefallenen Jenaer Landwirtschaftsstudenten vom Oktober 1914 - zit. nach Philipp Witkop, Hrsg., Kriegsbriefe gefallener Studenten, München ^{6}1928, S. 62; vgl. auch die entsprechenden Kapitel in: Thüringen im und nach dem Weltkrieg. Geschichtliches Erinnerungswerk an die Kriegsteilnahme, die politische Umwälzung und Erneuerung Thüringens, 2 Bde., Leipzig 1919.

denserwartungen, sozialen und politischen Protesten. Die in Gotha 1917 gegründete Unabhängige Sozialdemokratische Partei fand in Weimar und Jena bald Resonanz. Auch unter etablierten und intellektuellen Schichten wirkte der Krieg ernüchternd und polarisierend. Für Viele brach eine scheinbar heile Vorkriegswelt zusammen. Freilich fanden nur Minderheiten zu pazifistischen Positionen. Die Mehrheit der Jenaer Professorenschaft, des Weimarer Hof- und Honoratiorenmilieus und des Kreises um Diederichs hielten bis zuletzt am „vaterländischen Geist"[70] und an jenem verhängnisvollen Glauben an die „deutsche Kulturmission" fest, der Haeckels fatalen öffentlichen Brief gegen den Schweizer Maler Ferdinand Hodler (1914)[71] und die über dessen Jenaer Universitätsbild verhängte „Schutzhaft"[72] prägte. Ähnliches gilt für das studentische Milieu. Zwar verlangte die Jenaer Versammlung deutscher Studentenvertreter vom Januar 1918 allgemeine, staatlich anerkannte Studentenausschüsse[73]. Doch wurden die meisten dieser dann 1919 eingerichteten Ausschüsse und gerade der Jenenser von der „frontstudentischen" Nachkriegsgeneration gegen die Republik gerichtet.

Den mentalen Erschütterungen entsprachen die politischen Veränderungen. Sie fanden im Ende des Wilhelminischen Kaiserreiches und seiner Monarchien, im Entstehen der demokratisch und parlamentarisch verfaßten Republik mit Weimar als - aus pragmatischen Erwägungen wie mit Blick auf seine klassischen Traditionen gewählten - Gründungsort[74] ihren sichtbarsten Ausdruck. Im engeren regionalen Umfeld des hier untersuchten „Doppelstadt"-Phänomens wirkten sie sich zudem im Ende der Fürsten- und Kleinstaaten sowie der Gründung des Landes Thüringen 1920 aus. Dies alles stellte die „Doppelstadt" vor völlig neue Herausforderungen.

---

[70] Vgl. zur 1916 in Jena gegründeten „Vaterländischen Gesellschaft 1914 in Thüringen" ebd., Bd. 1, S. 436-437.
[71] Abgedr. in Walter Grüner, Die Universität Jena während des Weltkrieges und der Revolution bis zum Sommer 1920. Ein Beitrag zur allgemeinen Geschichte der Universität, Jena 1934, S. 191-192.
[72] Vgl. „Fall Hodler" Jena 1914 - 1919. Der Kampf um ein Gemälde, Jena 1970.
[73] Vgl. Verhandlungsschrift der Tagung deutscher Studentenausschüsse in Jena am 19. und 20. Januar 1918 zur Vorbereitung eines deutschen Studententages, o. O. (1918).
[74] Vgl. Susanne Miller/Heinrich Potthoff, Bearb., Die Regierung des Rates der Volksbeauftragten 1918/19, Teil 2, Düsseldorf 1969, S. 223-229; Verhandlungen der verfassungsgebenden Deutschen Nationalversammlung. Stenographische Berichte, Berlin 1920, S. 1-3; Paul Kaiser, Die Nationalversammlung 1919 und die Stadt Weimar, Weimar 1969.

Beide Städte gerieten ins Zentrum polarisierter geistiger Auseinandersetzungen der ersten deutschen Republik, der ihr Gründungsort Weimar den Namen gab, sowie des neuen, anfangs unter seinen sozialistischen Landesregierungen so reformorientierten, freilich auch politisch zerklüfteten Landes Thüringen[75]: Weimar als Landeshauptstadt und mit dem avantgardistischen Bauhaus als heftig angefeindete, 1925 dann vertriebene Landeshochschule, Jena als führende Industriestadt des Landes, als Zentrum der Volkshochschulbewegung und Reformpädagogik[76], als Sitz der Oberlandes- und - verwaltungsgerichte, des Staatsgerichtshofes und der Landesuniversität. Hier gewann der für das pädagogische System Peter Petersens geprägte Begriff „Jenaplan" (1927) internationalen Klang. Freilich erwies sich die Jenaer Universität in ihrer übergroßen Mehrheit als geistiger Hort des Konservatismus, studentischer und professoraler Gegnerschaft zu Republik und Demokratie und befand sich fast durchweg im Konflikt mit den landesgründenden Weimarer Linkskoalitionen[77]. Republikanische Gruppen, wie sie sich etwa in der Jenaer Gründung eines Kartells der Deutschen Republikanischen Studentenschaft (1922) oder im „Weimarer Kreis verfassungstreuer Hochschullehrer" (1926) sammelten[78], blieben an der Universität Minderheiten.

*

Als äußere Anzeichen jener durch den Weltkrieg und seine Folgen verstärkten und radikalisierten „Zeitenwende" um 1900 können das Jahr 1896 - Ansiedlung des Nietzsche-Archivs und des „völkisch"-antisemitisch eingestellten Literaturhistorikers Adolf Bartels in Weimar, das Ableben Nietzsches (1900) und die damit einsetzende Nietzsche-Verehrung, der großherzogliche Regierungswechsel von Carl Alexander zu Wilhelm Ernst (1901) sowie die in beiden Städten nach 1900 so auffällige Gründungswelle von Bünden,

---

[75] Vgl. Donald D. Tracey, Reform in the Early Weimar Republic: the Thuringian Example, in: The Journal of Modern History 44 (1972), S. 195-212; Beate Häupel, Die Gründung des Landes Thüringen (erscheint Weimar/Köln/Wien 1995).

[76] Vgl. auch die Studien von Peter Fauser und Barbara Kluge in diesem Band.

[77] Vgl. auch Jürgen John, Die Weimarer Republik, das Land Thüringen und die Universität Jena 1918/19 - 1923/24, in: Jahrbuch für Regionalgeschichte 10 (1983), S. 177-207.

[78] Vgl. ders., Zum Wirken kommunistischer Studenten in Jena 1922/23. Die kommunistische Studentengruppe an der Universität Jena und das Kartell der Deutschen Republikanischen Studentenschaft (Dokumentation), in: Zeitschrift für Geschichtswissenschaft 31 (1983), S. 607-625; Herbert Döhring, Der Weimarer Kreis. Studien zum politischen Bewußtsein verfassungstreuer Hochschullehrer in der Weimarer Republik, Meisenheim (Glan) 1975.

Vereinen, geistigen Zirkeln und neuen Bildungsformen gelten. Unter ihnen ragte zweifellos der auch auf Jena ausstrahlende Reformversuch (1902/06) der Gruppe um Harry Graf Kessler (seit 1903 in Weimar) und Henry van de Velde (1902/15 in Weimar) hervor, für den schon bald das Schlagwort „Das Neue Weimar" gefunden wurde[79].
Die Berufung van de Veldes und Kesslers, die von ihnen betriebenen Gründungen des (privaten) Kunstgewerblichen Seminars (1902, seit 1907 staatlichen Kunstgewerbeschule), des Museums für Kunst und Kunstgewerbe (1903) und des Deutschen Künstlerbundes als Sezessions-Dachverband (1903), die Bauten van de Veldes für die Weimarer Kunst- und Kunstgewerbeschulen (1904/11), sein Umbau des Nietzsche-Archivs (1903, Kunstwerke von Klinger und Olde), sein Jenaer Abbe-Denkmal (1911, zusammen mit Klinger und Meunier), die unter seiner Beratung errichteten neuen Zeiss-Fabrikanlagen (seit 1906) und Kesslers Weimarer „Cranach-Presse" (1913/31) stellten Höhepunkte moderner deutscher und europäischer Kulturgeschichte dar. Das an Nietzsches Zukunftsgedanken ausgerichtete Kulturkonzept Kesslers und seiner Freunde konnte sich zwar nicht an Hofzeremoniell, Honoratiorenkultur, kleinstädtischem Alltag und deren Dogmen vorbei frei entfalten. Europaweite Aufmerksamkeit erregte es für kurze Zeit allemal.
Europäisches avantgardistisches Denken sollte den Weimarer Kulturanspruch neu beleben, das „Ilm-Athen" im wilhelminischen Deutschland ein Zentrum deutscher Gegenkultur werden. Dabei hielt man sich durchaus an die Weimarer Tradition und den *genius huius loci*, wo Fürsten von Geburt den Fürsten des Geistes gedient hatten. „Jedesmal", so begründete dies Kessler 1904, „wenn die deutsche Kultur sich neuen Zielen zuwandte, sind die neuen, eigenartigen Geister vom Hause Wettin in Thüringen gefördert und geschützt worden. Luther und Cranach, Herder und Goethe, Liszt und Wagner waren Moderne für ihre Zeit und wurden als solche in Weimar aufgenommen. Denn hier gilt schon lange die Verteidigung und Begünstigung

---

[79] Vgl. u.a. Henry van de Velde, Geschichte meines Lebens, hrsg. von Hans Curjel, München 1962; Karl-Heinz Hüter, Henry van de Velde. Sein Werk bis zum Ende seiner Tätigkeit in Deutschland, Berlin 1967; Renate Müller-Krumbach, Harry Graf Kessler und die Cranach-Presse in Weimar, Hamburg 1969; dies., Das Neue Weimar, in: Genius huius Loci (wie Anm. 118), S. 121-126; Burkhard Stenzel, Harry Graf Kessler und die Weimarer Reformen von 1902 bis 1906. Ein Versuch der Moderne, in: John, Hrsg., Kleinstaaten und Kultur, S. 501-528; Gerhard Schuster, Harry Graf Kessler. Tagebuch eines Weltmannes, Ausstellungskatalog Deutsche Schillergesellschaft, Marbach am Neckar 1988; ders., Harry Graf Kessler und das Doppelgesicht von Weimar, in: Nietzsche und Kessler, S. 37-57; vgl. auch Anm. 62, 64 u. 118 sowie die Studie von Claus Pese in diesem Band.

der Eigenart ohne Einmischung in ihre Betätigungen als Staatsgrundsatz. Dem verdankt Weimar seine lange Vorherrschaft in der deutschen Kultur; ein glänzender Beleg für die Fruchtbarkeit dieses Prinzips im Staatsleben."[80]
Kessler und seine Freunde vertrauten auf die dem *genius loci* Weimars geschuldete Tradition wie auf die Ausstrahlungskraft ihres ehrgeizigen avantgardistischen Unternehmens auch in der großherzoglichen Residenzstadt. Es scheiterte allerdings schon bald an vielfältigen Widerständen gegen diesen im Geist europäischer Avantgarde unternommenen Reformversuch. Sie reichten von der Fundamentalopposition „völkischer" Kreise - der damals radikalsten Variante kultureller und mentaler Nationalisierungsprozesse sowie des allgemeinen „Extremismus der bürgerlichen Mitte"[81] - über die Ablehnung durch die städtischen Honoratioren bis zur Distanz der Hofkreise und des neuen Regenten Wilhelm Ernst. Dieser - dem Konservatismus verhaftet, dem Militärischen weit näher als den Musen stehend - duldete zwar anfangs die Aktivitäten des Kessler-Kreises, stellte sich aber bald gegen sie. So bedeutsam letztere für die Durchsetzung der künstlerischen Moderne in Deutschland auch gewesen sein mögen, für die Kulturgeschichte Weimars im engeren Sinne blieben sie Episode, letztlich nur ein Moment im vielfältigen Spiel kultureller Moden der Jahrhundertwende.
In ähnlicher Weise blieben nach 1918 die Künstlerschaft des Weimarer Bauhauses (1919/25)[82] und ihre Anhänger isoliert und wurden verdächtigt, jenseits der Mauer zu stehen, die von den Bewahrern traditioneller „Weimarer Kultur" - der Begriff verkörperte geradezu das Gegenteil dessen, was man sich heute unter einer republik- und bauhausbezogenen „Kultur von Weimar" vorstellt[83] - um das klassische Erbe gezogen worden war. Der im Reformversuch des „Neuen Weimars" und im Weimarer Bauhaus so ful-

---

[80] Harry Graf Kessler, Der deutsche Künstlerbund, Berlin 1904, S. 29-30, auch abgedruckt in: Harry Graf Kessler, Künstler und Nationen. Aufsätze und Reden 1899-1933, Frankfurt/Main 1988, S. 76-77.

[81] Vgl. Hans-Martin Lohmann, Hrsg., Extremismus der Mitte. Vom rechten Verständnis deutscher Nation, Frankfurt/Main 1994.

[82] Vgl. u.a. Klaus- Jürgen Winkler, Das Bauhaus in Weimar, in: Genius huius Loci (wie Anm. 118), S. 143-149; Allan C. Greenberg, Artists and revolution. Dada and the Bauhaus 1917 - 1925, Ann Arbor 1979; Claudine Humblot, Le Bauhaus, Lausanne 1980; Reginald D. Isaacs, Walter Gropius. Der Mensch und sein Werk, Bd. 1, Berlin 1983 sowie Anm. 117; zur Ausstrahlung des Bauhauses auf Jena vgl. Wahl, Jena als Kunststadt, S. 217-257, zur Jena-nahen Dornburger Bauhaus-Werkstatt Antje Dietrich/Axel Stelzner, Die Dornburger Bauhausschülerin Marguerite Friedländer und ihr Einfluß auf die Entwicklung des Berliner und internationalen Design, in: Zeitschrift des Vereins für Thüringische Geschichte 48 (1994), Jena 1994, S. 133-145.

[83] Vgl. zum Problem auch Anm. 91.

minante avantgardistische „Aufbruch in die Moderne" mußte sich andere Wege suchen. Er fand sie nicht zuletzt in der benachbarten Industrie- und Universitätsstadt Jena, wo die Impulse der Avantgarde auf einen besseren sozioökonomischen und intellektuellen Resonanzboden stießen. Was in Weimar eher programmatischer Ansatz blieb, gewann im bald sprichwörtlichen „modernen Jena"[84] feste Gestalt. Die Jenaer Architektur nahm weit stärker Impulse des „Neuen Bauens" auf als die Weimarer. Der Umbau des Jenaer Stadttheaters (1921/22) stellte den größten öffentlichen Bauhaus-Auftrag in Thüringen dar. Die Bauhaus-Nachfolgeeinrichtung konnte in Jena 1929/30 Abbeanum und Studentenhaus im Stile „Neuer Sachlichkeit" errichten[85]. Auch der Jenaer Kunstverein öffnete sich in den 1920er Jahren mit Reklame- und Fotografie-Ausstellungen dieser neuen Stilrichtung[86]. Von Anfang an stießen Kessler und seine Freunde auf die Fundamentalopposition der sich in Weimar um Bartels und seinen Freund Ernst Wachler (seit 1902 in Weimar) sammelnden „völkischen" Gruppen. Der Bartels-Kreis, zu dessen Umfeld auch der Schriftsteller Friedrich Lienhard (seit 1917 in Weimar), der „Saalecker Kreis" um Schultze-Naumburg, der Deutsche Schillerbund, tendenziell auch der Sympathisantenkreis des Nietzsche-Archivs und des zunehmend verfälschten Nietzsche-Erbes zu rechnen sind, wurde zum Mittelpunkt eines sich dann in der Nachkriegszeit entfaltenden thüringischen Netzwerkes „völkischer" Kultur, das neben Weimar in Jena, Gotha, Erfurt und Bad Berka wichtige Stützpunkte hatte[87]. Auch das „völkisch"-frühnationalsozialistische Milieu profitierte vom „Doppelstadt"-Verbund und von der räumlichen Nähe Jenas. So sehr das „moderne Jena" mit seinem industriellen, anhaltend reformoffenen und avantgardistischen Milieu mit der Beamten- und Honoratiorenstadt Weimar kontrastierte, so erwiesen sich doch gerade die Jenaer Universität und ihr bildungsbürgerliches Umfeld in den 1920er/30er Jahren als ein Sammelbecken national-konservativ bis

---

[84] Vgl. Das moderne Jena, in: Von hier. Die Illustrierte Thüringens und des Vogtlandes 1 (1928), S. 378-392.

[85] Was freilich mit den gleichzeitig im betont traditionalistischen Stil errichteten Universitätsbauten - namentlich der Turnanstalt (1928/30) und der Hals-Nase-Ohren-Klinik (1930/32) kontrastierte und einen regelrechten Architekturstreit in der Presse auslöste - vgl. auch ThHStAW, Thür. Volksbildungsministerium C, Nr. 343.

[86] Vgl. zu den genannten Beispielen Wahl, Jena als Kunststadt sowie auch die Studie von Frank Rüdiger in diesem Band.

[87] Vgl. auch das Verzeichnis in Georg Fritz, Hrsg., Deutschvölkisches Jahrbuch 2 (1921), Weimar 1921, S. 126-138 sowie den Überblick bei Justus H. Ulbricht, „Die Heimat als Quelle der Bildung". Konzeption und Geschichte regional und völkisch orientierter Erwachsenenbildung in Thüringen in den Jahren 1933 bis 1945, in: 1919 bis 1994. 75 Jahre Volkshochschule Jena, S. 183-217.

„völkisch"-nationalsozialistisch eingestellter Kreise mit breiter Resonanz unter der Jenaer Studentenschaft[88].

Aus dem „völkischen" Milieu Thüringens und namentlich dem Bartels-Kreis rekrutierte sich ein beträchtlicher Teil der frühen NS-Elite etwa im Rahmen des NSDAP-Gaues Thüringen (1925 unter Dinter), der auf dem Weimarer NSDAP-Parteitag (1926) gegründeten Hitler-Jugend (seit 1929 unter dem aus dem Bartels-Kreis stammenden v. Schirach) oder des „Kampfbundes für deutsche Kultur" (1928), der nicht zufällig 1930 in Weimar seine erste Reichstagung abhielt[89]. Ohne die Existenz und die jahrzehntelange Vorgeschichte „völkischer" Subkultur, Milieu- und Netzwerkstrukturen wäre der frühe NS-Durchbruch 1930 in Thüringen kaum möglich gewesen. Weimarer und Jenaer „Völkische" waren Vorläufer, Wegbereiter und - begleiter, zugleich aber auch Konkurrenten und spätere Opfer der NS-"Bewegung" und -Staatspolitik.

Auch Bartels und seine Freunde wollten Weimar in ihrem Sinne zur „geistigen Hauptstadt Deutschlands" gestalten[90]. Der Kreis um Kessler und van de Velde stellte für sie geradezu eine Herausforderung dar wie dann nach Kriegsende, Republik- und Landesgründung, das Weimarer Bauhaus (1919/25) oder Ernst Hardt als Intendant des Deutschen Nationaltheaters (1919/24). Mit der „Kultur von Weimar", der der Republik, nicht der Stadt wohlgemerkt[91], schienen gerade diejenigen Kulturstile und kultu-

---

[88] Vgl. neben den Gesamtdarstellungen (Anm. 114) v.a. Grüner, Die Universität; Gerhard Fließ, Die politische Entwicklung der Jenaer Studentenschaft vom November 1918 bis zum Januar 1933, Diss. Jena 1959; Rüdiger Stutz, Im Schatten von Zeiss - die NSDAP in der Universitäts- und Industriestadt Jena (Anfang der zwanziger Jahre bis zum Frühjahr 1933), in: Heiden/Mai (wie Anm. 89).

[89] Vgl. zur Vor- und Frühgeschichte der NSDAP in Thüringen, Weimar und Jena die Beiträge in Detlev Heiden/Gunther Mai, Hrsg., Nationalsozialismus in Thüringen (erscheint Weimar/Köln/Wien 1995), zu Dinter und zum Kampfbund auch die Hinweise bei Manfred Bosch, „Rasse und Religion sind eins!" Artur Dinters „Die Sünde wider das Blut" oder: Autopsie eines fruchtbaren Bestsellers, in: Die Ortenau. Veröffentlichungen des Historischen Vereins für Mittelbaden (1991), S. 596-621; Uwe Lohalm, Völkischer Radikalismus. Die Geschichte des Deutschvölkischen Schutz- und Trutz-Bundes 1919 bis 1923, Hamburg 1970; Hildegard Brenner, Die Kunstpolitik des Nationalsozialismus, Reinbek bei Hamburg 1963.

[90] Vgl. die Studie von Justus H. Ulbricht in diesem Band.

[91] Die auf Republik und künstlerische Avantgarde der 1920er/30er Jahre bezogene, die Namen „Weimar" oder „Weimarer Kultur" im Titel führende Literatur bezieht sich kaum auf die Stadt und ihre Kultur selber; vgl. aus der Fülle der Literatur etwa für die Politikgeschichte neuerdings Heinrich August Winkler, Weimar 1918 - 1933. Die Geschichte der ersten deutschen Demokratie, München 1993, für die künstlerische, intellektuelle und politische Kultur u.a. Wolfgang Rothe, Hrsg., Die deutsche Literatur in der Weimarer Republik, Stuttgart 1974; Walter Laqueur, Weimar. Die Kultur der Republik, Frankfurt/Main/Berlin 1976; Peter Gay, Die Republik der Außenseiter. Geist

rellen Tendenzen eine hegemoniale Stellung zu erhalten, die schon in den Jahren nach der Jahrhundertwende zu den bevorzugten Objekten völkischer Kulturkritik gezählt hatten. Die Berufung Hardts und Walter Gropius' in Weimar oder des aus dem van de Velde-Kreis stammenden Erfurter Museumsdirektors Edwin Redslob zum Reichskunstwart[92] signalisierten in völkischen Augen einen bedrohlichen kulturpolitischen Wandel. Wie brüchig freilich die scheinbar hegemoniale Stellung der künstlerischen Avantgarde in der krisengeschüttelten, von den bürgerlich-agrarischen Eliten eher abgelehnten als akzeptierten und nur von Minderheiten überzeugter Demokraten getragenen Weimarer Republik und ihren „goldenen Zwanziger Jahren" tatsächlich war, zeigte sich schon in deren Anfangsjahren, erst recht dann in der Staats-, Wirtschafts- und Gesellschaftskrise dieser Republik. Die bürgerliche Honoratiorenkultur Weimars oder die Professorenkultur Jenas jedenfalls standen eher im Lager der Gegner als der Befürworter der Republik und ihrer avantgardistischen Kultur, den „völkischen" Kreisen zweifellos näher als der künstlerischen Avantgarde. In den zahlreichen Konflikten um die Politik des jungen und bis 1923 von Linkskoalitionen regierten Landes Thüringen - vom Bauhausstreit über die Sezessionsgründung der Bauhaus-Gegner (1921), die Konflikte um die Greil'sche Schulreform bis zum „Thüringer Hochschulkonflikt" (1922/23)[93] - zeigte sich das in aller Schärfe. Wie kaum eine andere Region wurde die „Doppelstadt" in jenen frühen und noch hoffnungsvollen Jahren der Weimarer Republik zum symbolischen und realen Kampfplatz reformorientierter und konservativer, moderner und antimoderner, avantgardistischer und radikal-„völkischer" Kultur-, Bildungs- und Politikkonzepte.

*

---

und Kultur der Weimarer Republik 1918 - 1933, Frankfurt/Main ³1987; Bärbel Schrader/Jürgen Schebera, Die „goldenen" zwanziger Jahre. Kunst und Kultur der Weimarer Republik, Leipzig 1987; Jost Hermand/Frank Trommler, Die Kultur der Weimarer Republik, Frankfurt/Main ²1988; Detlef Lehnert/Klaus Megerle, Politische Identität und nationale Gedenktage. Zur politischen Kultur der Weimarer Republik, Opladen 1989; Manfred Gangl/Gerard Raulet, Hrsg., Intellektuellendiskurse in der Weimarer Republik. Zur politischen Kultur einer Gemengelage, Darmstadt 1994.

[92] Vgl. Edwin Redslob, Von Weimar nach Europa; ders., Die künstlerische Formgebung des Reiches, Berlin o. J.

[93] Vgl. u.a. Tracey, Reform; Häupel, Die Gründung; John, Die Weimarer Republik; Paul Mitzenheim, Die Greilsche Schulreform in Thüringen, Jena 1966, zum Bauhaus-Streit auch Anm. 82 u. 115.

Der ambivalenten und spannungsgeladenen Aufbruchstimmung der ersten Nachkriegsjahre folgte bald das bittere Ende im Nationalsozialismus, der auf Thüringen, Weimar und Jena schon frühzeitig seinen Schatten warf. Wie das junge und bedrängte Land Thüringen wurden beide Städte Mitte der 1920er und Anfang der 1930er Jahre zu Entfaltungsräumen „völkisch"-nationalsozialistischer Kreise, zu NS-Aufmarsch- und Experimentierfeldern[94] und das Weimarer Nietzsche-Archiv zu einer Bayreuth vergleichbaren NS-Kultstätte. Dies begann in der Zeit des „Thüringer Ordnungsbundes" (1924/27) und seiner das republikanische Potential des Landes schwächenden Revisions- und Personalpolitik, spitzte sich in der „Ära Frick" (1930/31) - unter anderem mit der Berufung Schultze-Naumburgs und Hans F.K. Günthers sowie des daraus resultierenden „2. Thüringer Hochschulkonflikts" - zu und setzte sich unter der NSDAP-Landesregierung 1932 fort.

Thüringen und die „Doppelstadt" waren damit - so wenig späteres Traditionsverständnis das auch wahrhaben wollte - durchaus auf das nationalsozialistische Regime[95] vorbereitet, das auf dem weimarnahen, mit dem Namen Goethes so eng verbundenen Ettersberg das Konzentrationslager Buchenwald errichtete, Völker und Kulturen schließlich in die nunmehr „totale" Katastrophe des zweiten Weltkrieges stürzte und ein auf der „Doppelstadt" schwer lastendes geistiges und materielles Erbe hinterließ. Die Mahnungen des Goethejahres 1932[96] - namentlich Thomas Manns vor dem „Veitstanz des Fanatismus" - wirken aus heutiger Sicht wie ein Menetekel. Seitdem gehörte auch „Buchenwald" zur geistigen Topographie Weimars und der gesamten „Doppelstadt".

Wie, so lautete fortan die Frage, ließen sich Weimarer Klassik, Republikgründung und Demokratie mit dem Konzentrations- und Vernichtungslager Buchenwald als „schauerlicher Negation von Weimar"[97] zusammendenken, wie der Abstieg des demokratischen Weimars zur „Stadt des

---

[94] Vgl. in kultureller Hinsicht v.a. und frühere Literatur zusammenfassend Karoline Hille, Beispiel Thüringen. Die „Machtergreifung" auf der Probebühne 1930, in: 1933 - Wege zur Diktatur. Ausstellungskatalog Staatliche Kunsthalle Berlin und Neue Gesellschaft für Bildende Kunst, Berlin 1983, S. 187-217.

[95] Vgl. für Thüringen, Weimar und Jena auch Willy A. Schilling, Die Entwicklung des faschistischen Herrschaftssystems in Thüringen 1933 - 1939, Diss. Jena 1991; Heiden/Mai, Hrsg., Nationalsozialismus.

[96] Vgl. auch Das Goethe-Jahr in Weimar, hrsg. von der Generalintendanz des Deutschen Nationaltheaters in Weimar, München 1932.

[97] So die Liberaldemokraten Leonhard Moog und Alphons Gaertner in einer Niederschrift vom April 1945 über die Lage Weimars nach seiner Zerstörung und Befreiung durch US-Truppen, abgedr. in: Thüringische Landeszeitung v. 4.3.1995, Treffpunkt S. 3.

Führers"[98], wie die humanistischen Traditionen der Weimarer Klassik mit deren Mißbrauch durch den NS-„Kulturwillen" und dem „Gauforum" als geplantem Zentrum eines nationalsozialistischen „neuen Weimars"[99]? Wie vertrugen sich Jenaer Geistestraditionen, industrielle Liberalität und Modernität mit der Einbindung in das NS-System, das der Jenaer Universität 1934 den Namen Schillers verlieh[100]? Welch „gespaltenes Bewußtsein"[101] verbarg sich auch und gerade in dieser „geistigen Doppelstadt" unter dem „schönen Schein" des Dritten Reiches, seiner Kultur und Unkultur, Faszination und Gewalt[102]? Fortan wurden „Weimar und Buchenwald" weltweit zum Inbegriff des Gegensatzes von Humanismus und Barbarei, wie „Jena 1806" schon seit längerem zum Inbegriff von Krise und Neubeginn - freilich im Begriffspaar „Jena oder Sedan"[103] auch eines verhängnisvollen nationalistischen Stärke- und Revanchedenkens - geworden war.

Krieg und Kriegsfolgen, Befreiung und Besatzung, hoffnungsvoller Neubeginn und erneute - wiederum mit dem Namen „Buchenwald", diesmal als sowjetisches Internierungslager verbundene - Unterdrückung offenbarten solche mit den Namen Weimars und Jenas eng verbundenen Zusammenhänge in all ihrer Dramatik. Sie prägten die Tage der Bombenangriffe vom Februar/März 1945, denen in Weimar und Jena zahlreiche Einwohner und klassische Kulturstätten zum Opfer fielen, aber auch die Rettung der nach Jena ausgelagerten Sarkophage Goethes und Schillers vor der angeordneten Vernichtung und deren Rückführung nach Weimar[104] oder die mutige, weiterer Vernichtung vorbeugende Übergabe beider Städte an die amerikanischen Truppen. Sie kennzeichneten den schweren Neubeginn nach der Befreiung vom NS-Regime und die Absicht der aus dem befreiten Konzentrationslager Buchenwald kommenden Politiker um Hermann

---

[98] Vgl. Der Führer in Weimar 1925 - 1938, hrsg. von Fritz Sauckel (Weimar 1938).
[99] Vgl. die Sauckel-Reden vom 24.8.1939 („Das alte und das neue Weimar") und 18.10.1940 (Ausführung des Gesetzes zur Neugestaltung der Stadt Weimar) in: ThHStAW, Reichsstatthalter in Thüringen, Nr. 186, Bl. 272-275, Nr. 187, Bl. 269-278.
[100] Vgl. ThHStAW, Thür. Volksbildungsministerium C, Nr. 130, Bl. 1-7.
[101] Vgl. Hans-Dieter Schäfer, Das gespaltene Bewußtsein. Über deutsche Kultur und Lebenswirklichkeit 1933 - 1945, München 1989.
[102] Vgl. Peter Reichel, Der schöne Schein des Dritten Reiches. Faszination und Gewalt des Faschismus, Frankfurt/Main 1993.
[103] Vgl. für den in diesem Band betrachteten Zeitraum z.B. Franz Adam Beyerlein, Jena oder Sedan?, Roman, ³ Berlin 1903; Jena oder Sedan, in: Deutsche Führerbriefe. Politisch-wirtschaftliche Privatkorrespondenz, Nr. 85 und 86 vom 1. und 4.11.1932.
[104] Vgl. Volker Wahl, Die Rettung der Dichtersärge. Das Schicksal der Sarkophage Goethes und Schillers bei Kriegsende 1945, Weimar 1991.

Brill, die - zum konsequenten Bruch mit der nazistischen und konservativen Vergangenheit entschlossen, aber an die humanistischen Klassik- und demokratischen Gründungstraditionen Weimars anknüpfend - einen demokratischen Neuaufbau Deutschlands aus dem zentral gelegenen Thüringen heraus planten[105].
Der Zusammenhang von Krise und Neubeginn prägte die Landesneubildung unter wechselnder Besatzung wie den gesamten Willen, nach dem Tiefpunkt der NS-Zeit eine, so der Landespräsident Rudolf Paul bei der Neueröffnung der Jenaer Universität im Oktober 1945, „Wiedergeburt aus dem Geistigen" heraus zu vollbringen[106]. Die neue Weimarer „Demokratie des Lebens" huldigte in der Person der greisen Dichterin Ricarda Huch Jenaer „Aristokratie des Geistes"[107]. „Humanität sei unser höchstes Ziel", lautete das Motto der Weimarer Goethe-Ehrung 1946[108]. Von den Thüringer Kulturstätten sollte „ein neuer vorwärtsweisender Geist der Humanität ausgehen"[109], die „geistige Doppelstadt" im nationalen Maßstab Impulsgeber für eine neue Demokratie, für eine Ost und West verbindende, die 1933 gescheiterte Weimarer Demokratie und Kultur sozial fundierende Politik werden.
Gerade in Jena, das mit Zeiss- und Schott-Sezession, Beuteaktionen und Demontagen 1945/46 besonders frühzeitig und massiv die Kriegsfolgen und die Ost-West-Teilung erfuhr, meinte man noch 1947, dem Wiederaufbau der deutschen Industrie in West und Ost das Abbe'sche Stiftungsmodell als eine über das privatkapitalistische System hinausweisende, aber die Vorzüge privatwirtschaftlicher Betriebsführung wahrende Organisationsform empfehlen zu können[110]. „Die erste Zeit in Weimar unter Brill

---

[105] Vgl. Hermann Brill, Gegen den Strom. Reprint der Originalausgabe 1946 mit einem Gedenkartikel von Eugen Kogon, Erfurt 1995, S. 96-101; vgl. auch Manfred Overesch, Hermann Brill in Thüringen 1895-1946. Ein Kämpfer gegen Hitler und Ulbricht, Bonn 1992.

[106] Zit. nach ThHStAW, Büro des Ministerpräsidenten, Nr. 271/3 (unpag.); vgl. auch Volker Wahl, Zur Vorgeschichte der Neueröffnung der Friedrich-Schiller-Universität Jena 1945, in: Neubeginn. Die Hilfe der Sowjetunion bei der Neueröffnung der Friedrich-Schiller-Universität Jena, Jena 1977, S. 29-49 sowie Jürgen John, Die „Ära Paul" in: Thüringen 1945 bis 1947 (erscheint Weimar/Köln/Wien 1995).

[107] So der Landespräsident Paul 1946 bei der Gratulation für Ricarda Huch - vgl. ebd., Nr. 253, Bl. 86; vgl. auch Volker Wahl, Ricarda Huch. Jahre in Jena, Jena 1982.

[108] Ansprache des Landespräsidenten am 22.3.1946 in: ThHStAW, Büro des Ministerpräsidenten, Nr. 252, Bl. 122 f.

[109] Gruß- und Einladungsschreiben des Landespräsidenten Paul und der Schriftsteller Ricarda Huch und Theodor Plivier 1946 an Heinrich Mann, seinen Wohnsitz auf der Wartburg zu nehmen - vgl. ebd., Nr. 250 (Entwurf v. 27.3.1946) u. 251 (Veröff. v. 28.3.1946).

[110] So Friedrich Schomerus am 27.6.1947 in einem Vortrag in Frankfurt/Main - vgl.

und Paul war sachlich und konstruktiv, ein demokratischer Neubau, an dem mitzuwirken ein Vergnügen war. Weimar erstrahlte mir bis 1948 in schönster Morgensonne", schrieb Karl Schultes, einer der Architekten dieser Politik, in einem ansonsten von Bitterkeit getragenem Rückblick[111].
Freilich scheiterten der demokratische Gestaltungs- und Veränderungswille, die Suche nach verbindenden „dritten" Wegen und mit ihnen die hoffnungsvollen Neuansätze des Landes Thüringen und seiner „geistigen Doppelstadt" schon bald an den Realitäten des Vierzonen-Deutschlands, der Ost-West-Konfrontation, deutscher Teilung und erneut autoritärzentralstaatlicher Strukturen diesmal sowjetischen Zuschnitts. Die mit Veränderungswillen gekoppelte Rückbesinnung auf die Weimarer Demokratie wich dem Motto „Kein Zurück zu Weimar!". Der kulturelle Aufbruch nach 1945 endete für beide Städte schon nach wenigen Jahren in einem erneuten Kultur- und Traditionsbruch. So sehr deren historischen Gemeinsamkeiten gerade im Goethejahr 1949 noch einmal in ihrer nationalen und europäischen Dimension beschworen wurden, so schufen doch bipolare Nachkriegsordnung, deutsche Zweistaatlichkeit und innere Entwicklung des ostdeutschen Teilstaates eine völlig neue Situation. Seit der Auflösung des Landes Thüringen 1952 und der Zuordnung Weimars und Jenas zu unterschiedlichen Verwaltungsbezirken separierten politisch-administrative Grenzen eines zentralistischen Staatswesens beide Städte und entzogen so ihrem geistigen Verbund die noch verbliebenen administrativ-strukturellen Grundlagen.
Zwar hielt sich das Bewußtsein der gemeinsamen Vergangenheit beider Städte. Auch kam die Entwicklung ihres kulturellen Traditionsverhältnisses keineswegs zum Stillstand. Weimar wie Jena gehörten zu den exponierten Stätten der Kultur- und Traditionspflege in der DDR. Weimar galt neben Dresden geradezu als inoffizielle Kulturhauptstadt der DDR. Wie der „gesäuberte Antifaschismus" des Buchenwalder Erbes[112] wurde Wei-

---

Armin Hermann, Carl Zeiss. Die abenteuerliche Geschichte einer deutschen Firma, München/Zürich 1992, S. 174.
[111] Ausführlicher Lebenslauf v. 31.5.1978, in: Bundesarchiv Koblenz, Nachlaß Schultes (NL 185, Depositum Institut für Zeitgeschichte München ED 188), Bd. 1 (Zitat S. 73); Schultes - 1945/46 Oberbürgermeister in Nordhausen, seit 1946 in Weimar Leiter der Gesetzgebungsabteilung im Präsidialamt bzw. Landesamt für Justiz, dann stellvertretender Justizminister - floh Ende 1950 in die Bundesrepublik.
[112] Vgl. Lutz Niethammer u.a., Hrsg., Der 'gesäuberte' Antifaschismus. Die SED und die roten Kapos von Buchenwald. Dokumente, Berlin 1994; Manfred Overesch, Buchenwald und die DDR oder Die Suche nach Selbstlegitimation, Göttingen 1995.

mars Kulturtradition für politische Absichten und zur Selbstlegitimation genutzt. Dies fiel freilich selektiv aus, betonte die klassischen Traditionen und wies die avantgardistische Moderne lange Zeit von sich. Dem entsprach ein eindimensionales Nietzsche-Bild, das den vielschichtigen und widersprüchlichen Wirkungen dieses Philosophen auf die Kultur der Moderne und der „Doppelstadt" keineswegs gerecht wurde. Auch gingen beide Städte in ihrem Geschichtsverständnis eher getrennte Wege. Im nach wie vor stark bildungsbürgerlich geprägten Weimar, wo, anders als in Jena, durchweg LDP und CDU die Oberbürgermeister stellten, hielt sich ein stärkeres Traditionsbewußtsein als in Jena, wo man zwar die klassischen Traditionen der Universität beschwor, die Gründungs- und Bewußtseinstraditionen der Industrie und ihrer Arbeiterschaft aber zurückzudrängen suchte.
In Weimar mit seinen Nationalen Forschungs- und Gedenkstätten, seinen Traditions-Gesellschaften und seiner anhaltend intensiven kulturhistorischen Forschung erwies sich die Kultur als verbindende stadtgeschichtliche Klammer[113]. Hingegen tat man sich in Jena weit schwerer, die beiden strukturprägenden Elemente Universität und Industrie in ihren stadt- und kulturgeschichtlichen Zusammenhängen zu begreifen und darzustellen[114]. Zwar blieb die Carl-Zeiss-Stiftung, allerdings von ihren industriellen Grundlagen abgekoppelt, bestehen. Doch verlor der für Jena so charakteristische Verbund von Industrie, Wissenschaft, Bildung und Kultur seine strukturellen Grundlagen. Setzte seit den 1960er/70er Jahren eine deutliche Rückbesinnung auf das Erbe des Weimarer Bauhauses und seiner Vorläufer ein[115], so hemmten in Jena die Verdikte über die soge-

---

[113] Vgl. neben zahlreichen kulturhistorischen Darstellungen u.a. in der Reihe „Weimarer Schriften" des Stadtmuseums oder in den Veröffentlichungen der Nationalen Forschungs- und Gedenkstätten der klassischen deutschen Literatur v.a. Gitta Günther/Lothar Wallraf, Hrsg., Geschichte der Stadt Weimar, Weimar 1975.

[114] Mit Ausnahme der wirtschaftsgeographischen und -historischen Analyse von J. H. Schultze (wie Anm. 52) und einigen kleineren Schriften erschienen hier nur betriebs- und institutionsbezogene Gesamtdarstellungen - vgl. Carl Zeiss Jena. Einst und jetzt, Berlin 1962; Max Steinmetz u.a., Hrsg., Geschichte der Universität Jena 1548/58 - 1958. Festgabe zum vierhundertjährigen Universitätsjubiläum, 2 Bde., Jena 1958/62; Siegfried Schmidt u.a., Hrsg., Alma mater Jenensis. Geschichte der Universität Jena, Weimar 1983; die einzige geschlossene, freilich nur bis 1933 reichende Stadtgeschichte erschien bezeichnenderweise in Stuttgart - vgl. Herbert Koch, Geschichte der Stadt Jena, Stuttgart 1966.

[115] Vgl. u.a. Dieter Schmidt, bauhaus weimar dessau berlin, Dresden 1966; Karl-Heinz Hüter, Henry van de Velde. Sein Werk bis zum Ende seiner Tätigkeit in Deutschland, Berlin 1967; ders., Das Bauhaus in Weimar. Studie zur gesellschaftspolitischen Geschichte einer deutschen Kunstschule, Berlin 1976; Christian Schädlich, Bauhaus Weimar 1919-1925, Weimar 1979, Weimar ²1989; ders., Die Hochschule für Architektur

nannten Zeiss- und Abbe-Legenden bis in die 1980er Jahre eine vorurteilsfreie Aufarbeitung der Geschichte des modernen Jenas und entsprechender Jena-Weimar-Bezüge. Erst in den späten 1980er Jahren zeichnete sich auch hier eine Wende ab[116]. Doch kamen in beiden Städten damals konzipierte und als Kolloquia durchgeführte Projekte erst nach den Umbrüchen 1989/90 zur Publikation[117].
Seitdem hat sich die Diskussions-, Forschungs- und Publikationslandschaft in beiden Städten bereits beträchtlich gewandelt. Vielfältige Aktivitäten, nicht zuletzt markante Kultur- und Kunstausstellungen in Weimar[118] und Jena[119], rückten gerade die Problemlagen des modernen Beziehungs-, Geschichts- und Kulturgefüges beider Städte ins Zentrum der Aufmerksamkeit. Auch in Jena regten sich längst überfällige stadtgeschichtliche Neuansätze[120], ohne allerdings festen Rückhalt in dieser von wirtschaftlichen Umbrüchen geplagten, ihren zukünftigen Platz und ihr historisches Selbstverständnis noch suchenden Stadt gefunden zu haben. So fest die Universität als Strukturfaktor steht, so ungewiß sind die Aussichten der verbliebenen Jenaer Industrien. Wieder scheint das zur „Kulturstadt Europas 1999" geküfte Weimar in seinem Traditions-, Kultur- und Zukunftsverständnis besser gestellt. Doch erweist sich auch Weimars Aussicht zugleich als dornenreicher Zukunftsweg.
Beide Städte stehen vor dem Problem, ihren Ruf, ihre kulturellen Traditionen und ihren Verbund als „geistige Doppelstadt" mit wirtschaftlichen Erwägungen in Einklang zu bringen und dabei nicht der Versuchung zu erliegen, jene als bloße Vermarktungsfaktoren[121] anzusehen. Dennoch bleibt

---

und Bauwesen Weimar. Ein geschichtlicher Abriß, Weimar 1985; Hartmut Probst/ Christian Schädlich, Walter Gropius, 3 Bde., Berlin 1985/87; Karin Hirdina, Pathos der Sachlichkeit. Tendenzen materialistischer Ästhetik in den zwanziger Jahren, Berlin 1981.
[116] Bahnbrechend Wahl, Jena als Kunststadt.
[117] Vgl. Gitta Günther/Wolfram Huschke/Walter Steiner, Hrsg., Weimar. Lexikon zur Stadtgeschichte, Weimar 1993; Stolz/Wittig, Hrsg., Carl Zeiss und Ernst Abbe.
[118] Vgl. Genius huius Loci. Weimar. Kulturelle Entwürfe aus fünf Jahrhunderten, Ausstellungskatalog Stiftung Weimarer Klassik, Weimar 1992; Klaus-Jürgen Sembach/Birgit Schulte, Hrsg., Henry van de Velde. Ein europäischer Künstler seiner Zeit. Ausstellungskatalog, Köln 1992.
[119] Vgl. Ernst Ludwig Kirchner. Von Jena nach Davos, Ausstellungskatalog Jenaer Kunstverein, Städtische Museen Jena und JENOPTIK GmbH, Leipzig 1993; Erich Kuithan 1875-1917. Gemälde, Studien, Zeichnungen, Ausstellungskatalog Städtische Museen Jena, Leipzig 1993; vgl. auch die aus diesen Ausstellungen hervorgegangenen Studien von Anna-Marie Ehrmann und Maria Schmid in diesem Band.
[120] Vgl. Jürgen John, Hrsg., Jenaer stadtgeschichtliche Beiträge, Jena 1993 (zugleich Bausteine zur Jenaer Stadtgeschichte I).
[121] Vgl. z.B. den Vorschlag des Jenoptik-Chefs Lothar Späth für eine abgestimmte

festzuhalten: Mit dem neuen föderalen Staatswesen Thüringens, das mit der deutschen Vereinigung als Bundesland wieder entstand, haben Weimar und Jena die Chance zurückerhalten, sich auf die Gesamtheit ihres so komplizierten und widersprüchlichen Beziehungs- und Traditionsgefüges zu besinnen, sich als Kulturfaktoren aus gemeinsamer Wurzel zu begreifen und wieder im Verbund einer „geistigen Doppelstadt" im Herzen Deutschlands und Europas in eine - kulturell freilich noch ungewisse - Zukunft zu gehen.

*

„Weimar und Jena" in seinen geistig-kulturellen Beziehungen zwischen Tradition und Aufbruch in die Moderne mit allen parallelen und gegenläufigen Entwicklungen stellt ein faszinierendes, noch vielfach aufzuhellendes Kapitel regionaler, deutscher und europäischer Kulturgeschichte dar. Es bedarf zunächst der Erinnerung und Freilegung der historischen Ereignisse und Entwicklungen, die das Verhältnis beider Städte damals geprägt haben. Zu diesem Zweck fand auf Anregung der Städtischen Museen in Verbindung mit der Jenoptik GmbH Jena, dem Jenaer Kunstverein e.V. und der Kulturdirektion der Stadt Weimar vom 19. bis 21. November 1993 in Jena eine interdisziplinäre Tagung statt[122]. Sie befaßte sich mit den Rahmenbedingungen, dem geistigen Hintergrund, der Lebenswelt und der kulturellen Umbruchsituation beider Städte zwischen den 1880er und den 1930er Jahren.

„Zwischen Konvention und Avantgarde. Jena und Weimar im frühen 20. Jahrhundert" war das Thema dieser Konferenz, die im Anschluß an bisherige Untersuchungen, Publikationen, Ausstellungen und Tagungen neue Forschungsergebnisse aus unterschiedlichen Fachdisziplinen der Öffentlichkeit vorstellen wollte. Ein Teil der dort gehaltenen Beiträge wird - erweitert um später eingereichte - in diesem Band abgedruckt. Eine Synopse ausgewählter Daten soll die Rahmenbedingungen, parallelen oder gegenläufigen Entwicklungen beider Städte zwischen 1880 und 1933 andeuten und damit auch eine vergleichende Klammer für die thematisch und methodisch sehr unterschiedlich angelegten Beiträge bilden.

Drei Jubiläen des kulturellen Aufbruchs in Jena nach 1900 veranlaßten diese Tagung: die Eröffnung des Jenaer Stadtmuseums am 1. Februar

---

Strukturpolitik zwecks „gemeinsame(r) Vermarktung als 'Doppelstadt'" - zit. nach Thüringische Landeszeitung v. 4.3.1995.

[122] Vgl. auch Gerhard Schuster, Bilanz der Ambivalenzen. Eine Nachbetrachtung, in: Weimar Kultur Journal, 1/1994, S. 10 f.

1903, die Einweihung des Volkshauses der Carl-Zeiss-Stiftung am 1. November 1903 und die Gründung des Jenaer Kunstvereins am 20. Dezember 1903. Mit zwei viel beachteten Ausstellungen über Ernst Ludwig Kirchner und Erich Kuithan[123] verband sich die Tagung zu einem Forum der wissenschaftlichen Erörterung damaliger Innovations- und Wandlungsprozesse in der Universitäts- und Industriestadt Jena. In Weimar hatte im Jahr zuvor die Ausstellung „Genius huius Loci Weimar. Kulturelle Entwürfe aus fünf Jahrhunderten"[124] den Versuch unternommen, den großen Entwicklungsbogen geistig-kultureller Innovationsprozesse in und für Weimar mit ihren Außenwirkungen auszuleuchten.

Der hier vorgelegte Tagungsband will mit einer Vielzahl von Konferenzbeiträgen über den Vortrag vor einem interessierten Publikum hinaus anregen, die „Doppelstadt"-Thematik in der wissenschaftlichen Welt weiter zu verfolgen. Er erscheint als zweiter Band in der Reihe „Bausteine zur Jenaer Stadtgeschichte", wenngleich seine Beiträge in erster Linie Bausteine für die weitere Erforschung und Darstellung der „Doppelstadt Jena-Weimar" sein wollen. Dieses historische Phänomen ist zudem eine Herausforderung für die Gegenwart: für die Universitätstadt Jena ebenso wie für Weimar, das sich anschickt, „Kulturstadt Europas 1999" zu werden. Das „Geheimnis" des jahrhundertealten Verhältnisses zwischen ihnen weiter aufzuhellen, bleibt als Ziel einer nicht als Lokalforschung zu begreifenden Forschungsstrategie. Als ein Schritt in diese Richtung versteht sich dieser Band. Ihn mitgestaltet und fördernd begleitet zu haben, sei den Autoren, Frau Marga Steiger (Jena) für Korrekturlesen und Registerarbeit, Herrn Rainer Hoffmann (Jena) für den Satz, Herrn Dr. Markus Twellenkamp (Böhlau-Verlag), Herrn Holger Nowak (Städtische Museen Jena), Herrn Dr. Thomas Pester (Verein „academica & studentica Jenensia") und Herrn Dr. Lutz Vogel (Kulturdirektion Weimar) sowie der Stadt Jena und der Bertelsmann-Stiftung für den Druckkostenzuschuß herzlich gedankt.

---

[123] Vgl. Anm. 119.
[124] Vgl. Anm. 118.

CORNELIA SCHRÖDER-AUERBACH[1]

Eine Jugend in Jena

I

In Breslau bin ich geboren; an die frühe Kindheit gibt es Erinnerungen, aber sie sind wie ein Traum. Meine ganze Schulzeit habe ich in Jena verbracht; Jena war und blieb Heimat. Bei jeder Wiederkehr suchte ich hier nach Spuren der Kinderjahre, ging alte Wege, fand vertraute und geheime Plätze. Während heute die 13- bis 14jährigen recht selbständige „Jugendliche" und mit 18 Jahren erwachsen sind, wurden wir, die vor dem ersten Weltkrieg Geborenen, erst mit 21 Jahren „volljährig" und da geht es nicht nur um die Bezeichnung: wir blieben wirklich länger Kinder. - Glücklichen Umständen verdanke ich es, daß es trotzdem in diesen Jenaer Jahren (etwa von 1906 bis 1920) schon Erfahrungen, Begegnungen, Freundschaften gab, die für meine weitere Entwicklung, für mein späteres Leben, von entscheidender Bedeutung waren.

Meine Eltern[2] hatten sich früh getrennt, und unsere Mutter zog mit uns vier kleinen Kindern[3] nach Jena, wo der älteste Bruder unseres Vaters, der Physiker Felix Auerbach,[4] erst einmal für uns sorgen wollte. Mit seiner Frau Anna - Kinder hatten sie nicht - bewohnte er das Erdgeschoß seines schönen großen Hauses in der Mozartstraße 1.[5]

---

[1] Zur Biographie der Verfasserin: Cornelia Auerbach, geboren am 24. August 1900 in Breslau. Seit 1907 in Jena, dort Abitur. Studium der Musikwissenschaften in Breslau, München, Jena, Freiburg. Dort 1928 Promotion. Seit 1929 verheiratet mit dem Musiker Hans (Hanning) Schröder (1896-1987). Lebt seit 1927 Berlin.
[2] Max Auerbach (1872-1965) und Kaethe geb. Reisner (1871-1940). Der Vater war ein Sohn des bekannten Breslauer Mediziners Leopold Auerbach. Ausbildung als Pianist am Leipziger Konservatorium. Die Mutter lebte nach der 1906 erfolgten Trennung bis 1920 in Jena. Die Ehe wurde erst 1926 geschieden.
[3] Die in Breslau geborenen Kinder waren Johannes, Cornelia, Klaus und Günter (geb. 1903 - verschollen in der Sowjetunion während der stalinistischen Verfolgungen).
[4] Vgl. Volker Wahl: Felix und Anna Auerbach. „Kunstmäzene" in Jena. In: Deutschjüdisches Kulturerbe im 20. Jahrhundert. Hrsg. Maria Schmid und Ulrich Zwiener, Jena 1992, S. 38-43.
[5] Die Straße gibt es nicht mehr. Sie wurde später aufgeteilt zwischen den beiden gegenüberliegenden Grundstücken Nr. 1 und Nr. 2. Seitdem ist anstelle des früheren Gartentores und des breiten Zugangs zur Freitreppe am Hauseingang nur noch eine Pforte von der Kriegerstraße aus als Eingang in den Garten vorhanden.

Abb. 1: Johannes, Cora und Klaus (Jena ca. 1908)

Anfangs waren wir in der Papiermühle einquartiert[6], recht provisorisch. Wir hatten wohl zwei Zimmer, mit fremden Möbeln, keine Küche. Zum Essen gingen wir nach unten, in die Gaststube. Für uns Großstadtkinder war einfach alles anders. Unser Spielplatz war nicht mehr ein von hohen Häuserwänden eingeschlossener Hof. Hier lebten wir im Grünen, im Hof gab es Hühner, Tauben, Kaninchen. Als wir in die erste eigene Wohnung einzogen, in die Beethovenstraße[7], stellte sich schnell das Gefühl ein, hier zu Hause zu sein. Wir sind im Lauf der Jahre ziemlich oft umgezogen, aber das Landgrafenviertel blieb, mit einer Ausnahme, unser Wohngebiet.

---

[6] Das Gasthaus „Zur Papiermühle" in der Erfurter Straße 86 am Ortsausgang von Jena in Richtung Weimar.
[7] Beethovenstraße 6.

Mein älterer Bruder, Johannes[8], hatte in Breslau schon die Schule besucht, und ich habe eifrig mitgelernt. Er war hier wohl noch ein Jahr bei Stoy[9], dann konnte er in die Sexta des Gymnasiums aufgenommen werden.[10] Für Mädchen gab es nur eine von drei alten Schwestern geleitete Privatschule. Diese war so rückständig, daß meine Mutter mich nach wenigen Wochen wieder herausnahm. Aber wohin mit mir? Die in einem schönen großen Gartengelände gelegene Stoy'sche Schule, mit Internat, war eine Jungenschule.

Wir waren mit der Familie des Verlegers Eugen Diederichs[11] bekannt geworden. Sie wohnten in unsrer Nähe, in der Sedanstraße, und es waren wie bei uns drei Jungen und ein Mädchen, etwa im gleichen Alter wie wir. Die beiden sehr fortschrittlichen Mütter haben es gemeinsam erreicht, daß Ruth Diederichs und ich als einzige Mädchen in die oberste Vorschulklasse aufgenommen wurden. Schnell waren wir die besten in der Klasse, aber das half uns nichts; in die nächste Klasse kamen wir nicht. „In diesem Alter könne man doch Knaben und Mädchen nicht mehr zusammen unterrichten", hieß es!

Da entschloß sich meine Mutter, die ausgebildete Sprachlehrerin war, mich selbst zu unterrichten. Die Fächer, für die sie nicht zuständig war, Mathematik, Physik, Geographie, übernahm der Physikprofessor, unser Onkel Felix. Er nahm mich auch manchmal mit ins Physikalische Institut, wo er mir Experimente vorführen konnte. Die Chladni'schen Klangfiguren[12] sind mir bis heute unvergeßlich. Und „Tante Anna" ging mit mir, die grüne Botanisiertrommel umgehängt, das Pflanzenkundebuch in der Tasche, auf die Wöllnitzer Wiesen oder ins Closewitzer Wäldchen botanisieren. Zuhause wurden die Pflanzen nach Linné bestimmt, gepreßt und mit feinen Klebestreifen in ein Herbarium eingeklebt. Es waren herrliche Zeiten für mich, denn statt der fünf Schulstunden war mein Unterricht meist in ein bis zwei Stunden beendet, dazu kam etwa ebensoviel Zeit für die Hausauf-

---

[8] Siehe Johannes Ilmari Auerbach 1899-1950. Eine Autobiographie in Briefen. Hrsg. Renate Heuer und Frank Kind, Bad Soden 1989. Zu beziehen über Archiv Bibliographia Judaica e.V. (Institut für Deutsche Sprache und Literatur II der Johann-Wolfgang-Goethe-Universität) Frankfurt am Main.
[9] Stoy'sche Privat-Lehr- und Erziehungsanstalt in der Stoystraße 4.
[10] Das Gymnasium Carolo-Alexandrinum an der Schillerstraße mußte 1914 den Industriebauten der Firma Carl Zeiss weichen.
[11] Vgl. Eugen Diederichs. Leben und Werk. Ausgewählte Briefe und Aufzeichnungen, hrsg. von Lulu von Strauß und Torney-Diederichs, Jena 1936, - Eugen Diederichs. Selbstzeugnisse und Briefe von Zeitgenossen. Hrsg. Ulf Diederichs, Düsseldorf/Köln 1967.
[12] Erscheinungen des Schalls, benannt nach dem Physiker Ernst Florens Friedrich Chladni. Er veröffentlichte 1787 „Entdeckungen über die Theorie des Klanges".

gaben. Ich konnte viel spazieren gehen und viel lesen. Und ich hatte Zeit zum Klavierüben.
Da muß ich etwas zurückgreifen. Als wir in die eigene Wohnung zogen, mußten natürlich Möbel gekauft werden, Betten und Schränke, und was man so alles braucht. Dabei gab es aber auch zwei besondere Ereignisse. Einmal hieß es, die Möbel aus Weimar seien da. Das waren Möbel von Henry van de Velde, der für meine Mutter ein vollständiges Damen-Wohnzimmer entworfen hatte. Das Eßzimmer hat uns dann der Tischlermeister Kemmler[13] gefertigt, im Holz und auch im Stil gut zum Wohnzimmer passend. In seiner Werkstatt in der Oberlauengasse hat mein Bruder Johannes die Arbeit an der Hobelbank zuerst kennengelernt und sich sicher manchen guten Rat geholt.
Das andere Ereignis war für mich noch wichtiger: auf meine dringliche Bitte, Klavierspielen zu lernen, ging die Mutter wirklich mit mir zu Hacker[14] am Holzmarkt und kaufte ein Klavier! Ich habe noch ein Büchlein, in dem steht: „11. Mai 1908 erste Klavierstunde bei Frau Feuerstein". Es war ein ziemlich weiter Weg zu den Feuersteins. Ihr Haus lag an der Biegung, gegenüber dem unteren Eingang zum Prinzessinnengarten, wo es links zum Planetarium, rechts zum Saalbahnhof geht.[15] Zuerst ging mein Weg an dem für uns Kinder etwas unheimlichen Haus, der Nervenklinik von Binswanger[16], vorbei. Dann der lange Weg entlang der Friedhofsmauer. Einmal fand ich am offenen Tor eine weiße Papierblume. Ich nahm sie mit und machte daraus ein Spielchen. Ich steckte sie in eine Ritze zwischen den groben Steinen der Mauer. Beim nächsten Mal mußte ich sie wiederfinden, ein Stück weiter mitnehmen und an einer andern Stelle verstecken. So war ich abgelenkt vom Gedanken an die Gräber hinter der Mauer. Ich war ja noch keine 8 Jahre alt! Frau Feuerstein gab einen etwas altmodischen, aber sehr guten Anfangsunterricht. Als sie nach einiger Zeit aufhören mußte zu unterrichten, schickte sie mich zu ihrer Freundin, Frau Herschkowitsch[17], wo ich für die nächsten Jahre ebensogut aufgehoben war.

---

[13] Firma Hermann Kemmler, Collegiengasse 4/5.
[14] Ludwig Hacker, Musikalien- und Instrumentenhandlung, Holzmarkt 17.
[15] Damalige Anschrift Marienstraße 8. Der Ehemann war ein beliebter jüdischer Arzt in Jena.
[16] Psychiatrische Klinik, damalige Bezeichnung Irren-Heil- und Pflegeanstalt, von Prof. Dr. Otto Binswanger, Oberer Philosophenweg 3.
[17] Damalige Anschrift Scheidlerstraße 19.

II

Mittlerweile gab es in Jena die Studienanstalt, ein Mädchengymnasium, und zwar an der Stelle, wo die Wagnergasse endet und die (damalige) Kaiser-Wilhelm-Straße beginnt.[18] Gegenüber, wo der Steiger beginnt, lag das Hotel „Kaiserhof", und etwas höher gelegen standen das Amtsgericht und das Oberlandesgericht. Ich kam, rechtzeitig zum Beginn des Lateinunterrichts, in die Quarta, und ich muß sagen, ich ging gern zur Schule. Wir hatten, seit wir nach Jena gekommen waren, schon eine ganze Menge Menschen kennengelernt. Gelegenheit dazu fand meine Mutter anfangs hauptsächlich im Auerbach'schen Hause. Es gab damals noch den schönen Brauch des „jour fix", und die Auerbachs pflegten diese Form der Geselligkeit. An einem voraus bestimmten Datum, mehrmals im Semester, konnten Professoren und Studenten, Wissenschaftler und Künstler sich als Gäste einfinden. Die vier ineinandergehenden Räume füllten sich; im Sommer konnte man sich auch in dem immer sehr gepflegten Garten ergehen. Es gab Geplauder, Gelächter, Diskussionen. Johannes und ich haben das manchmal miterlebt. Von all der Prominenz, die da erschien, kann ich mich an einige gut erinnern: z. B. an die ein wenig komisch wirkende Frau Förster-Nietzsche[19], und an den von uns sehr bewunderten großen, damals noch ganz jungen Professor Schaxel.[20] Natürlich waren für uns die ungewohnten kulinarischen Genüsse nicht weniger interessant. Ich nehme an, daß meine Mutter dort schon Henry van de Velde begegnet ist.[21] Da könnte der Plan für das Wohnzimmer entstanden und gemeinsam mit Onkel Felix, der das ja finanzieren mußte, besprochen worden sein.

Obwohl wir in sehr bescheidenen Verhältnissen lebten, hatten wir, wie es damals üblich war, ein Dienstmädchen. So konnte unsere Mutter sich neben dem Haushalt eigene Aktivitäten schaffen. Sie gab Ausländern deutschen Unterricht. Ich erinnere mich vor allem an eine schwedische Gymnastiklehrerin, die uns Kindern manches Kunststück aus der berühmten schwedischen Gymnastik vorführte und beibrachte. Auch besuchte die Mutter Vorlesungen in der Universität. Sie hörte Philosophie bei dem Privatdozenten Eberhard Grisebach, mit dessen Familie uns bald herzliche

---

[18] Städtisches Lyzeum (höhere Mädchenschule), Kaiser-Wilhelm-Straße 1.
[19] Elisabeth Förster-Nietzsche, die Schwester des 1900 verstorbenen Philosophen Friedrich Nietzsche, die in Weimar das Nietzsche-Archiv leitete.
[20] Der Biologe Julius Schaxel, 1916 bis 1933 Professor der Zoologie an der Universität Jena.
[21] Anna und Felix Auerbach waren Mitglieder der Gesellschaft der Kunstfreunde von Jena und Weimar, zu der aus Weimar auch Henry van de Velde gehörte. Siehe den Beitrag von Volker Wahl in diesem Band.

Freundschaft verband.[22] Bedeutungsvoller waren die Vorlesungen von Botho Graef, dem Archäologen.[23] Eine Erinnerung daran sind mykenische Muster, die sie auf meine Kleider stickte, von denen eins noch erhalten ist. Graef - für uns bald „Onkel Botho" - war eine unvergeßlich eindrucksvolle Erscheinung. Wir konnten ihn manchmal in seiner Junggesellenwohnung im „Wettiner Hof"[24] besuchen, auch besuchte er unsere Mutter zum Tee im Van de Velde-Zimmer. „Hier ist seidne Luft" sagte er einmal! Als seine Nichten aus Berlin, Töchter des Maler-Ehepaares Sabine und Reinhold Lepsius[25], ihn in den Ferien besuchen kamen, sollten wir, da er ja keine Kinder hatte, uns um sie kümmern. Wir schlossen schnell Freundschaft. Binchen tanzte entzückend Ballett, malte und zeichnete. Ein wenig eifersüchtig war ich, als ich ihr meine Skier leihen sollte, weil Johannes, sonst mein Partner, mit ihr skilaufen wollte. Dafür konnte ich mit Billy vierhändig spielen; und wir brachten uns - auswendig - gegenseitig unsere Lieblingsstücke bei: sie mir ein Rondo von Schubert, ich ihr ein Präludium von Bach.

Befreundet waren wir auch mit Czapskis.[26] Gleich hinter der Brücke über die Weimar-Geraer Bahn, da wo der Forstweg anfängt, lag das Haus tief hinten in dem großen Garten, in dem wir gern mit den beiden Jüngsten spielten. Wenn eines der viel älteren Geschwister uns zum Vespern hereinrief, oder gar die von mir sehr bewunderte Mutter (geborene Französin) dazukam, spürte man immer einen Hauch von Kunst, Kultur, Gelehrsamkeit.

Gelegentlich wurde ich von meiner Mutter nach Weimar mitgenommen und lernte die Van de Velde-Kinder kennen: Lene und Nele und die kleinen Zwillinge Till und Tilla.[27] Auch zu Ernst Hardt kamen wir; da fand

---

[22] Der Philosoph Eberhard Grisebach, seit 1913 Privatdozent, seit 1922 außerordentlicher Professor an der Universität Jena (bis 1930). Zu Grisebachs Künstlerbeziehungen siehe Maler des Expressionismus im Briefwechsel mit Eberhard Grisebach, hrsg. von Lothar Grisebach, Hamburg 1962.
[23] Vgl. Volker Wahl: Botho Graef, der „leidenschaftliche Wortführer der Jenaer Intellektuellen", in: Avantgarde und Publikum. Zur Rezeption avantgardistischer Kunst in Deutschland 1905-1933. Hrsg. Henrike Junge, Köln/Weimar/Wien 1992, S. 119-128.
[24] Erfurter Straße 64.
[25] Sabine Lepsius war die Schwester von Botho Graef. Siehe Ein Berliner Künstlerleben um die Jahrhundertwende. Erinnerungen von Sabine Lepsius. Hrsg. Monica Lepsius-Berenberg, München 1972.
[26] Prof. Dr. Siegfried Czapski war als Bevollmächtigter der Carl Zeiss-Stiftung und Geschäftsführer der Firma Zeiss Nachfolger von Ernst Abbe. Er verstarb bereits 1907. Seine Frau Margarethe wohnte Forstweg 23. Über die Familie siehe Wilhelm Flitner: Erinnerungen 1889-1945, Paderborn/München/Wien/Zürich 1986.
[27] Vgl. Henry van de Velde, Geschichte meines Lebens, München 1962.

ich seine hinreißend schöne griechische Frau interessanter als die Kinder Donata und Prosper.[28] Meine Mutter hatte eine starke Ausstrahlung und konnte durch ihre interessierte Teilnahme in warmherzig temperamentvollen Gesprächen gerade jungen Künstlern sehr hilfreich sein. Zu ihnen gehörte Reinhard Sorge, damals noch jung und unbekannt. Er bekam dann einen Preis für sein erstes Drama „Der Bettler".[29] Ihn verband zugleich eine innige Freundschaft mit meinem um sieben Jahre jüngeren Bruder Johannes. Er ist, wie so viele unserer Freunde, im Krieg gefallen.
Zu diesem Freundeskreis gehörte auch Hans Storch, ein zarter, sehr begabter Maler.[30] Er hatte gerade sein Militär-Dienstjahr hinter sich und hatte sich bei dem Maler Cuno Amiet in der Schweiz als Schüler angemeldet. Dieser hat ihn angenommen, hat auch ein Portrait von ihm gemalt. Das war kurz vor Kriegsausbruch, und da wurde der junge Soldat eingezogen. In den Ferien hatte er ein Portrait von Johannes angefangen (ein Ölbild), das noch bei mir hängt. Nach dem Krieg wollte er es fertig machen. Aber schon vor Weihnachten 1914 war er gefallen. Briefe und Kartengrüße an meine Mutter, auch Fotos von ihm, habe ich in Berlin an das Brücke-Museum gegeben.
Ein junger Student kam eine Zeitlang regelmäßig, um meinem kleinen Bruder Nachhilfeunterricht zu geben; er wurde auch oft zum Essen eingeladen. Wir bestaunten die Schmisse in seinem Gesicht, und wir gruselten uns, wenn er von seinen Mensur-Erlebnissen erzählte! Dieser Fritz Schulze war später ein bekannter Regisseur, Dr. Schulze-Wendhausen.[31] Bei meiner ersten Englandreise traf ich ihn in London wieder.
Noch einen Namen möchte ich nennen: Carl Rieniets.[32] Auch er war, wie die andern, einige Jahre älter als wir, war schon fertiger Arzt. Dieser war nun für mich von besonderer Bedeutung, denn er war musikalisch interes-

---

[28] Hardt, befreundet mit Botho Graef, lebte als Dichter in Weimar. 1919 wurde er dort Generalintendant des Deutschen Nationaltheaters. Siehe Werner Schulze-Reimpell: Ernst Hardt (= Kölner Biographien 7), Köln 1976; Briefe an Ernst Hardt. Eine Auswahl aus den Jahren 1898-1947. In Verbindung mit Tilla Goetz-Hardt hrsg. von Jochen Meyer (= Marbacher Schriften 10), Marbach 1975.

[29] Sorge erhielt den Kleistpreis 1912 zusammen mit Hermann Burte.

[30] Hans Storch, geboren 1894, kam 1913/14 durch Vermittlung von Eberhard Grisebach als Schüler zu Cuno Amiet. Er fiel bereits am 6. Dezember 1914. Das Grabdenkmal in Jena wurde von Johannes Auerbach gestaltet.

[31] Eigentlich Friedrich Schulze aus Wendhausen bei Braunschweig, 1910/11 als Student der Germanistik und Geschichte in Jena.

[32] Dr. med. Carl Rieniets aus Antwerpen, seit 1915 als stellvertretender Assistent an der Frauenklinik in Jena, 1918 Doktorpromotion. Aktiv in der Jugendbewegung (Wandervogel, Freideutsche Jugend).

siert. Er lieh mir seine Bratsche, weil er meinte, man müsse außer Klavier auch ein Melodieinstrument spielen. Weihnachten lag dann auf meinem Tisch ein Zettel, auf dem stand „Bratsche mit Bogen für Cora". Zu meinem 18. Geburtstag schenkte er mir das grade erschienene Musiklexikon von Riemann. Ich denke, dies war bestimmend für meinen späteren Entschluß, Musikwissenschaft zu studieren. Übrigens lag die Klinik, in der Rieniets arbeitete, gegenüber meinem Schulhof in der Bachgasse. Da hat er mich manchmal in der großen Pause herausgewinkt; ich sollte in sein Dienstzimmer kommen und sein Klinik-Frühstück essen. Es war ja Krieg, wahrscheinlich schon der schreckliche Kohlrübenwinter 1917/18.

Anders als die hier geschilderten Freundschaften war unsere Beziehung zu Harnacks.[33] Frau Clara Harnack war nach dem Tod ihres Mannes nach Jena gekommen, eine Frau mit vier Kindern, ohne den Vater, so wie es auch bei uns war. Man fühlte sich zusammengehörig, fast wie mit Verwandten. Frau Harnack war Malerin, die jüngere Tochter, Angela, spielte Geige. Alle diese Menschen vermittelten uns eine über das Alltägliche hinausweisende Atmosphäre, wodurch die frühen Jenaer Jahre wirklich zum Fundament meines weiteren Lebens wurden.

Natürlich hatten wir auch Schulfreunde. Aber wir spürten, und wir haben auch manchmal darüber gesprochen, daß wir anders waren. Schon durch unser Äußeres fielen wir auf. Meine Brüder trugen nicht die der Kleidung der Erwachsenen angeglichenen Konfektionsanzüge, sondern von einer alten Hausschneiderin genähte kurze Hosen und dazu Kittel, die unsre Mutter gern für uns alle nähte. Allerdings, und auch das war in Jena ungewöhnlich, hatten wir aus dem preußischen Breslau die schönen Kieler Matrosenanzüge mitgebracht, dunkelblau oder blau-weiß gestreift, mit Kragen und schwarzem Schlips, für festliche Gelegenheiten. Dazu kam noch der ziemlich lange Haarschnitt der Jungens. Als die Mutter uns von einer Reise gar noch rote Schlapphüte mitbrachte, war dann manchmal von den „roten Auerbachs" die Rede.

Die Mutter war, wie auch Felix und Anna und der ganze Freundeskreis, politisch links eingestellt und in Kunstfragen natürlich allem Neuen zugewandt. Bei Auerbachs hing im Musikzimmer das Portrait, das Edvard Munch von Onkel Felix gemalt hatte.[34] Bei Wanderslebs hingen Bilder

---

[33] Prof. Dr. Otto Harnack starb 1914. Clara Harnack lebte mit den Kindern Arvid, Inge, Angela und Falk in Jena in der Westendstraße 20. Der 1901 geborene Sohn Arvid wurde 1942 als Widerstandskämpfer gegen Hitler hingerichtet. Johannes Auerbach war in erster Ehe mit Inge Harnack verheiratet.

[34] Vgl. Volker Wahl, Jena als Kunststadt, Leipzig 1988, S. 95-98 und Abbildung 23.

von Erich Kuithan[35], und über dem Van de Velde-Sofa bei uns hing eine Zeichnung von Ernst Ludwig Kirchner[36], die er meiner Mutter geschenkt hatte. Dem Thema des Buches entsprechend könnte man von meinem Umfeld sagen: „Zwischen (spieß) bürgerlich und emanzipiert".

III

Als ich 1991 zum Regerfest in Jena war, bekam ich ein sehr schönes Buch geschenkt: „Bilder aus dem alten Jena".[37] Beim Betrachten dieser alten Fotografien werden viele Erinnerungen lebendig: der noch von Häusern rings umschlossene Marktplatz, Brunnen und Hanfried vor dem Rathaus. Und der Betrieb an Markttagen! Da flatterten in kleinen Käfigen Hühner und Tauben; Eier kaufte man eine „Mandel" (= 15 Stück) und eins gab es dazu. Die Pflaumen wurden im „Schock" verkauft (= 60 Stück). Immer vier in jeder Hand wurden sie in unsre Tasche gezählt, und da gab es vier Stück dazu. Manchmal war zugleich auch Töpfermarkt, auf dem holprigen, abschüssigen Platz vor dem Eingang zur Stadtkirche. Da konnte ich immer schwer vorbeigehen, denn da gab es außer den großen Tellern, Töpfen, Schüsseln (meist wohl aus Bürgel) auch wunderhübsches Puppengeschirr für wenige Pfennige.

Wir sahen noch die Kurrendeknaben in ihren langen schwarzen Capes durch die Straßen ziehen, sich im Kreis aufstellen und singen. Wir haben das Hochwasser an der Lache miterlebt (1909). Da stand in den Geschäften das Wasser bis über den Ladentisch. Am nächsten Tage setzte strenger Frost ein, und da liefen die Leute mit Schlittschuhen durch die Straßen von Wenigen-Jena. Wir kannten die alte und die neue Camsdorfer Brücke. Wir waren auch dabei, als auf den Saalewiesen der Heißluftballon aufstieg. Da sind sogar unser unternehmungslustiger Onkel Felix und seine Frau mitgeflogen.[38]

Auf den Wiesen gab es Spiel- und Sportplätze für Schulklassen; da haben wir als Tertianerinnen uns ausgetobt beim Schlagballspiel. Und dann im Winter die künstliche Eisbahn! War erst einmal das mühselige Anschnallen der Schlittschuhe an die dafür präparierten Stiefel geschafft, ging es los.

---

[35] Vgl. Erich Kuithan 1875-1917, Gemälde, Studien, Zeichnungen. Ausstellungskatalog der Städtischen Museen Jena, Leipzig 1992.
[36] Zu den Beziehungen Kirchners zu Jena vgl. Ernst Ludwig Kirchner, Von Jena nach Davos. Ausstellungskatalog des Jenaer Kunstvereins und der Städtischen Museen Jena in Zusammenarbeit mit der JENOPTIK GmbH Jena, Leipzig 1993.
[37] 100 Jahre Jena im Foto, Bilder aus dem alten Jena, Jena 1984.
[38] Ballonaufstiege erfolgten 1908/09 in Jena. Von ihnen liegen von Dr. Ernst Wandersleb angefertigte Luftbildaufnahmen vor.

Am schönsten war immer der Augenblick, wenn es schon dämmrig wurde und auf einmal auf den hohen Masten die Gaslaternen angingen, in rotviolettem Licht. Da hallte ein vielfältiges „Aah" über den großen Platz. Weiter flußaufwärts, da, wo die Kahlaische Straße beginnt, gab es eine Fähre, die an einem Stahlseil hinüber und herüber gezogen wurde.
Das Saaletal war noch fast unberührte Landschaft, mit vielen Wildblumen und den kleinen Weidenbäumen hier und da. Außer dem Dorf Wöllnitz gab es bis nach Burgau und Lobeda keine Häuser. In Burgau gab es zwei Sehenswürdigkeiten: da fuhr man - auch ganze Schulklassen - hin, um die ersten Zeiss-Turbinen zu bestaunen. Das andere Ziel war die weithin berühmte Porzellanmanufaktur von Ferdinand Selle.[39] Unser Eß-Service ist zum großen Teil noch vorhanden, und vor einigen Jahren kam ein Porzellanfachmann und hat alle meine Stücke fotografiert. Jedes ist jetzt, da es die Manufaktur nicht mehr gibt, eine Kostbarkeit!
Einmalig schön ist die Lage der Stadt im Saaletal, umgeben von Bergen, die vielleicht früher einmal ein großes Hochplateau bildeten. Wir liebten die Spaziergänge, z. B. den Steiger hinauf, wo die tiefen Radspuren noch von Napoleons Kanonen herrühren sollten. Oder nach der anderen Seite über den Galgenberg zum schönen Forstturm oder dem ziemlich scheußlichen Bismarckturm, wo aber am Abend des Sedantages (2. September) oben auf dem Turm ein großes Feuer brannte. Weitere Touren führten zum Lauenstein, zur Ammerbacher Platte, und natürlich jenseits der Saale zur Lobdeburg. Da liegen, etwas abseits, die „Hohen Leeden", wo Eugen Diederichs mitternächtliche Feste veranstaltete.[40] Es wurden Holzfeuer angezündet, und fortschrittliche Frauen tanzten in ihren Reformkleidern - d. h. flatternden Gewändern ohne Korsett und Stehkragen! - darum herum.
Beliebtes Ziel für fremde Besucher war immer der Fuchsturm. Da hat man leider jetzt die Büsche und Bäume so hoch wachsen lassen, daß der herrliche Ausblick auf die Stadt und weit hin über das Saaletal verloren gegangen ist. Eine Tageswanderung ist der Weg ums Hufeisen. Ob heute noch jemand weiß, daß man da von einer einzigen Stelle aus das Dorf Laasan liegen sehen kann? Es liegt zwischen Hügeln und Bäumen so verborgen, daß Napoleon es nicht gefunden hat! - Ob das alles noch in seiner natürlichen Schönheit erhalten ist, und ob in unserem motorisierten

---

[39] Zur Geschichte vgl. Bernd Fritz, Die Porzellan-Manufaktur Ferdinand Selle, Burgau a.S. Ein thüringisches Unternehmen der Werkstättenbewegung 1901-1929. Magisterarbeit am Kunsthistorischen Institut der Freien Universität Berlin [Typoskript].

[40] Vgl. die Literatur zu Eugen Diederichs; weiterhin Wilhelm Flitner, Erinnerungen, S. 136-140.

Abb. 2: Felix Auerbach

Zeitalter solche Wanderungen noch gemacht werden? Schulausflüge gibt es wohl auch heute noch; „Maigang" hieß das bei uns, ein ganztägiger Spaziergang, meist mit dem Klassenlehrer. Aber an etwas anderes erinnere ich mich, und das hat es wohl nach dem Untergang des Kaiserreiches nie und nirgends mehr gegeben. Wenn die Garnison unserer Stadt[41] zum Herbst-Manöver auszog, dann haben wir (12- bis 13jährige) die Soldaten begleitet, stramme Märsche, Rast und Biwak. Es entstand dabei eine gewisse Vertraulichkeit mit dem sonst so strengen Lehrer, und wir sangen mit Leidenschaft die schaurig-schönen Soldatenlieder dieser Zeit.

Dem Themenplan des Buches folgend, möchte ich versuchen, zu beschreiben, wie zu unserer Zeit, aus unserer Sicht, die Nachbarstädte Jena und Weimar sich darstellten. Jena war in erster Linie Universitätsstadt, und das Leben in der Stadt war weitgehend geprägt von den Studenten; vor allem natürlich waren es die Corpsstudenten mit ihren bun-

---

[41] In Jena war das III. Bataillon des Thüringischen Infanterie-Regiments Nr. 94 garnisoniert.

ten Mützen, die sich in der Innenstadt tummelten. Sie saßen vor ihren Kneipen, oft singend und Sprüche klopfend, mit den dazugehörigen Riten. Ich besitze noch eins der schönen hölzernen Bierseidel aus Ziegenhain.

Das Leben in Weimar ist mehr durch den Blick in die Vergangenheit bestimmt. Es ist die Stadt der klassischen Gedenkstätten. Hierher kommen die Fremden, um das Goethemuseum zu sehen und das bescheidene Schillerhaus, und natürlich das Denkmal der beiden Dichter vor dem Theater. Musikfreunde suchen auch noch das mehr am Stadtrand gelegene Haus Franz Liszts auf. Ich habe dort noch die alte Haushälterin des Komponisten erlebt, die uns durch das Haus führte und allerlei persönliche Erinnerungen erzählte. In Weimar zu leben, erschien uns nicht verlockend. Das wurde erst anders, als nach dem Krieg das Bauhaus entstand und zugleich im Theater die Nationalversammlung tagte, die die „Weimarer Republik" gründete.

Das Theater allerdings hat für mich schon längst vorher eine Rolle gespielt. Unser Onkel Felix war sehr musikalisch; er sang und er spielte Geige. Als ich so weit war, daß ich ihn am Klavier begleiten konnte, hat ihm das natürlich Freude gemacht. Er hat mich dann ein paarmal eingeladen, mit ihm nach Weimar zu fahren, abends ins Theater! „Freischütz" und „Figaro" waren meine ersten Opernerlebnisse.

Obwohl es in Jena kein Theater und auch kein Konservatorium gab, war es doch eine Kunst- und Musikstadt. Die Konzerte im großen oder kleinen Volkshaussaal oder in dem wunderschönen Rosensaal am Fürstengraben fanden immer ein verständiges Publikum. Belebt wurde die Musikszene, als etwa 1910 oder 1911 zwei junge russische Musiker in die Stadt kamen, die vor Pogromen aus Rußland geflüchtet waren, zunächst nach Leipzig. Dort soll es Reger gewesen sein, der ihnen riet, nach Jena zu gehen, wo Musiklehrer dringend gebraucht wurden. Es ergab sich dann so, daß Frau Herschkowitsch, meine Klavierlehrerin, sich des Cellisten Joachim Stutschewsky annahm; ihre Tochter war seine erste Schülerin. Der Geiger Alexander Schaichet wurde von meiner Mutter betreut. Bei ihm fing mein kleiner Bruder Günter zu lernen an. Es fanden sich bald mehr Schüler, wodurch in weiten Kreisen das Interesse an Konzerten und auch an häuslichem Musizieren sehr gefördert wurde.

Ich möchte gleich noch sagen, daß die beiden Russen im Sommer 1914, kurz vor Ausbruch des Krieges, ein Engagement in die Schweiz an ein Kurorchester angenommen hatten. Das bewahrte sie davor, für die Dauer des Krieges in Deutschland interniert zu werden. Sie sind nicht nach Deutschland zurückgekommen.

Für mich hatte sich eine Gelegenheit geboten, mich, zusätzlich zum Instrumentenspiel, musikalisch weiter zu bilden. Aus Weimar meldete sich eine von Dalcroze[42] in Hellerau ausgebildete Lehrerin für „Rhythmische Gymnastik". Sie wollte, wenn sich Schüler meldeten, einmal wöchentlich nach Jena kommen. Ich war von Anfang an dabei, und was ich in dieser musikalisch fundierten Turn- und Tanzkunst gelernt habe, war für die spätere Berufstätigkeit von größter Bedeutung.
1913 mußten wir aus unserer Wohnung ausziehen. Die Jungens hatten wirklich viel Unfug getrieben, und die Geduld des Hausbesitzers war am Ende. Wir zogen in die Schillbachstraße, wo am ziemlich steilen Hang grade eine neue Siedlung gebaut wurde.[43] Die ersten Häuser waren schon bewohnt, und neben uns war das nächste im Bau. Laternen gab es noch nicht. Wir hatten jeder eine kleine Petroleum-Laterne, die immer gut geputzt und gefüllt sein mußte. Hatte einer von uns nachmittags Unterricht, mußte er die Laterne mitnehmen. Auch war die neue Straße noch nicht gepflastert. Da war, wenn es geregnet hatte, furchtbarer Matsch. Wir mußten unsre Stiefel draußen stehen lassen. Nach vorne, am Abhang, mit viel Sonne, lag der Garten, davon hatte ich ein großes Stück zu meiner Verfügung. Ich hatte gärtnern gelernt. Auch so etwas gab es damals in Jena. Unten im Mühltal auf einem großen freien Gelände, wie ein Acker, gab ein Fräulein Detmer Gartenbau-Unterricht.[44] Wir lernten umgraben, mit Schnur und Pflanzholz ein Beet abstecken, säen, pflanzen, pikieren usw. Am schönsten war es, wenn wir im Herbst mit unserem Bollerwagen kamen, um die riesengroßen Kürbisse und was wir sonst noch geerntet hatten, nach Hause zu schaffen. Auch das war eine Lehre fürs Leben; bis vor kurzem habe ich meinen kleinen Garten in Berlin-Zehlendorf selbst in Ordnung gehalten.
Das Schöne an dem Haus war die offene Veranda mit einem herrlichen Blick über die Stadt und weit hinaus in die Landschaft. Da hatten wir ein eigenartiges Erlebnis: bei Zeiss wurden erste Versuche mit Scheinwerfern gemacht; hoch oben hörte man ein Flugzeug summen. Die am nächtlichen Himmel herumhuschenden Scheinwerfer suchten es offenbar, und plötzlich wurde es sichtbar, als zwei der Strahlenbündel sich kreuzten. Natürlich waren das Vorübungen für den Krieg, obwohl das noch nicht offen ausgesprochen wurde. Für uns Kinder hatte das ein kleines Nachspiel. Wir hatten uns, da unsre Mutter noch zu Verwandten gegangen war, auf die

---

[42] Émile Jaques-Dalcroze, Schweizer Musikpädagoge und Komponist.
[43] Die neue Wohnung lag in der Schillbachstraße 4.
[44] Helene Detmer, Tochter des Universitätsprofessors Wilhelm Detmer, war Kunst- und Landschaftsgärtnerin.

Veranda geschlichen, saßen auf dem Sims unter den schönen Bögen und sahen dem Schauspiel zu. Am nächsten Tag wurde von einem der Zeissherren (aus dem weiteren Familienkreis von Anna Auerbach) unsrer Mutter erzählt, er hätte abends auf unsrer Veranda drei weiße Gestalten gesehen!

IV

Als der Krieg ausbrach, änderte sich, von einem Tag zum andern, das Leben in unsrer Stadt. In den Straßen wurden Extrablätter ausgerufen, auf denen die ersten Siegesmeldungen standen. Unsere Mutter erklärte uns von vornherein, daß diese Berichte kein Grund zum Jubeln sind. Immer sterben Menschen, ganz gleich, wer Sieger ist. Und die Franzosen sind doch nicht schlechtere Menschen als wir! Täglich hörte man von Männern, die zum „Heeresdienst eingezogen" waren. Dann wieder sah man neu eingekleidete Soldaten, mit Blumen geschmückt, singend, von Frauen begleitet, durch die Straßen ziehen. Nach wenigen Tagen erschienen in der Zeitung schon die ersten großen schwarzen Anzeigen: „Auf dem Felde der Ehre gefallen" hieß es. Am Bahnhof kamen lange Lazarettzüge mit Verwundeten an. Schulen wurden als Lazarette eingerichtet. Später sahen wir dann die Gestalten der bleichen, verbundenen, verstümmelten jungen Männer, heimatlos, in der fremden Stadt. Weihnachten wurden Familien aufgefordert, an den Festtagen einen Soldaten zum Essen einzuladen. Dann kamen die Lebensmittelkarten, fast alles wurde rationiert. Kohlrüben beherrschten den Speisezettel. Wir gingen, wie so viele andere, hamstern. Frühzeitig, vor der Schule, immer zu zweit, fuhren wir nach Lobeda, wo wir mit einer Bauernfamilie befreundet waren. Ein Stückchen Speck, ein Säckchen Mehl, ein paar Eier, auch eine Kanne Milch war immer dabei. In der Elektrischen sah keiner den andern an. Offiziell war das Hamstern wohl verboten.

Wenn ich zurückdenke, muß ich sagen, daß wir trotz aller Nöte und Sorgen nicht schlecht lebten. Wir gingen zur Schule, es gab immer noch Studenten, es fanden Konzerte statt. Johannes machte dann ein Notabitur und wurde als Kriegsfreiwilliger eingezogen. Auch unser Vater in Breslau wurde eingezogen, zum „Schlesischen Landsturm". Es hat dann sogar mitten im Krieg kulturell einen merklichen Aufschwung gegeben, und zwar durch Max Reger, der 1915 seinen Wohnsitz von Meiningen nach Jena verlegte.[45] Da

---

[45] Max Reger erhielt 1908 auf Vorschlag seines Freundes und späteren Biografen Fritz Stein, Universitätsmusikdirektor in Jena, den philosophischen Ehrendoktor der Universität Jena, wofür er sich mit dem 100. Psalm für Chor und Orchester bedankte. Er gab zum 1. Juli 1914 nach dem Tod Herzog Georgs II. von Sachsen-Meiningen die

haben wir ihn dann oft gehört. Wenn z. B. auswärtige Künstler durch die schlechten Bahnverbindungen nicht rechtzeitig eintreffen konnten, bat man ihn, an ihrer Stelle einzuspringen und zu spielen. Auch bei Kriegsandachten in der Stadtkirche schloß er oft mit einer wundervollen Orgelimprovisation.
Mir persönlich wurde dadurch noch ein ganz besonderes Glück zuteil. Meine Klavierlehrerin hatte kürzlich meiner Mutter gesagt, daß sie mir nichts mehr beibringen könne. Wegschicken, etwa aufs Leipziger Konservatorium, konnte man mich in diesen Kriegszeiten nicht. So habe ich Reger gefragt, ob ich ihm vorspielen dürfe, und er hat mich als Schülerin angenommen. Leider war das Glück von kurzer Dauer, da Reger schon im Mai 1916 starb. Mir halfen dann viele Menschen, über die erste Zeit hinwegzukommen. Der alte Professor Biedermann[46], der mit Reger befreundet gewesen war, lud mich zum Vierhändigspielen ein. Professor Leitzmann schenkte mir einen Band Beethoven-Sonaten und regte mich an, allein weiter zu studieren. Vierhändig spielen durfte ich dann sogar mit einer alten Dame, Fräulein von Seydewitz, die noch bei Clara Schumann Unterricht gehabt hatte. Dank schulde ich auch Gertrud Braasch (in der Grietgasse); sie war Gesanglehrerin und forderte mich auf, sie beim Üben zu begleiten. Das war eine wichtige Übung im Vomblattspielen und auch im Transponieren!
Etwa zu dieser Zeit bekam ich in der Schule Schwierigkeiten. Besonders unser Geschichtslehrer - Typ eines preußischen Feldwebels - mochte mich offensichtlich nicht leiden, kritisierte alles, was ich sagte. Einen Aufsatz über die Schlesischen Kriege Friedrichs des Großen gab er mir mit einer 5 „Thema verfehlt" zurück. Ich hatte über die geschichtliche Vergangenheit, das Verhältnis Polens zu Schlesien, geschrieben; er aber hatte eine Verherrlichung Friedrichs erwartet. Als ich mich beim Direktor über diese Beurteilung beklagte, wagte dieser nicht, gegen seinen Lehrer Stellung zu nehmen. Es war, ganz klar, eine nationalistische Haltung gegen uns. Unter den zunehmenden Ungerechtigkeiten, auch einiger anderer Lehrer, litt ich so, daß ich die Schule aufgab, um lieber meine musikalische Ausbildung fortzusetzen. Zweimal in der Woche fuhr ich nach Weimar zur Musikschule.[47] Das war etwas schwierig; außer meinen Noten mußte ich immer eine große Ta-

---

Leitung der Meininger Hofkapelle auf und zog nach Jena, wo er seine letzten Werke komponierte, bevor ihn am 11. Mai 1916 auf einer Konzertreise in Leipzig der Herztod ereilte.

[46] Wilhelm Biedermann, Direktor der Physiologischen Anstalt in Jena.

[47] Die 1872 als Orchesterschule gegründete Großherzogliche Musikschule in Weimar stand seit 1916 unter Leitung von Bruno Hinze-Reinhold.

sche mitnehmen, mit der Verpflegung für den ganzen Tag. Ohne „Marken" bekam man nirgends mehr etwas zu essen. Wichtig war für mich, daß ich an Nebenfächern teilnehmen konnte: Musikgeschichte, Theorie, Gehörbildung. Im Hauptfach Klavier bei Bruno Hinze-Reinhold, dem Direktor der Musikschule, war ich gar nicht glücklich. Er war ein reiner Techniker, noch aus der Liszt-Schule. Daß ich bei Reger war, beeindruckte ihn gar nicht. Er ließ mich langweilige Etüden spielen. Als er mir dann im Weihnachtszeugnis für Fleiß und Leistung nur „genügend" hinschrieb, war es aus. Pianistin wollte ich ja nicht werden. Ich habe in den drei Monaten bis Ostern das Unterprimapensum nachgeholt und mich wieder in meiner Schule gemeldet. Die Lehrer, vor allem mein alter Geschichtslehrer, fanden das wohl etwas anmaßend. Ich mußte in allen Fächern eine Prüfung machen. Die habe ich geschafft, und danach fand ich dann die Oberprima und das Abitur gar nicht schwer.

In diesem - meinem letzten - Schuljahr, wurden wir noch aus unsrer Schule ausquartiert. Wir Oberprimanerinnen kamen ins Jungen-Gymnasium, das ziemlich neue, am Steiger.[48] Es war ja auch das letzte Kriegsjahr. Da geschah es eines Tages, im November, daß ich in der Pause auf dem Schulhof mit aufgeregten Stimmen gerufen wurde: „Cora, dein Bruder!" Der Mann im feldgrauen Mantel, der am Zaun stand, war wirklich Johannes. Es war ein bewegender Augenblick. Man hatte in den letzten Wochen keine Feldpost, keinerlei Nachricht mehr bekommen. Johannes ging Anfang des Jahres 1919 nach Weimar auf die Kunsthochschule in die Bildhauerklasse von Professor Engelmann.[49] Als dann Gropius kam, war er Schüler der ersten Stunde am Bauhaus. So hatten wir wieder engere Verbindung mit Weimar. Meine Mutter, manchmal auch ich, besuchten ihn, oder er kam zum Wochenende nach Hause. Da ist er einmal, weil er seine Skier gern in Weimar haben wollte, nachts die 20 Kilometer auf Skiern zurückgefahren. Auch kam ein Geigenlehrer einmal wöchentlich aus Weimar, da wir in Jena keinen mehr hatten.

Günter hatte auf dem Gymnasium schon seit einiger Zeit zunehmend Unannehmlichkeiten gehabt. Anders als bei mir war hier eindeutig Antisemitismus der Grund. Er war ein guter Schüler, und er hatte Freunde unter den Klassenkameraden. Aber er sah (als einziger von uns) jüdisch aus. Als es soweit kam, daß er für einen Unfug, den er nicht begangen hatte,

---

[48] Das neue Gymnasium am Steiger entstand 1914 (heute Urologische Klinik der Friedrich-Schiller-Universität).

[49] Vgl. Volker Wahl, Jena und das Bauhaus. Über Darstellungen, Leistungen und Kontakte des Bauhauses in der thüringischen Universitätsstadt, in: Wissenschaftliche Zeitschrift der Hochschule für Architektur und Bauwesen Weimar 26 (1979), S. 341.

bestraft werden sollte, nahm meine Mutter ihn aus der Schule. Er hat dann die letzten Schuljahre in Breslau absolviert, wo er ein Jahr verlor, weil die Anforderungen in dem Preußischen Gymnasium viel höher waren als in Thüringen.
Mir ist nachträglich klargeworden, daß auch bei meinen Schulproblemen Antisemitismus mit im Spiel war. Ich hatte vorher nie Gelegenheit oder Ursache gehabt, mich mit dieser Frage zu beschäftigen. Unsere Eltern hatten sich, bevor sie heirateten, taufen lassen - „damit die Kinder es einmal nicht so schwer haben wie wir". Man hatte mir nie erklärt, daß wir von der Herkunft her Juden waren, ebenso wie Felix und Anna Auerbach. Der Neffe von Tante Anna, unser geliebter Onkel Otto Eppenstein, war mit einer blonden Dänin verheiratet, und seine Schwester mit dem thüringischen Kantorssohn Ernst Wandersleb. Später, bei den Nazis, wurde das als „begünstigte Mischehe" bezeichnet, was ja später auch mich selbst betraf! Sehr viel später fand ich in der Handschriftenabteilung der Berliner Staatsbibliothek einen „Nachlaß Felix Auerbach". Darin befand sich ein Schriftwechsel, der seine Bewerbung um eine Professur in Jena betraf. Das war um die Jahrhundertwende! Er war noch Privatdozent in Breslau. Seine Jenaer Freunde schrieben ihm, daß es eine sehr gute Stellung sei; es gebe allerdings gewisse antisemitische Strömungen innerhalb der Fakultät. Felix Auerbach ging nach Jena, aber er ist niemals Ordinarius geworden![50]
Nach dem Abitur ging ich zunächst nach Wickersdorf im Thüringer Wald.[51] Ich hatte kurz zuvor, gelegentlich eines Besuches in der „Freien Schulgemeinde", die ich schon von früher kannte, erfahren, daß sie zur Zeit keinen Musiklehrer hätten, und ich hatte zugesagt, für ein paar Wochen auszuhelfen. Es wurde ein ganzes Jahr daraus, und dieses Jahr war für mich wieder eine wichtige Erfahrung und Bereicherung. Dann aber wollte ich endlich mein Studium beginnen. Wir hatten schon unsere Wohnung - wir waren zum Schluß wieder in der Beethovenstraße, diesmal näher zur Sedanstraße, gelandet[52] - einer befreundeten Familie überlassen. Aber dann bekam meine Mutter den Bescheid, daß wir kein Wohnrecht mehr in Jena hätten, und wir mußten räumen. Mit einem Teil der Möbel konnten wir uns ein Wohnprovisorium, zwei Zimmer im Hause von Professor Rudolf Schlösser, Schäfferstraße 2, einrichten. Es war nach den Jahren, die wir

---

[50] Felix Auerbach, bisher Privatdozent in Breslau, wurde 1889 als außerordentlicher Professor nach Jena berufen. Erst 1923 wurde er persönlicher ordentlicher Professor (emeritiert 1927).
[51] Die „Freie Schulgemeinde Wickersdorf" bei Saalfeld auf dem Thüringer Wald wurde 1906 von Gustav Wyneken und Paul Geheeb gegründet.
[52] Beethovenstraße 15.

als glückliche Familie in Jena erlebt hatten, ein etwas trauriges Ende. Als wir auch hier räumen mußten, kam alles zu Ebhardt auf den Speicher.[53] Erst als ich heiratete, und wir unsere erste Wohnung einrichten konnten, holten wir, was nach dem langen Dornröschenschlaf noch brauchbar war, nach Berlin. So sitze ich auch heute noch am Van de Velde-Schreibtisch, und auch die schönen Möbel von Herrn Kemmler stehen in meinem kleinen Zehlendorfer Haus. Als ich 1979 anläßlich eines Bauhaus-Jubiläums in Weimar wieder in Jena war, suchte ich die Witwe Kemmler in Jena-Ost auf, wo ihr Enkel eine Tischlerwerkstatt führte. Da wurden aber nicht mehr selbst entworfene Möbel gebaut, sondern nur serienweise kleine Gebrauchsgegenstände für Zeiss hergestellt! Die beiden waren tief gerührt über meinen Bericht aus den guten alten Zeiten.

Ein Nachspiel

In München hatte ich 1921 meinen späteren Mann, Hans Schröder aus Rostock, kennengelernt.[54] Auf Wunsch der Eltern studierte er Medizin. Sehr bald erkannte ich, daß er in Wirklichkeit Musiker war. Er hatte im Physikum die Nebenfächer nicht bestanden, die er nun an einer kleineren Universität nachholen sollte. Ich schlug ihm Jena vor, wo ich ja noch meine Restwohnung hatte, auch mein Klavier. Die im Verzeichnis angekündigte Musikgeschichtsvorlesung fand nicht statt, da wir beide die einzigen waren, die sich als Hörer gemeldet hatten. Ich fand für mich Kunstgeschichte und andere Vorlesungen, die mich interessierten. Für Schröder war es das erste klinische Semester, was ihm nicht sehr behagte. Als er sich endlich im Institut am Teichgraben anmelden wollte, um die Nebenfächer nachzuholen, war der letzte Termin gerade verpaßt. Er hatte aber in der vergangenen Zeit sehr fleißig komponiert, und ich kam auf die Idee, hier in Jena, wo ich noch viele Leute kannte, einmal Musik von ihm aufführen zu lassen.
Als Spieler hatten wir, außer uns beiden, einen Freund aus der Schulzeit und meinen Bruder Günter, den Geiger. Auch meine Mutter war gerade in Jena. Wir schrieben Programme und verteilten sie in der Stadt. Wir bekamen für zwei Abende den kleinen Volkshaussaal.[55] Auf den Programmen hatten wir um kleine Beiträge zur Deckung der Unkosten gebeten. Die

---

[53] Firma Christian Ebhardt, Bahnspeditions- und Möbeltransportgeschäft.
[54] Hans (Hanning) Schröder, geboren 1896, war Komponist und als ausübender Musiker Bratschist. Seit den 1960er Jahren zunehmende Anerkennung und vielfache Ehrungen als Senior der „Berliner Komponisten" bis zu seinem Tod 1987 in Berlin.
[55] Die Aufführungen fanden am 22. und 23. August 1922 statt.

Zeitung brachte einen Einführungsartikel. Die „Neue Musik" der zwanziger Jahre fing ja grade erst an, sich vorzustellen. Wir bekamen lebhaften Beifall. Es war das erste Mal, daß Kompositionen von Hans Schröder öffentlich gespielt wurden, und der Erfolg war für die Familie in Rostock wohl entscheidend dafür, daß er das Medizinstudium aufgeben und sich ganz der Musik zuwenden konnte.

Der Zufall wollte es, daß in der Jenaischen Zeitung neben dem Bericht über unsere Konzerte die Besprechung einer ersten Ausstellung von Johannes im Kunstverein stand![56] So findet diese Darstellung einer Jugend in Jena doch noch einen freundlichen Abschluß.

---

[56] Die Besprechungen von Heinrich Funk „Kompositionen von Hans Schröder" und von H.-P. (?) „Kunst-Ausstellung: Johannes Auerbach" erschienen im Jenaer Volksblatt vom 2. September 1922. Die Zeitung „Das Volk" brachte bereits am 26. August 1922 einen Bericht „Kammermusik-Uraufführung" von Fritz Fölsing. Die Jenaische Zeitung veröffentlichte am 29. August 1922 eine Besprechung der Ausstellung Johannes Auerbach von Christoph Natter.

ERHARD NAAKE

Nietzsche in Weimar

Friedrich Nietzsche äußerte in den 1880er Jahren einmal den Wunsch, seinen Lebensabend in einer Stadt wie Weimar verbringen zu wollen.[1] Der Philosoph verbrachte bekanntlich seine letzten drei Lebensjahre wirklich in Weimar, aber es wäre mehr als zynisch zu sagen, daß sein Wunsch in Erfüllung gegangen sei.
Nietzsches Aufenthalt in Weimar war kein Lebensabend, wie er ihn sich vorgestellt haben wird. Es war ein Dahinsiechen seines Körpers, nachdem sein Geist längst erloschen war - ein Dahinsiechen unter Bedingungen, die jeden wirklichen Freund des Philosophen empören mußten.
Nietzsches Wunsch scheint verwunderlich zu sein, wenn man bedenkt, daß er die Stadt gar nicht näher kannte. Gewiß, in Weimar lebten Verwandte von ihm, die er als Kind und junger Mann auch einige Male besucht hatte.[2] In seinem späteren Briefwechsel wird die Stadt nur wenige Male erwähnt. Aus einem Brief an Heinrich Köselitz vom 18. Juli 1887 erfahren wir, daß er den Weimarer Archivrat Carl August Hugo Burckhardt darüber belehren mußte, daß seine Großmutter, Erdmuthe Nietzsche, nicht das in Goethes Tagebuch 1778 erwähnte „Muthgen" gewesen sein könne, da sie erst in diesem Jahre zur Welt gekommen sei.[3] Aus seinem Briefwechsel mit Köselitz geht aber hervor, daß er anscheinend das Theaterleben Weimars immer aufmerksam verfolgt haben muß. So konnte er zum Beispiel im Jahre 1887 dem jungen Komponisten empfehlen, sich beim neuen Generalintendanten des Großherzoglichen Hoftheaters um die Aufführung seiner Oper zu bemühen.[4]
Zehn Jahre später, 1897, fand Nietzsche dann seine letzte Bleibe in der Villa Silberblick in Weimar. Eine Station auf dem Wege dorthin war übrigens Jena. Die Hoffnung der Mutter, Franziska Nietzsche, daß er nach

---

[1] Das behauptete Elisabeth Förster-Nietzsche. Näheres dazu bei Eckhardt Heftrich, Nietzsches Goethe. Eine Annäherung. In: Nietzsche-Studien. Internationales Jahrbuch für die Nietzsche-Forschung. Hrsg. von Mazzino Montinari, Wolfgang Müller-Lauter und Heinz Wenzel, Band 16 (1987), S. 3.
[2] Von einem solchen Besuch berichtete er in einem Brief an Mutter und Schwester am 3. Mai 1865. Friedrich Nietzsche, Sämtliche Briefe. Kritische Studienausgabe in 8 Bänden [Taschenbuchausgabe]. Hrsg. von Giorgio Colli und Mazzino Montinari. München 1986, Band 2, S. 50.
[3] Friedrich Nietzsche, Sämtliche Briefe, Band 8, S. 113.
[4] Brief an Heinrich Köselitz vom 8. August 1887. Friedrich Nietzsche, Sämtliche Briefe, Band 8, S. 121 f.

seinem geistigen Zusammenbruch - im Januar 1889 in Turin - in der Klinik Professor Binswangers Heilung finden würde, ging nicht in Erfüllung.[5] Sie nahm den geistig immer mehr Verfallenden im Frühjahr 1890 mit nach Hause, nach Naumburg, wo sie ihn bis an ihr Lebensende 1897 aufopferungsvoll pflegte.

Nietzsches Schwester Elisabeth hatte sich zur Zeit seines geistigen Zusammenbruchs in Paraguay aufgehalten, wo sie ihren Mann, den berüchtigten antisemitischen Führer Bernhard Förster, beim Aufbau einer deutschen Kolonie unterstützt hatte. Nach dem Scheitern der Unternehmung und dem Selbstmord ihres Mannes verließ sie im Jahre 1893 endgültig Südamerika und kehrte nach Naumburg zurück. Offenbar veranlaßt durch das wachsende Interesse der Öffentlichkeit am Schicksal und Werk ihres Bruders und getrieben von Familienehrgeiz und Ruhmsucht, schaltete sie sich noch im gleichen Jahr in die Bemühungen um die Herausgabe der Werke des Kranken ein. Damit einher ging die Einrichtung eines Archivs, in dem die gesamte geistige Hinterlassenschaft des Bruders aufbewahrt und bearbeitet werden sollte. Durch einen Vertrag mit ihrer Mutter[6] sicherte sie sich Ende 1895 das alleinige Verfügungsrecht über die Werke und hinterlassenen Manuskripte des Philosophen. Mit diesen Schätzen übersiedelte Elisabeth, die sich nach einem Gerichtsbeschluß Förster-Nietzsche nennen durfte, am 1. August 1896 nach Weimar, wo sie in einer gemieteten Privatwohnung in der Wörthstraße (heute Thomas-Müntzer-Straße 5) das Archiv unterbrachte. Im Sommer des folgenden Jahres zog sie in die Villa Silberblick (heute Humboldtstraße 36) um, die ihr von Meta von Salis-Marschlins, einer Schweizer Verehrerin Nietzsches, zur Verfügung gestellt worden war. Dorthin ließ sie auch ihren kranken Bruder nach dem Tode der Mutter bringen.

Frau Förster-Nietzsches Absicht war es, das Archiv auch zu einem Mittelpunkt der Verehrung ihres Bruders zu machen, einen Kreis zu bilden, dem der Philosoph Vorkämpfer und Wegweiser für eine erneuerte Kultur auf der Grundlage einer aristokratischen Gesellschaftsordnung sein sollte.[7] Für die Verwirklichung dieser Absicht schien Weimar ein besonders geeigneter Ort zu sein. In einer Zeit vielfältiger Suche nach einem kulturellen

---

[5] Im November 1889 stellte Binswanger die Unheilbarkeit der Krankheit Nietzsches fest. Siehe Erich F. Podach, Der kranke Nietzsche. Briefe seiner Mutter an Franz Overbeck. Wien 1937, S. 48 und 118.

[6] Vertrag abgedruckt bei Curt Paul Janz, Friedrich Nietzsche. Biographie, 3 Bände. München 1978/79, 3. Band, S. 337-341.

[7] Vgl. Hubert Cancik, Der Nietzsche-Kult in Weimar. In: Nietzsche-Studien, Band 16 (1987), S. 9 f.

Neuanfang konnte man für eine Bewegung, die Weimar zu ihrem Zentrum auswählte, angesichts der großen kulturellen Traditionen der Stadt eine besondere Schubkraft erwarten. Frau Förster-Nietzsche verband damit auch die Hoffnung auf Unterstützung durch das Goethe- und Schiller-Archiv, zu dessen Mitarbeitern sie bereits in Naumburg Verbindung aufgenommen hatte.[8] Sie versprach sich darüber hinaus Verständnis und Teilnahme bei höheren Beamten und solchen Intellektuellen, die dem Hofe besonders nahestanden, also bei Kreisen, zu denen es sie seit ihren jungen Jahren immer hingezogen hatte.

Das setzte die Prägung und Vermittlung eines Nietzschebildes voraus, das für diese Kreise auch annehmbar war. Das bedeutete, daß vor allem die antidemokratischen und antisozialistischen Tendenzen im Werke ihres Bruders in den Vordergrund gestellt und seine kritische Haltung zum Christentum und zum Deutschen Reich abgeschwächt werden mußten. Nicht zuletzt ging es ihr auch darum, die eigene Person ins rechte Licht zu rücken.[9] Darum bemühte sich Frau Förster-Nietzsche in den vielen Jahren ihrer Tätigkeit als Leiterin des Archivs. Vor allem bestimmte sie, was aus dem Nachlaß ihres Bruders herausgegeben wurde, wie die entsprechenden Bände der Gesamtausgabe zusammengestellt und kommentiert werden sollten, welche Briefe veröffentlicht wurden. Und wie das Leben des Bruders zu sehen war, das legte sie in mehreren umfangreichen biographischen Arbeiten dazu dar.[10] Wie sie dabei im einzelnen vorging, kann hier nicht dargestellt werden.[11] Es sei nur erwähnt, daß sie auch vor der Vernichtung und Fälschung von Texten nicht zurückschreckte.[12]

---

[8] So zu Eduard von der Hellen, der 1894/95 einige Monate lang ständiger Mitarbeiter des Archivs war, und zu Rudolf Steiner, der in ihrem Auftrag Anfang 1896 Nietzsches Bibliothek ordnete.

[9] Eine umfassende Darstellung des Verhältnisses Elisabeth Förster-Nietzsches zu ihrem Bruder bei Heinz Frederick Peters, Zarathustras Schwester. Fritz und Lieschen Nietzsche - ein deutsches Trauerspiel. München 1983.

[10] Elisabeth Förster-Nietzsche, Das Leben Friedrich Nietzsches, 2 Bände, Leipzig 1895 (I), 1897 (II/1), 1904 (II/2). Dieselbe, Der junge Nietzsche, Leipzig 1912. Dieselbe, Wagner und Nietzsche zur Zeit ihrer Freundschaft, München 1915.

[11] Näheres dazu bei David M. Hoffmann, Zur Geschichte des Nietzsche-Archivs (=Supplementa Nietzscheana 2). Hrsg. von Wolfgang Müller-Lauter und Karl Pestalozzi, Berlin/New York 1991.

[12] Bei der Veröffentlichung des „Ecce homo" unterschlug sie zum Beispiel folgenden Satz: „Wenn ich den tiefsten Gegensatz zu mir suche, die unausrechenbare Gemeinheit der Instinkte, so finde ich immer meine Mutter und Schwester - mit solcher canaille mich verwandt zu glauben, wäre eine Lästerung auf meine Göttlichkeit." Friedrich Nietzsche, Sämtliche Werke. Kritische Studienausgabe in 15 Bänden [Taschenbuchausgabe]. Hrsg. von Giorgio Colli und Mazzino Montinari, München 1988, Band 6, S. 268.

Schon zu Beginn unseres Jahrhunderts wurde hier maßgeblich von ihr ein Nietzschebild geprägt, das in den folgenden Jahrzehnten von Reaktionären aller Art im Sinne ihrer ideologischen Absichten genutzt werden konnte. Eine besondere Rolle spielte dabei Nietzsches angebliches Hauptwerk „Der Wille zur Macht". Es war in Wirklichkeit eine von Frau Förster-Nietzsche und Köselitz vorgenommene Kompilation von Nachlaßaufzeichnungen des Philosophen.[13]
Nietzsche selbst war im Rahmen ihrer Bestrebungen die Rolle einer Kultfigur zugedacht. Zu einer solch edlen, reinen Gestalt paßte nicht der Verdacht einer syphilitischen Erkrankung als Ursache seines Zustandes. So versuchte sie, seine Krankheit als Folge geistiger Überarbeitung im Ringen um die Zukunft der Menschheit erscheinen zu lassen.[14] Prominente Gäste durften den Kranken, der sich, meist in ein weißes Gewand gehüllt, in den oberen Wohnräumen des Archivgebäudes aufhielt, besichtigen, wobei sie ihnen die Rolle der treusorgenden Schwester vorspielte. Bildende Künstler wurden veranlaßt, ihn als den großen leidenden Propheten darzustellen.[15] Selbst sein Tod - Nietzsche war am 25. August 1900 nach mehreren Schlaganfällen verstorben - wurde in diesem Sinne verwertet. In den Feierlichkeiten im Archiv und am Grabe in Röcken, seinem Geburtsort, wo er an der Seite seines Vaters beigesetzt wurde, ließ sie ihn in weihevoller Form als geistigen Führer der Menschheit, als Künder einer neuen Welt preisen.[16] Frau Förster-Nietzsche fand trotz dieser und ähnlicher Bemühungen in der Bevölkerung Weimars nicht die Anhängerschaft, die sie gesucht hatte. Den einflußreichen höfischen Kreisen war sie allein schon wegen ihres aufdringlichen Wesens (eigenes Wappen, besondere Livree der Dienerschaft!) wenig sympathisch. Und die Lehren ihres Bruders, seine Kritik am Christentum und die negative Haltung zum „Reich" mußten in einer Residenzstadt auf Ablehnung stoßen, deren Fürst, seit 1901 Wilhelm Ernst, ein ausgesprochener Parteigänger des Kaisers war.

---

[13] Die erste Fassung dieses Werkes erschien im Jahre 1901, die zweite, wesentlich erweiterte, 1906. Näheres zur Kompilation bei Mazzino Montinari, Nietzsches Nachlaß 1885-88 oder Textkritik und Wille zur Macht (1976). In: Nietzsche lesen, Berlin/New York 1982, S. 92-119.

[14] So z. B. in der Auseinandersetzung mit P. J. Möbius („Über das Pathologische bei Nietzsche", Wiesbaden 1902): Elisabeth Förster-Nietzsche, Nietzsche-Legenden. In: Die Zukunft, 28.1.1905, S. 170-79.

[15] Näheres dazu bei Jürgen Krause, „Märtyrer" und „Prophet". Studien zum Nietzsche-Kult in der bildenden Kunst der Jahrhundertwende (= Monographien und Texte zur Nietzsche-Forschung 14), Berlin 1984.

[16] Bericht über die Trauerfeierlichkeiten bei Curt Paul Janz, Friedrich Nietzsche. Biographie, Band 3, S. 352-58.

Auch bei den sogenannten Heimatkünstlern, die seit Beginn des Jahrhunderts in Weimar zunehmenden Einfluß gewannen, stieß Frau Förster-Nietzsche auf Ablehnung. Diese Kreise um Adolf Bartels, Ernst Wachler und Paul Schultze-Naumburg schickten sich gerade in dieser Zeit dazu an, Weimar zum Zentrum einer kulturellen Erneuerungsbewegung Deutschlands zu machen, die von völkischen, das heißt nationalistischen und antisemitischen Positionen ausging.[17] Nietzsche mußte ihnen allein schon wegen seiner Sympathie für jüdische Künstler und Gelehrte und wegen seines Europäertums verhaßt sein. Aus ähnlichen Gründen war auch bei den zahlreichen Wagnerianern der Stadt kein positives Echo auf die Bemühungen des Archivs und seiner Leiterin zu erwarten. Und die Goetheaner? Ihnen dürfte nicht verborgen geblieben sein, wie sehr Nietzsche immer seine weltanschauliche und künstlerische Verbundenheit mit Goethe betont hatte. Aber das war ein anderer Goethe als der, dessen Hinterlassenschaft sie pflegten! Außerdem mußten sie im Nietzsche-Archiv ein lästiges Konkurrenzunternehmen fürchten. Nur Eduard von der Hellen und Rudolf Steiner, zeitweilig Mitarbeiter des Goethe- und Schiller-Archivs, fanden den Weg zu Nietzsche und - vorübergehend- auch zum Nietzsche-Archiv. Natürlich fand die Welle der Nietzschebegeisterung, die seit den 1890er Jahren über Deutschland hinwegging[18], auch in Weimar Anhänger, und zwar vor allem bei jungen Menschen. Von Wilhelm Flitner erfahren wir, wie er als Weimarer Gymnasiast in den Bann der Gedanken des Philosophen geriet.[19] Bei Gabriele Reuter lesen wir, daß sich bereits um 1895 im Hause des Schriftstellers Hans Olden regelmäßig junge Intellektuelle, zumeist Künstler, trafen, um Nietzsche zu lesen, über seine Ideen zu diskutieren und von einer neuen Welt nach seinem Bilde zu träumen.[20]
In diesem Kreise verkehrten auch Fritz Koegel, Herausgeber im Nietzsche-Archiv bis 1897, und Rudolf Steiner, der zeitweilig für dessen Leiterin arbeitete.[21] Dieser Kreis zerfiel aber schon nach kurzer Zeit infolge des Wegzuges seiner führenden Personen aus Weimar. Ein zweiter Kreis von

---

[17] Justus H. Ulbricht, Deutsche Renaissance. Weimar, Jena und die Hoffnung auf die kulturelle Regeneration zwischen 1900 und 1933, in vorliegendem Band, S. 191 ff.
[18] Umfassende Dokumentation dieser Bewegung bei Richard Frank Krummel, Nietzsche und der deutsche Geist (= Monographien und Texte zur Nietzsche-Forschung 3 und 9), Berlin/New York 1974 (Band I) und 1983 (Band II).
[19] Siehe Wilhelm Flitner, Erinnerungen 1889-1945 (= Gesammelte Schriften 11), Paderborn, München, Wien, Zürich 1986, S. 83 f.
[20] Schilderung bei Gabriele Reuter, Vom Kinde zum Menschen. Die Geschichte meiner Jugend, Berlin 1921, S. 447-460.
[21] Steiner ordnete im Auftrag Frau Förster Nietzsches die Bibliothek ihres Bruders und gab ihr Unterricht in Philosophie.

Nietzscheanhängern, der sich - auch noch vor der Jahrhundertwende - um den Musiker Conrad Ansorge gebildet hatte und in dem gleichfalls Rudolf Steiner eine große Rolle spielte, bestand ebenfalls nur kurze Zeit.[22] Weder von dem ersten noch von dem zweiten Kreis ist eine Wirkung im Sinne der Verbreitung echten Nietzscheverständnisses in der Stadt ausgegangen. Es kam auch keine direkte Verbindung zum Nietzsche-Archiv zustande, wozu sicher beitrug, daß sowohl Koegel als auch Steiner, die die zweifelhaften Machenschaften seiner Leiterin durchschaut hatten, zunehmend auf Distanz gegangen waren.[23]

Frau Förster-Nietzsche hat offenbar auch nie versucht, diese Kreise enger an das Archiv und seine Arbeit zu binden. Sie war auch auf eine solche mögliche Hilfe nicht angewiesen, nachdem bereits vor der Jahrhundertwende eine feste Verbindung zwischen ihr und dem Kreis um Harry Graf Kessler und Henry van de Velde zustandegekommen war. Auch für diese jungen Intellektuellen - Schriftsteller, Künstler, Musiker, Publizisten - war Nietzsche nicht nur der schonungslose Kritiker einer Kultur, die sie wie er abscheulich fanden, sondern er war für sie auch der große Wegweiser in eine lichte Zukunft der ganzen Menschheit, der Künder des neuen, des besseren Menschen, der große Europäer.[24] Sie - und das galt in erster Linie für Kessler - verbanden damit die Absicht, Weimar zum Ausgangspunkt und Zentrum einer geistigen Erneuerungsbewegung zu machen, die alle Lebensbereiche erfassen und die weit über Deutschland hinaus wirken sollte.

Trotz ihrer völlig anderen Ziele und trotz ihrer entgegengesetzten politischweltanschaulichen Positionen - Frau Förster-Nietzsche bekannte sich eindeutig zu den nationalistisch-antisemitischen Überzeugungen ihres Mannes - ging die Archivleiterin auf das Angebot Kesslers zur Zusammenarbeit ein, ließ sich auch das Archivgebäude 1902/1903 von van de Velde im Sinne seiner Vorstellungen (vom Neuen Weimar) umbauen und nutzen. Ihre Haltung wurde von pragmatischen Erwägungen bestimmt. Sie war auf Hilfe angewiesen: sowohl für die Deckung beträchtlicher Ausga-

---

[22] Näheres dazu bei Rudolf Steiner, Mein Lebensgang. Hrsg. von Marie Steiner, Dornach 1925, S. 227-229 und 308-311.

[23] Ausführliche Darstellung der Auseinandersetzungen mit Frau Förster-Nietzsche bei David M. Hoffmann, Zur Geschichte des Nietzsche-Archivs, S. 247-285.

[24] Was Nietzsche für seine Generation bedeutete, hat Harry Graf Kessler in seiner autobiographischen Schrift Gesichter und Zeiten, Berlin 1935 dargestellt. Siehe besonders S. 280-283. Dazu auch Renate Müller-Krumbach, Das Neue Weimar. In: Genius huius Loci. Weimar. Kulturelle Entwürfe aus 5 Jahrhunderten [Ausstellungskatalog], Weimar 1992, S. 121-126.

ben[25] als auch für die Vermittlung von Beziehungen zu einflußreichen Kreisen der Presse, der Wissenschaft, der staatlichen Verwaltung. Sicher schmeichelte es auch ihrer persönlichen Eitelkeit, in naher Beziehung zu so angesehenen Persönlichkeiten wie Harry Graf Kessler und Henry van de Velde zu stehen. Und über sie lernte sie zahlreiche bedeutende Persönlichkeiten des deutschen und internationalen Geisteslebens kennen - denn erst durch diese Verbindung wurde das Archiv zu einem geistigen Mittelpunkt, wo vor allem in den Jahren nach dem Umbau in zahlreichen Veranstaltungen (Vorträge, Musikabende, Lesungen) berühmte Künstler und Wissenschaftler zu Wort kamen.[26] Die im Jahre 1908 ins Leben gerufene Stiftung Nietzsche-Archiv[27] schien diesem Zentrum zudem noch einen ausbaufähigen Rahmen zu geben.
Durch diese und weitere Aktivitäten wurden die an sich unüberbrückbaren weltanschaulichen Gegensätze zwischen der Archivleiterin und dem Kesslerkreis einige Jahre lang in den Hintergrund gedrängt. Sie brachen erst aus, als der Graf, van de Velde und ihre Freunde kundtaten, in Weimar eine große Nietzsche-Gedenkstätte errichten zu wollen. Die Absicht der Männer um Kessler, ihre kulturpolitischen Pläne zunächst im Rahmen des Großherzogtums zu verwirklichen, waren bereits nach wenigen Jahren, um 1906, bekanntlich am Widerstand ihrer einflußreichen Gegner gescheitert. Um so größere Bedeutung erlangten dadurch ihre weitreichenderen Pläne zur Erneuerung der europäischen Kultur, für deren geistiges Profil sie Nietzsche in Anspruch nahmen. Van de Velde entwarf schon Pläne für den Bau eines großen Nietzschetempels, zu dem Aristide Maillol die Plastiken schaffen sollte. In dem zur Gedenkstätte gehörigen Stadion sollte Nietzsche auf besondere Weise geehrt werden: Hier sollte die Jugend Europas zu sportlichen und künstlerischen Wettkämpfen aufeinandertreffen. Der Aufruf eines Komitees zur Schaffung der Gedenkstätte (1911), dem unter anderen so bedeutende Persönlichkeiten wie André Gide, Hugo von Hofmannsthal, Gustav Mahler und Walther Rathenau angehörten, fand ein bemerkenswertes Echo in ganz Deutschland und Europa.[28] Auch die Stadt Weimar zeigte Interesse an den Plänen, konnte

---

[25] Sie hatte nach unerfreulichen Auseinandersetzungen mit der Eigentümerin das Haus kaufen müssen. Für den Umbau der Villa 1902/03 waren allein 50.000 RM aufzubringen.
[26] Einen umfassenden Einblick gibt dazu das Journal des Nietzsche-Archivs, das sich in den Nietzsche-Beständen des Goethe- und Schiller-Archivs in Weimar befindet.
[27] Zur Schaffung der Stiftung Nietzsche-Archiv vgl. Roswitha Wollkopf, Das Nietzsche-Archiv im Spiegel der Beziehungen Elisabeth Förster-Nietzsches zu Harry Graf Kessler. In: Jahrbuch der Deutschen Schillergesellschaft 34 (1990), S. 132.
[28] Ebd., S. 133 f.

sie sich davon doch einen Aufschwung des Baugewerbes und einen verstärkten Touristenstrom versprechen.
Frau Förster-Nietzsche hingegen lehnte diese Pläne ab. Ihr konnte in einer Zeit, da sich Deutschland immer deutlicher auf eine gewaltsame Veränderung der politischen Machtverhältnisse in Europa vorbereitete, nicht daran gelegen sein, ihren Bruder als den großen Europäer zu sehen. Außerdem fürchtete sie, daß sie im Falle der Verwirklichung der Pläne Kesslers ihre Stellung als „Oberpriesterin der Nietzschegemeinde" verlieren würde.
Statt dessen plante sie die Errichtung eines Nietzschedenkmals im Garten des Archivs.[29] Doch auch dieser Plan blieb nur auf dem Papier. Im August 1914 brach der Weltkrieg aus. Und nun scheute sich die Archivleiterin nicht mehr, auch politisch ihr wahres Gesicht zu zeigen. Offen bekannte sie sich zu den Kriegszielen der Alldeutschen. Und nun waren diese nationalistisch-militaristischen Kreise auch bereit, ihre Hilfe anzunehmen: in der Gestalt von Feldpostausgaben des „Zarathustra" und anderer - entsprechend manipulierter - Bekenntnisse Nietzsches zum Kriege.
Dieser Weg führte nach dem ersten Weltkrieg das Archiv politisch in das Lager der Deutschnationalen und weltanschaulich an die Seite der Jungkonservativen. Bis gegen Ende der 20er Jahre wirkte ein maßgeblicher Vertreter dieser ausgesprochen reaktionären Kreise, Oswald Spengler, häufig als programmatischer Sprecher des Archivs, in dessen Veranstaltungen es jetzt weniger um Fragen der Kunst als um politische Probleme ging. Daß dabei Nietzsche vor allem als Gegner der Demokratie, als Feind des Sozialismus, als Befürworter einer elitären Herrschaft und als Verherrlicher des Krieges vorgestellt wurde, erleichterte es den konservativen Kreisen Weimars, sich mit dem Archiv zu versöhnen, was u. a. in der Teilnahme von führenden Vertretern der Stadt an den Festlichkeiten zum 75. Geburtstag Elisabeth Förster-Nietzsches am 15. Juli 1921 zum Ausdruck kam. Auch das Reich zeigte sich erkenntlich: Im Jahre 1926 gewährte Reichspräsident von Hindenburg Frau Förster-Nietzsche eine Ehrenpension.
Der Rechtsruck in der politischen Entwicklung Thüringens nach 1923, der im Jahre 1930 erstmalig in Deutschland zur Beteiligung von Nationalsozialisten an einer Landesregierung führte, wirkte sich auch auf die Zusammensetzung und Tätigkeit der Leitungsgremien des Nietzsche-Archivs aus. So mußte der liberal eingestellte oftmalige Thüringische Staatsminister Arnold Paulssen im Jahre 1931 sein Amt als Vorsitzender des Vorstandes der Nietzschestiftung aufgeben. An seine Stelle trat Richard Leutheußer. Dieser ehemalige Minister der thüringischen Ordnungsbundregierung von 1924

---

[29] Ebd., S. 135.

bis 1928 übernahm gleichzeitig den Vorsitz der 1926 in Weimar gegründeten Gesellschaft der Freunde des Nietzsche-Archivs.[30] Im Sommer des Jahres 1932 war dann im Archiv alles, vom Diener bis zum Major (d.h. dem Archivar Max Oehler), Nazi, wie Frau Förster-Nietzsche ihrem Freund Kessler anläßlich eines Besuchs im Archiv gestand.[31]
An dieser Entwicklung war sie nicht schuldlos. Zwar war die Verbindung zunächst zum italienischen Faschismus nicht von ihr, sondern von ihrem Vetter Max Oehler hergestellt worden[32], aber sie hatte dann aktiv mitgewirkt, um Mussolini, den Führer der italienischen Faschisten, als Willensvollstrecker ihres Bruders erscheinen zu lassen.[33] Ihre Sympathie für Mussolini erwies sich dann auch als die Brücke für die Herstellung enger Beziehungen zum deutschen Faschismus und seinem Führer Hitler. Anläßlich der Aufführung eines Mussolini-Stückes im Deutschen Nationaltheater im Januar 1932 trafen beide zusammen. Einige ihrer führenden Mitarbeiter, neben Max Oehler besonders der Vorsitzende des Wissenschaftlichen Ausschusses zur Herausgabe einer kritischen Gesamtausgabe der Werke Nietzsches, der Jenaer Rechtsphilosoph Carl August Emge, unterstützten in den folgenden, für die politische Zukunft Deutschlands entscheidenden Monaten, ganz offen die nationalsozialistische Propaganda.[34] Sie trugen damit dazu bei, daß die Stadt Weimar in dieser Zeit zu einer Hochburg der nationalsozialistischen Bewegung wurde.
Nach dem Machtantritt Hitlers gestalteten sich die Beziehungen zwischen ihm sowie den nationalsozialistischen Machtorganen und dem Nietzsche-Archiv immer enger. In vielfacher Weise bekundete dabei besonders Frau Förster-Nietzsche ihre Verbundenheit mit dem verbrecherischen Regime und der Ideologie seiner Machthaber. So schrieb sie beispielsweise in einem Brief an Oswald Spengler, der mit den Nazis in Konflikt gekommen war, von „unserer Verbundenheit mit den Idealen des Nationalsozialismus".[35] Und als sich Hitler und Mussolini am 14. Juni 1934 in Venedig trafen, te-

---

[30] Siehe David M. Hoffmann, Zur Geschichte des Nietzsche-Archivs, S. 99 und 107.
[31] Harry Graf Kessler, Tagebücher 1918-1937. Frankfurt/Main 1961, S. 681.
[32] Max Oehler hatte sich bereits 1925 in einem Zeitungsartikel (Mussolini und Nietzsche. Ein Beitrag zur Ethik des Faschismus) dafür eingesetzt. Siehe Roswitha Wollkopf, Das Nietzsche-Archiv im Spiegel der Beziehungen Elisabeth Förster-Nietzsches zu Harry Graf Kessler, S. 140.
[33] So wurde zum Beispiel am 5. Juni 1928 im Archiv ein Vortrag über „Mussolini und der Faschismus als geistige Bewegung" gehalten. Später bezeichnete sie Mussolini als den „herrlichsten Jünger Zarathustras" (in einem Geburtstagstelegramm 1933).
[34] So rief Emge in einer nationalsozialistischen Tageszeitung im April 1932 anläßlich der Reichspräsidentenwahl zur Entscheidung für Hitler auf.
[35] Siehe David M. Hoffmann, Zur Geschichte des Nietzsche-Archivs, S. 114.

legraphierte sie ihnen: „Die Manen Friedrich Nietzsches umschweben das Zwiegespräch der beiden größten Staatsmänner Europas."[36]
Einen solchen Umgang mit Nietzsche konnte und wollte der langjährige Freund und Förderer des Archivs, Harry Graf Kessler, nicht mitverantworten. Er zog sich nun endgültig zurück, nachdem seine Bestrebungen, im Geiste Nietzsches und Goethes die europäische Kultur zu erneuern, eigentlich schon vor dem ersten Weltkrieg gescheitert waren.
Kessler war bereits in den 20er Jahren bei seinen Besuchen im Archiv klargeworden, daß seine politischen Überzeugungen - das Erlebnis des ersten Weltkrieges hatte ihn zum konsequenten Pazifisten und Demokraten gemacht - mit den politischen Ansichten Frau Förster-Nietzsches unvereinbar waren. Trotzdem hatte er die Beziehungen zu ihr nicht völlig abgebrochen, auch nicht nach dem Machtantritt Hitlers. Dazu war offenbar die Erinnerung an die Jahre der engen Zusammenarbeit noch zu lebendig in ihm. Dazu kommt, daß er eigentlich nie erfuhr, welche Verfehlungen sich Elisabeth Förster-Nietzsche im Umgang mit dem geistigen Erbe ihres Bruders hatte zuschulden kommen lassen.
Nietzsche und der Nationalsozialismus - das ist ein besonderes Kapitel! In unserem Zusammenhang sei nur gesagt, daß die NS-Führer und -Ideologen ihn als einen ihrer geistigen Wegbereiter in Anspruch nahmen. Sie fanden dafür im Archiv - auch nach dem Tode Elisabeth Förster-Nietzsches im Jahre 1935 - willfährige Helfer, die die Werke des Philosophen in diesem Sinne ausschlachteten. Äußeres Zeichen der Hochachtung des Nationalsozialismus für Nietzsche sollte der Bau einer großen Gedenkhalle neben dem Archiv werden, für die 1937 der Grundstein gelegt wurde.[37] Mit der Leitung des Baus wurde übrigens Paul Schultze-Naumburg betraut, der wie so viele andere Vertreter der Heimatkunst in Weimar im Lager des Nationalsozialismus gelandet war.
Trotz allem gab es auch Bedenken gegen Nietzsche im Dritten Reich. Sie wurden auch von Weimar aus geäußert. So von Curt von Westernhagen, der in seinem hier 1936 erschienenen Buch „Nietzsche, Juden, Antijuden" den Denker als Judenfreund und Reichsgegner verächtlich zu machen versuchte.[38] Das hinderte die nationalsozialistischen Machthaber nicht daran, einzelne Äußerungen des Philosophen - besonders solche

---

[36] Abgedruckt bei Roswitha Wollkopf, Das Nietzsche-Archiv im Spiegel der Beziehungen Elisabeth Förster-Nietzsches zu Harry Graf Kessler, S. 140.
[37] Das Richtfest wurde am 3. August 1938 in Anwesenheit der NS-Prominenz Thüringens gefeiert. Bericht darüber in der Allgemeinen Thüringischen Landeszeitung Deutschland vom 4. August 1938 (Nr. 208).
[38] Curt von Westernhagen, Nietzsche, Juden, Antijuden, Weimar 1936.

über den Krieg, über die Moral der Herrenmenschen, über Demokratie und Sozialismus - voll in den Dienst ihrer Propaganda zu stellen. Es war das eingetreten, was Nietzsche selbst befürchtet hatte. Er hatte in einem Brief geäußert, der Gedanke erfülle ihn mit Schrecken, was für Unberechtigte und gänzlich Ungeeignete sich einmal auf seine Autorität berufen würden.[39]
Diese Rolle, die der weithin mißverstandene und mißbrauchte Nietzsche in der Zeit der Naziherrschaft spielte, war es vor allem, womit die Machthaber im Osten Deutschlands nach dem zweiten Weltkrieg ihre Art des Umgangs mit Nietzsche rechtfertigen. Und das war nicht ein Mißverständnis. Man wollte ihn nur so sehen!
Weimar, das heißt das Nietzsche-Archiv, hat mit ein gerüttelt Maß Schuld daran, daß Nietzsche weithin und beinahe ein Jahrhundert lang mißverstanden und mißbraucht wurde. Um so notwendiger ist es, darauf hinzuweisen, daß es ein Mitarbeiter des Weimarer Nietzsche-Archivs, Karl Schlechta, war, der in den Jahren nach dem zweiten Weltkrieg durch die Aufdeckung der Vergehen Elisabeth Förster-Nietzsches der Nietzscheforschung neue Wege wies.[40] In den vergangenen Jahrzehnten wurde und wird der geistige Nachlaß des Philosophen in Weimar neu gesichtet und in den großen Kritischen Ausgaben seiner Werke und seines Briefwechsels in wissenschaftlich beispielhafter Form vorgelegt. Die Herausgeber, die italienischen Germanisten Giorgio Colli und Mazzino Montinari, konnten sich in ihrer Arbeit dabei auch auf ein Werk stützen, das hier in Jena, in unserem Tagungsort, im Jahre 1908 bei Diederichs erschienen ist: Carl Albrecht Bernoullis „Franz Overbeck und Friedrich Nietzsche. Eine Freundschaft". Besonders interessant waren für sie und die gesamte Nietzscheforschung die geschwärzten Seiten dieses Werkes. Es handelte sich dabei um solche Seiten, auf denen für Elisabeth Förster-Nietzsche Belastendes stand. Ihr „Komplize" Heinrich Köselitz (Peter Gast) hatte in einem Prozeß, der schließlich vom Reichsgericht entschieden wurde, erreicht, daß diese Stellen nicht veröffentlicht werden durften.[41]

---

[39] An Malwida von Meysenbug Anfang Mai 1884. Friedrich Nietzsche, Sämtliche Briefe, Band 6, S. 499.
[40] Karl Schlechta, Der Fall Nietzsche. Aufsätze und Vorträge, München 1958.
[41] Näheres zu Ursachen und Ablauf des Rechtsstreites bei David M. Hoffmann, Zur Geschichte des Nietzsche-Archivs, S. 75-78.

CLAUS PESE

„Wir halten die Welt der Kunst in unserer Hand"
Henry van de Velde und Weimar

Am 24. Dezember des Jahres 1901 wurde Henry van de Velde von Großherzog Wilhelm Ernst von Sachsen-Weimar-Eisenach zum künstlerischen Berater für Industrie und Kunsthandwerk im Großherzogtum ernannt. Die Unterzeichnung des Anstellungsvertrages erfolgte am 15. Januar 1902. Am 1. April trat Henry van de Velde seinen Dienst in Weimar an. Wilhelm Ernst, gerade ein Jahr an der Regierung, war zu diesem Zeitpunkt noch keine 26 Jahre alt.[1] Henry van de Velde konnte, zwei Tage nach Dienstantritt, am 3. April seinen 39. Geburtstag in Weimar feiern. Er wird sich vor seiner Übersiedlung von der Weltstadt Berlin in die Provinzstadt Weimar über seine neue Wirkungsstätte informiert haben. Vielleicht hat er zunächst in einem damals aktuellen Konversationslexikon nachgeschlagen, beispielsweise in Meyers Konversations-Lexikon von 1897, und konnte dort unter anderem das Folgende lesen:
„Weimar, Haupt- und Residenzstadt des Großherzogtums Sachsen-Weimar-Eisenach, an der Ilm ... Das bemerkenswerteste Gebäude ist das großherzogliche Residenzschloß ..., ein nach dem Brand von 1774 unter Goethes oberster Leitung von 1790 - 1803 ausgeführtes Bauwerk, im Innern ebenso reich wie geschmackvoll ausgestattet. ... Vor dem Schloß zieht sich der reizende Park hin ... Jenseit der Ilm, in der Nähe des Parkes, liegt Goethes Gartenhaus. ... Die Stadt hat 2 evangelische und eine neue katholische Kirche und eine griechische Kapelle. ... An industriellen Anlagen hat die Stadt eine Eisentonnen- und Desinfektionsapparatenfabrik (100 Arbeiter), eine Parkettfußbodenfabrik (100 Arbeiter), Ofen-, Eisenwaren-, Strohhut-, Handschuh-, Kartonagen-, Papier- und Pianofortefabrikation, Kunstschlosserei und -Tischlerei, Buchbinderei, Schriftgießerei, Buchdruckerei (die 1624 gegründete Hofbuchdruckerei), Bierbrauerei,

---

[1] Chronologie des Großherzoglich Sächsisch-Weimarisch-Eisenachischen Herrscherhauses seit der Berufung Goethes nach Weimar im Jahre 1775:
Karl August (3.9.1757 Weimar - 14.6.1828 Graditz b. Torgau) oo Luise von Hessen-Darmstadt. Nach dem Wiener Kongreß 1815 Großherzog. Regierte 1758 - 1828.
Karl Friedrich (2.2.1783 Weimar - 8.7.1853 ebenda) oo Maria Paulowna (Tochter Zar Pauls von Rußland). Regierte 1828 - 1853.
Karl Alexander (24.6.1818 Weimar - 5.1.1901 ebenda) oo Sophie Luise (Tochter König Wilhelms II. der Niederlande). Regierte 1853 - 1901.
Karl August (31.7.1844 Weimar - 20.11.1894 ebenda) oo Pauline von Sachsen-Weimar-Eisenach (!). Regierte nicht.

Ziegelbrennerei und Gärtnerei; auch befindet sich dort ein geographisches Institut mit Globenfabrik, eine lithographische Anstalt, 2 Dampfbade- und Waschanstalten, eine chemische Fabrik, Dampfsägemühlen, Mahlmühlen etc. ... Die dortigen Märkte für Vieh (insbesondere Schafe), Wolle, Ölfrüchte und Zwiebeln sind lebhaft besucht, ebenso die neueingerichteten Obst- und Honigmärkte. Dem Verkehr dient eine Telephonanlage, welche auch Verbindung mit Eisenach, Gotha, Erfurt, Halle, Leipzig etc. herstellt. An bildungs- und andern öffentlichen Anstalten befinden sich dort: ein Gymnasium, ein Realgymnasium, ein Schullehrerseminar, eine Kunstschule (Malerakademie), eine Orchesterschule, ein Museum mit Kupferstichkabinett, eine Bibliothek, eine Gewerbe-, eine Baugewerk- und eine Zeichenschule, ein Gewerbehaus mit Ausfuhrmusterlager thüringischer Fabrikate ... etc. Der Glanzpunkt in der Geschichte Weimars war die Regierungszeit Karl Augusts 1758-1828 während welcher es durch die von diesem Fürsten berufenen Koryphäen der deutschen Litteratur, Goethe, Schiller, Wieland, Herder u.a., den Namen des deutschen Athen erlangte. Auch von Karl Augusts Nachfolgern wurden in Weimar Künste und Wissenschaften gepflegt."[2]

Daß Henry van de Velde in Weimar auf ein anderes geistiges und wirtschaftliches Klima treffen würde als es in der Metropole Berlin herrschte - Berlin war damals nach London und Paris die größte Stadt Europas - dürfte ihm klar gewesen sein. Zur Jahrhundertwende lebten in Berlin knapp 1,9 Millionen Menschen. In Weimar waren es keine 30 000! Über die eigentlichen Gründe seines Wechsels läßt uns van de Velde übrigens im Unklaren. In seiner ansonsten so ausführlichen Autobiografie „Geschichte meines Lebens" suchen wir vergeblich danach.[3] Erst die Forschungsarbeit zur Ausstellung 1992 hat erbracht, daß van de Veldes Berliner Zeit vom 15. Oktober 1900 bis zum März 1902 mit knapp eineinhalb Jahren Dauer in künstlerischer Hinsicht zwar ein großer Erfolg war, wirtschaftlich jedoch im Fiasko endete. Sein Unternehmen mit dem Namen „Henry van de Velde G.m.b.H.", das ohnehin nur dank seiner ebenso finanz- wie tatkräftigen Freunde und Förderer 1898 gegründet werden konnte, mußte Anfang September 1900 an das „Hohenzollern-Kaufhaus" Hermann Hirschwalds verkauft werden.[4] Zwar bezeichnete man diese geschäftliche Transaktion

---

[2] Meyers Konversations-Lexikon Bd. 17, Leipzig/Wien 1897, S. 612 u. 613.
[3] Henry van de Velde, Geschichte meines Lebens, München 1959 ([2]1986).
[4] Vgl. hierzu Thomas Föhl, Henry van de Velde und Eberhard von Bodenhausen. Wirtschaftliche Grundlagen der gemeinsamen Arbeit, in: Klaus-Jürgen Sembach/Birgit Schulte, Hrsg.: Henry van de Velde. Ein europäischer Künstler in seiner Zeit, Köln 1992, S. 168 - 205.

stets als „Fusion", doch bedeutete sie für van de Velde das unternehmerische Aus. Die Regelung, daß er als Angestellter Hirschwalds geführt wurde, war für van de Velde unerträglich. Er reagierte auf diese Situation in einer für ihn typischen Art und Weise: mit psychosomatischen Beschwerden und einem Nervenzusammenbruch im Juli 1901, der einen zweimonatigen Kuraufenthalt nach sich zog. Und wie so oft hatte Henry van de Velde Glück im Unglück, denn zwei Ereignisse wurden in dieser Zeit zum Fundament für einen neuen Abschnitt in seinem Leben: der Besuch der Darmstädter Mathildenhöhe und das Zusammentreffen mit Elisabeth Förster-Nietzsche. Initiator für beides war Harry Graf Kessler gewesen. Graf Kessler hatte van de Velde im November 1897 in Berlin erstmals getroffen. Die Bekanntschaft war auf Vermittlung des Freiherrn Eberhard von Bodenhausen zustande gekommen, der van de Velde ein halbes Jahr vorher in dessen Brüsseler Haus „Bloemenwerf" besucht hatte. Freiherr von Bodenhausen und Graf Kessler hatten einander während ihrer gemeinsamen Studienzeit im Sommer 1889 in Bonn kennengelernt. Gemeinsam mit den Schriftstellern Otto Julius Bierbaum in Berlin und Julius Meier-Graefe in Paris riefen sie im Herbst 1894 die Kunstzeitschrift PAN ins Leben, deren erstes Heft im April 1895 erschien. Ohne den Freiherrn von Bodenhausen und den Grafen Kessler - das darf mit Fug und Recht behauptet werden - wäre Henry van de Velde nicht zu dem geworden, was er heute für die Kulturgeschichte ist. Nicht nur, daß sie ihm Aufträge gaben. Sie vermittelten ihm darüber hinaus weitere Aufträge für Freunde und Verwandte.
Auf Vermittlung Graf Kesslers kam auch der Kontakt zu Elisabeth Förster-Nietzsche zustande. Graf Kessler kannte die rührige Schwester des Philosophen seit Oktober 1895. Noch vor dem Tod der Mutter war Elisabeth Förster-Nietzsche im August des folgenden Jahres von Naumburg nach Weimar gezogen. Ihren geistig völlig verwirrten Bruder ließ sie im Juli 1897 nachkommen. Mit Hilfe von Freunden und Gönnern hatte sie auf dem „Silberblick" genannten Hügel eine geräumige Gründerzeitvilla erworben, wo sie Friedrich Nietzsche wie eine lebendige Reliquie behandelte. Aber Elisabeth Förster-Nietzsche ahmte auch die Hofhaltung der großherzoglichen Familie nach - freilich im kleinen und keineswegs aus Größenwahn, sondern vielmehr mit dem Kalkül, Aufmerksamkeit zu erregen und Einfluß zu gewinnen. Sie beschäftigte einen Diener, einen Kutscher, eine Köchin, ein Dienstmädchen, einen Sekretär und zwei Gärtner.[5] Über die Zukunft Henry van de Veldes muß sie sich schon einige Zeit vor dessen Berufung

---

[5] Joachim Köhler, Zarathustras Geheimnis. Friedrich Nietzsche und seine verschlüsselte Botschaft, Reinbeck ²1992, S.XVIII.

mit Harry Graf Kessler ausgetauscht haben, denn im März 1901 - also fünf Monate vor dem Zusammentreffen von Elisabeth Förster-Nietzsche mit Henry van de Velde - schrieb sie an Harry Graf Kessler: „Sie wissen, daß das kleine Großherzogtum Porzellanfabriken, Glasbläsereien, renommirte große Töpfereien ... und eine Fülle von guten Hölzern besitzt ... . Wenn nun hier im Anschluß an die Kunstschule eine Reihe Werkstätten unter der Leitung eines hervorragenden Künstlers wie van de Velde gebildet würden, wo sozusagen für all diese Fabriken neue Muster hergestellt würden, die von diesen Fabriken oder deren besten Arbeitern ganz allein ausgeführt werden dürften, so wäre das doch gewiß ein Ziel, das einen ebenso idealen als realen Werth haben würde. Was ich nämlich immer vermisse, ist, daß auch die allergeringsten Gebrauchsgegenstände nach guten, künstlerischen Prinzipien hergestellt werden, und zwar billige Gebrauchsgegenstände, die eben das Volk auch bezahlen kann und woran es selbst seine innige Freude haben würde."[6] Mit ihrer geschickten Teetischpolitik verwendete sich Elisabeth Förster-Nietzsche ebenso dezent wie hartnäckig für Henry van de Velde. Eberhard Freiherr von Bodenhausen ließ seine Beziehungen zu der ihm bekannten Frau des Oberhofmarschalls spielen, und so gelang über diesen operettenhaft anmutenden Hintergrund schließlich die Berufung Henry van de Veldes nach Weimar.

Am 25. August 1901 trafen sich Elisabeth Förster-Nietzsche, Harry Graf Kessler und Henry van de Velde am Grab Friedrich Nietzsches in Röcken. Eine Woche später waren Graf Kessler und van de Velde in Darmstadt. Am 1. September 1901 besuchten sie dort Peter Behrens. Graf Kessler vermerkte den Gang durch die Ausstellung „Ein Dokument deutscher Kunst" in seinem Tagebuch, woran er eine Bemerkung van de Veldes anfügte, die für diesen typisch ist: „Insgesamt ist das, was diese Leute gemacht haben, genau das Gegenteil von dem, was wir wollen. Es ist das Ergebnis dessen, was wir immer bekämpft haben; genau dagegen sind wir ins Feld gezogen."[7]

Nun, ganz so kann es nicht gewesen sein. Vielmehr zeigt diese Äußerung, wie unrealistisch van de Velde die Wirkung seiner eigenen künstlerischen Leistungen einschätzte. War er es nicht, der im Jahre 1901 längst zum Begründer dessen geworden war, was wir heute als „Jugendstil" bezeichnen? Dies ist ihm sicher klar gewesen, nur wollte er nicht dazu stehen.

---

[6] Elisabeth Förster-Nietzsche an Harry Graf Kessler. Weimar, 22.3.1901. Zitiert nach Kat. Ausst. Marbach a.N. (Deutsches Literaturarchiv im Schiller-Nationalmuseum) 1988: Harry Graf Kessler. Tagebuch eines Weltmannes, Marbach a.N. 1988, S. 105.

[7] Claus Pese, Manches Haus gibt es noch zu bauen! Henry van de Velde und Peter Behrens im Vergleich, vgl. Anm. 4, S.237 u. 238.

Doch nicht genug damit. In van de Veldes Memoiren lesen wir: „Die Darmstädter Künstler hatten sich mit Fragen des Geschmacks, aber nicht mit ästhetischen Prinzipien beschäftigt. Prinzipien hätten kaum das Interesse des hessischen Großherzogs erregt, den ich später kennenlernte. Sein impulsiver Wunsch war, Künstler um sich zu scharen, seinem Land und seinem Hofe Glanz zu geben, um den Großherzögen von Sachsen-Weimar und Sachsen-Meiningen nicht nachzustehen."[8] Dies ist - man kann es kaum abschwächend sagen - Geschichtsklitterung! Großherzog Ernst Ludwig von Hessen und bei Rhein, übrigens ein Leipziger Studienkollege des gleichaltrigen Harry Graf Kessler, hatte durchaus auch anderes im Sinn. Mit der Gründung der Darmstädter Künstlerkolonie im Jahre 1899 ging es ihm vor allem um die Förderung des heimischen Gewerbes. Dieser Aspekt lag bereits der Denkschrift des Darmstädter Publizisten und Verlegers Alexander Koch vom Herbst 1898 zu Grunde, in der es unter anderem heißt: „So ist denn ernstlich zu beachten, dass die von dem Grossherzoge von Hessen in so hochherziger Weise geplante Erhebung Darmstadt's zu einem Künstler-Mittelpunkte nicht allein hohe ideelle Werte mit sich bringt, sondern auch volkswirtschaftliche, zunächst der Stadt selbst und dann den für die kunstgewerbliche Thätigkeit der hier zusammentreffenden Künstler als ausführendes 'Hinterland' in Betracht kommenden Landesteilen ... ."[9] Vor diesem Hintergrund erweist sich van de Veldes Haltung als neidisch und eifersüchtig: Neid auf den Erfolg anderer und Eifersucht auf den Standort, den er verpaßt hatte, denn Darmstadt war mit seinen gut 70 000 Einwohnern im Jahre 1900 im Vergleich zu Weimar mit weniger als der Hälfte geradezu großstädtisch. Wie auch immer: van de Velde konnte die Abhängigkeit von Hirschwald nicht ertragen und verzichtete zugunsten des Neuanfangs in Weimar sogar auf die Hälfte seines Gehalts! Vom Berliner Unternehmer Hirschwald bekam er 12 000 Mark pro Jahr, vom Weimarer Großherzog Wilhelm Ernst nur 6000.
Henry van de Velde war dank der Fürsprache Elisabeth Förster-Nietzsches, Harry Graf Kesslers und des im Hintergrund tätigen Freiherrn Eberhard von Bodenhausen nach Weimar gekommen. Die Fäden hatte eindeutig Graf Kessler gezogen, der zu den frühesten und entschiedensten Förderern Henry van de Veldes zählte. Wer war diese Persönlichkeit? Harry Graf Kessler war der Sohn eines in Paris äußerst erfolgreichen Hamburger Bankiers und einer exzentrischen Britin. 1868 in Paris geboren, wuchs

---

[8] Van de Velde, Geschichte meines Lebens, S. 218.
[9] Zitiert nach Sigrid Randa, Alexander Koch. Publizist und Verleger in Darmstadt. Reformen der Kunst und des Lebens um 1900, Worms 1990, S. 431 = Manuskripte zur Kunstwissenschaft in der Wernerschen Verlagsgesellschaft, Bd. 28.

er dreisprachig auf, was eine der Grundvoraussetzungen für sein späteres weltmännisches Gebaren bildete. Die zweite lag in dem immensen Reichtum des Vaters begründet. Die dritte ist wieder wie ein Stück Operette: Im Sommer des Jahres 1870 verweilte das Ehepaar Kessler zur Kur in Bad Ems. Zur selben Zeit war auch der nicht mehr ganz junge König Wilhelm von Preußen zugegen. Eines Tages sprach dieser Alice Kessler an mit der Bemerkung: „Gnädige Frau, ich habe schon lange den Wunsch gehabt, Sie kennenzulernen, also stelle ich mich selbst vor."[10] Der offenbar etwas indignierte Ehemann wurde vom Preußenkönig mit der Bemerkung abgefertigt: „Sie sehen, ich habe Ihre Gattin angeredet, ohne Sie um Erlaubnis zu bitten; aber Könige haben ebensowenig wie Bettler Zeit, sich ein Empfehlungsschreiben zu verschaffen."[11] Der Ehemann schwieg, und die Verlegenheit der damals 26jährigen attraktiven Frau hatte ihre Wirkung auf den 73jährigen Monarchen offenbar nicht verfehlt, denn „einige Tage später sagte sich der König bei mir zu Besuch an", wie Alice Kessler Jahre danach schrieb, „und erschien zur festgesetzten Zeit. Dieses Ereignis wurde zu einer Sensation in dem kleinen, äußerst klatschsüchtigen Badeort, weil der König kaum je, außer bei sehr alten Bekannten oder gekrönten Häuptern, Besuche machte. Die Wut und Eifersucht kannte keine Grenzen, besonders die der Frauen, die der König auf der Promenade anzureden pflegte."[12] Soweit Alice Kessler. Ganz nebenbei bekamen die Kesslers in Bad Ems den Ausbruch des deutsch-französischen Krieges mit. Der Preußenkönig war jetzt vorübergehend abgelenkt, doch schon bald konnte er sich als Kaiser Wilhelm I. seiner Angebeteten wieder zuwenden. „Zwischen ihm und meiner Mutter," erinnerte sich Harry Graf Kessler, „die zu ihm im Altersverhältnis einer Enkelin stand, knüpfte sich seit dieser Zeit immer fester von Jahr zu Jahr eine Freundschaft, um die sich allerhand Legenden woben, die", wie der Sohn nachdrücklich betont, „aber schon durch den Altersunterschied jeder Möglichkeit einer Mißdeutung entzogen war."[13] Der Altersunterschied betrug 47 Jahre.

Sicher sind viele jetzt gespannt, aber ich muß es mir verkneifen, diese Geschichte weiter zu erzählen, um zum Thema zurückzukommen. Nur den weiblichen Triumph der jungen Alice Kessler über die betagte Kaiserin Augusta will ich Ihnen nicht vorenthalten: „Die Kaiserin", schrieb sie, „saß ziemlich leidend in einem Sessel mit hoher Rückenlehne. Sie

---

[10] Harry Graf Kessler, Gesichter und Zeiten. Erinnerungen. Hrsg. v. Cornelia Blasberg und Gerhard Schuster, Frankfurt a.M., 1988, S. 34.
[11] Ebd., S. 35.
[12] Ebd.
[13] Ebd., S. 43f.

mußte sehr schön gewesen sein, war aber jetzt fürchterlich geschminkt, eine Ruine."[14] Als 1877 Harry Kesslers Schwester Wilma geboren wurde, ließ es sich Kaiser Wilhelm I. nicht verwehren, die Patenschaft zu übernehmen. Zwei Jahre später erhob der König von Preußen den Vater in den erblichen Adelsstand, und nach noch einmal zwei Jahren, also 1881, wurde für Adolf Wilhelm von Kessler von Fürst Heinrich XIV. Reuß jüngere Linie das einzige reußische Grafenhaus gegründet. Natürlich steckte der deutsche Kaiser und König von Preußen dahinter.[15]

Die Startchancen fürs Leben waren für Harry Graf Kessler also ganz ausgezeichnet. Seine Schulzeit verbrachte er in Ascot und Hamburg. Mit dem Wintersemester 1888/1889 nahm Harry Graf Kessler ein Jurastudium in Bonn auf, das er bald in Leipzig fortsetzte. Nach bestandenem Referendarexamen 1891 ging er erst einmal für ein halbes Jahr auf Weltreise. Danach versuchte er, das Studium in Berlin fortzusetzen, wo sich sein Interesse jedoch mehr und mehr den Künsten zuwandte. Als sein Vater 1895 starb, erbte Harry Graf Kessler ein immenses Vermögen. Fortan war er das, wonach wir uns alle sehnen: finanziell unabhängig.

Kehren wir nun nach Weimar zurück, wo Henry van de Velde zunächst eine zentrale Arbeits- und Beratungsstelle unter dem Namen „Kunstgewerbliches Seminar" ins Leben rief. Am 15. Oktober 1902 wurde diese Einrichtung eröffnet. Doch anders als in Darmstadt, wo hochkarätige Künstler wie Peter Behrens, Joseph Maria Olbrich und andere in fruchtbarem Wettstreit miteinander lagen, dümpelte Henry van de Velde in Weimar mit heimischen Töpfern, Korbmachern und Holzschnitzern vor sich hin. Erfreulicherweise fand er in der Großherzoginmutter Pauline eine engagierte Fürsprecherin. „Als sich die Großherzoginmutter Pauline im Sommer des Jahres 1902 wieder im Schloß Belvedere eingerichtet hatte, legte ich ihr mein Programm und die Liste der Betriebe vor, die wir im Namen des Großherzogs zu besuchen hatten", erinnerte sich Henry van de Velde, und er fuhr fort: „Es wurde beschlossen, die Fahrten mit Pferd und Wagen zu machen. ... Unsere Reisegesellschaft bestand jedesmal aus zwei oder drei Wagen. Den ersten, einen Vierspänner, lenkte der Oberstallmeister selbst. Die Großherzoginmutter und die Oberhofmeisterin befanden sich auf dem Vordersitz, der Oberhofmarschall und ich auf dem Rücksitz. In den anderen Wagen hatten verschiedene Würdenträger Platz genommen. Die Kutscher und Lakaien trugen Gala-Uniformen. ... Noch vor Sommersende konnten wir auf einer Fahrt ... eine Reihe von Gegenständen

---

[14] Harry Graf Kessler, Erinnerungen, S. 49.
[15] Zur Nobilitierung Adolf Wilhelm Kesslers vgl. Kat. Ausst. Marbach a.N. 1988, S. 19.

sehen, die von den kleinen Industrien des Landes nach meinen Entwürfen ausgeführt worden waren."[16] Mit diesen kleinen Anfangserfolgen konnte sich Henry van de Velde freilich nicht zufriedengeben. Nicht zuletzt, um in Ruhe arbeiten und Geld verdienen zu können, war er nach Weimar gegangen. Doch größere Aufträge standen nicht ins Haus - auch von privater Seite nicht. An den Bau eines eigenen Hauses war aus finanziellen Gründen keinesfalls zu denken.

Da traf van de Velde wieder das Glück des Tüchtigen. Und wieder war es Graf Kessler, der unterstützend auf seine Lebensbahn kam. Mit dem Versuch, in den höheren diplomatischen Dienst zu kommen, war Graf Kessler gescheitert. Das lag zum einen daran, daß sein Grafenstand in Preußen nicht anerkannt wurde und zum anderen in seiner für einen Staatsdiener wilhelminischen Gepräges reichlich unkonventionellen Lebensweise. Zudem verspürte der nunmehr schon fast 35jährige homosexuelle Graf Kessler kein Verlangen danach, eine Familie zu gründen. Was lag also näher als van de Velde in Weimar nach besten Kräften zu unterstützen? So verhandelte er ab Juli 1902 über die Leitung des aus einer Privatsammlung hervorgegangenen Museums für Kunst und Kulturgeschichte in Weimar. Auch das war nicht ganz an Elisabeth Förster-Nietzsche vorbeigegangen, doch diesmal wirkte sie eher bremsend als beschleunigend - zu Recht, wie sich bald herausstellen sollte. „Ich will Ihnen jetzt aufrichtig sagen", hatte sie dem Grafen Kessler im Januar 1902 geschrieben, „mir wird ein wenig bange, wenn ich von dem hiesigen Gesellschaftstreiben höre: ob es überhaupt wünschenswert ist, daß Ihnen diese Stelle angeboten wird? Ich begreife, daß Sie sich bis jetzt kühl und etwas ablehnend dazu verhalten. Meine Empfindung ist jetzt das beunruhigende Gefühl, als ob man einen jungen Adler in einen Käfig sperren wolle; im allgemeinen lieben doch Adler, frei zu fliegen. Das Glück in dieser Sache ist nur, daß der Adler unter allen Umständen seinen Käfig jederzeit aufmachen kann."[17]

Diese Warnung muß gut gemeint gewesen sein, denn „Zarathustras Schwester" konnte es nur gefallen, wenn der Nietzscheaner Kessler nach Weimar käme! Und so geschah es auch: Am 24. März 1903 wurde Harry Graf Kessler das „Großherzogliche Museum für Kunst und Kunstgewerbe", wie es nun recht unglücklich heißen sollte, offiziell übergeben. Schon im April hatte er seinem Freund Eberhard Freiherr von Bodenhausen mitgeteilt, „... daß das Ziel ein Museum vor Allem für 'moderne' Kunst sein solle. Das Geld soll zunächst durch Verkäufe aus dem alten Bestand des Mu-

---

[16] Van de Velde, Geschichte meines Lebens, S. 215f.
[17] Elisabeth Förster-Nietzsche an Harry Graf Kessler. Weimar, 20.1.1902. Zitiert nach Kat. Ausst. Marbach a.N. 1988, S. 119.

seums beschafft werden; ich taxiere", fuhr er fort, „daß so wohl mehrere Hunderttausend Mark sich realisieren ließen; dann hofft man, daß wenn erst Etwas Gutes geschaffen ist, der Großherzog einen jährlichen Zuschuß geben wird; und ich habe auch in Aussicht gestellt, von auswärts Geld zu beschaffen."[18] Der Weimarer Hof erwartete aber keinen Kulturreformer, sondern einen angepaßten und finanziell unabhängigen Aristokraten. Graf Kessler hatte hingegen geglaubt, vor Ort zusammen mit Elisabeth Förster-Nietzsche und Henry van de Velde und im Verein mit seinen auswärtigen Freunden in Weimar eine neue klassische Periode begründen zu können.[19]

Man ging sofort ans Werk. Zuerst wurde das Nietzsche-Archiv umgebaut. Natürlich war es Henry van de Velde, der den Auftrag hierfür erhielt und die wohl gelungenste Innenraumgestaltung in seinem Leben schuf. Einer von Graf Kesslers auswärtigen Freunden, der ebenfalls finanziell unabhängige Mitbegründer und Finanzier des Münchner Insel-Verlags, Alfred Walter Heymel, übernahm hierfür eine Bürgschaft in Höhe von 50 000 Mark. Graf Kessler ließ auf eigene Kosten von Max Klinger eine Nietzsche-Herme anfertigen. Die künstlerische Mehrfachbegabung des Bildhauers, Grafikers und Malers Klinger war es auch, die Graf Kessler als erstes ausstellte. Es folgte eine Ausstellung mit Werken deutscher und französischer Impressionisten und Neoimpressionisten. Auf seine Einladung hin kamen André Gide und Hugo von Hofmannsthal für einige Wochen nach Weimar. Voreilig meinte Graf Kessler, Weimar sei schon jetzt „mindestens so viel wie Darmstadt wert".[20] Kopieren wollte er Darmstadt nicht. Das wäre auch ein grober Fehler gewesen. Vielmehr hegte Harry Graf Kessler die Absicht, ausgehend von großer Zeit, der Kunst in Weimar ein literarisch-philosophisches Gepräge zu geben. Um angemessen und stilvoll residieren zu können, kaufte er in der Cranachstraße ein noch im Rohbau befindliches Haus, dessen Inneneinrichtung er - wie hätte es anders sein können! - van de Velde übertrug.

Ein hohes gesellschaftliches Ereignis kam 1903 hinzu. Der Großherzog heiratete am 30. April Prinzessin Karoline von Reuß ältere Linie. Sie entstammte zwar nicht ganz dem Fürstenhaus, in dem Kesslers Grafenhaus gegründet worden war, aber die beiden Fürstentümer Reuß fühlten sich einander doch sehr verbunden. Harry Graf Kessler konnte über diese Ver-

---

[18] Harry Graf Kessler an Eberhard Freiherr von Bodenhausen, Berlin, 6.4.1902. Zitiert nach Kat. Ausst. Marbach a.N. 1988, S. 119f.
[19] Vgl. hierzu Alexandre Kostka, Der Dilettant und sein Künstler. Die Beziehung Harry Graf Kessler - Henry van de Velde, vgl. Anm. 4, S. 252-273.
[20] Ebd., S. 262.

bindung nur erfreut sein. Ebenso Henry van de Velde, denn ihm wurde in Form eines Staatsauftrages der Entwurf eines 335teiligen Tafelsilbers zur Vermählung übertragen. In der jungen Großherzogin fanden beide eine stets aufgeschlossene und verläßliche Stütze. Henry van de Velde erinnerte sich mit Wohlwollen an sie: „Ihre Teilnahme an unseren Veranstaltungen, ihre Zustimmung zu unseren künstlerischen und kulturellen Bestrebungen, die zu einer gewissen Konsolidierung der Beziehungen zwischen dem Weimarer Hof und den Künstlern führten, imponierten mit der Zeit auch unseren rabiatesten Gegnern."[21]

Allen Widerständen der Hofschranzen zum Trotz entfalteten Harry Graf Kessler als Museumsleiter und inoffizieller Kultusminister und Henry van de Velde als Kunsttheoretiker und -praktiker in den folgenden Jahren eine fieberhafte Tätigkeit. Einen weit über Weimar hinausweisenden Höhepunkt bildete die Gründung des Deutschen Künstlerbundes am 15. und 16. Dezember 1903. An der Gründungsversammlung nahmen auch hochkarätige Persönlichkeiten wie Lovis Corinth, Ludwig von Hofmann, der erste Vorsitzende Leopold Graf Kalckreuth, Max Klinger, Max Liebermann, Max Slevogt, Franz von Stuck und Wilhelm Trübner teil, um nur einige zu nennen. Aber nicht nur in der Ablehnung der gegen die Avantgarde gerichteten Kunstpolitik des deutschen Kaisers trafen sich die Interessen Harry Graf Kesslers und Henry van de Veldes. Vor allem die Theaterreform, verstanden als Modernisierung des Theaters in all seinen Bereichen, war eines ihrer innersten Anliegen. Als im November 1903 die Schauspielerin Louise Dumont mit einem von Gustav Lindemann inszenierten Ibsen-Zyklus im Weimarer Nationaltheater gastierte, riet van de Velde zu einem Theaterneubau und begann auch sofort damit, Pläne zu erstellen.

Das Jahr 1904 war vom Tod der Großherzoginmutter Pauline überschattet, die gerne Graf Kesslers Freunde und Bekannte wie Richard Dehmel, André Gide, Gerhart Hauptmann, Hugo von Hofmannsthal oder Rainer Maria Rilke auf ihrem Alterssitz Schloß Belvedere empfangen hatte. Mit ihr verloren Graf Kessler und van de Velde eine wichtige Fürsprecherin. Auch ansonsten verlief das Jahr für beide sehr ereignisreich. Harry Graf Kessler überschlug sich geradezu mit seiner Ausstellungsaktivität, so daß seine Ausstellungen hier nur ganz summarisch mit der Zahl dreizehn angegeben werden können. Das herausragende Ereignis dieses Jahres war eine Ausstellung von 16 plastischen Arbeiten und 32 Zeichnungen Auguste Rodins, die große Beachtung fand. Henry van de Velde arbeitete vor allem an Vortrags- und Druckmanuskripten für sein ästhetisches Programm und an

---

[21] Van de Velde, Geschichte meines Lebens, S. 242.

dem Vorhaben, das ihm übertragene Kunstgewerbliche Seminar inhaltlich wie architektonisch zu einer Kunstgewerbeschule zu erweitern.
Alles ließ sich recht gut an, da erschütterte die Nachricht vom überraschenden Tod der jungen Landesherrin das Großherzogtum. Karoline war am 17. Januar 1905 - offenbar mit eigenem Zutun - gestorben. Kaum verhohlen schildert uns Henry van de Velde die Hintergründe dieser Tragödie: „Nach einigen Tagen tauchten Gerüchte auf, denen die Bevölkerung des Großherzogtums um so mehr Glauben schenkte, als die brutalen Neigungen des Großherzogs, die sich schon in seiner frühen Jugend gezeigt hatten, nicht unbekannt waren. Skandalöse Ereignisse sollen sich in dem Leipziger Hotel abgespielt haben, in dem das Paar nach den (Vermählungs-)Festlichkeiten die Nacht verbrachte. Ich selbst", fuhr er fort, „konnte die Großherzogin Karoline nur als ein Opfer betrachten, das unerbittlich dem Martyrium geweiht war, als ein vom Gedanken an Selbstmord verfolgtes Wesen, der ihr angesichts der Beschmutzung von Körper und Seele als einziger Ausweg erschien."[22]
Mit dem plötzlichen Ableben der Großherzogin nach nicht einmal zweijähriger Ehe verloren Graf Kessler und van de Velde ihre wichtigste Stütze. Von nun an konnte der Druck von Seiten des Hofes auf Graf Kessler und van de Velde verstärkt werden. Zwei Wochen nach dem Tod der Großherzogin berichtete der preußische Gesandte nach Berlin: „Fräulein Dumont dürfte am Theaterhimmel kaum der Stern erster Größe sein, der das schaulustige Publikum inner- und außerhalb der Grenzen Deutschlands an die Ufer der Ilm locken möchte. Dem Auslande ist der Name Louise Dumont's keineswegs so geläufig wie der einer Sarah Bernhardt oder Eleonora Duse (Randbemerkung des Kaisers: ich kenne sie auch nicht). Hätte Sarah Bernhardt ihr Theater statt auf der Place du Châtelet in Paris, in Orléans oder Tours errichtet, hätte die Duse ihrem Freunde d'Annunzio den erträumten Musentempel am Nemisee im Albanergebirge erbaut, so wäre es immer noch zweifelhaft, ob der Zulauf des Publikums den von diesen Künstlerinnen gehegten Erwartungen entsprochen hätte. Kommt der Weimarer Musterbau zu Stande, so dürften Louise Dumont und ihre Truppe, nach meinem Ermessen, die Meisterwerke Ibsen's, Maeterlinck's und von Hofmannsthal's bald vor leeren Bänken zur Darstellung bringen."[23] Damit war van de Veldes Theaterprojekt für Weimar „gestorben". Doch aus welchem Grund?

---

[22] Van de Velde, Geschichte meines Lebens, S. 241.
[23] Kat. Ausst. Marbach a.N. 1988, S. 172.

Kaiser Wilhelm II. hegte eine tiefe Abneigung Henry van de Velde gegenüber. Er äußerte sie unverhohlen anläßlich seines Besuchs der Düsseldorfer Industrieausstellung 1902. Henry van de Velde war nicht nur der Betroffene, sondern er war auch zugegen, als Wilhelm II. vor der Schwelle des Raumes stehenblieb, in dem Arbeiten van de Veldes ausgestellt waren. „Der Kaiser blieb brüsk stehen", erinnerte sich van de Velde, „warf einen erzürnten Blick in den Saal, machte kehrt, wendete sich seiner Suite und der nachfolgenden Menge zu und erklärte mit schneidender, weithin verständlicher Stimme: 'Nein, nein, meine Herren, ich verzichte darauf, seekrank zu werden.'"[24] Es ist sehr gut möglich, daß der stockkonservative Monarch über seinen Gesandten am Weimarer Hof dem Großherzog einen Wink geben ließ, den Neubau des Theaters van de Velde zu entziehen.

Und Harry Graf Kessler? Er arbeitete unentwegt an seinen Ausstellungsprojekten. Neun waren es im Jahre 1905. Besonders erwähnenswert war neben einer Ausstellung von 33 Gemälden Paul Gauguins die Weimarische Kunstgewerbe- und Industrieausstellung, auf der die heimischen Werkstätten ihre Erzeugnisse darboten, die nach Entwürfen aus Henry van de Veldes Kunstgewerblichem Seminar entstanden waren. Voller Enthusiasmus schrieb Graf Kessler an van de Velde: „Persönlichkeiten, die ich gar nicht kenne ... haben mir sagen lassen, daß sie mit uns Verbindungen aufzunehmen wünschen. Ich sehe, daß wir heute schon in England und Frankreich den gleichen starken Rückhalt besitzen wie in Deutschland. Wir halten die Welt der Kunst in unserer Hand. Um keinen Preis dürfen wir den wunderbaren Angelpunkt, den Weimar bedeutet, verlieren."[25]

Es schien alles wohlgefällig weiterzugehen. Da kam es schließlich zum Skandal, der, das darf schon vorweg gesagt werden, vom Weimarer Hof inszeniert worden war. Dafür spricht schon die mehrmonatige Abwesenheit des Großherzogs, der eine Reise nach Indien unternahm. Der Anlaß mutet erneut wie ein Griff in den Operettenfundus an. Auguste Rodin, den Graf Kessler mit großem Erfolg im Sommer 1904 ausgestellt hatte, wurde 1905 zum Ehrendoktor der Universität Jena ernannt. Als Dank für diese Auszeichnung schenkte er dem Weimarer Museum ein gutes Dutzend aquarellierte Handzeichnungen. Dabei handelte es sich ausnahmslos um Frauenakte. Ein Blatt widmete Rodin dem Landesherrn, der auch Rector magnificentissimus der Universität Jena war. Ab dem 5. Januar 1906 waren die Blätter im Weimarer Museum zu sehen. „Die unschätz-

---

[24] Van de Velde, Geschichte meines Lebens, S. 238.
[25] Ebd., S. 284.

bare Großzügigkeit des genialen französischen Bildhauers", schrieb Henry van de Velde später, „wurde durch das groteske Eingreifen des Seniors der Weimarer Maler [Hermann Behmer] besudelt, die sich in die verrauchten Höhlen ihrer Stammlokale zurückgezogen hatten, wo sie rachsüchtige Pläne schmiedeten. Die Aktzeichnungen lösten bei dem aufgeregten alten Herrn einen Anfall von Schamhaftigkeit aus. Er stürzte sich auf die Redaktion der in Weimar und im ganzen Großherzogtum meistgelesenen Zeitung."[26] Behmer sprach von einem „Tiefstand der Sittlichkeit" und von einer „Schmach für uns Weimarer". „Es ist eine Frechheit des Ausländers (Auguste Rodin)", fuhr Behmer fort, „unserem hohen Herrn so etwas zu bieten, und unverantwortlich vom Vorstande, diese ekelhaften (!) Zeichnungen auszustellen und eine solche Ausstellung zu dulden. Möge der Franzose aus seinem Künstlerkloakenleben sich ins Fäustchen lachen, so etwas in Deutschland an den Mann gebracht zu haben ... ."[27] Von Seiten des Oberhofmarschalls wurde Harry Graf Kessler als Museumsleiter die Verantwortung für diesen Skandal zugeschoben. Als schließlich behauptet wurde, Graf Kessler habe die „Beleidigung" bewußt provoziert, forderte er den Oberhofmarschall mit dem nicht gerade nordischen Namen Aimé von Palézieux-Falconnet zum Duell. Darüber muß sich dieser derart echauffiert haben, daß er plötzlich verstarb. Ausführlich berichtete der preußische Gesandte über diesen Skandal nach Berlin: „Mit noch mehr Recht hätte dieser sittenstrenge Zensor (gemeint ist der 75jährige Hermann Behmer) hinzufügen können und sollen, daß die zur Schau gestellten Nuditäten unschön und infolge ihrer saloppen nachlässigen Ausführung oder besser Unausgeführtheit nach dem Urteil aller (!) Verständigen bei Lichte besehen künstlerischen Wertes bar sind und schon deßhalb nicht der Ehre hätten teilhaftig werden sollen, an der in Rede stehenden bisher gepflegten und hochgehaltenen Kunststätte zu erscheinen. (Randbemerkung des Kaisers: gut) Der Dreistigkeit Rodin's so etwas minderwertiges einem doch immerhin (!) ernst zu nehmenden Kunstpublikum überhaupt zu bieten, wird aber durch folgende Geschmacklosigkeit die Krone aufgesetzt: Eine der Skizzen zeigt eine unbekleidete weder durch Schönheit noch durch Jugend ausgezeichnete weibliche Figur, welche von hinten gemalt ist und sich dem Beschauer in einer Stellung präsentiert, die nicht wohl anders aufgefaßt werden kann, als wolle sie eine Notdurft verrichten. Dieses Machwerk bewertet der Gallier augenscheinlich am Höchsten, denn er hat es für passend erachtet, dasselbe durch die schwungvolle Aufschrift „Dédiée á Son Altesse

---

[26] Ebd., S. 286.
[27] Ebd., S. 287.

Royale" dem zur Zeit in Indien weilenden Landesherren zu widmen. Das ging den braven Weimaranern denn doch über allen Spaß; sie haben denn auch durchgesetzt, daß - guten Nachrichten zufolge - gestern ein aus allen maßgebenden Persönlichkeiten gebildetes Halsgericht niedergesetzt wurde. Letzteres wollte natürlich dem mit den Funktionen eines Museumsdirektors betrauten Grafen Harry Kessler als dem verantwortlichen Redakteur an den Kragen; dieser jedoch, welcher soeben erst von einer seiner vielen Auslandstournéen zurückgekehrt ist, soll bei allen Göttern geschworen haben, daß die also geschmähten Skizzen in unerklärlicher Weise vertauscht worden sein müssen, denn diejenigen Blätter, welche ihm, Kessler, seinerzeit von Rodin vorgelegt wurden, seien andere und bessere gewesen, auch habe er auf denselben die für anstößig erklärte Dedikation nicht gesehen. (Randbemerkung des Kaisers: faule Ausrede) Schließlich hat man sich, wie ich höre, nach längern ziemlich stürmischen Debatten dahin geeinigt, daß die erleichterungsbedürftige nackte Dame in einen neuen, die Widmungsworte verdeckenden Passe-partout zu stecken sei. Manche wollen übrigens wissen, daß damit noch nicht Ruhe sei, die Sache vielmehr noch weitere Wellen schlagen werde. Die Gegner des Grafen Kessler sollen angeblich entschlossen sein, ihm aus dem bewegten, Weimar in seinen Grundtiefen erschütternden Vorkommnisse einen Strick zu drehen; schon seit längerer Zeit nämlich werfen sie dem Grafen vor, daß er die neue Kunstrichtung im allgemeinen und van de Velde im besonderen in ungebührlicher Weise protegiere und unter anderem sich nicht entblödet habe, sogar Lenbachs verkaufen zu lassen, lediglich um für die Produkte der Hypermodernen Geld und in dem Museum Platz zu beschaffen. (Randbemerkung des Kaisers: Esel!!) Man will nun das Incident Rodin dahin ausnutzen, daß unter dem Eindrucke desselben der Graf von maßgebender Seite zum mindesten dazu gezwungen werde, fortan in seiner hiesigen Amtstätigkeit der älteren Kunstrichtung wieder mehr zu ihrem Rechte zu verhelfen und zwischen ihr und den Impressionisten Licht und Sonne gleichmäßig zu verteilen. Ob und welche Resultate das haben wird, bleibt abzuwarten."[28]
Es ist mit Sicherheit davon auszugehen, daß Harry Graf Kessler der Inhalt dieses Berichts nicht zu Ohren gekommen ist. Nur so erklärt sich seine abwartende Haltung. Hätte Graf Kessler ihn gekannt, er hätte gewiß sofort mit persönlichen Konsequenzen reagiert, denn nachtragend zu sein, wäre für einen weltgewandten Gentleman keine adäquate Reaktion gewesen. Es war ein Affront nötig, um ihn aus Weimar zu verdrängen, und diesen lieferte der Großherzog höchstpersönlich: „Der ganze Hof war

---

[28] Kat. Ausst. Marbach a.N., S. 133 - 135.

versammelt, um den von seiner Indienreise zurückgekehrten Großherzog zu begrüßen. Die Würdenträger, die hohen Regierungsbeamten und einige Künstler standen in einer Reihe. Der Großherzog schritt die Reihe ab, drückte jedem einzelnen die Hand und wechselte jeweils ein paar Worte. Er kam zu (Harry Graf) Kessler, blieb stehen, ohne ihm die Hand zu reichen, verzog mit dem Ausdruck offener Verachtung das Gesicht und ging wortlos weiter."[29] Soweit der Augenzeuge Henry van de Velde. Daraufhin bat Graf Kessler am 3. Juli 1906 um seine Demission. Zehn Tage später wurde ihr vom Großherzog stattgegeben. Was tat nun der Weltmann Kessler?
Sofort wandte er sich an van de Velde und bat ihn dringend darum, in Weimar zu bleiben: „Unter keinen Umständen", schrieb er, „darf sich unser Kreis auflösen. Wir werden aus Weimar das Kunstzentrum, das internationale Kunstzentrum machen, wie wir es uns vorgenommen haben."[30] Und Alfred Walter Heymel teilte er mit: „Ich bleibe natürlich in Weimar und glaube nicht, daß das Auflösen meiner offiziellen Verbindung mit dem Hof den Kreis, den wir dort gebildet haben, irgendwie zu tangieren braucht; im Gegenteil, man ist die lästige Rücksicht auf allerlei langweilige Leute los."[31] Das Amt konnte man Harry Graf Kessler nehmen, die Illusion, aus Weimar den „wunderbaren Angelpunkt" der Kulturwelt zu machen, nicht.
Paradoxerweise bescherte die Folgezeit Henry van de Velde mehr Erfolge in Weimar als die Jahre vorher. Der 1904 konzipierte Neubau der Kunstgewerbeschule ging weiter. Am 7. Oktober 1907 konnte sie mit 16 Schülern inoffiziell die Arbeit aufnehmen. Am 25. März 1908 zog die Familie van de Velde in das neuerbaute Haus „Hohe Pappeln" ein. Der Großherzog bestätigte Henry van de Velde als Leiter der Kunstgewerbeschule, die am 1. April 1908 offiziell eröffnet wurde. 1911 war die der Kunstgewerbeschule gegenüberliegende Kunstschule nach Plänen van de Veldes fertiggestellt. 1912 bzw. 1913 entstanden die Weimarer Villenbauten für die Familien Dürckheim und Henneberg. Freilich gab es auch Projekte, die scheiterten: unter den gegebenen Umständen konnte der großzügige Umbau des Großherzoglichen Museums für Kunst und Kunstgewerbe, wie er von van de Velde 1907 projektiert worden war, nicht verwirklicht werden. Ebenso scheiterte die von Graf Kessler 1911 initiierte Konzeption eines Nietzsche-Monuments für Weimar. Es darf aber nicht unerwähnt bleiben, daß Henry

---

[29] Van de Velde, Geschichte meines Lebens, S. 289.
[30] Ebd., S. 290.
[31] Harry Graf Kessler an Alfred Walter Heymel. Berlin, 13.7.1906. Zitiert nach Kat. Ausst. Marbach a.N. 1988, S. 198.

van de Velde seine größten Erfolge außerhalb Weimars verbuchen konnte! Dies kommt nicht nur in den zahlreichen Schriften und einer regen Vortragstätigkeit zum Ausdruck, sondern vor allem in einer ganzen Reihe von Bauten, von denen hier nur die wichtigsten aufgezählt seien: die Villa Esche in Chemnitz (1903) und das dortige Tennisclubhaus (1908), ebenfalls 1908 der Hohenhof in Hagen für Karl Ernst Osthaus und wieder in Hagen das Haus Rudolf Springmann (1911), ebenfalls 1911 das für den Physiker, Unternehmer und Sozialreformer Ernst Abbe errichtete Denkmal in Jena und schließlich das Theater der Werkbundausstellung in Köln 1914.

Und was tat Harry Graf Kessler? Bereits vor seiner Entlassung im Sommer 1906 hatte er sich mit der Herstellung bibliophiler Ausgaben der Weltliteratur beschäftigt. Am 29. April 1905 war Hugo von Hofmannsthal in Weimar gewesen, wo er im Rahmen einer Ausstellung mit dem Titel „Werke der modernen Druck- und Schreibkunst", die Graf Kessler veranstaltet hatte, einen Vortrag hielt. Aus den Kontakten war allmählich Freundschaft geworden. Im Frühling 1908 bereisten Harry Graf Kessler, Hugo von Hofmannsthal und Aristide Maillol gemeinsam Griechenland. Der Gedankenaustausch mit Hofmannsthal ging schließlich so weit, daß Graf Kessler seine Miturheberschaft am Libretto zu Richard Strauss' Oper „Rosenkavalier" beanspruchte, was die Freundschaft beendete und Graf Kessler Hofmannsthals abschließende Widmung einbrachte: „Ich widme diese Komödie dem Grafen Harry Keßler, dessen Mitarbeit sie so viel verdankt."[32] 1913 richtete er schließlich eine eigene kleine Druckerei bei sich zu Hause in Weimar ein, die er nach der Straße, in der sein Haus lag, „Cranach-Presse" nannte. Mit der Produktion bibliophiler Ausgaben in kleiner Auflage konnte jedoch erst nach dem Kriege begonnen werden. Wie die englischen Lebens- und Stilreformer William Morris, John Ruskin und Walter Crane ein halbes Jahrhundert vorher, schloß auch Graf Kessler jegliche Maschinenarbeit bei der Herstellung der Bücher aus.

Mit dem Ausbruch des Ersten Weltkriegs war der Traum von einer neuen klassischen Periode Weimars endgültig zu Ende. Harry Graf Kessler rückte als Rittmeister der Reserve ein, und der Ausländer Henry van de Velde mußte sich tagtäglich dreimal bei der Polizei melden. Im April 1915 nahm er Kontakt mit Walter Gropius auf, um ihn als Nachfolger zu empfehlen. Damit stellte van de Velde die Weichen für die Zukunft, denn Walter Gropius schuf 1919 aus der Zusammenlegung von Kunstschule und Kunst-

---

[32] Kat. Ausst. Marbach a.N. 1988, S. 263.

gewerbeschule in Weimar das Bauhaus. Im Frühjahr 1917 konnte van de Velde Deutschland verlassen und ging in die Schweiz. Später blickten beide zwar kritisch, jedoch ohne Bitternis auf ihre etwas mehr als ein Jahrzehnt während Weimarer Zeit zurück. Nahezu ausnahmslos waren es Frauen, allen voran die Großherzogin Karoline, die Großherzoginmutter Pauline, Elisabeth Förster-Nietzsche und sogar die Ehefrau des Oberhofmarschalls, die ihnen Leben und Arbeit in Weimar ermöglicht hatten, und ich glaube nicht, daß dies nur mit Rollenverteilung und damals üblichen gesellschaftlichen Pflichtübernahmen zu erklären ist. In seinen Memoiren erinnerte sich der ewig junge Schwerenöter van de Velde besonders gerne an die Weimarer Damenwelt, indem er schrieb: „Die Götter scheinen ihre Hände über die ... Frauen unseres Kreises gehalten zu haben, und die Feen haben Blumen auf ihren Weg gestreut."[33] Sein und Graf Kesslers Scheitern konnten sie am Ende freilich nicht verhindern. Doch was waren die Gründe hierfür? Beginnen wir mit Harry Graf Kessler, dem Museumsdirektor und Kulturmanager. Allein schon seine Persönlichkeit mußte die kleinkarierte Weimarer Gesellschaft provozieren. Es war wohl weniger die Abwesenheit von Weimar über gut und gern zwei Drittel des Jahres als das Folgende:
1. Graf Kessler hatte auf jegliches Gehalt als Museumsleiter verzichtet, was das Budget des Großherzogtums zwar entlastete, in der Gesellschaft aber Neid entstehen ließ.
2. Graf Kessler hatte bei Amtsantritt aus eigenen Mitteln eine „Morgengabe" von 100 000 Mark für Neuankäufe bereitgestellt, was ebenfalls Neid hervorrufen mußte.
3. Die Gründung des Deutschen Künstlerbundes auf sein Betreiben hin wurde in Berlin als Affront gegen das Kunstverständnis Kaiser Wilhelms II. verstanden.
4. Graf Kesslers Bedingung, ihm keine Titel zu verleihen, wurde ebenfalls als Affront aufgefaßt, diesmal vom großherzoglichen Haus.
5. Graf Kesslers zweite Bedingung, ihm keine Kotillon-Orden zu verleihen, wurde in Weimar als Hinweis auf sein Desinteresse am weiblichen Geschlecht verstanden. Der Kotillon war ein bei Hofe gepflegter Gesellschaftstanz. Schließlich
6. Graf Kesslers nach dem deutschtümelnden Geschmack des Weimarer Hofes zu starke Betonung der französischen Gegenwartskunst.

---

[33] Van de Velde, Geschichte meines Lebens, S. 299.

Und Henry van de Velde konnte man vorwerfen:

1. nach den individuellen Regeln einer unverstandenen Kunst zu schaffen, mit der die meisten nichts anzufangen wußten,
2. keine wirklich durchschlagenden Erfolge mit der Kunstgewerbeschule erreicht zu haben,
3. das Kunstverständnis des deutschen Kaisers zu verachten, und
4. daß er Ausländer war. Henry van de Velde war zwar kein Franzose, sondern zum Glück Belgier, und kein Wallone, sondern wenigstens Flame, aber er war eben kein Deutscher.

1914 trennten sich beider Wege. Man begegnete sich fortan nur noch selten. Harry Graf Kesslers Lebensreise dauerte noch 23 Jahre, die des um fünf Jahre älteren Henry van de Velde fast doppelt so lange, 43 Jahre. In ihrem weiteren Leben spielte Weimar, dieser „wunderbare Angelpunkt" der Kulturwelt, keine Rolle mehr.

ULF DIEDERICHS

Jena und Weimar als verlegerisches Programm
Über die Anfänge des Eugen Diederichs Verlages in Jena

Am 14./15. September 1903, der Verlag war auf den Tag sieben Jahre alt, unternahm das Ehepaar Eugen und Helene Diederichs eine zweitägige Wanderung, die sie von Großheringen bis Camburg, zu den Dornburger Schlössern und dann nach Jena führte, wo man am Abend bei Irene Eucken und ihrem noch jungen „Kreis der Kunstfreunde von Weimar und Jena"[1] zusammensaß. Freund Eckard Klostermann[2], Leiter der Frommannschen Buchhandlung, hatte die Verlegersleute in diesen akademisch-geselligen Kreis eingeladen, und Eugen Diederichs schrieb im Rückblick[3], man sei ihnen beiden außerordentlich liebenswürdig entgegengekommen.
An den Verlags- und Wohnsitz Leipzig zurückgekehrt, signalisierte er bereits am folgenden Morgen einem Basler Autor in spe, dem Nietzschekenner Prof. Karl Joël: „Übrigens hat sich gestern definitiv entschieden, daß ich im April 1904 nach Jena übersiedle, und ich habe vor, über dem, was ich dort zuerst herausbringe, den Genius loci Pate stehen zu lassen und mit neuen romantischen Ausgrabungen vorzurücken."[4]
Dezidierter noch drückte er sich sechs Wochen später gegenüber Martin Rade aus, seinerzeit angehender Theologieprofessor und Herausgeber der einflußreichen Zeitschrift „Christliche Welt": „Ich siedele am 1.April nach Jena über und möchte dann mit den Hauptvertretern der Romantiker in Einzelschriften erscheinen. Es kommen dann bestimmt: Friedrich v. Schlegel, Hölderlin, Fichte, Schelling und Hegel. Es ist eine Lieblingsidee von mir, so etwas wie ein hundertjähriges Jubiläum der Romantiker damit zu dokumentieren und vor allen Dingen den Namen *Jena* dann wieder in den Vordergrund zu bringen."[5]

---

[1] Die offizielle Gründung der „Gesellschaft der Kunstfreunde" geschah am 6.2.1904, sie zählte damals etwa 75 Mitglieder - nach Volker Wahl, Jena als Kunststadt 1900-1933, Leipzig 1988.
[2] Der Großvater († 1956) des heutigen Leiters des Vittorio Klostermann-Verlages in Frankfurt a.M.
[3] In der als Ganzes noch unveröffentlichten Autobiographie „Lebensaufbau", maschinenschriftlich niedergelegt 1920/21, Seite 86.
[4] Auf diesen Brief vom 16.9.1903 spielt Karl Joël in seinem Beitrag zur Festschrift Eugen Diederichs 1927 an: „Es war der verheißungsvolle, früh geschiedene Erwin Kircher (...), der Diederichs auf mich hinwies und so das Band zwischen uns knüpfte". Im Zeichen des Löwen, Privatdruck, Jena 1927, Seite 116.
[5] Zitiert nach Lulu von Strauß und Torney-Diederichs, Hrsg., Eugen Diederichs, Leben und Werk, Jena 1936, S. 88.

Abb. 1: Eugen Diederichs

Nach nunmehr sechs Jahren einer im Juni 1897 begonnenen[6] und zunehmend erfolgreichen Leipziger Verlagstätigkeit kam dieser Entschluß überraschend. Der Absichtserklärung folgte alsbald die Tat. Anfang Januar 1904 wurden die bisherigen Geschäftsräume Seeburgstraße 45 zur Vermietung angeboten, am 12. März im buchhändlerischen Börsenblatt angezeigt, der Verlag werde am „17. März von Leipzig nach Jena verlegt", doch verbliebe in Leipzig das Auslieferungslager, wie auch alle Barbestellungen wie bisher durch den Kommissionär H.Haessel erledigt würden.

Tage darauf setzte sich ein Sonderzug von etwa zwanzig Güterwagen in Bewegung, „angefüllt mit Bücherballen, sperrigen Regalen, Kontormöbeln und dem Hausmobiliar des Chefs und der etwa acht bis zehn Angestellten, die samt und sonders mit übersiedelten und froh waren, der Großstadt zu

---

[6] Nach langen Monaten italienischer Wanderschaft, während der er den „Eugen Diederichs Verlag, Florenz und Leipzig" gründete, hatte er erst am 1. Juni 1897 seine Geschäfte in Leipzig aufgenommen.

entrinnen".[7] Die Organisierung des Umzugs überließ Diederichs seinem dienstältesten Angestellten Alfred Geyer, der kurz zuvor Prokura erhalten hatte. Wie schon in seinem ersten, dem Florentiner Jahr, ging er in jenen Tagen mehr ambulant dem Verlagsgewerbe nach. So meldete er seiner Familie, die inzwischen auf Gut Nöberitz im Naumburgischen ausquartiert war, am 19.März aus Jena: „Komme soeben aus Weimar zurück, es scheint etwas zu werden, nur ist das Honorar sehr hoch. Möbel waren schon heute früh da, aber wir fangen erst morgen früh 6 Uhr an. Wohnung macht sehr guten Eindruck, ein wenig zu rot, aber es geht noch. Im Geschäft klappt es noch nicht so recht, das für mich gedachte Zimmer war zu klein, und die ganze Anordnung ist anders geworden. Der Wirt hat Angst, daß die Decke die Bücher nicht trägt."

Beides war noch ein Provisorium, das Geschäftslokal im ersten Stock der Wirtschaft „Hopfenblüte", Jenergasse 6, und die Wohnung in der Sedanstraße 8 (die allerdings ein dauerhaftes). Das Weimarer Projekt war Nietzsches Briefwechsel mit F.W.Ritschl, Hippolyte Taine, Gottfried Keller und Georg Brandes, den ihm die allgewaltige Elisabeth Förster-Nietzsche am 4. März als „ein sehr günstiges Verlagsobjekt"[8] angeboten hatte. Man kannte sich bereits seit Jahren; die editorische Beziehung, so hoffnungsvoll begonnen, sollte allerdings fatal enden.

In jenem Frühjahr machte sich das Verlegerehepaar langsam mit der neuen Umgebung vertraut. Die wenigen offiziellen Besuche galten den Professoren, die sie in der (nun etablierten) „Gesellschaft der Kunstfreunde" kennengelernt hatten; „im allgemeinen beschränkten wir uns mehr auf Spaziergänge auf den Jenenser Bergen".[9]

Was hatte im Grunde den 36jährigen Verleger und Selfmademan bewogen, die Zelte in Deutschlands Bücherstadt Nummer eins abzubrechen und ins eher beschauliche Jena zu ziehen? Gab es Offerten von seiten der Stadt? Waren private oder geschäftliche Gründe maßgebend? Drängte es den gebürtigen Naumburger zu einem „back to the roots" oder doch mehr zu einer Neuorientierung?

Wie schon in seiner allerersten Verlegerzeit scheint die symbolische Handlung jeder anderen voraufzugehen. „Jena" selbst erschien ihm als kultur-

---

[7] Zitiert nach Diederichs „Selbstdarstellung", Leipzig 1927, S. 30. („Der deutsche Buchhandel in Selbstdarstellungen", 2.Bd., Heft 1). In der sechs Jahre zuvor niedergelegten Autobiographie „Lebensaufbau" ist von „wohl an 30 Eisenbahnwaggons" die Rede.

[8] Der handschriftliche Brief von Elisabeth Förster-Nietzsche, dem eine Reihe weiterer folgten, ist abgedruckt in: Ulf Diederichs, Hrsg., Eugen Diederichs, Selbstzeugnisse und Briefe von Zeitgenossen, Düsseldorf, Köln 1967, S. 145.

[9] Manuskript „Lebensaufbau", S. 150.

politisches Programm, so wie für ihn im Spätsommer 1896 und dann für drei Jahre „Florenz und Leipzig" ein idealer Entwurf gewesen war. Rückblickend auf die Jenaer Anfänge erkannte Diederichs einen Neubeginn, eine vita nuova.[10] In seiner ersten, nur zum Teil und nur unzulänglich publizierten[11] Autobiographie „Lebensaufbau" (1920/21) nennt er eine ganze Reihe von Gründen, warum seine Wahl damals auf Jena gefallen war.

Zunächst war es die ausgeprägte Universitätsstadt, mit einer geistigen Tradition, noch aus der Zeit der Klassik herrührend, die ihn anzog; ihm und seiner Frau gefiel Jena zudem als Stadt und auch landschaftlich. Dann spürte er hier ein für seine Nerven zuträgliches Klima, von dem er hoffte, „all das schwere Ringen um meine arbeitsunfähigen Stunden hinter mir lassen" zu können; aus der Leipziger „drückenden Sumpfluft" herauszukommen, bedeutete eine Chance, die eigene Arbeitskraft voll und ganz einzusetzen.

Ein dritter Aspekt war, der Verlag hatte nun eine mittlere Größe erreicht, was zum einen bedeutete, ein Umzug war noch vertretbar, zum anderen, eine kleinere, geistig regsame Stadt gab vermutlich einen günstigeren Nährboden ab (von der Großstadt Leipzig hatte der angestrengt arbeitende Jungverleger nach eigenem Bekunden ohnehin nicht viel gehabt). Auch als Eltern war man sich einig, die drei Kinder - zu denen im November 1904 noch ein viertes kam - konnten sich in Jena, nahe Feld und Wald, besser entwickeln. Thüringer und Schleswig-Holsteiner Naturgefühl verband sie beide.

Der Beweggrund, der für Eugen Diederichs wohl der wichtigste, persönlichste war, klingt noch einmal gegen Schluß seiner Erinnerungen an: „Hier wo die Romantik blühte, wo Schiller, Goethe, Hölderlin und Fichte lebten, in der Nähe Weimars schien es leichter, das Erbe ihres Geistes zu wahren, weil die Vergangenheit tatsächlich durch Natur und Bauten in die Gegenwart sich fortsetzte. Immer empfinde ich Schillers Lied an die Freude zur Jenaer Landschaft gehörig, auch wenn es bei Körner in (Leipzig-) Gohlis gedichtet worden ist."[12]

---

[10] „Lebensaufbau", S. 86 f.

[11] Etliche Kernstücke der privaten Erinnerungen („Lebensaufbau", 1920/21) wurden nach Eugen Diederichs Tod von Lulu von Strauß und Torney, seiner Witwe, in den Dokumentenband „Eugen Diederichs, Leben und Werk" (1936) eingebaut. Die Herausgeberin griff allerdings, nicht immer nur aus Gründen befürchteter NS-Zensur, sowohl in den Wortlaut der Erinnerungen wie auch in den der von ihr mitgeteilten Briefe ein. Daher kann „Leben und Werk" nur mit gewissen Einschränkungen als authentisch angesehen werden.

[12] Eugen Diederichs variiert hier - „Lebensaufbau" S. 268 - den Text seines Editorials

Weitere durchaus rationale Gründe werden in Briefen und Prospekten jener frühen Jahre benannt, so Jenas nach allen Seiten hin sehr günstige Bahnverbindungen, seine Verkehrslage zwischen München und Berlin, zwischen Dresden, Prag und den großen westdeutschen Städten - was ebenso interessant war für Autoren auf Durchreise wie für einen Verleger „auf Achse". Immer wieder ist auch von einer wünschenswerten, für alle weitere Programmplanung fast unerläßlichen Nähe zu den „Leuten der Wissenschaft"[13] die Rede. Selbst wenn in dem Punkt, wie sich zeigte, der Genius loci nicht immer der günstigste war, fand Eugen Diederichs in dieser Stadt fast auf Anhieb zu einer Identität, die sein Unternehmen jahrzehntelang zu einem herausragenden, in der Literaturlandschaft unverwechselbaren machen sollte.

„Erzieher zu deutscher Bildung"

Als ein Beispiel für noch vage, zunächst unbestimmte Bücherpläne, die dann im Zusammenhang mit dem neuen Verlagssitz Jena rasch an Kontur gewinnen, mag die Serie „Erzieher zu deutscher Bildung" dienen. Bereits Ende 1902 hatte der Münchener Germanist Friedrich von der Leyen den Vorschlag einer Reihe deutscher Denker gemacht, jeweils authentische Texte, gruppiert und dargeboten als Quintessenz ihres Denkens; er selbst behalte sich zwei Bände vor, Herders „Ideen" und Friedrich Schlegels „Fragmente".
Diederichs, zu der Zeit mit der Neuausgabe deutscher Mystiker und dem Plan einer Zeitschrift für Kulturfragen[14] in Atem gehalten, antwortete interessiert, aber zögerlich; man könne die beiden projektierten Bände zunächst „als Versuchsballons behandeln", zumal ihm bewußt sei, die von ihm gerade entwickelten Neuausgaben müßten ihre endgültige Form, auch in bezug auf das Leserinteresse, erst noch finden.
Der Entschluß des Verlegers, nach Jena überzusiedeln, war gerade zwei Wochen alt, da findet sich von der Leyen bei ihm in Leipzig ein (Gästebucheintragung 4.10.1903). Offenbar werden an dem Tag Herder und Schlegel

---

zum ersten (Jenaer) Verlagskatalog 1904; dort heißt es: „Nun befindet sich der Verlag seit diesem Jahr in Jena, der Stadt, wo der Schillersche Geist und die Romantik blühten, wo vor hundert Jahren der geistige Mittelpunkt Deutschlands war."

[13] So heißt es, pars pro toto, in einem Brief an den jungen Romantikforscher Erwin Kircher am 24.2.1903: „Ich stimme auch darin völlig mit Ihnen überein, daß ich mit den Leuten der Wissenschaft mehr Fühlung gewinnen muß."

[14] Bei dieser Kulturzeitschrift handelte es sich um das „Dioskuren"-Projekt, zu dem Fr. von der Leyen Jahre später eine detaillierte Skizze beisteuerte. Diederichs Brief, datiert vom 5.1.1903, findet sich in „Selbstzeugnisse und Briefe von Zeitgenossen", S. 131.

als Pilotbände eines neuen „wissenschaftlich-literarischen Unternehmens" fest verabredet. Auf den Vorschlag des Verlegers, nun auch bald Fichte, Schelling und Hegel herausbringen zu wollen, reagiert wiederum der Wissenschaftsautor Leopold Ziegler: Mit Brief vom 21.10. empfiehlt er für den Schellingband Erwin Kircher, für Fichte zunächst Ludwig Kuhlenbeck (kann sich dann für den Gegenvorschlag „Dr.Riess" durchaus erwärmen), und obendrein regt er an, Schillers Briefe über ästhetische Erziehung als Geschenkbändchen zu bringen.

Als dann im März 1904 ein erster Kontakt zu Alexander Freiherr von Gleichen-Rußwurm, einem Urenkel Schillers, hergestellt ist, kommt auch der Schillerband bald unter Dach und Fach, und der klassisch-ästhetische „Erzieher" gibt dem Gesamtunternehmen die Richtung.[15] Überhaupt Schiller. Seine Suggestionierung, seine Reklamierung für eigene Zwecke nehmen allenthalben zu, spätestens seit Stadt und Universität Jena sich entschlossen haben, den hundertsten Todestag ihres Friedrich Schiller am 9. Mai 1905 festlich zu begehen. Zwei Privatbriefe, die Eugen Diederichs im Sommer 1904 seiner Frau Helene schreibt, geben ein Momentbild.

Am 16. Juli: „Mir ist ein genialer Plan eingefallen, über den ich gestern trotz aller Müdigkeit ganz begeistert war. Ich will heute Eucken folgendes vorschlagen: Wenn nächstes Jahr im Mai hundertjähriges Jubiläum der Schilleruniversität ist, muß die Universität eine große Feier veranstalten und die Führer der ästhetischen Bewegung zu Ehrendoktoren ernennen. Ich denke an Avenarius, Tschudi, Lichtwark und Onkel Justus (Brinckmann). Dazu dann noch Klinger für seinen Beethoven. Damit hat Jena die alten Traditionen wieder aufgenommen und vor allen Dingen sich in Gegensatz zu (Preußens) Wilhelm gestellt, was das größte Aufsehen hervorrufen wird. Die Ehrendoktoren müssen dann in der Kunstgesellschaft je einen Vortrag halten, und verlege ich diese, so ist allen Leuten geholfen und wir in Jena sind Weimar über. Was meinst Du dazu?"

Und am 21. Juli: „Mittwoch war ich mit zum Oberbürgermeister geladen, es war nämlich Theatersitzung. Die chose ging von Auerbachs und Rosenthal[16] aus, ca. 20 illustre Honoratioren und Du standest noch extra auf der Einladungsliste. Zweistündige Sitzung, Kosten ca. 600 000 Mark.

---

[15] Diederichs trug dem Urenkel Schillers am 23.7.1904 diesen Band an. Etwa zeitgleich suchte er Elisabeth Förster-Nietzsche zu einem entsprechenden Band „Nietzsche als Erzieher" zu bewegen. Beide galten ihm in ihrer Individualität und „Persönlichkeit" gleichviel. Sie waren für ihn die „Erzieher" schlechthin. Vgl. Nietzsche „Schopenhauer als Erzieher", drittes Stück seiner „Unzeitgemäßen Betrachtungen", 1874.

[16] Der Universitäts-Physiker Felix Auerbach und der Jurist Eduard Rosenthal, beide im Kunstleben Jenas außerordentlich rührig.

Geld ist natürlich noch nicht vorhanden, aber man spricht schon davon, daß man hier besser spielen will als in Weimar. - Mit Joël war ich dann abends in einer Sitzung der philosophischen Gesellschaft, es war tödlich gelehrt, ein zweistündiger gar nicht zu kapierender Vortrag von Scheler. Heute früh habe ich ihn dann geführt Philosophenweg und Landgrafen. Nachmittags ging es zu Eucken. Da er schon gestern Abend einen Augenblick dort gewesen war, konnte er mir erzählen, daß ich dort sehr in Gunst stehe und man sich freut, Verbindung zu mir zu haben."

Die Jenaer Schillerfeier, angesetzt auf den 9.Mai 1905, wird zunehmend zum Fixpunkt Diederichsschen Bemühens. In einem Sortimenterzirkular[17] Oktober 1904 umreißt er das nun zwölfbändige Unternehmen „Erzieher zu deutscher Bildung", setzt die Reihe oder doch zumindest ihre ersten vier Bände, zusammen mit den Briefausgaben Schiller-Goethe und „Schiller und der Herzog von Augustenburg", als „Vorbote zur großen Schillerfeier" ein, informiert zudem die Kollegen, daß dies nur der Anfang weitreichender kulturpolitischer Pläne sei, bei deren Ausführung er vor allem auf die Unterstützung des Sortimentsbuchhandels rechne - „denn es berührt dessen eigenste Lebensinteressen, wenn es gelingt, einer gesteigerten, intensiv geistigen Kultur Deutschlands die Wege zu ebnen."

Im November, kurz vor Auslieferung der beiden ersten „Erzieher"-Bände, macht er das Publikum mit einem weitreichenden Bücherprogramm zum Schillerjahr bekannt. „Schiller als Charakter und Persönlichkeit" ist dieser neueste Prospekt betitelt, und er schließt in der Hoffnung, daß „wir in jener Zeit Wurzeln schlagen - dann bilden die Erzieher die notwendige Nahrung, das Brot des deutschen Volkes." Der Persönlichkeitsgedanke als Richtschnur, die „Erzieher"-Serie als ersehnter Brotartikel: das erhabene Ideal, der eigene erzieherische Impetus und schamloses Marketing gehen, wie bei Diederichs so oft, eine unnachahmliche Mischung ein.

Sobald die ersten „Erzieher"-Bände vorliegen, holt sich der Verleger Urteile prominenter Universitätsprofessoren ein und publiziert im Frühjahrsprospekt „Das deutsche Bildungsbedürfnis ist auf Abwegen!" die Stellungnahmen von Georg Simmel (Berlin), Otto Crusius (München), C.Neumann (Kiel), Gustav Roethe (Berlin). Er selbst hebt die „Vermeidung jedes philologischen Beiwerkes" als etwas Positives hervor, bringt sodann John Ruskin ins Spiel (dessen Gesammelte Werke er in 15 Bänden herausbringt), sieht ihn als Schillers „Geistesverwandten". Für den hochgestimmten Propagandisten wird Schiller nun zum „Führer zu einer ästhetischen und sitt-

---

[17] Gedrucktes Rundschreiben in Art eines Prospektes, das sich an den „Sehr geehrten Herrn Kollegen" wandte, auf Seite 2 und 3 den Anlageplan und die Zielsetzung der Reihe bekanntgab und mit einem eingelegten Bestellzettel schloß.

lichen Kultur" und das bevorstehende Schillerjubiläum ernsthaft zum Anlaß, „aus der einseitigen Verstandeskultur von heute loszukommen." Vordergründig ist es der Versuch, Weimarer Klassizität und Jenaer Romantik in einer Reihe von Monographien zu präsentieren und einem neu sich regenden Bildungsinteresse den Zugang zu einer früheren Literatur- und Geistesepoche zu ermöglichen. Die Bände sind, ausgestattet von Emil Rudolf Weiss, geradezu bibliophil aufgemacht bei moderaten Preisen (broschiert 2 Mark, in Leinen 3 Mark).
Dahinter verbirgt sich der Glaube an die Notwendigkeit einer neuen Kultur, getragen von einem Bund lebendiger Geister, seien sie vor hundert Jahren wirksam gewesen oder in der Gegenwart lebende. Es steckt auch viel vom pädagogischen Ethos eines Autodidakten dahinter, der es als seine Aufgabe ansah, an einer freieren Ausbildung des Einzelnen zur Persönlichkeit mitzuwirken.
Doch eben das Erzieherische an dem Unternehmen schien zugleich eine Barriere für die breitere Akzeptanz. Schon mit Band 9 Schelling, „Schöpferisches Handeln" (1907) schloß das Unternehmen, weder Jacob Grimm noch Görres noch Pestalozzi kamen zum Zuge. Selbst die dringliche Empfehlung des Verlegers „Bitte wollen Sie die Erzieher stoßweis auf dem Ladentisch auflegen" (Sortimenterprospekt Nr.2/1906) hatte nichts genützt. Was mehr reussierte, waren die in sich gerundeten Ausgaben: Eckermann, „Gespräche mit Goethe" (bereits 1901), „Briefwechsel zwischen Schiller und Goethe" (2 Bände, 1905), Bettina von Arnim, „Goethes Briefwechsel mit einem Kinde" (2 Bände) und die kritische Gesamtausgabe „Goethes Briefe an Charlotte von Stein" (3 Bände, 1908).

„Griechische Kultur"

Mit der Übersiedlung nach Jena trat - so heißt es wiederholt in Diederichs nachgelassenen Erinnerungen - eine Verbreiterung des Programms durch Neuübertragungen antiker Schriftsteller ein. Und gegen Ende seiner Autobiographie steht der rätselvolle Satz: „Jena ist aber auch eine Stadt, die einstmals in Griechenland lag."
Gleich der erste Sortimenterprospekt, den Diederichs zum Start in Jena drucken ließ, war der „Griechischen Kultur" gewidmet: von keinem Geringeren als E.R.Weiss gestaltet, neu in der Typographie wie in der Schmuckumrahmung des Thementitels. Zu einer deutschen Kultur - so der Verleger im Vorspann - gehöre nicht eine philologische Beschäftigung mit dem Altertum, sondern Einfühlung in den griechischen Geist, wie sie schon Nietzsche vorgeschwebt habe. (Er dachte wohl auch an einen Areo-

pag der freien Geister, den er hier in Jena vorzufinden hoffte und an dessen Diskurs er tätig mitwirken wollte.)
Das Antikenprojekt 1904 wurde zunächst eingelöst durch zwei Titel: Gomperz, „Die Lebensauffassung der griechischen Philosophie" und Pater, „Griechische Studien". Zwei Textbände waren bereits im Vorjahr erschienen, Platons „Gastmahl" in der Übertragung Rudolf Kassners und Marc Aurels „Selbstbetrachtungen". Auf die platonische „Liebesmystik" und Kassners Befähigung, diese angemessen zu übertragen, hatte Erwin Kircher Diederichs aufmerksam gemacht; und mit dem Altphilologen Otto Kiefer, der Marc Aurel übersetzt hatte, war er überdies im Gespräch über eine Platon-Gesamtausgabe, die dann noch 1904 in Gang gebracht wurde und es bis 1910 auf elf Bände brachte.
Plotin, Aristoteles, die Vorsokratiker und die Tragödiendichter schlossen sich an. Wieder blitzen Sätze Friedrich Nietzsches auf: „Wir werden von Tag zu Tag griechischer..." Diederichs sah die Neuausgaben antiker Literatur durchaus als Parallelaktion zu der Serie „Erzieher zu deutscher Bildung", und er sah sie als Mittel, um die aufkommende religiöse Bewegung zu unterstützen.[18]
Schon in seinem ersten, großformatigen Sonderprospekt „Religiöse Kultur", den Diederichs im Leipziger Spätherbst 1903 „dichtete", führt er Schleiermacher an, wonach Religion Anschauung und Gefühl des Universums sei. Und zu den projektierten antiken Textbänden heißt es dort: „Die platonischen und stoischen Ideenkreise durch künstlerische Ausgaben ohne alles philologische Beiwerk wieder lebendig zu machen, bedeutet dem individuellen religiösen Leben fruchtbare philosophische Lehren zuzuführen..." Die damals propagierte „religiöse Kultur" umfaßte für den Verlag noch einiges mehr: die deutschen Mystiker (die Diederichs in gleicher Weise ausstattete wie die Werke der Antike), Leo N. Tolstois vielbändige „Sozial ethische Schriften", dann Kierkegaard, dessen Tagebuchauswahl „Buch des Richters" (1905) den Vorläufer zur ersten deutschen Kierkegaard-Gesamtausgabe abgab; sodann die von Nietzsche stark beeinflußten Schriften von Albert Kalthoff, Arthur Bonus, Charles Ferguson und Eugen Heinrich Schmitt („Die Gnosis").
Munition für die geistigen Auseinandersetzungen der Gegenwart zu liefern, war Diederichs Globalstrategie. Er sah sich inmitten dieses Prozesses. Zusammen mit Christoph Schrempf, dem Kierkegaard-Herausgeber, initiierte er eine erste religiöse Meinungsforschung (Herbst 1908), ein Fragenkatalog in acht Punkten, den er deutschen Intellektuellen zur öffentlichen Beant-

---

[18] Vgl. „Lebensaufbau", S. 77.

wortung vorlegte. Jena als Polis, als Agora, auf der Dinge allgemeinen Interesses verhandelt werden...

„Eugen Diederichs Jena in Thüringen: Verlagskatalog"

Ein zentrales Dokument der im Zeichen Jenas begonnenen wie auch fortgeführten Aktivitäten ist der im November 1904 erschienene Verlagskatalog. Über das Volumen, auch über Sinn und Zweck der sonst damals üblichen Bücherverzeichnisse geht er weit hinaus. Die 92seitige Broschüre in Großoktav, mit eigens von E.R.Weiss gestaltetem Umschlag, mit einem Editorial auf den Umschlaginnenseiten - „Die Ziele des Verlages", mit sinnbildhaftem Innentitel, mit Kurzessays einzelner Fachkenner und mit einer Fülle textlich wie gelegentlich auch bildlich anschaulich gemachter Verlagstitel ist ein Novum in der deutschen Verlagsgeschichte. An Originalität ist der fast gleichzeitig erschienene Zehnjahreskatalog Albert Langen allerdings ebenbürtig; auch der Münchener Verlag rückt sein markantes Signet optisch in den Mittelpunkt, aber er sucht auf völlig andere Weise für sich einzunehmen. Jeder Autor stellt sich porträtierend selber vor, und sein Beitrag wird mit einer Karikatur, wahlweise von Thomas Theodor Heine oder Olaf Gulbransson, versehen. Die Vornotiz des Verlegers umfaßt ganze acht Zeilen.

Der Verlagsbaumeister Diederichs dagegen baut seine Verlagsbücher in zwölf Gruppen[19] auf, seine Auswahl und Zuordnung geschieht autokratisch. Das Gruppensystem sieht er als „eine Sammlung von Bausteinen zur persönlichen Kultur". Jeder Gruppe stellt er einen Beitrag aus der Feder eines Autors oder auch Fachberaters voran. „Griechische Kultur", „Renaissance", „Deutsche Mystik", „Deutscher Humanismus", „Religiöse Kultur", „Romantik" und so fort sind diese Gruppen benannt und sinnfällig gemacht als Zwölferzahl durch die zwölf Tierkreiszeichen, die das vorangestellte Bild vom Sämann auf gepflügtem Acker umgeben. Allerdings hat Hans Thoma diese Zeichnung bereits 1900 für Diederichs angefertigt und aus ganz anderem Anlaß: es schmückte den Innentitel Adolf Bartels, „Der Bauer". Diederichs hatte die alte Zeichnung hervorgeholt, weil er sich selbst in einem Beruf „geistigen Pflügens und Samenstreuens" sah, so bekannte er 1927. Nach der Vorgabe der zwölf Tierkreiszeichen kam die

---

[19] Die Einteilung in zwölf Sachgruppen mit je einem „Verantwortlichen" ergab sich erst im Lauf der Sommermonate 1904 - vielleicht angeregt durch den zeitgleich erfolgten, sowohl sach- und personenbezogenen Sechs-Gruppen-Aufbau des Bundes Heimatschutz, dessen Anliegen Eugen Diederichs verstärkt wahrnahm.

Einteilung in zwölf Buchgruppen zustande, es ging also nicht ganz ohne Zahlenmagie ab.
Und doch waren diese zwölf Buchgruppen ein brauchbares Raster, um die beiden wichtigsten Funktionen dieses ersten großen Gesamtkataloges zu erfüllen: eine Bestandsaufnahme, ein Rechenschaftsbericht über die nun abgeschlossenen Leipziger Verlagsjahre und zugleich Entwürfe in die Zukunft, also „ein Bekenntnis zukünftigen Wollens" (Eugen Diederichs 1927).
Folgerichtig waren die zwölf Essayisten seines Verlagskatalogs ausnahmslos Leute, mit denen er noch einiges vorhatte. Jenaer Akademiker waren noch nicht darunter, dafür waren die Kontakte zu Rudolf Eucken und Max Scheler (die ihm später die Anregung zur Bergson-Ausgabe machten) noch zu jung und vielleicht auch nicht vorbehaltlos. Bald nach dem Umzug im Mai 1904 hatte Eugen Diederichs seine Gewährsleute mobilisiert. Der schon seit längerem geplante Gesamtkatalog sollte nun im Herbst endlich erscheinen, sozusagen als Jenaer Fanfarenstoß. Zum anderen lahmte der Absatz der Bücher seit Beginn dieses Jahres, und ein selbstbewußtes Trommeln und Pfeifen schien angebracht (Diederichs an Arthur Bonus, 10.5.1904).
Für die Kurzbeiträge, die sich jeder billigen Verlagspropaganda enthalten durften und sollten, hatte Diederichs die unterschiedlichsten Kapazitäten gewonnen, so den Stuttgarter Altphilologen Otto Kiefer, den Bremer Pfarrer Karl König, den Bonner Germanisten Franz Schultz, die Berliner Kulturphilosophen Samuel Lublinski und Albert Dresdner, nicht zuletzt die junge philosophische Leuchte Leopold Ziegler. Dessen Erstlingsschrift „Das Wesen der Kultur" (1903 bei Diederichs) hatte erheblichen Einfluß auf das verlegerische Denken.
Es war ein ad hoc gebildetes inoffizielles Gremium, eine Art literarischer Beirat. Ein solcher schwebte Diederichs schon seit geraumer Zeit vor, weil er infolge des rasch wachsenden, vielfach sich verzweigenden Programms kaum noch zum Lesen der einzelnen Manuskripte kam, geschweige denn eine gründliche fachliche Prüfung vorzunehmen in der Lage war (Brief an Johannes Schlaf vom 18.6.1903). Für Rat war er immer empfänglich. So hatte ihn Franz Schultz hinsichtlich einer Hölderlin-Gesamtausgabe beraten und ihm Wilhelm Böhm als Herausgeber vorgeschlagen - der Wert des von ihm bereits edierten Empedoklesfragments liege „nicht in dem philologischen Beiwerk, sondern darin, daß der Verfasser den in Stuttgart liegenden handschriftlichen Nachlaß Hölderlins genau durchforstet" (Brief vom 7.5.1904). Leopold Ziegler wiederum hatte den Fichte-Plan eingehend erörtert und dem Verleger zu Jakob Böhme, Platon, Plotin, Rumi und der

Bhagavadgita geraten und ihm den vielversprechenden Erwin Kircher ans Herz gelegt (Brief vom 15.2.1903). Der wiederum hatte eindrucksvoll reagiert: „Das Anerbieten, der literarische Berater Ihres Verlages zu sein" - so in seinem ersten Brief 21.2.1903 - „regte mich an, mir zu überlegen, was wohl uns Jungen an Ihrem Verlag das so besonders Entwicklungskräftige und auf eine neue Generation Vorausdeutende zu sein scheint. Und ich glaub, daß die Antwort alles enthält, was ich an Kriterien der Dazugehörigkeit neuer und alter Leute zu Ihrem Verlag überhaupt sagen könnte. Sie vertreten uns darin die beiden größten innerlichsten Kulturelemente der deutschen Entwicklung: die germanische Renaissance des 16.Jahrhunderts und die Mystik. Das tut in dieser Art kein anderer Verlag. Darin liegt aber das Wichtigste, was zur kommenden Frage neu erwachen muß. Ich halte eine Auseinandersetzung mit den Lebens- und Erkenntnisnormen der Romantik für die wesentlichste Aufgabe in der ganzen Linie unseres wissenschaftlichen und künstlerischen Lebens."

Kircher übte auch hellsichtig Kritik: „Ich glaube, bei all den so dankenswerten Neuerweckungen kann das Publikum verdoppelt werden, wenn Sie auf die Wissenschaft Rücksicht nehmen, natürlich nur auf die dem neuen Geist verwandte."

So führte seine Kritik an der bisherigen, unzulänglichen Novalis-Ausgabe (3 Bände 1898, Ergänzungsband 1901) mittelbar dazu, daß der vorzügliche Germanist Jakob Minor für eine neue, vollständig revidierte Ausgabe gewonnen wurde (Novalis, „Schriften", 4 Bände 1907). Zu der Zeit lebte der junge Kircher nicht mehr, und in seine nachgelassene „Philosophie der Romantik" (Jena 1906) schrieb Margarete Susman ein Epitaph: „Umfassend und reich war er wie Friedrich Schlegel und rein und ernst wie Novalis." Der neue Geist, den Kircher beschworen hatte, beseelte als Vorstellung auch den Verleger. Ihm ging es in diesen Jahren darum, „alle die Leute (zu) sammeln, die positiv an der neuen Kultur mitarbeiten" (so an Hermann Muthesius am 23.10.1903), um die Synthese einer „neuen deutschen Kultur" (an Bethe, 25.5.1903). Jena schien ihm zugewachsen, um Wissenschaft und Kunst, Vergangenheit und Gegenwart neu zueinander zu bringen. Diese Dialektik spiegelt sein erster Verlagskatalog.

Die Schiller-Gedächtnis-Ausstellung

Kaum war im Herbst 1903 „zur Pflaumenzeit" der Entschluß gereift, mit Sack und Pack nach Jena zu gehen, war Diederichs von dem Gedanken erfüllt, im kommenden Herbst mit Neuausgaben der bedeutendsten Romantiker herauszukommen, „damit die Romantik ihr hundertjähriges Ju-

biläum in Jena vor aller Welt offenkundig feiern kann" (an Erwin Kircher, 28.10.1903).
Die Fixierung und damit auch planvolle Fokussierung auf die Schillerfeier im Mai 1905 geschah im Jahr darauf. Sie kündigt sich an in einem Sortimenterzirkular „Jena in Thüringen, im Oktober 1904", wo Diederichs im Namen Schillers an die klassische Tradition Jenas erinnert und seinen Verlag in den Mittelpunkt aller neueren Bestrebungen stellt, konträr zu „preußisch-norddeutscher Nüchternheit", auch geographisch gesehen: Thüringen wird ihm zur Grenzscheide, zur interessanten Reibungsfläche, ja zum Mittler nord- und süddeutschen Wesens. Dieser symbolträchtige Gedanke wird in dem Wochen später erscheinenden Verlagskatalog historisch gestützt. Da heißt es im Editorial: „Es ist kein Zufall, daß jede deutsche Kulturbewegung sich eng an Thüringen anknüpft, sei es die Blüte der Minnesängerzeit, sei es die Reformation, seien es soziale Erschütterungen, wie die Bauernkriege, seien es Erziehungsprobleme wie die von Salzmann und Fröbel."
Am 8.Februar 1905 liegt der Entwurf eines persönlichen Anschreibens an hochmögende Privatleute vor. Es bezeichnet die Jenaer Universität als geistigen Mittelpunkt Deutschlands an der Wende des 18. zum 19. Jahrhundert, kommt dann auf den „an falscher Stelle" geplanten Universitätsneubau zu sprechen und wirbt für die Erhaltung des vom Abbruch bedrohten Residenzschlosses: „Helfen Sie uns noch in letzter Stunde, daß das alte Schloß erhalten bleibt und womöglich im Geiste Schillers durch Ausbau für unsere Sammlungen zugleich für Thüringen und Deutschland eine Erziehungsstätte zu höherer ästhetischer Kultur wird." Als dieser Appell, verbunden mit der Bitte einer Schenkung, nicht zum Zuge kommt, verfällt Diederichs auf eine neue Idee. Schon Mitte März meldet eine Berliner Zeitung, ein von Künstlern und Kunstfreunden Jenas gebildeter Ausschuß plane eine eigenartige Huldigung Schillers in der ersten Etage des Residenzschlosses, Goethes altem Absteigequartier: nämlich eine Schiller-Gedächtnis-Ausstellung für ästhetische Kultur. Mitwirkende seien führende Künstler des Kunstgewerbes, namentlich Peter Behrens, Bernhard Pankok, Richard Riemerschmid, dazu die führenden Werkstätten.
Diederichs wird nun notgedrungen zum Organisator dieses ehrgeizigen und keineswegs musealen Unternehmens, er hat kein bißchen Zeit zu verlieren. Er reist nach München zu Hermann Obrist[20], zusammen mit Bruno

---

[20] Angekündigt in einem Brief vom 11.2.1905, auszugsweise abgedruckt in: „Leben und Werk", S. 125.

Paul, Leiter der Vereinigten Werkstätten für Kunst im Handwerk, und bekniet sie mitzumachen. Er reaktiviert seine Beziehungen zu den Dresdener Werkstätten für Handwerkskunst und Werkstätten für deutschen Hausrat. Henry van de Velde, damals Direktor der Großherzoglichen Kunstgewerbeschule in Weimar, beteiligt sich mit Schmuckentwürfen und Keramik (ohnehin ist er prominentes Mitglied der Gesellschaft der Kunstfreunde). Alexander von Gleichen-Rußwurm, der Urenkel Schillers, den der Verleger bereits für den Band „Ästhetische Erziehung" gewonnen hat, sagt nun auch zu, die Eröffnungsrede und das Ehrenpräsidium der Ausstellung zu übernehmen. Autoren und Weggenossen wie Paul Schultze-Naumburg, dessen Reformschriften „Häusliche Kunstpflege" - ein von Diederichs gefundener Titel - und „Die Kultur des weiblichen Körpers" Furore gemacht hatten, sind fast selbstverständlich dabei[21]. Im Mai liegt die großzügig auf Bütten gedruckte Einladung vor, geschmückt mit einem gemmenartigen Porträt Schillers aus der Feder des bisherigen „Hausgrafikers" J.V.Cissarz. Dies ziert denn auch für einige Wochen die Briefbögen des Verlages, mit einem in Rot gedruckten kräftigen Hinweis auf die bevorstehende Ausstellung im Residenzschloß.

Eine blaugetönte Einladungskarte gilt gezielt der Eröffnung der Ausstellung für Künstlerische Kultur[22] zum „Gedächtnis Schillers" am 4. Juni 1905, mit Vortrag Albert Dresdners über „Alt und Neu in der Kunst" und Gleichen-Rußwurms Eröffnungsrede „Schillers Weltanschauung". Reizvoller noch ist die Aussicht auf das sich anschließende nachmittägliche Fest auf der Kunitzburg, das die geladenen Gäste mit dem offiziellen Jena und auch mit jungen Künstlern zusammenbringen soll. Die nächste Einladungskarte, diesmal goldbedruckt auf rotem Grund, lädt die „Unterzeichner des Ausstellungs-Garantiefonds" artig zum Tee am 26. Juni ein - „die berühmte norwegische Sängerin Frau Bokken Lasson[23] wird Volkslieder zur Laute singen".

Damit ist ein Anfang spezifisch Diederichs-Jenensischer Geselligkeit gemacht. Sie zeigt sich im Ansatz bereits sommers zuvor, in einem ersten

---

[21] Siehe Brief an Paul Schultze-Naumburg in: „Leben und Werk", S. 125.

[22] Was Diederichs damals unter „Künstlerischer Kultur" verstand, läßt sich an einem vierseitigen Prospekt „Neuerscheinungen zur künstlerischen Kultur 1905" festmachen. Einmal sind Essaybände damit gemeint, von Albert Dresdner „Der Weg der Kunst" bis Rudolf Kassner „Die Mystik, die Künstler und das Leben"; dann Studien über Rossetti und Ruskin, Reformbestrebungen aller Art (so zur Baukunst Hermann Muthesius und Fritz Schumacher) und schließlich ganze Werkausgaben, wie die von Taine und Ruskin.

[23] Eintragung ins Diederichssche Gästebuch am 3.Juli 1905: „Bokken Lasson-Feofanoff hat sich fortwährend über die Hitze acht Tage lang beschwert und M(ichael) F(eofanoff), daß er zu viel zu essen bekam."

Konzept für die Feier zum 9. Mai: eine Freilichtaufführung der „Räuber" auf dem Marktplatz, gegenüber dem Rathaus, unter Fackelbeleuchtung und Mondenschein. Sie entwickelt sich dann über beschwingte Maibowlen - 1906 auf der Lobedaburg mit Ellen Key[24] als Ehrengast - und dem „Hanfried-Bummel" in lauer Maiennacht, mit Umzügen, Vagantenfahrten, Theaterspiel, mit hingebungsvoll getanzten Sonnenwendfesten erst auf dem Rothensteiner Fels (1907), dann, bis weit in die zwanziger Jahre, auf den Hohen Leeden im Tautenburger Forst.[25]

Der alteingesessenen, akademisch geprägten Elite Jenas ist dies von Anfang an nicht recht geheuer. Schon im Vorfeld der Schiller-Ausstellung nahm Gustav Fischer seinen jungen Verlagskollegen beiseite: er verdürbe den Charakter dieser Stadt, die Kunst gehöre nun mal nach Weimar.[26] Und auch die Jenaer „Handwerker und Spießbürger" hielten sich demonstrativ fern, selbst die Studenten zeigten sich zunächst nicht aufgeschlossen. Dennoch zählte die Ausstellung, die den Juni und Juli 1905 über andauerte, achtbare 3000 Besucher. Das Riemerschmid-Zimmer der Nürnberger Werkstätten wurde sogar dreimal verkauft. Auch das Begleitprogramm, ein Vortragszyklus, fand regen Zuspruch, vor allem der Vortrag Georg Treus über den Avantgardisten Auguste Rodin, dem die Philosophische Fakultät die Würde eines Ehrendoktors am 9. Mai übertragen hatte - „zum Gedächtnis Schillers", der früher einer der ihren gewesen.

Eugen Diederichs betrachtete die Ausstellung, die so ziemlich auf seinen Schultern stand, als „offizielle Visitenkarte meiner neuen Heimat ge-

---

[24] Typisch für ein solches Fest, hier zu Ehren der schwedischen Berühmtheit Ellen Key gegeben, ist die Ansprache Eugen Diederichs: „Liebwerte. Wir entbieten allen, die auf dieser alten Burg erschienen sind, um den beiden Frühlingskindern Mai und Schwester Ellen Key zu huldigen, unseren Gruß. Willkommen! Waldmeister und auf fernen Höhen gewachsener, sonngekochter und geglühter Wein sollen uns ein Bundesgenosse sein. Aber das Beste wollen wir selbst mitbringen und das Allerbeste sind uns dazu Natur und jener wundervolle Mensch, dessen Leben jetzt wie eine reife Frucht ist, an der sich viele und immer wieder viele laben. Ihr, unserer Ellen Key, wollen wir zuerst danken: Willkommen. Aber um dich, Bruder Mai, willkommen zu heißen, weiß ich nichts Besseres als uns in die Seele eines Menschen zu versenken, der uns heute noch, nach achthundert Jahren, wie eine Lichterscheinung anmutet, und der sich wohl auch freuen würde, heute neben seiner Schwester Ellen Key zu sitzen. Laßt uns den Sonnengesang unseres Bruders San Francesco von Assisi anhören ..."

[25] Von den Diederichsschen Sonnwendfesten her nahm die deutsche Volkstanzbewegung ihren Anfang, siehe „Selbstdarstellung", S. 33. In einem offiziellen Grußwort zum 60jährigen Geburtstag von Ellen Key (11.12.1909) schrieb er bereits wie selbstverständlich: „Jedes Jahr feiern wir die Mittsommernacht mit alten Volkstänzen, sogar manchen schwedischen wie 'Peter Spielmann' oder 'Sechs junge Mädchen hier im Kreise'."

[26] Vgl. „Lebensaufbau", S. 151; „Leben und Werk", S. 122 f.

genüber".[27] Zu seiner persönlichen Genugtuung hatte er sich öffentlich erprobt, und vielleicht das Beste an all den Mühen war, auch die nervliche Anspannung hatte nachgelassen. Eine rein verlegerische Bilanz zog er gegenüber dem Freund Hans Schulz in einem Brief am 29.August: „Es wird Sie interessieren, welchen Absatz Ihr Schillerbuch[28] gehabt hat. Es sind bis 1.Juli leider nur 261 Exemplare gewesen. Der Schiller-Goethe-Briefwechsel geht sehr zu meiner Zufriedenheit, ich bin damit auf 1595 Exemplare gekommen, mit dem Erzieherbändchen Schiller auf 852. Hoffen wir für die Zukunft noch auf die Einsicht des deutschen Publikums!"

„Zeichen setzen" - Diederichs Eintreten für Künstler und Denkmalkultur

Seitdem er in Jena Fuß gefaßt, hielt es Eugen Diederichs weniger mit dem Zirkel der akademischen „Kunstfreunde" - für seinen Geschmack wurde dort zu viel Wert auf intellektuelle Vorträge und gesellschaftlichen Verkehr gelegt[29] -, viel lieber kam er mit den paar jungen Künstlern zusammen, die in der Stadt lebten, Erich Kuithan etwa oder Josef Kerlé: der eine ein eigenwilliger Maler und Zeichner, der andere ein phantasievoller Architekt. Bald bildete sich eine Arbeitsgemeinschaft Gleichgesinnter, eine Art Jenaer Abzweig des seit März 1904 bestehenden „Bundes für Heimatschutz".
Den Gründungsaufruf zu diesem Bund hatte der Verleger noch in Leipzig unterzeichnet, ebenso seine Autoren Avenarius, Bölsche, Boesch, Muthesius, Schultze-Naumburg, die befreundeten Museumsleute Justus Brinckmann, Peter Jessen, Alfred Lichtwark; alle Worpsweder Künstler hatten sich dazu bekannt und auch die mehr angewandt praktizierenden Künstler der verschiedenen „Werkstätten". Samt und sonders ging es ihnen darum, „die deutsche Heimat mit ihren Denkmälern und der Poesie ihrer Natur vor weiterer Verunglimpfung zu schützen". Hinter dieser zeitverhafteten Sprache gibt sich eine frühe ökologische Bewegung zu erkennen.
Im Namen des Zweigvereins zu Jena meldete sich Eugen Diederichs bereits am 27.April 1904, kaum sechs Wochen ansässig, öffentlich zu Wort.[30] Gemeinsam mit dem Bundesvorsitzenden Paul Schultze-Naumburg focht er gegen eine Verschandelung des Jenzig. Dort, nahe der Spitze des Jenaer Hausberges, sollte ein Restaurant samt Turm erbaut werden, und dage-

---
[27] Ebd.
[28] „Schiller und der Herzog von Augustenburg", aufgelegt allerdings nur in 1.000 Exemplaren.
[29] Vgl. „Lebensaufbau", S. 184.
[30] Vgl. „Lebensaufbau", S. 184 f.; „Selbstdarstellung", S. 32.

gen legte man bei der Großherzoglichen Bezirksdirektion in Apolda mit
Erfolg Protest ein. Da sich auch viele Universitätsprofessoren der Petition
anschlossen, wurde das Jenzighaus bald „gekippt".
Im November 1904 stürzte sich Diederichs erneut ins Kampfgetümmel.
Diesmal ging es um den Standort des Bismarckturmes, wobei der Verleger
die Idee einer Säule, genauer einer Art Feuersäule auf der obersten Terrasse
des Landgrafen vertrat. Hierin erblickte er ein angemessenes Symbol „für
Bismarcks Reckengestalt", und Erich Kuithan pflichtete ihm öffentlich bei:
ein solches Denkmal solle „in Einsamkeit die freien Lande beherrschen und
mit seinem Feuer den weiten Höhen Antwort geben". Begeisterung für den
alten Brauch der Johannisfeuer war hier im Spiel, bei Diederichs auch eine
lange während Verehrung des deutschen Kanzlers, mit dem er als Buchhandlungsgehilfe ein Glas Wein getrunken.[31] Kerlé wiederum plädierte
(das alles füllte die Leserspalten der Jenaischen Zeitung) für das Terrain
auf der Schillerhöhe. Es waren denkmalbewegte Zeiten. Im März 1905
hatte Bismarck dann seinen endgültigen Platz auf dem Malakoff (Forst)
gefunden.
Mitstreiter in all diesen „ästhetischen Fragen, die Gestaltung der Stadt betreffend", war der Kunsthistoriker Prof. Paul Weber, auch er als Mitglied
im Bund für Heimatschutz. Da wurde vehement gegen den Beschluß des
Gemeinderats angekämpft, die alte Spitalkirche zu St. Jacob abzureißen:
den „Banausen" ging es um den Verkehrsknotenpunkt unweit des Bahnhofs, den Heimatschützern um Erhaltung und Renovierung dieses alten
„Wahrzeichen" Jenas, wozu sie zu Spenden aufriefen. Doch die lebhaftesten Debatten wurden dann ab Mai 1906 um die Gestaltung des Abbe-
Denkmals geführt, und Diederichs fühlte sich hier im Eigensten angesprochen. Am 1.April hatte er das neue Verlagsgebäude Carl-Zeiss-Platz 5
bezogen, und an diesem Platz, an dem auch das von Abbe geschaffene
Volkshaus und die Lesehalle lagen, bis zu seinem Tod im Jahre 1905 auch
die Wohnung des Gelehrten und Sozialreformers, sollte sein Denkmal erstehen. Diederichs äußerte sich in einer Leserzuschrift (15.5.) zum Figurenentwurf Adolf Brücks, der dem Denkmalausschuß als erster vorlag;
ein halbes Jahr später, als auch die Entwürfe von Paul Ernst, Adolf von
Hildebrand und Hermann Hahn zur Diskussion standen, zettelte er einen wahren „Kunststreit" in der Jenaischen Zeitung an, der sich über das

---

[31] 1893 in Bad Kissingen im Gartenrestaurant „Hofjäger", zusammen mit einer Abordnung Studenten, vgl. „Lebensaufbau", S. 25 f.: „Er saß mit seinen buschigen Augenbrauen, dem markigen Gesicht und dem großen Schlapphut wie ein germanischer Recke aus alter Zeit unter uns."

Jahr 1907 hinzog.[32] Ihn leitete der Sinn für das architektonische Ambiente, für die Formensprache moderner Bildhauerei und insbesondere für die Persönlichkeit Ernst Abbes. Naturalistische Porträtstatue oder aufs Wesenhafte hin modellierte Kopfbüste, figürliches Denkmal oder reliefgeschmückte Brunnenarchitektur: das ging ins Grundsätzliche. Es war ein glücklicher Einfall, daß Diederichs den belgischen Bildhauer Constantin Meunier und dessen nachgelassenes Konzept eines „Denkmal der Arbeit" ins Spiel brachte, zu dem vier meisterhaft gestaltete Reliefs vorlagen. Das fand die Unterstützung auch der meisten Zeissianer, und so konnte, nach gut dreijährigen Richtungskämpfen, das Denkmalprojekt endgültig konzipiert und entschieden werden. Es sah einen von Henry van de Velde zu errichtenden Rundbau vor, in dessen Inneres die Abgüsse der Meunierschen Reliefs eingelassen werden sollten, dazu eine Marmorplastik von Max Klinger, in Form einer Bildnisherme. Das künstlerische Gemeinschaftswerk wurde am 30. Juli 1911 eingeweiht. Eugen Diederichs hatte seinerseits bereits 1908 zur Gestaltung des Carl-Zeiss-Platzes beigetragen, indem er sich von dem Münchener Bildhauer Neumeister an der Eckfront des Verlagsgebäudes ein Löwenrelief errichten ließ - mit dem Lilienwappenschild des alten toskanischen Großherzogtums, das ihm seit seiner Florentiner Zeit (zusammen mit dem Löwen) zum persönlichen Sinnbild geworden war.

In den sechs Jahren, als der Verleger zugleich stellvertretender Geschäftsführer des Kunstvereins[33] war, verstärkten sich nicht nur seine kunstgewerblich-bibliophilen Bestrebungen - Anfang Oktober 1907 gründete er als eine von zehn Firmen den Deutschen Werkbund mit[34], zwei Jahre später zusammen mit fünf anderen Verlagen die „Tempelklassiker"; im Juli 1906 wurde ihm die Ehrenurkunde der „Dritten deutschen Kunstgewerbeausstellung in Dresden" zuteil, im Februar 1912 ernannte ihn der „Verein Deutscher Buchgewerbekünstler" zum Ehrenmitglied, und auf der Brüsseler Weltausstellung 1910 erhielt er einen der raren Grand Prix - , auch für die von ihm geschätzten Maler und Zeichner setzte er sich öffentlich ein. So rühmte er, anläßlich einer Einzelausstellung Erich Kuithans, dessen Formensprache, welche die „aus dem Schauen geborene

---

[32] Diederichs ließ dazu Anfang 1907 Gutachten von Ludwig von Hofmann (Weimar) und Fritz Schumacher (Dresden) einholen. Im Mai startete er eine öffentliche Umfrage bei Avenarius, Gurlitt, Treu (alle Dresden), Koetschau (Weimar), Osborn und Scheffler (beide Berlin).

[33] Laut Volker Wahl, Jena als Kunststadt, 1988, S. 259, vom 3.Juli 1907 bis 1912.

[34] Die „Einladung zur Gründungsversammlung eines deutschen Kunstgewerbebundes in München am 5. und 6.Oktober 1907" führt vor den 10 Gründungsfirmen 10 Einzelpersonen auf, darunter die Verlagsautoren Peter Behrens, Josef Olbrich, Bruno Paul, Paul Schultze-Naumburg und Fritz Schumacher.

Wirklichkeit des Lebens" reflektiere (Jenaische Zeitung vom 20.2.1906). So begutachtete er im nächsten Jahr die im Kunstverein ausgestellten Arbeiten des deutschen Künstlerbundes, darunter Farbholzschnitte und Radierungen von Behrens, Leistikow, Nolde, Orlik und Pankok, wie er auch Kleingrafik der Kuithan-Schüler und Ex Libris der Steglitzer Werkstatt Ehmckes und der Düsseldorfer Kunstgewerbeschule im Jenaer Volkshaus zusammenführte.
Als im Sommer 1908, fünf Jahre nach ihrer Gründung, die Carl-Zeiss-Zeichenschule samt ihrem Leiter Erich Kuithan dem Rotstift zum Opfer fiel[35], da legte sich Diederichs mächtig ins Zeug. Aufrufe ergingen in der Jenaischen und der Weimarischen Zeitung, man leitete eine Petition an das Großherzogliche Staatsministerium, allenthalben wurden Unterschriften gesammelt. Doch gab Diederichs, darin hilfreich praktisch, Kuithan auch den Auftrag, Eberhard Zschimmers Darstellung „Die Glasindustrie in Jena - Ein Werk von Schott und Abbe" mit Zeichnungen zu versehen, möglichst solchen „im Geiste eines Meunier". Das Buch über das Schwesterinstitut des Carl-Zeiss-Werkes erschien 1909. Ein Jahr darauf folgte die kunstwissenschaftliche Lokalstudie „Hodlers und Hofmanns Wandbilder in der Universität Jena" aus der Feder von Botho Graef, seit Mai 1904 daselbst außerordentlicher Professor für Archäologie und neuere Kunstgeschichte. Auch in dieser Dokumentation spiegeln sich bewegte Zeiten, leidenschaftlich geführte Kunstdebatten. Jena, das „liebe, närrische Nest", schickte sich im ersten Jahrzehnt des Jahrhunderts an, eine Kunststadt zu werden.

Im Banne Nietzsches

In seiner noch unveröffentlichten Autobiographie kommt Eugen Diederichs, im Zusammenhang mit der wohlbedachten Wahl Jenas als neuem Verlagsort, sogleich auf Friedrich Nietzsche zu sprechen. Die verpflichtende Tradition der Klassik und Romantik war ihm das eine, und das andere: „Ich war von der Persönlichkeitsforderung Nietzsches als Grundgedanke für meine verlegerische Tätigkeit ausgegangen, als Kämpfer gegen die Zeit für eine neue Zeit." An der Stelle verweist Diederichs auf seine Schlußbetrachtung im Verlagskatalog vom November 1904, die expressis verbis dem Leitstern Nietzsche galt: als einer Person, die „in den Tagen unseres größten geistigen Tiefstandes und der Veräußerlichung" sich als „das Gewissen unserer

---

[35] Das Lehrergehalt Kuithans wurde von der Zeiss-Geschäftsführung kurzerhand gestrichen. Für den Fortbestand der Zeichenschule plädierte Eugen Diederichs in der Jenaischen Zeitung vom 1.7. 1908.

Zeit" gezeigt habe. Zwei Jahre später, im Zehnjahreskatalog „Zur Kultur der Seele", wurde diese Einschätzung leitmotivisch fortgeführt. Diederichs spürte zeitlebens eine starke Affinität zu dem großen Denker, zu dem Naumburger Landsmann. Sie war nicht so sehr philosophisch oder literarisch bestimmt, sondern eher wesenhaft, existentiell. „Ich hatte inzwischen viel Nietzsche gelesen", notiert er für 1892, „fühlte mich ihm im Schicksal, immer wieder von den Nerven zurückgeworfen zu werden, verwandt."[36] Das Außenseitertum, das Unbürgerliche, Ketzerhafte Nietzsches ziehen ihn an, dessen Fähigkeit, die Krankheit der Epoche psychologisch zu erfassen und einen Gegenentwurf zu wagen. Neuromantik wird ihm zum Stichwort, im Blick zurück und zugleich nach vorn, und die Jahrhundertwende zur wichtigen Herausforderung: „Sie wird den von Nietzsche mit Recht gebrandmarkten Bildungsphilister, der sich nur mit den Lappen der Kultur behängt hat, überwinden und zur künstlerischen Kultur des 20. Jahrhunderts erziehen" (Flugblatt „Zur Jahrhundertwende", Leipzig 1900). In Diederichs Erinnerungen wird der mystische Ringkämpfer Antaios[37] beschworen, unbesiegbar, solange er dem Boden seiner Mutter Gaia verhaftet bleibt: Ein künftiger Historiker werde „erkennen, daß ich den Verlag auf das Antäusgefühl Friedrich Nietzsches aufbaute und zugleich auf der metaphysischen Sehnsucht unserer Klassiker, auf Goethe, Schiller und Fichte."[38] Leitbilder werden hier auf das eigene Verlagsprogramm projiziert, einmal in subjektiver Überzeugtheit, daß es eine solche Leitschnur gäbe, daß sie nachvollziehbar sei, zum anderen in der instinktsicheren Annahme, das Lesepublikum - in jenen Jahren rasch wachsend - bedürfe solcher Orientierung und Beglaubigung.

Wie stark der Verleger seinen Hausphilosophen für seine Zwecke „anzapfte", geht daraus hervor, daß er ihn posthum zum literarischen Beirat (so hießen Lektoren damals) und dazu zum Stichwortgeber seiner Werbetexte machte. Dies läßt sich bis in Nietzsches letztes Lebensjahr zurückverfolgen, als Henri Lichtenbergers „La philosophie de Nietzsche" in der Übersetzung von Friedrich von Oppeln-Bronikowski bei C.Reißner erschien, angereichert mit einer fünfzigseitigen Einleitung Elisabeth Förster-Nietzsches, die darin auf die literarischen Vorlieben ihres Bruders einging. In jener Zeit bereitete von Oppeln-Bronikowski eine erste Gesamtausgabe

---

[36] „Lebensaufbau", S. 36; in der späteren „Selbstdarstellung" (1927) drückt er es anders aus: „ich verstand auch so gut", heißt es dort auf S. 16, „das Anspringen Nietzsches gegen sein periodisches körperliches Versagen".

[37] Hier wirkt mit Sicherheit die Lektüre von Hans Freyer „Antäus - Grundlegung einer Ethik" nach, die Diederichs 1918 herausgebracht hatte.

[38] „Lebensaufbau", S. 91.

Stendhals für Diederichs vor, zu deren Start 1900 die Erstübertragung von „Rouge et Noir" erschien: Flugs warb der Verleger mit einem Farbprospekt, übertitelt „Der Lieblingsroman Friedrich Nietzsches", wobei er sich, ohne ihren Namen zu erwähnen, auf einen Nachlaßfund der Schwester bezog.[39] In ihrem Essay hatte sie Stendhal als „tiefen Psychologen", als Wahlverwandten also, apostrophiert.
Sie hatte auch ihres Bruders „tiefes Entzücken"[40] über Goethes „Gespräche mit Eckermann" hervorgehoben - prompt brachte sie Diederichs in zwei Bänden (1901). Sie hatte geschrieben, ihr Bruder habe immer einige Bände von Emersons Essays mit sich herumgeführt[41] - sechs Bände Ralph Waldo Emerson brachte Diederichs zwischen 1902 und 1907 heraus. Da Nietzsche zudem Hippolyte Taine schätzte, brachte Diederichs dessen „Philosophie der Kunst" (1902), dann die für Nietzsche zentralen „Pensées" des Blaise Pascal[42] („Gedanken", 1905), die ebenfalls hochgeschätzten französischen Moralisten Vauvenargues („Betrachtungen und Maximen", 1906) und de La Rochefoucauld[43] („Betrachtungen oder moralische Sentenzen und Maximen", 1906). All das geht mittelbar auf Anregungen der Nietzscheschwester bzw. eigene Nietzschelektüre zurück, ebenso Diederichs Editionen der Vorsokratiker, Gesamtausgaben von Hölderlin, von Lichtenberg. „Bücher die Nietzsche liebte" ist ein vierseitiger Prospekt 1907 überschrieben, dann stoppt Diederichs diese Programmlinie. Die Entwicklung im Streit mit der Nietzscheschwester dürfte der eine Grund sein; der andere ist, daß auch die literarisch-ästhetische Periode des Verlages abklingt. Ein Resümee zieht Diederichs am 22. September 1910, nach vierzehn Jahren Verlagstätigkeit, gegenüber dem Gießener Altphilologen Otto Immisch: „Ich selbst bin, in dem Bestreben, eine neue deutsche Kultur mit vorzubereiten, stark von Nietzsche beeinflußt worden und habe all die Bücher der Schriftsteller, für die er sich interessierte, gebracht."[44] War er womöglich selbst ein verhinderter Nietzscheverleger?

Die Tage von Sils-Maria

Erinnert sei an den Besuch, den Diederichs gleich nach der Ankunft in Jena März 1904 dem Weimarer Nietzsche-Archiv abstattete. Er kannte

---
[39] In ihrer Einleitung in das Buch von Lichtenberger, S. XLI.
[40] Ebd., S. XXVII.
[41] Ebd., S. XXVII und XXX.
[42] Ebd., S. XLII und XLIX.
[43] Ebd., S. XL. f.
[44] Eugen Diederichs, Selbstzeugnisse und Briefe, S. 189 f. Dort ist die Namensangabe „Jimmisch" nicht korrekt.

Elisabeth Förster-Nietzsche von gelegentlichen Briefen und Begegnungen her, hatte bereits 1889 am Freitod ihres Mannes Bernhard Förster Anteil genommen, war zum Begräbnis Nietzsches am 28.August 1900 in Röcken zugegen wie auch bei der Totenfeier in Weimar am Tag zuvor: Als die meisten Gäste fort waren, hob Peter Gast das Tuch, „und so konnte ich Nietzsche in die weit geöffneten Augen sehen, sie wirkten geradezu seherisch, die weiße Stirn war besonders edel und vergeistigt, überhaupt war alles Kranke aus dem Gesicht geschwunden." Dieses Bild muß sich ihm tief eingeprägt haben. Der Abschied von Nietzsche bedeutete für Diederichs zugleich ein verlegerisches Beginnen. Nicht nur die „Lieblingsbücher" des großen Toten beschäftigten ihn; er verbündete sich mit den Archivabtrünnigen August und Ernst Horneffer, brachte des einen „Nietzsche als Moralist und Schriftsteller" wie des anderen „Nietzsches letztes Schaffen" (beide 1906). Mit der Schwester, die eine Art Nietzschemonopol besaß, erörterte er die verlegerische Betreuung von Brief - und anderen Nachlaßbänden, konnte noch im April 1906, gewissermaßen als Köder, das unpublizierte „Ecce homo" in Abschrift einsehen. Doch hier war von ihrer Seite viel Taktik im Spiel, zumal seit dem Sommer 1905, als sich herausstellte, daß der soeben verstorbene Basler Theologe und Lebensfreund Nietzsches Franz Overbeck seinem Schüler Bernoulli das Veröffentlichungsrecht an 226 Briefen Nietzsches vermacht hatte. Das mußte die Weimarer Nachlaßverwalterin aufs höchste alarmiert haben, drohte hier doch erstmals eine von ihrem Zugriff unabhängige Basler Edition, geeignet, ihr eigenes Verhältnis zum Bruder und auch ihre editorische Willkür bloßzustellen. Diederichs wiederum ahnte, daß man erst durch diese Korrespondenz Nietzsche "objektiv richtig sehen wird" (Brief an Bernoulli vom 5.9.1905)[45], und er bemühte sich mit Erfolg, den Basler als Autor für sich zu gewinnen.

Elisabeth Förster-Nietzsche machte nun, um die Regie zu behalten, Diederichs einige Avancen für den Fall, daß er das Werk unter ihrer Obhut erscheinen lasse; ohne ihre Zustimmung könne er sowieso keine Zeile aus den Briefen Nietzsches veröffentlichen. Als sie glaubte, Anhaltspunkte dafür zu haben, daß ungeachtet ihres Widerspruchs „Nietzsches Briefe an Overbeck" bald erscheinen würden, erwirkte sie beim Großherzoglichen Landgericht in Weimar am 19. Mai 1906 eine Einstweilige Verfügung ge-

---

[45] Eugen Diederichs, Selbstzeugnisse und Briefe, S. 154 f. Der Briefauszug war von Lulu von Strauß und Torney bereits für die Dokumentensammlung Eugen Diederichs „Leben und Werk" (1936) vorgesehen - bis sie sich offenbar entschloß, über die Fehde mit Nietzsches Schwester keinerlei Hinweise zu bringen.

gen Bernoulli und Diederichs, gestützt auf das Persönlichkeitsrecht wie auch auf allgemein geltendes Urheberrecht.
Nach dieser unliebsamen Blockade begab sich der Verleger erst einmal auf die länger schon geplante „Dioskuren"-Reise, auch dies in Fortführung Nietzschescher Ansätze. „Die Dioskuren", für ihn die Halbgeschwister Kunst und Wissenschaft, sollte der Name für eine neue Vierteljahresschrift sein. „Mit den nachfolgenden Heften", so hatte er projektiert, „soll der Versuch gemacht werden, die Wissenschaften im Zusammenhang innerhalb ihrer Grenzgebiete zu verfolgen, und da die Vernunft nicht nur mittelbare Erkenntnis, sondern auch ein Grundtrieb des Ewigen ist, ihr einen maßgebenden Einfluß auf unsere geistige Entwicklung zu verschaffen. Wenn auch nach Nietzsche mehr Genie dazu gehört, die Wissenschaft auszugeben als zu erwerben, so wollen wir bejahen, daß sie imstande sei, Ziele des Handelns zu geben."
Im Juni 1906 also bereiste Diederichs eine Reihe deutscher Universitäten, um im Dialog mit jüngeren Gelehrten sowohl Möglichkeiten wie Beschränkungen einer solchen Zeitschrift, „Sammelpunkt für etwas Werdendes", auszuloten. Bald befand er sich im angeregten Gespräch mit den Dilthey-Schülern Hermann Nohl, Georg Misch und Robert Wilbrandt und trug in seine schwarze Kladde die vorgesehenen Themen und Mitarbeiter ein: Heft 1 „Religion ohne Theologie", Heft 2 „Idealismus", usf. (unter den Mitarbeitern u.a. Lichtenberger, Overbeck (†), Bernoulli, Joël). Wie sich herausstellte, waren jedoch erhebliche Geldmittel vonnöten und vor allem ein ebenso bereitwilliger wie kompetenter Herausgeber.[46]
In dieser ungeklärten Situation trat Eugen Diederichs eine vierwöchige Urlaubsreise ins Engadin an. In Sils-Maria, letzte Arbeitsstätte Nietzsches während der Sommermonate 1881 und 1883 bis 1888, wollte er umherwandern, „klären", sich auf Künftiges einstimmen. Er reiste allein. Zu der verlegerischen Problematik war eine persönliche hinzugekommen. Im Verlauf der ersten arbeitsintensiven Jahre in Jena hatte sich das Ehepaar Eugen und Helene innerlich entfremdet. Hatte sie während des Sommers 1905, als er nebenher die Schiller-Gedächtnis-Ausstellung betrieb, plötzlich ihr Herz für die Philosophie entdeckt - in Gestalt Max Schelers[47] - und die

---

[46] Diederichs hat zu der Zeit gehofft, Herman Nohl als Herausgeber zu gewinnen, und ihm die Wege nach Jena geebnet. Mit Brief vom 27.5.1907 meldet er Pfarrer Christlieb sein Scheitern: „Der Diltheyschüler, den ich dafür zur Leitung ausgesucht hatte, hat mir plötzlich aufgesagt", „Leben und Werk", S. 145. Herman Nohl selbst sah das später anders. In der Festschrift zu Eugen Diederichs 60. Geburtstag schrieb er, der Zeitschriftenplan sei damals an den Kosten gescheitert („Im Zeichen des Löwen", 1927, S. 126).
[47] Unverhüllter als Eugen Diederichs in seinen Erinnerungen - „Lebensaufbau", S. 153

Beziehung dann schmerzhaft abbrechen müssen, so war es im darauffolgenden Mai, als Ellen Key zu Ehren das Lobedaburgfest gegeben wurde, ein junger beseelter Künstler[48] - Erich Kuithan -, dem sie sich tief verbunden fühlte. (Kuithan war es dann auch, der ihr den Band „Aus Kinderland" ausschmückte und ihr, als seiner Muse, unzählige Briefe schrieb.) Das Melusinenhafte ihres Wesens erkannte ihr Mann wohl,[49] doch es verstörte ihn auch.

Diederichs Gang nach Sils-Maria war in mancherlei Hinsicht eine Anrufung Friedrich Nietzsches. „Ich ging hin, nicht nur um zu erfahren, was ihn in der Natur anzog, sondern um jenen Konflikten meines Lebens, die jetzt begannen, in seinem Geiste gegenüberzustehen." Er las viel Zarathustra, erstaunt, in dem früher schwer verständlichen Buch auf einmal „ganz natürlichen Ausdruck" zu finden. Von Nietzsches Hauswirt Durisch erstand er die grüne Arbeitstischdecke, auf der Teile des „Zarathustra" einst niedergeschrieben wurden. Und er verfaßte einen längeren Bericht aus eigenem Erleben „Nietzsche und Sils-Maria", den er flugs dem angesehenen Berliner Tageblatt zuleitete - um ihn drei Tage später in Pontresina zu seinem Erstaunen bereits gedruckt[50] vorzufinden, nicht ahnend, daß ihm dieser Aufsatz sein erstes Zeitungshonorar (40 Mark) wie auch eine Klage der Nietzscheschwester, diesmal wegen Beleidigung, einbringen würde.

So hatte ihn das Leben in den Niederungen bald wieder. Doch fühlte er sich seit Sils-Maria für alle bevorstehenden Kämpfe - auch denen mit den Baslern gemeinsam gegen Weimar - gestärkt.

Zur Rettung Nietzsches vor seiner Schwester

Es entsprach dem Temperament Eugen Diederichs, daß er kurz vor Erscheinen des verzögerten ersten Bandes „Franz Overbeck und Friedrich Nietzsche, Eine Freundschaft" noch eine Philippika losließ. Sie hatte die Gestalt

---

- beschreibt Wilhelm Mader in seiner Scheler-Biographie (1980) diesen Jenaer „Skandal": infolge einer Szene, die ihm seine Frau Amélie in Beisein des Ehepaars Diederichs auf einer Gesellschaft gemacht habe, sei Scheler genötigt gewesen, Jena 1906 zu verlassen.

[48] Hinweis in „Lebensaufbau", S. 155, dort ohne Namensnennung; Erich Kuithan war der Lautenspieler auf dem Burgfest.

[49] Helene Voigt-Diederichs ca. 1905/06 entstandenes Gedicht „Melusine" trug Eugen in seine „Dioskuren"-Kladde ein, so wie er auch eigene Gedichte jener Zeit dort niederlegte.

[50] Berliner Tageblatt vom 8.8.1906, wiederabgedruckt in C. A. Bernoulli, Franz Overbeck und Friedrich Nietzsche, Bd. 2, Jena 1908, S. 7-9.

eines edlen, großformatigen Prospekts, auf dessen letzter Seite man sich für das zweibändige Werk einschreiben konnte. Sie wandte sich gegen den neuerlichen Bannstrahl des Nietzsche-Archivs und prophezeite, daß dieser schwesterliche „Bannstrahl" (vor Drucklegung zu „Interdikt" abgemildert) das Werk auch noch nach Erscheinen treffen würde; sie werde es in jeder Weise zu diskreditieren versuchen. Damit sollte er recht behalten. Und es hat Diederichs auch nicht geholfen, daß er die aggressive Prospektüberschrift „Zur Rettung Nietzsches vor seiner Schwester" in letzter Minute durch eine maßvolle („Über den Menschen Nietzsche") austauschte. Der Stachel saß beiderseits tief.

Die Chronik der laufenden Ereignisse sei in Stichworten wiedergegeben. Die Beleidigungsklage der Schwester gegen Diederichs wegen einer Passage in „Nietzsche und Sils-Maria" wird abgewiesen. Ende 1906 bringt Ernst Horneffer die kritische Studie „Nietzsches letztes Schaffen" bei Diederichs heraus; im Anhang die Protesterklärung von 38 Hochschullehrern, u.a. Rudolf Eucken, Andreas Heusler, Karl Joël, die sich gegen publizistische Anwürfe Leo Bergs richtet. Elisabeth Förster-Nietzsches Klage gegen Bernoulli und Diederichs wegen der beabsichtigten Publikation von Nietzschebriefen wird in Weimar am 15.2. und 26.4.1907 abgewiesen; der Rechtsstreit geht nun vor das Reichsgericht. In einem 92seitigen Privatdruck „Das Nietzsche-Archiv, seine Freunde und Feinde" (Berlin 1907) geißelt die Schwester die „grundlosen Angriffe" in letzter Zeit, ausgegangen von Overbeck und seiner Frau, von Bernoulli, Diederichs und Ernst Horneffer. Vier Wochen vor Weihnachten 1907 erscheint der erste Band „Franz Overbeck und Friedrich Nietzsche, Eine Freundschaft" - nach ungedruckten Dokumenten und im Zusammenhang mit der bisherigen Forschung dargestellt von Carl Albrecht Bernoulli. Er trägt die Jahreszahl 1908. Elisabeth Förster-Nietzsche reagiert sofort mit einer Stellungnahme „gegen die Herren C.A.Bernoulli und E.Diederichs".[51] Im Januar 1908 liegt der zweite Band von Bernoullis Werk bereits ausgedruckt vor. Auf Veranlassung von Nietzsches Schwester reicht Peter Gast (d.i. Heinrich Köselitz, der frühere Nachlaßverwalter) am 21.1.1908 in Weimar Klage ein gegen Bernoulli und Diederichs - zwecks Untersagung der Veröffentlichung seiner eigenen (die Schwester kompromittierenden) Briefe in dem bereits zur Auslieferung terminierten zweiten Band. Am 28.1. erläßt das Landesgericht in Weimar eine Einstweilige Verfügung, die den Abdruck bzw. die Veröffentlichung in besagtem Band untersagt. Eine erste Berufung der

---

[51] Deutsche Zeitung vom 7.12.1907: Sie versuchen, „den Leuten glaubhaft zu machen, als ob die Briefe meines Bruders an Overbeck ganz neue Aufschlüsse gäben und mit den Veröffentlichungen des Nietzsche-Archives in Widerspruch stünden".

Beklagten gegen die Einstweilige Verfügung wird am 6.4. vom Großherzoglichen Landesgericht zurückgewiesen, eine zweite am 27.5. vom Thüringer Oberlandesgericht. In einer Leserzuschrift der Jenaischen Zeitung vom 9.7. wirft Diederichs seiner Prozeßgegnerin vor, sie ginge manipulierend mit Dokumenten um. Er handelt sich damit einen zweiten Beleidigungsprozeß ein. Bernoulli hatte zuvor in der gleichen Zeitung Fritz Koegels „Nietzsche-Notizen" aufgedeckt, welche die Position der Schwester erschütterten. Am 16.9. verwirft das Reichsgericht in Leipzig die Revision der Urteile über die Einstweilige Verfügung. Am 18.9. wird der bisher gerichtlich inhibierte zweite Band „Franz Overbeck und Friedrich Nietzsche" ausgeliefert, allerdings mit ca. 30 geschwärzten Stellen aus strittigen Peter Gast-Briefen. Dem zweiten Band liegt eine gedruckte sechsseitige Erklärung C. A. Bernoullis zur Verzögerung des Werkes bei.

Am 23.1.1909 ordnet das Großherzogliche Landesgericht ein Verbot gegen die weitere Verbreitung des zweiten Bandes in der bisherigen - überschwärzten - Form an; Peter Gast hatte nachweisen können, daß die Schwärzung „mit Radiergummi oder Wasser auf einfachste Art zu entfernen sei, so daß der darunter befindliche Druck mühelos lesbar wird." Der Rest der Auflage erscheint daher mit entsprechenden Eliminierungen im Satz, wobei jedesmal auf die Textkürzung infolge Gerichtsbeschlusses hingewiesen wird. Wegen der Zuwiderhandlung gegen die Einstweilige Verfügung war Bernoulli mit einer Geldstrafe von 500 Mark belegt worden, Diederichs mit 1500 Mark. Beide legten Beschwerde ein, worauf am 4.2.1909 die Geldstrafen auf 100 bzw. 300 Mark reduziert wurden.

Im Rückblick liest es sich wie ein Possenspiel. Sieht man es rezeptionsgeschichtlich, war es in Wahrheit ein Meilenstein in der Auseinandersetzung um den authentischen Nietzsche. Das hat Karl Jaspers sehr wohl erkannt.[52] In einer jüngst erschienenen Dokumentation von David Marc Hoffmann[53] wird der Bernoullischen Edition der Rang „literarische Grundlage der Basler Tradition" zugesprochen, zum anderen die Qualität, ein Bollwerk gegen die Weimarer Nietzsche-Legenden gewesen zu sein.

---

[52] In seiner Nietzsche-Monographie 1936 nennt er es eines der beiden Hauptwerke über Nietzsches Leben - „ohne Overbeck, die Basler Tradition und Bernoulli wäre jedoch die Wirklichkeit Nietzsches verschleiert geblieben" (S. 22).

[53] Das „Basler Nietzsche-Archiv", Ausstellung der Universitätsbibliothek Basel, 8.Mai bis 25.Juni 1993 - Katalog S. 22 und 75.

„Jena und Weimar - ein Almanach"

Im Kulturaufbruch jener Jahre hätte er ein Kristallisationspunkt werden können, der dem klassisch-romantischen Städtepaar gewidmete Verlagsalmanach auf das Jahr 1908. Sorgfältig ausgestattet, wie es sich für das Thema und auch für das Verlagsprestige gehörte, war er noch vor Weihnachten 1907 ausgegeben worden, in erstaunlichen 20 000 Exemplaren, das Stück für eine Mark. Der Idee und Anlage nach war er zweigeteilt: in der ersten Hälfte wird in Dokumenten und Buchauszügen der Zeit von vor hundert Jahren gedacht, in der zweiten Hälfte reflektieren Zeitgenossen unter anderen Fichte, Goethe, die Bedeutung der Antike für unsere Zeit. Dieses Forum schien Diederichs, wie er dem Fichte-Essayisten Leopold Ziegler schrieb, geeignet, „Fichte ganz besonders in den Vordergrund (zu) schieben, denn ich halte neben Schillers ästhetischer Philosophie seine Philosophie für das, was uns augenblicklich am meisten befruchten kann." Sicher schwang auch buchhändlerische Enttäuschung mit, eine Fußnote auf Seite 146 im Almanach verrät es: trotz aller Feststimmung vor zwei Jahren sei man Schiller in seinem philosophisch-ästhetischen Wesen nicht nähergekommen. So rüstete sich Diederichs nun Johann Gottlieb Fichte zu, besorgte sich die just vor hundert Jahren erschienene Erstausgabe der „Reden an die deutsche Nation" und bereitete die Neuausgabe „Anweisung zum seligen Leben" vor.

Was der Verleger mit seinem ersten Almanach sonst noch bezweckte, tun sein Editorial, ein Sortimenterzirkular und der Jahresnovitätenprospekt kund. Für den „modernen Menschen" postuliert er im Almanach viererlei: das Verlangen nach fruchtbarem Wissen und schöpferischem Wirken, nach künstlerischer Anschauung, eigener Religion und eigener Lebensgestaltung. Es sind allesamt Schlüsselworte seiner sehr persönlichen Lebensmaxime. Und sie zeigen, daß im Grunde er es war, der sich sein „Jena und Weimar" gesucht hat.

Der Buchhändler-Rundbrief spricht zunächst von der notwendigen Umsatzsteigerung und dann wieder von der Utopie einer neuen Kultur, die dem Menschen aus seinem Inneren erwachse. Die alte Zeit soll ihm ein Führer zur neuen werden. Ein buchhändlerischer Staffelrabatt von 50-70% möge dies erleichtern.

Im Novitätenprospekt schließlich argumentiert er mit den früheren Bildungsidealen, mit dem Mann-Frau-Verhältnis vor hundert Jahren, mit einer wünschenswerten Verknüpfung der Zeiten. Dem heutigen Großstadtideal sei die Kleinstadt gegenübergestellt, in ihr erwuchsen einst

„Selbstbildung, innere Freiheit, Universalität". Im Inneren des Prospekts werden „Jenenser Neuausgaben" herausgestellt, worunter nicht nur Hegel und Fichte zu verstehen sind, sondern auch deutsche Mystik, Paracelsus, Giordano Bruno, Leonardo da Vinci.[54] „Weimar" hingegen erhält keinen besonderen Akzent. Kein Wort auch im Almanach über das aktuelle Spannungsfeld Jena und Weimar, über den Nietzschestreit. Das ganze zurückliegende Jahr hatten die Querelen um Bernoullis Werk angedauert, hatte sich der Begriff „Weimar" für Diederichs allmählich verdunkelt. Er sprach dies auch aus, in einem Brief an den in Ostasien weilenden Alfons Paquet, dem er die auf einer Prozeßsitzung verlesenen Äußerungen Nietzsches über seine Schwester schickte - „die Sie in der Ferne an Jena und Weimar, diesmal als zwei Gegensätze, erinnern sollen".

Was also eine Aufgipfelung jahrelangen verlegerischen Bemühens hätte sein können und sollen, erscheint eher wie ein Abgesang, wie eine historische Reminiszenz. Nicht eben zufällig gibt K. F. v. Freyhold dem Innentitel des Almanachs eine bukolisch-romantische Umrahmung, entwirft der bisherige Hausgrafiker J. V. Cissarz sein letztes Verlagssignet, diesmal einen wuchtigen Marzocco in schwarzgrundigem Kreis.

Die literar-ästhetische Periode des Eugen Diederichs Verlages, die ihren Höhepunkt in den ersten Jenaer Jahren hatte, geht mit diesem Jahr - und diesem Almanach - zur Neige.[55] Den Verleger beschäftigen mittlerweile andere Dinge, solche, die sich aus der Mitbegründung des Deutschen Werkbundes im Oktober 1907 und aus der neuen Gartenstadtbewegung ergeben, dann die gärenden religiösen Probleme „Los von der Kirche",[56] schließlich das eigene Mammutunternehmen „Kulturgeschichtlicher Atlas". Ein Buch des Freundes und Autors Hermann Nohl, „Die Weltanschauungen der Malerei" (Jena 1908) wird Diederichs mit zum Anlaß, eine europaweitgespannte Serie „Kunst in Bildern" vorzubereiten. Und in Anlehnung an Herder - „die Quellen sollen fließen" - begibt er sich zu-

---

[54] Ernst Haeckel, den Diederichs zu seinem Bedauern nicht verlegte, hatte er zuvor im Sortimenterbrief als Repräsentanten des heutigen geistigen Jena vorgestellt. Nicht von ungefähr hatte die populäre Familienzeitschrift „Die Woche" in ihrer Ausgabe Februar 1906 die Jenaer Prominenz Revue passieren lassen, neben den Universitätsprofessoren Binswanger, Eucken und Haeckel auch Paul Weber als Direktor des Städtischen Museums, sodann den „Kunstmaler" Erich Kuithan und die Schriftstellerin Helene Voigt-Diederichs.

[55] Vgl. Herbert Göpfert, Hrsg., Literaturvermittlung, Wiesbaden 1992, S. 177 f.

[56] Bezeichnend ein Brief Eugen Diederichs an Rudolf Kassner vom 26.3.1908: „Übrigens komme ich mit meinem Verlag immer mehr zu Gott und den Heiligen, denn meine neueste Phase ist, daß ich der Schutzherr der Modernisten werde. Klingt es nicht ganz gut: Hie Rom - Hie Jena?", „Leben und Werk", S. 157.

sammen mit Walter Otto auf ein unentdecktes Gebiet der Weltliteratur: „Religiöse Stimmen der Völker".
Der neue Slogan, der Titel und Zielrichtung des nächsten Verlagskataloges vorgibt, heißt „Wege zu deutscher Kultur".[57] Seine sieben Abteilungen, vor allem die beiden umfangreichen ersten, „Lebendige Religion" und „Wille zur Tat", markieren den Wendepunkt. Von einer Programmatik „Jena und Weimar" ist nun nicht mehr die Rede.

Hinweise und Anmerkungen

Das Thema „Die Anfänge des Diederichs Verlages in Jena" streifen zwei Dissertationen aus jüngerer Zeit: einmal Erich Viehöfer, „Der Verleger als Organisator", veröffentlicht im „Archiv für Geschichte des Buchwesens", Bd. 30, Frankfurt a.M. 1988; zum anderen Irmgard Heidler, „Studien zu Eugen Diederichs als Verleger und Buch- und Buchhandelsreformer" (1992), zum Druck vorgesehen im „Archiv für Geschichte des Buchwesens".
Viehöfer hält sich, was Diederichs Beweggründe zum Umzug von Leipzig nach Jena betrifft, an einige Selbstaussagen des Verlegers, er gewichtet sie folgendermaßen: erstens „die Absicht, in einem für seine Nerven zuträglicheren Klima zu leben"; zweitens der wohlgemute Abschied „von der Großstadt und seiner drückenden Sumpfluft"; drittens die „Nähe zu Süddeutschland" und als letzter Beweggrund „die klassische und romantische Tradition Jenas" (Seite 13).
Heidler widmet sich in einem zweiseitigen Unterkapitel (1.2.1.3) dem „Umzug nach Jena" und merkt dort zu Viehöfer an, seine Argumentation greife zu kurz: Diederichs habe anstelle der Geschäftsstadt die an Tradition reiche Universitätsstadt gewählt. Und sie diagnostiziert: „So programmatisch Florenz als Verlagsort gewählt war, so programmatisch wählte Diederichs jetzt Jena aus."
Wieder sind es die Anfänge, die besondere Aufmerksamkeit verdienen. Insofern schließt sich der vorliegende Aufsatz einem früheren über die Diederichsschen Verlagsjahre „Florenz und Leipzig" an, siehe Ulf Diederichs, „Der mit dem Löwen tanzt. Eugen Diederichs zum 125. Geburtstag". In: Börsenblattbeilage „Aus dem Antiquariat", Jg.1992, Heft 7, Seite A 265-281.

---

[57] Auf 120 Seiten kommentiert hier der Verleger alle seine Bücher, in dem Bestreben Rechenschaft abzulegen, „nach welchen Zielen und Grundsätzen der Verlag seine geschäftliche Tätigkeit mit dem Bestreben, die Gestaltung unseres Lebens zu beeinflussen, vereint", aus dem Editorial, Jena im Oktober 1908.

Nachbemerkung

Während der Satzarbeiten zu diesem Buch erschienen zwei Aufsätze, die sich eingehend mit der Wirkungsgeschichte Nietzsches in bezug auf Eugen Diederichs befaßten: Ulf Diederichs, Kampagne um Nietzsche. Zur Entstehungs- und Wirkungsgeschichte von C.A. Bernoulli, Franz Overbeck und Friedrich Nietzsche, in: Börsenblattbeilage, „Buchhandelsgeschichte", 1994/3, Jg. 1994, Nr. 76, S. B 97-112. Ders., Eugen Diederichs und Friedrich Nietzsche. Auf Spurensuche in Naumburg, Jena, Weimar und anderswo, in: Palmbaum. Literarisches Journal aus Thüringen, 2. Jahr, 1994, 3. Heft, S. 6-23.

GISELA HORN

Frauenleben im Umbruch
Die Schriftstellerin Helene Voigt-Diederichs

Jena war und ist ein Ort interessanter Frauen. Gäbe es eine Darstellung der weiblichen Emanzipationsgeschichte, so käme man an dieser Stadt nicht vorbei. Vor 200 Jahren etwa erregten die romantischen Frauen Aufsehen und Ärgernis. Caroline Schlegel-Schelling, Dorothea Veit, Sophie Mereau fielen aus dem Rahmen eines bürgerlichen Frauenbildes, das die Frauen auf Lebensbereiche festzulegen suchte, die noch heute immer wieder und fatalerweise als typisch weiblich bezeichnet werden: Kinder und Küche. Damit ließen und lassen sich Frauen in Jena nicht abspeisen. Freilich, eine schnurgerade historische Linie weiblicher Verweigerung, Protests oder gar Aufbegehrens läßt sich nicht ziehen. Doch in Zeiten des Aufbruchs, der Neuorientierung, der Suche sind immer auch Frauen zur Stelle. Jena und Weimar waren zu Beginn unseres Jahrhunderts ungemein bewegte Städte, und es ist durchaus nicht zufällig, daß gerade in jener Epoche wiederum Frauen Außerordentliches leisteten.

Schauen wir nach Weimar, so fällt als erstes der abwechslungsreiche und aufregende Lebensgang der Helene Böhlau, verehelichte al Raschid Bey alias Friedrich Arndt, ins Auge. Zu Unrecht ist die Verlegertochter allein als Autorin von weimarseligen Ratsmädelromanen im Gedächtnis geblieben. Von ihr stammt der provozierendste Frauenroman der Jahrhundertwende, „Halbtier!" (1899), schon allein der Titel spricht Bände. Das Werk dieser Schriftstellerin ist bisher kaum angemessen gewürdigt worden.

Zur gleichen Zeit lebten in Jena zwei Schriftstellerinnen, deren Leben und Werk ebenfalls außerordentliche Dimensionen haben: Helene Voigt-Diederichs und Lulu von Strauß und Torney-Diederichs, Lebensgefährtinnen des Verlegers Eugen Diederichs. Beide Frauen sind gleichfalls von der literaturwissenschaftlichen und kulturgeschichtlichen Forschung bisher überaus stiefmütterlich behandelt worden. Dies ist zumal im Falle Helene Voigt-Diederichs unverzeihlich, denn deren Leben und Werk künden wie kaum ein anderes von den Möglichkeiten und Grenzen weiblicher Selbstbehauptung zu Beginn unseres Jahrhunderts.

Wer war Helene Voigt-Diederichs? Helene Voigt wurde am 26. Mai 1875 auf dem einsam gelegenen Gut Marienhoff auf der Schleihalbinsel Schwansen in Schleswig als fünftes von neun Kindern geboren. Ihre Kinderwelt bestand hauptsächlich aus Feldern und Wiesen, aus Scheunen und Stallungen, in denen die geliebten Pferde standen und in denen sich frei und ungebunden herumtoben ließ. Sie lernte Pflug, Egge und Säekarre führen, ritt wie ein Bauernbursche und haßte jederlei Mädchenkleider. Welch Eigensinn in dem Kind steckte, mag die Episode vom Kaiserbrief wiedergeben: Da setzte sich die halbwüchsige Helene doch an den Schreibtisch, um mit einem Brief den Kaiser zu bitten, er möge die Kleiderordnung ändern, sie wolle endlich Hosen tragen. Der Kaiser hat freilich nie geantwortet.[1] Sie wärmte sich in der Spinnstube der Mägde und hörte deren schnurrigen Geschichten zu. In „Übersichtshefte" trug sie, vor der Mutter und den Geschwistern verborgen, erste Eindrücke, Betrachtungen, Notizen zu den Tagesereignissen ein, Lieder wurden aufgezeichnet, kleine handfeste Geschichten geschrieben. Diese ersten kindlichen Schreibversuche waren auf Marienhoff nichts Sonderbares, denn auf dem ländlichen Gut herrschte ein ausgesprochen musisches Klima. Der Vater war ein musikalisch und dichterisch begabter Mann, die Mutter hatte großen Kunstverstand, die Schwestern Lotte und Hulda malten, und der geliebte, in Hamburg weilende Onkel Justus Brinckmann war gar Direktor des Hamburger Kunstmuseums und ein Kunstsammler von Rang noch dazu. In dieser eigenartigen Welt - halb ländliche Idylle, halb künstlerischer Raum-, umgeben von Natur in herber Schönheit, wuchs das Kind zu einer ganz und gar selbstbewußten Frau heran. Im Bewußtsein ihrer besonderen Herkunft, gestärkt durch ihre Liebe zu Heimat und Familie, begann die junge Helene Voigt ihre ersten schriftstellerischen Versuche. Die Erzählungen aus ihrer schleswigholsteinischen Heimat brachten ihr Zuspruch und Anerkennung.

So verwurzelt sich Helene Voigt auch in ihrer Heimat fühlte, so groß war doch ihr Drang, über die Beschränkungen eben dieser kleinen Welt hinauszukommen. Hin- und hergerissen stellte sie ihre zwiespältigen Gefühle dar: „Es klingt ja lächerlich, und doch nehme ich jeden Tag hier in meiner weltfernen Heimat hin wie ein gnadenvolles Geschenk, und zuweilen faßt mich eine wahnsinnige Trauer, von hier scheiden zu müssen. Da draußen ist alles so laut und lärmend, und man muß so lange suchen, eh' man sich selber findet. Und doch geh ich ja so gern."[2] Mit feinem Gespür für Menschen und Dichtkunst machte sie sich auf die Suche nach Gleichgesonnenen in der fernen Welt, und sie fand ihn, dem sie sich seelenverwandt fühlte - Hermann Hesse in Tübingen. Der Briefwechsel zwischen Helene Voigt und Hermann Hesse, 1897 von ihr keck begonnen und ein Leben lang

---

[1] Inge Diederichs ist zu danken für die Bereitstellung von biographischem Material und für die Berichte über das Leben ihrer Schwiegermutter.
[2] Hermann Hesse/Helene Voigt-Diederichs. Zwei Autorenporträts, mit einem Nachwort von Bernd Zeller, Düsseldorf, Köln 1971, S. 42.

Abb. 1: Helene Voigt-Diederichs

geführt, ist ein tief beeindruckendes Lebenszeugnis. Hier begegneten sich zwei Suchende in einer Lebensphase, wo einer des Zuspruchs des anderen bedurfte: „Wie schön das klingt, wenn Sie sagen, daß unsere Freundschaft erwuchs aus dem Zusammenwandern nach einem Heimwehland und aus dem Beten zu gemeinsamen Göttern."[3] Getroffen haben sich Hermann Hesse und Helene Voigt nie, doch aus den Briefen wuchs beiden Kraft, Gefühl, wohl auch erotische Spannung zu, die ihren weiteren Lebensweg bestimmen sollten. Helene Voigt ging auf Reisen. Ihr Weg nach dem „Heimwehland" führte zunächst über die Schweiz nach Frankreich, dann nach Italien: Genua, Neapel, Palermo, Florenz, schließlich der Schritt durch die „Paradiespforte"[4] - Roma. Wie ein Schwamm sog ihre wißbegierige Seele die schier überwältigenden Eindrücke auf: „Neapels Natur und die Kunstschönheit der Ewigen Stadt - ist das nicht überhaupt zu viel für einen armseligen Menschen? Ich sitze und falte die Hände und bete und stammele..."[5] Die Italienreise war der endgültige Schritt aus der Welt der Kindheit. Wohl wird Helene Voigt immer wieder gern nach Marienhoff zurückkehren, fühlte sie sich ein Leben lang auch verbunden mit den Menschen und der Natur dieses Landstrichs, doch von nun an führte ihr Weg in die „große Welt". Helene Voigt war keine einsame Wanderin. Ihr Aufbruch als Frau schloß zugleich immer die Hinwendung zu dem Anderen ein. Und so war es auch kein Zufall, daß am Ende ihrer ita-

---

[3] Hesse/Voigt-Diederichs, S. 43.
[4] Ebd., S. 30
[5] Ebd.

lienischen Reise die Begegnung mit einem Mann, der die nächsten Jahre ihres Lebens nahezu schicksalhaft bestimmen sollte, stand. Während ihrer Rückreise lernte sie den jungen Verleger Eugen Diederichs kennen, schon nach vier Tagen Bekanntschaft verlobten sich die beiden. Damit begann ein neuer Lebensabschnitt für Helene Voigt, am 4. Juni 1898 schon Helene Voigt-Diederichs. Die Eheschließung der beiden mutet wie eine große romantische Inszenierung an. Der 4. Juni wurde gewählt, weil bei Mondwechsel Lebensrhythmus und Natur in Einklang schienen, die Trauung fand unter einer vom Brautvater gepflanzten Friedenseiche statt, die Feier in einem nach dem Vorbild des Fests im Garten des Beys von Tunis mit grünen Lauben und roten Lampions ausgestatteten Keller. Diese symbolträchtigen Handlungen begründeten eine bedeutungsträchtige Ehe. Helene Voigt hatte einen außergewöhnlichen Mann geheiratet. Ihren romantischen Träumen schien der große und schwere Mann, angetan mit einem gräßlichen Schlips und mit einem Barett, „halb baskisch, halb Richard Wagner"[6], wohl entgegenzukommen. Er war einer der kunstverständigsten und phantasiereichsten Verleger der Epoche, damals freilich noch ganz am Anfang seines großen Unternehmens, voller Pläne, Wünsche, Sehnsüchte. Eine Verbindung mit ihm war für sie auch das lang gewünschte Entreebillett in die Welt der Literatur und Kunst, der Malerei und Musik. Mit ihm zu sein barg die Möglichkeit, teilzuhaben an den modernen Kunstentwicklungen der Epoche, es bedeutete zugleich ein Leben jenseits strenger Bürgerlichkeit, im Lande der Bohemien zu weilen. Dies mag die junge unternehmungslustige Helene Voigt enorm angezogen haben. Aus der wohlbehüteten heimatlichen Welt zu Marienhoff über Italien in die Leipziger Boheme - so ließe sich der erste Aufbruch der Helene Voigt nachzeichnen. Und Eugen Diederichs? Welche Gründe trieben ihn, der die Ehe als bürgerliche Einrichtung in seiner Jugend verachtet und sich selbst als eingefleischten Junggesellen betrachtet hatte, so plötzlich und rasch zur Vereinigung mit Helene Voigt? Ist der Anekdote zu trauen, die Heinrich Sohnrey, der erste Verleger der Helene Voigt, mitteilt, Eugen Diederichs habe, als er in geselliger Runde von der faszinierenden Persönlichkeit der jungen norddeutschen Schriftstellerin hörte, spontan den Entschluß gefaßt, jene Unbekannte um jeden Preis zu heiraten?[7] Verlag und Ehe gehörten um 1898 zu den unbedingten Voraussetzungen der Diederichsschen Existenz. Das Leben als Gesamtkunstwerk zu stilisieren - dieser romantische Vorsatz verlangte, die öffentlich-repräsentative und die privat-intime

---

[6] Rüdiger Beer, Eugen Diederichs, in: Eugen Diederichs, Selbstzeugnisse und Briefe von Zeitgenossen, Düsseldorf, Köln 1967, S. 7.
[7] Heinrich Sohnrey, Zwischen Dorn und Korn, Berlin 1934, S. 161.

Existenz in Zusammenklang zu bringen. So wie sich die Jugendstillinie des Verlags markant und in Deutschland damals wohl einmalig herausbildete, so hieß es nun, den intimen Lebensraum zu gestalten. Helene Voigt entsprach ganz und gar dem Frauentypus des Jugendstils. Sie war außerordentlich schön, hatte eine faszinierend erotische Ausstrahlung, ihr langes dunkles Haar ließ sie lose fallen, ihre Kleider trug sie im Stil jener Kunstepoche. Ihr ästhetisches Bewußtsein und ihre literarische Begabung erhöhten den Reiz. Sie paßte ganz einfach in einen Haushalt, der vom Zierat des Jugendstils bestimmt war, jedes Gerät, jeder Gegenstand zeugte davon. Ob sie selbst mehr als Zierat war und ihren eigenen Anspruch im Diederichsschen Hause leben konnte, sollte sich erst noch herausstellen.

Ende März 1904 zogen die Diederichs von Leipzig nach Jena. Man war aus Leipzig gegangen, um der Großstadt zu entfliehen. Helene Voigt-Diederichs zumal hatte sich mit dem Lauten und Lärmenden der Großstadt nicht anzufreunden vermocht, sie litt an der Stadtluft und den „Handschuhe(n), die das Leben hier an hat."[8] Die Entscheidung für Jena hatte Eugen Diederichs getroffen: „Denn Jena liegt an der Reibungsfläche von Nord- und Süddeutschland, und wenn man die Linie von Königsberg bis zum Bodensee zieht, so liegt es in der Mitte. Im Namen Jena liegt ja auch bereits eine geistige Tradition."[9] Diese vor allem hatte wohl den jungen Verleger angezogen. Jena war die Stadt der Klassik und der Romantik, und es war nur folgerichtig, daß ein Verlag, der sich den großen geistigen Traditionen der deutschen Literatur und Kunst verpflichtet fühlte, sich in dieser Stadt ansiedelte. Vor allem die romantische Vergangenheit hatte für Eugen Diederichs etwas ungemein Anziehendes, verband ihn doch mit diesem kulturellen Erbe eine tiefe persönliche Neigung, die schon 1898 zu einer der schönsten Novalis-Ausgaben geführt hatte und in Jena nun mit der Neuherausgabe der Werke von Friedrich Schlegel, Hölderlin, Fichte, Schelling und Hegel weiteren Ausdruck finden sollte. Dazu gehörte der Plan, mit dieser „Lieblingsidee" das hundertjährige Jubiläum der Romantiker zu dokumentieren und die Stadt Jena so zugleich zu ehren. Eugen Diederichs ging daran, im Zentrum Deutschlands, auf klassisch-romantischem Boden, einen der bedeutsamsten Verlage der Epoche mit Weltgeltung zu führen. Sein Gepäck bestand aus zwanzig Eisenbahnwaggons Umzugsgut, so stark war der Verlag in den letzten Leipziger Jahren expandiert. Helene Voigt-Diederichs Gepäck war ganz anderer Art: drei Kinder hatte sie an der Hand, mit dem vierten ging sie schwanger. Ihre Bücherkiste mit den

---

[8] Hesse/Voigt-Diederichs, S. 54
[9] Eugen Diederichs, Selbstzeugnisse, S. 48.

ersten selbstveröffentlichen Romanen und Erzählungen war klein und verschwand fast im ganzen Getümmel.

Das Haus Diederichs gehörte bald zu den interessantesten in ganz Jena. In der provinziellen Stadt in der Sedanstraße 8 ging die große Welt ein und aus. „Ich saß beglückt am Mittelpunkt der Welt" - diese Gästebucheintragung von Karl Theodor Hofmann mag in ungefähr ausdrücken, was die meisten Besucher empfanden. Eugen Diederichs gab sich als Mäzen der modernen Künste. Heinrich Vogeler verkehrte hier ebenso (und schmückte das Gästebuch wunderschön aus) wie Fritz Mackensen, beide aus Worpswede kommend, die Maler Otto Herbig und Gustav Wolf besuchten das Haus, natürlich auch der in der Nachbarschaft wohnende Erich Kuithan, - er fertigte bald eine Kohlezeichnung der vier Kinder von Eugen und Helene Diederichs. Die Tänzerin Mary Wigman trat hier gemeinsam mit ihrem Lehrer des modernen Tanzes Rudolf von Laban auf, die Sängerin und Tänzerin Bokken Lasson-Feofanoff hatte in diesem Haus ebenso Erfolg wie die Schriftstellerin Lou Andreas-Salomé. An den offenen Abenden, seit Winter 1905 veranstaltet, stellten sich weitere Schriftsteller ein, u.a. Carl Hauptmann, Toni Schwabe, auch Alfons Paquet und Martin Andersen Nexö, schließlich Hans Grimm, Hans F. Blunck und Dwinger. Hochinteressante philosophische und politische Debatten mögen in dem Haus geführt worden sein, in dem solche Zeitgenossen wie Theodor Heuss und Martin Buber, aber auch Adam Kuckhoff oder Willi Münzenberg ein und aus gingen. So unterschiedlich wie die einzelnen Gäste, so verschieden dann auch die Geisteslinien des Verlags. Freilich wurde nicht nur debattiert. Es wurde gefeiert und getanzt, der Schriftsteller Kurt Kläber und die Märchenerzählerin Lisa Tetzner feierten in diesem Haus sogar ihre Hochzeit. Man traf sich zum Bachabend oder zum Rebhuhnschmaus; es war, alles in allem, ein aufregendes und abwechslungsreiches Leben im Hause Diederichs. In vielem erinnert die Geselligkeit in diesem Haus an die große romantische Vergangenheit von Jena, als sich die fortgeschrittensten Philosophen, Künstler, Naturwissenschaftler im Hause der Schlegels trafen. Von hier aus hatte eine Geistesrichtung ihren Ausgang genommen, die bald Weltgeltung erlangen sollte: die Jenaer Frühromantik. Ihre Wurzeln hatte die romantische Geselligkeit in der Berliner Salonkultur. In den romantischen geselligen Kreisen, 100 Jahre zuvor lebendig, hatten ein ähnlicher künstlerischer Geist und eine ähnliche Weltläufigkeit geherrscht. Die Salonkultur war jedoch wesentlich anders strukturiert, sie war weiblicher Natur. Im Mittelpunkt des Salons stand eine Frau, oft eine Jüdin, die dank besonderer Fähigkeiten vermochte, Menschen unterschiedlicher Gesinnung und unterschiedlicher Herkunft im romantischen Sinne zusammenzuführen. In Jena war es vor allem Caroline Schlegel, die die häufig so verschiedenen romantischen Geister band. Dies war ihre besondere Begabung und große Fähigkeit, dies war zugleich auch die von ihr selbstgewählte individuelle Form ihrer Selbstverwirklichung. Der Diederichssche Kreis hatte eine ausgesprochen patriarchalische Struktur, ihm stand ausschließend ein Mann vor. Wegen Eugen Diederichs kam man nach Jena, er bildete das Zentrum des Hauses, von ihm hing der Gang der Geselligkeit ab. Als Vaterfigur prägte er auch seinen „dionysisch-romantischen Serakreis", im Verlag war er der uneingeschränkte Herrscher. Helene Voigt-Diederichs nahm an den Aktivitäten ihres Mannes im Haus, in der Jenaer Gesellschaft und im Verlag nur vermittelt und am Rande teil. Ihr Leben unterstand einem anderen Gesetz: „Ein Jahr ein Kind, ein Jahr ein Buch"[10] - auf diesen kurzen Nenner brachte sie selbst ihre Existenz in jener Zeit. Sie hatte eigene Ambitionen: „Spielend würde ich jeder Forderung, auch der des wachsenden Verlages gerecht werden, so dachte ich manches Mal, wenn ich nicht hätte zu schreiben brauchen. Ich brauchte nicht, aber ich mußte. Wenn ich nicht schrieb, wurde auch jedes übrige Werk von Kopf oder Hand weniger gut."[11] Wie sahen ihre ersten Jenaer Jahre aus? Wenn sie morgens das Hauswesen besorgt, die Arbeit des Tages eingeteilt, das jüngste Kind gebadet hatte, pilgerte sie für drei kostbare Vormittagsstunden in den Prinzessinnengarten, wo im Gärtnerhaus ein Zimmer gemietet war, um dort ungestört zu arbeiten.[12] Hier entstand ihr als bester Roman des niedersächsischen Kulturkreises preisgekröntes Buch „Dreiviertel Stund vor Tag", hier schrieb sie den Erzählband „Leben ohne Lärmen", hier verfaßte sie schließlich ihre Erzählungen „Kinderland". Dieses Buch ist merkwürdig und gibt uns durchaus Aufschlüsse über die damalige Befindlichkeit der jungen Frau und Mutter. „Kinderland" ist eine Sammlung von Erzählungen, in denen sie die frühen Erlebnisse und Erfahrungen ihrer eigenen Kinder schildert. Durch den Gebrauch der tatsächlichen Namen der Kinder, Ruth, Jürgen, Niels und Peter, durch die genauen Ortsbezeichnungen aus der Jenaer Umgebung, die Lutherkanzel, das Leutratal, die Schweizerhöhe, gewinnt dieses kleine Stückchen Literatur autobiographische Züge. Wir können lesen von den kleinen Sorgen und Nöten, den Freuden und Erfolgen der Kinder, wir bekommen Nachricht von den Anstrengungen und den Problemen der jungen Mutter. Das Bild, das man vom Hause Diederichs gewinnt, ist hell

---

[10] Helene Voigt-Diederichs, in: Dichter schreiben über sich selbst, Jena 1941, S. 80.
[11] Ebd.
[12] Dies., Meine Bücher suchen mich, nachgelassenes Manuskript, S. 2.

und warm. Doch es fällt auch auf, daß in dem ganzen Buch der Vater kaum vorkommt, nur ganz schemenhaft, in einer einzigen Szene, nämlich dann, als die Mutter krank liegt, taucht er auf, konturen- und funktionslos. Die Welt der Kinder ist einzig durch die Mutter geprägt, der Vater bleibt außerhalb von ihr, mag seinen eigenen Lebensbereich haben. So, wie sich die Diederichssche Familie in diesem kleinen Text darstellt, hat sie wohl tatsächlich ausgesehen. Zwei Erlebnisbereiche standen hier relativ unvermittelt nebeneinander: die Kinder- und Schreibwelt der Helene Voigt-Diederichs und die Verlags- und Salonwelt des Eugen Diederichs. Die Gründe für dieses Nebeneinander mögen in der Individualität der beiden Eheleute ihre Ursache haben, lagen aber auch in dem besonderen bürgerlichen Zuschnitt der Ehe selbst. Wohl hatte Eugen Diederichs durchaus einen Blick auf die Frauenbewegung seiner Epoche; in seinem Verlag wurde ein Frauenprogramm verwirklicht, das durchaus auch avantgardistische Titel präsentierte. 1901 etwa erschien Paul Schultze-Naumburgs „Kultur des weiblichen Körpers", das grundlegend für die Reform der Frauenkleidung war. Isadora Duncan plädierte in ihrem 1903 veröffentlichten Buch „Der Tanz der Zukunft" für ein neues Körperbewußtsein der Frauen, 1905 erschien Rosa Meyreders „Zur Kritik der Weiblichkeit", 1906 Lou Andreas - Salomés „Ibsens Frauengestalten", wenig später Margarete Susmans „Von der Liebe". Das aufregendste Buch aber veröffentlichte Grete Meisel-Heß: „Sexuelle Krise". Hier wurde ausdrücklich für eine stärkere Selbständigkeit der Frau gegenüber der bürgerlichen Moral plädiert. Ob solcherart Themen zwischen den Eheleuten Eugen und Helene Diederichs besprochen wurden? Die Jenaer Jahre waren eine Zeit der Mißverständnisse und Verstimmungen. Eugen Diederichs wunderte sich, daß seine Frau so wenig Anteil an der von ihm mit unsagbar großem Enthusiasmus und persönlichem Einsatz gestalteten Kunstausstellung im Schillerjahr 1905 nahm. Sie weigerte sich, die ihr zukommende hausfrauliche Repräsentation in Besorgung des Tischarrangements zu übernehmen. War das nicht ein deutliches Signal? Wie von einem inneren Dämon getrieben, schien sie Eugen Diederichs, als wurzelloses Wesen beschrieb er sie. Tatsächlich, Helene Voigt-Diederichs trieb es in jenen Jahren um und um. Verschiedene Männerbekanntschaften, teils Freundschaften, teils Liebesbeziehungen sollten ihr aus der in Jena allmählich hervorwachsenden Sinn- und Lebenskrise helfen. Wie schwer solcherart Ausbrüche in dem kleinbürgerlichen Jena, wo jeder jeden kannte, zu leben waren, kann man sich vorstellen. Im Herbst 1911 kam es zum endgültigen Bruch, der immer wieder enttäuschte und getäuschte Eugen Diederichs wollte eine solche Ehe nicht weiter aufrecht erhalten und beantragte am Landesgericht Weimar die Scheidung. Die vier

Kinder wurden ihm zugesprochen. Helene Voigt-Diederichs verließ mit ihrem englischen Freund Jena und ging nach Braunschweig. Das Lakonische dieses Vorgangs kann die Schmerzen und Hoffnungen, die damit verbunden waren, nicht verbergen. Denn der Preis, den Helene für ihren Aufbruch bezahlen mußte, war hoch. Den Verlust ihrer Kinder, die bisher wesentlicher Teil ihres Lebens gewesen waren, erfuhr sie außerordentlich schmerzhaft, und sie setzte alles daran, mit ihnen zusammensein zu können. Schließlich überließ Eugen Diederichs ihr, auf Zureden der Großmutter hin, zwei der Kinder.

Zugleich genoß Helene Voigt-Diederichs jedoch auch diesen Neubeginn. Ihre Freude an dem neuen Leben können wir vor allen Dingen ihren neuen Büchern ablesen, die so ganz anders als alles bisher Geschriebene sind. „Wandertage in England" (1912) und „Zwischen Himmel und Steinen. Pyrenäenfahrt mit Esel und Schlafsack" (1919) sind Ausdruck unbändiger Lebenslust und Abenteuerfreude. Die beiden Reisebücher präsentieren eine schier unübersehbare Fülle von so noch nie gesehenen Erscheinungen. Der Rhythmus der Erzählerin ist stellenweise furios, von Ort zu Ort, von Ereignis zu Ereignis wird der Leser geführt, ohne Atempause, ohne Raum für weiterreichende Reflexionen. Die Stoffülle bestimmt Tempo und Handlungsgang. Da schrieb eine, die das neue unbekannte Leben mit allen Sinnen aufgesogen hatte. Aus der Bürger- und Kinderstube kommend, ritt sie los, gemeinsam mit ihrem Freund, auf dem Rücken eines Esels, mit dem Schlafsack im Gepäck, eine neue Welt zu erobern. Für eine kurze Zeit, so scheint es, fand sie die Möglichkeit, in neugewonnener Freiheit ganz und gar und intensiv zu leben, wohl wissend, daß ihr Ausbruch aus der deutschen bürgerlichen Welt letztlich nur ein Ausflug war. Ihre Rückkehr nach Deutschland war unumgänglich und wurde von ihr als Akt des Gewissens geschildert, „das beißt und brennt, jenseits aller Vernunft".[13]

Einen solch frischen, unbekümmerten Erzählton wie in ihren Reisebüchern, das Beste, was sie wohl geschrieben hat, wird sie nie wieder erreichen. Die nachfolgenden literarischen Werke, teils in Braunschweig, ab 1931 wieder in Jena entstanden, sind eben Frucht ihres Gewissens. Ihr großes Thema ist das der Mütterlichkeit, dem auch ihr bekanntestes und stark autobiographisch gefärbtes Buch „Auf Marienhoff" gewidmet ist. Die liebevolle Schilderung der eigenen Mutter und deren Hingabebereitschaft und stetige Zuwendung zu ihren Kindern ist in einem schlichten und anrührenden Ton verfaßt. Ob Helene Voigt-Diederichs, die bei ihrer Abreise aus Jena

---

[13] Helene Voigt-Diederichs, Zwischen Himmel und Steinen. Pyrenäenfahrt mit Esel und Schlafsack, München 1919, S. 278.

1911 vier Kinder zurücklassen mußte, mit dieser eindringlichen Darstellung ihrer Mutter nicht auch ein ureigenes Problem verhandelte, das sie ihr Leben lang beschäftigte und wohl nur schwer zu bewältigen war? Auch ihr letztes Buch, „Waage des Lebens", im hohen Alter 1952 im Eugen Diederichs Verlag Düsseldorf und zeitgleich im Greifenverlag Rudolstadt erschienen, handelt von diesem Thema und ist ein Bekenntnis zum Kind, auch unter schwierigsten Bedingungen. Das Buch, das sie zuallermeist für ihre Kinder geschrieben hatte,[14] erschien 1929 unter dem Titel „Ring um Roderich". Drei Frauengestalten und damit drei Möglichkeiten weiblicher Lebensführung beherrschen in diesem Roman das Geschehen: Lisa, die sich hingebende Ehefrau und Mutter, Dorothea, die kluge, intellektuelle Freundin und Toni, die sinnliche, selbstsichere und frei empfindende Geliebte. Im Knotenpunkt solcher verschiedener Lebenslinien mag Helene Voigt-Diederichs ihr eigenes Bild gesetzt haben. Die Spannung ihrer Persönlichkeit, damit das einmalig Anziehende lag in eben diesen widersprüchlichen Verkettungen ihres Lebens.

Helene Voigt-Diederichs kehrte nach Jena zurück. Nur wenige Häuser von Eugen Diedrichs entfernt, gleichsam am Rande seiner Existenz, begann sie ihren zweiten Jenaer Lebensabschnitt. Sie hat weiter geschrieben und weiter den Kontakt zu ihrem geschiedenen Mann und zu ihren Kindern gesucht und gepflegt. Die letzten Jahre verlebte sie krank und zurückgezogen.

Das Hochgefühl der Jahre des Aufbruchs hatte sich wohl nie wieder einstellen können. Waren die enthusiastischen Träume, die sie einst mit dem jungen Hermann Hesse teilte, nur Blütenträume gewesen? Hatte die junge Frau, zugleich ehrgeizige Schriftstellerin und beanspruchte Mutter, nicht doch zu viel gewagt? War der Ausbruch aus der beschränkten bürgerlichen Ordnung in die unbegrenzte Welt des Abenteuers mißlungen? Steht am Ende also das demütige Bekenntnis des Scheiterns? Mit solcherart insistierenden Fragen ist dem Leben dieser außergewöhnlichen Frau kaum beizukommen. Vielleicht stand am Ende tatsächlich die elegische Geste im Bewußtsein des eigenen Ungenügens. Doch diese Geste vermag nicht zu verwischen, welch hoher Mut, welche Freiheit im Handeln, welch seltene Konsequenz Helene Voigt-Diederichs eigen waren. Nehmen wir ihr Leben als eine auf uns gekommene weibliche Erfahrung: Etwas zu wagen, auch in Zeiten der äußersten Bedrängnis.

---

[14] So die handgeschriebene Widmung im Exemplar der Tochter Ruth Diederichs.

BIRGITT HELLMANN

Paul Weber - Kunsthistoriker, Museumsgründer und Denkmalpfleger in Jena

Paul Karl Weber - Professor für Kunstgeschichte, Museumsgründer und -direktor, unermüdlicher Streiter für die noch nicht institutionalisierte Denkmalpflege, Sammler, Ausstellungsmacher und Publizist, Paulaner und vielfaches Vereinsmitglied, assimilierter Halbjude, konservativer Deutscher, Idealist und Realist, Kriegsfreiwilliger mit 46 Jahren, Vater von 7 Kindern, geradlinig, streitbar und sensibel, eine typische und doch einmalige Persönlichkeit für die ersten drei Dezennien des 20. Jahrhunderts - ein Jenaer zwischen Konvention und Avantgarde.

Geboren am 29. April 1868 als Sohn des evangelischen Pfarrers Paul Josephson in Schwelm in Westfalen, absolviert er den üblichen humanistischen Bildungsweg im Wilhelminischen Deutschland. Nach seinem Abitur 1889 am Gymnasium in Gera[1] studiert er in Heidelberg, Straßburg und Leipzig Kunstgeschichte, Geschichte und Archäologie. Am 27. Juli 1894 promoviert er in Leipzig zum Doktor der Philosophie und Magister der freien Künste mit „summa cum laude". Sein Thema „Geistliches Schauspiel und kirchliche Kunst, erläutert an einer Ikonographie der Kirche und Synagoge", eine bis heute grundlegende Arbeit[2], hat sicherlich auch eine kathartische Funktion[3] für Paul Josephson, der noch vor Beendigung des Studiums und vor seiner Heirat 1893 eine kaiserliche Erlaubnis zur Namensänderung einholt und fortan den Mädchennamen seiner Mutter trägt. Die „Bloßstellung" des „jüdischen Mischlings" wird noch zehn Jahre nach Webers Tod durch den Direktor der Reichsstelle für Sippenforschung festgestellt und seiner bereits im Universitätsarchiv Jena ruhenden Personalakte beigefügt werden.[4]

Der nun gänzlich makellose deutsche Student wird in Heidelberg Mitglied in der Burschenschaft „Cimbria" und absolviert seinen Militärdienst bei

---

[1] Weber kommt früh verwaist zu seinem Großvater und Vormund, dem Geheimen Kommerzienrat Alfred Weber nach Gera, vgl. Universitätsarchiv Jena (UAJ), Akten über Habilitationen in der philosophischen Fakultät, Bestand M, Nr. 648, Lebenslauf.

[2] Vgl. Lexikon der christlichen Ikonographie, hrsg. von Engelbert Kirschbaum, Teil 1: Allgemeine Ikonographie, Freiburg, Basel, Wien 1968, Band 1, S. 570.

[3] Ein Grund für diese Themenstellung ist in seiner persönlichen Auseinandersetzung mit der Stellung der assimilierten Juden des Bildungsbürgertums im deutschen Reich zu sehen. Zwar war diese Gruppe formell gleichberechtigt, wurde aber von der Mehrheit des überwiegend national-konservativ eingestellten deutschen Bürgertums, das inzwischen weit von den Toleranzideen der Aufklärung entfernt war, nach wie vor als Fremdkörper betrachtet.

[4] UAJ, Bestand D, Nr. 3023.

der schweren Reiterei. Da Weber nicht mittellos ist, begibt er sich nach Beendigung des Studiums auf Reisen nach Frankreich und Italien und zieht 1895 nach Berlin, um sich „mit den Hülfsmitteln und möglichst vielseitig auf die akademische Laufbahn vorbereiten zu können."[5] Seine Habilitationsschrift zu frühmittelalterlichen Wandmalereien am Beispiel der „Wandgemälde zu Burgfelden in der schwäbischen Alb" reicht er an der Salana ein[6] und läßt sich hier als Privatdozent nieder.[7] Jena, wo er bis an sein Lebensende wirken wird, ist um die Jahrhundertwende auf dem Weg von einem kleinen, nur von der Universität geprägten Ort zur Industriestadt. Wesentliche Bedingungen dafür sind die Entwicklung der mechanischen Werkstätten von Zeiss und des Glaswerkes von Schott zu modernen Betrieben, die in enger Zusammenarbeit mit den Wissenschaftlern der Universität ihre Produkte weltweit marktführend entwickeln können. Der Bedarf an qualifizierten Arbeitern sowie die allgemeine Bevölkerungsexplosion lassen Jena innerhalb weniger Jahrzehnte zu einer großen Stadt werden, der ein besonderes Flair anhaftet. Die Fortführung traditionellen Kulturlebens und die Aufnahme neuer Formen von Kunst und Kultur finden hier besonders gute Bedingungen.[8]

Weber trifft in dieser „Aufbruchstimmung" als Unbekannter in Jena ein, der jedoch auf Grund seines Engagements und unermüdlichen Fleißes schnell zu einem stadtbekannten Initiator in mehreren kulturellen Bereichen wird. Bald nach seiner Wohnsitznahme,[9] die mit großen baulichen Veränderungen der Jenaer Innenstadt zeitlich zusammenfällt, äußert er sich öffentlich zur Frage der Erhaltung und Bewahrung von Kulturgut. In seiner Schrift „Das Weigelsche Haus und das alte Jena" von 1897 erörtert er Fragen des Denkmalschutzes und regt die Gründung eines städtischen Museums an. Neben seiner Tätigkeit als Privatdozent arbeitet er als Inventarisator der Bau- und Kunstdenkmale Sachsens.[10] Seine Hauptbestrebungen im ersten Jenaer Jahrzehnt gelten neben der Museumseinrichtung

---

[5] Ebd., Bestand M, Nr. 648, Blatt 98.
[6] Ebd., Blatt 93-117.
[7] Ebd., Gesuch des Dr. phil. Paul Weber in Berlin um Erteilung der „venia docendi" bei der hohen philosophischen Fakultät der Universität Jena: „...Ich beabsichtige zu lesen über das ganze Gebiet der neueren Kunstgeschichte, also vom Beginne der christlichen Zeitrechnung bis zur Gegenwart. Außerdem ist es mein Wunsch, so lange keine besondere Lehrkraft für Kulturgeschichte an der Universität habilitiert ist, Kulturgeschichte des gleichen Zeitraumes im engsten Anschlusse an die Kunstgeschichte vorzutragen...".
[8] Vgl. Volker Wahl, Jena als Kunststadt 1900-1933, Leipzig 1988, Vorwort.
[9] Philosophenweg 5 bis 1909, dann bis zu seinem Tod Landgrafenstieg 12 (nach heutiger Nummerierung).
[10] UAJ, Friedrich Stier, Lebensskizzen der Dozenten und Professoren an der Universität Jena 1548/58-1958, Bd. 4, Blatt 2180.

vor allem denkmalpflegerischen Aspekten. Er widersetzt sich, entgegen dem herrschenden Zeitgeist des Wachstumsfanatismus der Gründerzeit, in Vorträgen und Aufsätzen den großstädtischen Bebauungsplänen und Abrißvorhaben.[11] Da diese jedoch kaum beeinflußbar sind, sieht er eine seiner Aufgaben darin, genaue Aufmaße, Zeichnungen, Beschreibungen, Fotos u.ä. der von Abriß bedrohten Gebäude anzufertigen bzw. in Auftrag zu geben. Diese bildlichen und schriftlichen Quellen sind noch heute ein wichtiger Bestandteil der Museumssammlung.[12] Webers Bemühungen ergänzen sich ideal mit seiner seit dem 15. Oktober 1901 offiziell als ehrenamtlicher Direktor des städtischen Museums ausgeübten Tätigkeit. Die Gründung von „kulturgeschichtlichen Ortsmuseen" lag damals im „Trend". Weber findet hier ein weites Betätigungsfeld. Bereits 1903 kann das Stadtmuseum mit einer Ausstellung im 1. Stockwerk des „Neuen Stadthauses" in der Weigelstraße eröffnet werden. Nach dem Ankauf der über „800 Nummern Jenensia"[13] umfassenden Privatsammlung des Jenaer Lithographen Max Hunger mit städtischen Mitteln erwirbt er jährlich zwischen zwei- und dreitausend neue Exposita. Sein Hauptanliegen ist die Bewahrung historischer Sachzeugen vor dem Verfall. Daraus erklärt sich das anfangs scheinbar konzeptionslose Sammeln von gegenständlichen, schriftlichen und bildlichen Quellen zur Stadt- und Universitätsgeschichte, das neben volks-

---

[11] Vgl. Anhang 1. Schriftenverzeichnis Nr. 6, 11, 15, 19, 25, z.B.:„...Ist es nur das Bedürfnis nach bequemeren Verkehrswegen und angeblich gesünderen Wohnungen, was mit solch unheimlicher Geschwindigkeit das Aussehen unserer alten Städte verändert? Ist es nur das an sich nicht unberechtigte Verlangen, an den Hauptverkehrsstraßen größere Läden und Warenmagazine zu haben und entsprechend dem gesteigerten Bodenwerthe möglichst viele Mietwohnungen auf seinem Grundstück zu errichten?...Leichten Herzens opfert man alles, was die steinerne Chronik eines Ortes darstellt, weil man verlernt hat, in dieser monumentalen Culturgeschichte zu lesen... Die alten Wohnungen in Land und Stadt sind in der Regel praktischer, gesundheitsgemäßer und viel gemütlicher als die dünnen Spekulationsbauten der Neuzeit...Diese Neuzeit soll ja so groß, so unvergleichlich sein, alles früher Dagewesene weit in den Schatten stellen! Kein Wunder, daß man als Alte verachtet, mitleidig lächelnd auf das „alte Gerümpel" und alles geschichtlich Gewordene herabschaut. So lange wir im Banne dieser verhängnisvollen Irrlehren leben, zu denen sich dann noch als Schlimmstes die sinnlose Überschätzung des Geldes gesellt, das für die Gegenwart so bezeichnende rastlose und rücksichtslose Jagen nach Gewinn, dem alles andere ohne Überlegung geopfert wird, so lange wird die Verachtung der früheren, an Geschmack und allgemeiner Lebensauffassung weit höher stehenden Zeiten nicht auszurotten sein... Denn ein Volk ohne geschichtliches Bewußtsein - und ein solches werden wir mit jedem Tage mehr - trotz der Hochfluth geschichtlicher Forschungen, die sich seit einem halben Jahrhundert über uns ergießt - ist dem Untergang geweiht." Denkmalpflege 1899, Heft 6, S. 48f.
[12] Trotz Verlusten im II.Weltkrieg befinden sich noch 83 Zeichnungen und Aquarelle von Fassaden, Torbögen und Höfen im Fundus der Städtischen Museen Jena, die oft die einzigen bildlich überkommenen Quellen abgerissener bzw. zerstörter Gebäude der Jenaer Innenstadt sind.
[13] Führer durch das Städtische Museum für Ortsgeschichte in Jena, Jena 1908, S. 1.

kundlichen sakrale Gegenstände, neben Militaria prähistorische Funde, neben sächsischen Münzen Akten aus dem Rathausarchiv u.v.a.m. umfaßte. Notizen wie „Rathaus geplündert", Kirchen und Häuser „nach Altertümern durchsucht", „beim Abbruch für das Museum gerettet" u.ä. sind vor allem für das erste Museumsjahrzehnt in Webers Tagebuch häufig anzutreffen. In Zusammenarbeit mit Sammlungen der Universität werden Bestände getauscht und eine Abstimmung der Sammlungsgebiete erreicht.[14] Nach welchem System Weber die vielfältigen Exposita ordnete, ist nicht mehr genau zu rekonstruieren, anzunehmen ist eine damals übliche Ordnung nach Materialien und Sachgruppen. So bezeugen Tagebucheintragungen das Anlegen eines „Münzkataloges", die Anfertigung eines „Zettelkataloges der Museumsbibliothek" und „Ordnung der Innungsakten" durch Assistenten. Nur knapp zwei Jahre nach Beginn der Sammeltätigkeit präsentiert Weber die erste, den Charakter einer Schausammlung tragende Ausstellung in den museumseigenen Räumen im zweiten Obergeschoß des neuerbauten Stadthauses in der Weigelstraße.[15] Weber beurteilt sie selbst folgendermaßen: „Unser Museum will lediglich die Geschichte der Stadt Jena, ihrer Einwohner und ihrer Hochschule vor Augen führen. Der Besucher erwarte also kein Kunstmuseum nach Art der Großstadtmuseen, sondern ein kulturgeschichtliches Ortsmuseum...".[16] Jährlich zeigt er wenigstens eine Sonderausstellung. Durch wöchentliche Zeitungsartikel, Vortragsabende im Museum und Sonderführungen sichert er der Einrichtung eine breite Akzeptanz in der Öffentlichkeit. 1906 wird der „Verein der Museumsfreunde" gegründet, für den er wichtige Personen der Wirtschaft und der Universität Jenas gewinnen kann. Gleichzeitig ist Weber ebenfalls Mitglied in kulturellen und Bürgervereinen,[17] so daß er bei anstehenden (meist finanziellen) Problemen die richtigen Ansprechpartner ohne bürokratische Umwege erreichen kann.

Er arbeitet gemeinsam mit dem Jenaer Verleger Gustav Fischer, dem Professor für Kunstgeschichte Botho Graef und dem Konservator des Germanischen Museums Gustav Eichhorn in der „Kommission zur Aufzeich-

---

[14] Als bedeutendste Aktion ist hier der Tausch der prähistorischen Funde gegen sakrale Kunst, wie z.B. der „Pietá", mit dem „Germanischen Museum für Vorgeschichte" an der Alma mater zu nennen. Vgl. Paul Weber, Chronik des Städtischen Museums, handschriftlich, 1901-1930, S. 4 (Tagebuch).

[15] Vgl. Beilage zum Jenaer Volksblatt, Nr. 31, 6.Februar 1903.

[16] Führer 1908, S. 2.

[17] Als wichtigste sind zu nennen: Mitglied des Gemeinderates Jena seit 1904, Gründungsmitglied des Jenaer Kunstvereins, Vorsitzender der Kommission gegen Verunstaltung von Stadt und Land für das Herzogtum Gotha, Verein für thüringische Geschichte und Altertumskunde, Mitglied der Kirchenvertretung, Vorstand der Thüringischen Beratungsstelle für Heimatschutz und Denkmalpflege in Weimar, Sängerschaft St. Pauli.

nung der Kunstdenkmäler Thüringens" (Sitz Weimar), die sich für eine
Bestandsaufnahme der beweglichen und unbeweglichen Kunst- und Kulturgüter in den thüringischen Ländern nach dem Vorbild Preußens und
Bayerns einsetzt.[18] Nach dem Abschluß des bis heute grundlegenden Standardwerkes („Lehfeldt") bemüht sich Weber erfolgreich um die Lagerung
des Bildarchives an der Jenaer Universität.
Seine zielstrebige, trotz vieler Fehlschläge und Hemmnisse[19] erfolgreiche
Museums- und Denkmalpflegearbeit, sowie vielfältige, stets mit Akribie
erstellte kunsthistorische Arbeiten[20] lassen ihn eine angesehene Stellung
in Fachkreisen einnehmen. 1917 wird er zum außerordentlichen Professor
für Kunstgeschichte an der Alma mater berufen, am 6. September 1923
zum ordentlichen Professor. Zuvor bringt der Ausbruch des I. Weltkrieges
auch für ihn persönlich einschneidende Veränderungen. Er meldet sich sofort als Freiwilliger, übergibt nach 13jähriger Aufbauarbeit, mitten in den
Vorbereitungen zu einer großen, deshalb nie gezeigten Sonderausstellung
„Jena im Bilde vom 16. bis 20. Jahrhundert", dem Kuratoriumsmitglied
Dr. Gertrud Paul die Museumsleitung und geht am 20. August nach Berlin
zu seinem Regiment.[21] Verschiedene Gründe wie die allgemeine Kriegsbegeisterung oder auch das Pflichtgefühl, ein besonders guter Deutscher sein
zu müssen, mögen maßgebend für den Entschluß des 46jährigen gewesen
sein, der bis 1916 aktiv im Einsatz ist. 1917 wird er zum militärischen Konservator für die Bau- und Kunstdenkmäler im besetzten Litauen ernannt
und erfüllt diese Aufgabe mit der ihm eigenen Akribie und mit Fleiß.[22]
Während der Urlaube erledigt er die nötigsten Museumsangelegenheiten
und nach seiner Rückkehr im Januar 1919 erkennt er „eine völlige Neugestaltung des Museums nach den veränderten Gesichtspunkten unserer
Zeit" als „dringend wünschenswert".[23]
In den zwanziger Jahren wird unter seiner Leitung das Kunsthistorische Seminar neu begründet und organisiert, er bemüht sich um die Anschaffung

---

[18] Thüringisches Hauptstaatsarchiv Weimar, Akten Staatsministerium, Dep. d. Kultus, Nr. 363.
[19] Vgl. zu diesen Fehlschlägen und Hemmnissen: Christina Didier, Über die Entstehung des ersten Städtischen Museums und die Funktion des neuen Stadtmuseums in Jena, in: Wissenschaftliche Zeitschrift der Friedrich-Schiller-Universität Jena, Gesellschaftswissenschaftliche Reihe, 34. Jg, 1985, Heft 5/6, S. 721-734 und Stadtarchiv Jena B IV k Nr. 1.
[20] Vgl. Literaturnachweis, besonders hervorzuheben ist die Herausgabe der Bau- und Kunstdenkmäler im Regierungsbezirk Kassel. Kreis Herrschaft Schmalkalden 1913 und die Mitarbeit an der Baugeschichte der Wartburg 1907.
[21] Tagebuch, S. 43f.
[22] Vgl. Schriftverzeichnis Nr. 43 und 44.
[23] Tagebuch, S. 47.

eines umfassenden Bibliotheksbestandes am Institut.[24] Seine Vorlesungen geben in der Mehrzahl Gesamtüberblicke zur deutschen Kunst- und Kulturgeschichte ab dem Mittelalter und sind stets verbunden mit praktischen Übungen am Original durch Seminare im Museum bzw. Exkursionen; seltener sind Ausführungen zur modernen Kunst.[25]
Neben der völligen Neugestaltung des Museums 1928, das er nach mehreren Kritiken kurzfristig nochmals verändert, ist die Rettung des „Immischen Hauses", des letzten landwirtschaftlichen Gehöftes aus dem mittelalterlichen Jena vor dem Abriß und dessen Nutzung als volkskundliche Nebenstelle des Museums eine seiner großen organisatorischen Leistungen.[26]
Nicht so erfolgreich sind seine Bemühungen um ein Denkmalgesetz in Thüringen. Als Mitglied der Thüringischen Beratungsstelle für Heimatschutz und Denkmalpflege kämpft er über zwanzig Jahre um die staatliche Organisierung der Denkmalpflege in Thüringen und die Einsetzung eines im Land wohnenden Konservators der Denkmalpflege.[27] Mit seiner zielstrebigen, unnachgiebigen Art gerät er oft in Konflikte mit Bürokraten und Gegenspielern, die ihm persönlich sehr nahegehen, ihn jedoch nicht von seinen Zielen und Auffassungen abbringen. So gibt es mehrere Auseinandersetzungen mit dem für Heimatschutz zuständigen Referenten Koch im Thüringischen Ministerium und mit Privatpersonen wie z.B. dem Fuchsturmwirt Roltsch, der 1923 ohne Genehmigung der Thüringischen Beratungsstelle für Heimatschutz und Denkmalpflege mit ausgegrabenen Resten der Windtbergruine die Gaststätte erweitert.[28] Als 1924 eine Neubebauung des Eichplatzes mit Kaufhäusern erfolgen soll, muß er auf Grund seiner Presseartikel zwar einige Äußerungen öffentlich korrigieren, kann aber mit der ihm eigenen Ironie noch eine Steigerung des Angriffs auf die Initiatoren erreichen.[29] Mit dem 18 Jahre jüngeren Historiker und Lehrer Herbert Koch kommt es zu keiner gegenseitigen Unterstützung,[30]

---

[24] Vgl. UAJ. Jahresberichte der Institute, Anstalten, Sammlungen und Seminare 1921-1928. Bestand C, Nr. 537/1; 538; 539.
[25] Anlage 2. Vgl. Vorlesungsverzeichnisse der Universität Jena 1896 - 1930.
[26] Vgl. Tagebuch S.71 ff. Der „Siedelhof" war ein gotischer Ständerbau mit romanischen Grundmauern und Renaissanceportal hinter der Stadtkirche, der 1945 wie das Museum im Stadthaus in der Weigelstraße zerstört wurde.
[27] Vgl. Thüringisches Hauptstaatsarchiv Weimar, Landesamt für Heimatschutz, 951.
[28] Ebd. 961.
[29] Jenaer Volksblatt 12.1.1924 und 14.3.1924.
[30] Koch beschwert sich z.B. darüber, daß er das Jenaer Geschoßbuch von 1406, das bereits damals im Besitz des Museums war, nur in dessen Räumen einsehen konnte, während er das Gegenbuch von 1407 aus dem Archiv zu Hause benutzen durfte - eine für jeden Kustoden jedoch selbstverständliche Maßnahme, in: Das Geschoßbuch der Stadt Jena vom Jahre 1406, hrsg. von Herbert Koch, Jena 1932, S. III.

während er mit anderen „Kollegen" gut zusammenarbeiten kann. Auch nicht jeder Museumsassistent erringt seine Zuneigung.[31] Für Weber gelten strenge Bewertungskriterien, zu denen vor allem Zuverlässigkeit, Fleiß und Ehrlichkeit zählen. Wer jedoch sein Vertrauen bzw. seine Freundschaft genießt, kann mit uneigennütziger Hilfe und Unterstützung rechnen. Er engagiert sich in vielen gemeinnützigen Bestrebungen, so der Bodenreform, der Antialkoholbewegung und Trinkerfürsorge, der Luther-Stiftung, der Hilfsgemeinschaft Jenaer Professoren zur Bekämpfung der Tuberkulose und der Deutschen Christlichen Studentenvereinigung.
Sein Projekt einer Kunstgeschichte Gesamtthüringens mit Bilderatlas, an dem er als Hauptwerk arbeitet[32], kann Weber nicht vollenden. Er stirbt nach einer Operation am 28. Januar 1930.

Anlage 1:
Chronologisches Schriftenverzeichnis
(Nicht erfaßt wurde die Vielzahl von Artikeln in Tageszeitungen)

1   Geistliches Schauspiel und Kirchliche Kunst in ihrem Verhältnis erläutert an einer Ikonographie der Kirche und Synagoge. Eine kunsthistorische Studie, Stuttgart 1894. - Dass. als Inaugural-Dissertation zur Erlangung der philosophischen Doktorwürde an der Universität Leipzig (mit kurzem Lebenslauf).
2   Byzantinische Zellen-Emails. Sammlung Dr. A.W.V. Swenigorodskoi. Anzeige im Literaturbericht des Repertoriums für Kunstwissenschaft, Frankfurt am Main 1895.
3   Die Wandgemälde zu Burgfelden auf der schwäbischen Alb. Ein Baustein zu einer Geschichte der deutschen Wandmalereien im frühen Mittelalter, zugleich ein Beitrag zur ältesten Geschichte der zollerischen Stammlande, Darmstadt 1896. Habilschrift an der Jenaer Phil. Fakultät.
4   Das Weigelsche Haus und das alte Jena, Jena 1897.
5   Eine thüringisch-sächsische Malerschule des 13. Jahrhunderts. In: Zeitschrift des Vereins für thüringische Geschichte und Altertumskunde, Neue Folge Bd. 11, Jena 1899.
6   Persönliche Denkmalpflege. In: Die Denkmalpflege, 1. Jg, Heft 6, Berlin 1899.
7   Beiträge zu Dürers Weltanschauung. Eine Studie über die drei Stiche „Ritter Tod und Teufel", „Melancholie" und „Hieronymus

---
[31] Vgl. Webers Auseinandersetzung mit Dr. Walter Thomae, Thüringisches Hauptstaatsarchiv Weimar, Bestand C, Akten des Thüringischen Volksbildungsministeriums, Akte 301. Kunstgeschichtliches Institut in Jena 1919 - 1944, Blatt 51 - 63.
[32] Nachruf von Otto Dobenecker, in: Zeitschrift für Thüringische Geschichte und Altertumskunde, Neue Folge, Band 29, Jena 1930, S. I.

im Gehäus". In: Studien zur deutschen Kunstgeschichte, Heft 23, Strassburg 1900.
8 Das städtische Museum. Über dessen Einrichtung und Ziele. In: Jenaische Zeitung Nr. 247, 1901.
9 Die Iweinbilder aus dem 13. Jahrhundert im Hessenhofe zu Schmalkalden. In: Zeitschrift für bildende Kunst, Leipzig 1901.
10 Das Jenaer Schloß. In: Jenaer Jahrbuch, 1. Jg., Das Jahr 1901, Jena 1902.
11 Moderner Städtebau und der Bebauungsplan der Stadt Jena. Vortrag gehalten im Jenaer Hausbesitzer-Verein am 3. Juli 1902, Leipzig 1902, ebenfalls in: Jenaische Zeitung, Nr. 156, 1902.
12 Hirsau-Paulinzella-Thalbürgel. In: Zeitschrift für Thüringische Geschichte und Altertumskunde, Bd. 20, Neue Folge Bd. 12, Jena 1902.
13 Jahresbericht des städtischen Museums. In: Jenaer Jahrbuch, 1.Jg., Das Jahr 1901, Jena 1902.
14 Verzeichnis der im Jahre 1901 erschienenen Literatur über Jena. In: Jenaer Jahrbuch, 1. Jg., Das Jahr 1901, Jena 1902.
15 Was können die Stadtverwaltungen für die Erhaltung des historischen Charakters ihrer Städte tun? Vortrag auf der Generalversammlung des thüringischen Städteverbandes zu Mühlhausen 1902, Jena 1902.
16 Die Burgen des mittleren Saaletales. Eine baugeschichtliche Übersicht. In: Wartburgstimmen, Heft 4, Leipzig 1903.
17 Thüringische Ortsmuseen. In: Deutsche Geschichtsblätter, Bd. 5, Gotha 1903.
18 Schallgefäße in mittelalterlichen Kirchen. In: Die Denkmalpflege, 4. Jg., Heft 1, Berlin 1904.
19 Heimatschutz, Denkmalpflege und Bodenreform. Vortrag, gehalten auf dem 15. Bundestag deutscher Bodenreformer zu Berlin am 4.Oktober 1905. In: Soziale Zeitfragen, Beiträge zu den Kämpfen der Gegenwart, XXVI, Berlin 1906.
20 Katalog der Hundertjahr-Ausstellung im Städtischen Museum zu Jena mit einigen einführenden Kapiteln, Jena 1906.
21 Baugeschichte der Wartburg / Alte und neue Kunstwerke auf der Wartburg. In: Die Wartburg, ein Denkmal deutscher Geschichte und Kunst, dem deutschen Volke gewidmet von Grossherzog Carl Alexander von Sachsen, Berlin 1907.
22 Der Einfluß der Reformation auf das Stadtbild Jenas, Jena 1907.
23 Die Pflege unserer kirchlichen Altertümer. Eine kurze Handweisung für den thüringischen Pfarrer- und Lehrerstand, Leipzig 1907.
24 Künstlerische Erziehung und Trinksitten, Berlin 1907.

25 Denkmalpflege und Heimatschutz in der Gesetzgebung der Gegenwart. Vortrag, gehalten in der staatswissenschaftlichen Gesellschaft zu Jena. Abdruck aus: Blätter für Rechtspflege in Thüringen und Anhalt, Neue Folge, Bd. XXXV, Heft 3, Jena 1908.
26 Profane Wandmalereien des Mittelalters. In: Beilage zur Münchener Allgemeinen Zeitung, Nr. 16/17, 1908.
27 Die Wandgemälde im Hessenhofe zu Schmalkalden. In: Beilage zur Münchener Allgemeinen Zeitung, Nr. 269, 1908.
28 Führer durch das Städtische Museum für Ortsgeschichte in Jena, Jena 1908.
29 Jahresbericht des Städtischen Museums Jena 1907, Jena 1908.
30 Städtische Kunstkommissionen. In: Concordia, Nr. 21, Berlin 1908.
31 Jahresbericht des Städtischen Museums Jena 1908, Jena 1909.
32 Von der alten Wallrabsburg über Schmalkalden. In: Thüringischer Hausfreund, Nr. 204, o.O., 1909.
33 Die Ausgrabungen am Schloßberg zu Schmalkalden. In: Thüringischer Hausfreund, Nr. 253, o.O., 1909.
34 Die Wallfahrtskirche in Haindorf bei Schmalkalden. In: Hessenland, Nr. 22ff., o.O., 1909.
35 Ein Tonkrug als Reliquienbehälter. In: Die Denkmalpflege, 11. Jg., Heft 7, Berlin 1909.
36 Der Trinkbrunnen in alter und neuer Zeit. In: Die Alkoholfrage, Vierteljahrsschrift VII. Jg., Heft 1, Berlin 1911.
37 Die Ausgrabungen des ehemaligen Klosters Herrenbreitungen a.d. Werra. In: Dorfzeitung Nr. 273, Hildburghausen 1911.
38 Jahresbericht des Städtischen Museums Jena 1909 und 1910, Jena 1911.
39 Kunst und Religion. Eine Frage für die Gegenwart erläutert an einem Gange durch die Geschichte der christlichen Kunst, Heilbronn 1911.
40 Das deutsche Bürgerhaus einst und jetzt mit Ausblicken auf Rothenburg o.d.Tauber. Vortrag, gehalten am 25.März 1912 im Verein Alt-Rothenburg, Rothenburg o. d.T. 1912.
41 Die Ausgrabungen im ehemaligen Kloster Herrenbreitungen an der Werra. In: Monatshefte für Kunstwissenschaft, Bd. V, 1912.
42 Kreis Herrschaft Schmalkalden. Die Bau- und Kunstdenkmäler im Regierungsbezirk Cassel, Bd. V, Marburg 1913.
43 Etwas von Thüringischen Fürstenschlössern und der Wilhelmsburg zu Schmalkalden. In: Heimatkalender für Thüringen und Osterland, o.O., 1914.
44 Städtisches Museum zu Jena. Bericht über die Jahre 1911, 1912, 1913, Jena 1914.

45 Die Wartburg. In: Scheinwerfer. Beilage zur Zeitung der 10. Armee, Nr. 65, Wilna 1917.
46 Wilna, eine vergessene Kunststätte, München 1917.
47 Die Baudenkmäler in Litauen. In: Kunstschutz im Kriege, Bd. II, Leipzig 1919.
48 Das Jena der Schillerzeit und der Gegenwart, Jena 1921.
49 Das Jenaer Stadtmuseum. 1914 bis Anfang 1924, Jena 1924.
50 Was es in Jena und Umgebung zu erschauen und zu erwarten gibt. In: Jena - die Universitätsstadt, Jena 1926.
51 Der Siedelhof in Jena. In: Kreuz und quer durch Thüringen. Monatsblätter für Wanderfrohe, Heft 11, 3. Jg., Leipzig 1927.
52 Zur Thüringer Volkskunst. In: Zeitschrift des Vereins für thüringische Geschichte und Altertumskunde. Neue Folge Bd. 27, Jena 1927.
53 Die sieben Wahrzeichen des alten Jena, Jena 1927.
54 Kopfreliquiare in Thüringer Kirchen. In: Monatsblätter für Wanderfrohe, 1927.
55 Die Deckengemälde aus der Barockzeit in Waltershausen am Thüringer Walde. In: Thüringisches Monatsblatt, Jg. 36, 1928.
56 Eine Jenaer Altarwerkstatt am Ausgange des Mittelalters, Jena 1929.
57 Führer durch das Jenaer Stadtmuseum und Geschichte seiner ersten dreißig Jahre, Jena 1929.
58 Rezension zu: Friedrich Lütge. Geschichte des Jenaer Buchhandels einschließlich der Buchdruckereien. In: Zeitschrift des Vereins für thüringische Geschichte und Altertumskunde, Neue Folge Bd. 28, Jena 1929.
59 Hodlers Wandbild „Aufbruch der Jenaer Studenten zum Befreiungskampfe 1813" in der Universität zu Jena. In: Westermanns Monatshefte, Januar 1929.
60 Das Henneberger Museum auf der Wilhelmsburg in Schmalkalden, o.O., o.J.
61 Die alten Schlösser von Camburg, Camburg o.J.
62 Die Burgen Thüringens. In: Festschrift Cimbria, Dortmund o.J.

Anlage 2
Vorlesungen, Seminare und Übungen an der Alma mater jenensis.

Jahr	Semester	Thema
1896/97	WS	Kunstgeschichte des Mittelalters; Leben und Werk Albrecht Dürers
1897	SS	Kunst und Kultur Deutschlands vom Ausgang des Mittelalters bis zum Ende der Reformationszeit; Kunstgeschichtliche Heimatkunde
1897/98	WS	Geschichte der italienischen Renaissance-Kunst; Kunstgeschichtliche Übungen
1898	SS	Italienische Renaissance II. Teil; Kunstgeschichtliche Heimatkunde mit Übungen; Kunstgeschichtliche Übungen
1898/99	WS	Geschichte der deutschen Kunst von den ältesten Zeiten an; Kunstgeschichtliche Übungen
1899	SS	Kunst und Kultur Deutschlands vom Ausgang des Mittelalters bis zur Reformation; Einführung in das künstlerische Verständnis der deutschen Vergangenheit an Hand der Kunstdenkmäler Thüringens; Kunstgeschichtliche Übungen
1899/00	WS	Dürer und Holbein; Einführung in das kunstgeschichtliche Verständnis der Gegenwart; Kunstgeschichtliche Übungen
1900	SS	Einführung in die deutsche Kunstgeschichte; Kunstgeschichtliches Praktikum über Denkmalpflege
1900/01	WS	Raffael; Erklärung ausgewählter Bildwerke aus allen Zeiten
1901	SS	Geschichte der deutschen Burg; Kunstgeschichtliche Übungen
1901/02	WS	Einführung in das künstlerische und kulturgeschichtliche Verständnis der Gegenwart; Anleitung zum künstlerischen Sehen für Anfänger; Besprechung von Problemen der modernen Kunst für Vorgerückte
1902	SS	Kulturgeschichtliche Heimatkunde Thüringens; Geschichte der deutschen Burg
1902/03	WS	Einführung in das künstlerische und kulturgeschichtliche Verständnis der Gegenwart
1903	SS	Geschichte der deutschen Kunst bis zum Ausgang des Mittelalters; Kunstgeschichtliche Übungen
1903/04	WS	Albrecht Dürer; Kunstgeschichtliche Übungen über Dürer
1904	SS	Geschichte der deutschen Kunst vom Ausgang des Mittelalters bis zum 19. Jahrhundert; Kunstgeschichtliche Übungen für Anfänger / für Fortgeschrittene
1904/05	WS	Einführung in das künstlerische Verständnis der Gegenwart; Kunstgeschichtliche Übungen
1905	SS	Kulturgeschichtliche Heimatkunde Thüringens; Kunstgeschichtliche Übungen
1905/06	WS	Erklärung ausgewählter Kunstwerke aus Mittelalter und Neuzeit; Kunstgeschichtliche Übungen
1906	SS	Kulturgeschichtliche Heimatkunde mit Exkursionen für alle Fakultäten
1906/07	WS	Einführung in das kulturgeschichtliche Verständnis der Gegenwart
1907	SS	Denkmalpflege und Heimatschutz, verbunden mit praktischen Übungen; Kulturgeschichtliche Heimatkunde mit Exkursionen

1907/08	WS	Praktische Einführung in die Museumskunde und Technik der Künste
1908	SS	Geschichte der deutschen Kunst bis Ausgang Mittelalter; Praktische Übungen über Denkmalpflege und Heimatschutz
1908/09	WS	Einführung in das künstlerische Verständnis der Gegenwart; Kunstgeschichtliche Übungen, Besprechung ausgewählter Stücke alten und neuen Kunstgewerbes im städtischen Museum
1909	SS	- (Beurlaubt zur Studienreise nach Italien)
1909/10	WS	Geschichte der deutschen Kunst vom 16.-19.Jahrhundert; Übungen zur Einführung in die Kunstgeschichte
1910	SS	Kulturgeschichtliche Heimatkunde mit Exkursionen; Besprechung der Bau- und Kunstdenkmäler Jenas und seiner Umgebung
1910/11	WS	Kunstgeschichtliche Übungen; Allgemeine Übersicht über das Gesamtgebiet der neueren Kunstgeschichte
1911	SS	Kunstgeschichtliche Wanderungen durch Deutschland: Eine Übersicht über den Gesamtbestand der deutschen Bau- und Kunstdenkmäler; Kunstgeschichtliche Exkursionen
1911/12	WS	Einführung in die Kunstgeschichte in Form von Besprechungen für Anfänger; Deutsche Malerei in den letzten 100 Jahren
1912	SS	Kunstgeschichtliche Wanderungen durch Deutschland: Eine Übersicht über den Gesamtbestand der deutschen Bau- und Kunstdenkmäler Teil II 1500-Gegenwart; Exkursionen zu Bau- und Kunstdenkmälern Thüringens
1912/13	WS	Einführung in die Kunstgeschichte und Technik der Künste
1913	SS	Kunstgeschichtliche Heimatkunde; Exkursionen zu Bau- und Kunstdenkmälern Thüringens
1913/14	WS	Kunstgeschichtliche Übungen
1914	SS	Kunstgeschichtliche Wanderungen durch Deutschland: Eine Übersicht über den Gesamtbestand der deutschen Bau- und Kunstdenkmäler Teil I
1914/15	WS	Kunstgeschichtliche Übungen; Kunstgeschichtliche Wanderungen durch Deutschland: Eine Übersicht über den Gesamtbestand der deutschen Bau- und Kunstdenkmäler Teil II
1915	SS	Der Krieg und unsere neue Kultur (vorgesehen, durch Kriegsdienst nicht gehalten)
1915/16	WS	- (Kriegseinsatz)
1916	SS	- (Kriegseinsatz)
1916/17	WS	Kunstgeschichtliche Übungen; Heimatkunde von Gesamtdeutschland (vorgesehen)
1917	SS	Kunstgeschichtliche Heimatkunde von Gesamtdeutschland; Kunstgeschichtliche Übungen über Dome (vorgesehen)
1917/18	WS	- (Kriegseinsatz)
1918	SS	- (Kriegseinsatz)
1918/19	WS	- (Kriegseinsatz)
1919	SS	Kunst der osteuropäischen Staaten; Kunstgeschichtliche Übungen; Kunstgeschichtliche Ausflüge
1919/20	WS	Die geistigen Strömungen in der deutschen Kunst der letzten 100 Jahre Teil I; Kunstgeschichtliche Übungen; Kunstgeschichtliches Seminar für Fortgeschrittene
1920	Zwischensemester	Die geistigen Strömungen in der deutschen Kunst der letzten 100 Jahre Teil II; Kunstgeschichtliches Praktikum im Städ-

1920/21	WS	tischen Museum, Einführung in die künstlerische Betrachtung Europäische Kunstgeschichte in Einzelbildern; Kunstgeschichtliches Proseminar über Buch, Bild und Illustration; Kunstgeschichtliches Seminar für Fortgeschrittene über Dürer und seine Zeitgenossen
1921	SS	Europäische Kunstgeschichte Teil II; Kunstgeschichtliches Proseminar: Einführung in Heimatkunst; Kunstgeschichtliches Seminar für Fortgeschrittene über Spenglers Untergang des Abendlandes
1921/22	WS	Deutsches Kunsterbe in Gesamtübersicht; Kunstgeschichtliches Seminar für Fortgeschrittene; Kunstgeschichtliche Übungen; Kunst und Kultur des Mittelalters
1922	SS	Deutsche Bau- und Kunstdenkmäler in Gesamtübersicht Teil II Mittelalter - Gegenwart; Kunstgeschichtliche Übungen an Jenas Baudenkmälern für Anfänger; Kunstgeschichtliches Seminar über mittelalterliche Ikonographie
1922/23	WS	Die geistigen Strömungen in der deutschen Kunst in den letzten 100 Jahren; Kunstgeschichtliches Proseminar für Anfänger / für Fortgeschrittene
1923	SS	Einführung in die Kunstgeschichte - Heimatkunde; Kunstgeschichtliche Praktiken / Übungen an Baudenkmälern Jenas und Umgebung; Kunstgeschichtliches Seminar
1923/24	WS	Deutsche Kunstgeschichte, entwickelt an den heimischen Denkmälern (Kunstgeschichte Heimatkunde) Teil II Ausgang Mittelalter bis zur Gegenwart; Kunstgeschichtliches Seminar über mittelalterliche Plastik; Kunstgeschichtliches Proseminar
1924	SS	Die Kunstsprache der letzten 4 Jahrhunderte, erläutert an den heimischen Bau- und Kunstdenkmälern; Kunstgeschichtliche Übungen im Museum; Kunstgeschichtliches Seminar
1924/25	WS	Die geistigen Strömungen in der deutschen Kunst in den letzten 100 Jahren; Kunstgeschichtliches Seminar
1925	SS	Die deutsche Stadt; Kunstgeschichtliche Übungen; Kunstgeschichtliches Seminar
1925/26	WS	Burg und Schloß in Mittelalter und Neuzeit; Kunstgeschichtliche Übungen (Bauformen); Kunstgeschichtliches Seminar (Ikonographie)
1926	SS	Deutsche Bau- und Kunstdenkmäler in Gesamtübersicht; Kunstgeschichtliche Übungen in Exkursionsform; Aufstiegs- und Niedergangszeiten der Kunst und deren Ursachen
1926/27	WS	Die geistigen Strömungen in der deutschen Kunst 19/20. Jahrhundert; Kunstgeschichtliche Übungen; Kunstgeschichtliches Seminar (Ikonographie)
1927	SS	Einführung in die Museums- und Heimatkunde; Impressionismus und Expressionismus; Kunstgeschichtliche Übungen (Formenwelt 16.-18. Jhd.)
1927/28	WS	Die deutsche Stadt; Kunstgeschichtliches Proseminar; Kunstgeschichtliche Übungen
1928	SS	Kunstgeschichtliche Heimatkunde von Thüringen; Kunstgeschichtliches Seminar; Kunstgeschichtliches Kolloquium für Doktoranden
1928/29	WS	Dürer in seiner Zeit; Kunstgeschichtliches Proseminar über

1929	SS	Stilformen des Mittelalters; Kunstgeschichtliches Seminar Kunst der Klassik und Romantik in Deutschland; Kunstgeschichtliches Proseminar über Stilformen des Mittelalters; Kunstgeschichtliche Praktiken an Originalen im Stadtmuseum
1929/30	WS	Die deutsche Kunst seit dem Ausgang der Romantik bis zur Gegenwart; Einführung in kunstgeschichtliche Heimatkunde, speziell für Theologen und Pädagogen; Kunstgeschichtliche Übungen über Heimatkunde

MARIA SCHMID

Erich Kuithan und die freie Zeichenschule in Jena

Die Eröffnung des Volkshauses in Jena am 1. November 1903 als eine Stätte des Kunstgenusses, der Bildung, der politischen Meinungsäußerung und Begegnung, der kulturellen Betätigung und Unterhaltung setzte ein weithin beachtetes Zeichen von industriell geförderter Kultur. Ein wohldurchdachtes Raum- und Funktionsprogramm zeichnen das Bauwerk aus, das nicht nur einen Oberlichtsaal für Kunstausstellungen erhielt, sondern auch die Einrichtung einer Zeichenschule zuließ.
An der Verwirklichung dieser Ideen hat vor allem der Physiker Siegfried Czapski mitgearbeitet, der seit 1884 in Jena an der Seite Ernst Abbes tätig und wesentlich an der Umsetzung von dessen sozialpolitischen Ideen beteiligt war. Selbst literarisch und künstlerisch interessiert, gehört er in Jena zu den reform- und weltoffenen Kreisen, die zu Beginn des Jahrhunderts nach kultureller Erneuerung und Lebensreform drängten.
Eine schöpferische Kunsterziehung, wie sie seit dem Ende des 19. Jahrhunderts auch international angestrebt wurde, gab die Anregung zur Gründung einer Zeichenschule in Jena. Sie bot nicht nur den Angehörigen der Stiftungsbetriebe, sondern darüber hinaus allen Interessierten kostenlosen Unterricht. Die Schule sollte gestalterische Fähigkeiten für Handwerk und Industrie entwickeln. Einige begabte Schüler fanden aber über sie auch den Weg zur Kunsthochschule in Weimar, was nicht zuletzt für die Qualität des Jenaer Unterrichtes spricht.
Der Zeichenunterricht begann bereits im November 1903. In der Thüringer Rundschau vom 20. Dezember 1903 erschien eine erste Information:
„Jena. Die Einführung volkstümlichen Kunstunterrichts in Jena. Der von Herrn Kuithan geleitete Unterricht ist seit Anfang November im Gange und wird gegenwärtig in folgenden Kursen erteilt (3. Stock der Lesehalle):
1) Kursus, an dem vorwiegend Handwerker teilnehmen. Freitags von 1/2 7 bis 1/2 9 abends und Sonntags von 10 bis 12 Uhr vormittags;
2) vorzugsweise von Bürgerschülern besuchter Kursus: Mittwochs und Sonnabends von 5 bis 7 Uhr nachmittags;
3) hauptsächlich von Gymnasiasten besuchter Kursus: Dienstags und Donnerstags von 7 bis 9 Uhr abends;
4) für Mädchen eingerichteter Kursus: Mittwochs und Sonnabends von 1/2 3 bis 1/2 5 Uhr nachmittags."

Der Maler und Illustrator Erich Kuithan[1] war eigens zur Einrichtung und Leitung der Zeichenschule nach Jena berufen worden. Wie ein Jenaer Freund des Künstlers später berichtet, sei Siegfried Czapski durch die Bilder und Titelblätter der Münchner Zeitschrift „Jugend" auf den Künstler aufmerksam geworden.[2] Nachweisbar ist durch einen Brief Erich Kuithans vom 15. Januar 1903, daß er sich auf Empfehlung des für die künstlerische Erziehung im preußischen Kultusministerium zuständigen Rates, Prof. Ludwig Pallat, in Jena vorstellte. Als seine Gesprächspartner nennt er den Archäologen Ferdinand Noack (Vorgänger Botho Graefs an der Universität) und die Familie Czapski.[3]
Seine künstlerische Ausbildung hatte der 1875 in Bielefeld geborene Kuithan in der damaligen Kunstmetropole München erhalten, wo er sich auch bereits an Ausstellungen beteiligt hatte und nach 1900 Illustrationen für die Zeitschrift „Jugend" schuf. Bei der Durchführung von Zeichenkursen in Berlin stellte er seine kunstpädagogischen Fähigkeiten unter Beweis. In der Sitzung der Zeiss-Geschäftsleitung vom 22. April 1903 wurde erörtert, den Maler Kuithan zunächst auf ein Jahr anzustellen. Voraussetzung dauernder Anstellung sollte sein, daß er auch für künstlerische Bedürfnisse der beiden Betriebe mit Erfolg tätig wird. Sein Gehalt legte man auf 3000 Mark im Jahr fest, wovon 1500 die Stiftung, 1000 das Glaswerk und 500 Mark die Firma Zeiss zu tragen hatten.[4]
Als Atelier erhielt er die obersten Osträume des Volkshauses im Turmaufgang der Lesehalle. Außerdem wurde er sofort mit der Leitung der weiteren künstlerischen Ausgestaltung des Volkshauses betraut, das kurz vor der Eröffnung stand.
Kuithan wirkte im Volkshaus eigentlich schon im Sinne van de Veldes an einem Gesamtkunstwerk. Neben solchen umfangreichen Arbeiten wie Decken- und Wandmalereien, gehörten dazu der Entwurf für den Bühnenvorhang, das Bemalen von Lampen, später die Orgelverkleidung und zahlreiche gebrauchsgrafische Leistungen.
Über den Unterricht Erich Kuithans erfahren wir nur stichpunktartig etwas aus seinen Briefen an die Mutter[5], mehr in den Erinnerungen seiner

---

[1] Erich Kuithan 1875-1917, Gemälde, Studien, Zeichnungen, Leipzig 1993. Katalog der Ausstellung im Romantikerhaus Jena vom 12.9.-4.12.1993.
[2] Maschinenschriftliche Ergänzungen Ernst Wanderslebs 1962 zu dem Beitrag von Herbert Koch, Erich Kuithan und das Zeiss-Werk, in: Zeiss-Werkzeitung 18 (1942), H. 4 [vorhanden im Kuithan-Archiv der Städtischen Museen Jena].
[3] Briefabschrift im Kuithan-Archiv der Städtischen Museen Jena.
[4] Archiv der Carl Zeiss Jena GmbH Nr. 23011.
[5] Kuithan-Archiv der Städtischen Museen Jena.

Schüler[6], in Zeitungsberichten sowie in Petitionen und Leserzuschriften nach Aufkündigung des Lehrergehaltes für die Zeichenschule 1908.[7]
„Erich Kuithan besaß außergewöhnlich gute und edle Charaktereigenschaften... Als Lehrer streng in der Kritik, übersah er keine Fehler ... Dabei war er stets bestrebt, daß jeder seiner Schüler seine Eigenart behalte ... Das Verhältnis zu seinen Schülern war nicht das des strengen Lehrers, sondern das des Freundes." So äußert sich der Optiker Gotthilf Schall, und Otto Herbig schreibt: „Er öffnete uns die Augen für eine wahrhaft künstlerische Betrachtung der Dinge, sah immer auf das Wesentliche und war streng bei aller Freiheit, die er uns ließ. Seine eigene Vielseitigkeit (er hat sehr schöne Möbel entworfen) machte ihn besonders fähig, das Handwerk von allem Unkünstlerischen, ja Kitschigen zu befreien. Worin das Besondere des Unterrichts im einzelnen bestand, ist schwer zu definieren. Wesentlich war der künstlerische Geist Kuithans, der Großes wollte und darum auch bei seinen Schülern, wo immer nur Ansätze vorhanden waren, Ähnliches wachsen ließ."[8]
Durch den Bericht der Jenaer Zeitung vom 10. April 1906 über eine Jahresausstellung der Zeichenschule im Volkshaus können einige Rückschlüsse auf die Didaktik von Kuithans Unterricht gewonnen werden. So werden „die Bemühungen des Anfängers, frei von Schablonen und Gegenständen der Natur zu zeichnen", genannt, das Akt- und Porträtzeichnen der Älteren, die Stillebenmalerei, das Entwerfen von Kostümen, die Stickerei. Im Kontext dazu stehen Werke der Düsseldorfer Kunstgewerbeschule, der Steglitzer Werkstätten und von Künstlern, wie Heinrich Vogeler und Peter Behrens.
Mit ihren eigenen Arbeiten neben denen der Meister lehrte er seine Schüler sehen. Gleichzeitig gab er mit den neuen dekorativen Formen der Werkkunst auch Orientierungshilfe für verschiedene Berufe. Sein Unterricht ging im Sinne der Reformpädagogen neue Wege. Er förderte die Talente, die ganz individuellen Begabungen, vermittelte den Kunsthandwerkern praktisch-künstlerische und theoretische Grundlagen und erschloß den Schülern „Schönheit und Charakter der Formen", lehrte „das Wesentliche

---

[6] Otto Herbig zur Gedächtnisausstellung „Erich Kuithan - ein Malerschicksal" im Stadtmuseum Jena, 1957. Maschinenschriftliches Manuskript (3 Seiten). Städtische Museen Jena. Georg Kötschau, Mein Leben, 1969. Manuskript (gebunden). Städtische Museen Jena. Zeiss-Werkzeitung 18 (1942), H. 4. Briefe ehemaliger Schüler im Kuithan-Archiv der Städtischen Museen Jena.
[7] Jenaische Zeitung 10.4.1906, 10.7.1908 und 18.7.1908, Weimarische Zeitung 10.7.1908.
[8] Herbert Koch, Erich Kuithan und das Zeiss-Werk, in: Zeiss-Werkzeitung 18 (1942), H. 4.

erkennen", nicht zuletzt „die Linie in ihrer Größe und Wirkung" sehen, mit Farben umgehen.[9]
Kuithans Lehrtätigkeit fügt sich ein in die Bestrebungen dieser Jahre um ein neues Verhältnis von Kunst (-Handwerk) und Industrie, die 1907 unter Mitwirkung von Eugen Diederichs zur Gründung des Werkbundes führten.[10]
Darüber hinaus wirkte der Künstler durch seine Persönlichkeit und das eigene, den Ideen eines neuen Lebensgefühls verpflichtete Schaffen. Erstmals wurde in Jena ein Künstler durch eine Gruppe in der Industrie beschäftigter Techniker und Wissenschaftler gefördert, die selbst aus kulturkritischen Überlegungen heraus lebensreformerisch tätig sein wollten. Im klassisch geprägten Menschenbild Erich Kuithans fanden sich ihre sozialethischen Vorstellungen wieder.[11]
Als nach fünfjähriger kontinuierlicher Arbeit der Schule 1908 das Gehalt für Erich Kuithan gestrichen wurde, erlebte der Künstler als ganz positive Resonanz seiner pädagogischen Tätigkeit die Bemühungen der Schüler und Freunde um den Erhalt des Zeichenunterrichts in Jena. Ohne den Wert künstlerisch-ästhetischer Bildung für die Industrie zu beachten, waren von der Zeiss-Geschäftsführung die finanziellen Aufwendungen eingestellt worden. Petitionen und Unterschriftensammlungen erreichten deshalb das Großherzogliche Ministerium in Weimar. In der Jenaischen Zeitung vom 10. Juli 1908 war zu lesen: „Die Zeichenschule ist vorteilhaft bekannt über die Grenzen Deutschlands hinaus, weil sie einzig in ihrer Art Künstler und Volk praktisch in Berührung bringt. Sie ist im Geiste Abbes durch Herrn Prof. Czapski warm befürwortet worden. Sie ist ein Institut, in dem ohne Zwang mit unbeschreiblichem Eifer gearbeitet wird, dessen Früchte ohne Frage zum großen Teil Jena zu gute kommen, sie ist dringend der Erhaltung wert."[12]

---

[9] Aus den Erinnerungen der Schüler im Kuithan-Archiv der Städtischen Museen Jena.
[10] Der Verleger Eugen Diederichs hatte bereits 1905 anläßlich der Schiller-Ehrung in Jena Reformversuche des Kunsthandwerks im Schloß vorgestellt. 1906 beteiligte er sich mit seinem Verlag an der durch den „neuen Stil" Aufsehen erregenden Kunstgewerbeausstellung in Dresden. 1907 gehörte er zu den Mitbegründern des Werkbundes in München.
[11] Zum Freundeskreis Kuithans in Jena zählen die Familie Czapski, Walter Bauersfeld, Otto Eppenstein, Rudolf Straubel und Ernst Wandersleb vom Zeiss-Werk, Eberhard Zschimmer vom Glaswerk, Hermann Nohl von der Universität und der Verleger Eugen Diederichs sowie Helene Voigt-Diederichs.
[12] Nach brieflichen Äußerungen Kuithans wurde die Schule bis 1909 weitergeführt. Den Unterricht übernahmen die Bildhauerin Marta Bergemann-Könitzer und der Bruder Erich Kuithans, Fritz Kuithan.

Die beabsichtigte Schließung der Schule ist jedoch nur eine der enttäuschenden Erfahrungen Kuithans in dieser Stadt. Im gleichen Jahr mußte er sich der harten Kritik an seinem ersten Fresko in der Universität stellen;[13] bald folgten die Diskussionen um sein Schillerbild.[14] Es ging im Grunde um die Auseinandersetzung eines Wegbereiters zeitgenössischer Kunst in Jena mit den noch tonangebenden konservativen Auffassungen.

Was von seinem Unterricht blieb, waren die guten Voraussetzungen, die er seinen Schülern in die Berufe der Kunsterzieher, der Bildhauer, Architekten, Lithographen, Schlosser, Bibliothekare und Optiker mitgab. Einige junge Kunsteleven setzten ihre Ausbildung an Hochschulen fort.[15] Schließlich konnten nach dem ersten Weltkrieg selbst die Kurse der Volkshochschule die Erfahrungen des Kuithanschen Unterrichts aufnehmen.

Es spricht für den Kunstpädagogen Kuithan, daß ihn keiner seiner malenden Schüler kopierte, aber seine künstlerischen Positionen hören wir noch nach Jahrzehnten aus den Worten Otto Herbigs, wenn er an Hans Schlag schreibt: „Es ist die Pflicht eines Bildes, ein Fest für das Auge zu sein. ... Die Gegenstände müssen in eine gesetzmäßige, allem Zufälligen entkleidete Organisation gebracht werden, damit bei aller Realität die geistige Schönheit herrscht."[16]

---

[13] Nach Schillers Gedicht „Das Ideal und das Leben" schuf Kuithan 1908 sein erstes Fresko im Neubau der Universität. Er unterbrach die Arbeit nach heftigen Einwänden von seiten der Kunstkommission. Erst ein Brief des Architekten Theodor Fischer mit der Aufforderung, dem Künstler freie Hand bei der Ausführung zu lassen, ermöglichte die Fortsetzung der Arbeit und die Fertigstellung bis zum Eröffnungstag. 1910/11 ersetzte er dieses Fresko wegen schadhaften Putzes durch die Komposition „Empfindung" (drei sitzende Frauen). Siehe Universitätsarchiv Jena, Akten der Großherzoglichen und Herzoglich-Sächsischen Universitäts-Curatel zu Jena betr. Ausschmückung der Universität 1908-1910.

[14] Volker Wahl, Erich Kuithans Schillerbilder, in: Katalog Erich Kuithan, 1993.

[15] Schüler Erich Kuithans waren neben vielen anderen, deren Berufe unbekannt sind: der Architekt Hans Schlag, die später Bildteppiche stickende Helene Behmer, die Malerinnen und Maler Helene Czapski, Clara Harnack, Otto Herbig, Georg Fischer und Georg Kötschau, der Bildhauer Bruno Pflügner, der Optiker Gotthilf Schall, die Bibliothekarin Martha Siefert, die Kunsterzieher Christoph Natter und Gustav Mohr.

[16] Nachlaß Hans Schlag. Abschriften im Kuithan-Archiv der Städtischen Museen Jena.

OTTO LÖW

Von Franz Liszt zu Max Reger

Auf den ersten Blick mag es unbedacht erscheinen, auf einem Symposium über die Entwicklung der „Doppelstadt" Weimar-Jena im ersten Drittel unseres Jahrhunderts zum Wirken eines Musikers des 19. Jahrhunderts wie Franz Liszt zu sprechen. Doppelt unbedacht, denn derjenige, zu dem die Wege führen sollen, hat seine Quellen in der ferneren Vergangenheit bei Johann Sebastian Bach und Wolfgang Amadeus Mozart gesucht und in der näheren eher bei Johannes Brahms. Man sollte hieraus nicht auf Voreingenommenheiten schließen, denn das Bild des letzteren hing neben denen von Franz Liszt, Richard Wagner und Hugo Wolf über Regers Schreibtisch.[1] Und wenn der Musiker später sogar einmal behauptet: „Unbedingt ist Wagner der größere Musiker, und ich stelle sogar Bruckner weit über Brahms", so ist das keine Abkehr von einem jugendlichen Vorbild, sondern bezieht sich auf die Kunst des Instrumentierens, schließlich hatte schon Hans von Bülow, Liszt-Schüler und einer von Max Regers Vorgängern in Meiningen, Kopfzerbrechen bei der Realisierung des Brahmsschen Orchestersatzes bekommen.[2]

Für die Annahme des vorgeschlagenen Themas spricht, daß Liszts vielfältiges Wirken bis weit in unser Jahrhundert zu spüren ist. Beispielsweise hat sich der Direktor des 1911 gegründeten Konservatoriums in Jena, Willy Eickemeyer, ein eifriger Regerförderer, dahier mit einer „Legende" und dem „Bénédiction de Dieu dans la solitude" von Franz Liszt eingeführt.[3] Wer denkt nicht in diesem Zusammenhang an die beständige Bereitschaft des Pianisten Bruno Hinze-Reinhold in Weimar, sich bis nach dem zweiten Weltkrieg für Liszt einzusetzen. Und nicht umsonst ist Weimar heute Sitz der Franz-Liszt-Gesellschaft, während sich in Meiningen ein Reger-Archiv befindet und Jena die Max-Reger-Vereinigung beheimatet.

Die Geburtsdaten von Liszt 1811 und Reger 1873 trennen zwei Generationen, die Sterbedaten 1886 und 1916 nur eine.[4] Der Ältere schreibt wenige Jahre vor seinem Tode am 29. Dezember 1883 an seinen Freund Carl

---

[1] Susanne Popp, Hrsg., Max Reger, Briefe an die Verleger Lauterbach & Kuhn, Teil 1, Veröffentlichungen des Max-Reger-Instituts Elsa-Reger-Stiftung Bonn, Bd. 12, Bonn 1993, S.462.
[2] Fritz Stein, Max Reger, Potsdam 1939, S. 65.
[3] Otto Löw, Franz Liszt in Jena, Programm zum Festkonzert der Universitätsfestspiele 30. Mai 1986, S.9.
[4] Klara Hamburger, Franz Liszt, Budapest 1973; Everett Helm, Franz Liszt, Reinbek b. Hamburg 1972; Helmut Wirth, Max Reger, Reinbek b. Hamburg 1973.

Gille nach Jena „... Für uns beide alte Männer dürfte die Abwartungszeit vorüber sein; wir haben nichts von dem Kläglichen anzuklagen, und kaum zu bedauern, eben weil wir dem Besseren getreu, ernstlich, redlich und thätig gesinnt verbleiben..."[5] Hingegen war Max Reger im Lebensalter eine Generation jünger, als er eines Tages die Altistin Anna Erler-Schnaudt in Jena zu einer Probe für ein Konzert empfängt und sie bittet, an seinem Grabe sein Lied zu singen „Geht nun hin und grabt mein Grab, denn ich bin des Wanderns müde."[6] Dem steht gegenüber, daß Reger noch zwei Wochen vor seinem Tode voller Optimismus große Pläne schmiedete: „Jetzt werde ich erst anfangen zu leben und zu arbeiten. Nun werde ich erst meine großen Kompositionspläne verwirklichen."[7]

Der Wandel in den Städten zu Lebzeiten von Franz Liszt und Max Reger

Wege zwischen den beiden Komponisten zu suchen, kann nicht unter Außerachtlassung der sich wandelnden Gesellschaft erfolgen. Gemeinsamkeiten in den Biografien und im Schaffen müssen zudem durch Gegensätze ergänzt werden, um das Bild nicht zu verfälschen. Und wendet man sich den Schülern des Älteren als Brücke zu dem Jüngeren zu, darf deren Eigenständigkeit nicht unbeachtet bleiben.
Franz Liszt kam mit dreißig Jahren als gefeierter Klaviervirtuose in die Residenzstadt Weimar. Alle Erfolge konnten ihn über einen Zwiespalt nicht hinwegtäuschen: „Ich muß Leben, Kraft, Geld und Zeit vergeuden und immer wieder vergeuden, ohne dafür durch Genüsse der Gegenwart oder Hoffnungen auf die Zukunft entschädigt zu werden."[8] Ein aufgeklärter Herzog versuchte, an die klassische Periode anzuknüpfen, und Liszt glaubte, sich ein „ideales Vaterland" aufbauen zu können. Trotz aller freundschaftlichen Beziehungen zur herzoglichen Familie haben allein schon die finanziellen Möglichkeiten in dem industriell wenig entwickelten Land den Bestrebungen manchen Einhalt geboten. Als Liszt 1858 nach einem Eklat bei der Uraufführung der Oper „Der Barbier von Bagdad" seines Freundes Peter Cornelius das Hofkapellmeisteramt niederlegte, hatte das Orchester nur 39 nicht sonderlich gut bezahlte Musiker.[9] Damit waren immerhin Wagner-Opern und Sinfonien von Hector Berlioz aufgeführt worden. Nach Liszts

---
[5] Adolf Stern, Hrsg., Franz Liszt's Briefe an Carl Gille, Leipzig 1903, S. 72.
[6] Elsa Reger, Mein Leben für und mit Max Reger, Leipzig 1930, S. 149.
[7] Fritz Stein, Max Reger, S. 76.
[8] Otto Löw, Franz Liszt in Jena, S. 1.
[9] Everett Helm, Franz Liszt, S. 73.

Weggang sollte Weimar neben Rom und Budapest trotzdem bis ans Lebensende eines seiner Domizile bleiben. Die Nachbarstadt Jena hatte zu Liszts Amtsantritt ebensowenig an der Entwicklung der Industrie teilgenommen, man lebte recht und schlecht mit und von der Universität. Diese konnte sich beileibe kein Orchester leisten, doch waren leistungsfähige Chöre aufgebaut worden. Eine tatkräftige Akademische Konzertkommission unter dem späteren Freund Carl Gille hatte zusammen mit dem Universitätsmusikdirektor Wilhelm Stade eine beispielhafte Programmgestaltung in die Wege geleitet,[10] die Franz Liszt später noch von Rom aus schätzte. 1868 schrieb er von dort: „Ihr Conzert-Programm des 24ten Juny documentiert abermals Ihre glänzende Meisterschaft im Aussinnen, Anordnen und Durchführen der musikalischen Ingredenzien. Schade, daß der alte Titel „Musikgraf" seine Wirksamkeit verloren; Sie wären dazu wie kein anderer vollständig geeignet und würden einen Mustermusikgrafen vorstellen."[11] Ganz offensichtlich fühlte sich Liszt in Jena auch im Kreis des „Circulus harmonicus Academiae Jenensis", dem Akademischen Gesangverein, durchaus wohl. Franz Liszt hatte u.a. 1855, 1856 und 1857 Ehrenurkunden des Chores erhalten, deren Originale im Goethe-Schiller-Archiv zu Weimar liegen.[12] Und des öfteren hat er stillschweigend die Kutsche für die Musiker, die von Weimar aus an den Akademischen Konzerten mitwirkten, aus eigener Tasche bezahlt.

1842 wurde von ihm anläßlich der Hochzeit von Carl Alexander von Sachsen-Weimar mit der niederländischen Prinzessin Sophie in Jena ein Wohltätigkeitskonzert gegeben und zu dem für hiesige Verhältnisse beträchtlichen Erlös von 196 Talern noch 104 aus eigener Tasche beigesteuert, so daß die „Lißtsche Stiftung" immerhin 300 Taler einbrachte. Dies wiederum veranlaßte den Stadtrat, dem Komponisten die Ehrenbürgerur-

---

[10] Fritz Stein, Jena, Musik in Geschichte und Gegenwart, Bd. 6, Kassel 1953, Sp. 1851-1867; Otto Löw, Mosaiksteine zur Chronik des Musiklebens im Jena des 19. Jahrhunderts, in: „...und der Wissenschaft treu und redlich dienen", Festschrift zum 60. Geburtstag von Günter Steiger, Hrsg. Volker Wahl, Thomas Pester, Bolko Schweinitz, Jena 1983, S. 300-383 (Masch.-Schrift); Otto Löw, Grundlinien und Materialien der Jenaer Musikgeschichte, in: Jenaer stadtgeschichtliche Beiträge, Hrsg. Joachim Bauer, Jürgen John, Thomas Pester, Axel Stelzner, asJ e. V., Jena 1993, S. 129-176; Manfred Weißenborn, Die historische Entwicklung des Jenaer Akademischen Konzerts mit einer Betrachtung der Konzertprogrammatik bis zu Beginn des 20.Jahrhunderts, Diss. Jena 1992.
[11] Adolf Stern, Franz Liszt's Briefe, S. 33.
[12] Otto Löw, Franz Liszt in Jena, S. 5 und 7.

kunde zu überreichen, die zweite überhaupt aus dieser Stadt.[13] Das gute Verhältnis hat bis Listzs Lebensende gehalten.
Max Reger erlebte Thüringen ebenfalls zuerst auf Konzertreisen.[14] Doch das Land hatte sich seit Liszts Zeiten erheblich gewandelt. Weimar war zwar noch eine Residenzstadt, aber immerhin wirkte jetzt hier u. a. ein Henry van de Velde. In Jena, wo Regers Freund Fritz Stein 1906 das Amt des Universitätsmusikdirektors angenommen hatte,[15] war die Bevölkerung sprunghaft angestiegen. Die Akademischen Konzerte fanden nun im neuerbauten Volkshaus statt, dessen akustisch günstiger großer Saal zudem eine Orgel besaß. Der Vorsitzende der Akademischen Konzertkommission, der angesehene Internist Roderich Stintzing, und der Physiologe Wilhelm Biedermann zählten bald zu seinem Freundeskreis, zu dem im Laufe der Jahre auch der Nobelpreisträger Rudolf Eucken[16] und der Mediziner Felix Lommel gehörten. 1908, zur 350-Jahrfeier, erhielt Max Reger den Ehrendoktortitel, wofür er sich u.a. mit dem 100. Psalm für Chor, Orchester und Orgel und mit dem „Weihegesang" für Alt-Solo, Chor und Bläserensemble zur Einweihung des neuen Universitätshauptgebäudes bedankte.[17] Seine Aufgaben in München und später als Universitätsmusikdirektor in Leipzig brachten dem jungen Musiker nicht immer Freude ein, so daß er 1911 die Stelle als Hofkapellmeister in Meiningen annahm, war ihm doch bekannt, daß hier Hans von Bülow eine Generation zuvor aus einem Provinzorchester eines von europäischer Bedeutung entwickelt hatte.[18] Nun herrschten andere äußere Bedingungen, denn inzwischen hatten sich weitere Orchester die Leistungen der Hofkapelle als Beispiel genommen. Doch Reger gelang es noch einmal durch Konzertreisen das Ansehen wiederzugewinnen.[19] Aber auch hier standen einem aufgeklärten Fürsten wie Georg II. von

---

[13] Otto Löw, Franz Liszt in Jena, S. 3; Jörg Valtin, Zur Geschichte der Jenaer Ehrenbürgerschaften. Jena-Inf. März 1991, S. 31-33.

[14] Ab Dezember 1905 lassen sich nach Gotha, Weimar und Jena zahlreiche Orte nachweisen, in denen Reger als Pianist oder Dirigent aufgetreten ist, z.B. Eisenach, Hildburghausen, Meiningen, Pößneck, Saalfeld, Erfurt, Gera, Greiz, Suhl, Zeitz, s. Ingeborg Schreiber, Hrsg., Max Reger in seinen Konzerten, Teil 2, Programme der Konzerte Regers, Veröffentlichungen des Max-Reger-Institutes Elsa-Reger-Stiftung Bonn, Bd. 7, Bonn 1981.

[15] Otto Löw, Max Reger in Jena, in: Jenaer Skizzen und Portraits, Hrsg., Ursula Dittrich, Jena 1989, S. 39f.

[16] Rudolf Eucken, Erinnerungen an Max Reger, Velhagen & Klasings Monatshefte, Juli 1916.

[17] Fritz Stein, Max Reger, S. 51 ff; Otto Löw, Max Reger in Jena, S. 42; Susanne Popp, Hrsg., Max Reger. Briefe an Fritz Stein, Veröffentlichungen des Max-Reger-Institutes Elsa-Reger-Stiftung Bonn, Bd. 8, Bonn 1982, insbesondere das Jahr 1908 betreffend.

[18] Fritz Stein, Max Reger, S. 59.

[19] Ebd., S. 61 ff.

Sachsen-Meiningen konservative Hofkreise zur Seite, so daß Reger schon vor einem Zusammenbruch 1914 sich zum Aufgeben entschlossen hatte.[20] Nun konnte er es sich leisten, freischaffend zu leben, und er wählte sich Jena zum Wohnsitz aus, ohne auf seine Lehrtätigkeit in Leipzig zu verzichten.

Die musikalischen Beziehungen in den Werken und im Streben der beiden Musiker

Wie nicht wenige andere auch, haben Franz Liszt und Max Reger bereits in früher Jugend ihre Zuneigung zur Musik erkennen lassen und eine Ausbildung zum Pianisten erfahren. Bei dem in Ungarn geborenen Franz Liszt stand dies so im Vordergrund, daß darüber die allgemeine Schulbildung zu kurz kam, was er später durch eifriges Lesen auszugleichen versuchte. Wegen der großen Fortschritte im Klavierspiel wurde er bald nach Wien zu hervorragenden Pädagogen wie Carl Czerny geschickt und kam danach in Paris u.a. mit Frederic Chopin, Hector Berlioz, Heinrich Heine und Nicolo Paganini zusammen, wodurch Anregungen für eine weitere Verbesserung der Klaviertechnik nicht ausblieben; wichtiger vielleicht noch waren die musikalischen Impulse. Nicht unterschätzen sollte man die finanzielle Absicherung, die mit dem Bekanntwerden verbunden war.

Bei dem Lehrersohn Max Reger aus dem fränkischen Dorfe Brand bei Weiden erfolgte hingegen die Allgemeinbildung mit deutscher Gründlichkeit, zudem kamen zum Klavierunterricht bei Adalbert Lindner[21] bald Übungen auf der Orgel hinzu. Einem Intermezzo in Sondershausen bei Hugo Riemann folgte eine gründliche Weiterbildung in Wiesbaden, längst auch schon mit Konzerten verbunden. Doch bald fühlte sich Reger eingeengt. Nach einer „Sturm- und Trankzeit" findet man ihn wieder bei den Eltern. Die subtile Begleitung Regers beim Liedvortrag wurde zeitlebens geschätzt.

Es ist nicht verwunderlich, daß das kompositorische Schaffen sich bei beiden Musikern vorerst in Klavierwerken niederschlägt. Bei Liszt ist dies noch deutlicher; sieht man von einer frühen Oper und Liedern ab, entstehen neben manchen Originalwerken auch viele Transkriptionen und Paraphrasen über beliebte und bekannte Opernthemen, u.a. von Vincenzo Bellini, Giuseppe Verdi, Richard Wagner, Francois Boieldieu, Gaetano Donizetti, Gioacchino Rossini, welche allerdings zumeist weit über dem Ni-

---

[20] Ebd., S. 68 ff.
[21] Adalbert Lindner, Max Reger, Ein Bild seines Jugendlebens und künstlerischen Werdens. Stuttgart 1922.

veau ähnlicher Werke im damaligen Konzertleben liegen. Kammermusik ist spärlich vertreten. Bei Max Reger aber findet man neben den Klavierkompositionen von Beginn an viel Kammermusik, Orgelwerke, Lieder und Chöre. Bearbeitungen, allerdings anderer Art, hinterließ auch Reger. Bis in sein letztes Lebensjahr hat er so manches Werk von Johann Sebastian Bach oder Hugo Wolf aber auch klassische Lieder, in Orchesterfassungen gebracht. Aus der späteren Zeit stammen zudem die Instrumentierung der öfters gespielten eigenen Beethoven-Variationen für zwei Klaviere und umgekehrt die Fassung für zwei Klaviere seiner Mozart- Variationen. Selbst von der damals durch seinen Freund Fritz Stein Beethoven zugeschriebenen Jenaer Sinfonie, die Robbins Landon als eine Komposition Friedrich Witts erkannt hat, wird eine solche Fassung geschrieben, ebenso von der Tannhäuser-Ouvertüre sowie Vorspiel und Liebestod aus „Tristan und Isolde" von Richard Wagner.[22]

Die Welt des Orchesters haben sich beide erst später erschlossen, Franz Liszt eigentlich erst seit seiner Anstellung in Weimar als Hofkapellmeister, wo fortan die Symphonischen Dichtungen entstanden. Natürlich hat die Dirigententätigkeit sich hier günstig ausgewirkt, hatte doch Liszt vorher manchmal sogar andere seine Werke instrumentieren lassen. Auch für Max Reger, der zwar schon längst für das Orchester komponiert hatte, war das Hofkapellmeisteramt in Meiningen der Instrumentation von Nutzen, die auf Grund der Erfahrungen immer durchsichtiger und weniger massiv wurde. Beigetragen hat hierzu bestimmt das eingehende Studium der Partituren anderer Komponisten mit der Vorbereitung für präzise Anweisungen für die Stimmen, wenn auch manche Korrekturen an den Werken der Klassiker von anderen nicht übernommen wurden.[23] Sonderlich viel Werke Liszts hat der Dirigent Max Reger allerdings nicht aufgeführt, etwa im Vergleich zu denen von Johann Sebastian Bach, Wolfgang Amadeus Mozart, Johannes Brahms, Ludwig van Beethoven, Franz Schubert, selbst von Richard Wagner. Immerhin waren es der „Tasso.Lamento e Trionfo", „Les Preludes", der 18. Psalm für Männerchor und Orchester, die „Chöre aus Herders entfesseltem Prometheus", die Orchesterfassung des „Angelus" und die Bearbeitung der „Wanderer-Fantasie" von Franz Schubert für Klavier und Orchester.[24]

Sowohl Franz Liszt als auch Max Reger haben Gesänge mit Orchester komponiert. Der Ältere hat zudem Vokalkompositionen hinterlassen, bei denen

---

[22] Fritz Stein, Max Reger; Otto Löw, Liszt in Jena.
[23] Müller von Asow, Hrsg., Max Reger. Briefwechsel mit Georg II. von Sachsen-Meiningen, Weimar 1949.
[24] Ingeborg Schreiber, Max Reger in seinen Konzerten, Teil 2, S. 551.

nur wenige Instrumente wie Orgel, Violine oder Harfe eingesetzt sind. Von Reger sind besonders „An die Hoffnung" für Alt-Solo und Orchester, leider weniger der „Hymnus der Liebe" für Bariton und Orchester bekannt geworden. Hinzu kommen noch ein Dutzend instrumentierte Lieder. Chorwerke mit Orchester, etwa Messen, Oratorien, die zu Liszts Zeiten vielleicht in der Konzertpraxis eine noch größere Rolle spielten, stammen aus der Feder beider Komponisten und sind wiederum das Ergebnis reiferer Jahre. Den Oratorien „Die Legende von der Heiligen Elisabeth" (1862) und „Christus" (1872) gesellt sich die „Missa solemnis" zur Einweihung der Basilika in Gran (1856) hinzu, die „Ungarische Krönungsmesse" (1867), „An die Künstler" (1853), die „Legende der Heiligen Cecilia" (1874), der „Sonnenhymnus des Heiligen Franziskus von Assisi" (1881) sowie Psalmvertonungen und Messen mögen als weitere Beispiele genügen; für die weltlichen Werke „Gaudeamus igitur", das zum hundertjährigen Jubiläum der Akademischen Konzerte zu Jena geschrieben wurde. Bei Reger, der manchen Chor ebenso nur mit der Orgel begleiten läßt, sind es mit Orchester der „Gesang der Verklärten", „Die Nonnen", „Der Einsiedler", das „Requiem", die „Hymne an den Gesang", die „Weihe der Nacht" mit Alt-Solo und Männerchor, der in Jena zum Tonkünstlerfest 1913 aufgeführte „Römische Triumphgesang", eine Choralkantate. Für die Ehrenpromotion 1908 in Jena bedankte sich Max Reger mit dem 100.Psalm für Chor, Orchester und Orgel, dessen erster Teil bei den Feierlichkeiten uraufgeführt wurde, und mit dem „Weihegesang" für Alt-Solo, gemischten Chor und Blasinstrumente nebst Pauken, mit dem am gleichen Tage das Universitätshauptgebäude eingeweiht wurde. Als später der 100. Psalm in Jena vollständig aufgeführt wurde, mußte er bald wiederholt werden und wurde dabei zum Liszt-Jubiläum 1911 zum 100.Geburtstag zusammen mit der „Faust-Symphonie" gegeben. Diesmal fehlte aber Reger, denn bei der vorhergehenden Aufführung hatten die Mitglieder der Hohen Philosophischen Fakultät, denen doch der Psalm gewidmet ist, allzu zahlreich durch Abwesenheit geglänzt.

In einem unterschieden sich beide Musiker beträchtlich. Franz Liszt hat an der endgültigen Fassung nach der Erstausgabe oft noch Jahre später gefeilt, während Max Reger sozusagen alles in seinem Kopf klärte und dann oft mit fast unbegreiflichem Arbeitselan „aus diesem abschrieb".[25]

Das unterschiedliche Naturell der beiden Komponisten, des weltgewandten Franz Liszt, dem Ehrungen nicht unlieb waren, bei aller kritischen Distanz, und dem selbst derbem Humor nicht abgeneigten bodenständi-

---

[25] Fritz Stein, Max Reger, S. 84 ff.

gen Max Reger, der zumindest Orden nichts abgewinnen konnte, war dem Jüngeren kein Hinderungsgrund dort zu lernen, wo er das seiner Meinung nach Richtige fand. Beide waren Katholiken, doch beide haben sich der protestantischen Kirchenmusik gewidmet, während beispielsweise Liszts Bemühungen um die katholische Kirchenmusik nicht aufgenommen wurden. Max Reger wurde sogar als der bedeutendste Komponist protestantischer Kirchenmusik in seiner Zeit bekannt. Nicht unwesentlich wird dabei das Interesse beider Komponisten für Johann Sebastian Bach gewesen sein. Franz Liszt schrieb z.B. am 10. Sept. 1863 vom Monte Mario Madonna del Rosario aus an seinen Freund Carl Gille nach Jena, als er sich wieder einmal mit dem „Dettinger Te Deum" von Georg Friedrich Händel beschäftigte: „Übrigens bei aller Verehrung für Händel läßt meine Vorliebe für Bach nicht nach, und wenn ich mich sattsam an Händel's Dreiklängen erbaut habe, drängt es mich nach den kostbaren Dissonanzen der Passion, der H moll Messe und anderen Bach'schen polyphonischen Spezereien."[26] Abschließend bat er um musikalische Nachricht aus Jena. In diesen Zusammenhang gehört das dem Jenaer Kirchenhistoriker Karl von Hase gewidmete „Nun danket alle Gott".[27]

Man mag es dem zweiundzwanzigjährigen Max Reger wohl verzeihen, wenn er am 11. Mai 1895 Ferruccio Busoni mitteilt: „Leider, daß Franz Liszt seine Übertragung von Bachschen Orgelwerken (Peters) so schlecht gemacht; es ist nämlich nur Kopistenarbeit."[28] Gerd Sievers[29] zitiert Arnold Schering und Siegfried Dehn, die darüber ganz anderer Meinung sind und urteilt über Regers entsprechende Versuche von 1900, daß „ein unvoreingenommener Vergleich beider Transkriptionen nicht einmal unbedingt zugunsten Regers" ausfällt, z.B. wegen des Eindrucks eines unspielbaren Klavierauszugs an manchen Stellen. Gerd Sievers schließt übrigens nicht aus, daß es Ferruccio Busonis Einfluß zu verdanken ist, wenn Reger später doch eine differenziertere Einstellung zum Schaffen Liszts gewinnt und noch im gleichen Jahr an den Kollegen schreibt: „In den letzten zwei Jahren habe ich hauptsächlich studiert, und zwar alles, sogar Liszt, dem ja

---

[26] Adolf Stern, Franz Liszt Briefe, S. 12.
[27] Auf Schallplatte u.a. bei Hungaroton SLPX 12 234.
[28] Else von Hase-Koehler, Max Reger. Briefe eines deutschen Meisters, Leipzig 1928, S. 44.
[29] Gerd Sievers, Franz Liszts Legende „Der heilige Franziskus von Paula auf den Wogen schreitend" für Klavier in Max Regers Bearbeitung für die Orgel. Reger-Studien 1, Schriftenreihe des Max-Reger-Institutes Bonn-Bad Godesberg, Bd. 1, Hrsg. G. Massenkeil, Susanne Popp, Wiesbaden 1976, S. 9-27; Max Hehemann, Max Reger. Eine Studie über moderne Musik, München 1911.

Dr. Riemann jede schöpferische Begabung abspricht, welchen Glauben und welche Ansicht ich nie geteilt habe und auch nie teilen werde."[30] Am 12.Oktober 1899 schreibt Reger an Georg Göhler: „Es war mir bei meinem Schaffen bis jetzt sehr ernst u. wird es auch in Zukunft so bleiben; ehemals eifriger Verehrer Wagner's ‚Liszt's ‚R. Strauß' stehe ich doch mehr auf Bach, Beethoven, Brahms, ohne im geringsten gegen Novitäten 'extrem linker' Richtung eingenommen zu sein; in der Kunst muß man das Schöne, Gute nehmen, wo man es findet."[31]. Seinem Lehrer Hugo Riemann bescheinigt er am 18. März 1899: „In Bezug auf Orgel nun, kann ich leider mich mit der 'Nachkommenschaft' der Bach'schen Orgelwerke wenig befreunden. Am besten, wirklich besten ist da noch Liszt, dessen gewaltige Originalität zwingt auch die Orgel - aber sonst sieht es schlimm aus."[32] Und am 14.Januar 1901 heißt es in einem Brief an Otto Leßmann: „Allein unsere Staatsanstalten für Orgel stehen ja leider Liszt als Orgelcomponisten noch sehr unfreundlich gegenüber - u. Liszt muß einer gespielt haben, ehe er an meine 'Elefanten' gehen kann!"[33]
Es mag nach diesem Sinneswandel des jungen Feuerkopfes nunmehr wenig wundern, daß Max Reger von Liszts Legende „Der Heilige Franziskus von Paula auf den Wogen schreitend" eine Bearbeitung für Orgel angefertigt hat, von der eine sorgfältige Analyse vorliegt.[34] Reger beschwert sich 1902 bei dem Musikkritiker Martin Krause, daß der Verlag Rozsavölgyi die Genehmigung zur Publikation der Bearbeitung abgelehnt hat und wartet auf die Aufhebung der damals dreißigjährigen Urheberschutzfrist im Jahre 1916, um dann „eine größere Anzahl von Bearbeitungen von Lisztschen Klavierwerken" herauszubringen. So sei er gerade bei der Bearbeitung der 'Harmonies du soir' aus den „Etudes d' exécution transcendante" von Franz Liszt, einem 'wundervollen' Stück, das er um die Jahrhundertwende in seinen Konzerten in Weiden und Nördlingen auch öffentlich gespielt hat.[35] Ganz im Sinne dieser Wandlung ist auch die Empörung zu verstehen, als die Aufführung von Liszts „Faustsymphonie" in Leipzig immerhin unter Arthur Nikisch kaum Beifall findet.[36] Hingegen überläßt der Organist Max Reger, dem in der Orgel-Suite op. 16 und in manchen Teilen der Orgelstücke op. 59 an Liszt gemahnende Elemente katholischer Kirchen-

---

[30] Gerd Sievers, Franz Liszts Legende ... , S. 12.
[31] Brief an Georg Göhler vom 12.10.1899.
[32] Brief an Hugo Riemann vom 18.3.1899.
[33] Brief an Otto Leßmann vom 14.1.1901.
[34] Gerd Sievers, Franz Liszts Legende ... , S. 14 ff.
[35] Ebd., S. 11.
[36] Fritz Stein, Max Reger, S. 58.

musik gelingen, wobei dieser auch in der Choralfantasie op. 40 Nr.1 und wohl auch in der Fantasie und Fuge über Bach op. 46 durchzuschimmern scheint, das Spielen von Liszts Präludium und Fuge über Bach auf der Orgel seinem Mitstreiter Ludwig Maier, allerdings auch die eigene Choralphantasie op. 27, und er selbst begnügt sich mit der Begleitung Wolfscher Lieder.[37] Die Zunft der Kritiker hat sich an Max Reger sehr geschieden, jedoch ist es wohl als Lob zu werten, wenn Johann Sebastian Bach bei ihm im „Prunkgewande Liszt'scher Pianistik" daherkommt, wie es der Kritiker Ernst Descey formuliert.[38] Und Robert Frenzel charakterisiert die Variationen und Fuge op. 73 als „ein Unikum für alle Zeiten, eine symphonische Dichtung großen Stils, nur vergleichbar den ähnlich gearteten Werken Liszts, Reubkes...".[39] Max Reger war stets darauf bedacht, daß seine Orgelkompositionen an August Wilhelm Gottschalg versandt wurden, bei dem Liszt tiefe Einblicke in das Wesen der Orgel und ihrer Musik gefunden hat.[40] Und schließlich sei nicht vergessen, daß der Leiter des Bach-Vereins in Heidelberg, Philipp Wolfrum, ein eifriger Vorkämpfer für Liszt und Strauss, u.a. die in Jena für Chor und Orchester geschriebenen Kompositionen Regers op. 144 a „Der Einsiedler" für Bariton, Chor und Orchester und op. 144b, das Requiem für Alt-Solo, Chor und Orchester in Heidelberg am 16.Juli 1916 zur Uraufführung gebracht hat[41], während der „Hymnus der Liebe" für Bariton und Orchester op. 136 zum 2. Regerfest am 23 Juni 1918 seine Uraufführung in Jena mit den Berliner Philharmonikern unter Fritz Busch erst nach dem Tode des Komponisten erlebte.[42]

Weit weniger günstig und andauernder fiel das Urteil Regers über das Gestaltungsprinzip der Symphonischen Dichtung aus, an dessen Entwicklung Franz Liszt in beachtlichem Maße beteiligt war. Der Jüngere neigte dazu, außermusikalische Anregungen durch Literatur, Geschichte oder Gemälde abzulehnen. Aber bei ihm findet sich später ebenso eine „Vaterländische Ouverture" und vor allem die „Vier Tondichtungen für großes Orchester nach Arnold Böcklin", was natürlich einen weit geringeren Anteil dieser Werkgattung am Gesamtwerk als bei Franz Liszt ausmacht, aber die absolute Ablehnung der früheren Jahre ebenfalls in anderem Lichte erscheinen läßt. Am 20.Juli 1891 schreibt Reger an seinen Lehrer Adalbert Lind-

---

[37] Susanne Popp, Max Reger, S. 315.
[38] Ebd., S. 489.
[39] Ebd., S. 356.
[40] Ebd., S. 531.
[41] Ingeborg Schreiber, Max Reger in seinen Konzerten, S. 225.
[42] Fritz Stein, Max Reger, S. 235.

ner, bei dem er ja im Orgelspiel von Johann Sebastian Bach zu Robert Schumann, Felix Mendelssohn Bartholdy und Franz Liszt geführt worden war und den er zum Abschluß seines Unterrichtes auf dem Klavier mit der selbst einstudierten Transkription Liszts vom „Liebestod" aus Richard Wagners „Tristan und Isolde" überraschte[43], jeder wolle Hector Berlioz und Franz Liszt übertrumpfen und „mit allen möglichen Teufeleien" durch ein Überhäufen von Instrumenten wirken. Dabei hatte Reger schon vorher architektonische Schönheit und melodischen und imitatorischen Zauber gefordert. Richtet sich dies auch eher gegen die Epigonen, so hält er doch das „Liszt-Berliozsche Programm mit all seinen Neuerern, Richard Strauß, Nicodé usw." für verfehlt.[44] Arthur Neißer behauptet sogar, daß der Liszt-Schüler Conrad Ansorge seinen Lehrer „überliszte" und nüchtern die Harmonien kombiniere, während er Max Reger zwar als schwer zugänglich betrachtet, ihm immerhin aber Erfindungsreichtum bescheinigt.[45] Noch 1909 mahnt Reger an: „Einer Musikgeschichte in 50 Jahren wird es klar sein, daß ich der einzige war, der sich gegen die „Versumpfung" im Lisztschen ungesunden Fahrwasser entgegenstemmte."[46] Dabei kann man aus Regers Improvisationen über den Donauwalzer von Johann Strauß durchaus manches Element Lisztscher Pianistik heraushören.[47]

Der Interpret Reger hatte sich den Werken Liszts bekanntlich weder sonderlich zugeneigt gefühlt, noch sie gescheut. Beim ersten öffentlichen Auftreten in Weiden dirigierte Reger sein op. 21, den „Hymnus an den Gesang für Männerchor und großes Orchester" und schloß mit der Interpretation der Polonaise in E-Dur von Franz Liszt.[48] Obwohl nun bald manch ein Lieder-Abend mit Regers Liedern zu hören war, z.B. mit Lula Mysz-Gmeiner[49], erntete Max Reger auch mit Programmen, in denen er selbst gar nicht als Komponist vertreten war, hohes Lob als Interpret. Der eher der Lisztschen Richtung zuneigende Kritiker Rudolf Louis bescheinigte ihm für einen Liederabend mit der Sängerin Amalie Gimkiewicz am 12.3. 1903 „Max Reger begleitete so, wie nur er es kann, mit jener pianistischen Meisterschaft und poetischen Ausdrucksfülle, von der sich keine Vorstellung zu machen vermag, wer sie nicht selbst erlebt hat."[50] Allerdings mußte der Komponist es auch erleben, daß sein Trio op. 2, das

---

[43] Ebd., S. 10.
[44] Ebd., S. 17.
[45] Susanne Popp, Max Reger, S. 306.
[46] Fritz Stein, Max Reger, S. 95.
[47] Ebd., S. 123.
[48] Ingeborg Schreiber, Max Reger in seinen Konzerten, S. 258.
[49] Susanne Popp, Max Reger, S. 111.
[50] Ebd., S. 50.

die Lisztschülerin Martha Remmert zum Tonkünstlerfest des von Franz Liszt 1861 gegründeten Allgemeinen Deutschen Musikvereins vorgeschlagen hatte, mit der Begründung abgelehnt wurde, daß er sich „zu wenig Verdienste um die Lisztsche Richtung erworben" hätte.[51]

Auch der Weg zur Zwölftonmusik ist bei Franz Liszt angebahnt. Hans Ferdinand Redlich[52] spricht sogar vom Urbild einer Zwölftonreihe beim Hauptthema der Faust-Symphonie von Liszt, sozusagen einem tönenden Abbild des spekulativen Geistes von Faust. Und Josef Rufer[53] hat ähnliches auch in Regers Werken gefunden, was nun aber nicht mehr ungewöhnlich war und auch u.a. bei Richard Strauss nachweisbar ist. Als Zwölftonmusiker kann man beide nicht bezeichnen. Es darf aber bei Liszt nicht der Hinweis auf einige Alterswerke fehlen, wie der „Bagatelle sans tonalité" von 1885, deren Titel schon den Verzicht auf die Tonalität ausdrückt, allerdings auf ganz andere Art als bei der Zwölftonmusik. Ob der immens belesene Reger diese Musik überhaupt gekannt hat, ist fraglich, zumal manches davon damals noch nicht gedruckt war.

Das Verhältnis von Menschen aus dem Kreise um Franz Liszt zu Max Reger

Elsa Reger schildert in ihren Erinnerungen einen Besuch im Liszt-Haus zu Weimar[54], wo Liszts alte Wirtschafterin Pauline Apel dem Musiker erlaubte, auf dem Flügel zu spielen: „Sie sah ihn kurz an, schlug ihm dann das Instrument auf, und Reger spielte. - Als er geendet hatte, frug sie ihn: 'Sie kannten den Meister wohl nicht?' Er entgegnete: 'Leider nein, dazu bin ich noch zu jung.' Frau Pauline sah ihn freundlich an und meinte: 'Schade, schade,' und auf Regers erstaunten Blick sagte sie zu ihm: 'Ich wollte, Sie wären sein Schüler gewesen, Sie sehen so aus, als hätten Sie ihn nicht ausgenützt; ach, er ist so viel ausgenützt worden!' Ich bin später noch oft im Liszt-Haus gewesen, 'Pauline' wußte nun, wer damals den Lisztflügel gespielt und begrüßte mich stets mit einer rührenden Anteilnahme."

Da Kritiker des öfteren nicht sonderlich sensibel mit Reger umsprangen, ist auch die folgende Anmerkung verständlich, die in einem Brief an seine Verleger Lauterbach & Kuhn zu finden ist: „Gestern traf ich Herrn Zet (Fr. Liszts früheren Privatsekretär), der mir sagte, daß er über das Kon-

---

[51] Fritz Stein, Max Reger, S. 16.
[52] Hans Ferdinand Redlich, Alban Berg, Versuch einer Würdigung. Wien, Zürich, London 1957, S. 33.
[53] Josef Rufer, Die Komposition mit zwölf Tönen, Berlin 1952.
[54] Elsa Reger, Mein Leben mit und für Max Reger, S. 141.

zert am 2.III. eine großartige Kritik gelesen hätte, mir aber nochmals nachdrücklichst ans Herz legte, daß ich mich um all den Mist, den die Kerle von Kritikern schmierten nicht kümmern sollte! (Was auch geschieht)".[55]
Manch einer der Liszt-Schüler oder -Interpreten, mit denen Max Reger in Berührung kam, hat den jungen Musiker gefördert. Da gibt es das Angebot von Bernhard Stavenhagen, zwei Konzertabende von ihm zu übernehmen, was Reger wegen eigener Termine ablehnen mußte.[56] Auch hatte Reger im Ansorge-Verein zu Wien die Möglichkeit erhalten, u.a. eine eigene cViolinsonate vorzustellen.[57] Pauline Erdmannsdörfer-Fichtner hat dafür gesorgt, daß Reger in München nach dem Tode ihres Mannes die Leitung des Porgesschen Gesangvereins übernahm, mit dem Max Reger bald darauf die Chöre zu Johann Gottfried Herders „Entfesseltem Prometheus" aufführte.[58] Zudem stammen von ihr Bearbeitungen eines Regerschen Werkes.[59] Schon vorher hatte das Ehepaar sich für den jungen Musiker eingesetzt.[60] Ebenso weiß Reger dafür zu danken, daß sich die Witwe von Karl Tausig um sein Weiterkommen bemüht.[61] Der Liszt-Schüler Alexander Siloti spielt mit Reger u.a. dessen Beethoven-Variationen.[62] Eugen d' Alberts Verständnis hilft ihm weiter.[63] Martha Remmerts Einsatz wurde bereits genannt und Ferruccio Busoni warnt Max Reger sogar mit dem Hinweis auf Liszt vor Formalismus.[64] Die Schelte gegenüber Richard Strauss weicht bald einem besseren Verständnis, zumal dieser sich für den Druck von Regers Kompositionen bei dem Verlag Forberg in Leipzig verwendet und beim Aibl Verlag in München, dessen Besitzer ein Freund Hans von Bülows war. Immerhin sind hier die meisten Werke zwischen op. 21 und op. 62 herausgekommen. Mit Hans von Bülows Witwe stand er noch von Jena aus im Briefwechsel, hatte er doch mit ihm nicht nur die bitteren Abschiede in München und Meiningen gemeinsam, sondern sich auch dessen planmäßige Erziehung des Orchesters zum Vorbild genommen.[65] Schließlich waren im Meininger Orchester noch einige Mitglieder, die un-

---

[55] Susanne Popp, Max Reger, S. 110.
[56] Ebd., S. 71.
[57] Ebd., S. 226.
[58] Fritz Stein, Max Reger, S. 42.
[59] Ebd., S. 135.
[60] Ebd.
[61] Susanne Popp, Max Reger, S. 496.
[62] Fritz Stein, Max Reger, S. 44.
[63] Ebd., S. 16.
[64] Ebd., S. 35.
[65] Ebd., S. 61.

ter Hans von Bülow musiziert hatten. Und Prinzeß Marie war dessen Schülerin gewesen.[66] Beide, Hans von Bülow und Max Reger, waren Ehrendoktoren in Jena[67], aber Reger kannte neben dem Pianisten und dem Dirigenten Hans von Bülow auch den Klavierpädagogen, denn er hatte bei Adalbert Lindner nach dessen Lehrgang seine Klaviertechnik entwickelt.[68] Karl Pohlig hatte in Stuttgart am 18.Januar 1906 die Sinfonietta herausgebracht und diese auch gleich nach seinem Amtsantritt in Philadelphia ins Programm genommen.[69] Und wenn Robert Frenzel Regers Variationen und Fuge op. 73 den Werken Liszts und Reubkes an die Seite stellt, weiß Reger das Lob zu schätzen.[70] Auch mit August Stradal hat er korrespondiert, z.b. schreibt er ihm am 13.März 1910: „Dieses mit Dreck beschmissen werden seitens der Presse gehört zu den unumgänglichst notwendigen, geschichtlich begründeten Attributen eines deutschen Komponistenlebens."[71]

Zusammenfassung

Franz Liszt erlebte die Residenz im Herzogtum Sachsen-Weimar noch als Feudalstadt, ohne allerdings z.b. bei seinen Reisen auf die moderne Eisenbahn zu verzichten. Deren Fahrplan wurde für Max Reger bei seinen vielen Konzertreisen zur unentbehrlichen Planungsgrundlage, doch hat auch er in Meiningen unter der konservativen Hofclique zu leiden gehabt. Fast alle Städte, die so besucht wurden, hatten einen industriellen Aufschwung erlebt, was auch für Weimars Schwesterstadt Jena galt, auch wenn dies selbst hier vergleichsweise spät erfolgte.
Am deutlichsten wird der Einfluß von Liszt auf Reger wohl im Orgelschaffen. Die dynamischen Kontraste, die Farben und die technischen Anforderungen in op. 16[72] und das himmlische Emporjubeln, die Steigerung durch den Kanon in op. 27 ist wohl ohne Franz Liszt nicht denkbar, obwohl bei letzterem zudem an Felix Mendelssohn Bartholdy und Josef Rheinberger

---

[66] Ebd., S. 61.
[67] Otto Löw, Ehrenpromotionen an der Universität Jena von Persönlichkeiten aus der Musikgeschichte Meiningens, in: Zur Musikentwicklung Meiningens Ende des 19./Anfang des 20.Jahrhunderts. Beiträge zur Kulturgeschichte Thüringens, S. 62-73, mit einem Anhang: Die Meininger Hofkapelle und ihre Musiker in Jena, S. 74 - 79, Suhl 1987. Friedrich Stier, Ehrung deutscher Musiker durch die Universität Jena, Darstellungen zur Geschichte der Universität, Weimar 1955.
[68] Fritz Stein, Max Reger, S. 9.
[69] Susanne Popp, Max Reger, S. 440.
[70] Ebd., S. 356.
[71] Fritz Stein, Max Reger, S. 59.
[72] Ebd., S. 111.

zu denken ist.[73] Die Bach-Phantasie op. 46 hingegen zählt neben Franz Liszt wohl auch Robert Schumann zu den Ahnen.[74] Auf dem Klavier hingegen, das bei Regers Ausbildung natürlich Werke von Liszt einbezog, waren weniger die bei Franz Liszt und Carl Maria von Weber eingesetzten brillanten Passagen im Mittelpunkt, dafür eher Doppelgänge über große Tonumfänge, Oktavverdopplungen, Martellatotechnik und Übergreifen der Hände gefragt.[75] Natürlich war dem Dirigenten Reger der Orchestermusiker Liszt nicht unbekannt geblieben.
So mancher aus dem Umkreis des älteren Komponisten war Reger zugeneigt und hat ihn gefördert. Der auf Franz Liszt, Richard Wagner oder Richard Strauss gerichtete Blickwinkel hat zwar viele, aber nicht alle Kritiker zur Voreingenommenheit veranlaßt.
Eines sollte aber nicht vergessen werden. Liszts Wohltätigkeitskonzerte nehmen einen beträchtlichen Teil seines Wirkens ein, auch brachte er wesentliche Beiträge zum Beethoven-Denkmal in Bonn zusammen. Er gab beispielsweise kostenlosen Unterricht und unterstützte notleidende Kollegen. Wenn man Regers Briefe durchliest, zu welchen Konditionen er manchmal aufgetreten ist, gerade auch in Jena, darf von großen Einnahmen nicht immer die Rede sein. Die Akademischen Konzerte in Jena wurden nach der Einziehung des Universitätsmusikdirektors Hermann Poppen von Max Reger ohne Entgelt weitergeführt.[76] Und als Cornelia Schröder-Auerbach bei ihm Unterricht nahm, hieß es gleich: „Für Kollegenkinder nur die Hälfte.[77] Ganz besonders aber ist Regers Einsatz für die 1914 entlassenen Musiker der Hofkapelle in Meiningen durch Konzerte in Thüringen zu würdigen. Und schließlich wird sein Beitrag für das Denkmal von Georg II. von Sachsen-Meiningen zu nennen sein, wobei er besonders darüber ergrimmt war, daß die herzogliche Familie diesen Bemühungen keine Unterstützung angedeihen ließ.

---

[73] Ebd., S. 114.
[74] Ebd., S. 117.
[75] Ebd., S. 111, 114, 117, 120.
[76] Adalbert Lindner, Max Reger, S. 52.
[77] Cornelia Schröder-Auerbach, persönliche Mitteilung.

ERNST KOCH

Christentum zwischen Religion, Volk und Kultur
Beobachtungen zu Profil und Wirkungen des
Lebenswerks von Heinrich Weinel

I

Zu den prägenden Gestalten der Theologischen Fakultät Jena in der ersten Hälfte des 20. Jahrhunderts gehörte der 32 Jahre lang in Jena tätige, zunächst außerordentliche Professor für Neues Testament, später ordentliche Professor für Systematische Theologie Heinrich Weinel. Als Sohn eines hessischen Volksschullehrers am 29. April 1874 in Vonhausen/Wetterau geboren, empfing er die ihn prägenden Eindrücke während seines Studiums in Berlin u.a. bei Adolf von Harnack, dem berühmtesten Vertreter der sog. religionsgeschichtlichen Schule um die Jahrhundertwende, und wurde nach einer Zeit als Privatdozent in Berlin und in Bonn, wo er auch das Inspektorat des Evangelisch-Theologischen Stifts versah, 1904 nach Jena berufen. Diese Berufung ging nicht ohne wissenschaftspolitische und personelle Komplikationen vor sich.[1] 1907 wurde er Nachfolger von Adolf von Hilgenfeld auf dem Lehrstuhl für Neues Testament. Von 1925 an versah er bis zu seinem Tode am 29. September 1936 die ordentliche Professur für Systematische Theologie.[2]
Ein abschließendes Urteil über die Bedeutung Heinrich Weinels ist vorerst nicht möglich. Die Forschung hat sich seinem Lebenswerk erst ansatzweise zugewandt.[3] Eine Bibliographie seiner Arbeiten existiert nicht[4], und sein Nachlaß, der in der Universitäts- und Landesbibliothek Jena deponiert ist, ist noch nicht einmal vollständig verzeichnet, geschweige denn gesichtet. Immerhin läßt sich mit Sicherheit sagen, daß Weinel zu den

---
[1] Vgl. dazu Karl Heussi, Geschichte der Theologischen Fakultät zu Jena, Weimar 1954, S. 382 - 389, 394 - 396.
[2] Zu Biographie und theologischem Ansatz von Heinrich Weinel vgl. Beate Schreier, Untersuchungen zur Kirchengeschichte Thüringens 1918-1933, Diss. Halle/Saale 1985 (MS), Teil B, S. 34 - 39.
[3] Vgl. Klaus Steiner, Heinrich Weinels Jesusbild. Genesis, Ausprägung und Wirkung, Diss. Jena 1971 (MS).
[4] Eine Teilbibliographie enthält K.Steiner, Weinels Jesusbild, Teil III.

begabtesten und in ihrer Wirkung erfolgreichsten Schülern von Adolf von Harnack gehört hat. Der unveröffentlichte Briefwechsel mit ihm bezeugt eine sehr persönliche Beziehung, und der Schüler hat dem Lehrer die Gedenkrede bei dessen Einäscherung gehalten.[5]
Weinels Position als „liberal" zu bezeichnen, ist wohl zutreffend und entspricht auch seinem Selbstverständnis, besagt aber angesichts dessen, daß sich im Gesicht des liberalen Protestantismus des 19. und 20. Jahrhunderts allmählich immer neue Züge herausstellen, die sich durchaus nicht untereinander spannungsfrei ausnehmen, noch nicht alles. Wichtig ist die Einsicht, daß religiös-theologischer Liberalismus und politischer Liberalismus das Bürgertum als gemeinsame soziale Trägerschicht aufweisen - für Weinel dürfte dabei von besonderer biographischer Bedeutung seine Herkunft aus dem Familien- und Erziehungsmilieu einer Volksschullehrerfamilie sein. Wichtig ist auch, daß dieser gemeinsame Wurzelboden die innere Übereinstimmung mit sich brachte, „daß hier wie dort die Erhebung des Individuums zur Persönlichkeit als höchstes Ziel aller Kultur proklamiert wird".[6] Weinel selbst sah im Liberalismus „die religiöse und kirchliche Einstellung..., welche die beiden größten Epochen unseres Volkslebens, die Reformation und den Idealismus, zu einer geistigen Gesamthaltung zu verbinden suchte".[7] In dieser Beschreibung klingt ein für das gesamte Lebenswerk Weinels zentrales Motiv an: das Völkische im Sinne einer historisch unableitbaren, unterscheidenden Vorgabe. Was das europäische Bürgertum des 19. Jahrhunderts „mit dem ihm eigenen Sinn von Freiheit und Glaube an Selbstbefreiung in der eigenen Rationalität, mit seinem naiven Glauben an eine prästabilierte Harmonie der Spontaneitäten, mit seinem von Neuhumanismus und Romantik gedämpften Rationalitätsideal prägte"[8], erhielt bei Weinel eine spezielle Färbung. Hanna Jursch, eine Schülerin Weinels, von 1948 bis 1962 Professorin für Kirchengeschichte in Jena, unterschied in seinem Lebenswerk drei Phasen: die erste, in der Weinel „die Menschen von der Last des Ueberkommenen löste, anderer-

---

[5] Agnes von Zahn-Harnack, Adolf von Harnack, 2.Aufl. Berlin 1951, S. 442. Dazu Heinrich Weinel, Nihil tetigit, quod non ornavit. In: Johannes Herz, Hrsg., Adolf von Harnack und der Evangelisch-Soziale Kongreß, Göttingen 1930, S. 6 - 9.
[6] Friedrich Wilhelm Graf, „Der Götze wackelt"? Erste Überlegungen zu Karl Barths Liberalismuskritik. EvTh 46 (1986) S. 428.
[7] Leitsätze Weinels für die Vorstandssitzung des B[undes für] G[egenwarts-]C[hristentum] in Gotha. In: Martin Rade, Hrsg., An die Freunde. Vertrauliche d. i. nicht für die Öffentlichkeit bestimmte Mitteilungen, Nr.98 (25.11.1930), Sp. 1034.
[8] So R.J.Zwi Werblowsky, Die Krise der liberalen Theologie. In: Rudolf von Thadden, Hrsg., Die Krise des Liberalismus zwischen den Weltkriegen, Göttingen 1978, S. 148.

Abb. 1: Heinrich Weinel

seits die soziale Frage als das die Kirche bedrängende Problem empfand"; die zweite Phase, in der in der Konstellation der Zeit zwischen den beiden Weltkriegen der Jenaer Theologe einen Schutz vor der neu aufbrechenden „Orthodoxie" aufbauen, sich neu zeigende Kräfte prüfen und Geistesverwandtes für Kirche und Christentum fruchtbar machen wollte; die dritte Phase, in der es ihm um die Verteidigung von Christentum und Religion gegen den Atheismus und die Sicherstellung des christlichen Ethos „gegen alle sogenannten Werte anderer Herkunft" ging.[9] Sicherlich zutreffend interpretierte die Schülerin den Lehrer, wenn sie als seine Überzeugung formulierte, „daß das Christentum keine in sich abgeschlossene Provinz unserer Seele ist, sondern die alles durchdringende Kraft, die die Erde umschaffen wird in das Gottesreich".[10] Freilich wird noch genauer nachzufragen sein, was Weinel darunter verstand und welche Wege er für diesen Vorgang wies.

Ganz im Sinne Weinels bietet sich als Einstieg in diese Fragen eines der Bücher an, das er wohl zu den zentralsten seiner Werke gerechnet hat: „Biblische Theologie des Neuen Testaments. Die Religion Jesu und des Urchristentums", erschienen in vier immer wieder veränderten Auflagen zwischen 1911 und 1928.[11] Hans Lietzmann, einer der späteren Kollegen Weinels, nannte das Buch „ein Bekenntnisbuch eigenen religiösen Erfassens der christlichen Wahrheit".[12] Weinel entfaltete hier in einem zentralen Abschnitt das Neue und Eigentliche an der Botschaft Jesu unter der Überschrift „Das neue sittliche Ideal".[13] Anknüpfend an das Wort Jesu gegen die Sorge (Matth. 6, 25) führte er aus: „Ein solches Wort meint eben, daß über dem natürlichen Untergrund unseres Daseins sich etwas erhebt, was den eigentlichen Wert des Menschen ausmacht". Jesus habe ein „unbedingtes sittliches Opfer um der Reinheit der Seele willen" im Sinn gehabt und „eine straff zusammengefaßte Erziehung des Menschen im Sinne seiner Erlösung zu einem ganz bestimmten Ideal" erstrebt. Neben die Forderung der Reinheit, verstanden als Wahrhaftigkeit, Keuschheit, Freisein von allem Haß und Neid, habe er die Forderung der Liebe gestellt: „Die Schranken des Volkstums und des Bekenntnisses... sollen die Liebe nicht mehr einengen". Neben Reinheit und Liebe habe er die Tugenden der Tapferkeit und Demut formuliert und habe „auch sein Vaterland geop-

---

[9] Hanna Jursch, Heinrich Weinel zum Gedächtnis, Jena o. J. [1938], S. 21 f.
[10] Ebd. S. 21.
[11] Vgl. zu diesem Buch K. Steiner, Weinels Jesusbild, S. 208 - 224.
[12] Hans Lietzmann, Heinrich Weinel als Neutestamentler. FV 22 (1934) S. 76.
[13] Heinrich Weinel, Biblische Theologie des Neuen Testaments. Die Religion Jesu und das Urchristentum, 3. verb. u. umgearb. Aufl. Tübingen 1921, S. 101 - 115.

fert oder besser den Staat, der sein Volk damals allein erhalten zu können schien".[14] Für Weinel bedeutete das, „daß Jesus die Sozialethik, die sich aus seinem neuen Ideal ergab, noch nicht bewußt ins Auge gefaßt hat. Er kämpfte eben noch um dieses Ideal mit den Gemeinschaften, die sich als oberste Werte, als höchstes Ideal verstehen".[15] Paulus habe dann in der Überwindung des Gesetzlichen, des Naturhaften und des Kultischen die Vollendung der sittlichen Religion gesehen.[16]

In diesem Entwurf Weinels ist die idealistische Deutung der neutestamentlichen Überlieferung mit Händen zu greifen. So überrascht es nicht, daß Weinel - zeitlich parallel zu diesem Entwurf - Johann Gottlieb Fichte als genuinen Interpreten des Christentums vorgestellt hat. „Fichte hat das Christentum in seinem tiefsten Wesen wiederentdeckt".[17] Er habe das „Sittengesetz als das wahre schaffende Leben in der Welt" im Sinne einer „höheren Moralität"[18] verstehen gelehrt und sich „jener christlich versittlichten Mystik" zugewandt, „die für unsre ganze religiöse Entwicklung noch einmal eine entscheidende Bedeutung gewinnen wird".[19] Weinel reihte sich damit in die Rezeption des metaphysisch verstandenen Erlebnisses der Befreiungskriege von 1812/13 anläßlich des Jubiläums des Sieges über Napoleon am Vorabend des 1. Weltkriegs ein und machte diese Rezeption für seine Auslegungen des Christentums nutzbar, die er maßgeblich als Erziehung zu neuer Sittlichkeit verstand.

Im historischen Rückblick scheint auf dem Hintergrund der Kenntnis des weiteren Weges der protestantischen Theologie kaum verständlich, welche Anziehungskraft ein solcher Entwurf auf die junge Generation am Beginn des 20. Jahrhunderts ausgeübt hat. Es war der damals noch junge Vikar Otto Dibelius, der 1903 anläßlich einer Erklärung zur Rezension einer Veröffentlichung von Heinrich Weinel in der „Nationalzeitung" durch ihn an den seinerzeit noch in Bonn lehrenden Neutestamentler schrieb: „Ich sehe mit einem Kreis von Freunden in Ihnen einen der Führer, wenn nicht d e n Führer unserer jungen Generation. Wie wir Ihnen schon vieles zu danken haben, so hoffen wir Ihnen in Zukunft noch viel mehr danken zu dürfen".[20]

---

[14] Ebd.
[15] Ebd., S. 119f.
[16] Ebd., S. 364 - 366.
[17] Heinrich Weinel, Johann Gottlieb Fichte, Berlin-Schöneberg 1914, S. XXI (Die Religion der Klassiker, 6).
[18] Ebd., S. XIX.
[19] Ebd., S. VII.
[20] Otto Dibelius an Heinrich Weinel, Groß-Lichterfelde-Ost, 26.7.1903 (Universitäts- und Landesbibliothek Jena, Nachlaß Weinel, Kassette restaurierte Briefe, Buchstabe

Es mußte sich zeigen, wie sich eine Theologie, wie Weinel sie lehrte und publizierte, in künftigen kritischen historischen Phasen bewähren würde.

II

Heinrich Weinel hat den Ausbruch des 1. Weltkrieges als einen eindeutigen Appell an sich und seine Einsatzbereitschaft für die „deutsche Sache" erlebt. Er meldete sich freiwillig zum Landsturm, erfuhr seine Ausbildung in Mühlhausen/Thüringen und Ohrdruf[21], spürte dann aber, daß seine Kräfte für den Einsatz an der Kriegsfront nicht ausreichten. So bat er um eine Versetzung in ein Militärpfarramt, konnte es aber wegen des Ausbruchs einer sein Leben gefährdenden Lungenentzündung nicht antreten und wurde am 1. Juli 1916 als Lazarettpfarrer in Görlitz eingesetzt. Ein zeitgenössischer Bericht sprach von seiner unermüdlichen Einsatzbereitschaft für die Verwundeten, von der großen Wirkung der Gottesdienste, die er in den Lazaretten hielt, von seiner Gesprächsbereitschaft und seiner aufmunternden Güte, Bescheidenheit und Liebe.[22] Einblick in seine Stimmung zu Beginn des Jahres 1915 gewährt ein Artikel an der Spitze des neuen Jahrgangs der „Christlichen Freiheit für Thüringen und Sachsen". Er zeichnet die Situation bei Kriegsbeginn nach, die wohl das Gefühl von jähem Herausgerissenwerden aus aller Arbeit enthalten habe. „Dann kam, je größer die Gefahr wurde, umso trotziger und stolzer das Aufflammen. Das war eine Zeit freudiger Gefaßtheit und Spannung bis zum ersten Sieg. Und dann jenes staunende Hingerissenwerden, jenes Berauschtwerden von Glockenklang und Fahnenflattern, das allmorgendlich neu durch die Lande ging, strahlend im Sonnenglanze eines unvergleichlichen Sommers". Die ersten Mißerfolge hätten zu einem größeren Ernst geführt. „So stehen wir noch heute. Sieg und schwere Verluste und Sieg! Und unsere Vaterlandsliebe hat jenen tiefen Zug bekommen, den die Sorge aller wahren Liebe ins Angesicht gräbt. Da erst ward unsere Liebe ganz groß und ganz rein... So treten wir hinüber in das große Jahr, das die Grundlagen der Menschheitsgeschichte neu legen wird, in dem sich für uns alle unser Schicksal gestalten wird, groß und erhebend, wenn wir es groß und hingebend erleben, oder klein und armselig, wenn wir uns fürchten und verzagen". Ein

---

D). Zu Dibelius vgl. Robert Stupperich: Otto Dibelius. Ein Evangelischer Bischof im Umbruch der Zeiten, Göttingen 1989.

[21] Vgl. Weinels Erlebnisberichte: CF 1915, Sp. 335 - 336, 346 - 349, 355 - 358, 386 - 389; 1916, Sp. 17 - 21, 172 - 176.

[22] Anonym in: CF 1918, Sp. 397 - 399, hier: 398. Weinels eigener Bericht über seine Arbeit als Lazarettpfarrer, Im Lazarett. CF 1917, Sp. 17 - 20, 49 - 53.

abschließendes Gebet bat um „reine Herzen... und reine Hände am Tage des Sieges".[23] Ein zweiteiliger Artikel, der sich an Weinels Ausführungen in dem von ihm seit 1913 herausgegebenen Wochenblatt anschloß, verfaßt von Karl König - damals Pfarrer in Bremen-Horn, später enger Mitarbeiter und Freund Weinels beim Aufruf der Thüringer Evangelischen Kirche[24] - mündete in den Aufruf: „Und drum, ihr Deutschen, vorwärts und nicht gewankt! Gott will es, und es ist ein heiliger Krieg, den ihr für euch, für das Reich des Geistes, für die Menschheit kämpft. Denn nur als starker freier Staat könnt ihr der Menschheit dienen. Ihr müßt euch selbst als Volk und Staat erhalten, um den deutschen Geist der Welt zu erhalten. Gott und Krieg gehören für euch in diesen eisernen Tagen zusammen wie Seele und Leib, wie Wille und Schwert".[25]

Der gesamte Jahrgang 1915 dieses Blattes stand im Zeichen der Kriegsideologie und ihrer Propagierung, regelmäßig verstärkt durch Veröffentlichung von Kriegslyrik. Freilich fehlten auch kritische Töne nicht. Weinel machte auf Anzeichen von Lebensmittelwucher aufmerksam[26], was ihm den Unwillen offensichtlich Betroffener eintrug.[27] Wichtig wurde mit fortschreitender Zeit auch die Warnung vor der religiösen Idealisierung der Kriegserlebnisse.[28]

Beginnend mit dem 4. Januar 1915 wurden von Heinrich Weinel die „Thüringer Kriegsblätter" herausgegeben, in einer Folge von 202 Nummern bis zum 11. November 1918 erscheinend. Von Nr. 38 (20. September 1915) an, nach Weinels Meldung zum Kriegsdienst, zeichnete Prof. Hans-Hinrich Wendt, Weinels Jenaer Kollege, als Herausgeber. Der Text der Einblattdrucke begann unter Weinels Herausgeberschaft jeweils mit einem lyrischen Text aus der Gegenwart oder der Vergangenheit, durch Wendt später zunehmend ergänzt oder ersetzt durch einen betrachtenden Text. Daran schlossen sich jeweils zwei Kolumnen an: „Vom Kriege" und „Aus der Heimat", später zu einer einzigen „Vom Kriege und aus der Heimat" vereint, die aktuelle Nachrichten boten. Weinels Betrachtung „Vier Jahre Weltkrieg" vom 12. August 1918 bereitete in Auslegung von 1.Kor.16,13 („Wachet, stehet im Glauben, seid männlich und seid stark!") auf „all das Schwere" vor, „das der Krieg uns noch bringen mag". „Wir sind mit

---

[23] H[einrich] W[einel], Das Neue Jahr des großen Krieges. CF 1925, Sp. 1f.
[24] Vgl. dazu B. Schreier, Kirchengesch. Thür., Teil B, S. 70 - 73.
[25] Karl König, Gott und Krieg. CF 1915, Sp. 2 - 5, 10 - 12, Zitat: 12.
[26] Heinrich Weinel, Von Kriegsfürsorge und Lebensmittelwucher. Ebd., Sp. 232.
[27] Offener Brief an Herrn Prof.Weinel in Jena. Ebd., Sp. 269 - 72. Vgl. auch CF 1916, Sp. 240 und 271f.
[28] Vgl. Heinrich Weinel, Vom religiösen Erlebnis im Kriege. CF 1916, Sp. 260 - 263, bes. 262f.

unseren Bundesgenossen die einzigen auf der weiten Erde, die noch aufrecht stehen, die noch nicht Sklaven Englands sind. Lieber tot, als Slave (!)! Wachet! Laßt euch nicht täuschen! Darum gehts: Ob unsere Kinder einmal bluten sollen in Englands Dienst oder für ihr eigenes Vaterland. Ob unsere Arbeiter Lohn und Lebensraum zugeschnitten bekommen von der Gnade Englands oder von Gottes Gnade, der die ganze Erde für alle Völker geschaffen hat. Wachet!" Glaube deutete Weinel als Glaube an Gott und Glaube „an unser Volk, dem Gott nicht umsonst seine große Geschichte gegeben hat: seinen Freiheitskrieg, als vor hundert Jahren Napoleon uns in sein Joch zwängen wollte, und das Deutsche Reich, das nun unsere Feinde für immer zu demütigen hoffen, und die großen Männer der inneren Welt, Luther und Goethe und Schiller, und wie die Dichter alle heißen, die über der ganzen Welt leuchten als unvergängliche Schöpfer und Führer. Er wird unser Volk nicht sinken lassen vor der Macht Englands. Glaubet!"[29]

Eine ähnliche Tendenz hatte bereits Weinels Rede bei der „Vaterländischen Feier für die Verwundeten und Kranken im Reservelazarett Görlitz am 17. April 1918 im großen Saal der Stadthalle aus Anlaß des Friedensschlusses im Osten und der Siege im Westen" gehabt. Den Friedensschluß mit Rußland verglich Weinel mit der Abwendung der Türkengefahr 1683 vor Wien. „Von einer ungeheuren Last befreit, atmen wir auf. Der Koloß, der uns zermalmen wollte, ist zusammengebrochen. Nie wieder wird es möglich sein, all diese Millionen einheitlich zusammen auf das deutsche Vaterland zu wälzen. Unsere Kinder und Kindeskinder können ohne Sorge vor dieser Gefahr ihre Arbeit tun."[30] Wohl werde es im Osten noch viel zu ordnen geben, speziell bei den Polen, die wohl nie Freunde Deutschlands und vor allem Preußens werden würden. „Aber die Vernunft wird doch einmal auch dort siegen. Die Polen werden lernen müssen, was wir Deutschen immer gewußt und befolgt haben: daß nicht alle Volksgenossen notwendig in demselben Staate leben müssen, daß sie auch zu anderen Staaten gehören können und dort treue Staatsbürger sein müssen."[31] Höchster Freude gab Weinel angesichts des Anschlusses der baltischen Staaten an Deutschland Ausdruck. Er schloß mit einer Erinnerung an den Sieg bei Sedan 1871. „Und wenn es auch wahr ist, daß wir im Westen noch einmal ringen auch

---

[29] Heinrich Weinel, Vier Jahre Weltkrieg. In: [Hans Hinrich] Wendt, Hrsg., Thüringer Kriegsblätter, Nr. 189 (12.8.1918).
[30] Reservelazarett Görlitz. I. Rede des stellvertretenden Korpsarztes V. Armee-Korps Obergeneralarztes Dr. Rochs. II. Rede des Lazarettpfarrers Professors D.Dr.Weinels, o. O. u. J. (Görlitz 1918), S. 10f.
[31] Ebd., S. 11.

um den Frieden im Osten - wir sind gewiß, daß unsere wackeren Kameraden draußen unter der genialen Leitung Hindenburgs mit neuen Siegen den Frieden unserem Vaterlande schenken und sichern werden."[32]
Auf einen anderen Ton gestimmt war der Vortrag, den Heinrich Weinel am 2. Oktober 1918 im Rahmen der Tagung der Freunde der Christlichen Freiheit in Thüringen zum Thema „Deutschlands Zukunftsaufgaben und das Evangelium Jesu" in Jena hielt. Der darüber in der einschlägigen Zeitschrift am 20. Oktober erschienene Bericht hob hervor, daß Weinel betont habe, es gelte, „dem Volke unbedingt die Wahrheit zu sagen und nicht zu meinen, man könne durch beschönigende Darstellungen der tatsächlichen Lage den Mut des Volkes heben". Es gehe jetzt um Heilung der äußeren und der inneren Schäden, unter denen er die Anhäufung von teilweise auf frevelhafte Weise erworbenem Reichtum, die Kluft zwischen arm und reich und die Vergnügungssucht nannte. „Eins ist sicher: der Völkerbund kommt, ob wir ihn wollen oder nicht; das Evangelium der Macht ist vorbei, das Treitschke-Ideal zerbrochen. Es muß anders werden". Kraft werde weder aus einer vaterländischen noch aus einer mystischen noch aus einer pessimistischen Erlösungsreligion im Sinne Schopenhauers erwachsen. „Was uns nottut, ist, daß unserem Volke in prophetischen Worten gesagt würde: es ist deine Sünde, um die Krieg geführt wird! ... Allein das Evangelium Jesu hat die Kraft, ein Gericht über unser Volk anzustellen; denn das Kreuz Jesu offenbart die höchsten Ziele, die auch dem Volksleben Richtung geben müssen: Reinheit und Liebe ... Wir müssen unser Volk davor bewahren, daß es in den Haß gegen England sich verliere, müssen Vergebung auch gegen England predigen - im Namen und in der Kraft des Evangeliums. Das Evangelium ist auch die Erlösung, indem es das Denken weckt: Gott arbeitet in der Weltgeschichte; er läßt - weil der Mensch frei ist - auch das Dunkle und die Sünde zu. Gott muß uns nicht erretten, so sehr wir es auch hoffen. Wenn wir zerbrechen sollen, dann wissen wir, daß wir heimgehen zu dem ewigen Vater, der über und doch in der Welt ist und der alles Chaos in Segen umzubiegen vermag".[33]
Die Versammlung war von diesem Vortrag so beeindruckt, daß sie auf die ursprünglich vorgesehene Aussprache verzichtete. Umso eigenartiger berührt, daß die gleiche Nummer der „Christlichen Freiheit", in der u.a. der Bericht über den Vortrag erschien, mit einem flammenden Aufruf Weinels eröffnet wurde, der angesichts der Forderungen Präsident Wil-

---

[32] Ebd., S. 12.
[33] Tittmann, Die Jenaer Tagung. 2. CF 1918, Sp. 332f. Ähnliche Töne hatte Weinel bereits auf einer Tagung in Görlitz am 23. Mai 1918 angeschlagen, vgl. Heinrich Weinel, Soziale Lehren des Weltkrieges, o. O. u. J. (Görlitz 1918), bes. S. 3.

sons unter Berufung auf Walther Rathenau zur Erhebung des Volkes zu neuer Festigung der Westfront aufrief. „Räumung aller Schreibstuben und Kriegsämter, Einforderung aller Reklamierten, aller Urlauber; alle waffenfähigen Männer hinaus an die Westfront! ... heute gehört und schon längst gehörte *aller* Tabak, *alles* Bier, *alles* Fleisch an die Front, in die Kasernen und in die Lazarette". Der Wohlstand der Kriegsgewinnler und Wucherer verbittert die Soldaten und den einfachen Mann. „Darum hilft uns nur die Tat des ganzen Volkes, die Tat des Opfers, die Tat strengster Gerechtigkeit und höchster Liebe". Das Volk müsse endlich die Wahrheit sehen und den Ernst der Stunde fühlen.[34] Freilich lagen zwischen dem Vortrag Weinels und diesem Aufruf nahezu drei Wochen und die Forderung Wilsons zur Kapitulation und zur Unterwerfung unter die Bedingungen zum Friedensschluß. Dennoch scheinen die Zeitgenossen von Weinels Haltung irritiert gewesen zu sein. In Görlitz wurde er vom Arbeiter- und Soldatenrat im November 1918 wegen „alldeutscher Propaganda" seines Amtes enthoben, in Jena wegen seines Pazifismus öffentlich angegriffen[35]. Möglicherweise war er in den Wochen des ausgehenden Krieges selbst durch die eintretenden Entwicklungen stark hin- und hergerissen zwischen nationaler Begeisterung und Einsicht in die Realitäten; möglicherweise aber war diese Verlegenheit auch die Folge tiefer begründeter Unsicherheiten, die er mit vielen seiner theologischen Zeitgenossen geteilt haben wird.[36] Von langfristiger Bedeutung wurden für den Jenaer Theologen zwei Anstöße, die ihm das Kriegserlebnis vermittelte: die Anregungen zur Gründung einer Reichskirche und der Einsatz für die Volkshochschularbeit.

Die Wiederaufnahme von weit in das 19. Jahrhundert zurückreichenden Plänen zur Bildung einer alle Landeskirchen des Deutschen Reiches umfassenden einheitlichen Kirche hat Weinel direkt mit dem Erlebnis des Krieges begründet. Der dafür maßgebende Text, der für ihn als theologischer Schlüsseltext gelten muß, beginnt mit dem Satz: „In diesen großen Tagen, in denen sich im Deutschen Reich vollenden will, was das neunzehnte Jahrhundert in Hoffnung und Erfüllung, in Kriegs- und Friedenstat aufgebaut hat, steigt auch ein halbvergessener Traum unserer Urgroßväter

---

[34] Heinrich Weinel, Die Erhebung des Volkes. CF 1918, Sp. 329f.
[35] Anonym in CF 1918, Sp. 397 f.
[36] Zur Stimmung in Thüringen dem Krieg gegenüber vgl. B.Schreier, Kirchengesch. Thür., Teil A, S. 18 - 24. Zur Situation des Liberalprotestantismus bei Kriegsende vgl. Kurt Meier, Krisenbewältigung im freien Protestantismus. Kontinuitäts- und Umbruchsbewußtsein im kirchlichen Liberalismus nach 1918. In: Horst Renz/ Friedrich Wilhelm Graf, Hrsg., Umstrittene Moderne. Die Zukunft der Neuzeit im Urteil der Epoche Ernst Troeltschs, Gütersloh 1987, S. 285 - 304, bes. 289 - 295.

wieder vor uns auf: eine einheitliche Kirche des Deutschen Reiches".[37] Der Verfasser dieses Textes war nüchtern genug, um zu sehen, daß die Gründung einer solchen Kirche nicht die Lösung aller ihn beschäftigenden Probleme bringen werde - der Streit der politischen, weltanschaulichen und kirchlichen Parteien würde damit nicht aufhören, das ihn störende polemische Verhältnis der Konfessionen zueinander werde sich nicht klären lassen. Freilich durfte der interkonfessionelle Kampf nach dem gemeinsamen Erlebnis des Krieges nicht so weitergeführt werden wie zuvor. „... große wirklich gemeinsame deutsche Aufgaben für das Christentum" sollten von den Konfessionen gemeinsam angegangen werden, wie es bei der Gründung des Roten Kreuzes der Fall gewesen sei. Zu ihnen zählte Weinel „Kampf gegen Volksnöte, Trunksucht, Laster und Wohnungselend, gegen Volkskrankheiten und soziale Mißstände", und er hoffte, „daß unsere Tage, da im Wetter des Weltkrieges Deutschland von neuem geboren wird, uns wenigstens auch die evangelische Kirche des Deutschen Reiches bringen werde".[38] Der Aufruf schloß mit dem Appell: „Noch im Kriege müssen die großen Dinge begonnen werden, die ans Leben kommen und das neue Deutschland schaffen sollen. Während draußen die Kanonen donnern, dürfen wir nicht schlafen ..."[39]

Weinels Einsatz für die Volkshochschularbeit hatte seine Wurzeln längst vor Beginn des 1. Weltkrieges. Das Interesse dafür wurzelte in seiner Gesamtanschauung von Kultur, Religion und Theologie, für die Kunst, Wissenschaft und Bildung geradezu formgebend waren. Eindrücklichstes Zeugnis dafür ist seine bisher noch nicht gesichtete, unermüdliche Vortragsfähigkeit, die ihn immer wieder zu weiten Reisen aufbrechen ließ. Zu seinen wichtigsten Zielgruppen gehörten die Lehrer, für die er beispielsweise im August 1913 in Jena und an der Monatswende vom September zum Oktober 1913 in Meiningen Ferienkurse zum Thema „Religionswissenschaft und Religionsunterricht" anbot.[40] Regelmäßige Vorlesungen für Pädagogen dienten an der Universität Jena der Vermittlung und Popu-

---

[37] Heinrich Weinel, Die deutsche Reichskirche, München o. J. (1915), 1 (Flugschriften des Dürerbundes, S. 145).
[38] Ebd., S. 2.
[39] Ebd., S. 8. Zur Diskussion um Weinels Aufruf vgl. Heinrich Weinel: Eine deutsche Zukunftskirche. CF 1915, Sp. 161 - 164. Vgl. Sp. 201 - 204. Ders.: Warum keine Reichskirche? Deutscher Wille 30 (1916) S. 171 - 176, 213 - 217. - Zum Plan einer Protestanten und Katholiken umfassenden Reichskirche, der im Sommer 1915 auch von W.Thümmel geäußert wurde, vgl. B.Schreier, Kirchengesch. Thür., Anmerkungen, S. 73 Anm. 98.
[40] CF 1913, S. 119 - 120, 200.

larisierung der Einsichten historisch-kritischer theologischer Forschung.[41] Das Erlebnis des 1. Weltkrieges hatte für Weinel die Bedeutung eines fördernden Motivs insofern, als es ihm die Notwendigkeit der Bildung für breite Volksschichten mit dem Ziel der Hebung von Sittlichkeit erst recht dringlich machte. Dafür wurde ihm die Zeit in Görlitz zur Schlüsselerfahrung. Der Görlitzer Pfarrer Carl Onnasch konnte eindrücklich beschreiben, welche entscheidende Rolle er Weinel für die Volkshochschularbeit in dieser Stadt zumaß.[42] Weinel selbst führte seine Position in einem Vortrag während einer Tagung in Görlitz am 23. Mai 1918 aus. Er setzte bei den Nöten ein, die der Krieg hinterlassen werde, und wies drei Wege auf, ihnen zu begegnen: soziale Gesetzgebung und Hilfstätigkeit, politische Volksbefriedung und Teilhabe des ganzen Volkes an der Bildung und den geistigen Schätzen des Vaterlands, wobei er letzteres aus eigener Erfahrung in der Arbeit in den Lazaretten am anschaulichsten und ausführlichsten zu begründen wußte.[43] Was er sozial, kulturphilosophisch und theologisch mit diesem Ansatz im Sinne hatte, führte er programmatisch in einer seiner ersten Veröffentlichungen nach Kriegsende aus. „... unser Volk braucht, um sich aus seiner Not zu erheben, vermehrtes Wissen und Können. Wir waren schon vor dem Kriege das kenntnisreichste und fähigste Volk der Erde, wie die verschwindende Zahl unserer Analphabeten, die hohe Zahl unserer Nobelpreisträger und auch die Zahl der in Deutschland erscheinenden Bücher und Zeitschriften bewies. Aber wir müssen in unserer Not solche Eigenschaften noch viel höher entwickeln; denn wir werden, in unseren Rohstoffen beschränkt, noch viel mehr hochwertige Veredelungsarbeit leisten müssen als bisher. Das kann nur ein gebildetes Volk ... nicht der technisch am besten abgerichtete, sondern der innerlich am tiefsten gebildete und in Selbsterziehung gereifte Mensch bringt Höchstleistungen hervor. Denn über aller Routine steht die Treue und Gewissenhaftigkeit, die Selbstzucht und die seelische Kraft des Menschen ... Über das Notwendige und Nützliche, über das Technische und Praktische erheben sich die vier großen seelischen Bildungsgebiete des Wahren, Schönen, Guten und Heiligen. Nur wer in sie eingetaucht ist, der weiß, was Menschentum ist und hat teil daran. Wissenschaft, Kunst, Sittlichkeit und Religion sind darum auch die großen Arbeitsgebiete der Volkshochschule".[44] Diesem Ziel diente

---

[41] Vgl. Nachlaß Weinel, UB Jena, Karton 10: Aufriß der Vorlesung „Christliche Weltanschauung und Lebensgestaltung im Religionsunterricht".

[42] C[arl] Onnasch, Was kann ein Professor der Theologie einer Gemeinde nützen?, in: Martin Rade, Hrsg., An die Freunde, Nr. 63 (26.2.1919), Sp. 682f.

[43] Heinrich Weinel, Soziale Lehren des Weltkrieges, o.O.u.J. (Görlitz 1918), bes. S. 11 - 15.

[44] Heinrich Weinel, Die Religion in der Volkhochschule. Mit 32 Entwürfen für Vor-

auch Weinels Mitarbeit an den „Quellenbüchern der Volkshochschule", bei der er selbst mehrfach als Autor fungierte.[45] 1919 wurde er Vorsitzender der Volkshochschule Thüringen e.V.
Weinel hat sich nach Kriegsende alsbald von dem abgesetzt, was er „Pessimismus und Selbstvernichtungsdrang" und den „Umschlag der Stimmung" nannte und was er als Domäne der „Bußprediger" ansah.[46] Im Rückblick schrieb er 1926: Wenn auch der Zusammenbruch von 1918 einen Einschnitt bedeutet habe, „so sind wir darum nicht Elende, sondern Menschen, denen Übermenschliches und Unmenschliches abgefordert war. Und mag nachher noch so viel Schmutz und Gemeinheit von dem Unwetter des Zusammenbruchs dahergeschlemmt (!) worden sein, wie viel ist mit kraftvoller, liebeswarmer Arbeit schon wieder beseitigt, und wie arbeiten die Herzen und Hände daran, auf der schmalen Lebensgrundlage, die uns geblieben ist, neu zu bauen".[47] Wohl tue das Gericht Jesu not, das Weinel in der Bergpredigt Jesu ausgesprochen sah.[48] Weinel hatte sich inzwischen intensiv dem Aufbau einer Volkskirche in Thüringen zugewandt, die inzwischen bereits eine Verfassung erhalten hatte.[49] War auch der von ihm so lange gehegte Plan einer Reichskirche nicht durchführbar gewesen, so war doch

---

tragsreihen und Arbeitsgemeinschaften, 1.u.2. Aufl. Langensalza 1919, S. 5-7 (Pädagogisches Magazin, S. 736 / Die Deutsche Volkshochschule, S. 14).

[45] Sozialismus und Christentum. Männer und Programme, Langensalza 1920 (Quellenbücher der Volkshochschule, hrsg. v. der Volkshochschule Thüringen, 1); Die Weltreligionen. Die Religion Chinas. Die indischen Religionen. Judentum, Islam, Langensalza 1920 (Quellenbücher, 2); Die Geschichtlichkeit Jesu, Langensalza 1920 (Quellenbücher, 5); Luthers wirtschaftliche und politische Anschauungen, Langensalza 1922 (Quellenbücher, 8).

[46] Vgl. seinen beschwörenden, durch die Wahl der Drucktypen optisch hervorgehobenen Aufruf in: FV 1919, Sp. 22f. (19.1.1919): „Liebe Freunde, die Ihr Pfarrer seid, predigt jetzt recht viel Freude! Die Kirchen sind jetzt schon an sich so düster. Nicht einmal ein Weihnachtslicht hat gebrannt. Wir, die wir Euch hören, können so gut verstehen, daß es Euch schwer ums Herz ist. Aber wir bitten Euch: Vermehrt die Düsterkeit nicht! Klagt nicht, malt das Elend nicht aus, scheltet nicht! Wo Bußpredigt not ist, soll sie sein. Aber wie ein starkes läuterndes Feuer, das rasch mit heller Glut alles Gemeine ausbrennt. Wenn wir zu Euch kommen, wollen wir, daß uns ein Strahl der Himmelskraft und der ewigen Freude ins Herz hineinfalle. Ihr braucht nicht zu schwärmen von einem neuen Morgenrot für die Erde, an das Ihr nicht glaubt. Aber vergeßt, was dahinten liegt und führt uns über Vaterland und Erde hinaus in die Arme des ewigen Gottes und zu den Schätzen, die nicht Rost und Motten fressen, die kein Krieg und keine Revolution verwüsten kann. Erhebt die Herzen in das Licht, führt sie zu Friede und Freude. Wir brauchen sie alle."

[47] Heinrich Weinel, Was Jesus uns Heutigen bedeutet. In: G[otthilf] Schenke, Hrsg., Der Protestantismus der Gegenwart, Stuttgart (1926), S. 545.

[48] Ebd., S. 566f.

[49] Vgl. dazu B. Schreier, Kirchengesch. Thür., passim.

mit der Formulierung in der Verfassung, daß die Thüringer evangelische Kirche sich als „Hort evangelischer Freiheit und Duldsamkeit" verstehe, für ihn und seine Freunde ein wichtiges Ziel erreicht worden.[50]

III

Die Jahre zwischen 1920 und 1933 brachten für Heinrich Weinel die Begegnung mit einer Theologie, deren Wurzeln von denen seiner eigenen Theologie nicht weit entfernt lagen, da sie im religiösen Sozialismus und im theologischen Liberalismus zu suchen waren: die Begegnung mit der sog. Dialektischen Theologie.[51] Sie hatte entscheidende Impulse durch ein Erlebnis des 1. Weltkriegs erfahren, das sich von dem Weinels erheblich unterschied und das dem Jenaer Theologen persönlich zutiefst fremd blieb. Aber auch die Vertreter der Dialektischen Theologie - unter ihnen Karl Barth und Friedrich Gogarten - entdeckten ihre Fremdheit der eigenen Herkunft gegenüber, jedenfalls was den theologischen Liberalismus betraf. Weinel ist Barth bei jener denkwürdigen Gelegenheit begegnet, bei der dieser am 3. Oktober 1922 anläßlich einer Tagung der „Freunde der Christlichen Welt", einer liberaltheologischen Vereinigung, bei der auch Weinel Mitglied war, in der Kirche zu Elgersburg seinen Vortrag über „Das Wort Gottes als Aufgabe der Theologie" hielt.[52] Zu bedauern war, daß ausgerechnet während dieser Tagung der Protokollant versagte, der sonst die Diskussion genau nachzuschreiben pflegte, so daß sie jeweils für die „Freunde" veröffentlicht werden konnte. Wenigstens ließ sich nachträglich doch ein Protokoll erstellen, das vermerkte, daß Weinel die Aussprache eröffnet und den Referenten darauf hingewiesen habe, daß ihm eine Verwechslung unterlaufen sei, die Verwechslung zwischen der Aufgabe der Theologie und der Sache der Propheten. Weinel nahm auch Anstoß an Barths Methode: Wohl habe er die Dialektik bestaunt, aber der höchste Weg sei doch nicht sie, sondern der ganz einfache Weg.[53]
Barth zeigte sich vom Gang der Diskussion erschüttert. „... wie wenig ist mir meine Not abgenommen! wie zuversichtlich haben die Pfarrer gere-

---

[50] Vgl. Heinrich Weinel, Die neue Thüringer Evangelische Kirche. Thüringer Jahrbuch 1926, S. 148-155.
[51] Vgl. dazu Winfried Härle, Art. Dialektische Theologie, TRE 8, S. 683 - 696.
[52] Veröffentlich erstmals CW 36 (1922) Sp. 858-873, seitdem mehrfach wiedergedruckt: Karl Barth, Das Wort Gottes und die Theologie, München 1924, S. 156 - 178; Jürgen Moltmann, Hrsg., Anfänge der dialektischen Theologie, Teil I, 2. Aufl. München 1966, S. 197 - 218 (Theologische Bücherei, 17); Karl Barth, Gottes Freiheit für den Menschen, Berlin 1970, S. 84 - 102.
[53] M. Rade, Hrsg., An die Freunde, Nr. 75, Sp. 818.

det!"[54] Über Weinel äußerte er sich in einem Rundbrief vom 7. Oktober äußerst sarkastisch: „... zurück in den Pfuhl, aus dem er gekommen".[55] Einige Tage später bekannte er in einem Brief an Martin Rade, den Herausgeber der „Christlichen Welt", daß ihm die Ereignisse von Elgersburg noch nachgingen; er denke „noch immer mit einigem Grimm" daran zurück, und er schien noch zu grübeln, ob der Ausgang der Diskussion an der „harthörigen Unfähigkeit der Liberalen für die Distinktion von 'oben' und 'unten', auf die mir Alles ankommt", oder an seiner „eigenen Unfähigkeit, da, wo diese Distinktionsfähigkeit nun einmal fehlt, etwas Anderes als Schläge ins Wasser zu tun", gelegen habe. Zurückgeblieben sei „die Empfindung, auf lauter nachgiebigen und doch widerstehenden Kautschuk gestoßen zu sein und mich am Schluß dadurch blamiert zu haben, daß ich auf offener Szene böse und pathetisch wurde, was mir sonst auf allen meinen Fahrten nie passiert ist". An dem Gießener Kirchenhistoriker Gustav Krüger habe ihm etwas imponiert. „Weinel aber war fürchterlich".[56]
Die beiden Theologen haben sich nie gegenseitig verstanden. Hier mag eine Grenze auch Weinels gelegen haben, dem Barths Zugang zu den Grundfragen der Theologie fremd bleiben mußte, weil ihm das grundsätzlich kulturkritische Element in Barths früher Theologie fremd blieb. Noch 1932 konnte er in einem Aufsatz nach einigen Zitaten aus Barth nur schreiben: „Die betäubende Rhetorik Barths feiert auch in diesem Satze eine Orgie."[57] Wohl nahm er in eine von ihm herausgegebene Textsammlung auch Texte von Barth auf, aber in der knappen Hinführung zu diesen Texten war doch die große Mühe zu spüren, die Weinel mit seinem großen Antipoden hatte.[58] In dieser Beziehung sah Martin Rade schärfer als Weinel, als er 1928 in einem Brief an ihn und August César in Jena bemerkte, „daß die dialektische Theologie es ist, unter deren Stern wir leben".[59]
Noch schärfer wurde Weinels Auseinandersetzung mit einem anderen Zweig der Dialektischen Theologie. Der Grund dafür lag darin, daß der wichtigste Vertreter dieses Zweiges, Friedrich Gogarten, seit 1917 Pfarrer

---

[54] Ebd.
[55] Karl Barth, Rundbrief an die Freunde, 7. Oktober 1922. In: Eduard Thurneysen, Hrsg., Karl Barth - Eduard Thurneysen Briefwechsel, Bd. 2, Zürich 1974, S. 104 (Karl Barth Gesamtausgabe, V 4).
[56] Karl Barth - Martin Rade. Ein Briefwechsel. Mit einer Einleitung hrsg. v. Christoph Schwöbel, Gütersloh 1981, S. 179f.
[57] Heinrich Weinel, Die Nächstenliebe. Archiv für die gesamte Psychologie 86 (1932), S. 253f.
[58] Heinrich Weinel, Aus der Gotteslehre der gegenwärtigen Philosophie und Theologie, Leipzig o. J.(1927), S. 38 - 44 (Religionskundliche Quellenhefte, 44).
[59] K.Barth - M.Rade, Briefwechsel, S. 50.

in Stelzendorf und seit 1925 in Dorndorf/Saale und gleichzeitig Privatdozent für Systematische Theologie in Jena war, bevor er 1931 ein Ordinariat in Breslau (und seit 1935 in Göttingen) erhielt.[60] Die persönliche Nachbarschaft zwischen Weinel und ihm und Gogartens wachsender Einfluß in Thüringen machten die ständige Auseinandersetzung unausweichlich. Gogarten hielt seinen Vortrag über „Wahrheit und Gewißheit" auf der Versammlung der „Freunde der Christlichen Welt" am 2. Oktober 1929 in Eisenach.[61] Obwohl Weinel nicht persönlich zugegen war, sich also an der Diskussion nicht beteiligen konnte, wurde der Vortrag für die Anhänger des theologischen Liberalismus in Thüringen zu einer großen Herausforderung.[62] Noch vor Gogarten referierte in Eisenach Rudolf Bultmann, Professor für Neues Testament in Marburg, zum gleichen Thema. Er klagte in einem Brief an Barth vom 25. November 1929 angesichts der Angriffe gegen Gogarten während der Diskussion bitter über die „Pharisäergesellschaft" des Bundes für Gegenwartschristentum.[63]

Zu den Begegnungen Weinels mit einer ihm fremden theologischen Welt nach dem 1. Weltkrieg gehörte auch die Begegnung mit Paul Tillich während der Pfingsttagung der „Freunde der Christlichen Freiheit" auf der Augustusburg 1926. Tillich, seit 1925 Ordinarius für Religionswissenschaft an der Kulturwissenschaftlichen Fakultät der Technischen Hochschule Dresden, hatte 1926 sein Buch „Die religiöse Lage der Gegenwart" veröffentlicht und im gleichen Jahr eine kritische Würdigung Barths vorgelegt.[64] Auf der Augustusburg hielt er einen Vortrag mit dem Titel „Die Überwindung des Persönlichkeitsideals".[65] Der Vortrag enthielt eine philosophische Grundsatzkritik des idealistischen Ansatzes dieses Ideals und verwies auf seine Klassenbedingtheit und die verhängnisvolle sozialpädagogische Auswirkung des Ideals der allseitig geformten Persönlichkeit, das das gesamte Bildungswesen bestimme.[66] Das Korreferat Weinels, das unveröffentlicht

---

[60] Zu Gogarten vgl. Peter Henke: Art. Friedrich Gogarten, TRE 13, S. 563 - 567.

[61] Abgedruckt: Zwischen den Zeiten 8 (1930), S. 96 - 119.

[62] Die Diskussion ist dokumentiert in M. Rade, Hrsg., An die Freunde, Nr. 94, (5.11.1929), Sp. 1080 - 1098.

[63] Bernd Jaspert, Hrsg., Karl Barth - Rudolf Bultmann Briefwechsel, 1922 - 1966, Zürich 1971, S. 98 (Karl Barth Gesamtausgabe, V 1).

[64] Zuerst erschienen in: Vossische Zeitung 1928, Nr. 32. Wiederabdruck: Paul Tillich, Begegnungen. Paul Tillich über sich selbst und andere, Stuttgart 1971, S. 187 - 193 (Gesammelte Werke, XII).

[65] Im Druck zuerst erschienen in: Logos 16 (1927), S. 68 - 85. Wiederabdruck: Paul Tillich, Religiöse Verwirklichung, Berlin 1930, S. 168 - 189, 295 - 298; Ders.: Das religiöse Fundament des moralischen Handelns. Schriften zur Ethik und zum Menschenbild, Stuttgart 1965, S. 83 - 100 (Gesammelte Werke, III).

[66] P.Tillich, Das religiöse Fundament, S. 9.

geblieben ist, nahm Tillichs Kritik insofern nicht auf, als es die Kritik lieber auf das Individualitätsprinzip als auf den Persönlichkeitsbegriff angewendet wissen wollte.[67] Nachklänge der Tagung ließen erkennen, daß die Grundsätzlichkeit der Kritik Tillichs offenbar nicht verstanden, keinesfalls jedoch akzeptiert worden war.[68] Karl Mensing sprach im Rückblick 1934 von einem „Zweikampf Tillich-Weinel" auf der Augustusburg.[69] So kam es, daß Heinrich Weinel und seine Freunde sich in der Auseinandersetzung jedenfalls mit der Dialektischen Theologie unangefochten als Sieger erlebten. Karl König meinte 1934, die inzwischen eingetretenen Veränderungen der politischen Verhältnisse hätten die Weltuntergangsstimmung der Dialektischen Theologie weggefegt. Er rief seinem Freunde zu dessen 60. Geburtstag zu: „Oder glaubst Du etwa, die SA-Männer, die Tag um Tag ihr Leben für Deutschlands Sache aufs Spiel gesetzt haben, die ließen sich mit Abstraktionen, Kulturpessimismus und mit der Lehre von Adams Fall und der durch ihn gefallenen Welt abspeisen? Mit einem Gotte, dem die Schöpfung, kaum daß er sie geschaffen, durch Adams Fall schon wieder aus den Händen gefallen ist, können sie absolut nichts beginnen. Ehrfurcht wollen sie haben vor Gott, Kraft wollen sie haben von ihm; anbeten wollen sie seine Herrlichkeit, und dankbar erheben sie Herzen und Hände zu ihm, daß er ihnen und ihrem Volke wieder einen Führer und durch ihn Licht, Kraft, Liebe und Leben in die Seele gegeben hat ... Freund Weinel, es ist heute auch für Dich und Deine Theologie endlich wieder eine Lust, zu leben!"[70]

IV

Mit dem Jahr 1933 und seinen Ereignissen schien sich für Heinrich Weinel eine seiner alten Hoffnungen zu erfüllen: die Gründung einer deutschen Reichskirche. Gegen den Widerstand der an der Erhaltung konfessioneller Gruppen interessierten Vertreter der Kirchen - so sah es Weinel selbst - gelang im April/Mai 1933 der Zusammenschluß der Landeskirchen zur Deutschen Evangelischen Kirche. Ihr einziger Geburtsfehler war für den

---

[67] Hermann Tögel, Augustusburger Pfingsttagung 1926. FV 14 (1926) Sp. 198-204.
[68] [Carl] Mensing, Überwindung des Persönlichkeitsideals? Ansprache vor dem Abendmahl auf der Augustusburg. FV 14 (1926) Sp. 209 - 214; Gertrud Riechelmann, Persönliches von der Augustusburg. Ebd., Sp. 266 - 267; [Carl] Mensing, Gemeinschaft. Ebd., Sp. 381f., 395 - 396.
[69] [Carl] Mensing, D.Weinel und die Augustusburg. FV 22 (1934), Sp. 83.
[70] Karl König, Seinem lieben Freunde Heinrich Weinel zum 60. Geburtstag. FV 22 (1934) Sp. 73.

Jenaer Theologen das Amt des Reichsbischofs - er sprach vom „unreformatorischen Bischofsgedanken"[71] und von „Byzantinismus"[72] - und der Streit um seine personelle Besetzung.[73] Dennoch konnte Weinel resümieren: „Die Reichskirche ist im Werden. Eine Volksbewegung von rücksichtsloser Kraft nimmt sich dieser alten nationalen und volkskirchlichen Forderung an".[74] Bemerkenswert war das Motiv des Völkischen in diesem Resümee. Es war integraler Bestandteil von Weinels Sicht der Kirche. Bereits 1915 stellte er im Zusammenhang des Projekts Reichskirche lapidar fest: „Was uns ... zur Einigung der deutschen evangelischen Kirche fehlt, ist ganz einfach das Volk"[75], und 1918 tauchte in einer Reihe von Leitsätzen wiederum die Korrespondenz zwischen Reichskirche und Volkskirche auf.[76] Damit stand Weinel in einem weiten Kontext innerhalb der werdenden Thüringer evangelischen Kirche[77], innerhalb derer sich als synodale Fraktion der Thüringer Volkskirchenbund formierte.[78] Die 1933 gegründete Deutsche Evangelische Kirche war für Weinel keine Theologensache, sondern eine Volkssache.[79] Gefahr drohte ihr durch staatlichen Druck oder Zwang.[80] „Ich male den Teufel nicht an die Wand, sondern ich bitte nur, daß man klar sehe, und daß auch die heute im Staat Herrschenden, die den Wert der Kirche und ihrer Botschaft so hochstellen, dabei bleiben, daß man ihr die nötige Freiheit lassen muß".[81] Was Klaus Steiner im Blick auf Weinels Position formuliert hat, trifft zu: „Das 'Volk' ist die religiös-politische Einheitsformel, die den Konfessionalismus abwehren und die Prinzipien der 'evangelischen Freiheit' garantieren soll."[82]

---

[71] Heinrich Weinel, Die Deutsche Evangelische Kirche, ihre Notwendigkeit, ihre Aufgaben, ihre Gestaltung und ihr Bekenntnis nebst einer Chronik der Versuche deutscher kirchlicher Einigung von 1807 bis 1. Juni 1933, Gotha 1933, S. 47.
[72] Ebd., S. 48.
[73] Ebd., S. 44 - 48, 81 - 82.
[74] Ebd., S. 7.
[75] Ebd., S. 2 (Hervorhebung von Weinel).
[76] Heinrich Weinel, Die Volkskirche. Leitsätze für unsere Arbeit. CF 1918, Sp. 389 - 392.
[77] Vgl. B.Schreier, Kirchengesch. Thür., Teil A, S. 39.
[78] Ebd., Teil B, S. 1 - 33.
[79] Heinrich Weinel, Die Deutsche Evangelische Kirche, S. 23f.
[80] Ebd., S. 65.
[81] Ebd., S. 66f.
[82] K.Steiner, Weinels Jesusbild, Anm. 318 zu Teil II. Bereits A. Krauskopf hatte 1934 festgestellt, „besonders charakteristisch für Weinels Systematik" sei „deren kirchliche und völkische Bezogenheit" (A.Krauskopf: Weinel als Systematiker. FV 22 (1934) Sp. 77. Hervorhebung durch den Autor). Vgl. K[arl] Heussi, Weinels literarisches Schaffen. Ebd., S. 7.

Wenn das so ist, muß dann aber auch nach den Implikationen von Weinels Volksbegriff gefragt werden. Zu ihnen hatte er sich ausführlich in einem Vortrag und einer Thesenreihe „Völkische Bewegung und Christentum" auf der Hauptversammlung des Bundes für Gegenwartschristentum am 7. Oktober 1925 auf der Veste Coburg geäußert. Die Thesen stellten eine Auseinandersetzung mit der Völkischen Bewegung der zwanziger Jahre dar: Das Christentum dürfe an dieser Bewegung nicht vorübergehen (1) und brauche sie nicht abzulehnen, da „Rasse und Volk als die gottgegebenen Grundlagen alles Menschenlebens und aller Menschenliebe anzuerkennen" seien (2); zu bekämpfen seien hingegen die Auswüchse dieser Bewegung, so u.a. auch der „Antisemitismus des Hasses und der staatlichen Entrechtung des Judentums" (also offenbar nicht der Antisemitismus überhaupt?) (3); zu lernen habe christliche Verkündigung von der Völkischen Bewegung, „sofern sie völkische Würde und Eigenart, Heimatliebe und guten Volksbrauch werthält und erneut; sofern sie Rassegefühl und Rasseverantwortung gibt; sofern sie Gemeinsinn, Heldentum und wahre Güte (das Gute ohne Lohn!) vertritt" (4); zu fördern seien Versuche, Christentum und Völkische Bewegung „in der rechten Weise miteinander zu verbinden"; die Theologie habe zu lernen, „daß sie das Christentum nicht bloß in den Formen einer begründeten Weltanschauung, sondern auch auf dem gegebenen seelischen und geistigen Untergrund einer bestimmten Rasse und eines gesonderten Volkstums auszuprägen hat", was u.a. bedeute, „das Alte Testament gegenüber der deutschen Religionsgeschichte (Gesangbuch, Lesebuch, Lektüre) zurücktreten zu lassen". Die letzteren Hinweise verband Weinel mit Empfehlungen von Artur Bonus, Max Maurenbrecher, der Deutschkirche, von Teilen der Jugendbewegung, der Christdeutschen, der Gilden und des Volksdienstes der Thüringer evangelischen Kirche.[83] Für das Verhältnis von Kirche und Welt hieß das: „Die Kirche wird und muß offen die Unterchristlichkeit des Alten Testamentes in vielen Zügen und Erzählungen anerkennen und offen zugestehen, sie muß mehr Sinn als bisher für die Eigenart unseres Volkstums und die Tiefe unseres eigenen frommen Lebens haben. Auch uns Deutschen hat sich Gott geoffenbart. Sie darf auch in der Unterweisung wie im Gottesdienst die Zeugnisse starker deutscher Frömmigkeit nicht mehr so zurückstellen wie seither. Es ist in der Tat wichtiger, daß unser Volk etwas von der Edda oder dem Meister Eckart weiß als vom Richterbuch und dem Prediger Salomos. Daher sind

---

[83] Heinrich Weinel, Völkische Bewegung und Christentum. CW 39 (1925) Sp. 913. In ähnliche Richtung ging Weinels Art. Völkische Bewegung. II D. Völkische Bewegung und Christentum. RGG 2. Aufl. Bd. 5 (Tübingen, 1931), Sp. 1625f. Vgl. Ders.: Art. Völkische Bewegung. II A. Völkische Religion. Ebd., Sp. 1617 - 1623.

Bestrebungen wie die *Deutschkirche* und die Richtungen innerhalb unserer völkischen Jugendbewegung, die ein ernstes persönliches Christentum vertreten, sehr zu begrüßen".[84]
Freilich war es nach Weinels Vortrag vom Oktober 1925 zu heftiger Kritik an ihm gekommen, an der sich u.a. auch der religiöse Sozialist Emil Fuchs beteiligte.[85] Weinel, nach Maßstäben für den Inhalt des Völkischen befragt, verwies auf die Instinkte und führte (nach dem Protokoll) aus: „Die Instinkte sehe ich als das letzte große Schaffende, was dabei ist. Wir Menschen sind die, die schließlich auf den Verstand gestellt sind, und das Instinktive fällt bei uns immer mehr ab. Wir müssen mit den Kräften unseres hellen Tageslebens die Dinge machen, aber auf den Instinkt hören: mir graust vor dem Neger, darin liegt etwas Göttliches. Gott will keinen Mischmasch. Gott hat die Ungleichheit gewollt. Es gibt auch hier keine Grenze, wenn man das benutzt, daß Einer den Anderen unterdrückt. In der Natur kann sich das gar nicht vermischen; bei uns Menschen ist das nicht, aber wir haben einen starken Instinkt in uns, der das verhindert ..."[86]
Die Thesen vom Oktober 1925 hat Weinel nochmals 1932 veröffentlicht als „das endgültige Wort, das ich zur Sache zu sagen habe". Bei dieser Gelegenheit verwies er auf Paul de Lagarde, von dem er während seiner Studienzeit stark beeindruckt worden war, und fügte - aus gegebenem Anlaß - 12 weitere Thesen zum „Sonderproblem Nationalsozialismus und Kirche" hinzu. Der Nationalsozialismus erschien ihm als chaotisch. Die Kirche müsse „sich aufs äußerste hüten, aus Freude über ein Programm, das sich zum 'positiven' Christentum bekennt ..., sich ins Schlepptau einer politischen Partei nehmen zu lassen. Ja, sie muß sich schon dagegen wehren, sich mit staatlichen Machtmitteln oder Parteigewalt helfen zu lassen". Auch müsse sie ihre Freiheit vom Staate wahren. „Die Kirche braucht keine Furcht zu haben, daß ihre Synoden von der nationalsozialistischen Partei (vielleicht in kirchlich verkleideter Gestalt) erobert würden ... Wenn es aber geschieht, so wird auch der Nationalsozialismus nichts Wesentliches an den evangelischen Kirchen ändern können". Auch innerlich werde der Nationalsozialismus die Kirche nicht bestimmen können. „Der evangelische Glaube, die Rechtfertigung aus dem Glauben, die Gewißheit der Erlösung von Sünde und Schuld, die ganze Gottessache des Evangeliums wird allen Einbrüchen standhalten". Dafür sprach für Weinel die Gewißheit, daß es

---

[84] H.Weinel, Protestantismus der Gegenwart, S. 571.
[85] Vgl. M. Rade, Hrsg., An die Freunde, Nr. 81 (15.11.1925), Sp. 920.
[86] Ebd., Sp. 922f.

Tausende geben werde, „die ihre Kniee vor keinem Baal des Zeitgeistes beugen".[87]
Diese Stellungnahme war die wohl insgesamt deutlichste, aber auch anfechtbarste Stellungnahme Weinels zum heraufziehenden Nationalsozialismus. Seine Hoffnung richtete sich wiederum auf das „Volk", das sich in seinem religiösen Wollen nicht beirren lassen werde. Einer von Weinels Freunden interpretierte ihn 1934 so: „Der völkische Lebensdrang ist von vornherein metaphysisch gerichtet und greift über die empirisch-sinnlichen Grenzen hinaus; dieser metaphysische völkische Lebensdrang ist auch als Gottestum im Volkstum zu begreifen und nicht als 'Nur-Religion' gegenüber christlicher Gottesoffenbarung theologisch radikal zu entwerten. Vom Boden einer 'natürlichen Theologie', die als induktive Religionsmetaphysik auszubauen ist, werden auch die Fragen völkischer Religion fruchtbarer als bisher zunächst einmal in Angriff genommen werden müssen. Geschieht das nicht bald auf dem Boden von Theologie und Kirche, so wird das außerhalb geschehen; damit wird aber der Kirche viel religiöse Substanz abgegraben werden."[88]

V

Inzwischen hatten die Ereignisse auch in Thüringen ihren Lauf genommen. Bei den von der nationalsozialistischen Regierung verordneten vorgezogenen Kirchenwahlen für die landeskirchlichen Synoden am 23. Juli 1933 verzichtete der Thüringer Volkskirchenbund, die Sammelgruppe der kirchlich Liberalen, auf die Aufstellung einer eigenen Kandidatenliste und empfahl seinen Mitgliedern, die Kandidaten der Glaubensbewegung Deutsche Christen zu wählen, die Sammlung eines nationalsozialistisch eingefärbten Christentums.[89] Heinrich Weinel kommentierte diesen Vorgang so: „Der Gedanke der Volkskirche gegenüber der Bekenntniskirche brachte uns notwendig zusammen".[90] Was im übrigen das Verhältnis zu den Deutschen Christen anging, formulierte er: „Uns trennt nicht mehr der Rassegedanke ... Uns trennt jetzt nur noch der Führergedanke".[91] Denn die Verfassung der Reichskirche enthalte keinen „Arierparagraphen", der Pfarrern jüdi-

---
[87] Leopold Klotz, Hrsg., Die Kirche und das dritte Reich. Fragen und Forderungen deutscher Theologen, Bd. 1, Gotha 1932, S. 128 - 134.
[88] A.Krauskopf, Weinel als Systematiker, S. 78.
[89] Vgl. dazu B.Schreier, Kirchengesch. Thür., Teil B, S. 25f. Zur Glaubensbewegung Deutsche Christen vgl. Kurt Meier, Die Deutschen Christen. Das Bild einer Bewegung im Kirchenkampf des Dritten Reiches, 3. Aufl. Halle/Saale 1967.
[90] Heinrich Weinel, Der Kirchenfriede. FV 21 (1933) Sp. 117.
[91] Ebd.

scher Abstammung die Ausübung ihres Berufs verwehre; die Kritik am Alten Testament sei von den liberalen Theologen längst vor den Deutschen Christen zusammen mit der Deutschkirche anerkannt worden, und das Problem der Eugenik sei glücklicherweise endlich vom Staat in die Hand genommen worden. „Der V[olks]K[irchen]B[und] übertrug den Deutschen Christen gleichsam die Erfüllung der Mission des freien Protestantismus".[92]

Im September 1933 wurden durch den Landeskirchenrat der Thüringer evangelischen Kirche drei Gesetze veröffentlicht, die u.a. die Stellung der kirchlichen Amtsträger zur Nation und den Dienst von Pfarrern „nichtarischer Abstammung" betreffen. Heinrich Weinel sah seine Aufgabe darin, die Formulierung des Gesetzes zurückhaltend auszulegen, in ein kirchliches Amt könne nur berufen werden, „wer die Gewähr bietet, daß er rückhaltlos für den nationalen Staat eintritt und daß er sein Amt so führen wird, wie es die Verpflichtung der Kirche gegenüber Volk und Staat erfordert", und in den Ruhestand versetzt bzw. entlassen werden könne ein Pfarrer, „wenn nach seinem Verhalten zu fürchten ist, daß er sein Amt nicht oder nicht mehr so führen wird, wie es die Verpflichtung gegenüber Volk und Staat erfordert". Nach Weinel war dies so zu verstehen: „Es handelt sich ... um den Gehorsam gegen die Obrigkeit, soweit sie Hüterin des Volkes und des Staates ist. Das sagt das Gesetz ausdrücklich, und nicht mehr. Das Wort ['rückhaltlos'] macht also jeder politischen Arbeit und Agitation ein Ende, soweit sie nicht Arbeit für den bestehenden Staat ist, aber es mischt sich in die Verkündigung des Evangeliums nicht ein. Die 'Verpflichtung der Kirche gegenüber Volk und Staat' ist der Maßstab für die Anwendung des Gesetzes, nichts anderes. Insofern ist das Gesetz also dem Diener der evangelischen Kirche, die immer den Gehorsam gegen die Obrigkeit verkündet hat, nichts Fremdes. Im alten parlamentarischen Staat hatten unsere Pfarrer andere Rechte; denn sie waren (wie jeder Staatsbürger) mit Obrigkeit und konnten deshalb im Rahmen der Gesetze und Parlamente mitarbeiten an der Leitung des Staates. Jetzt im autoritären und totalen Staat können sie das nur, wenn sie gleichzeitig in irgendeiner Weise 'Führer' sind, oder durch Vorstellungen an diese Führer, wie das jeder Staatsbürger auch (und nichts weiter) kann". Weinel kritisierte die unscharfe Fassung der Begründung für die Maßregelung. Die Forderungen des Reichsbischofs, daß jeder Student in die SA eintreten und an einem Arbeitslager teilnehmen solle, seien „greifbare Forderungen". „Wenn man bei ihnen beharrt und nicht mehr verlangt, gut. Aber wenn nun auf der Universität und

---

[92] B.Schreier, Kirchengesch. Thür., Teil B, S. 23.

im Predigerseminar eine gegenseitige Beaufsichtigung stattfinden soll oder wird, so bricht das die Gewissen, nicht nur derer, die sich vor Denunziation fürchten, sondern erst recht der andern, die beaufsichtigen und diffamieren"! Schwer für Weinel war, daß das Gesetz nichts über das zu erwartende Handeln künftig zu maßregelnder Pfarrer sagte. „Das Schwerste aber ist dies, daß allein die Behörde, und sie endgültig, entscheidet, daß kein Disziplinarverfahren vor Richtern stattfindet. Die Kirchenbehörde nimmt hier eine besonders schwere Verantwortung vor Gott und der Kirche auf sich. Wir haben alle in Thüringen das Zutrauen zu unserem gegenwärtigen Landesbischof, daß er diese Verantwortung in ihrem letzten Ernst empfindet und danach handelt".[93]

Was den sogenannten „Arierparagraphen" betraf, hob Weinel die seiner Meinung nach der preußischen Fassung gegenüber mildere Fassung der Thüringer evangelischen Kirche hervor. „Es ist also anzunehmen, daß nur in besonders gelagerten Fällen bei uns der Paragraph angewandt wird, wie er ja überhaupt in unserer Gegend, wo Juden so selten sind, wenig Anwendungsmöglichkeiten haben wird - wenigstens bei den einheimischen Thüringer Pfarrern".[94] Gleichzeitig kritisierte er das Gutachten der Marburger Fakultät, weil es ihm von der Voraussetzung auszugehen schien, daß für Amtsträger die gleichen, kirchenrechtlichen Bestimmungen wie für alle Glieder der Kirche gelten sollten und daß jedes Glied der Kirche Amtsträger werden könne. „Das ist nie der Fall gewesen und auch jetzt in den evangelischen Kirchen nicht der Fall. Zum Beispiel haben die Frauen durchaus nicht Recht auf das Amt, und ich bin überzeugt, daß, wenn je die Frage akut werden sollte, ob man einen in Deutschland wohnenden Neger, der die theologischen Prüfungen bestanden hat, als Pfarrer anstellen solle, diese auch von der Marburger Fakultät verneint werden würde. Nun aber sieht gegenwärtig das deutsche Volk die Juden als mindestens ebenso gefährlich für das Volkstum an wie die Neger. Es geht auch nicht an, wie der erste Absatz es tut, zu behaupten, die christliche Bruderschaft schließe Rechtsungleichheit der Glieder in der Kirche aus. Im Gegenteil, solche findet in vieler Hinsicht statt, und immer ist es die Rücksicht auf das Volksempfinden oder die staatliche Rechtsgestaltung, die das bewirkt. Wenn endlich gesagt wird, in der Kirche sei bis jetzt nur diese oder jene Abgrenzung üblich und deshalb neue Abgrenzungen zu verwerfen seien, so ist das natürlich ganz unhaltbar. Ein solcher Traditionalismus ist nicht einmal in der katholischen Kirche zu Hause. Selbstverständlich können

---

[93] [Heinrich] Weinel, Die neuen Thüringer Kirchengesetze. FV 21 (1933) Sp. 147 - 148 (Zitat: 147).
[94] Ebd., Sp. 147.

neue Verhältnisse auch neue Abgrenzungen nötig machen. Umgekehrt gilt doch auch von den christlichen Konfessionen z.B., daß sie dem Geist des Evangeliums widersprechen: es sollte keine Lutheraner und Katholiken geben - so wenig wie Pauliner und Apollosleute. Wenn heute unser Volk die Juden für unerträglich hält in öffentlichen Ämtern, so ist das eben ein Grund für die Kirche, sich zu fügen".[95]
In ähnliche Richtung ging Weinels Stellungnahme zur Erklärung der Landgemeinde der Deutschen Christen Thüringens vom Herbst 1933 zur konfessionellen Zwietracht, zur Bekenntnisfrage und zur Rolle Hitlers. „Das sind Worte und Bekenntnisse, über die wir Männer vom Thüringer Volkskirchenbund uns von Herzen freuen. Wir würden manches anders sagen und vor allem auch gegenüber dem 'mit unseren Augen gesehenen Christus' den geschichtlichen Jesus in den Mittelpunkt stellen, den der Herr Reichsbischof in der heute gerade in jungreformatorischen Kreisen beliebten Weise als liberales Gebilde abgetan hat. Aber diese Unterschiede können die tiefe und entschlossene Uebereinstimmung zwischen den 'Deutschen Christen' und uns nicht beseitigen, der in dem entscheidenden und entschlossenen Willen zu einer unserem Volke und unserer Zeit das Evangelium in seiner Sprache und für seine Nöte lebendig machenden Erneuerung der Kirche liegt".[96]
Ein Beitrag Weinels vom Januar 1934 nahm die Deutschen Christen Thüringens wiederum in Schutz, indem er sie wiederum entschärfend zu interpretieren versuchte.[97] Als die Lage entspannend verstand er eine Zusammenkunft am 21. Januar 1934 zwischen der Führung der Deutschen Christen - Regierungsrat Siegfried Leffler und Prof. Wolf Meyer-Erlach -, Kirchenrat Hugo Stüber, Karl König und ihm selbst. „Es war uns eine große Freude, daß wir uns in den Grundgedanken unserer Volkskirchenbewegung mit letzten und vorwärts weisenden Gedanken der Nationalkirchenbewegung zusammenfinden konnten zu einer gemeinsamen Arbeit zum Wohl unserer Thüringer und hoffentlich auch der gesamten deutschen Kirche." Karl König und Weinel wollten von jetzt an an den Schulungskursen der Deutschen Christen mitarbeiten, Weinel wollte bereits in den folgenden Tagen in einem solchen in Jena stattfindenden Kurs zwei Vorträge über „Bausteine zu einer deutschen Theologie" halten. Er hoffte, daß eine bald

---

[95] Ebd., Sp. 147f.
[96] Heinrich Weinel, Deutsche Christen und Pfarrernotbund in Thüringen. FV 22 (1934), Sp. 5f.
[97] Heinrich Weinel, Einigung mit der Nationalkirchenbewegung der Deutschen Christen. FV 22 (1934), Sp. 15. Vgl. Wolf Meyer-Erlach, Zur kirchlichen Lage. Ebd., Sp. 16.

einzuberufende Mitgliederversammlung des Thüringer Volkskirchenbundes den Beschluß fassen werde, den Mitgliedern den Eintritt in die Kirchenbewegung Deutsche Christen freizugeben.[98] Folgerichtig verstand er die Bildung des Vorläufigen Kirchenregiments der Deutschen Evangelischen Kirche im November 1934[99] als Gründung einer „Gegenkirche" und als Störung des Kirchenfriedens. „Wir wollen eine Kirche des Glaubens und des Friedens, eine Kirche im Geiste Jesu, in der alle ihren Platz haben und ihm aus aufrichtigem Herzen dienen wollen. Wir wollen keine Kirche, die von Volk und Vaterland zwar redet, aber alle für Ketzer erklärt, die in ihrer Liebe zum Vaterland einen Zentimeter über das hinausgehen, was etwa in unseren Bekenntnisschriften steht... Darum stehen wir Thüringer, soweit wir volkskirchlich denken, wie ich hoffe, alle treu zu unserer gegenwärtigen Kirchenregierung und hoffen, daß es doch noch von Thüringen aus gelingen werde, den Frieden in Deutschland wieder herzustellen, einen Frieden ohne Ketzergerichte und Suspendierungen und Absetzungen".[100]
Die Verhängung von Verweisen für 4 thüringische Pfarrer am 19. Januar 1934[101] hatte Weinel als Reaktion auf eine von außen nach Thüringen eingetragene „schwere und ganz unnötige Beunruhigung" verstanden.[102] Inzwischen war es jedoch zu Spannungen zwischen theologisch liberalen Gruppen in Thüringen und Gruppen des freien Protestantismus in Sachsen gekommen, die erwogen, wegen der Haltung der Thüringer an der geplanten Pfingsttagung auf der Augustusburg nicht teilzunehmen.[103]
Eine große Publikationsaktion scheint Weinel im Frühjahr 1934 geplant zu haben. Ihre Spuren haben sich in seinem Nachlaß erhalten. Weinel wollte zum Frieden in der Kirche mahnen und verfaßte eine Reihe von Offenen Briefen. „An die Verantwortlichen habe ich geschrieben, an die Führer. Damit habe ich an alle geschrieben. Denn Führersein ist nicht Tyrannentum. Führersein heißt getragen sein von dem guten und festen, vielleicht seiner selbst noch unbewußten aber unbeirrbaren Willen derer, die man führen darf, weil man führen kann. Den Willen zum Frieden, der in unserem evangelischen Volke da ist, zu stärken und Wege

---

[98] Ebd., Sp. 15.
[99] Vgl. Kurt Meier, Der evangelische Kirchenkampf, Bd. 1, Halle/ Saale 1976, S. 512 - 526.
[100] Heinrich Weinel, Die Thüringer Pfarrer und Gemeinden in der Stunde der Entscheidung. FV 22 (1934) Sp. 185f. (Zitat 186).
[101] Vgl. Erich Stegmann, Der Kirchenkampf in der Thüringer evangelischen Kirche 1933-1945, Berlin 1984, S. 33.
[102] Heinrich Weinel, Die neuesten Ereignisse. FV 22 (1934) Sp. 15f.
[103] Heinrich Weinel, An die Freunde in Sachsen. FV 22 (1934) Sp. 86f. Über die Tagung selbst vgl. [Carl] Mensing: Augustusburg. Ebd., Sp. 102 - 104.

aufzuzeigen, auf denen er zu erlangen ist, ... die Frage zu klären und zu entwirren, sind diese Offenen Briefe geschrieben".[104] Weinels Offene Briefe richteten sich an den Reichsbischof Ludwig Müller, den Pfarrernotbund als einer der Sammlungsbewegungen der den Widerstand gegen den Nationalsozialismus übenden Bekennenden Kirche, an Erzbischof George Bell von Chichester (England) sowie an 610 schweizerische Pfarrer und andere nichtdeutsche Kirchenmänner, die sich in die Kritik an der nationalsozialistischen Kirchenpolitik eingeschaltet hatten, an Prof. Karl Barth in Bonn, an „die Unversöhnlichen" und an Prof. Jakob Wilhelm Hauer, den Gründer der Deutschkirche, eines außerkirchlichen Zusammenschlusses auf nationalreligiöser Basis.

Es bleibt noch zu klären, wodurch sich die Veröffentlichung der Offenen Briefe als Gesamtheit zerschlagen hat. Gedruckt wurde lediglich der Brief an Hauer, zunächst in der „Christlichen Welt"[105], später als selbständige Broschüre.[106] Die Zweitveröffentlichung enthielt einen vom 1. Juni 1934 datierten Nachtrag Weinels.[107] Hier machte er den Adressaten auf Konsequenzen einer radikalen Deutschkirchlichkeit aufmerksam, die zum Atheismus führen werde: „... wir kämpfen um die Wahrheit und lassen uns die Wahrheit nicht relativieren durch die Biologie, heute so wenig wie einst bei Haeckel oder beim Pragmatismus und Positivismus ... Lassen wir Staatsgewalt und Kirchengewalt beiseite, lassen wir die vergiftenden Einstellungen und Worte beiseite. Um die Wahrheit, nicht um die Deutschheit kämpfen wir Christen mit Ihnen".[108]

VI

Auf die Frage, wie das Ursachengeflecht zu beschreiben ist, das in Thüringen nach 1918 und nochmals nach 1933 zur Eskalation des politisch-ideologischen Radikalismus geführt hat, gibt es noch keine befriedigende oder schlüssige Antwort. Gerade im kirchlich-theologischen und im christentumsgeschichtlichen Feld bedarf es dafür nach einer Reihe von guten Ansätzen noch eingehender Erkundungen. Für Thüringen steht dafür

---

[104] Zitiert wird aus Nachlaß Weinel, UB Jena, Kapsel 27. Dabei werden Schreibfehler des offenbar teilweise sehr eilig und fehlerhaft niedergeschriebenen Schreibmaschinenmanuskripts stillschweigend verbessert.
[105] Heinrich Weinel, Offener Brief an Professor Hauer. CW 48 (1934) Sp. 439-445 (Ausgabe vom 19.5.1934).
[106] Heinrich Weinel, Offener Brief an den Führer der Deutschen Glaubensbewegung Professor Hauer, Gotha 1934.
[107] Ebd., S. 14 - 16.
[108] Ebd., S. 15f. Der letzte Satz ist im Druck durch Sperrung hervorgehoben.

die Rolle des theologischen und kirchlichen Liberalismus angesichts seiner tiefgreifenden Bedeutung vorrangig an, und auch seine Funktion im deutschsprachigen Protestantismus bleibt gründlich zu erforschen.[109] Allein im Herzogtum Gotha umfaßte die 1907 gegründete Kirchlich-liberale Vereinigung im November 1913 160 Mitglieder[110], und die Vereinigung der Freunde der Christlichen Welt, ein Zusammenschluß von dem theologischen Liberalismus nahestehenden Interessierten des deutschsprachigen Raums, zählte 1926 in Thüringen 101 Mitglieder, davon 75 Pfarrer.[111] Diese Vereinigung besaß seit 1919 in Friedrichroda ein eigenes Tagungs- und Erholungsheim.[112]

Die Beschäftigung mit der Gedankenwelt und dem Wirken von Heinrich Weinel stößt auf Motive, die ihn mit dem liberalen Protestantismus insgesamt verbinden, ihn dann aber auch zu Konsequenzen geführt haben, die ihm eigentümlich[113] und deren Wirkungskraft offenbar mit der Ausstrahlung seiner Person eng verbunden waren:

1. Weinels Denken über Christentum und Kirche war von einer stark national besetzten Volksideologie bestimmt. Damit stand er in Thüringen in einem Kontext, der weit über den Einflußbereich des theologischen Liberalismus hinausreichte.[114] Die Fraktion der Liberalen im thüringischen Landeskirchentag, dem Vorgänger der späteren Synode der Landeskirche, gab bereits in ihrem Namen „Thüringer Volkskirchenbund" ihr ekklesiologisches Konzept zu erkennen. Klassisch zusammengefaßt waren seine Ziele von Otto Henneberger, einem Pfarrer, der später mit einem Aufsehen erregenden Schritt diese Gruppierung verließ:

„Er [der Volkskirchenbund] will die Volkskirche
im Gegensatz zur politisch gebundenen Staatskirche!

---

[109] Auch der Überblick von Friedrich Wilhelm Kantzenbach, Kirchlich-theologischer Liberalismus und Kirchenkampf. Erwägungen zu einer Forschungsaufgabe. ZKG 87 (1976) S. 298 - 320, bleibt in der Beschränkung auf einige führende Gestalten dieser Bewegung dann doch unbefriedigend. Zum theologischen Liberalismus insgesamt vgl. Manfred Jacobs, Art. Liberale Theologie, TRE 21, S. 47 - 68.

[110] CF 1913, S. 264.

[111] M. Rade, Hrsg., An die Freunde, Nr. 84, Sp. 969f. (25.9.1926).

[112] Es war in Friedrichroda, Schreibersweg 6, erworben worden und wurde am 25. April 1919 eingeweiht.

[113] Zu Weinels Theologie insgesamt vgl. B. Schreier, Kirchengesch. Thür., Teil B, S. 36 - 39.

[114] Ebd., S. 39. Zur völkischen Bewegung vgl. Herbert Christ, Der politische Protestantismus in der Weimarer Republik. Eine Studie über die politische Meinungsbildung durch die evangelischen Kirchen im Spiegel der Literatur und Presse, Diss. Bonn 1967, S. 173 - 197.

Er will die Volkskirche
im Gegensatz zur priesterlich beherrschten Pastorenkirche! und

Er will die Volkskirche
im Gegensatz zur glaubensgesetzlich bindenden Bekenntniskirche!¹¹⁵"

Volkskirchliche Zielkonzeptionen waren nach 1918 weit über den liberaltheologischen Einflußbereich hinaus verbreitet.¹¹⁶ Das Interesse an ihnen verband auch in Thüringen theologisch unterschiedliche Gruppierungen. Weinels ekklesiologische Grundintention konnte also eines breiten Interesses gewiß sein¹¹⁷, das wahrscheinlich zusätzlich von der sich im bürgerlich-bäuerlichen Bereich verbreitenden Heimatdichtung genährt wurde und sich dort verstanden fühlte.¹¹⁸ Hatte doch auch die Dorfkirchenbewegung, der mit der hohen Wertung von Heimat und Volkstum „ein gewisser Irrationalismus" eigen war¹¹⁹, eine ihrer wichtigsten Wurzeln in Thüringen.
2. Auf dem Hintergrund der dem 18. Jahrhundert entstammenden Trennung von Kirche und Religion¹²⁰ meldete sich bei Weinel im Zusammenhang seiner Konzeption von Volkskirche gleichzeitig eine heftige Kritik an der herkömmlichen Funktion von Theologie. Bereits 1915 schrieb er, die größten religiösen Genies hätten „gerade keine Systeme der Theologie und der Dogmatik geschaffen, sondern Gott und den Menschen gelebt. Nein, es wird höchste Zeit, daß wir wirklich Christen werden, daß man mit Jesu

---

[115] [Otto] Henneberger, Was will der Thüringer Volkskirchenbund? FV 14 (1926) Sp. 358 - 362 (Zitat: Sp. 359).

[116] Vgl. dazu Kurt Meier, Volkskirche 1918-1945. Ekklesiologie und Zeitgeschichte, München 1982 (Theologische Existenz heute, S. 213); Ders., Die zeitgeschichtliche Bedeutung volkskirchlicher Konzeptionen im deutschen Protestantismus zwischen 1918 und 1945. In: Ders., Evangelische Kirche in Gesellschaft, Staat und Politik 1918-1945. Aufsätze zur kirchlichen Zeitgeschichte, hrsg. u. eingel. v. Kurt Novak, Berlin 1987, S. 16 - 39 (das liberaltheologische Spektrum ist hier nur beiläufig berührt).

[117] Eine nochmalige systematische Zusammenfassung aus Weinels Sicht bietet einer seiner letzten größeren Aufsätze: Kirche und Volk. ZThK N. F. 16 (1935), S. 121-141. Er spricht hier nun von einer „Sündflut ..., die unsere evangelische Kirche fast verschlingt. Aber sie ist da, und wir müssen dafür sorgen, daß sie zur fruchtbaren Überschwemmung des Ackers der Kirche mit guten Bodenkräften eingedämmt und umgeleitet wird"(S. 123). Weinel möchte nun zu einem konfessionsüberwindenden nationalkirchlichen Konzept auf dem Boden der „Volkheit" vorstoßen (S. 126 - 131), sich aber von Überspitzungen absetzen.

[118] Vgl. Ulrich Heß, Geschichte Thüringens 1866 bis 1914. Aus dem Nachlaß hrsg. v. Volker Wahl, Weimar 1991, S. 516 - 519.

[119] So Eckhart Fenner, Art. Dorfkirchenbewegung, TRE 9, S. 147-150 (Zitat: 147, 36-37).

[120] Vgl. Botho Ahlers, Die Unterscheidung von Theologie und Religion. Ein Beitrag zur Vorgeschichte der Praktischen Theologie im 18. Jahrhundert, Gütersloh 1980.

Worten darüber, daß man den Baum an seinen Früchten erkenne, und mit den schönen Worten des Johannes von der Liebe als dem einzigen Erkennungszeichen der wahren Jünger Jesu Ernst mache. Und wer das nicht als Christ zu können meint, der mag endlich durch die große Not- und Heldenzeit des Vaterlandes belehrt seine dogmatischen Bedenken beiseite lassen".[121] Im Kontext der stark von ihm bejahten Deutschen Evangelischen Kirche glaubte Weinel im Sommer 1933 feststellen zu können: „Das Volk weiß nichts von Theologie und will nichts von Theologenkämpfen wissen. Es will seinen evangelischen Glauben in seinem großen deutschen Vaterland von klaren, starken, mutigen Männern vertreten haben, die ein Herz für es und seine Nöte haben".[122] Das, wonach Weinel verlangte, waren „echte Bekenntnisse" als aus dem persönlichen religiösen Erlebnis erwachsenen Äußerungen im Gegensatz zu dem stärker an der Tradition orientierten Bekenntnisverständnis der Dialektischen Theologie.[123]

3. Indem Weinel Christentum als Prozeß der sittlichen Veredelung der Persönlichkeit verstand[124], übte er einerseits Kritik an der biblischen Überlieferung[125] und öffnete sich andererseits für Strömungen, die seinem Christentumsverständnis entgegenzukommen schienen, weil sie dem Ziel dienten, die Bindung an seiner Ansicht nach vergangene Epochen des Christentums lösen und der Entwicklung „gewachsener" volksartgemäßer Religiosität zu dienen. So waren seine Hinneigung zu deutschkirchlichen Strömungen der zwanziger Jahre, aber auch seine Offenheit für Anliegen des religiösen Sozialismus wie auch seine Neigung zur Rassenlehre motiviert. Die trotz aller Verschiedenheit der Rassen „eine für Alle von Gott gesetzte Wahrheit"[126] war für ihn wohl auf dem Weg zur sittlichen Vervollkommnung zu suchen.

4. Die deutliche Hinneigung Weinels zu den Deutschen Christen Thüringens[127] - er bezeichnete im Frühjahr 1934 die Deutschen Christen Thürin-

---

[121] Heinrich Weinel, Deutsche Reichskirche, S. 6.
[122] Heinrich Weinel, Deutsche Evangelische Kirchee, S. 24.
[123] Heinrich Weinel, Protestantismus der Gegenwart, S. 575.
[124] Vgl. die Stichworte, unter denen er die Ethik des Paulus beschreibt: „§66: Das Christentum als Vollendung der sittlichen Religion. Die Ueberwindung des Gesetzlichen, des Naturhaften und des Kultischen" (Heinrich Weinel, Biblische Theologie, S. 364 - 366).
[125] Er sprach von der „unterchristlichen Sittlichkeit" neutestamentlicher Heilungsgeschichten und der Geburts- und Auferstehungserzählungen Jesu (ebd., S. 558), griff damit aber auch ganze Überlieferungsbereiche des Alten Testaments an.
[126] Heinrich Weinel, Germanisch - orientalisch - menschlich - christlich? CW 49 (1935) Sp. 897-903 (Zitat: 903).
[127] Bis in jüngste Zeit hinein (vgl. H.Christ, Der politische Protestantismus, S. 193f.) ist behauptet worden, Weinel sei selbst Deutscher Christ gewesen. Dies trifft nicht zu.

gens als „ein Licht, das aus viel Finsternis aufleuchtet"[128] - bereitete auch einem so engen Freund wie Martin Rade große Mühe.[129] Sie war wohl in der Abneigung gegen nichtliberale Theologie und in einer naiven Unterschätzung des Potentials dieser Bewegung begründet, die rücksichtslos zur Macht drängte und ihre Opfer verlangte. Möglicherweise machte sich in dieser Unterschätzung gleichzeitig eine Schwäche oder gar Blindheit der Position Weinels im Blick auf die Gesellschaft in ihrer politischen Dimension geltend, wie es von R.J.Zwi Werblowsky für die liberale Theologie insgesamt vermutet worden ist.[130] Immerhin konnte Weinel noch 1926 schreiben: „Man lese Hitler oder Lenin, es ist ganz dasselbe: Wer sich nicht zu meiner Partei bekennt, der wird 'vernichtet'".[131] Auf die Rassenideologie bezogen hat Friedrich Wilhelm Graf im liberalen Protestantismus als kennzeichnend „primär die Verbindung von Teilopposition und kritischer Distanz gegenüber dem rasseideologischen Zentrum der nationalsozialistischen Weltanschauung mit partieller Bejahung des neuen Staates" festgestellt[132], eine Beschreibung, die Weinels Position wahrscheinlich noch nicht hinreichend erfaßt.[133] Wichtig ist Grafs Bemerkung: „Der liberalprotestantische Persönlichkeitsglaube allein war jedenfalls zu schwach, um der von der nationalsozialistischen Propaganda betriebenen Depersonalisierung der Juden, der entscheidenden Voraussetzung ihrer späteren Vernichtung, konkrete Resistenz entgegensetzen zu können".[134]
Wichtig ist freilich auch noch ein Blick auf Weinels politische Ethik. Sie spricht sich implizit in seiner Deutung neutestamentlicher Texte aus[135],

---

[128] Heinrich Weinel, Thüringen und der Friede in der Kirche. CW 48 (1934) Sp. 169 - 172 (Zitat: 170).
[129] Vgl. Martin Rades briefliche Äußerung vom 2. Februar 1934, wo er von Besuchen bei dem Juristen Schücking und bei Karl Barth und den dabei gesammelten lehrreichen Erfahrungen berichtet, dann aber fortfährt: „Schwieriger ist für uns die Haltung Weinels, sein Bund mit den Thüringer Deutschen Christen..." (Johannes Rathje, Die Welt des freien Protestantismus. Ein Beitrag zur deutsch-evangelischen Geistesgeschichte. Dargestellt am Leben und Werk von Martin Rade, Stuttgart 1952, S. 469).
[130] R.J.Zwi Werblowsky, Krise des Liberalismus, S. 153.
[131] Heinrich Weinel, Protestantismus der Gegenwart, S. 567.
[132] Friedrich Wilhelm Graf, „Wir konnten dem Rad nicht in die Speichen fallen". Liberaler Protestantismus und „Judenfrage" nach 1933. In: Jochen-Christoph Kaiser/Martin Greschaft, Hrsg., Der Holokaust und die Protestanten. Analysen einer Verstrickung, Frankfurt/Main 1988, S. 151 - 185 (Zitat:176)(Konfession und Gesellschaft. Beiträge zur kirchlichen Zeitgeschichte, 1).
[133] F.W.Graf (ebd., S. 177) macht darauf aufmerksam, daß Weinel zu den noch zu wenig erforschten Theologen gehört, um deren Einstellung zu Juden und ihren Wurzeln und Beziehungen besser verstehen zu können.
[134] Ebd., S. 178.
[135] Vgl. Heinrich Weinel, Die urchristliche und die heutige Mission, Tübingen 1907,

formuliert sich aber auch einmal ungeschützt in einem Diskussionsbeitrag zu einem Vortrag, der bei der 1. Hauptversammlung des Bundes für Gegenwartschristentum am 6. Oktober 1925 auf der Veste Coburg protokolliert worden ist: „Der Staat ist doch etwas Geheimnisvolles, Mystisches oder Göttliches. Er ist eine von den großen Gnaden Gottes auf der Erde." Zum Schaffen Gottes gehöre auch der Staat. „Wir wollen das anerkennen und diesen Weg Gottes weitergehen. Luthers Bedeutung war, daß er das gesehen hat, was im Neuen Testament noch gar nicht so tief aufgenommen wurde, auch nicht bei Jesus. Vorwärts! Luthers Mangel war ein Unglaube gegenüber diesem Stück. Das ist das Große, was die Aufklärung uns gegeben hat, diesen Optimismus ... Auch der Völkerbund kann ein Stück vom kommenden Reich Gottes werden. Nicht Eigengesetzlichkeit: wir wollen unser eigenes Programm haben. Der Wille, die scharfen Grundlinien zu ziehen, ist schon zu erreichen in unserem Kreis".[136]
Vielleicht spielte in Weinels Stellungnahmen zu politischen Vorgängen auch noch eine selten deutlich faßbare, aber in einem Briefzitat von Adolf von Harnack überlieferte Grundhaltung eine Rolle, die sich theologisch artikulierte, dann aber erhebliche Folgen für den Umgang mit Politik hatte. Harnack zitierte in einem Brief an Karl Barth eine mündliche Äußerung Weinels: „Es gibt schwermütige Christen und leichtmütige Christen ... und die Dogmatik wird zu allen Zeiten von jenen gemacht".[137] Ging es also um Grundeinstellungen zum Leben, so wollte Weinel auf der Seite der „leicht-mütigen Christen" stehen. So verhehlte er auch seine Fremdheit gegenüber der biblischen Tradition nicht, die sich in der neutestamentlichen Johannesapokalypse niedergeschlagen hat: „... Schauerlich ... diese im Christentum sonst unerhörten Töne ... stark *phantastisch* ... ist ihre *Christologie*, die mehr Christusbilder ... enthält als sämtliche anderen Schriften, und darunter die seltsamsten..."[138] Die Erfahrung des 1. Weltkriegs, die Barth und seine Freunde gemacht hatten, zeigte sich im Blick auf den Gang der Weltgeschichte „desillusionsfähiger".[139] Ihr mußte liberale Theologie als „das religiöse Amen zur jewei-

---

S. 22f. (Religionsgeschichtliche Volksbücher, IV 5). Ders., Die Stellung des Urchristentums zum Staat, Tübingen 1908 (Jenaer Antrittsrede vom 1. Juni 1907); Ders., Jesus, Berlin-Schöneberg 1912, S. 87, Vgl. S. XVI - XVII.
[136] M. Rade, Hrsg., An die Freunde, Nr. 81 (15.11.1925), Sp. 915.
[137] E. Thurneysen, Hrsg., Briefwechsel, S. 168 (Adolf von Harnack an Karl Barth, Ende April 1923).
[138] Heinrich Weinel, Biblische Theologie des Neuen Testaments. Die Religion Jesu und des Urchristentums, 4. völlig neu bearb. Aufl. Tübingen 1928, S. 481f.
[139] So Hartmut Ruddies, Protestantische Identität zwischen Krise und Aufbau. Überlegungen zum Recht und zur Form des Einspruchs der Dialektischen Theologie Karl

ligen Lage der Menschheit in ihrer Geschichte" erscheinen.[140] Möglicherweise trifft es zu, „daß das Entscheidende an der liberalen Theologie in ihrem Mangel eines jeglichen Krisenbewußtseins zu sehen ist. Liberale Theologie ist eine Theologie ohne Krisen"[141]. Einer der Freunde Weinels konnte anläßlich der Feier von Weinels 60.Geburtstag ausrufen: „Wohl dir! So hieltest Du aus im dialektisch-orthodoxen Kirchensturm der Nachkriegszeit und verteidigtest unbekümmert um alles hochmütige Geschelte die große Linie, auf der Christus durch Luther, Kant, Fichte, Schiller, Goethe, Schleiermacher zu uns gekommen ist - und auf der er, ja darf ich das sagen, auch über den alten Fritz, den Freiherrn vom Stein, E.M.Arndt und Bismarck als Retter zu uns kam und heute in Hitlers großem Glauben und reinem Willen für uns neu erstanden ist".[142]

5. Die Wirkung Weinels auf Thüringen läßt sich auch in seiner unermüdlichen publizistischen Aktivität verfolgen. Zeitgenossen wußten seine „beneidenswerte Gewalt über das Wort und eine große Kunst volkstümlicher Darstellung" zu rühmen.[143] Hanna Jursch schrieb im Rückblick auf sein Leben und Wirken: „Weinel gehört zu den ganz wenigen Gelehrten, die die schwierigsten Probleme ihrer Wissenschaft so auszudrücken vermochten, daß auch jeder Laie sie begreifen konnte".[144] Schwer meßbar dürfte sein Einfluß speziell auf das Bürgertum sein - er läßt sich vorerst nur ahnen, wenn man die zeitweise kaum nachvollziehbare Frequenz seiner Vortrags- und Tagungstätigkeit sowie seiner Ferienkursarbeit neben der regelmäßigen akademischen Tätigkeit zu verfolgen sucht.

Hinzu kam seine Mitarbeit in kirchlichen Gremien, über die er Einfluß auf wichtige Entscheidungsvorgänge gewinnen konnte.[145] Einen sprechenden Eindruck von seiner Arbeit als Hochschullehrer gab Hanna Jursch mit den Worten wieder: „Ich weiß, daß manch einem von uns ein Weinelsches Kolleg wie Gottesdienst gewesen ist".[146] Sie wie auch Karl Heussi feierten

---

Barths gegen die Liberale Theologie. In: Friedrich Wilhelm Graf/Klaus Tanner, Hrsg., Protestantische Identität heute, Gütersloh 1992, S. 171.
[140] Hans-Georg Geyer, Die dialektische Theologie und die Krise des Liberalismus. In: Rudolf von Thadden, Hrsg., Krise des Liberalismus, S. 170.
[141] R.J.Zwi Werblowsky, Krise des Liberalismus, S. 153.
[142] K. König, Rede zu Weinels 60. Geburtstag, Sp. 74.
[143] Bericht in der FV 1918, Sp. 398, über seine Tätigkeit in Görlitz.
[144] Hanna Jursch, Weinel zum Gedächtnis, S. 22f. Vgl.Karl Heussis Urteil: K.Heussi, Weinels lit. Schaffen, S. 75. Ein Teilnehmer beschrieb den tiefen Eindruck von Weinels Vortrag über „Die religiösen Strömungen der Nachkriegszeit" am 25. April 1926 in Schleiz: FV 14 (1926) Sp. 184. Vgl. auch die Würdigung Weinels durch R. Buchwald, Miterlebte Geschichte. Lebenserinnerungen 1884-1930, Köln u. a. 1992, S. 289 - 292.
[145] Vgl. August César, Weinels Arbeit für die Kirche. FV 22 (1934) Sp. 80f.
[146] H[anna] Jursch, Weinel als Universitätslehrer. FV 22 (1934) Sp. 79.

den Professor als „universalen Geist, ... - ein Nachklang der Zeit Goethes, dem er durch Männer wie Hase und Harnack verbunden war".[147] Die literarische Nachwirkung Weinels auf fachtheologischem Gebiet war u.a. dadurch abgesichert, daß die von ihm bearbeitete „Einführung in das Neue Testament" von Rudolf Knopf nochmals 1949 in 5. Auflage erschien und in der literarischen Situation der Zeit nach dem 2. Weltkrieg weite Verbreitung fand.[148] Gerühmt wurde Weinels Kontakt zu den Studierenden, speziell bei Offenen Abenden in seinem Haus in Jena, Schillbachstr. 3, zu denen gelegentlich auch ehemalige Studenten stießen, wenn sie auf einer Reise in Jena Station machten. Freilich wurden zunehmend auch kritische Töne laut, so etwa in dem Nachruf, den Hermann Wolfgang Beyer seinem ehemaligen Lehrer widmete, in dem er berichtete, wieviel er zusammen mit Heinrich Bornkamm Weinel für den Einstieg in die Theologie verdankte und die „freie und große Menschlichkeit" dieses Mannes pries, dann aber auch seine Grenzen in der Auseinandersetzung mit der Dialektischen Theologie beschrieb: „Er konnte nicht mit uns gehen, ja er verstand uns kaum noch. Die entscheidenden Erlebnisse für ihn lagen in der Zeit um 1900 mit ihren Nöten und Fragen. Sie haben ihn bestimmt bis zuletzt".[149] Beyer sah deutlich, daß der Bruch zwischen Weinel und einigen seiner Schüler sich mit der Generation der Teilnehmer am 1. Weltkrieg einstellte.

6. Eine eigene Untersuchung verdiente die auf einer Konferenz von 34 Vertretern aus Thüringen und der preußischen Provinz Sachsen am 27. Februar 1913 gegründete und erstmals am 6. April 1913 erschienene Wochenzeitschrift, die bereits ein Jahr später 1000 Abonnenten hatte. Sie wurde von Weinel herausgegeben und trug zunächst den Titel „Christliche Freiheit für Thüringen", seit 8. März 1914 - unter Hinzutritt von Pfarrer Karl Mensing als Mitherausgeber - „Christliche Freiheit für Thüringen und Sachsen". Eine zugehörige Vereinigung nannte sich „Freunde der christlichen Freiheit in Thüringen". Seit 1. April 1919 erhielt die Zeitschrift den Namen „Die freie Volkskirche". Sie war das wohl wichtigste Organ des liberalen Protestantismus in Thüringen und sprach in ihrer Gestal-

---

[147] Hanna Jursch (wie Anm. 9), S. 22f.; Karl Heussi: Weinel als Theolog. Ansprache bei der Trauerfeier für Heinrich Weinel 3. Oktober 1936. FV 24 (1936) Sp. 460.
[148] Rudolf Knopf, Einführung in das Neue Testament. Bibelkunde des Neuen Testaments. Geschichte und Religion des Urchristentums, 1. Aufl. Gießen 1919, 2.-4. Aufl. Gießen 1923-1924, 5. Aufl. unter Mitwirkung von Hans Lietzmann, bearb. v. Heinrich Weinel, Berlin 1949. Über dieses Werk vgl. K.Steiner (wie Anm. 3), S. 224 - 230.
[149] Hermann Wolfgang Beyer, Heinrich Weinel †. In: Wartburg. Deutsche evangelische Monatsschrift 35 (1936), S. 407 - 408 (Zitat: 408). Zum Vergleich mit Weinel interessant ist Hermann Wolfgang Beyer, Eine evangelische Antwort an Hauer, 3. Aufl. Berlin 1937.

tung besonders das gebildete Bürgertum an. Über Jahre hin fand sie in Heinrich Weinel ihren eigentlichen Promotor. Die Frage nach der letzten Triebfeder für Weinels Lebenswerk, die den Plan der deutschen Reichskirche wie auch das volkskirchliche Konzept in Bewegung hielt und für den Jenaer Theologen Wegweisung durch die weltanschaulichen und ideologischen Strömungen anbot, läßt sich wahrscheinlich ziemlich präzis beantworten. Es war der Kampf gegen die Entchristlichung, die in der Französischen Revolution ihren schockierenden Ausdruck und mit der Industrialisierung eine soziale Basis gefunden hatte.[150] Dieser Kampf gab Weinels Wirken seine missionarische Note, die durch die Offenheit für Strömungen der jeweiligen Gegenwart nur noch bestätigt wurde.[151] Weder Weinels Volkshochschulideal noch seine Bemühung um eine Reichskirche als Zusammenschluß aller christlichen Kräfte[152] noch die Warnung vor freidenkerischen Tendenzen, die er noch in seinen letzten Lebenswochen aussprach[153], sind ohne diese letztlich missionarische Zielsetzung zu verstehen. Freilich wird Weinel durch sie in eine nachdenklich stimmende Position gerückt, sofern es zutrifft, daß auch die Glaubensbewegung Deutsche Christen „ein missionarisches Unternehmen" war, „das auf Bekehrung des ganzen deutschen Volkes zum 'arteigenen Christentum'" zielte.[154] Möglicherweise veranlassen heute solche vielleicht überraschenden Entdeckungen zu Revisonen kaum reflektierter Grundüberzeugungen.

---

[150] Für die folgenden Gesichtspunkte verdanke ich viel einer Reihe von Gesprächen mit Edgar Dusdal, Leipzig.

[151] Zu den Folgen des Verlustes der Konturen des Konfessionellen vgl. H.Christ, Der politische Protestantismus, S. 387 - 390.

[152] Die programmatische Schrift von 1915 sieht das Missionarische „in dem neuen Geist der Schaffung christlicher Kulturen mit dem Einschlag deutschen Geisteslebens unter den seither nichtchristlichen Völkern. Und wenn auch die Mission natürlich nicht im Dienste des Handels und der politischen Eroberung stehen darf, so kann doch nur eine große und auf breite Grundlage gestellte nationale Kirchengemeinschaft den ungeheuren Weltaufgaben, die sich dem deutschen Geist und deutschen Glauben hier stellen, voll gerecht werden" (Heinrich Weinel, Reichskirche, S. 4). Vgl. H.Weinel, Die Deutsche Evangelische Kirche, S. 52f.

[153] „... die jede Religion schließlich verdrängen wollenden freidenkerischen Tendenzen, die sich national gebärden, sind für die christliche Kirche und für unser Volk gefährlicher als Hauer war" (Heinrich Weinel, Rezension von Kurt Leese, Das Problem des Arteigenen in der Religion, Tübingen 1933, in: FV 24 (1936) Sp. 383). - Bemerkenswert ist, was R.Buchwald schreibt: „Freilich erinnere ich mich nicht, daß Weinel diese Idee [Überwindung der Entfremdung der Gebildeten vom Christentum], der er tatsächlich mit allen Kräften diente, je als ausdrückliches Programm vekündete", Lebenserinnerungen, S. 290.

[154] So Ernst Wolf, Barmen. Kirche zwischen Versuchung und Gnade, München 1957, S. 40; von K. Meier, Die zeitgeschichtliche Bedeutung, S. 24, zustimmend aufgenommen.

BARBARA KLUGE

Peter Petersen und der Jena-Plan

Als Peter Petersen am 20. Juli 1923 als Ordinarius an die Friedrich-Schiller-Universität zu Jena berufen wurde, war nicht vorauszusehen, daß durch ihn und seine Arbeit der Name Jenas in der internationalen pädagogischen Welt so klangvoll werden würde, wie er es in der wirtschaftlichen Welt durch die Qualitätsprodukte der Zeiss Jena ist.
Der Beitrag, den Peter Petersen zu seiner Zeit von Jena aus für die deutsche und europäische Reformbewegung in der Pädagogik leistete, hat sich bis in unsere Gegenwart als einer „der zukunftsträchtigsten Ansätze"[1] erwiesen, wo immer es um Fragen innerer Schulreform geht.
1923 waren die Umstände für Peter Petersen und seine Arbeit wenig günstig. Er kommt zu einer Zeit nach Jena, als die Universität dieser Stadt durch den sogenannten „Jenaer Hochschulkonflikt"[2] für reichsweites öffentliches Aufsehen sorgte. Durch den Ruf nach Jena gerät Petersen zwischen die Fronten der bildungspolitischen Machtkämpfe der revolutionären Nachkriegszeit, die zwischen, wenn man so will, pädagogischer „Konvention" und pädagogischer „Avantgarde" erbittert tobten.[3] Die konservativ-monarchistisch gebliebene Mehrheit der Professoren rang damals zäh um den Besitzstand ihrer als standesgemäß empfundenen Privilegien und kämpfte dafür „mit allen Mitteln".[4]
Petersen war, und weil seine Erziehungsphilosophie im Widerstreit der Meinungen innerhalb der Erziehungswissenschaft gelegentlich bis heute noch in Frage gestellt wird, ist das wichtig zu wissen, von Anfang an politisch stigmatisiert dadurch, daß es der neue Minister für Volksbildung, Max Greil, war, der seine Berufung nach Jena durchsetzte.

Der historische Hintergrund

In Thüringen hatte die Revolution zu einer SPD-KPD-Regierung geführt. In dieser Regierung war Max Greil, ehemals im 2. Thüringer Landtag die

---

[1] Wolfgang Klafki, Das pädagogische Problem des Elementaren und die Theorie der kategorialen Bildung, Weinheim³ 1963, S. 238.
[2] Herbert Koch, Geschichte der Stadt Jena, Stuttgart 1966, S. 348.
[3] Barbara Kluge, Peter Petersen, Lebenslauf und Lebensgeschichte. Auf dem Weg zu einer Biographie, Heinsberg: Dieck 1992, S. 133-144.
[4] Hans Peter Bleuel, Deutschlands Bekennerprofessoren zwischen Kaiserreich und Diktatur, Bern, München, Wien 1968, S. 149f.

Arbeiterschaft vertretender USPD-Abgeordneter und gelernter Volksschullehrer, seit 1921 Volksbildungsminister und somit nun oberster Dienstherr für Gymnasien und Universität. Ein „Nicht-Akademiker" - schon das allein wurde als ungeheure Provokation empfunden. Das Amtsblatt hatte außerdem unmißverständlich und nicht übersehbar erkennen lassen, daß dieser Mann, mit Durchsetzungswillen, entschieden und zielgenau, die durch die Revolution erkämpften Chancen nutzen und kraft seines Amtes grundlegende Bildungsreformen in die Tat umsetzen würde.
Seine Ziele waren deutlich formuliert: *„Neugestaltung des gesamten Thüringer Schul- und Bildungswesens vom Kindergarten bis zur Universität im Sinne der Einheits-, Gemeinschafts- und Arbeitsschule, im Sinne der Gewissensfreiheit und Duldsamkeit, im Geiste des deutschen Volkstums und der Völkerversöhnung. - Ein Volk, eine Schule, ein Lehrerstand!"* [5]
Nach Greils Vorstellungen sollte eine radikale Bildungsreform gesamtgesellschaftlich wirksam werden lassen, was Friedrich Naumann am 3. Februar 1919 hoffnungsvoll formuliert hatte: *„Das, was Deutschland bisher nie gehabt hat, kann jetzt vollendet werden, indem Sozialdemokratie, Demokraten und Zentrum darüber heute einig sind: Wir besitzen von jetzt an keine angeborenen Klassen mehr, wir sind ein Volk."* [6]
Genau diese Volksidee war es, die bei den traditionellen Vertretern der Universität auf heftigsten Widerstand stieß. Für Greil aber gab es keinen Zweifel, daß - wollte man Demokratie wagen - es nicht nur eine für die Kinder aller Schichten gemeinsame Schule geben müsse, sondern im gleichen Maße die gemeinsame Universitätsausbildung für alle Lehrer. Nur dadurch sei es möglich, für Volksschullehrer die bis dahin fehlende akademische und für Gymnasiallehrer die bis dahin fehlende pädagogische Basis zu schaffen für eine darauf aufzubauende demokratisch verbindende Ansicht von „Neuer Erziehung".
In Petersens Berufungsschreiben ist deutlich artikuliert, welches Amt ihm Greil zugedacht hatte. Greils Referent und Experte in Hochschulfragen, Julius Schaxel, schreibt: *„Im Auftrage meines Herrn Ministers und in Ausführung eines Beschlusses des Staatsministeriums beehre ich mich, Sie in die ordentliche Lehrstelle der Pädagogik in unserer Landesuniversität zu berufen.*
Der Aufgabenkreis, in den Sie in Jena gestellt werden, ist Ihnen aus unseren Vorverhandlungen bekannt. Sie werden mit Ihren Universitätskollegen im Mittelpunkte der schulischen und erziehungswissenschaftlichen

---

[5] Kluge, S. 136.
[6] Kluge, S. 145.

*Neugestaltungen stehen, deren Durchführung in Thüringen im Gange ist und die mit der Errichtung des über das ganze Land ausgedehnten pädagogischen Institutes ihren vorläufigen Abschluß finden werden.
Ich darf hoffen, daß wir Sie möglichst bald bei uns begrüßen können. Die äußeren Bedingungen werden sich zweifellos in zufriedenstellender Weise regeln lassen. Die philosophische Fakultät hat erklärt, daß sie gegen Ihre Berufung Bedenken nicht erhebt. Sie ist von unseren Verhandlungen mit Ihnen unterrichtet worden.
In Erwartung Ihrer grundsätzlichen Zustimmung und Ihrer besonderen Wünsche bin ich mit ausgezeichneter Hochachtung Ihr sehr ergebener Prof. Dr. Schaxel Regierungsrat."*[7]
Diesem Schreiben sind die entscheidenden Konfliktpunkte abzulesen, die für Petersen mit der Berufung nach Jena verbunden waren:
Zum einen wird versichert, daß die Philosophische Fakultät Bedenken gegen ihn nicht erhebe.
Mit solchen „Bedenken" war durchaus zu rechnen, da Greil zur Durchsetzung seines Planes, die Volksschullehrerausbildung universitär zu etablieren, der Philosophischen Fakultät eine radikale Strukturumwandlung beschert hatte: Die Dreiteilung der Fakultät in eine philosophisch-historische, eine mathematisch-naturwissenschaftliche und eine erziehungswissenschaftliche Abteilung. Gegen diese radikale Art der Amtsführung hatten die alteingesessenen Ordinarien Jenas und die Universitätsleitung „alle Register" gezogen, Protestschreiben an Schwesterfakultäten, den Hochschulverband und die Unterrichtsverwaltungen der Länder geschickt, in denen auf das „Selbstverwaltungsrecht der Universität" gepocht und die Öffentlichkeit und „sämtliche Hochschulen" aufgefordert wurden, „zu diesem im geistigen Leben der Neuzeit fast unerhörten Vorgange" Stellung zu nehmen.[8]
Zum anderen handelte es sich bei diesem Ordinariat, in das Petersen hier „in Ausführung eines Beschlusses des Staatsministeriums" berufen wird, um die Nachfolge Wilhelm Reins und damit eines der raren Ordinariate für Erziehungswissenschaft, von denen die Landschaft der 22 deutschen Universitäten zu damaliger Zeit nur vier aufzuweisen hatte. Mit diesem Lehrstuhl war Glanz verbunden. Rein hatte durch seine Lehre, durch die Einrichtung von Universitäts-Ferienkursen für angehende Pädagogen (allerdings nur Gymnasialpädagogen!) und „verdiente" Volksschullehrer, aufgestiegen zu Schulräten und Seminardirektoren, und mit dem an seiner

---

[7] Aus dem Besitz der Peter-Petersen-Nachlassgesellschaft. Dokumentiert bei Kluge, S. 134.
[8] Bleuel, S. 149. Kluge, S. 388, Anm. 14.

Übungsschule vorgeführten Unterricht Jena zu einem Mekka für Pädagogen aus aller Herren Länder werden lassen. Auf diese Weise hatte zum ersten Mal Weltgeltung deutscher Pädagogik von Jena ihren Ausgang genommen, damals in der Ausprägung Herbartscher Ideenlehre und in Verbindung mit der Methodik des sog. „Erziehenden Unterrichts". Vor allem der Volksschullehrerstand hatte Reins Lehre geradezu begierig aufgenommen. Versprach sie doch, richtig angewandt, das Erziehungsziel, Weckung des sittlichen Willens im Kinde, mit Sicherheit zu erreichen. Das Verlockende lag darin, daß Rein die Überzeugung vermittelte, daß man dafür mit einer einzigen Methode auskomme, gültig für jede Schulstufe, jedes Fach, jeden Stoff und jeden Unterricht, und daß sie als „ein Stück Künstlertum des Lehrers" mit der formalen Stufung jedes Unterrichts in Vorbereitung, Darbietung, Verknüpfung, Zusammenfassung und Anwendung zu erlernen sei. Damit schien erstmals für „die Tagesarbeit in der Schule" ein „gediegenes Niveau" gesichert.[9]

Die Philosophische Fakultät hatte für die Nachfolge von „Papa Rein", wie dieser Ordinarius in Jena respektvoll-anerkennend genannt wurde, eine eigene Liste vorgelegt. Das bedeutete, daß Petersen zunächst gegen den Willen der Fakultät durchzusetzen gewesen war. 1942 wird Petersen sich in einem Lebenslauf zu dieser Situation so äußern: *„... Da ich zugleich als Schüler Wundts, als Mitarbeiter an der „Zeitschrift für Philosophie und philosophische Kritik", sowie am „Literarischen Centralblatt", sowie als Verfasser einer später in der bekannten Sammlung „Frommanns Klassiker der Philosophie" mit der Jahreszahl 1925 erschienenen Biographie meines Lehrers Wundt den Philosophen der philosophischen Fakultät Jena, Bruno Bauch und Max Wundt, gut bekannt war, so fand ich für den Übergang in das damals verschrieene rote Thüringen die von mir geforderte Zustimmung der Fakultät zu meiner Berufung ..."*[10]

Der Hamburger Petersen

Aber es waren deutlich nicht diese Meriten, deretwegen Greil gedachte, Peter Petersen und die ebenfalls neuberufenen Anna Siemsen, Dr. Mathilde Vaerting, Otto Scheibner, Richard Strecker und Wilhelm Peters in den, wie das Berufungsschreiben es ausdrückte, „Mittelpunkt der schulischen und erziehungswissenschaftlichen Neugestaltungen" Thüringens zu stellen. Es lag wohl eher daran, daß Peter Petersen bis dahin in Hamburg gearbeitet

---

[9] Kluge, S. 146; S. 391, Anm. 4.
[10] Peter Petersen, Lebenslauf von 1942, Aus dem Besitz der Peter-Petersen-Nachlassgesellschaft. Dokumentiert bei Kluge, S. 18ff. und S. 133.

hatte, der damaligen Hochburg des Reiches für Schulreform. In Hamburg hatte Petersen sich längst einen - auch umstrittenen - Namen gemacht: als Sekretär im „Bund für Schulreform" (seit 1912), als Geschäftsführer in der dem Bund unterstehenden Hamburger Arbeitsgruppe „Deutscher Ausschuß für Erziehung und Unterricht" (seit 1915) und als Autor, und das schon oder noch als Oberlehrer(!) an Hamburgs renommiertester „Gelehrtenschule", dem Johanneum. Mochte er also äußerlich noch einem eher konservativen Stand angehören, durch diese Mitgliedschaften und Tätigkeiten, vor allem aber durch seine Schriften hatte er sich deutlich als ein „Radikaler im Öffentlichen Dienst" und, so Joist Grolle, „sicher nicht nur Wortradikaler"[11] in Sachen Schulreform zu erkennen gegeben. Diesen Eindruck hatte er dann bestätigt, als er 1921 erster Leiter und Begründer des pädagogischen und didaktischen Profils von Deutschlands erstem reformpädagogischen Gymnasium, der Lichtwarkschule, wurde.

Das weltoffene Hamburg war seit Jahrzehnten ein Ort stürmischer pädagogischer und bildungspolitischer Reformversuche. In Hamburg mit seinem explosionsartigen Anwachsen der Arbeiterschaft war es drängender als anderswo ins Bewußtsein der sozialpolitisch Aufmerksamen gehoben worden, daß dieser Teil der Gesellschaft ein Recht darauf hatte, als gleichberechtigter Träger von Kultur gesehen zu werden. In Hamburg hatte die Arbeiterschaft dem Bildungsbürgertum bewiesen, daß sie es längst war. Mit Selbstbewußtsein war die Forderung nach einer Schule neuer Bildung und Erziehung artikuliert worden: einer freien allgemeinen Volksschule, einer Schule der sozialen Koedukation oder, wie man sich in Hamburg ausdrückte: „Lebensgemeinschaftsschule", die die Teilhabe an der Vielfalt von Kultur und Lebensgestaltung für grundsätzlich alle Menschen reklamierte, einer Schule, die nicht weiter dazu dienen dürfe, daß „Bildungseliten sich an Bildungsgütern" bereichern dürften, „um damit den elitären Status zu sichern."[12] Es sollte eine neue Schule sein zur Überwindung der u.a. schon von Alfred Lichtwark formulierten bitteren Erkenntnis, daß die „Art der Bildung" in Deutschland „Kaste" mache.[13]

---

[11] Joist Grolle in seiner „Rede zum 100. Geburtstag von Peter Petersen in der Gesamtschule Peter Petersen Hamburg-Wellingsbüttel am 1. Nov. 1984." Zitiert bei Kluge, S. 128.
[12] Theodor F. Klaßen, Der Beitrag Peter Petersens zur Neueuropäischen Erziehungsbewegung, in: Tobias Rülcker und Peter Kaßner, Hrsg, Peter Petersen: Antimoderne als Fortschritt? Eziehungswissenschaftliche Theorie und pädagogische Praxis vor den Herausforderungen ihrer Zeit, Frankfurt 1992.
[13] Kluge, S. 261.

In gemeinsamen Vereinigungen und Verbänden hatte der Arbeiterstand ein reiches eigenes Bildungswesen geschaffen für den sich laut Lamszus „ungestüm äußernden Drang nach Selbsterziehung ...".
Lamszus schreibt: *„Die Jugend, der man in der Schule alles vorenthalten hatte, außer der Abrichtung zum künftigen Vaterlandsverteidiger, sie hatte längst ihre eigene Schule, hatte längst ihre Gemeinschaftsschule schon vor dem Kriege eröffnet. In freien Kursen zu Liedern und Tänzen, aber auch zu wissenschaftlichen Arbeiten, zu dichterischen Darbietungen, zu Wanderungen und Fahrten kam die proletarische Jugend zusammen und suchte das an sich gut zu machen, was die Volkschule an ihnen versäumt hatte."*[14]
Und er hatte das neue Menschenbild deutlich gemacht, wenn er schrieb: *„Wir brauchen ganze Menschen, die etwas können, die technisch oder wirtschaftlich oder kaufmännisch oder organisatorisch, künstlerisch oder handwerklich gestalten können. Menschen, die eigene Gedanken haben, die mehr als Maul halten, stramm stehen und Befehle ausführen können. Menschen, die schöpferisch der Welt zuleibe gehen. Und diese bekommen wir nicht, indem wir irgendeinen xbeliebigen Schüler, der sich als halbwegs intelligent erweist, beim Kragen nehmen, ihn durch die sämtlichen Examina der Aufbau-, Mittel- und Hochschulen schleifen und ihn dann nach Gottes oder Vaters oder Onkels unerforschlichem Ratschluß zu einem Arzt, einem Juristen, einem Schulmeister, einem Sekretär aus- und abrichten, sondern indem wir die ihm eigentümliche Begabung zu erforschen suchen, ihr Spielraum zur Entfaltung geben und den Menschen von dort aus seinen Weg ins Leben suchen lassen ..."*[15]
Aufgestiegen vom Kleinbauernsohn aus Großenwiehe zum promovierten Oberlehrer und habilitierten Privatdozenten, wußte Petersen aus eigenem Erleben, wovon hier die Rede war. Seit seiner Teilnahme am Münchner Kongress des Bundes für Schulreform vertrat er daher im Gegensatz zu seinen philologischen Standesgenossen uneingeschränkt die „Forderungen nach einer deutschen Einheitsschule mit gemeinsamem sechsjährigen Unterbau, nach Ausbildung für Volksschullehrer an der Hochschule, nach stärkerer philosophischer Ausbildung für Akademiker und nach selbständigen Lehrstühlen für Pädagogik und Psychologie."[16]
An dieser Stelle wird deutlich, warum Greil Interesse an Petersen haben mußte und Petersen an Greils radikalem Bildungsprogramm; denn dem

---

[14] Wilhelm Lamszus, Der Weg der Hamburger Gemeinschaftsschule, in: Fritz Karsen, Die neuen Schulen in Deutschland, Berlin 1924, S. 28.
[15] Lamszus, S. 25.
[16] Carl Götze, Erinnerungen, 2 Bde. Manuskript, Archiv des Curio-Hauses, Hamburg. Dokumentiert bei Kluge, S. 96.

Radikalen (von radix, die Wurzel) fühlte sich Petersen verpflichtet, seit er sich durch die Revolution herausgefordert gesehen hatte, auch über Organisation, inhaltliche Füllung und pädagogische Haltung einer nun tatsächlich möglich gewordenen „neuen" Schule nachzudenken. 1928 wird Petersen über seine Hamburger Aufbruchszeit, die er determiniert sah von Abdankung des Obrigkeitsstaates und sozialem Elend und Revolution und Hoffnung auf grundlegende, humane Erneuerung von Mensch, Staat und Gesellschaft, rückblickend schreiben: „*Wir alle konnten damals nicht anders, wir sind getrieben worden, ohne den Umfang der Aufgabe auch nur in seinen blassen Umrissen zu ahnen. Allein das, was uns Schwung zum Beginnen gab und die Kraft zum Aushalten gab und noch gibt, das war und ist das unauslöschliche, ja das immer stärkere Gefühl, daß diese Bewegung zu denen gehört, die unser Volk und unsere Kultur nach dem furchtbaren Kriege aufwärts tragen. Und daß wir zugleich an einem Werke arbeiten, das über die Volksgrenzen hinaus wirken muß, sobald nur die Nachbarvölker erkennen, daß auch bei ihnen selbst die Quellen springen, aus denen sie ihr Volkstum erneuern und in ihren Schulen Menschen ihres Stammes, aber für die Menschheit erziehen können.*"[17] Der Autor Peter Petersen hatte in Hamburg 1918 und 1919 unter den Überschriften „Radikal"[18] und „Gemeinschaft und freies Menschentum - Die Zielforderung der neuen Schule"[19] und 1921 dann als Privatdozent an der im Zuge der Revolution neugegründeten Hamburger Universität in Vorlesungen über die „Grundlagen einer neuen Allgemeinen Erziehungswissenschaft" klargelegt, daß diese „neuen Schulen", wollten sie Menschen für die Menschheit heranbilden, ablassen müßten von parteipolitisch motivierten Interessen. Petersen hatte seine Schulkritik sowohl an die bürgerlichen Parteien als auch an die revolutionären Kräfte in Hamburg gerichtet. Trotz Revolution sah er keine Veränderung in der beständigen Einwirkung und Ausrichtung der Kinder nach Interessen von Staat, Kirche, Parteien und Gesellschaft. Er konstatierte das Weiterbestehen von Standesdünkel, vor allem auch unter Lehrern, und beklagte das Fehlen jeglicher „Erziehung zum Volk". (Der Begriff Volk hier in dem Sinn zu verstehn wie in der Forderung nach einer freien und allgemeinen Schule als „Volks"schule.)

---

[17] Peter Petersen, Die Lebensgemeinschafts-Schulbewegung in Deutschland, in: Schweizer Erziehungsrundschau 1, 1928, Nr. 5. Zitiert bei Kluge, S. 113.
[18] Peter Petersen, Radikal, in: Die literarische Gesellschaft, Hamburg, Dez. 1918, S. 383ff.
[19] Peter Petersen, Gemeinschaft und freies Menschentum: Die Zielforderungen der neuen Schule. - Eine Kritik der Begabungsschule von Dr. Peter Petersen. Oberlehrer an der Gelehrtenschule des Johanneums zu Hamburg, Gotha 1919.

Anders als seine Zeitgenossen, denen es um die 'Veränderung' (revolutio) des Staatswesens oder seine 'Wiederaufrichtung' (restauratio) ging, galt Petersens Sorge der Wiederaufrichtung des Humanen. Deshalb lehnte er, wie er 1942 in seinem Lebenslauf schrieb, die „Schulpolitik der SPD und Demokraten nach dem Umsturz"[20] ab. Mit Unbedingtheit verwarf Petersen die Anbindung von Kindern an jegliche politische und standespolitische Interessen und wollte nur einem einzigen Ziel Geltung verschaffen: der Erziehung. Das heißt: der Befähigung des jungen Menschen zur Sittlichkeit und Mitmenschlichkeit. Die Schule sollte der Ort werden, an dem Kinder diese Möglichkeit menschlichen Handelns nicht durch Belehrung, sondern in tätigem Umgang mit Menschen und Sachen erleben und erfahren können.

Auf Petersens Text „Radikal" zielt auch Joist Grolle, wenn er schreibt, es sei Petersen darum gegangen, dem Anpassungsdruck der Gesellschaft eine Schule der Freiheit, der Nonkonformität entgegenzustellen. Ohne Radikalität aber, „ohne Konflikt mit den Anpassungserwartungen der Gesellschaft"[21] sei eine solche Schule nicht zu haben gewesen.

Petersen war sich des „Wagnisses" seines radikalen, nicht politisch radikalen, sondern radikal humanen Neuansatzes deutlich bewußt. Er hatte deshalb geschrieben: *„Das geht nicht ohne rauhes Anfassen aller Einrichtungen, nicht ohne Zerbrechen alter Ideale und Götzenbilder. Es heißt sich neu einzustellen gegenüber dem alten Staate, der bisherigen Auffassung von seiner Politik und Geschichte; die überkommenen Werte sind allesamt neu zu überprüfen, die alten Ziele und Mittel zu überdenken, und das bis in die Tiefe des Wurzelbereiches... Auf den Geist kommt es an, den prüfet überall. Dann packt ihr die Wurzel aller Dinge an und dient dem Radikalen, dem Element eures Lebens von nun an."*[22]

Petersen beurteilte die „schulorganisatorische und volksbildnerische Lage" in Deutschland nach 1918 als „vollkommen verworren". Seine Hoffnung ging dahin, durch seine Einmischungen und öffentlichen Überlegungen in dieser Lage den Anstoß für eine grundlegende Richtungsänderung geben zu können. Nicht müde wurde er, darauf hinzuweisen, daß die Schule nicht punktuell, sondern in ihrer Substanz und in Hinblick auf ihre Aufgabe vollkommen neu gedacht werden müsse.[23]

---

[20] Dokumentiert bei Kluge, S. 15 und S. 257.
[21] Joist Grolle, Rede zum 100. Geburtstag (s.o. Anm. 11).
[22] Peter Petersen, Radikal, in: Die literarische Gesellschaft, 1918, S. 383. Zitiert bei Kluge, S. 128.
[23] Peter Petersen, Allgemeine Erziehungswissenschaft. Zweite unveränderte Auflage. Berlin 1962. 1924. Bd. I. S. VII.

„*Gemeinschaft und freies Menschentum*", diese Schrift war Programm. „*Wir müssen,*" hatte Petersen schon 1919 geschrieben, „*offen in die Wirklichkeit hineinsehen und uns nichts vormachen wollen! Sonst kommen wir nicht weiter. Wir haben keine geistigen Richtlinien! Auch das Bürgertum kann uns keine geben...*
Selbst dort, wo man alsbald mit rasender Begeisterung daran ging, die „neue Schule" zu schaffen, ist ... nichts von Bedeutung erfolgt, das etwa imstande wäre, entscheidend Neues genannt zu werden; nicht einmal die Aufhebung der Vorschulklassen konnte ... überall erfolgen, ... geschweige denn, daß ein brauchbarer „Einheitsschulplan" auch nur irgendwo vorgelegt oder gar durchgeführt worden wäre.
Ob das neue Deutschland mit seinem Berechtigungswesen aufräumen wird? Das ist zugleich eine ernste Frage an die neue Gesellschaft; denn nur wenn in ihr neue würdigere Anschauungen vom Werte des Menschen wach und kräftig werden, wird sich die Wandlung vollziehen... Wir verlangen von dem Gesetzgeber der neuen Schule, daß er sich über das sittliche Ziel zuvor klar werde, ehe er ans Werk geht.
Der neue Standpunkt ... verlangt als erstes: jede Begabung, welcher Art und welchen Grades sie auch sei, ist als wertvoll zu betrachten. Jeder Mensch ... hat als wertvolles Gut, ein wertvolles Glied innerhalb der Volksgemeinschaft zu gelten und als solcher geachtet zu werden, und zwar unbedingt... Wir haben hinfort unbedingt Ernst damit zu machen, daß Menschsein ein Wert an sich ist und daß der Mensch in diesem seinen Werte innerhalb der Gemeinschaft und nach Maßgabe seiner Begabung zum Dienst an der Gemeinschaft gehoben werden muß... Das sittliche Ziel aller Erziehung leiten wir nun ab aus den beiden Ideen der Gemeinschaft und des freien Menschentums."
Alle Erziehung, so Petersens Credo, sei fortan „*sittlich nur dann, wenn sie die Vervollkommnung des Menschentums jedem einzelnen ermöglicht in dem Sinne, daß der Mensch ein Selbstzweck werde, allein mit der festen Richtung auf seine Lebensbetätigung als Bürger ... und daß er, durchtränkt von brüderlicher Gesinnung zum andern, sich in sich selbst vervollkomme. Die Gemeinschaft hinwiederum kann in ihrem Kern nur sittlich sein, wenn sie selbst die Höherführung der Menschheit in ihrem geistigen Bestande zum Ziele hat und die Idee der Brüderlichkeit im weltbürgerlichen Sinne vorbereiten hilft.*"
Das sittliche Ziel der Schulerziehung werde darum lauten: „*Die Kinder sind so zu beschäftigen, ihre körperlichen, seelischen und Charakteranlagen*

sind so zu entwickeln, daß jedes Kind in seiner Art ein vollkommener Mensch werden kann."[24]
Erste Gelegenheit, diese bis dahin theoretischen Vorstellungen von dem, was grundlegende Schulreform leisten sollte, in der Praxis zu erproben und voranzutreiben, bot sich Petersen, dem späteren Begründer des Jenaplans, unerwartet schon ein Jahr später, als er erster Leiter der späteren Lichtwark-Schule wurde. Eine revolutionäre Gruppe unter den Hamburger Oberlehrern hatte ihm diese Leitung angetragen. Sie hatten sich in Petersen nicht getäuscht. Mit „seiner bestimmten Art, seinem sicheren Griff, vom Wesentlichen und Notwendigen alles Belastende fernzuhalten",[25] so die Einschätzung eines Mitstreiters bei der Gründung der Lichtwarkschule, gelang Petersen in kürzester Zeit die Wandlung und Entwicklung der ehemaligen Realschule Winterhude zum 1. Reformgymnasium Deutschlands, zu einer „Deutschen Oberschule".
Peter Petersen nahm für das besondere pädagogische Konzept und Profil dieser Schule alles auf, was die neue Jugendkunde zu bieten hatte. Die Stichworte hießen u.a.: „Ganzheitliches Lernen" (Lernen in Zusammenhängen, Gleichberechtigung auch der musischen Fächer), hießen „Moderne Fremdsprachen", statt nur Latein und Griechisch (und daher „Deutsche Oberschule"), „Förderung von Selbständigkeit und Selbstverantwortung", Arbeit in „Kern- und Kursunterricht", hießen: „Mitspracherecht und Mitarbeit von Eltern" innerhalb und außerhalb der Schule, „Elternzeitung", „Gemeinschaftspflege" und - in damaliger Zeit avantgardistisch-reformpädagogisch immer und überall gefordert und in öffentlichen höheren Schulen bis dahin nie durchgesetzt: „Koedukation"; alles in allem: bewußte Schaffung neuer vielfältiger Formen von „Unterricht und Schulleben".
Petersen war es auch, der diese ersten reformpädagogischen Bestrebungen der damaligen Nachkriegszeit, wie sie sich unter seiner Leitung in der Lichtwarkschule ausdrückten, erkannte und eingebettet sehen wollte in die große „bei allen europäischen Völkern ... um Gestaltung ringende Kulturidee, die einzig und allein imstande ist, auch ein neues, sittliche Werte verwirklichendes Europa zu bilden", in die, wie er 1923/25, nun schon von Jena aus, bilanzierend schrieb, „neuen Erziehungsideen der Freiheit und der schöpferischen Arbeit, der Gemeinschaft und der Bruderschaft aller Menschen."[26]

---

[24] Peter Petersen, 1919, S. 6ff., S. 15ff. Ausführlicher dokumentiert bei Kluge, Kapitel „Schulpolitische Kämpfe".
[25] Ernst Schöning, Aus der Rückschau eines Lehrers: Ursprung der Lichtwarkschule, in: Lichtwarkschule, 1979, S. 160 - 163. Zitiert bei Kluge, S. 118.
[26] Peter Petersen, Innere Schulreform und Neue Erziehung, Jena 1925, S. 164.

Die Wirkung dieser Schule auf junge Menschen, wie sie im folgenden durch eine ehemalige Lichtwark-Schülerin, Eva Rennie-Keilson, in einem Rückblick ausgedrückt ist, kann bis heute überzeugen: *„Mein Vater schickte mich zur Lichtwarkschule, um mir eine Erziehung im fortschrittlichen, liberalen und demokratischen Menschenbild zuteil werden zu lassen. Ich bin für diesen Entschluß immer dankbar gewesen. ... Oft mußte ich meine Schule Erwachsenen mit Vorurteilen erklären und verteidigen und das in einem Alter, wo die Schüler konventioneller Schulen weder von der Existenz eines Lehrprinzips überhaupt eine Ahnung hatten noch daran interessiert waren. Sie sahen ihren Unterricht als notwendiges Übel, das man so schnell als möglich hinter [sich] bringen sollte. Wir hatten ... Freude an unserer Schule, wo eigenes Denken und Handeln gefördert wurde... Der Nachdruck der Lichtwarkschule lag auf Qualität in menschlichen Beziehungen, auf der Fähigkeit, sich einzufühlen ... über die Grenzen, Gewohnheiten, Ansichten seiner eigenen Kultur und sozialen Klasse hinaus. Das Ziel ... war Humanität, Charakter, Individualität und internationales Verstehen. Das Resultat ... eine Verantwortlichkeit als Bürger der Stadt, des Landes und der Welt, und eine Überzeugung, daß „No man is an island" -: So verschieden auch die Menschen sein mögen, es gibt immer mindestens einen Hauptnenner. Wir wußten, daß wir „unseres Bruders Hüter" waren und sein mußten."*[27]

Der Hamburger Petersen - berufen nach Jena

Genau diesen Mann, der in Hamburg so viel pädagogischen Gestaltungswillen gezeigt hatte, will Greil in Thüringen haben. Als Petersen aber im August 1923 dem Ruf nach Jena folgt, waren die politischen Verhältnisse bereits drastisch verändert worden. Berlin hatte gegen die „rote Regierung" Reichsexekution verfügt, die Reichswehr war einmarschiert, die Landesregierung und damit auch das Ministerium Greil waren aufgelöst, Neuwahlen angeordnet. Restauration und reaktionäre Schulpolitik hatten alten Boden zurückgewonnen, und von akademischer Lehrerbildung an der Universität, auf die Petersen so große Hoffnung gesetzt hatte, war keine

---

[27] Die Lichtwarkschule - Idee und Gestalt. Hrsg. vom Arbeitskreis Lichtwarkschule, Hamburg 1979. Zitiert bei Kluge, S. 119f. Aus der Lichtwarkschule sind auffallend viele Antifaschisten hervorgegangen. Zur Wirkung dieser Schule vgl.: Lichtwarkschule/Lichtwarkschüler - 'Hitler führt ins Verderben - Grüßt nicht', S. 84 - 103, in: Ursel Hochmuth, Hans-Peter Lorent, Hrsg., Hamburg: Schule unterm Hakenkreuz, Hamburg 1985.

Abb. 1: Kreissituation in Petersens 1. Obergruppe. Grietgasse 17a.
Von links: Beta Müller, Hildegard Rechewski, Gerhard Reichelt, Walter Nicolai, Konrad Buchwald, Lehrer Reigbert, Eine Mutter als Nählehrerin, Vera Schneider.
Von rechts: Uwe-Karsten Petersen, Hans Bruns, Gertrud Wandersleb, Hilka Schoerus, Katharina Weinel, Sonja Mentz, Eveline Theil, Hilde Petersen, Agnete Eppenstein, Lotte Rößler.

Rede mehr. Die Philosophische Fakultät war bereit, ihn zu dulden als den habilitierten Aristotelesforscher und Biographen Wilhelm Wundts.
Für Petersens bildungs- und schulreformerische Pläne aber waren konstitutive Elemente der Berufungszusage verloren gegangen. Übrig geblieben war das Schulhaus Grietgasse 17a, das Wilhelm Rein seit 1899 als Seminar- und Übungsschulgebäude genutzt hatte. Übrig geblieben war auch die mehr als 7000 Bände umfassende Reinsche Bibliothek, die Petersen innerhalb von nur 4 Monaten „auf dem Weg der Selbsthilfe" mit freiwilligen Helfern aus der Studentenschaft katalogisierte und zur Forschungsbibliothek für Studierende ausbaute. Petersen campiert - die Familie noch in Hamburg - in den leerstehenden Reinschen Seminarräumen.
„Sein Arbeitstempo war rasant ... Ich kann mich nur entsinnen, ein Feld-

bett, Schrank, Tisch, Stuhl und Bücher gesehen zu haben",[28] so Petersens erster Assistent Hans Wolff.
Daß Petersen auch in Jena auf grundlegende Veränderung hinarbeitete, wurde deutlich am 14. Mai 1924. Obwohl ihm die Fakultät und das neugebildete Volksbildungsministerium bewußt finanzielle Mittel verweigerten, hatte er bis zu diesem Zeitpunkt Entscheidendes erreicht: Die Genehmigung, das Reinsche Seminar in „Erziehungswissenschaftliche Anstalt der Landesuniversität Thüringen (E.A.)" umzubenennen, die Auslagerung der E.A. in eine große Etage des Hauses Grietgasse 11, die ihm von der in Jena so segensreich wirkenden Zeiss-Stiftung überlassen worden war, und die Namensänderung der Reinschen „Übungsschule" Grietgasse 17a in „Universitätsschule Jena".
Dieser Bruch mit der Reinschen Tradition wurde vom ersten Tag an von der starken Gefolgschaft, die Wilhelm Rein in Thüringen hatte, als persönliche Kampfansage aufgenommen und führte in Jena bis in die späten 20er Jahre zu aktivem Widerstand gegen Petersens schulpädagogische Arbeit.
Schon die Ansprache Petersens zur Eröffnung seiner E.A. gibt davon beredtes Zeugnis: *„Gesellt sich nun [dazu] ... die liebenswürdige Hoffnung, die Versuchsschule möge recht bald und kläglich scheitern, und gar noch das Bemühen, das für alle Schularbeit erforderliche Vertrauen zwischen Familien und Lehrern zu erschüttern, so haben wir die Sphäre gekennzeichnet, in welcher bis zum heutigen Tage noch alle wirklichen Versuchsschulen haben arbeiten müssen; ob der Mann Comenius, Basedow oder Pestalozzi hieß, Hermann Lietz oder Paul Geheeb, Berthold Otto, Ovide Decroly oder Jan Lighthart oder wie sonst: die Geschichte ihrer Schularbeit zeigt immer dasselbe Bild. Und es steigt die bitterernste Frage auf: was hätte geleistet werden können von diesen Männern, wären sie von dem großen Vertrauen der gesamten Öffentlichkeit getragen worden, die anteilnehmend, nur fördernd ihnen zur Seite gestanden hätte? Wie seltsam, daß man denen, die ihr Leben für die Kinder einsetzen, innerhalb der menschlichen Gesellschaft, die sich so oft rühmt, ihren Kindern leben zu wollen, in den Kindern ihre Zukunft zu sehen, das Leben für die Kinder so gern zum Martyrium macht!"*[29]

---

[28] Hans Wolff, Anmerkungen zur Entstehungsgeschichte des Jenaplans, in: Klaßen/Skiera, Hrsg., Pädagogik der Mitmenschlichkeit, 1984, S. 33 - 42. Zitiert bei Kluge, S. 147.
[29] Die Ansprache, hier zitiert nach „Zeitschrift für pädagogische Psychologie und experimentelle Pädagogik", Sonderdruck, S. 12, ist auch erschienen in: Petersen, Innere Schulreform und Neue Erziehung, 1925.

Dennoch: Während die einen sich in Jena bekreuzigt haben sollen vor dem „roten" Petersen aus Hamburg, ermutigten ihn andere, in ihrer Stadt eine Schule aufzubauen, in der die „ernste Frage" grundlegende Beantwortung finden könnte, der er sich seit Hamburg stellte, nämlich: „Wie kann praktische Erziehungsarbeit verantwortet werden?"[30] Die Ermutigung dazu kam aus den Teilen der Jenaer Bevölkerung, die Träger eines freigeistigen Klimas waren,[31] das sich - neben provinzieller akademischer Dumpfheit - in dieser Stadt schon vor dem 1. Weltkrieg hatte entfalten können. Die Basis dafür war durch die human-revolutionäre Unternehmensführung Ernst Abbes geschaffen worden, der seine Arbeiter durch Stiftung von Volkshalle, Lesesaal und Volksbad kulturell aufgeschlossen hatte. In dieser Atmosphäre hatten die Vorstellungen Eugen Diederichs und die Aktivitäten seines Sera-Kreises fruchtbar werden können. Mitverantwortlich für die Freigeistigkeit und eine überaus lebendige avantgardistische Kulturszene zeichnete auch eine Minderheit von Professoren,[32] zu denen u.a. Nohl, Grisebach, Schaxel, Graef, Weinel, Auerbach und Buchwald gehörten.
Schon vor dem Krieg hatten sie die Jenaer über die Schicht der Kenner hinaus in nachhaltige Berührung gebracht mit avantgardistischen Werken und Gedanken aus zeitgenössischer Kunst, Musik, Architektur und Wissenschaft. Munch, Kirchner, Nolde, Hodler, Rodin waren in diesem Jena ebensowenig Unbekannte wie van de Velde und Gropius, die enge kulturelle Verbindung zwischen Jena und dem Weimar des Bauhauses unübersehbar. 1919 waren diese Bestrebungen weitergeführt worden durch Gründung einer Volkshochschule. In dieser Institution versuchte man über Bildungsangebote und festliche Gemeinschaftserlebnisse den Kontakt zwischen Angehörigen des Bildungsbürgertums und der Arbeiterschaft zu intensivieren, um auf diese Weise auch hier zu einer, so die Hoffnung, geistigen Einheit des ganzen Volkes kommen zu können. Es waren folglich zu fast gleichen Teilen Kinder von Akademikern, Zeißschen Wissenschaftlern und Arbeitern, mit denen und für die Peter Petersen ab Ostern 1925 in dem von den Jenensern nun „Petersen-Schule" genannten Gebäude das erarbeiten konnte, was zu einem Ruhmesblatt in der Geschichte der Stadt Jena und im pädagogischen Erbe Thüringens zu einem der wichtigsten Teile werden sollte.

---

[30] Peter Petersen, Der Ursprung der Pädagogik, Berlin und Leipzig 1931. Vorwort S. V.
[31] Kluge, S. 141-143.
[32] Dazu: Siegfried Schmidt [u.a.], Hrsg. Alma mater Jenensis: Geschichte der Universität Jena, Weimar 1983, S. 235. Zur Tätigkeit des Jenaer Kunstvereins: Herbert Koch, Geschichte der Stadt Jena, Stuttgart 1966, S. 327.

Der Jenaplan: Freimachung des Menschentums in jedem Kinde

In Locarno 1927 wurde deutlich, daß das, was sich bei Petersen in der kleinen, von der Kultusbürokratie bewußt finanziell und personell kärglich gehaltenen Jenaer Schule tat, alles andere als ephemer und marginal war. In diesem Locarno, beim 4. Weltkongreß der New Education Fellowship, erkannte die aufmerkende pädagogische Öffentlichkeit, daß in der Beschreibung des Jenaer Reformweges, die Petersen vortrug, bei Bekanntheit der Elemente dennoch etwas konsistent Neues vorgestellt wurde.

Die englische Bezeichnung Jena-„plan", die das Organisationskomitee des Locarner Weltkongresses in Anlehnung an bereits bekannte Reformideen wie Dalton- und Winnetka-Plan zur sprachlichen Verständigung für Petersens Arbeit erfand, kann leicht verdecken, daß das in Jena Entwickelte kein „Plan" war und schon gar keine unumstößliche pädagogische Heilslehre, sondern nach- und ausdrücklich, wie Petersen es bezeichnete, als „Ausgangsform" verstanden werden sollte. Ein Anspruch allerdings, durch den die jeweils für Schule Verantwortlichen in die Pflicht genommen werden zu begründen, welche Ziele von Erziehung sie verfolgen, von welchem Menschenbild her sie erziehen und welche Gestaltung von Schule mit welchen Organisationsformen und welchen Mitteln und Inhalten sie dafür nutzen wollen.[33] Es ging Petersen um die „Freimachung des Menschentums in jedem Kinde" und darum, die jungen Menschen für ihr Leben und Lernen zu echten „Fertigkeiten, Kenntnissen und Bewußtheiten" kommen zu lassen.[34]

Wenn auch veränderbar, finden wir dennoch in dieser Ausgangsform konstitutive, unverwechselbare Elemente für grundlegende Wandlung von Schule. Woran Petersen keine Zweifel ließ: Was er unter den Prinzipien „Erziehung" und „Ehrfurcht vor dem Leben" an der Universitätsschule Jena, gedeckt durch die Teilhabe am Status der Freiheit von Forschung und Lehre, mit dieser Geschwindigkeit, freilich auf der Basis seines Hamburger Pfundes, von 1925 bis 1927 hatte an neuem Schulleben und Unterricht entwickeln können, war von ihm gedacht als pädagogische Inspiration und ernste Forderung an das gesamte öffentliche Schulwesen. Er ließ in Zusam-

---

[33] Der Jenaplan als „Ausgangsform": Wie einzelne Schulen diese Ausgangsform jeweils für sich neu gestalten, dazu: E. Skiera, Schulen ohne Klassen. Gemeinsam lernen und leben. Das Beispiel Jenaplan, Heinsberg: Dieck 1985 und Barbara Kluge in: Pehnke/Röhrs, Die Reform des Bildungswesens im Ost-West-Dialog, Frankfurt a. M., 1994.
[34] Stenographische Notizen aus dem Locarner Vortragsmanuskript, transkribiert und textkritisch kommentiert durch die Jenaplan-Arbeitsgruppe der Fernuniversität Hagen.

Abb. 2: Gruppenarbeit am Vierertisch in der Untergruppe
vorn links: Renate Ruprecht (- Hoffmann)

menführung der internationalen reformpädagogischen Elemente nur solche gelten, die durch praktische Bewährung in seiner Schule bestätigten, daß durch sie Schule zu einem Ort wird, an dem die jungen Menschen Humanität, Toleranz und Gemeinschaft als erfahrbar und gestaltbar erleben. Elemente dieser Art waren:
- Abschaffung der Jahrgangsklasse
Die Jahrgangsklasse lebt von der Fiktion der Leistungsgleichheit der in einem Registerjahrgang Geborenen. Zur Aufrechterhaltung dieser vermeintlichen Gleichheit bedient sich die Schule des Sitzenlassens oder der Aussonderung in Sonderschulen.
Petersens Alternative zur Jahrgangsklasse ist die Einrichtung jahrgangsübergreifender „Stammgruppen", die bewußt die Heterogenität tatsächlichen Lebens (und damit des Lernens) nachbilden.[35]
Der Jenaplan sieht die Einteilung vor in Untergruppen: 1. bis 3. Schuljahr; Mittelgruppen: 4. bis 6. Schuljahr; Obergruppen: 6./7. bis 8. Schul-

---

[35] „Stammgruppe": Hier ist der Ausdruck geprägt, der heute außer in Jenaplanschulen gängiger Sprachgebrauch auch an der Laborschule in Bielefeld ist.

jahr und zwei sog. Jugendlichengruppen: 8./9. bis 10. und 10./11. bis 12. Schuljahr.
In der Regel findet für das einzelne Kind alle drei Jahre ein Gruppenwechsel statt. Ist es noch nicht in der Lage, in die höhere Stammgruppe zu wechseln, kann es seiner individuellen Entwicklung entsprechend ein weiteres Jahr in seiner Stammgruppe reifen. „Sitzenbleiben" war in Petersens Schule zum Fremdwort geworden. Das natürliche Wissens- und Bildungsgefälle innerhalb der Stammgruppe war von Petersen als fruchtbare Chance erkannt. In dieser jahrgangsübergreifenden, dem Leben „abgelauschten", quasi geschwisterlichen, natürlichen Gruppensituation kann man miteinander und voneinander lernen, kann man Hilfe annehmen ohne Minderwertigkeits- und Defiziterfahrungen, und kann man helfen ohne Überheblichkeit. Diese Situation führt die Gruppenmitglieder in eine Haltung, aus der heraus sie zur Entfaltung ihrer emotionalen, intellektuellen, sittlichen und sozialen Anlagen kommen können.
- Abschaffung des 45minütigen Fachstundentaktes
Petersen zweifelte energisch an, daß Lernen in der Isolation von Fächern und Portionierung von Stunden für junge Menschen die geeignete Form für den Zugang zum Weltverständnis darstellen kann. Der Jenaplan ermöglichte deshalb das Lernen in einem rhythmischen Wochenarbeitsplan. In „Pädagogischen Situationen" wird dafür Sorge getragen, daß die als „Grundformen menschlicher Bildung" erkannten Anteile von *Gespräch, Spiel, Arbeit* und *Feier* gleichrangig zur Entfaltung kommen.
- Abschaffung der Vorrangstellung des Frontalunterrichts und der Lehrerbelehrung
An seine Stelle tritt das „gruppenunterrichtliche Verfahren", das die Stammgruppe zur selbständigen und selbsttätigen Arbeit an frei gewählten Themen herausfordert, zu der Kinder sich in selbst gewählten Tischgruppen zusammenfinden. Die Voraussetzung dafür hatte Petersen mit der - Wasser auf die Mühlen der Kritiker! - Verbannung der bisherigen Schulmöbel mit dem starren Banksystem geschaffen. Zunächst durch Elternbauhilfe provisorisch versorgt, erhielt die Schule später dank Unterstützung durch Waldemar Döpel, Regierungsrat in Weimar und zuständig für die Abteilung Fürsorgewesen des Ministeriums des Inneren und Förderer der Thüringer Fröbel-Bewegung, leichte und damit schnell umrückbare Tische und Stühle nach Bauhausentwürfen.
Neben der freien Gruppenarbeit gibt es Kurse für den Erwerb und die Förderung grundlegender Fertigkeiten. Kurse orientieren sich ebenfalls nicht am Jahrgang, sondern am Leistungsstand eines Kindes, dem so ermöglicht wird, in einer relativ homogenen Lerngruppe seine Fertig-

Abb. 3: Schulmöbel nach Entwürfen Bauhaus/Weimar.

keiten in Hinsicht auf bestimmte Probleme beim Schreiben, Lesen oder in den Naturwissenschaften zu trainieren.
- Veränderung der Belehrungszelle Klassenraum
Der Klassenraum wird umgestaltet zur sog. Schulwohnstube. Als Lebens- und Lernort gleichermaßen ist er ein Raum gemeinsamer Gestaltung des Umgangs mit Mensch und Sache. Die solidarischen Kräfte der Stammgruppe und die durch sie gegebene Vor-Ordnung sowohl für das Zusammenleben der Gruppe als auch ihrer Arbeitsweise bilden, wie Petersen später in seiner „Führungslehre"[36] darlegte und in seiner „Tatsachenforschung"[37] beweisen konnte, Heranwachsende in ihrer ganzen Person.

Der Jenaplan als zukunftweisendes Modell

Der Beitrag Petersens für die Wandlung des öffentlichen Schulsystems hat bis heute überlebt. Von der Diktatur des Nationalsozialismus eingeschränkt, von der SED durch Volksbildungsministerin Torhorst 1950 mit Schließung der Schule in der Grietgasse zerstört, ist das Konzept aus Jena für Hunderte von Jenaplan-Schulen in den Niederlanden als virulentes Vorbild „Ausgangsform" für „pädagogisch fundierte Schulreform"[38], übergeführt in die Formen eines „modernen Jenaplans".[39] In Nordrhein-Westfalen und seit neustem in Hessen zeigt die Schulgesetzgebung sich

---

[36] Peter Petersen, Führungslehre des Unterrichts, Langensalza, Berlin, Leipzig 1937.
[37] Peter Petersen und Else Petersen, Die Pädagogische Tatsachenforschung, Paderborn 1965.
[38] Ehrenhard Skiera, Die Jenaplan-Bewegung in den Niederlanden. Beispiel einer pädagogisch fundierten Schulreform, Weinheim 1982.
[39] Kees Vreugdenhil, Der moderne Jenaplan - Eine weltweite Herausforderung. Vortragsmanuskript, Jena/Amsterdam 1992.

Abb. 4: Schulgebäude Grietgasse 17a.

deutlich inspiriert vom Geist des Jenaplans. Dort wird die Wandlung von Regelschulen in Schulen nach dem Jenaplan „von oben her" begünstigt. In den Ländern der ehemaligen DDR, die durch die Wende die Chance für eigene demokratisch freie Gestaltung von Schule und Schulleben erhalten haben, zeigen immerhin vier neu gegründete blühende Jenaplanschulen in Jena, Suhl, Lübbenau und Schwarzenberg/Markersbach und acht weitere Initiativen, u.a. in Weimar und Rostock, die z. Zt. aber noch mit einer weniger avantgardistischen Schulbürokratie zu kämpfen haben, daß das, was Petersen in Jena geschaffen hat, historisch gewandelt, aber nicht überholt, notwendige schulreformerische Aufgabe und Chance geblieben ist. „Wir stehen," wie der große Historiker der Reformschulbewegung Hermann Röhrs es formuliert hat, „noch heute in ihrem Vollzug."[40] Noch immer bedarf es der Überprüfung und Überwindung der Konvention durch Avantgarde. Noch immer ist Petersens in Jena entwickeltes und erprobtes Konzept einer „Neuen Schule" dafür ein maßgeblicher Impuls.

---

[40] Hermann Röhrs, Die Schulen der Reformpädagogik heute. Handbuch reformpädagogischer Schulideen und Schulwirklichkeiten, Düsseldorf 1986, S. 16.

ANGELIKA PÖTHE

Weimar zwischen Nachklassik und Moderne
Anmerkungen zu Literatur und Geselligkeit

1929 erscheint ein Roman des späteren Weimarer Ehrenbürgers Heinrich Lilienfein, der den bezeichnenden Titel „Die Geisterstadt" trägt. Dieser Roman thematisiert, bilanziert die Auseinandersetzung zwischen Nachklassik und Moderne: Eine junge Frau kommt nach Weimar, begeistert von den klassischen Idealen, von der Weihe dieses Ortes. Sie wird nacheinander Sekretärin zweier sehr unterschiedlicher Männer, die sie lieben, besitzergreifend und rücksichtslos. Der eine feiert als akribischer Gelehrter die klassische Tradition, in gespenstischer Alltags- und Menschenferne entwirft er seine kultivierte Gedankenwelt. Der andere, Harry Wychgram, der sofort als Walter Gropius zu identifizieren ist, erscheint nicht weniger besessen und menschenverachtend: „Was soll uns Heutigen der ganze literarische Friedhof da draußen?!"[1] ruft er Donate, seiner jungen Mitarbeiterin, zu. Er plädiert für die „nackte Schönheit des zweckbewußten Massenwillens", für die „Verherrlichung des nüchtern Mechanischen".[2] Wehr- und willenlos steht Donate zwischen den beiden widerstreitenden Kräften, dem „schönheitsseligen Weimarkult"[3] und der „verzehrenden Gegenwartswut"[4], verzweifelt will sie sich abkehren von der Stadt, da gelangt sie zu einer neuen Sicht mit Hilfe eines Jugendfreundes. „Dies Weimar ist ein Teufelspflaster! Zu antik und zu modern im gleichen Topf!"[5] erklärt jener Ralf Krüger, und beide ahnen - während sie dem „Bann" der Stadt entfliehen - daß Weimar wirkend in der Zeit bleibt, daß sich ein menschliches Antlitz hinter der klassischen Fassade verbirgt, daß nicht Abkehr von ihr, sondern Auf- und Annahme der Tradition nottut.
Lilienfeins Roman markiert einen gewissen Endpunkt in der literarischkünstlerischen Auseinandersetzung um diese Stadt, ihre klassische Tradition, deren Bewahrung, lebendige Weiterführung, gar Zerstörung. Ein Jahrhundert währt die Debatte, die beiden problematischen Begriffe „Nachklassik" und „Moderne" markieren ihre Spannungspole.

---

[1] Heinrich Lilienfein, Die Geisterstadt, Stuttgart und Berlin 1929, S. 154.
[2] Ebd., S. 154.
[3] Ebd., S. 228.
[4] Ebd.
[5] Ebd., S. 178.

Zu Recht geht die Forschung heute davon aus, daß bei aller internationalen Rezeptivität auch die Moderne regional geprägt ist[6]; in München, Berlin und Wien entwickeln sich „Spielarten", die wohl aufeinander Bezug nehmen, gegenseitige Einflüsse ausüben, aber aus dem kulturellen Profil der Länder und Orte heraus - das nach 1871 schärfer wird - eigene Züge, Besonderheiten, ein eigenes Antlitz zeigen. Für die Münchner Moderne etwa nennt man als zeitlichen Rahmen die Regierungszeit des Prinzregenten Luitpold 1886 bis 1912[7], Jahre, die hier einer gewiß europäisch verlaufenden Entwicklung ihren Entfaltungsraum bieten.

Die Weimarer Moderne - nehmen wir den Begriff für bedeutende Ansätze neuer Geselligkeit, Gesprächskultur, eines neuen Traditionsverhältnisses und neuer Kunstformen - entwickelt sich, als ein Wechsel im Herrscheramt sich vorbereitet bzw. vollzieht. Die Literatur schildert Momente, in denen der Untergang von Monarchien gefühlt, vorausgeahnt wird, bevor er tatsächlich eintritt: Josef Hofmillers Abschied von Luitpold[8], mit dessen Tod auch das alte Bayern im Sarg liegt, gehört dazu oder Joseph Roths mehrfach gestaltetes Grunderlebnis[9] der Beerdigung Franz Josephs in der Kapuzinergruft. Als am 5. Januar 1901 Carl Alexander stirbt, wird dieses Ereignis von den Zeitgenossen als ähnlich starker Einschnitt, als Abschied vom „alten Weimar", als Bruch der Verbindung zur Klassik verstanden. „Eine Zeit geht zu Ende ..."[10], bemerkt Wildenbruch in seiner Gedenkrede, einer durchaus pessimistischen Rede voller düsterer Vorahnungen und Warnungen vor dem „praktischen", nicht idealischen Weimar. Und Bojanowski konstatiert, daß erst jetzt - mit Carl Alexanders Tod - das klassische Weimar völlig der Vergangenheit angehöre.[11] Man spürt offensichtlich, daß die letzte große Leistung höfischer Kulturpflege in Weimar Geschichte ist; 17 Jahre vor dem politischen Ende des Hauses vergeht eine Epoche, in der der Hof noch einmal Autoren und Künstlern Anregung

---

[6] Vgl. Die Münchner Moderne. Die literarische Szene in der „Kunststadt" um die Jahrhundertwende, hrsg. von Walter Schmitz, Stuttgart 1990, S. 15.
[7] Ebd.
[8] Ebd., S. 24.
[9] Das Motiv erscheint bereits in Roths Roman „Radetzkymarsch" und in der Erzählung „Die Büste des Kaisers". Vgl. Joseph Roth, Werke in sechs Bänden. Hrsg. von Fritz Hackert, Bd. 5, Romane und Erzählungen 1930-36, Köln und Amsterdam 1990. Vollständig entfaltet wird es im Roman „Die Kapuzinergruft". Vgl. Roth, Werke, Bd. 6, Romane und Erzählungen 1936-40.
[10] Ernst von Wildenbruch, Großherzog Carl Alexander. Ein Gedenkblatt zum 5. Januar 1901, Weimar 1901, S. 4.
[11] Vgl. Paul von Bojanowski, Großherzog Karl Alexander von Sachsen, München 1901, S. 3.

und Förderung gewährt, in die Literatur- und Kunstprozesse einzugreifen vermag.

Am 10. Februar 1889 schreibt Carl Alexander an seine langjährige Freundin, die Schriftstellerin Fanny Lewald: „... was man jetzt in der Kunst den Realismus nennt - nimmt Proportionen und Formen an, die furchtbar sind und verdrängt und verdeckt werden die Begriffe der Wahrheit, der Schönheit, der Pflicht ...".[12] Und er fügt hinzu: „Mit Schaudern denke ich hiebei unwillkürlich an die Catastrophe in Meyerling."[13] Dieses Zitat zeigt sehr klar das Kunstverständnis des Fürsten, das sich seit dem Kunstglaubensbekenntnis[14] der fünfziger Jahre nicht wesentlich geändert hat. In Anknüpfung an die klassische Tradition erscheint die harmonisch ausgewogene Kunstform die einzig mögliche ebenso wie ein Menschenbild der entsagenden Freiheit. Carl Alexander verteidigt im Grunde die Verbindlichkeit künstlerischer Ideale gegenüber dem Relativismus; Wahrheit und Erkenntnis gehen für ihn nicht darin auf, Mittel zur praktischen Daseinsbewältigung zu sein. Kaum verständlich ist ihm der partielle, fragmentarische und experimentelle Zug der Kunst, der aus dem Verschwinden der Welt als verbindlichem Sinnganzen resultiert, die Tatsache, daß Werke nicht mehr die „ganze" Wahrheit ausdrücken, sondern Unzulängliches, Häßliches aufnehmen und kritisieren. Realismus - der Begriff bezeichnet gelegentlich auch Naturalismus und Impressionismus - wird mit „Indiscretion"[15], Unsittlichkeit, Opportunismus verknüpft. Die schnelle Verurteilung einer solchen idealistischen Haltung ist unangemessen, vor allem, wenn man - wie Walther Scheidig in seiner „Geschichte der Weimarer Malerschule"[16] - Egoismus und fehlende kulturpolitische Ambitionen unterstellt. Carl Alexanders mäzenatisches Tun ist ausschließend in mancher Hinsicht, zugleich aber öffnen seine Initiativen den Weg Weimars in die künstlerische Moderne. Sogar jener Gedanke der Verbindung von Kunst und Industrie, den später die Bauhaus-Konzeption aufnimmt, auch die Idee, solcherweise Kunst den „Unbemittelten" nahezubringen, gehört zum Bestreben Carl Alexanders.[17]

---

[12] Großherzog Carl Alexander und Fanny Lewald-Stahr in ihren Briefen 1848-1889. Eingeleitet und hrsg. von Rudolf Göhler, 2 Bände, Berlin 1932. Bd. 2, S. 181.
[13] Ebd.
[14] Vgl. Carl Alexander, Mein Kunst-Glaubensbekenntnis nach der Münchner Reise 1858, in: Carl Alexander, Tagebuchblätter von einer Reise nach München und Tirol im Jahre 1858. Hrsg. und erl. von Conrad Höfer, Eisenach 1933, S. 51 f.
[15] Vgl. Großherzog Carl Alexander und Fanny Lewald-Stahr. Bd. 2, S. 45.
[16] Vgl. Walther Scheidig, Die Geschichte der Weimarer Malerschule 1860-1900, Weimar 1971, S. 17.
[17] Vgl. Großherzog Carl Alexander und Fanny Lewald-Stahr. Bd. 2, S. 153.

Sein Tod also markiert das Ende höfischer Kunstpflege in Weimar. Eine sich wandelnde politische Welt ist dafür ebenso verantwortlich wie die Persönlichkeit des jungen Großherzogs Wilhelm Ernst. Die das ganze 19. Jahrhundert aufrechterhaltene Beziehung der Herrscher zu Geselligkeit, Kunst und Literatur, mag sie mitunter kompliziert und spannungsvoll gewesen sein, ist aufgekündigt. „Weimars Tradition ist Weimars Unglück und Weimars Tradition hat sich überlebt"[18], erklärt Wilhelm Ernst gegenüber dem Schriftsteller Richard Voß. Bezeichnenderweise verbindet sich gerade dieses Bekenntnis zum Traditionsbruch nicht mit Offenheit gegenüber neuen Kunstentwicklungen und Lebensansichten. Es ist, als hätten sich die Verhältnisse umgekehrt: Der so traditionsbewußte und aristokratische Carl Alexander legt gegen alle Fehler in der Kulturpolitik Toleranz, Neugier, persönliche Bescheidenheit, Takt und Verständnis in die Waagschale; Wilhelm Ernst bekennt sich verbal und in seinem Lebensstil zum „Fortschritt", zugleich pocht er in peinlicher Weise auf seine Macht und Autorität. Er versucht Autoren wie Richard Voß und Wildenbruch zu schulmeistern[19], der ganze Rodin-Skandal (den man sicher nicht nur mit Blick auf die Figur des Großherzogs untersuchen kann) zeugt von seinem mangelnden Takt und einer Blockiertheit gegenüber moderner Kunst, die für Carl Alexander undenkbar waren.

Der Weimarkenner Wilhelm von Scholz bemerkt in seinen Lebenserinnerungen: „Noch zu Zeiten von Franz Liszt war der Hof die geistige, künstlerische Mitte Weimars und weit über Weimar hinaus bedeutsam gewesen." Scholz würdigt die Leistungen Carl Alexanders und fügt hinzu: „Mit dem Regierungsantritt seines Enkels war dieses Verdienst des Weimarer Hofes endgültig zu Grabe getragen."[20] Dieser Einschätzung ist unbedingt zuzustimmen.

Aufschluß über die besondere Prägung der Weimarer Moderne, über Traditionsbezug und Neuansatz geben Werke von dort lebenden und schreibenden Autoren. Sie entwerfen literarische Stadtbilder, Ansichten zur Personalität des Ortes, die geradezu zu Stereotypen werden. Man spricht vom „Zauber"[21] der Stadt, vom „Bann",[22] in den sie die Individuen schlage, einer magischen Wirkung, die - als solche nicht bis ins letzte erklärbar - anregend und lähmend zugleich ist. Für Wilhelm von Scholz ist Weimar

---

[18] Vgl. Richard Voß, Aus einem phantastischen Leben. Erinnerungen, Stuttgart 1920, S. 184.
[19] Ebd., S. 304 f.
[20] Wilhelm von Scholz, An Ilm und Isar. Lebenserinnerungen, Leipzig 1939, S. 99.
[21] Ebd., S. 53.
[22] Lilienfein, Geisterstadt, S. 231.

eine „geistige Stadt"[23], ihr äußeres Antlitz ist gewissermaßen nur Stütze für Erinnerungen und Phantasien, für das Sichversenken in den Geist. Auch moderne Dichter beschreiben die kleine Weltstadt, in der das laute, drängende, tosende Leben[24] fehlt, und also eine starke Konzentration und Innerlichkeit möglich werden. Weimar erscheint als Stadt des Herbstes, des Früchtesammelns, der milde gewordenen Sonne.[25] Bezeichnend ist Helene von Nostitz' Abschiedsblick auf Weimar, ein Abendbild, ein Herbstbild vielleicht auch, Liszts alte Freundin in den schräg fallenden Sonnenstrahlen in der Tiefurter Allee.[26] Schließlich dann: Lilienfeins „Geisterstadt", in der die Dämonen der Vergangenheit die Menschen bedrücken und hetzen. Sogleich fällt auf, daß alle diese Stadtbilder Weimars Tradition nicht nur einbeziehen, sondern sich aus ihr konstituieren: Die steingewordene Klassik und Nachklassik als Anregung intellektueller und poetischer Reflexion? Herbstliches Weimar, Endzeitstimmung, Gefühl des Verlustes, aber auch die Zeit, die sammelt, was andere säten? Angemerkt sei, daß diese literarischen Stadtbilder, die wohl neue und originäre Züge enthalten, doch vorgeprägt sind das ganze 19. Jahrhundert hindurch. Ein Weg ist es von Goethes Betlehem-Vergleich[27] über Pücklers „Weltstadt"-Begriff[28] bis hin zu Scholz' Sicht des kleinen, großen Ortes. Jedenfalls: Die Moderne in Weimar, auch die Moderne, bestimmt ihren Platz, lebt und wirkt mit dem Blick auf die klassische Tradition, selbst die trotzigste Abgrenzung bedarf dieses Bezugspunktes.

Freilich ist nun weiter zu fragen, wie die Moderne Klassik reflektiert und welche Vermittlungen, sozusagen „Fäden", die nachklassische Zeit knüpft. Im Mai 1906 spielt Josef Kainz auf dem Weimarer Hoftheater den Tasso. Unter den Zuschauern sind Helene von Nostitz, die Rilke- und Rodin-Freundin, der man die faszinierende Beschreibung gewissermaßen innerer und äußerer Kultur des Neuen Weimars verdankt, ihr Mann Alfred von Nostitz und ihre Gäste Hugo von Hofmannsthal und seine Frau Gertrud. Zwei Monate später veröffentlicht Hofmannsthal seine fiktive „Unterhaltung über den 'Tasso' von Goethe" zwischen ebendiesen vier Personen, eine anspruchsvolle wie sensible und feine Deutung des klassischen Dra-

---

[23] Scholz, An Ilm und Isar, S. 55.
[24] Ebd., S. 54.
[25] Ebd.
[26] Vgl. Helene von Nostitz, Aus dem alten Europa. Menschen und Städte, Berlin 1933, S. 103.
[27] Vgl. Johann Wolfgang von Goethe, Werke, hrsg. im Auftrage der Großherzogin Sophie von Sachsen, Weimar 1887-1919. I. Abt., Bd. 16, S. 134.
[28] Vgl. Weimar im Urteil der Welt. Stimmen aus drei Jahrhunderten, Berlin und Weimar 1975, S. 199.

mas. Der Gegenstand bedingt, daß Hofmannsthal einen weiten Raum umgreift: Nicht nur geht es um das Verhältnis eines modernen Autors zur klassischen Tradition, um die Reflexion von Gesprächskultur des 18. in der des 20. Jahrhunderts, der Blick öffnet sich von Weimar nach Ferrara, auf den Renaissancepoeten Tasso im Ringen mit seinem fürstlichen Mäzen. Die Rezension entwickelt ein produktives Klassik - (und in diesem) Renaissanceverhältnis; Rhythmik und Bewegung werden in der Ordnung und Begrenzung erfahren. Die Figur der Prinzessin, zunächst umstritten, wird in ihrer Ganzheit, Geschlossenheit gesehen, in der das Wirkende aufgehoben ist, in ihrer vollendeten Einfachheit, sie ist eine Vestalin des Menschlichen, als solche stets dem Untergang nahe. Jenes Bild vom Marmor, der kalt und glatt zu sein scheint, bei näherer Betrachtung Linie und Rhythmik entfaltet[29], ist bezeichnend: Hofmannsthal versteht Klassisches wohl als Ruhe, Harmonie und Ebenmaß, freilich in der Einheit mit Fließendem und Strebendem und stets aufs höchste gefährdet durch Vernichtung und Vergehen. Welch ein Unterschied zu der oben skizzierten Kunstauffassung Carl Alexanders, die dem krisenhaften Wandel der Welt klassische Form als einzig mögliche entgegenhält! Hofmannsthal erkennt die Gefährdung des Humanen in der klassischen Form selbst. Die Moderne hat ein keineswegs negatorisches, vielmehr produktives Verhältnis zur Klassik und ein geradezu inniges zur Renaissance. Man erinnert sich an Thomas Manns frühe Erzählung „Gladius Dei", die nicht nur den Büster Savonarola in einer komischen Figur auftreten läßt, Renaissancekunst vielfältig beschwört und schließlich das einprägsame, die Moderne kennzeichnende Bild prägt „München leuchtete".[30]

Jene Zeit, in der der Weg zur künstlerischen Moderne auch in Weimar beschritten wird, ist eine der regen Bautätigkeit. Bereits ein flüchtiger Blick auf diese im 19. Jahrhundert, vor allem in seinem letzten Viertel, erweist die Renaissance-Orientiertheit der Architekten und ihres Bauherrn. Man weiß, daß die katholische Herz-Jesu-Kirche in Glockenturm und Kuppel dem Dom zu Florenz nachempfunden ist, das Sophienstift baut man nach einem Palazzo in Trient, Marstall und Lehrerseminar zeigen die Renaissancemerkmale ebenso wie das schon in den sechziger Jahren erbaute Landesmuseum, bei dem bewußt Thüringer Steine italienische Form geben, das Archiv am heutigen Beethovenplatz entsteht im Stile florentinischer Paläste, und in das Gebäude des Kunstgewerbemuseums fügt man

---

[29] Vgl. Hugo von Hofmannsthal, Gesammelte Werke in zehn Einzelbänden. Band 7: Erzählungen, Erfundene Gespräche und Briefe, Reisen, Frankfurt/M. 1979, S. 525.

[30] Thomas Mann, Der Tod in Venedig und andere Erzählungen, Frankfurt/M. 1992, S. 233.

gar echte Bauteile von venezianischer Gotik ein. „... sie bauten damals gut und schön, weil sie aus ihrem Innern herausbauten. Dem Boden wirklich entsprossen war die Blume, jetzt ist die Blume nur eine in den Boden gesteckte, ohne Wurzel, ohne Lebensfähigkeit."[31] Dies schreibt Carl Alexander an Ritgen; das Bild des Von-Innen-Nach-Außen-Bauens vergangener Epochen im Gegensatz zum 19. Jahrhundert kehrt immer wieder in seiner Korrespondenz und Gedankenwelt. Was bedeutet dieses Bild denn anderes, als daß man der Idee den Vorrang geben müsse vor den bloßen Sachen, daß man das Innen auszuprägen habe in der architektonischen Form: das nur Dekorative, Zierende wird ebenso verworfen wie eine „touristische", veräußerlichte Betrachtung der Bau- und Kunstwerke. Die Renaissance also als eine vorbildhafte Epoche menschlicher Bildung, „göttlicher" Kunst, in der fürstliches Mäzenatentum bestimmend wirkt - Carl Alexanders idealische Konzeption formt das Stadtbild, Lebensweisen und -anschauungen. Es wäre ein eigenes Thema, die Renaissancerezeption der Moderne zu untersuchen, jedenfalls vollzieht sie eine neue Wendung zur Erfahrungswirklichkeit, die Gestalt des fürstlichen Förderers ist verschwunden, Individualismus und Sensualismus werden in neuer Weise Programm.

Auf einem anderen Gebiet sind Kontinuität und Neubeginn in der Spannung von Nachklassik und Moderne ebenso sichtbar: auf dem der Geselligkeit und Gesprächskultur. „Das Feuer brennt am Kamin und wirft einen Schein auf die leidenschaftlichen Reiter des Parthenonfrieses. Hellgelbe Bücher stehen in weißen Schränken. In den Glasvitrinen aber schauen liebliche kleine Frauengestalten Maillols in Spiegel, die ihre reinen, strengen Formen wiedergeben. ... Vor dem Fenster steht eine altchinesische Bronzeschale, ein Gruß der Künstler dreier Nationen an den Herrn des Hauses, Harry Keßler. Ich erinnere mich noch des Abends, als Gerhart Hauptmann mit dem schönen Kopf davorsaß und eines seiner Dramen vorlas, während Rilke mit uns aufmerksam, ohne Kritik, lauschte. Aber die Tür ist nach dem Schreibzimmer geöffnet, diesem langen nachdenklichen Raum, wo über Reihen köstlicher Bücher die Bilder von Cross und Signac erglühen wie geöffnete Blumenkelche."[32] So schildert Helene von Nostitz einen geselligen Abend im Hause des Grafen Kessler. Sogleich auffallend ist die in der Jugendstilmetaphorik gefaßte Verbindung von Menschen, Kunstgegenständen, Natur und weiter Welt, von Interieur und Landschaft, von abendländischer und östlicher Kultur, von Antike und Moderne. Das Neue

---

[31] Carl Alexander und die Wartburg in Briefen an Hugo von Ritgen, Moritz von Schwind und Hans Lucas von Cranach, Hannover o. J., S. 22.
[32] Nostitz, Aus dem alten Europa, S. 89.

Weimar - Hofmannsthals Rezension handelt davon - schafft eine Kommunikation, deren Gegenstand Kunst mit Präzision und sublimem Verständnis behandelt wird, in Räumen, die nicht schöner Rahmen, sondern ästhetische Ausdrucksformen sind.

Man erkennt die Traditionslinie solcher Geselligkeit in Weimar: Der Kreis von Künstlern und Schriftstellern, der sich in den vierziger Jahren des 19. Jahrhunderts am Hofe des damaligen Erbgroßherzogs in Ettersburg versammelt, Literatur zu lesen und darüber zu sprechen, die kleinen „Zirkel", in denen sich Unterhaltung mit erheblichem Anspruch verbindet, Carolyne Sayn-Wittgensteins Salon auf der Altenburg - die Reihe wäre ohne Mühe fortzusetzen. Dort wie hier - in den Häusern der Nostitz, Kessler, van de Velde - treffen sich bedeutende Künstler und Aristokraten, dort wie hier erscheint das gemeine Leben nur stilisiert, Ettersburgs Bauern oder pittoreske alte Schauspieler, die politische und soziale Realität wird Teil eines Kunstwerks, wie jener feldgraue Leutnant[33], der Nostitz' Schilderung des Nietzsche-Archivs eine zusätzliche Dimension gibt. Und übrigens formulieren auch die Vertreter des Neuen Weimars den Wunsch, der Carl Alexander und seinen Mitstreitern geradezu zur Idée fixe wurde, Weimar wieder zum Zentrum aktueller Kunstprozesse zu machen, indem bedeutende Autoren, Musiker und Maler hierhergeholt werden.

In Weimars Geselligkeit nach 1900 fällt eine große Breite von Formen und Möglichkeiten auf. Künstlerfeste, Maskenbälle und das Caféhausleben bei Sperling und im Residenzcafé konstrastieren mit dem sogenannten „Pensionopolis"[34], einer Art Stammtisch altmodischer Offiziere und Beamter, ein reges Vereinsleben existiert und ebenjener Ansatz des Neuen Weimars. Höfische Geselligkeit verliert ihren in gewissem Maße integrativen Charakter, die führenden Vertreter des Hofes greifen nicht mehr gestaltend in die geselligen Kreise ein. Vergleicht man die Gesprächskultur des Neuen Weimars etwa mit jener Ettersburgs Mitte des 19. Jahrhunderts, so fällt die Abkehr von Spiel und Dilettantismus auf. Selbst das Gespräch über die Kunst ist nicht locker-ungeformt, man ringt und bemüht sich, und im Bemühen findet man Genuß.

„Weimar leuchtete"? Gewiß, in dieser Gesellschaft des Neuen Weimars, in den Werken und Selbstzeugnissen, die sie beschreiben, in den Bildern und architektonischen Formen der Modernen. Gewiß, in einer neuen Beziehung zur Klassik, die die Vermittlungen der nachklassischen Epoche im doppelten Sinne aufhebt.

---

[33] Vgl. Nostitz, Aus dem alten Europa, S. 102.
[34] Scholz, An Ilm und Isar, S. 92.

Und an diesem Punkt beginnen die Fragen aufs neue: Warum hat das literarische Weimar kein naturalistisches Kapitel, fehlt dazu der Entfaltungsraum der Großstadt, versagt sich der traditionsbestimmte, „geistige" Ort naturalistischen Konzepten? Was leistet die sogenannte Neuklassik, die in Weimar ihre Stimme erhebt, aus dem gleichen Grund der Moderne erwachsend? Und wie beurteilt man die in Weimar starke Heimatkunst, die sich zum Teil der gleichen Argumente wie die Avantgarde bedient, die - vom Prozeß der Moderne hervorgebracht - sich gegen die Moderne richtet? Die Geschichte des literarischen Weimars nicht nur von Goethe bis Nietzsche, sondern bis Lukács, Lienhard und Lilienfein bleibt noch zu schreiben.

JUSTUS H. ULBRICHT

„Deutsche Renaissance"
Weimar und die Hoffnung auf die kulturelle Regeneration Deutschlands zwischen 1900 und 1933

„Mutti, unser Weimar tragen wir im Herzen!"[1]

„Es gibt in Weimar nicht nur Kinos, Goethegesellschaft und Backfischpensionate. Wer zu finden versteht, dem wird sich auch das wahre Weimar offenbaren"[2] - mit diesen Worten beginnt 1915 ein „Der Weg nach Weimar" betitelter Aufsatz in der konservativen Kulturzeitschrift „Bühne und Welt", die zwei Jahre später „Deutsches Volkstum" heißen sollte.[3] Jenseits von moderner Massenunterhaltung, Klassiker-Rummel und bildungsbürgerlichem Ferien- und Erholungsbetrieb macht der Autor dieses Artikels als „innere(s) Wesen der klassischen Stadt" die „schöpferische Einsamkeit" dingfest, die die „Seele aller echten Bildung und Kultur"[4] sei und kommt dann ausführlich auf den Elsässer Friedrich Lienhard zu sprechen, dessen sechsbändige Anthologie „Wege nach Weimar" als „Kulturbibel" der Deutschen apostrophiert wird. Der Artikel paraphrasiert die Grundideen von Lienhards Programm der sog. „Reichsbeseelung"[5] durch „Hö-

---

[1] Friedrich Lienhard, Neu-Weimar, in: ders., Der Meister der Menschheit. Beiträge zur Beseelung der Gegenwart. 1. Bd.: Die Abstammung aus dem Licht, Stuttgart 1919, S. 191f. - Lienhard zitiert hier den Ausspruch der Tochter einer seiner Verehrerinnen, der wohl die Distanz zwischen der Weimarer Republik und dem „wahren" Weimar markieren soll.
[2] Albert Malte Wagner, Der Weg nach Weimar, in: Bühne und Welt 17 (1915) H. 10, S. 490-492, Zitat 490.
[3] Diese Zeitschrift gehörte dem Deutschnationalen Handlungsgehilfen-Verband. - Dazu s. Iris Hamel, Völkischer Verband und nationale Gewerkschaft. Der Deutschnationale Handlungsgehilfen-Verband 1893-1933, Frankfurt/M. 1967, S. 126f; Heinrich Kessler, Wilhelm Stapel als politischer Publizist, Nürnberg 1967.
[4] Sämtliche Zitate ebd., S. 490, Hervorhebung i. Org. - Der „Einsamkeits"-Topos entstammt dem Repertoire der Genieästhetik: Einsamkeit korrespondiert mit den Kategorien „Innerlichkeit" und „Autonomie". Vgl. Jochen Schmidt, Die Geschichte des Geniegedankens in der deutschen Literatur, Philosophie und Politik 1750-1945. 2 Bände. Darmstadt 1985, Bd. 2, S. 10, Anm. 27. Zahlreiche Belege für den wilhelminischen Geniekult ebd. S. 129-193. - Vgl. auch Momme Nissen, Charakterkunst, in: Der Lotse 1 (1900), H. 3, S.71-80. S. 72: „Die gute Kunst ist heute Einsamkeitskunst". - Der Aufsatz stammt eigentlich vom „Rembrandtdeutschen" Langbehn!
[5] Vgl. Friedrich Lienhard, Reichsbeseelung. 1. Wartburg und Weimar, in: ders., Der Meister der Menschheit. Beiträge zur Beseelung der Gegenwart. Band 3, Stuttgart 1920, S. 21-39.

henkunst"[6], wobei der Leser nicht im Unklaren darüber gelassen wird, daß Lienhard und sein Werk bereits selbst schon die Erfüllung solcher kultureller Utopien sei[7]: „Der ganze Mensch soll alles Lebendige zu einem Ganzen vereinigen: Hellas, Walhall und Golgatha. Er soll Verkünder der Schönheit, Wahrheit und der Liebe zugleich sein. Das ist wahre Religion. Ein Apostel dieser drei ist echter Bürger des wahren Weimar. Und somit ist der Weg zu diesem der Weg zu Gott."

Der Weg über Lienhard vorbei an „Akropolis, Golgatha, Wartburg"[8] nach Weimar, diesem „heimliche[n] Mittelpunkt des großen deutschen Herzens"[9] - und damit letztlich zu Gott ! Deutlicher ließe sich kaum die soteriologische Rolle der Kunst und des Künstlers bezeichnen, wie sie uns allenthalben in der Programmatik kulturkritischer Erneuerungsbewegungen der Jahrhundertwende entgegentritt. Dabei ist nicht immer klar zu entscheiden, ob die bildungsbürgerliche Verehrung wahrer, deutscher Kunst sich religiös enthusiasmierter Sprach- und Denkmuster nur bedient oder ob die Kunstpraxis und die Kunstrezeption einzelner Individuen tatsächlich die funktionale Stelle einnimmt, die vordem der Religion zugekommen war. Letztendlich wird man diese Art Kunstreligion auf zwei Ebenen zu beurteilen haben: als Säkularisat ebenso wie als Resakralisierung des eigentlich Profanen.

Die damals so populäre Denkfigur der Welterlösung durch Kunst bzw. der Wiedergeburt der Welt durch Kunst(-religion) läßt sich zwar bis zur Frühromantik zurückverfolgen,[10] für unseren unmittelbaren Zusammenhang wichtiger jedoch ist die Revitalisierung solcher Vorstellungen im kultur- und gesellschaftskritischen Diskurs des deutschen Bildungsbürger-

---

[6] Fritz Lienhard, Hochland. Einleitende Bemerkungen, in: Heimat 1(1900), S. 7f. Lienhard hätte die Zeitschrift selbst gerne „Hochland" statt „Heimat" genannt, was seine Distanz zur Heimatkunst-Bewegung markiert. Vgl. dazu Friedrich Lienhard, Heimatkunst, in: ders., Neue Ideale, Stuttgart ²(1913), S. 85-93.

[7] Ähnlich argumentiert später auch Artur Dinter, Friedrich Lienhard, die Deutschen und der Weltkrieg, in: Bühne und Welt 17 (1915), Nr. 10, S. 481-485, s. S. 485: „Bescheiden nennt sich Lienhard nur einen Sänger von der Sendung des künftigen Königs in Geistland. Wir, die wir ihn kennen, wissen, daß er mehr als nur ein Verheißer, daß er bereits ein Erfüller ist."

[8] Friedrich Lienhard, Der Meister der Menschheit. Beiträge zur Beseelung der Gegenwart. Zweiter Band: Akropolis, Golgatha, Wartburg, Stuttgart 1920.

[9] Wilhelm Arminius, Zur Hauptversammlung 1908, in: Deutscher Schillerbund. Mitteilungen Nr. 3 [September 1908], S. 9. - W. Schultze-Arminius war der damalige Vorsitzende des Deutschen Schillerbundes.

[10] Beste Zusammenfassung immer noch bei Manfred Frank, Der kommende Gott. Vorlesungen über die neue Mythologie. 1. Teil, Frankfurt/M. 1982; ders., Gott im Exil. Vorlesungen über die Neue Mythologie. II. Teil, Frankfurt/M. 1988.

tums seit der Reichsgründung.[11] Mit der Idee einer kulturellen Wiedergeburt können sich allerdings jeweils vollkommen unterschiedliche politische Optionen, vor allem aber differierende Lösungsvorschläge für die konstatierte Krise der Kultur, verbinden. Das Spektrum reicht z. B. von Gustav Landauers „Wiedergeburt der Völker durch den Geist der Gemeinde"[12] über Ernst Tollers Gedanken einer „Wiedergeburt" Europas nach dem ersten Weltkrieg zu[13] Vorstellungen einer „deutschen"[14], gar „germanischen Renaissance"[15] bei politisch deutlich rechtsstehenden Autoren, wie etwa Konrad Burdach[16], Hans Blüher und eben Lienhard. Diese werden durch radikal-völkische Kreise noch übertroffen, die von einer „nordischen Wie-

---

[11] Zahlreiche Belege in Peter Ulrich Hein, Die Brücke ins Geisterreich. Künstlerische Avantgarde zwischen Kulturkritik und Faschismus, Reinbek 1992, insbes. S. 15-71 ; Marianne Wünsch, Das Modell der „Wiedergeburt" zu „neuem Leben" in erzählender Literatur 1890-1930, in: Klassik und Moderne. Die Weimarer Klassik als historisches Ereignis und Herausforderung im kulturgeschichtlichen Prozess. Hrsg. von Karl Richter, Jörg Schönert, Stuttgart 1983, S. 379-408; Justus H. Ulbricht, Die Bücher des heimlichen Deutschland. Zur Geschichte völkischer Verlage in der Weimarer Republik, in: Revue d' Allemagne XXII (1990), Nr. 3, S. 401-413, insbes. S. 402-405.

[12] „Rettung kann nur bringen die Wiedergeburt der Völker aus dem Geist der Gemeinde !" Vgl. Gustav Landauer, Aufruf zum Sozialismus, Köln 1923 [Neudr. Verlag Büchse der Pandora 1978], S. 130. - Ausdrücklich spricht Landauer hier und an anderen Stellen von den „Völkern", nicht nur dem deutschen Volk! Zum Kontext s. Rolf Kauffeldt, Die Idee eines „Neuen Bundes" (Gustav Landauer), in: Frank, Gott im Exil, S. 131-179.

[13] Tollers, dem sog. „messianischen Expressionismus" zugeordnetes Drama „Die Wandlung" (1919) spielt kurz nach Kriegsende „in Europa vor Anbruch der Wiedergeburt". Vgl. Ernst Toller, Die Wandlung, in: ders., Prosa-Briefe-Dramen-Gedichte, Reinbek 22.-24.T$^{sd.}$ 1989, S. 73-123.

[14] Heinrich Claß, Des deutschen Volkes Wiedergeburt, in: Deutschvölkisches Jahrbuch, hrsg. mit Unterstützung deutschvölkischer Verbände von Georg Fritz. Band 1, Weimar 1920, S. 49-53. Claß war von 1908 bis 1939 der Vorsitzende des Alldeutschen Verbandes. - Hans Blüher, Die Deutsche Renaissance. Von einem Deutschen, Prien 1924. - Blüher war frühes Mitglied und erster Chronist der Wandervogel-Bewegung, zudem ein bedeutender Theoretiker der „Männerbund-Idee" im Zwischenkriegsdeutschland. - Konrad Burdach, Deutsche Renaissance (= Deutsche Abende im Zentralinstitut für Erziehung und Unterricht. Vierter Vortrag), Berlin o. J. [1916]. Der Germanist Burdach war wichtiger Propagandist einer Reformbewegung des gymnasialen Deutschunterrichts, die als „Deutschkunde" bekannt geworden ist. Vgl. Johannes Günter Pankau, Wege zurück. Zur Entwicklungsgeschichte restaurativen Denkens im Kaiserreich. Eine Untersuchung kulturkritischer und deutschkundlicher Ideologiebildung, Frankfurt/M. u.a. 1983, zu Burdach S. 189-200.

[15] Von einer „germanischen Renaissance" spricht Adolf Bartels, Bismarck und die deutsche Kultur, in: Deutsches Schrifttum 17 (1925), Nr. 12, S. 2.

[16] Gerade aber um Art und Weise einer „deutschen Renaissance" gab es Differenzen zwischen Burdach und den radikal deutschvölkisch gesinnten Deutschkundlern. Vgl. Pankau, Wege zurück, S. 195 ff.

dergeburt"[17] phantasieren. Doch auch der in seinen Anfängen durchaus moderne und in politischer Hinsicht keinesfalls völkische Jenaer Kulturverleger Eugen Diederichs widmete sein verlegerisches Engagement der Begründung einer „neuen Renaissance": „Ich habe den kühnen Plan, ich möchte einen Versammlungsort moderner Geister haben. (...) Parole: Entwicklungsethik, Sozialaristokratie, gegen den Materialismus zur Romantik und zu neuer Renaissance. Auch für Mystik habe ich sehr viel übrig."[18]

„Wir wollen wieder mehr in Goethe leben. Das tut uns bitter not."[19]

Wer immer sich aber von der Kunst eine Rettung der eigenen oder gar der völkischen Seele erwartete, mußte sich zwangsläufig mit besonderem Interesse den 'heiligen Orten' deutscher Kunst- und Kulturgeschichte zuwenden. Nicht erst Rudolf Huchs Kampfruf „Mehr Goethe"[20], sondern schon die seit 1885 blühende Goethe-Philologie[21] sowie ein damit einher-

[17] Unser Ziel: Nordische Wiedergeburt [Aufruf der Schriftleitung], in: Frei-Deutschland. Monatsschrift für nordische Wiedergeburt 17 (1923), H. 12. - Diese Zeitschrift trug vorher den Titel „Neues Leben" und war das bedeutendste Forum der sog. „deutschgläubigen" Bewegung. Dazu Justus H. Ulbricht, „Die Quellen des Lebens rauschen in leicht zugänglicher Fassung ..." Zur Literaturpolitik völkischer Verlage in der Weimarer Republik, in: Von Göschen bis Rowohlt. Beiträge zur Geschichte des deutschen Verlagswesens. Festschrift für Heinz Sarkowski zum 65. Geburtstag. Hrsg. von Monika Estermann und Michael Knoche, Wiesbaden 1990, S. 177-197; ders.: „Ein heimlich offener Bund für das große Morgen ..." Methoden systematischer Weltanschauungsproduktion während der Weimarer Republik, in: Buchhandelsgeschichte. Aufsätze, Rezensionen und Berichte zur Geschichte des Buchwesens, Jg. 1993, H. 1, B 1 - B 17.
[18] Vgl. den Brief von Eugen Diederichs an Ferdinand Avenarius vom 1.9.1896. Zit. n. Eugen Diederichs Leben und Werk. Ausgewählte Briefe und Aufzeichnungen, hrsg. von Lulu von Strauß und Tourney-Diederichs, Jena 1936, S. 40. - Von der völkischen Radikalisierung Diederichs, besonders nach 1918, wäre an anderer Stelle zu reden. Vgl. aber Eugen Diederichs, Programm der deutschen Volkheit, in: Die Tat 17 (1925), H. 8, S. 609f.
[19] So Werner Sombart in seinem Werk „Die deutsche Volkswirtschaft", hier zit. n. Friedrich Lenger, Die Abkehr der Gebildeten von der Politik. Werner Sombart und der „Morgen", in: Intellektuelle im deutschen Kaiserreich. Hrsg. von Gangolf Hübinger u. Wolfgang J. Mommsen, Frankfurt/M. 1993, S. 62-77, Zitat S. 76.
[20] Rudolf Huch, Mehr Goethe, München-Leipzig 1899.
[21] Zuletzt dazu Karl Robert Mandelkow, Die Goethe-Gesellschaft in Weimar als literaturwissenschaftliche Institution, in: Literaturwissenschaft und Geistesgeschichte 1910 bis 1925. Hrsg. von Christoph König u. Eberhard Lämmert, Frankfurt/M. 1993, S. 340-355. - Material zur Goethe-Wirkung in: Goethe im Urteil seiner Kritiker. Dokumente zur Wirkungsgeschichte Goethes in Deutschland, Hrsg., eingeleitet und komm. von Karl Robert Mandelkow. Teil I - IV, München 1975-1984, insbes. Teil III (1870-1918) [1979]; Karl Robert Mandelkow, Goethe in Deutschland, Rezeptionsgeschichte eines Klassikers. Band 1 (1773-1918), München 1980, insbes. S. 174-335.

gehender Goethe-Kult[22] ließen Weimar dabei ins Zentrum des Interesses rücken. Die Tendenz, gerade in Thüringen und dort irgendwo zwischen der Doppelstadt Weimar-Jena, der Wartburg-Stadt Eisenach und dem Kyffhäuser das Herz deutscher Kultur zu erblicken, fand Widerhall und Antrieb aber ebenso in der Schiller-Verehrung deutscher Bildungsbürger[23], in der zeitgenössischen Luther-Renaissance kulturprotestantischer Prägung[24], in dem seit 1900 wacker wachsenden Nietzsche-Kult[25] und schließlich auch in Programmen und Aktivitäten des Kreises um Harry Graf Kessler und Henry van de Velde[26]. Während letztere jedoch ihr Programm einer kulturellen Regeneration mittels der schönen Künste kosmopolitisch oder betont europäisch verstanden, ging es Friedrich Lienhard, Adolf Bartels und Ernst Wachler ausschließlich um eine Wiedergeburt der deutschen Kultur und damit Deutschlands. Zeitgenossen und mit ihren frühen Werken selbst Teil der „Revolution der Litteratur"[27] seit den Tagen des Naturalismus, gehörten alle drei bald zu

---

[22] Der berühmte „Rembrandtdeutsche" schrieb bereits 1890: „Goethedienst kann Gottesdienst sein, aber er kann auch Götzendienst sein." Vgl. Rembrandt als Erzieher. Von einem Deutschen [i.e. Julius Langbehn], Leipzig ³1980, S. 30. - Eine Parodie des Buches war: Goethe als Hemmschuh. Von einem Berliner. Dem Verfasser des „Rembrandt als Erzieher" gewidmet, Berlin 1892.

[23] Rainer Noltenius, Dichterfeiern in Deutschland. Rezeptionsgeschichte als Sozialgeschichte am Beispiel der Schiller- und Freiliggrath-Feiern. München 1984; ders., Schiller als Führer und Heiland. Das Schillerfest 1859 als nationaler Traum von der Geburt des zweiten deutschen Kaiserreichs, in: Dieter Düding, Peter Friedmann, Paul Münch, Hrsg.: Öffentliche Festkultur. Politische Feste in Deutschland von der Aufklärung bis zum Ersten Weltkrieg, Reinbek 1988, S. 237-258.

[24] Anschauliches Material und weiterführende Hinweise zum Luther-Kult in Johannes Burkhardt, Reformations- und Lutherfeiern. Die Verbürgerlichung der reformatorischen Jubiläumskultur, in: Düding u.a., Hrsg., Öffentliche Festkultur, S. 212-236; Gottfried Maron, Luther 1917. Beobachtungen zur Literatur des 400. Reformationsjubiläums, in: Zeitschrift für Kirchengeschichte 93 (1982), H. 1, S. 177-221; ders., Luther und die „Germanisierung des Christentums". Notizen zu einer fast vergessenen These, in: Zeitschrift für Kirchengeschichte 94 (1983), H. 2, S. 313-337. Ergänzend Friedrich Wilhelm Graf, Konservatives Kulturluthertum. Ein theologiegeschichtlicher Prospekt, in: Zeitschrift für Theologie und Kirche 85 (1988), S. 31-76. - S. ebenfalls Friedrich Wilhelm Graf, Kulturprotestantismus. Zur Begriffsgeschichte einer theologiepolitischen Chiffre, in: Archiv für Begriffsgeschichte 28 (1984).

[25] Jürgen Krause, „Märtyrer" und „Prophet". Studien zum Nietzsche-Kult in der bildenden Kunst der Jahrhundertwende, Berlin, New York 1984, insbes. S. 89 ff.; Hubert Cancik, Der Nietzsche-Kult in Weimar (I): Ein Beitrag zur Religionsgeschichte der wilhelminischen Ära, in: Nietzsche-Studien 16 (1987), S. 405-429.

[26] Dazu jüngst Burkhard Stenzel, Harry Graf Kessler - Ein biographischer Beitrag zu Auffassungen von Literatur, Kunst und Politik in Deutschland im Zeitraum von der Jahrhundertwende bis zum ersten Drittel des 20. Jahrhunderts, Phil. Diss. Jena 1993.

[27] Carl Bleibtreu, Revolution der Litteratur, Leipzig o. J. [1886]. Mit erläuternden

den profilierten Vertretern der Heimatkunstbewegung[28] bzw. neuromantischer Kunstströmungen, die in der Restituierung deutscher Innerlichkeit ein Palliativ gegen die zersetzende Moderne gewonnen zu haben glaubten. Die Erfahrung, den eigenen Erfolg im Getriebe des modernen literarischen Marktes nicht verläßlich steuern zu können, radikalisierte ohnehin vorhandene antikapitalistische, antiurbane sowie generell antimoderne Ressentiments und drängte Lienhard, Bartels und Wachler geistig wie real in die Provinz ab. Von hier aus - so hofften sie - werde durch die Kräfte der Heimat das deutsche Leben gesunden - der „Rembrandtdeutsche" hatte als erster dazu die angemessenen Begründungen geliefert.[29] Alle drei Autoren suchten sich bewußt Weimar als Wohn- und Wirkungsort aus, wollten also deutlich an dessen klassischem Erbe anknüpfen. Schon seit 1895 lebte Bartels in Weimar, Wachler kam 1902 hinzu, Lienhard folgte 1917. Unbenommen der zeitweiligen Differenzen zwischen diesen drei Persönlichkeiten, die mal ideologische, mal persönliche Ursachen hatten, verstärkte sich durch ihren Zuzug das Gewicht der literarischen und kulturellen Antimoderne in Weimar. Alle drei waren überdies eng eingebunden in informelle und organisatorische Zusammenhänge der deutschnationalen und völkischen Bewegung Thüringens und des Reiches.

Adolf Bartels galt seit der Jahrhundertwende als einer der bekanntesten und umstrittensten deutschen Literaturkritiker. Er unterhielt enge Kontakte zur Gebildetenreformbewegung um Ferdinand Avenarius[30], denen

---

Anmerkungen und einem Nachwort neu herausgegeben von Johannes J. Braakenburg, Tübingen 1973.

[28] Eine Untersuchung dieser Literaturströmung unter modernisierungstheoretischer Perspektive ist ein Desiderat. Daher bleibt wichtig Karlheinz Rossbacher, Heimatkunstbewegung und Heimatroman. Zu einer Literatursoziologie der Jahrhundertwende, Stuttgart 1975.

[29] Vgl. [Julius Langbehn], Rembrandt als Erzieher. Von einem Deutschen, Leipzig [3]1890: „Die echte Kunst ist nicht nur ihrem Ursprunge, sondern auch ihren Zielen nach immer lokal;" (S. 210) - „Man muß demnach politisch wie geistig die Provinzen gegen die Hauptstadt aufbieten, ausspielen, aufmarschiren [!] lassen; dann wird Das eintreten, was die Aerzte in Bezug auf den menschlichen Körper Entlastung des Zentrums nennen: also ein wirksamer Ausgleich der inneren Kräfte, zum Behufe der Gesundheit und der höheren Leistungsfähigkeit des Gesammtindividuums." (S. 130). - Das gesamte Buch ist ein Plädoyer für „Volkstümlichkeit" und „Lokalismus" in der Kunst bzw. des später so genannten „Los-von-Berlin"-Gefühls.

[30] Bartels wurde 1896 Mitarbeiter des Literaturteils am „Kunstwart", zwischen 1897 und 1902 erschienen die meisten seiner Beiträge, um 1905/06 lief die Mitarbeit aus. Im Gesamtvorstand des „Dürer-Bundes" jedoch saß Bartels noch 1912, vgl. Kratzsch, Kunstwart und Dürerbund (s.u.), S. 121f., 463. Vgl. insgesamt dazu Gerhard Kratzsch, Kunstwart und Dürerbund. Ein Beitrag zur Geschichte der Gebildeten im Zeitalter des Imperialismus, Göttingen 1969; ders.: „Der Kunstwart" und die bürgerlich-soziale Bewegung, in: Ideengeschichte und Kunstwissenschaft. Philosophie und bildende Kunst

sich auch die für die Weimarer Verhältnisse wichtige Freundschaft zu Paul Schultze-Naumburg verdankt. Beide nämlich waren ursprünglich Mitarbeiter des „Kunstwart", in dessen Münchner Verlag Callwey mehrere dichterische Werke von Bartels erschienen sind[31]. Parallel zu seinen Beziehungen ins eher bürgerlich-konservative Lager pflegte Bartels jedoch ebenso intensive Kontake zur radikalvölkischen Szene um Theodor Fritsch in Leipzig und publizierte in den wichtigen völkischen Verlagshäusern H. Haessel und Theodor Weicher[32]. Ab 1909 sorgte er mit seiner eigenen Zeitschrift „Deutsches Schrifttum"[33] in Weimar dafür, daß schon vor dem Ersten Weltkrieg die völkische Literaturkritik in Deutschland eine eigene Stimme erhielt. Ab 1922 wurde Hans Severus Ziegler Schriftleiter und Verleger dieses Blattes. Ernst Wachler war 1902 als Leiter der „Weimarischen Zeitung" in die

im Kaiserreich. Hrsg. von Ekkehard Mai, Stephan Waetzoldt, Gerd Wolandt, Berlin 1983, S. 371-396. - Zur ideologischen Problematik dieser Bewegung s. Hermann Glaser, Bildungsbürgertum und Nationalismus. Politik und Kultur im Wilhelminischen Deutschland, München 1993; Peter Ulrich Hein, Die Brücke ins Geisterreich, insbes. S. 83-104.

[31] Martin Luther. Eine dramatische Trilogie: Der junge Luther. Der Reichstag zu Worms. Der Reformator (Gesammelte Dichtungen, Bd. 6), 1903; Lyrische Gedichte (Gesammelte Dichtungen, Bd. 4), 1904; Römische Tragödien: Die Päpstin Johanna, Catilina, Der Sacco (Gesammelte Dichtungen, Bd. 5), 1905; Neue Gedichte 1921. - Bei Callwey auch: Einführung in die Weltliteratur von den ältesten Zeiten bis zur Gegenwart im Anschluß an das Schaffen Goethes. 3 Bände, 1913; Nationale oder universale Literaturwissenschaft? Eine Kampfschrift gegen Hanns Martin Elster und Richard M. Meyer, 1915; Feinde ringsum. Der Fall Hauser, Dr. Frosch und Genossen, 1926.

[32] Adolf Bartels, Die deutsche Dichtung der Gegenwart. Die Alten und die Jungen, Leipzig 1897 [zahlreiche weitere Auflagen, erweitert zu: Die deutsche Dichtung von Hebbel bis zur Gegenwart. Ein Grundriß. 3 Bände, Leipzig 1922]; Geschichte der deutschen Literatur. Erw. Ausgabe in 3 Bänden, Leipzig 1924, 1928. - Deutschchristentum auf rein evangelischer Grundlage. 95 Leitsätze zum Reformationsfest 1917 von Friedrich Andersen, Adolf Bartels, Ernst Katzer, Hans Paul Frhr. von Wolzogen, Leipzig 1917; Die besten „geharnischten Sonette", mit einer Einleitung in die „deutschvölkischen Gedichte", hrsg. von Walter Loose, Leipzig 1921; Die Berechtigung des Antisemitismus. Eine Widerlegung der Schrift von Herrn Oppeln-Bronikowsky „Antisemitismus?", Leipzig-Berlin 1921. Zum Umfeld von Haessel und Weicher vgl. Justus H. Ulbricht, „Ein heimlich offener Bund für das große Morgen ...", s. Anm. 17.

[33] Das „Deutsche Schrifttum" hatte als Vierteljahresschrift begonnen, ab Kriegsende erschienen zwei Jahrgänge unter dem Titel „Die Deutsche Not". Mit dem 12. Jahrgang heißt die Zeitschrift so wie anfangs und erscheint monatlich, sie ist dem von Bartels 1909 in Weimar gegründeten Deutschvölkischen Schriftstellerverband und dem Deutschbund eng verbunden. Den Vertrieb erledigte der Verlag Theodor Thomas aus Leipzig, der „Verlag der Vereinigung völkischer Verleger" saß jedoch in Weimar, da der Geschäftsführer der Vereinigung, Dr. Hans Kellermann, Angestellter und später Geschäftsführer des Alexander Duncker Verlags war. Dort erschienen die ersten drei Jahrgänge der Zeitschrift in Buchform, vgl. Deutsches Schrifttum. Betrachtungen und Bemerkungen von Adolf Bartels, Gesamtausgabe I.-III. Band, Weimar 1918.

Stadt der Klassik gekommen, blieb gleichzeitig aber Mitarbeiter der wichtigsten völkischen und völkisch-religiösen Zeitschriften. Er versammelte hier den sogenannten „Jungbrunnentisch"[34] um sich, zu dem mit Elisabeth Förster-Nietzsche und Peter Gast auch zwei dominierende Persönlichkeiten des Nietzsche-Archivs gehört haben. Das erste eigene Zeitschriftenprojekt Wachlers, der 1898 gegründete „Kynast. Blätter für Volkstum und Dichtung" wurde unter dem Titel „Iduna. Eine Deutsche Zeitschrift" bis 1906 in Weimar weitergeführt, zudem durch eine gleichnamige Taschenbuch-Folge ergänzt[35]. Zwischen 1900 und 1903 edierte Wachler den Gedicht-Almanach „Der Spielmann", seit 1913 erschien die kurzlebige Zeitschrift „Die Jahreszeiten"[36]. Ähnlich wie Bartels stand Wachler in direktem Kontakt zum „Deutschbund"[37] und dem Gruppenspektrum des organisierten Antisemitismus. Sein Wohnhaus und ebenso das Harzer Bergtheater[38] wurden dadurch schon vor 1914 zur Begegnungsstätte zahlreicher Völkischer. Den engen Freund Friedrich Lienhard ehrte Wachler zu dessen 60. Geburtstag mit „Lienhard-Festspielen" im Harzer Bergtheater[39]. In der Rückschau urteilte Wachler selbst über alle seine Aktivitäten: „Schlimmster Feind schien mir die geistige Überfremdung, auch im Religiösen. Als

---

[34] Vgl. Art. „Wachler", in: Weimar. Lexikon zur Stadtgeschichte, hrsg. von Gitta Günther, Wolfram Huschke, Walter Steiner, Weimar 1993, S. 475f.

[35] Vgl. auch die Schrift von Ernst Wachler, Hrsg., Wie kann Weimar zu einer neuen literarischen Blüthe gelangen? Mit einem Anhang: Pflichten einer führenden Bühne, dramaturgische Studie. Unter Mitw. von Max Bittrich u.a., Weimar 1903.

[36] Sämtliche Angaben beruhen auf einer Selbstbiographie Wachlers, vgl. ders., Der grüne Baum zur Nachtigall, Die Freunde. Zwei Novellen, Prag, Berlin, Leipzig 1943, Umschlagblatt.

[37] Dieter Fricke, Deutschbund, in: Lexikon zur Parteiengeschichte. Die bürgerlichen und kleinbürgerlichen Parteien und Verbände in Deutschland (1789-1945). Hrsg. von Dieter Fricke u.a.. Vier Bände, Leipzig 1985, Bd. 1, S. 517-525.

[38] Vgl. „Aufruf zur Förderung des Harzer Bergtheaters" in: Blätter für deutsche Erziehung 7 (1905), H. 5, S. 73f. Dort finden sich als Unterzeichner u.a. die Weimarer Bürger Adolf Bartels, Hans Hoffmann (Generalsekretär der deutschen Schillerstiftung, Aloys Obrist (Kgl. Hofkapellmeister, Custos des Lisztmuseums), daneben der damalige Vorsitzende der deutschen Shakespeare-Gesellschaft Prof. Dr. A. Brandel (Berlin), sowie reichsweit bekannte Persönlichkeiten des kulturellen Lebens, nämlich Felix Dahn, Theodor Fritsch, Hermann Hendrich, Richard v. Kralik, Detlev v. Liliencron, Fritz [!] Lienhard, Heinrich Sohnrey und Ernst v. Wildenbruch.

[39] Lienhard-Festspiele im Harzer Bergtheater bei Thale 11. Juli bis 31. August. Festspielheft im Auftrage des Arbeitsausschusses für die Lienhard-Festspiele, hrsg. von Dr. Konrad Dürre, Stuttgart 1925. - Zum Festausschuß zählten u.a. Staatsminister Leutheußer (Weimar), Werner Deetjen, Elisabeth Förster-Nietzsche, Heinrich Lilienfein, Oberbürgermeister Müller, Ernst Wachler (alle Weimar), außerdem die Professoren Rudolf Eucken und Wilhelm Rein aus Jena. - Von Lienhard selbst stammt die Schrift „Das Harzer Bergtheater", Stuttgart 1905.

Ziel schwebte mir eine nordische Renaissance vor, von der das Theater unter freiem Himmel nur ein Teil war; für die Volksgesamtheit suchte ich nach einem Untergrund der Bildung - in Landschaft, Brauchtum, Mythos."[40] Mit den sechsbändigen „Wegen nach Weimar" sowie der Dramen-Trilogie zur Wartburg[41] war Friedrich Lienhard schon lange vor seinem endgültigen Wegzug aus Straßburg[42] Thüringer und Bürger des „wahren Weimar" geworden. Das reale Weimar hatte er in den Jahren 1903 bis 1906 während seines Aufenthaltes im Thüringer Wald ohnehin ständig besucht und war damals in Beziehung zu Ernst Wachler getreten, dessen Aktivitäten für ein deutsches Nationalthater er publizistisch jedoch schon vorher unterstützt hatte[43]. Als Autor mit dem Stuttgarter Verlag Greiner & Pfeiffer sowie der dort erscheinenden konservativen, nationalprotestantischen Zeitschrift „Der Türmer"[44] verbunden, sorgte Lienhards schriftstellerisches und publizistisches Engagement für die Annäherung deutschnationaler und nationalprotestantischer Positionen. Dazu gesellte sich - besonders deutlich im Spätwerk - die Rezeption esoterischer, speziell rosenkreuzerischer Ideensysteme.[45]

---

[40] Vgl. Wachler, Der grüne Baum, Umschlagblatt.
[41] Friedrich Lienhard, Wartburg. Dramatische Dichtung in drei Teilen. 1. Heinrich von Ofterdingen, 2. Die heilige Elisabeth, 3. Luther auf der Wartburg, Stuttgart 1903. - Die Erstaufführung der Trilogie fand am 29. Oktober 1903 im Weimarer Hoftheater statt, vgl. Bühne und Welt 17 (1915), Nr. 10, S. 521.
[42] Dort hatten aus Anlaß von Lienhards 50. Geburtstag „Lienhard-Feiern" stattgefunden, überdies war er durch den Ehrendoktor der Philosophischen Fakultät der Reichsuniversität Straßburg geehrt worden, vgl. Bühne und Welt 17 (1915), Nr. 12, S. 601.
[43] Friedrich Lienhard, Sommerspiele [1900], in: ders., Neue Ideale nebst Vorherrschaft Berlins. Gesammelte Aufsätze, Stuttgart [4]1920, S. 94-104.
[44] Eine Monographie zu dieser bedeutenden Rundschau-Zeitschrift fehlt bisher, zum Zeitschriftentyp und dessen kulturkritischen Intentionen vgl. Rüdiger vom Bruch, Kunst- und Kulturkritik in den führenden bildungsbürgerlichen Zeitschriften des Kaiserreichs, in: Ideengeschichte und Kunstwissenschaft. Philosophie und bildende Kunst im Kaiserreich. Hrsg. von Ekkehart Mai, Stephan Waetzoldt, Gerd Wolandt, Berlin 1983, S. 313-347; Karl Ulrich Syndram, Rundschau-Zeitschriften. Anmerkungen zur ideengeschichtlichen Rolle eines Zeitschriftentyps, ebd., S. 349-370. - Lienhard hat den „Türmer" zwischen 1920 und 1929 in Weimar selbst herausgegeben.
[45] Vgl. etwa Friedrich Lienhard, Unter dem Rosenkreuz [Gesammelte Werke. Dritte Reihe: Gedankliche Werke, Bd. 6], Stuttgart 1926; ders., Meisters Vermächtnis. Ein Roman vom heimlichen König, Stuttgart [2]1927.

Die Geburt des neuen Deutschland aus dem Geist der Bühne

Unbenommen ihrer vielfältigen publizistischen und politischen Aktivitäten garantierte die Wahl des Wohnortes allein schon allen drei Weimarer Neubürgern ein Mindestmaß an Aufmerksamkeit in Stadt, Reich und Republik. Außerdem hofften sie vermutlich, daß vom Glanz Schillers und Goethes, von der Bedeutsamkeit des klassischen Erbes also, ein wenig auf sie übergehen würde. Ebenso bedeutsam aber war es, daß die Stadt an der Ilm seit der Jahrhundertwende Nietzsches Geist bzw. dessen durch Elisabeth Förster-Nietzsche ins Heroisch-Deutsch-Nationale umgefälschte Erbe barg. Nietzsche aber war für alle drei Autoren der bestimmende Impuls ihrer Kulturkritik sowie ihrer kulturellen Regenerationshoffnungen. Ohne Nietzsches Tragödienschrift etwa wäre Wachlers sog. „Dramaturgische Zentrale"[46] in Weimar sowie sein Theaterprojekt im Harz[47] undenkbar gewesen. Dort sollte das deutsche Volk in der Betrachtung dramatisch gestalteter eigener Mythen zu sich selbst zurückfinden - eine Vorstellung, die Nietzsches Konzeption des antiken griechischen Mythos im Drama aufgreift und deutschnational zuspitzt[48].

Adolf Bartels' Engagement im „Deutschen Schillerbund" und sein Einsatz für die „Nationalfestspiele für die deutsche Jugend" am Weimarer Hoftheater[49] speiste sich aus ähnlichen Motiven: „Unsere deutsche Sehnsucht nach der Nationalbühne hängt mit der Sehnsucht nach dem hohen nationalen Drama in der Art der Griechen und auch nach einem deutschen Shakespeare zusammen, das Theater ist uns nicht bloß soziales

---

[46] Ein Hinweis auf diese bisher unerforschte Institution findet sich in: Bühne und Welt 17 (1915), H. 3.

[47] Ursprünglich hatte Wachler ein „deutsches Nationaltheater" in Eisenach konzipiert und dafür seit 1904 in zahlreichen Aufrufen geworben. Vgl. Ernst Wachler, Aufruf für ein deutsches Nationalheater in Eisenach, in: Bühne und Welt 16 (1913), Nr. 2, S. 50-53; vgl. auch ders., Über die Idee eines Nationaltheaters der Deutschen, in: Niedersachsen 22 (1916/17), Nr. 1, S. 15.

[48] Wachler hat sich aber auch auf französische Vorbilder des Freilufttheaters bezogen, vgl. ders., Sommerspiele auf vaterländischer Grundlage, Berlin 1910, S. 10.

[49] Adolf Bartels, Das Weimarische Hoftheater als Nationalbühne für die deutsche Jugend. Eine Denkschrift, Weimar 1905. - Der „Deutsche Schillerbund" wurde auf dem ersten „Nationalbühnentag" am 30. September 1906 in Weimar begründet und veranstaltete selbst vom 6. bis 24. Juli 1909 die ersten „Nationalfestspiele für die deutsche Jugend". Leiter der Geschäftsstelle war damals Bartels. - Ein vollkommen anderer Zusammenschluß ist die „Deutsche Schiller-Gemeinde" in Wien unter Karl Haller, eine Nachkriegsgründung. Bundeszeitschrift: „Deutsche Ideale". Verlag: D.S. Verlagsgemeinschaft Duisburg. Die D.S.G. hatte einen deutschen Zweig unter Freiherrn Reinhold v. Lichtenberg in Gotha, einem Protagonisten des „Deutschbundes".

(gesellschaftliches) Institut (...), es ist uns, in der tieffsten Empfindung, in der Sehnsucht wenigstens, der Ort, wo sich die höchsten Lebensprobleme, durch die dramatische Kunst gespiegelt, für uns entwickeln, uns klar werden, auf unser eigenes Leben Einfluß gewinnen.(...) Als nationales Erziehungs- und Einigungswerk vor allem erstreben die Mitglieder des deutschen Schiller-Bundes die Weimarer Nationalfestspiele für die deutsche Jugend."[50]
Friedrich Lienhards eigene Dramenproduktion schließlich diente ebenfalls nationalpädagogischen Zwecken und dies schon lange vor dem durch das August-Fieber erhitzten Bekenntnis zu „Deutschlands europäische[r] Sendung"[51], die einige Wochen vor Kriegsbeginn noch weniger militaristisch, nationalistisch und auch bescheidener geklungen hatte, nämlich „Deutschlands geistige Mission"[52]. Als deren Richtmarken proklamierte Lienhard erneut „das klassische Weimar" und die „ritterliche Wartburg".
Ein Huldigungsgedicht Hans von Wolzogens zum 50. Geburtstag Lienhards bezeichnet deutlich das andere große Vorbild für die kulturellen Rettungsanstrengungen des Jubilars wie die seiner Freunde Wachler und Bartels. „Bayreuth und Weimar" - so der Titel des „Gelöbnis[ses] zu Friedrich Lienhards Fest"[53] seien die unverzichtbaren Bezugspunkte deutscher Geistesgröße, die es nach dem errungenen Sieg im Krieg in der Seele jedes Deutschen zu verankern gelte[54]. Bereits Ernst Wachler aber hatte die Inspiration für seine Konzeption einer deutschen Literatur- und Theaterreform ebenfalls aus Wagners Bühnenweihfestspielen bezogen, wenn er auch - Nietzsches Kritik an Wagner folgend - gedachte, es noch besser zu machen als der „Meister aus Bayreuth"[55]. Das im Jahre 1903 gegründete „Harzer

---

[50] Bartels, Das Weimarische Hoftheater, hier zit. n. ders., Der Deutsche Schiller-Bund, in: Deutscher Schillerbund. Mitteilungen Nr. 2 (Juli 1908), S. 1-8, Zitate S. 1f. u. 3.
[51] Friedrich Lienhard, Deutschlands europäische Sendung, Stuttgart 1914. Datiert wurde dies Manifest von Lienhard auf den Reformationstag 1914, vgl. dort S. 30.
[52] Friedrich Lienhard, Deutschlands geistige Mission, in: Bühne und Welt 16 (1913/14), Nr. 23, S. 461-467.
[53] Hans von Wolzogen, „Bayreuth und Weimar". Ein Gelöbnis zu Friedrich Lienhards Fest, in: Bühne und Welt 17 (1915), Nr. 10 [Lienhard-Sonderheft], S. 489.
[54] Lienhards eigene Nähe zu Wagners Kulturreform wie seine Distanz zu dessen Musikdrama wird deutlich in Friedrich Lienhard, Gedanken über Richard Wagner, in: ders., Wege nach Weimar. Beiträge zur Erneuerung des Idealismus. 5. Bd.: Schiller, Stuttgart 1918, S. 50-59.
[55] Vgl. Ernst Wachler, Die Läuterung deutscher Dichtkunst im Volksgeiste. Mangel und Notwendigkeit einer Nationalpoesie. Volkstümliche Dramatik. Die Grenzen der Ton- und Dichtkunst; nebst einem Urteil über die Wagnerische Kunstform. Berlin-Charlottenburg 1897, insbes. S. 59-138.

Bergtheater" galt seinem Schöpfer selbst als „Unternehmen, welches den Zielen eines Richard Wagner nachstrebt"[56].

Der in den ersten Jahren maßgeblich von Adolf Bartels mitgeprägte „Deutsche Schillerbund"[57] in Weimar wollte ebenfalls explizit „ein Bayreuth für das Schauspiel schaffen, das besonders der deutschen Jugend gewidmet sein soll."[58]

Von der Geistrasse zum Rassengeist

Das Insistieren auf der Kombination „Wartburg" und „Weimar", wie es ebenfalls in der bereits zitierten Trias „Akropolis-Golgatha-Wartburg" oder der Prägung „Wartburg-Weimar-Lebensbegriff"[59] deutlich wird, markiert den wohl fundamentalen Unterschied zwischen den drei Autoren. Sicherlich lassen sich nationalistische Töne bei allen finden, auch Lienhard spricht mehrfach von der „Edelrasse"[60]. Doch ist die Zurückweisung jeglichen biologistisch fundierten Rassenbegriffs im Werk des Elsässers ebenso deutlich: „Nur eine Rasse hat für mich wirklichen Wert: die jedem guten Willen zugängliche Edelrasse grosser Seelen."[61] Den Versuchen radikalvölkischer Kreise, das Christentum von angeblich jüdischen Verfälschungen zu reinigen oder gar vollkommen durch Formen einer arteigenen, vorgeblich germanischen Religion zu ersetzen, konnte Lienhard allenfalls „nur zögernd folge[n]".[62] - Deutlich wird auch bei dieser Abgrenzung, daß der studierte Theologe Lienhard seinen christlichen Wurzeln ver-

---

[56] Aufruf zur Förderung des Harzer Bergtheaters, in: Blätter für deutsche Erziehung 7 (1905), H. 5, S. 74.

[57] Vgl. Adolf Bartels, Der Deutsche Schillerbund und die Weimarer Jugendfestspiele, in: Bühne und Welt 17 (1915), Nr. 9, S. 420-426.

[58] So ein Leipziger Sympathisant des „Deutschen Schillerbundes" im Jahre 1908, vgl. Deutscher Schillerbund. Mitteilungen Nr 6/7 [März 1909], S. 15.

[59] Friedrich Lienhard, Reichsbeseelung. 1. Wartburg und Weimar, in: ders., Der Meister der Menschheit 3 (1920), H. 1, S. 33.

[60] Friedrich Lienhard, An die Gralsucher [Gedicht]. Hier zit. nach Die Dorfkirche 15 (1923), H. 9, S. 273. Vgl. auch ders., An das stille Deutschland, in: ders., Der Meister der Menschheit. Beiträge zur Beseelung der Gegenwart. 1. Bd.: Die Abstammung aus dem Licht, Stuttgart 1919, S. 188-190, dort ist S. 188 von der „seelischen [!] Edelrasse" die Rede.

[61] Friedrich Lienhard, Der Meister der Menschheit, Bd. 3, S. 194. - Vgl. die grundsätzliche Auseinandersetzung „Gobineaus Amadis und die Rassenfrage" in: ders., Wege nach Weimar. Beiträge zur Erneuerung des Idealismus. 5. Band: Schiller, Stuttgart 1918, S. 1-49, die selbstständig schon 1908 erschienen war.

[62] Friedrich Lienhard, Der deutsche Christus, in: ders., Meister der Menschheit 2 (1920), H. 4, S. 254 f. Explizit wendet sich Lienhard hier gegen Adolf Bartels und den Dresdener Schriftsteller Max Bewer.

pflichtet blieb und sich höchstens für ein national akzentuiertes Christentum erwärmen konnte. Dafür spricht sein Engagement im Eisenacher „Neuland-Bund" der deutschvölkischen Protestantin Guida Diehl[63].
Adolf Bartels und Ernst Wachler hingegen zählten zu den Anhängern eines explizit „deutschen Glaubens", der sich vom Einfluß des Christentums emanzipieren und an vorchristlich-germanische Glaubensbestände anknüpfen wollte. Seit 1907 bereits gehörte Bartels dem „Deutschbund" an, mit dessen Unterstützung er versuchte, die heillos zerstrittene völkische Szene zu einen. Immerhin gelang es ihm zusammen mit dem Schriftsteller Wilhelm Schäfer, am 5. Oktober 1913 den ersten sog. „Deutschen Tag" in Eisenach zu organisieren[64], an dem sich 17 völkische Bünde und Organisationen trafen. Die Mehrheit dieser Gruppierungen war radikal-völkisch, antikirchlich und antichristlich ausgerichtet, so der „Deutschbund", der „Reichshammerbund" des Leipziger Verlegers Theodor Fritsch[65] und der „Deutsche Orden" Otto Sigfrid Reuters[66].
Während sich diese religiöse Einstellung bei Bartels also vor allem in dessen ausgeprägtem Antisemitismus und seiner Mitgliedschaft in den erwähnten völkischen Organisationen niedergeschlagen hat, gehörte Wachler selbst zu den wichtigsten Theologen des Neuheidentums. Bereits zur Jahrhundertwende hatte er in der Berliner „Deutschen Zeitung" eine kleinere Abhandlung mit dem Titel „Über die Zukunft des deutschen Glaubens"[67]

---

[63] Vgl. „Einladung zu einer Konferenz zur Beratung und Ausrüstung für die Mitarbeit an Deutschlands innerer Erneuerung, veranstaltet von der Neulandbewegung im Neulandhaus vom 4. bis 13. August 1919". [Org. im Archiv des Diakonischen Werkes der EKD, ADW, CA 859 I] - Lienhard war fester Mitarbeiter dieser Konferenz, sowie 2. Vorsitzender des „Freundesrates" der Neulandbewegung. Zu Diehl und ihrer Bewegung s. Justus H. Ulbricht, Bücher für die „Kinder der neuen Zeit". Ansätze zu einer Verlagsgeschichte der deutschen Jugendbewegung, in: Jahrbuch des Archivs der deutschen Jugendbewegung 17(1988-92), S. 77-140, insbes. S. 102-111.
[64] Im Rückblick s. Adolf Bartels, Deutschvölkische Arbeit, in: Die Deutsche Not, Monatsblätter, hrsg. von Adolf Bartels 2 (1919), Nr. 10, S. 169-175. Vgl. auch Uwe Lohalm, Völkischer Radikalismus. Die Geschichte des Deutschvölkischen Schutz- und Trutz-Bundes 1919-1923, Hamburg 1970, passim. - Ein Bundestag des „Reichshammerbundes" fand am 14. Juni 1914 in Weimar statt.
[65] Dazu Lohalm, Völkischer Radikalismus, S. 58-62 und Manfred Weißbecker, Art. „Reichshammerbund", in: Lexikon zur Parteiengeschichte, Bd. 3, S. 681-683.
[66] Dazu demnächst Justus H. Ulbricht, Pflanzschulen deutscher Wiedergeburt. Zur Genese des völkischen Verlagswesens im deutschen Kaiserreich, in: Uwe Puschner, Walter Schmitz, Justus H. Ulbricht, Hrsg., Handbuch der völkischen Bewegung im Kaiserreich, Berlin [ersch. 1994]. Dort auch Stefanie von Schnurbein, Die deutsche Gestaltung des Alls. Die Suche nach einer „arteigenen" Religion in Germanisch- und Deutschgläubigen Gruppen.
[67] Ernst Wachler, Über die Zukunft des deutschen Glaubens, in: Deutsche Zeitschrift 2 (1900), H. 8 u. 9 [Mai/Juni] - Neudruck in: Irminsul. Schriftenreihe für Junggerma-

veröffentlicht. Einige Jahre darauf erörterte er für die antisemitische Zeitschrift „Hammer" die Frage „Kann die Edda Religionsbuch der Deutschen werden?"[68] oder propagierte - an anderer Stelle - die „Erweckung germanischer Religion"[69]. Enthusiastisch feierte Wachler schließlich die „Wiederentdeckung des Deutschtums"[70] im Werk des österreichischen Ariosophen Guido von List[71] und appellierte an den Willen zur „religiösen Einigung der Deutschen."[72] Die Nähe zur Ariosophie dokumentiert ebenfalls die Tatsache, daß das erste Heft der „Künstler-Abende des Harzer Bergtheaters bei Thale" mit dem Programm eines „Edda-Abends" im Verlag der „Ostara" in Rodaun bei Wien erschienen ist[73]. Herausgeber der Zeitschrift „Ostara" und Verlagsbesitzer aber war Jörg Lanz [von] Liebenfels, der neben List bedeutendste Ariosoph.

Die religiösen Vorlieben unserer drei Autoren sind der Erwähnung nur deshalb wert, weil das künstlerisch-kulturkritische Engagement von Lienhard, Bartels und Wachler ohne seine religiösen Dimensionen unverständlich bliebe. Am deutlichsten erkennbar ist die letztlich religiöse Fundierung der eigenen Arbeit bei Lienhard, der sich schon in seinen „Jugendjahren" als „geistiger Priester in unendlich höherem Sinn"[74] bezeichnete und dessen Werk seitdem ständig um den Zusammenhang von Kunst, Religion und Erlösung kreiste. Dies verbindet ihn aber ebenso mit Wachler, der

---

nische (eddische) Religion und Weltanschauung. Heft 44, hrsg. von Emil Hubricht, Freiberg i. Sa. 1930.

[68] Ernst Wachler, Kann die Edda Religionsbuch der Deutschen werden?, in: Hammer 4 (1905), Nr. 68 [April], S. 178-180.

[69] Ders., Die Erweckung germanischer Religion, in: Der Volkserzieher 15 (1911), Nr. 26, S. 203. Vgl. auch ders., Über die religiöse Einigung der Deutschen [mit einem Nachwort der Schriftleitung], in: Blätter für deutsche Erziehung 15 (1913), Nr. 9, S. 132-135.

[70] Ders., Die Wiederentdeckung des Deutschtums, in: Blätter für deutsche Erziehung 9 (1907), H. 11, S. 170f. - Vgl. die Anmerkung der Redaktion: „Dieser Aufsatz ist von Herrn Dr. Ernst Wachler, Mitglied unseres Ausschusses, zuerst im 'Tag' veröffentlicht worden".

[71] Zur Ariosophie vgl. Nicholas Goodrick-Clarke, The occult roots of Nazism. The Ariosophists in Austria and Germany 1890-1935, Wellingborough 1985; zu List insbes. S. 33-48.

[72] Ernst Wachler, Die religiöse Einigung der Deutschen, in: Blätter für deutsche Erziehung 15 (1913), H. 9, S. 132-135.

[73] Künstler-Abende des Harzer Bergtheaters, hrsg. von der Direktion. 1. Edda-Abend, Rodaun/Wien 1907. - Zu Lanz von Liebenfels vgl. Goodrick-Clarke, Occult Roots, S. 90-122 und Ekkehard Hieronimus, Lanz von Liebenfels. Eine Bibliographie, Toppenstedt 1991, insbes. S. 10-25.

[74] Friedrich Lienhard, Jugendjahre. Erinnerungen, Stuttgart 1918, S. 154.

sein Harzer Bergtheater als „Heiligtum des Volkes"[75] konzipiert und seine eigenen Fest- und Trauerspiele als Weihespiele angelegt hat[76]. Schließlich regte Wachler sogar an, sein Theater als Endpunkt einer „Wallfahrt" zu Deutschlands „heiligen Landschaft[en]" zu machen, ein Appell, der zugleich an die deutsch-religiöse Szene und die Jugendbewegung gerichtet war.[77]
Diese Engführung von Kunst und Religion wird aber ebenso greifbar in der Kombinatorik der Ideen deutscher Renaissance mit denen einer zweiten oder vollendeten Reformation. Mit diesen Begriffen bezeichneten nicht wenige Völkische ihre Anstrengungen zur Reform und Rettung des Deutschtums. Der besonders in Thüringen hochaktive frühe Nationalsozialist Artur Dinter,[78] ebenfalls Elsässer und ein Verehrer Lienhards, hat Mitte der Zwanziger Jahre eine Religionsgemeinschaft als „Kampfbund zur Vollendung der deutschen Reformation"[79] gegründet. Adolf Bartels nannte einen seiner wesentlichen Beiträge zur Geistesgeschichte des Ersten Weltkriegs immerhin „Ein feste Burg ist unser Gott. Deutschchristliches Dichterbuch"[80] - das er explizit als „Stimmungsvorbereitung" für das 400jährige Reformationsjubiläum konzipiert habe und gleichzeitig als Beitrag „für die Erneuerung deutschen Volkstums, die nach dem Kriege eintreten muß und wird"[81].

---

[75] Ernst Wachler, Die Freilichtbühne. Betrachtungen über das Problem des Volkstheaters unter freiem Himmel, Leipzig 1909, S. 9ff.: „Das Theater ein Heiligtum des Volkes".
[76] Ders., Walpurgis. Ein Festspiel zur Frühlingsfeier. Nebst einer Ansprache zur Eröffnung des Bergtheaters am Hexentanzplatz, Leipzig 1904; ders., Widukind. Trauerspiel mit Chören, München, Leipzig 1904; ders., Mittsommer. Trauerspiel mit Chören, München, Leipzig 1905.
[77] Ders., Wanderfahrten und Festweihen, in: Bühne und Welt 16 (1913/14), Nr. 18, S. 250-252.
[78] Vgl. Manfred Bosch, Rasse und Religion sind eins! Artur Dinter, Sünde wider das Blut oder: Autopsie eines furchtbaren Bestsellers, in: Die Ortenau. Veröffentlichungen des Historischen Vereins für Mittelbaden, Jg. 1991, S. 596-620. - Eine Dinter-Biographie ist ein dringendes Desiderat.
[79] Artur Dinter, 197 Thesen zur Vollendung der Reformation. Die Wiederherstellung der reinen Heilandslehre. Das Geistchristentum in systematischer Darstellung. Grundlagen zur Errichtung einer Deutschen Volkskirche ohne trennende Sonderbekenntnisse, Leipzig 1926. - Das Organ der Geistchristlichen Religionsgemeinschaft, Kampfbund zur Vollendung der Reformation e.V., hieß Das Geistchristentum. Monatsschrift zur Vollendung der Reformation durch Wiederherstellung der reinen Heilandslehre und erschien in Dinters Privatverlag in Patschkau/Oberschlesien.
[80] Adolf Bartels, Hrsg., Ein feste Burg ist unser Gott. Deutschchristliches Dichterbuch, Halle/Sa. $2^{Tsd.}$ 1916. - Es folgte ders., Volk und Vaterland. Deutschvölkisches Dichterbuch. 2 Bände, Halle/Sa. 1917.
[81] Ders., Ein feste Burg, S. III. - Zum Reformationsjubiläum erschien dann: Deutsch-

Völkische Seilschaften oder: die „Stillen im Lande"[82]

Die für Genese und Wirkungsmöglichkeit einer „deutschen Renaissance" grundlegende völkisch-nationale Infrastruktur in und um Weimar konnte sich aber nicht nur auf die drei Säulen Lienhard, Bartels und Wachler stützen. Schon ein flüchtiger Blick ins offizielle Adressbuch der Stadt Weimar zeigt, daß zahlreiche Organisationen und Parteien antidemokratischer, antirepublikanischer und völkischer Ausrichtung mit Ortgruppen auch hier vertreten waren. Die personelle und ideologische Verflechtung dieses Gruppenspektrums mit der Weimarer Honoratiorenkultur wäre noch zu untersuchen, von einigen Persönlichkeiten des Weimarer Kulturlebens kann man jedoch schon heute sagen, daß ihr deutsches Herz auf dem rechten Fleck geschlagen hat.

Seit 1904 lebte Johannes Lehmann-Hohenberg in Weimar, der den „Deutschen Rechtsbund" gegründet und dessen Zeitschrift „Der Rechtshort" herausgegeben hat[83]. Im Jahre 1906 rief Lehmann den „Allgemeinen Deutschen Kulturbund" und den zugehörigen „Jungdeutschen Kulturbund" ins Leben. Zweck beider Unternehmungen war „die Befreiung von allem das deutsche Volkstum schädigenden Fremdwesen, um durch Reinheit zur Einheit des deutschen Geisteslebens (...) zu gelangen (...) [und] eine Hochwarte für deutsche Kultur und Volkheit in Weimar" zu errichten[84]. Angeschlossen war die sog. „Kulturkanzlei", ein „Zusammenschluß geistig hochstehender, biologisch unterrichteter deutschgeborener Männer zur Beratung von Lebensfragen und zur Anregung politischer Maßnahmen durch Volksverbände und Regierung"[85].

---

christentum auf rein-evangelischer Grundlage. 95 Leitsätze zum Reformationsfest 1917. Von Friedrich Andersen, Adolf Bartels, Ernst Katzer und Hans Paul Freiherr von Wolzogen, Leipzig 1917.

[82] „Ich grüße die Stillen im lauten Land ..." - so beginnt ein Gedicht Lienhards, das er der Schrift „Deutschlands europäische Sendung" (s.o.) als Motto vorangestellt hat. - Ähnlich wie der Topos vom „geheimen Deutschland" markiert der von den „Stillen im Land" die ästhetizistisch-kulturkritische Distanz zur literarischen und kulturellen Moderne in Deutschland.

[83] Zur „deutschen" Rechtsreform vgl. Albrecht Götz von Olenhusen, Zur Entwicklung völkischen Rechtsdenkens. Frühe rechtsradikale Programmatik und bürgerliche Rechtswissenschaft, in: Hans Jochen Vogel, Helmut Simon, Adalbert Podlech, Hrsg., Die Freiheit des Anderen. Festschrift für Martin Hirsch, Baden-Baden 1981, S. 77-108.

[84] Deutschvölkisches Jahrbuch, hrsg. von Georg Fritz mit Unterstützung deutschvölkischer Verbände. 2. Band, Weimar 1921, S. 126f.

[85] Vgl. Deutschvölkisches Jahrbuch, 3. Band, Weimar 1922, S. 106. - Als weiteres Ziel war formuliert: „Errichtung einer Hochwarte für deutsches Volkstum in der Umgebung Weimars als Ehrenpflicht gegen die im Weltkriege Gefallenen und als Denkmal an Deutschlands Heldentum und Not".

Es ist zu vermuten, daß in diesen Kreisen auch Max Robert Gerstenhauer verkehrt hat, einer der „völkischen Systembauer der 20er Jahre"[86], zudem „Bundesgroßmeister" des „Deutschbundes" seit 1921 und völkischer Multifunktionär. Im bürgerlichen Beruf war Gerstenhauer Beamter, nacheinander stellvertretender Landrat, Regierungsrat, Geheimrat, schließlich Ministerialrat und bis zu seiner Pensionierung 1938 Ministerialdirigent im Weimarer Innenministerium. Daneben fungierte er ab 1934 als Präsident des Thüringer Landeskirchenrates[87], wozu ihn sein deutschchristliches Engagement seit Mitte der 20er Jahre qualifiziert haben dürfte[88].
Der schon mehrfach erwähnte Hermann Kellermann, anfangs Angestellter und später Verlagsdirektor des Alexander Duncker Verlags, war eine der beherrschenden Gestalten des völkischen Verlagswesens - und das nicht nur in Weimar. Hier fungierte er seit 1921 überdies als Schriftführer und Schatzmeister des Alldeutschen Verbandes[89]. Der Duncker-Verlag publizierte zahlreiche völkische Standardwerke, zudem die Zeitschrift „Heimat und Welt" der „Vereinigung Heimat und Welt", einer Agitationsgruppe für auslandsdeutsche Interessen. Die größte völkische Buchgemeinschaft, die 1927 gegründete „Volksdeutsche Buchgemeinde"[90] war ebenfalls eine Schöpfung Kellermanns.
Kollege und Gesinnungsgenosse Kellermanns war der Verleger Fritz Fink, dessen gleichnamiger Verlag in Weimar sich einen Namen mit Publikationen zur thüringischen und weimarischen Landes- und Ortsgeschichte gemacht hat. Gleichzeitig aber gehörte das Unternehmen, ebenso wie Duncker, zur „Vereinigung völkischer Verleger"[91]. Fritz Finks Engagement

---

[86] So Mohlers Kategorisierung in ders., Konservative Revolution, Bd. 1, S. 344.

[87] Im gleichen Jahr erschien Max Robert Gerstenhauer, Deutscher Glaube im Dritten Reich, Leipzig 1934. Zu Gerstenhauers kirchlichen Aktivitäten vgl. Kurt Meier, Der evangelische Kirchenkampf. Drei Bände, Göttingen 1984, Bd. 1, S. 90, 470f., 473; Bd. 3, S. 484, 681.

[88] Mitte Oktober 1925 war in Weißenfeld aus dem „Bund für deutsche Kirche" (Bundeswart: Friedrich Andersen) und dem „Deutschen Christenbund" (Pfarrer Walter Vogel, Leipzig-Stötteritz) eine „Deutschchristliche Arbeitsgemeinschaft" entstanden, der sich andere völkische Verbände, wie - kurzzeitig - der „Stahlhelm", der „Luisenorden", der „Werwolf" [so bei Meier s. u., S. 24 - vermutlich ist der „Wehrwolf" des Studienrates Fritz Kloppe gemeint - J.H.U.], der „Deutsche Herold" und die „Deutschen Richtwochen" angeschlossen hatten. Diese Arbeitsgemeinschaft, deren Leiter Gerstenhauer war, wurde eine der Keimzellen der Thüringer „Deutschen Christen" s. Kurt Meier, Kreuz und Hakenkreuz. Die evangelische Kirche im Dritten Reich, München 1992, S. 22-31.

[89] Weimarer Adressbuch 1921, S. 365.

[90] Dazu Justus H. Ulbricht, Die Quellen des Lebens rauschen in leicht zugänglicher Fassung ..., S. 194-197.

[91] Vgl. Justus H. Ulbricht, Ein heimlich offener Bund für das große Morgen ..., B 5 - B 7.

für die völkische Sache wurde nach der sog. Machtergreifung immerhin mit dem Landesleiterposten des Reichsschrifttumskammer-Gaus Thüringen belohnt. Die Stadt Weimar ehrte Fink zu seinem 50. Geburtstag 1943 mit der Verleihung der Großen Stadtplakette.[92]
Eine Anzahl kleinerer Verlage, deren Erzeugnisse regelmäßig in völkischen Zeitschriften angezeigt wurden, hatte ihren Sitz ebenfalls in Weimar. So die Nationale Verlagsgesellschaft, der Weimarische Verlag, der Verlag „Deutscher Aufbau", der Deutschvölkische Verlag, der Weckruf-Verlag Wolf von Kornatzki, der Verlag „Blut und Boden" und der Gerhard Hoffmann Verlag. Von diesen Unternehmen aber sind bis heute allenfalls die Namen sowie einige Druckerzeugnisse bekannt.
Diese wenigen Fakten zur völkischen Infrastruktur in und um Weimar machen deutlich, daß die Idee einer „deutschen Renaissance" nicht etwa nur ein verblasener Programmpunkt völkischer Ideologie neben vielen anderen gewesen ist. Es existierten schon vor dem Ersten Weltkrieg handfeste Organisationsstrukturen, die nach kulturpolitischen und administrativen Wegen gesucht haben, die erhoffte Gesundung Deutschlands auch wirklich zu erreichen. Der frühe politische Erfolg des Nationalsozialismus gerade in Thüringen war auf dem Feld der Kultur lange schon vorbereitet, wobei es sicherlich falsch wäre, diese letzte Konsequenz der realgeschichtlichen Entwicklung den völkischen Ursprüngen bereits als Intention zu unterstellen. Das würde letztlich auch die zahlreichen ideologischen und personellen Differenzen zwischen der völkischen und der nationalsozialistischen Bewegung einebnen. Doch zeigt der Besuch Hitlers bei Bartels während des ersten Parteitags der NSDAP 1926 in Weimar in aller Deutlichkeit, daß sich der Führer dieser Partei und des zukünftigen „Dritten Reiches" der Vorreiterrolle von Adolf Bartels und der zahlreicher kleinerer völkischer Propheten durchaus bewußt gewesen ist.

---

[92] Ermittelt im Stadtarchiv Weimar, Bestand 107-05-23.

JÜRGEN STEINER, UTA HOFF

Vom Versuchslaboratorium zum Weltunternehmen
Das Jenaer Glaswerk 1884 - 1934*

„Bis in das neunte Jahrzehnt des letztvergangenen Jahrhunderts beruhte die Bedeutung der Stadt Jena fast ausschließlich auf ihrer Universität, ... Denn industriell war Jena nur wenig entwickelt."[1] 20 Jahre später hatte sich das Stadtbild Jenas verändert: „Sein auffallend rasches Wachstum in den ... letzten Jahrzehnten verdankt Jena ... vor allem der gewaltigen Entwickelung zweier auf dem Grunde gelehrter Forschungen erwachsenen Großbetriebe, der optischen Werkstätte von Carl Zeiß und des Glaswerkes Schott & Genossen."[2] Dieser Aufstieg war das Ergebnis der überaus erfolgreichen Zusammenarbeit von Ernst Abbe, Carl Zeiss und Otto Schott. Sie begründeten den Weltruf des deutschen optischen Präzisionsgerätebaus und der Glastechnik und machten die traditionsreiche Universitätsstadt Jena zugleich zu einer bedeutenden Industriestadt.

Im folgenden wird die Bedeutung Schotts und des Jenaer Glaswerks für diese Entwicklung in den Blick genommen. Die herausragenden Leistungen des Firmengründers auf dem Gebiet der Glaswissenschaft und -technologie werden dabei ebenso thematisiert wie der daraus resultierende Aufstieg des Glaswerks zum international renommierten Spezialglashersteller und die im Glaswerk herrschenden Arbeitsbedingungen. Darüber hinaus werden Schotts Verhältnis zur Carl-Zeiss-Stiftung, seine Beziehungen zur Stadt Jena und schließlich die Krisenzeiten zu Beginn der Weimarer Republik und während der Weltwirtschaftskrise Anfang der 1930er Jahre dargestellt. Stets sollen dabei die Auswirkungen auf die Stadt Jena im Vordergrund stehen.

Eine umfassende moderne Unternehmenschronik existiert (noch) nicht. Die vorliegenden Studien von Zschimmer (1909)[3], Kühnert (1946 - 1957)[4]

---

*Vorbemerkung: Da die Unternehmensarchive des Jenaer Glaswerks (UAJGW) und der Schott Glaswerke, Mainz (UASGM) zur Zeit neustrukturiert werden und die benutzten Archivalien noch nicht endgültig verzeichnet sind, wird bei den betreffenden Anmerkungen auf die Angabe von Signaturnummern verzichtet.

[1] Herbert Koch, Jenas Entwicklung während der Amtszeit des Oberbürgermeisters Dr. Heinrich Singer (1889 - 1912), Jena 1912, S. 1 - 2.

[2] Ernst Piltz, Führer durch Jena, Jena 1912, S. 9.

[3] Eberhard Zschimmer, Die Glasindustrie in Jena. Ein Werk von Schott und Abbe, Jena 1909.

[4] Herbert Kühnert (Bearb.), Der Briefwechsel zwischen Otto Schott und Ernst Abbe über das optische Glas 1879 - 1881, Jena 1946 (= Veröffentlichungen der Thüringi-

und in Kochs Stadtgeschichte (1966)[5] sind älteren Datums und erfassen nur Teilperioden der Geschichte des Jenaer Glaswerks. Manche Aspekte können auf dem hier zur Verfügung stehenden Raum nur summarisch, keinesfalls aber vollständig und abschließend abgehandelt werden. Dies muß tiefergehenden Studien vorbehalten bleiben.

Otto Schott - Begründer der modernen Glaswissenschaft und -technologie

Der damals im westfälischen Witten lebende Chemiker und Glastechniker Otto Schott[6], Sproß einer alten Glasmacherfamilie, hatte 1879 grundlegende Untersuchungen zur Chemie des Glases begonnen. In systematischen Schmelzversuchen studierte er die Abhängigkeit der physikalischen Eigenschaften des Glases von der chemischen Zusammensetzung. Schott gewann die Erkenntnis, daß man dem Werkstoff Glas je nach seiner chemischen Zusammensetzung bestimmte mechanische, thermische, optische und elektrische Eigenschaften geben kann. 1879 wandte er sich in einem berühmt gewordenen Brief[7] an Ernst Abbe, Physik-Professor und Teilhaber der von Carl Zeiss betriebenen Optischen Werkstätte in Jena. Abbe und Zeiss[8] bemühten sich seinerzeit, die Herstellung und Qualität von Mikroskop-Objektiven zu vervollkommnen. Es fehlten allerdings optische Gläser mit gleichbleibenden, berechenbaren, vorherbestimmbaren

---

schen Historischen Kommission, Bd. II); Herbert Kühnert (Bearb.), Briefe und Dokumente zur Geschichte des VEB Optik Jenaer Glaswerk Schott & Genossen. I. Teil: Die wissenschaftliche Grundlegung 1882 - 1884, Jena 1953 (= Veröffentlichungen der Thüringischen Historischen Kommission, Bd. III); Herbert Kühnert (Bearb.), Briefe und Dokumente zur Geschichte des VEB Jenaer Glaswerk Schott & Genossen. II. Teil: Der Übergang zur industriellen Produktion (Von der Versuchsglashütte zum I. Produktionsverzeichnis) 1884 - 1886, Jena 1957 (= Veröffentlichungen der Thüringischen Historischen Kommission, Bd. VI).

[5] Herbert Koch, Geschichte der Stadt Jena, Stuttgart 1966, S. 273 - 292.

[6] Vgl. Herbert Kühnert, Otto Schott. Eine Studie über seine Wittener Zeit bis zur Gründung des Jenaer Glaswerkes, Witten 1940; Edwin Berger, Otto Schotts Werk, in: Zeitschrift für technische Physik 17, 1936, H. 1, S. 6 - 11; Walter Geffcken, Otto Schott 1851 - 1935, in: Hugo Freund u. Alexander Berg, Hrsg., Geschichte der Mikroskopie. Leben und Werk großer Forscher, Frankfurt/Main 1966, S. 73 - 88.

[7] UASGM, Brief Schott an Abbe vom 27.5.1879; abgedruckt in: Kühnert, Briefwechsel, S. 3; vgl. auch Walter Hahland, Die Forschungen Otto Schotts und seine Zusammenarbeit mit Ernst Abbe bis zur Gründung des Jenaer Glaswerks Schott & Gen. in Jena, Mainz 1966 (= Schott-Schriften, Bd. 1).

[8] Vgl. zuletzt Rüdiger Stolz, Joachim Wittig, Hrsg., Carl Zeiss und Ernst Abbe. Leben, Wirken und Bedeutung, Jena 1993.

sowie neuartigen Brechungs- und Dispersionseigenschaften. Diese Gläser entwickelte in der Folgezeit Schott. Er siedelte 1882 nach Jena über und gründete 1884 gemeinsam mit Ernst Abbe, Carl und Roderich Zeiss das Glastechnische Laboratorium Schott & Genossen, das spätere Jenaer Glaswerk.[9] Die von Otto Schott neuentwickelten optischen Gläser ermöglichten der Optischen Werkstätte die Herstellung von Mikroskopen und anderer optischer Geräte von einzigartiger Leistungsfähigkeit. Darüber hinaus schuf der „Glasdoktor" mit der Erfindung des thermisch und chemisch resistenten Borosilicatglases einen neuen, dritten Glastyp neben den bis dahin bekannten Kalknatron- und Bleigläsern.[10] Hierbei arbeitete er eng mit Professoren der Jenaer Universität, insbesondere mit dem Physiker Adolf Winkelmann, zusammen.[11]

Das historische Verdienst von Schott besteht darin, daß er die bis dahin weitestgehend auf jahrhundertealter überlieferter Erfahrung beruhende, rein handwerklich geprägte „Glasmacherkunst" zu einer wissenschaftlich fundierten Glastechnologie weiterentwickelt hat.[12] Er erfand das Glas gewissermaßen zum zweiten Mal. Neben der Erschmelzung neuartiger Gläser durch die systematische Einführung neuer chemischer Elemente in das Glasgemenge verbesserte er auch die Schmelztechniken.

Die Erfindungen Schotts ebneten dem Werkstoff Glas den Weg für den Vorstoß in neue Dimensionen und schufen die Voraussetzungen für bedeutende wissenschaftliche und technische Fortschritte in Biologie, Bakteriologie, Medizin, Pharmazie, Chemie, Astronomie, Maschinenbau und Elektrotechnik.

Wie durch das Studium der naturgesetzlichen Zusammenhänge Justus von Liebig die Agrikulturchemie, Werner von Siemens die Elektrotechnik und

---

[9] Vgl. Moritz von Rohr, Zur Entstehung des Jenaer Glaswerks, in: Zeitschrift für Instrumentenkunde 48, 1928, S. 166 - 178.

[10] Jürgen Steiner, Otto Schott and the invention of borosilicate glass, in: Glastechnische Berichte 66, 1993, S. 165 - 173.

[11] Adolf Winkelmann, Otto Schott, Einige Beobachtungen mit einem neuen Gerätheglas, in: Zeitschrift für Instrumentenkunde 14, 1894, S. 6 - 8; Adolf Winkelmann, Otto Schott, Ueber thermische Widerstandscoefficienten verschiedener Gläser in ihrer Abhängigkeit von der chemischen Zusammensetzung, in: Annalen der Physik und Chemie N. F. 51, 1894, S. 731 - 746; Geschichte der Universität Jena 1548/58 - 1958. Festgabe zum vierhundertjährigen Universitätsjubiläum. Bd. I: Darstellung, Jena 1958, S. 478.

[12] H. Hovestadt, Jenaer Glas und seine Verwendung in Wissenschaft und Technik, Jena 1900; Werner Vogel, Otto Schott - ein Pionier der Glasforschung, in: Wissenschaftliche Zeitschrift der Friedrich-Schiller-Universität Jena, Mathematisch-naturwissenschaftliche Reihe 28, 1979 (= 1. Internationales Otto-Schott-Kolloquium, Jena 1979), S. 209 - 219.

Abb. 1: Das „Glastechnische Laboratorium Schott & Genossen" 1886

Das Jenaer Glaswerk 1884 - 1934

Abb. 2: Das „Jenaer Glaswerk Schott & Genossen" 1934

Alfred Krupp die Technologie des Stahls geschaffen hat, so begründete Otto Schott die moderne Glastechnik, die aus dem technischen Gesamtbild unserer Zeit längst nicht mehr wegzudenken ist. Damit nimmt Schott einen herausragenden Platz in der Geschichte des Glases und in der Geschichte der Technik ein. Die Deutsche Glastechnische Gesellschaft ehrte ihn 1925 als „Begründer der neuzeitlichen Glastechnik"[13].

Vom Glastechnischen Laboratorium zum Weltunternehmen

Das ursprüngliche Ziel der Zusammenarbeit zwischen Schott, Abbe und Zeiss bestand darin, die glaschemische und optische Wissenschaft voranzutreiben. Doch allmählich entstand der Wille, die neuen Erkenntnisse auch gewerblich zu nutzen. So gründeten sie 1884 das Glastechnische Laboratorium Schott & Genossen. Wie sich aus den Erinnerungen eines Mitarbeiters anläßlich des 50jährigen Bestehens 1934 an die Anfangsjahre ergibt, lag das Unternehmen damals noch geradezu idyllisch außerhalb der geschlossenen städtischen Bebauungsgrenze: „Der Zugang zum Werk, das mit einem großen Schornstein die Flur zwischen Jena und Lichtenhain beherrschte, war noch nicht so geebnet wie heute. Hinter dem früheren schmalen Durchgang unter der Weimar-Geraer Bahn standen zerstreut nur wenige Häuser; das geschlossene Straßenbild von Jena war am Durchgang zu Ende. Die jetzige Otto-Schott-Straße führte unter der Bezeichnung „Lichtenhainer Weg" als Hohlweg bergauf zur Lichtenhainer Gemarkung. Oft blieben die schweren Fuhren zum Werk im Schlamm und Schnee stecken. Für Fußgänger war auf beiden Seiten ein schmaler Wiesenweg vorgesehen."[14]

Anfangs beschäftigte Otto Schott zehn Mitarbeiter. Der Arbeitsschwerpunkt lag zunächst auf den optischen Gläsern. Zwei Jahre nach der Gründung trat das Glastechnische Laboratorium offiziell in den Markt ein, indem es ein erstes Produktions- und Preisverzeichnis vorlegte.[15] Innerhalb kürzester Zeit wurde das Schott-Werk durch die Entwicklung neuer optischer Gläser zum führenden Hersteller auf diesem Sek-

---

[13] Urkunde (undatiert) der Deutschen Glastechnischen Gesellschaft zur Verleihung der Ehrenmitgliedschaft an Otto Schott vom 26.11.1925, UAJGW; abgedruckt in: Glastechnische Berichte 4, 1926/27, S. 41.

[14] Paul Rödiger, Erinnerungen an 1891, in: Schott & Gen. Jena, 1884 - 1934. 50 Jahre Jenaer Glas, Jena 1934, S. 40 - 43, hier S. 40 - 41.

[15] UAJGW, Glastechnisches Laboratorium Schott & Gen. Jena, Glasschmelzerei für optische und andere wissenschaftliche Zwecke. Productions- und Preis-Verzeichniss Juli 1886, Jena 1886; abgedruckt in: Kühnert, Briefe und Dokumente II, S. 245 - 260.

tor. Ernst Abbe wußte zu würdigen, „daß er [Schott] es fertig brachte, auf einem ihm gänzlich neuen Gebiet der Technik in kaum zwei Jahren die 50jährige Praxis der Vorgänger zu überflügeln, ohne andere Hilfe als ein paar tüchtige Arbeiter, die aber nichts gelernt hatten als gute Schmelzhäfen anzufertigen und einen heißen Ofen zu behandeln"[16].

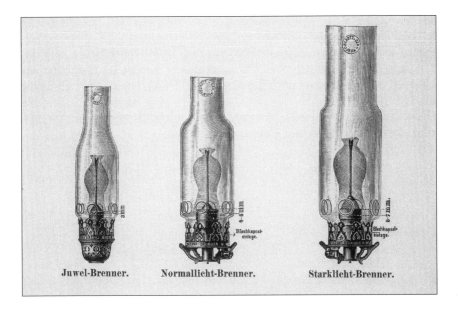

Abb. 3: Glaszylinder für das Auer-Gasglühlicht

Im Bereich der technischen Gläser brachte das ab 1887 von Otto Schott entwickelte Borosilicatglas enorme Fortschritte. Es fand anfänglich vor allem als Thermometerglas (ab 1891) und Laborglas (ab 1894) Verwendung. Der bedeutendste Sektor für seine Anwendung aber wurde das Auer-Gasglühlicht. Das von dem Wiener Chemiker Carl Auer von Welsbach erfundene Gasglühlicht war damals im Begriff, das Petroleumlicht

---

[16] Denkschrift Abbes für den Weimarischen Staatsminister Dr. Stichling vom 4.12.1887, abgedruckt in: Friedrich Schomerus, Werden und Wesen der Carl-Zeiss-Stiftung an der Hand von Briefen und Dokumenten aus der Gründungszeit (1886 - 1896), Stuttgart 2. Aufl. 1955, S. 28 - 64, hier S. 58.

abzulösen. Die Entwicklung hitzebeständiger, selbst gegen Sturm, Regen und Schnee widerstandsfähiger Glaszylinder durch Schott schuf die Voraussetzung für den weltweiten Durchbruch und Erfolg des Auer-Gasglühlichts ab 1895, sowohl als Innenraum- als auch als Straßenbeleuchtung.[17] Für das Jenaer Glaswerk wurden die Gasglühlichtzylinder schnell zum Erfolgsprodukt schlechthin, und zwar bis zum Ersten Weltkrieg. Der Aufstieg des Schott-Werkes vom Glastechnischen Laboratorium, vom handwerklichen Schmelzbetrieb zum modernen Industrieunternehmen in den 1890er Jahren stand in engstem Zusammenhang mit der explosionsartig steigenden Nachfrage nach den Jenaer Glaszylindern. Der Produktionsrekord wurde im Geschäftsjahr 1913 mit fast 30 Millionen Stück erreicht. Der Anteil der Glaszylinder am Gesamtumsatz betrug im Geschäftsjahr 1895/96, wenige Monate nach der Markteinführung, bereits 65% und stieg bis 1903/04 auf 76%.[18]

Die Expansion des Glaswerks spiegelte sich natürlich auch in der Steigerung der Belegschafts- und Umsatzzahlen wider.

Geschäftsjahr	Mitarbeiter	Umsatz (in Mark)	Exportanteil (in %)
1884[19]	10	-	-
1889[20]	13	105.000	?
1894[21]	53	270.000	?
1899[22]	354	1.896.000	fast 50
1904[23]	600	2.769.000	?
1909[23]	1.060	4.768.000	58,0
1914[23]	1.217	7.209.000	51,5

Die Arbeitsorganisation war 1897 noch „die in Glashütten übliche": „Ein Teil der Arbeiter sind Tagelöhner, ohne systematische Schulung. Nur bei

---
[17] Vgl. Steiner, Otto Schott.
[18] UASGM, Berichte des Stiftungskommissars der Carl-Zeiss-Stiftung zu den Geschäftsjahren 1895/96 und 1903/04 (Abschriften); UAJGW, Geschäftsbericht Schott & Genossen 1912/13, S. 15.
[19] Vgl. Kühnert, Briefe und Dokumente II, S. 305, Anm. 12 u. 15.
[20] UASGM, Auszug aus dem Hauptbuch des Glastechnischen Laboratoriums Schott & Gen. für das Jahr 1889 (Abschrift).
[21] UASGM, Bericht des Stiftungskommissars der Carl-Zeiss-Stiftung zum Geschäftsjahr 1893/94 (Abschrift).
[22] UAJGW, Einiges über Entwickelung und gegenwärtigen Zustand des Glaswerks (Firma Schott & Gen.) Jena (Herbst 1899), S. 4.
[23] UAJGW, Geschäftsberichte Schott & Genossen 1903/04, 1908/09, 1913/14.

der Glasbläserei finden besonders geschulte Kräfte Verwendung, die man zunächst von auswärts heranzog, bis eine hinreichende Anzahl Einheimischer ausgebildet war. Über die Verwendung der neueingestellten jungen Leute entscheidet lediglich die Brauchbarkeit der Einzelnen. Die Fähigeren unter ihnen werden zu Glasmachergehülfen ausgebildet, die übrigen unter die Tagelöhner eingereiht. Die volle Ausbildung eines Glasmachergehülfen erfordert meist mehrere Jahre. ... Die eigentlichen Glasmacher arbeiten in Gruppen - Stühle genannt, - die aus einem Meister mit ein oder zwei Gehülfen und einer Anzahl von Lehrlingen bestehen. Die Arbeit wird an den Meister im Accord verdungen, die Gehülfen und Lehrlinge erhalten Tagelohn, dessen Höhe man mit Rücksicht auf die Höhe der Accordsätze zu bemessen pflegt. Der gesamte Verdienst, der nach Abzug der Tagelöhne verbleibt, fließt ungeschmälert dem Meister des Stuhles zu."[24]

Die Massenherstellung vor allem der Glaszylinder machte die bauliche Erweiterung der Fabrikanlagen notwendig. Auch für den Außenstehenden wurde die Entwicklung des Glaswerks zum Industrieunternehmen augenfällig. Anläßlich des 25jährigen Firmenjubiläums beschrieb das Jenaer Volksblatt am 3. Juli 1909 die veränderte Topographie im Westen der Stadt: „Das Glaswerk Schott u. Gen. steht hoch über den älteren Stadtvierteln Jenas auf einer breitflächigen Saaleuferterrasse, dicht am Weimar-Geraer Bahnhof. Dieser Gebäudekomplex mit seinen elf hohen Schornsteinen hat am allermeisten das Aussehen Jenas verändert, das durch beide Großindustrien rasch zu einer ansehnlichen Mittelstadt herangewachsen ist."

Mit der Entwicklung immer neuer Produkte und der Verbesserung der Fertigungstechniken ging auch die Internationalisierung der Geschäftsaktivitäten einher. Nach und nach wurden weltweit neue Absatzgebiete erschlossen. So überschritt der Exportanteil im Jahre 1900 erstmals die 50%-Marke und erreichte im Jubiläumsjahr 1909 mit 58% den Höchststand vor dem Ersten Weltkrieg.[25] Die Hauptabsatzgebiete waren England, Frankreich, USA und Rußland. Die erfolgreiche Präsenz bei den Weltausstellungen in Chicago (1893), Paris (1900), St. Louis (1903) und Brüssel (1910)[26] unterstützte die internationalen Aktivitäten. Um die Jahrhundertwende, also bereits 15 Jahre nach seiner Gründung, hatte sich das Jenaer Glaswerk zu einem auf vielen Gebieten konkurrenzlosen Spezialglasunternehmen von

---

[24] Julius Pierstorff, Die Carl Zeiß-Stiftung, ein Versuch zur Fortbildung des großindustriellen Arbeitsrechts, in: Schmollers Jahrbuch für Gesetzgebung 21, 1897, S. 1 - 64, hier S. 15.
[25] UAJGW, Geschäftsbericht Schott & Genossen 1908/09, S. 15.
[26] Vgl. die entsprechenden Medaillen und Urkunden im UAJGW.

Weltruf entwickelt. Bis zum 25jährigen Jubiläum im Jahre 1909 war die Mitarbeiterzahl auf 1.060 angestiegen.[27]

Otto Schott, das Jenaer Glaswerk und die Carl-Zeiss-Stiftung

Im Jahre 1889 gründete Ernst Abbe im Gedenken an seinen ein Jahr zuvor verstorbenen Partner und Freund Carl Zeiss die Carl-Zeiss-Stiftung.[28] 1891 übertrug er seine Geschäftsanteile an der Optischen Werkstätte Carl Zeiss und am Glastechnischen Laboratorium Schott & Genossen gegen eine „Kaufsumme" von 300.000 Mark auf die Stiftung und bewegte auch Roderich Zeiss zum Ausscheiden aus beiden Unternehmen.[29] Damit war die juristische Person Carl-Zeiss-Stiftung alleinige Eigentümerin des Zeiss-Werks und Miteigentümerin des Glaswerks. Otto Schott verpflichtete sich im gleichen Jahr, nach seinem Tod auch seinen Anteil am Glaswerk an die Stiftung fallen zu lassen.[30]

Obwohl Schott Abbes Stiftungsideen grundsätzlich teilte, war er damals noch nicht bereit, zugunsten der Stiftung auf seine Geschäftsanteile zu verzichten. In den sieben Jahren seines Bestehens hatte das Glaswerk noch keine nennenswerten Gewinne an die Gesellschafter ausschütten können, so daß Schott 1891, im Unterschied zu Abbe, in finanzieller Hinsicht privat noch nicht abgesichert war. Auch mußte er, den damaligen erbrechtlichen Vorstellungen entsprechend, gewisse Rücksichten insbesondere auf seine drei Söhne nehmen. Abbe dagegen hatte keine männlichen Nachkommen - zwei Töchter gingen aus seiner Ehe hervor -, was bei der Abtretung seiner Geschäftsanteile an die Stiftung von gewisser Bedeutung gewesen war.[31] 1919 war es für Schott dann kein Problem mehr, seine Besitzhälfte am Glaswerk vorzeitig auf die Stiftung zu übertragen - bereits 16 Jahre vor seinem Tod.

In der Literatur wird der Beitrag Otto Schotts zur Carl-Zeiss-Stiftung fast durchweg übergangen. Doch Ernst Abbe selbst hob einmal seine Bedeu-

---

[27] UAJGW, Geschäftsbericht Schott & Genossen 1908/09, S. 17.
[28] Stiftungsurkunde vom 19.5.1889, abgedruckt in: Schomerus, Werden und Wesen, S. 79 - 90; Joachim Wittig, Wiedergabe einiger Dokumente zum Werden der Carl-Zeiss-Stiftung, in: Stolz/Wittig, Zeiss und Abbe, S. 135 - 195, hier S. 148 -195; Friedrich Schomerus, Geschichte des Jenaer Zeisswerkes 1846 - 1946, Stuttgart 1952, S. 104-105.
[29] Schomerus, Werden und Wesen, S. 167 - 176; ders., Geschichte, S. 110-114.
[30] Vertrag Carl-Zeiss-Stiftung/Otto Schott vom 17.11./28.12.1891, abgedruckt in: Schomerus, Werden und Wesen, S. 198 - 200; vgl. ders., Geschichte, S. 114-115.
[31] Vgl. Felix Auerbach, Ernst Abbe. Sein Leben, sein Wirken, seine Persönlichkeit, Leipzig 1918 (= Große Männer. Studien zur Biologie des Genies, Bd. 5), S. 331, S. 333.

tung für die Stiftung hervor: „Ich möchte hierbei, um der Ansicht entgegenzutreten, als ob die Vertragsleistung des Dr. Schott eine nur untergeordnete gewesen sei, nochmals die Bedeutung der der Stiftung von diesem eingeräumten Rechte hervorheben. Erst seine Zustimmung ermöglichte die Abtretung der dem Dr. Zeiss und mir gehörigen Geschäftsanteile am Glaswerk; erst ... das Zugeständnis, dass die Stiftung nach seinem Tode seinen Anteil am Glaswerk sofort zu übernehmen berechtigt sein solle, sicherten der Stiftung den dauernden Besitz dieses Betriebsunternehmens; und diese Zugeständnisse erscheinen um so werthvoller, als ... Dr. Schott ... jederzeit in der Lage gewesen wäre, sich durch Kündigung des Gesellschaftsvertrags auf durchaus legale Weise in den Alleinbesitz des Glaswerkes zu setzen."[32] Abbe sah in Schott gar „in gewissem Sinne den Mitbegründer der Carl-Zeiss-Stiftung"[33]. Auch als Mitglied der Zeiss-Geschäftsleitung in den Jahren 1891 bis 1904 und 1907/08[34] hatte Otto Schott reichlich Gelegenheit, seine Solidarität mit Abbes Stiftungszielen zu bekräftigen.

Daß Schott grundsätzlich Abbes soziale Ideen mittrug, hatte er bereits vor der Gründung der Stiftung bewiesen. Denn 1885 veranlaßte er, daß die Mitarbeiter des Glaswerks der 1875 eingerichteten Betriebskrankenkasse des Zeiss-Werks beitreten konnten.[35] Die Krankenkasse finanzierte sich durch Beiträge der Versicherten und durch Zuschüsse der Unternehmen. Sie bot den Mitarbeitern im Krankheitsfalle wesentlich besseren Schutz als die 1885 eingeführte gesetzliche Krankenversicherung.

Ebenfalls noch vor Gründung der Stiftung, am 3. Dezember 1888, dem Todestag von Carl Zeiss, war ein gemeinsamer Pensionsfonds für beide Unternehmen ins Leben gerufen worden.[36] Damit gehörten Zeiss und Schott zu

---

[32] UAJGW, Brief Abbes an das Finanzdepartement des Großherzogtums Sachsen-Weimar-Eisenach vom 20.10.1900 (Kopie); abgedruckt in: Schomerus, Werden und Wesen, S. 200 und ders., Geschichte, S. 115.

[33] Schomerus, Werden und Wesen, S. 200.

[34] Vgl. UASGM, Herbert Kühnert (Bearb.), Briefe und Dokumente zur Geschichte des VEB Jenaer Glaswerk Schott & Genossen. III. Teil: Der Übergang zum großindustriellen Betrieb (Vom Privatunternehmen zur Stiftung) 1886 - 1914. Unveröffentlichtes Manuskript 1959, S. 199 - 200; Schomerus, Geschichte, S. 170; Felix Auerbach, Das Zeisswerk und die Carl-Zeiss-Stiftung in Jena. Ihre wissenschaftliche, technische und soziale Bedeutung, Jena 3. Aufl. 1907, S. 119.

[35] UAJGW, Statut der Betriebs-Krankenkasse der Optischen Werkstätte von C. Zeiss in Jena vom 1.Jan. 1885, §3; Pierstorff, Carl Zeiß-Stiftung, S. 16 - 17, S. 38 - 39; Auerbach, Zeisswerk und Carl-Zeiss-Stiftung, S. 140 - 141, S. 162; Schomerus, Geschichte, S. 70, S. 183.

[36] BACZJ, Nr. 9448; UAJGW, Gemeinsames Pensions-Statut der Firmen Carl Zeiss und Schott & Gen. Jena in der Fassung vom 1.9.1897; vgl. auch Jenaische Zeitung vom

den ersten Industrieunternehmen überhaupt, die eine freiwillige betriebliche Alters- und Invaliditätsfürsorge einführten. Auch diese Leistungen gingen weit über den im Reichsgesetz über die Invaliditäts- und Altersversicherung vom 22. Juni 1889 festgelegten Standard hinaus und sahen zudem eine Hinterbliebenenversorgung vor.

Das 1896 von Ernst Abbe herausgegebene Stiftungsstatut[37] legte die Aufgaben der Stiftung fest: Fortführung und wirtschaftliche Sicherung der Stiftungsunternehmen; Erfüllung größerer sozialer Pflichten gegenüber den Mitarbeitern, als persönliche Inhaber auf Dauer gewährleisten würden; extern Förderung von Wissenschaft und Technik sowie Mitwirkung bei der Erfüllung gemeinnütziger Aufgaben.

Gemäß Stiftungsstatut (§7) bildeten im Glaswerk Otto Schott als persönlicher Mitinhaber und ein Bevollmächtigter der Stiftung, der zugleich Mitglied der Zeiss-Geschäftsleitung sein mußte (1896 - 1905 Abbe; 1905 - 1907 Prof. Dr. Siegfried Czapski; 1908 - 1933 Prof. Dr. Rudolf Straubel[38]) den Vorstand. Solange das Glaswerk nicht vollständig im Besitz der Stiftung war, hatten die Passagen über das „Rechtsverhältniss der Angestellten und Arbeiter in den Stiftungsbetrieben" (§§56 - 92) für das Glaswerk nur Gültigkeit, wenn sie dem 1891 zwischen Schott und der Stiftung abgeschlossenen Gesellschaftsvertrag entsprachen und Schott seine „ausdrückliche Zustimmung" (§93) gab. Obwohl das Glaswerk „sich noch im Entwickelungsstadium befindet, ... sich die Arbeitsverhältnisse noch nicht konsolidiert" hatten[39], gewährte auch Schott seinen Mitarbeitern die sozialen Rechte des Stiftungsstatuts wie beispielsweise erhöhten Kündigungsschutz, vergleichsweise hohes Lohnniveau[40], bezahlten Urlaub (6 von 12 Urlaubstagen), Bezahlung von auf Arbeitstage fallenden Feiertagen, Gewinnbeteiligung[41] und Arbeiterausschüsse. Manche wurden allerdings mit zeitlicher Verzögerung eingeführt.

Für die damalige Zeit waren die Bestimmungen des Stiftungsstatuts ungewöhnlich, ja fast revolutionär. Insbesondere in der betrieblichen

---

20.12.1888 und vom 21.12.1888; Pierstorff, Carl Zeiß-Stiftung, S. 18 - 20, S. 39 - 42; Auerbach, Zeisswerk und Carl-Zeiss-Stiftung, S. 141, S. 163; Schomerus, Geschichte, S. 308 - 309.

[37] UASGM, Statut der Carl Zeiss-Stiftung zu Jena vom 26. August 1896; abgedruckt in: Ernst Abbe, Sozialpolitische Schriften, Jena 1906 (Ndr. Hildesheim, Zürich, New York 1989) (= Ernst Abbe, Gesammelte Abhandlungen, Bd. III), S. 262 - 319.

[38] Vgl. Kühnert, Briefe und Dokumente III, S. 201.

[39] Pierstorff, Carl Zeiß-Stiftung, S. 15.

[40] Vgl. Einiges über Entwickelung, S. 4; Kühnert, Briefe und Dokumente III, S. 171 - 174, S. 176, S. 266 - 268a.

[41] Vgl. Kühnert, Briefe und Dokumente III, S. 264 - 265; Pierstorff, Carl Zeiß-Stiftung, S. 46 - 49; Koch, Geschichte der Stadt Jena, S. 286 - 287, S. 327.

Sozialpolitik[42] haben die Stiftungsunternehmen eine bedeutende Vorreiterrolle gespielt. Dabei ging es nicht darum, den Mitarbeitern besondere Wohltaten zukommen zu lassen, sondern ihre Rechtslage zu verbessern. Abbes Motto lautete: „Keine Wohltaten - besseres Recht!"[43] Denn Abbe hatte erkannt, daß Mitarbeiter ohne durchsetzbare persönliche und wirtschaftliche Rechte keine industriellen Spitzenleistungen erbringen würden. So wurden die Stiftungsunternehmen zu Wegbereitern vieler sozialpolitischer Innovationen, die im Laufe der Zeit in die allgemeine Sozialgesetzgebung und die Tarifvereinbarungen Eingang gefunden haben.

Das Stiftungsstatut sah beispielsweise eine tägliche Arbeitszeit von „nicht länger als neun Stunden" vor (§61). Allgemein waren seinerzeit ein zehnstündiger Arbeitstag und die Sechstagewoche üblich, ein Zwölfstundentag vielerorts keine Seltenheit. Im Glaswerk betrug die tägliche Arbeitszeit damals im Sommer 10, im Winter 9 1/2 Stunden. Die nicht an den Öfen tätigen Glaswerker arbeiteten von 6 Uhr (im Winter von 6.30 Uhr) morgens bis 18 Uhr abends - mit Pausen von 8 bis 8.30 Uhr und von 12 bis 13.30 Uhr.[44]

Während bei Zeiss der Neunstundentag bereits 1892 und der Achtstundentag am 1. April 1900 eingeführt wurde[45], reduzierte das Glaswerk die zehnstündige Arbeitszeit stufenweise bis zum 15. November 1918 auf ebenfalls acht Stunden täglich bzw. auf 48 Stunden wöchentlich.[46] Am gleichen Tag verständigten sich Arbeitgeberverbände und Gewerkschaften auf die allgemeine Einführung des Achtstundentages im Deutschen Reich.[47] Der Achtstundentag wurde im Glaswerk so organisiert, daß die tägliche Arbeitszeit montags bis freitags 8 1/2 Stunden und samstags 5 1/2 Stunden (bis 13 Uhr) betrug.

Das Stiftungsstatut räumte den Arbeitern auch das Recht ein, Arbeiterausschüsse zu bilden, die „in allen Angelegenheiten ihres Betriebes" ein Anhörungsrecht bei der Geschäftsleitung hatten (§64). Bereits wenige Wo-

---

[42] Vgl. Jürgen John, Ernst Abbes Sozialpolitik in ihrer Zeit (1), in: Stolz/Wittig, Zeiss und Abbe, S. 458 - 488; Auerbach, Zeisswerk und Carl-Zeiss-Stiftung, S. 120 -144.

[43] Abbe, Sozialpolitische Schriften, S. 54.

[44] Arbeitsvertrag und Arbeitsordnung des Glaswerks Schott & Gen. vom 15.10.1895, abgedruckt in Kühnert, Briefe und Dokumente III, S. 174 - 175; vgl. Pierstorff, Carl Zeiß-Stiftung, S. 24.

[45] Vgl. Pierstorff, Carl Zeiß-Stiftung, S. 20 - 21; Auerbach, Zeisswerk und Carl-Zeiss-Stiftung, S. 134 - 139, S. 165; Schomerus, Geschichte, S. 156 - 157.

[46] UAJGW, Arbeitsvertrag und Arbeitsordnung des Glaswerks Schott & Gen. vom 5.11.1900; UAJGW Aushang vom 15.11.1918 zur „Regelung des 8 Stunden Arbeitstages für die im Betrieb tätigen Geschäftsangehörigen".

[47] Vgl. Manfred Overesch, Die Weimarer Republik, Düsseldorf 1982 (= Droste-Geschichts-Kalendarium, Bd. 1), S. 10 - 11.

chen nach Inkrafttreten des Stiftungsstatuts wurde im Januar 1897 bei Zeiss eine Arbeitervertretung gewählt.[48] Im Glaswerk konstituierte sich dagegen erstmals im Oktober 1903 ein Arbeiterausschuß.[49] Die allgemeine Einführung von Arbeitervertretungen erfolgte durch das Betriebsrätegesetz von 1920.
Otto Schott hatte für die Anliegen seiner Mitarbeiter stets ein offenes Ohr. So förderte er auch ihre Freizeitaktivitäten: „Es war im Jahre 1896. Damals gab es in den Hütten noch keine regelmäßigen Arbeitszeiten. Der Glasmacher konnte erst arbeiten, wenn das Glas in seinem Hafen durchgeschmolzen war. Die Arbeitszeit war auch viel länger als heute [1935]. Die jungen sportbegeisterten Werkskameraden konnten sich deshalb nicht an den festgelegten Übungsstunden der hiesigen Turnvereine beteiligen. Da erwirkte Meister Schmidt bei Dr. Otto Schott, daß ihnen innerhalb des Werkes ein Platz zur Verfügung gestellt wurde. So wurde bald in gemeinsamer, fleißiger, freiwilliger Arbeit der erste Turnplatz unseres Werkes geschaffen. Aber das Werk wuchs und wuchs. Immer wieder mußte der Turnplatz dem Bau neuer Hütten weichen, viermal in 10 Jahren." Als mit der Zeit ein größerer Sportplatz erforderlich wurde, kaufte Schott 1912 ein entsprechendes Gelände im Jenaer Forst, wo im Jahr darauf interessierte Mitarbeiter einen Sportplatz anlegten. Bis Anfang der 1930er Jahre „hat sich der Otto-Schott-Platz zu einem Volkserholungsplatz entwickelt, dessen Bedeutung ... auch für unsere Stadt kaum unterschätzt werden kann"[50].
1897, ein Jahr nach der Gründung des „Turnverein Glashütte", riefen 15 Musikfreunde unter maßgeblicher Beteiligung von Otto Schott auch ein Werksorchester, den „Musikverein Glashütte" ins Leben.[51] Sowohl Turn- als auch Musikverein bestehen heute noch als „SV Jenaer Glas e.V." bzw. „Blasorchester Jenaer Glaswerk e.V.". Sie sind seit jeher offen für alle Bürger.
Mit der Unterstützung der Freizeitaktivitäten seiner Mitarbeiter sorgte Otto Schott für eine Bereicherung des gesellschaftlichen Lebens der Stadt. Dies war ganz im Sinne der Stiftungsaufgaben außerhalb der Unternehmen, denn dort sah das Stiftungsstatut neben der Förderung der Wissenschaft

---

[48] Vgl. Pierstorff, Carl Zeiß-Stiftung, S. 52 - 53; Auerbach, Zeisswerk und Carl-Zeiss-Stiftung, S. 121 - 122, S. 164.

[49] Vgl. UAJGW, Gustav Heinrich, Ausarbeitungen zur Geschichte der Arbeiterbewegung im Jenaer Glaswerk (undatiertes Manuskript), S. 5 - 6.

[50] Aus der Geschichte des Otto-Schott-Platzes, in: Schott & Gen. Jena, Weiter aufwärts im 51. Geschäftsjahr. Ein Rückblick für unsere Werkskameraden, Jena 1935, S. 21 - 23.

[51] Vgl. Der Glasmacher Nr. 19 vom 30.10.1992, S. 7.

auch die Unterstützung gemeinnütziger Einrichtungen vor. Die externen Aufgaben der Stiftung wurden aus einem Teil der Unternehmensgewinne finanziert. Von dem „Reingewinn" des Glaswerks wurde zunächst der entsprechende Anteil für den gemeinsamen Pensionsfonds an die Carl-Zeiss-Stiftung abgeführt, die diesen verwaltete. Der verbleibende Gewinn wurde dann je zur Hälfte an die beiden Gesellschafter - Otto Schott und Carl-Zeiss-Stiftung - ausgeschüttet. Die Gewinnzahlungen des Glaswerkes (50%) und der Fa. Carl Zeiss an die Stiftung entwickelten sich folgendermaßen (gerundet in Mark)[52]:

Geschäftsjahr	Glaswerk	Carl Zeiss
1891/92	47.000	241.000
1892/93	53.000	281.000
1893/94	41.000	197.000
1894/95	111.000	342.000
1895/96	258.000	368.000
1896/97	247.000	368.000
1897/98	298.000	401.000
1900/01	479.000	671.000
1901/02	360.000	538.000
1903/04	389.000	383.000
1905/06	423.000	950.000
1906/07	452.000	1.029.000
1907/08	669.000	593.000

Aus ihrer jeweiligen Gewinnhälfte mußten Schott und die Stiftung erforderlich gewordene Aufstockungen des Betriebskapitals (Investitionen) und hin und wieder des Geschäftskapitals des Glaswerks vornehmen. Bedenkt man, daß das Glaswerk auf Grund der Besitzverhältnisse nur 50% des Gewinns an die Stiftung abführte und daß die Fa. Zeiss bedeutend größer war, mehr Mitarbeiter und höhere Umsätze hatte, waren die Zahlungen des Glaswerks an die Stiftung doch sehr beachtlich. 1904 und 1908 übertrafen sie gar die des Zeiss-Werkes. Was von den an die Stiftung geflossenen Unternehmensgewinnen nach Erfüllung der internen Stiftungsaufgaben übrigblieb, konnte dann für die externen Aufgaben der Stiftung verwendet werden.

---

[52] UASGM, Berichte des Stiftungskommissars der Carl-Zeiss-Stiftung zu den Geschäftsjahren 1891/92 bis 1907/08 (Abschriften); Kühnert, Briefe und Dokumente III, S. 190 - 192, S. 272 - 274; Koch, Geschichte der Stadt Jena, S. 288.

Otto Schott - Ehrenbürger der Stadt Jena

Neben „seinem" Glaswerk brachte Otto Schott auch der Weiterentwicklung seiner Wahlheimatstadt großes Interesse entgegen. Von Anfang 1896 bis Ende 1899 war er Mitglied des Jenaer Gemeinderates.[53] Während dieser Zeit gehörte er dem Schulausschuß (Schulvorstand), ab Juli 1896 der Gas- und Wasserwerkskommission und in den Jahren 1898 und 1899 auch dem Brauausschuß, der für die städtische Brauerei zuständig war, an. Die vier Jahre seiner Zugehörigkeit zum Gemeinderat waren für Jena eine wichtige Zeit der Stadtentwicklung. Fortsetzung der Straßenpflasterung, Weiterentwicklung des Stadtbauplanes, Bau eines Elektrizitätswerkes und Errichtung einer Straßenbahn hießen die zentralen Themen der damaligen Zeit. Die Erneuerung der Pflasterung des Marktplatzes 1896 fällt ebenso in die Zeit seines Mandats wie der Abriß des alten Stadthauses und des benachbarten Weigelschen Hauses, eines der „sieben Wunder" der Stadt, um die Weigelstraße als verkehrsentlastende Straßenverbindung zwischen Fürstengraben und Kreuz zu schaffen (1898).[54] Auch die Entlastung der unteren Steuerklassen wurde seinerzeit (1896) beschlossen. Offenbar maßgeblich beteiligt war Otto Schott an der Entscheidungsfindung für den Bau eines Elektrizitätswerkes. Im Oktober 1896 fiel der Grundsatzbeschluß und am 11. November beauftragte der Gemeindevorstand die Räte Schott, Koch und Netz, mit der Berliner Bank wegen eines entsprechenden Konzessionsvertrages zu verhandeln. Im Dezember wurde der Vertrag abgeschlossen und im folgenden Jahr zudem ein Kontrakt zur Errichtung einer elektrischen Straßenbahn unterzeichnet.[55] Als im April 1901 die erste Straßenbahn durch Jena fuhr und als das Elektrizitätswerk 1902 in Betrieb genommen wurde, gehörte Schott nicht mehr dem Rat der Stadt an. Jahre später erinnerte er sich an seine Zeit im Stadtrat: „Wenn ja auch meine Arbeiten mich später gezwungen haben, mich aus dem Gemeindevorstand zurückzuziehen, so werden die Stunden, in denen ich mit meinem Freund Dr. Gustav Fischer u.a. zusammen unmittelbar an der Entwicklung der Stadtangelegenheiten arbeiten durfte, immer zu den schönsten meines Lebens gehören."[56]

---

[53] Vgl. StadtAJ, Acten des Gemeinde-Vorstandes zu Jena betreffend: die in den Gemeinderaths-Sitzungen aufgenommenen Protokolle, 1896, 1897, 1898, 1899.
[54] Vgl. Koch, Jenas Entwicklung, S. 10.
[55] Ebd., S. 11 - 12.
[56] UAJGW, Dankschreiben Otto Schotts an den Gemeinderatsvorsitzenden Pitt (undatiert) für die Glückwünsche des Gemeinderates zu seinem 70. Geburtstag am 17.12.1921.

Gemeinsam mit Ernst Abbe, dem Zeiss-Geschäftsleiter Siegfried Czapski, dem Verlagsbuchhändler Gustav Fischer sowie den beiden Universitätsprofessoren Eduard Rosenthal und Julius Pierstorff zählte Otto Schott 1897 zu den Gründungsvätern der Jenaer Baugenossenschaft.[57] Diese hatte sich zum Ziel gesetzt, mit der Errichtung preiswerter Wohnungen vor allem für Arbeiter die durch den Bevölkerungszuwachs verursachte Wohnungsnot zu lindern. Schott dachte dabei sicherlich auch an seine Glaswerker, deren Zahl ständig stieg. Von 465 Mitgliedern der Baugenossenschaft im Geschäftsjahr 1900/01 waren immerhin 57 Mitarbeiter des Glaswerks. Otto Schott selbst gehörte dem Aufsichtsrat der gemeinnützigen Genossenschaft seit der Gründung bis 1906 an. Er unterstützte die Vereinigung zudem finanziell und personell. Die Carl-Zeiss-Stiftung (aus den Gewinnen der Stiftungsunternehmen) und Schott schenkten der Baugenossenschaft ein Startkapital von 15.000 bzw. 5.000 Mark und gaben zudem Darlehen in gleicher Höhe. Auch nach dem Ausscheiden Schotts aus dem Aufsichtsrat waren Führungskräfte des Glaswerks in der Baugenossenschaft aktiv. Das Glaswerk unterstützte die Genossenschaft darüber hinaus bei der Geschäftsführung.

Die ersten Wohneinheiten entstanden am Magdelstieg, unweit des Glaswerks. Später kamen Häuser an der Dornburger-, Oken- und Jansonstraße, gegen Ende der 1920er Jahre am oberen Magdelstieg und an der Tatzendpromenade und schließlich ab 1930 in der Otto-Schott-Straße hinzu. Im Jahre 1906 verfügte die Baugenossenschaft über 136 Wohnungen. Davon waren 33 an Angehörige des Glaswerks und deren Familien vermietet.[58] Unter anderem auf Grund der Bautätigkeit der Genossenschaft entstand zwischen Glaswerk, Magdelstieg und Tatzendpromenade allmählich ein Wohngebiet, das Anfang der 1920er Jahre in offiziellen Schreiben der Stadt als „Glashüttenviertel" und „Otto-Schott-Viertel" bezeichnet wurde.[59] Gemäß ihrem statutarischen Auftrag unterstützte die Carl-Zeiss-Stiftung außerhalb der Stiftungsbetriebe insbesondere die Universität und förderte die Errichtung und Unterhaltung gemeinnütziger Institutionen ganz oder teilweise durch namhafte Geldbeträge. Auf letzterem Feld wurden große Summen beispielsweise für den Bau des Volkshauses (fast 1 Million Mark;

---

[57] Jenaer Volksblatt vom 24.6.1897; Jenaische Zeitung vom 24.6.1897; Gustav Fischer, Die Jenaer Baugenossenschaft und ihre bisherige Tätigkeit, Jena 1900; Jenaer Volksblatt vom 29.8.1935; Jenaische Zeitung vom 29.8.1935; Auerbach, Zeisswerk und Carl-Zeiss-Stiftung, S. 154.
[58] StadtAJ, Jahresberichte der Jenaer Baugenossenschaft 1897 - 1933.
[59] UAJGW, Flugblatt des Jugendamtes Jena zur Errichtung eines Kinderheimes, Oktober 1921; UAJGW, Brief Jugendamt der Stadt Jena an Otto Schott vom 7.10.1921.

eingeweiht am 1. November 1903)[60], des Volksbades (100.000 Mark; Inbetriebnahme 1909)[61] und des Kinderkrankenhauses (Gründung 1917)[62] zur Verfügung gestellt.
Der Universität ließ die Stiftung regelmäßige Jahresüberweisungen und außerordentliche Zuschüsse in schwankender Höhe zukommen. Sie wurden zunächst statutengemäß nur für die mathematischen und naturwissenschaftlichen Lehrgebiete verwendet. Nach der Inkraftsetzung eines Ergänzungsstatuts im Jahre 1900 bestand für die Carl-Zeiss-Stiftung auch die Möglichkeit, allgemeine Einrichtungen der Universität zu fördern. So konnten u.a. die schlechten Professorengehälter aufgebessert und ein neues Hauptgebäude errichtet werden.[63]
Insgesamt beliefen sich die finanziellen Aufwendungen der Stiftung für externe Zwecke von der Gründung bis 1920 auf insgesamt fast 47 Millionen Mark, von denen etwas weniger als 25 Millionen der Universität und etwas mehr als 22 Millionen sonstigen gemeinnützigen Institutionen zugute kamen.[64]
Das Glaswerk war insofern an den Förderungsmaßnahmen beteiligt, als diese aus den an die Carl-Zeiss-Stiftung abgeführten Gewinnen der Stiftungsbetriebe finanziert wurden. Verschiedentlich ergänzte Otto Schott diese „Verwilligungen" noch durch zusätzliche private Spenden an Schulen, Vereine, gemeinnützige und wissenschaftliche Einrichtungen. Größere Summen stiftete er beispielsweise 1908 dem Volksbadeverein für den Bau des Volksbades sowie 1907 und 1909 für die Errichtung und Ausstattung des 1908 eröffneten Phyletischen Museums.[65]
Eine besondere Beihilfe in Höhe von 50.000 Mark gewährte Schott für die Einrichtung eines chemisch-technischen Instituts an der Universität Jena (1902). Außer Göttingen verfügte die Jenaer alma mater damit seinerzeit

---

[60] Vgl. Auerbach, Zeisswerk und Carl-Zeiss-Stiftung, S. 149 - 153; Schomerus, Geschichte, S. 155 - 156.
[61] Vgl. Schomerus, Geschichte, S. 185; Joachim Wittig, Carl-Zeiss-Stiftung, Universität und Stadt Jena (1890 - 1920), in: Stolz/Wittig, Abbe und Zeiss, S. 61 - 97, hier S. 90 - 92.
[62] Vgl. Schomerus, Geschichte, S. 195.
[63] Vgl. Wittig, Carl-Zeiss-Stiftung, S. 77 - 90; Schomerus, Werden und Wesen, S. 228 - 241, S. 243 - 253; Auerbach, Zeisswerk und Carl-Zeiss-Stiftung, S. 147 - 148, S. 155; Geschichte der Universität I, S. 501 - 502.
[64] UASGM, Zusammenstellung „Die Verwilligungen der Carl Zeiß-Stiftung seit 1. Oktober 1890"; vgl. auch Kühnert, Briefe und Dokumente III, S. 274 - 285; Schomerus, Geschichte, S. 274.
[65] UAJGW, Zusammenstellung „Stiftungen Dr. Otto Schotts 1898 - 1920"; vgl. auch Kühnert, Briefe und Dokumente III, S. 195 - 196.

als einzige deutsche Universität über ein solches Institut.[66] Die größte private Spende - 100.000 Mark - gab Schott für das zwischen 1905 und 1908 errichtete neue Universitätsgebäude. Fast die Hälfte der Baukosten in Höhe von rund 1,35 Millionen Mark kam von der Carl-Zeiss- Stiftung. Namhafte Zuschüsse gaben darüber hinaus der Verlagsinhaber Dr. Gustav Fischer (100.000 Mark) und die Stadt Jena (150.000 Mark).[67] Für die Verdienste um Stadt und Universität Jena wurde Otto Schott 1908 die Ehrenbürgerwürde verliehen. Im Rahmen der Feier des 350jährigen Universitätsjubiläums und der Einweihung des neuen Hochschulbaues überreichte ihm Oberbürgermeister Dr. Singer am 1. August 1908 die Ehrenbürgerurkunde „in dankbarer Erinnerung an seine ersprießliche Tätigkeit im Gemeinderat und in hoher Anerkennung seiner Verdienste um die erfolgreiche Hebung der heimischen Industrie, insbesondere aber aus aufrichtiger Freude über dessen reiche Zuwendung für den Bau der 'neuen Universität'"[68]. Ein weiteres Zeichen des Dankes seitens der Stadt folgte ein Jahr später, als der Lichtenhainer Weg anläßlich des 25jährigen Bestehens des Glaswerkes in Otto-Schott-Straße umbenannt wurde.[69]

Das Jenaer Glaswerk in der Zeit der Weimarer Republik

Nach Ende des Ersten Weltkrieges hatte die politische Entwicklung für einige Zeit Auswirkungen auf das Glaswerk. Die Politisierung weiter Kreise der Bevölkerung machte auch nicht vor den Werkstoren halt. Bereits eine Woche nach der Ausrufung der „Deutschen Republik" erschien am 16. November 1918 im Berliner Tageblatt ein Aufruf zur Gründung der „Deutschen Demokratischen Partei" (DDP). Aus Jena gehörten Otto Schott und dessen Schwiegersohn Heinrich Gerland zu den Unterzeichnern des Gründungsaufrufs.[70] Gerland, Professor für Strafrecht an der Universität Jena[71], sollte ein prominenter Politiker der DDP werden: er gehörte der Programmkommission an und war von 1919 bis 1924 stellvertretender Parteivorsitzender.[72] Der Aufruf trug zudem die Unterschriften des Physi-

---

[66] UAJGW, Zusammenstellung „Stiftungen Dr. Otto Schotts 1898 - 1920"; Auerbach, Zeisswerk und Carl-Zeiss- Stiftung, S. 148.
[67] Vgl. UnivAJ, BA 863, Bl. 167 (b); Kühnert, Briefe und Dokumente III, S. 196 - 197; Wittig, Carl-Zeiss-Stiftung, S. 83 - 90; Geschichte der Universität Jena I, S. 504 - 506; Koch, Jenas Entwicklung, S. 5.
[68] Urkunde im UAJGW.
[69] Vgl. Jenaische Zeitung vom 3.7.1909.
[70] Vgl. Jenaische Zeitung vom 19.11.1918.
[71] Vgl. Geschichte der Universität Jena I, S. 491, S. 562.
[72] Vgl. Werner Fritsch, Deutsche Demokratische Partei (DDP), in: Dieter Fricke u.a.,

kers Albert Einstein, des Soziologen Alfred Weber, des Reichstagsmitglieds Friedrich Naumann, des Staatsrechtlers Hugo Preuß (der später die Weimarer Reichsverfassung entwarf und Innenminister wurde), des Bankiers und späteren Reichsbankpräsidenten Hjalmar Schacht sowie einiger weiterer bekannter Industrieller.
Schott gehörte auch zu den Gründungsmitgliedern der Ortsgruppe Jena der DDP.[73] Auf der Kandidatenliste der DDP für die Wahl zur Nationalversammlung am 19. Januar 1919 standen aus Jena Dr. Max Fischer, Mitglied der Zeiss-Geschäftsleitung, und Abbes Tochter Grete Unrein.[74] Otto Schott hat sich dagegen offenbar nicht politisch für seine Partei betätigt.
Bei den Wahlen zur Nationalversammlung, die sich wegen der Unruhen in Berlin am 6. Februar 1919 in Weimar konstituierte, erhielt die DDP die drittmeisten Stimmen (18,6%). Sie bildete gemeinsam mit der SPD (37,9%) und dem Zentrum (19,7%) die sogenannte Weimarer Koalition.[75] In Jena war die DDP (21,6%) nach der SPD (49,0%) gar die zweitstärkste politische Kraft.[76]
Eine zentrale Zielsetzung der DDP als Partei des Mittelstandes war grundsätzlich die Beibehaltung der Privatwirtschaft, allerdings unter Einschränkung „monopolartiger Herrschaftsmacht". Im Gründungsaufruf hieß es: „Die Zeit erfordert die Gestaltung einer neuen sozialen und wirtschaftlichen Politik. Sie erfordert, für monopolistisch entwickelte Wirtschaftsgebiete die Idee der Sozialisierung aufzunehmen, ... Notwendig sind ... gesetzliche Garantierung der Arbeiter-, Angestellten- und Beamtenrechte ... ."[77] Hier finden sich unverkennbar Forderungen wieder, die in den Jenaer Stiftungsunternehmen längst realisiert waren.
Die Arbeiterschaft des Jenaer Glaswerkes stand - im Gegensatz zu Otto Schott - der Sozialdemokratie und den Gewerkschaften näher. Die Gründung der „Zentralarbeitsgemeinschaft" zwischen Arbeitgeberverbänden und Gewerkschaften am 15. November 1918[78] kam einer offiziellen Anerkennung der Gewerkschaften und Betriebsräte gleich. Diese

---

Hrsg., Lexikon zur Parteiengeschichte. Die bürgerlichen und kleinbürgerlichen Parteien und Verbände in Deutschland (1789 - 1945), Bd. 1, Köln 1983, S. 574 - 622, hier S. 575, S. 582.
[73] UAJGW, Glückwunschschreiben der Ortsgruppe Jena der DDP zum 70. Geburtstag von Otto Schott am 17.12.1921.
[74] Vgl. Jenaische Zeitung vom 9.1.1919.
[75] Vgl. Overesch, Weimarer Republik, S. 28.
[76] Vgl. Jenaische Zeitung vom 21.1.1919.
[77] Berliner Tageblatt vom 16.11.1918.
[78] Vgl. Overesch, Weimarer Republik, S. 10 - 11.

gewannen in der Folgezeit enormen Auftrieb. Gemeinsam mit der SPD strebten sie die Sozialisierung bestimmter Wirtschaftsbereiche, insbesondere des Bergbaus und des Energiesektors, an und untermauerten diese Forderungen vielerorts mit Streiks.
Die Verabschiedung der Sozialisierungsgesetze durch die Nationalversammlung im benachbarten Weimar am 13. März 1919[79], der die DDP unter Vorbehalt zustimmte[80], war für den Arbeiterausschuß des Glaswerkes möglicherweise das entscheidende Signal. Am 21. März 1919 forderte er Otto Schott auf, seine Besitzhälfte am Glaswerk an die Carl-Zeiss-Stiftung abzutreten, gleichzeitig aber weiterhin Geschäftsleiter zu bleiben: „... Das ganze Wirtschaftsleben, die Grundfeste des nationalen Reichtums liegt darnieder und kann nur gehoben werden, durch systematische Erweckung der Arbeitsfreudigkeit aller Schichten der schaffenden Kräfte. Dies läßt sich nur erreichen, durch eine durchgreifende Sozialisierung aller dazu reifen Betriebe, wozu auch das Jenaer Glaswerk gehört. Aus all diesen Gründen heraus erwartet die Arbeiterschaft, daß Sie dem Zuge der neuen Zeit folgend, auf den Besitz des Werkes verzichten, um es der bestehenden Stiftung voll und ganz einzuverleiben. ..."[81] Offenbar hatte sich der Arbeiterausschuß auch von dem SPD-Mitglied und damaligen Geschäftsleiter Dr. Eberhard Zschimmer zumindest indirekt beeinflussen lassen, denn Zschimmer trat seinerzeit für die Sozialisierung der optischen Industrie Deutschlands ein.[82]
Um die Existenz des Glaswerks - sein Lebenswerk - nicht zu gefährden, stellte Schott persönliche Interessen zurück und stimmte dem Antrag des Arbeiterausschusses zu. Er tat dies gegen die ausdrückliche Empfehlung des Beamtenausschusses[83], der Interessenvertretung der Angestellten. Am 26. März 1919 teilte er der Belegschaft per Aushang mit, daß er mit Wirkung vom 1. April 1919 seinen „Geschäftsanteil in der Firma Schott & Gen. der Carl Zeiss-Stiftung abführen möchte", um „den Frieden im Betrieb aufrecht zu erhalten, der mir in der heutigen Zeit ganz besonders am Herzen liegt"[84]. Gegen Auszahlung seines damaligen buchmäßigen

---

[79] Ebd., S. 39.
[80] Vgl. Fritsch, Deutsche Demokratische Partei, S. 581.
[81] UAJGW, Brief Arbeiterausschuß des Glaswerks an Otto Schott vom 21.3.1919.
[82] Vgl. Weimarische Volkszeitung vom 27.3.1919; Jenaische Zeitung vom 29.3.1919; Eberhard Zschimmer, Die Sozialisierung der optischen Industrie Deutschlands, Jena 1919; Schomerus, Geschichte, S. 203 - 204; Koch, Geschichte der Stadt Jena, S. 342; Peter Lange, Eberhard Zschimmer, in: Ettlinger Hefte, Nr. 26, 1992, S. 15 - 29.
[83] UAJGW, Brief Beamtenausschuß des Glaswerks an Otto Schott vom 22.3.1919.
[84] Aushang im UAJGW; vgl. Weimarische Volkszeitung vom 27.3.1919; Jenaische Zeitung vom 29.3.1919, Jenaer Volksblatt vom 29.3.1919.

Geschäftsanteils in Höhe von 3 Millionen Mark an Otto Schott wurde die Carl-Zeiss-Stiftung somit am 1. April 1919 alleinige Besitzerin auch des Glaswerks.[85] Der Werksgründer hatte seine Verpflichtung bereits vorzeitig - 16 Jahre vor seinem Tod - eingelöst, entgegen der 1891 mit Abbe getroffenen Vereinbarung.

Obwohl immerhin schon 67 Jahre alt, stellte sich der Firmengründer, dem Wunsch der Arbeiterschaft folgend, dem Glaswerk weiterhin - bis Ende 1926 - als „Beamter" und Mitglied der Geschäftsleitung zur Verfügung.

Nach diesen turbulenten Ereignissen galt es, die Produktion den Friedensverhältnissen anzupassen. Die Marktsituation hatte sich jedoch während des Krieges gründlich verändert. Andere Industrieländer, insbesondere die USA, hatten in der Glastechnologie große Fortschritte erzielt.[86] Nun kamen Handelshemmnisse und Importbarrieren hinzu. Der Auslandsmarkt war für das Glaswerk enorm zusammengeschrumpft. Auch der immer stärker werdende Rückgang des Gasglühlichts zugunsten der aufkommenden elektrischen Beleuchtung wirkte sich negativ aus. Für das bisherige Erfolgsprodukt, die Zylinder für das Gasglühlicht, mußte Ersatz gesucht werden. Man fand ihn im hitzebeständigen Haushaltsglas. Mit Teegläsern und Babymilchflaschen (ab 1921), Koch- und Backgeschirren (ab 1922)[87] wurde das Glaswerk zum ersten europäischen Hersteller von Haushaltsgläsern aus Spezialglas.

Wegen der zunehmenden Beliebtheit der Geschirre beauftragte das Glaswerk renommierte Künstler mit der Formgebung. Hierbei griff man auf Künstler des bis 1925 in Weimar beheimateten Bauhauses zurück. Seit 1903 hatte der Jenaer Kunstverein - in dem auch Otto Schott Mitglied war - in Ausstellungen und Vorträgen moderne Künstler und Stilrichtungen präsentiert, seit den 20er Jahren auch des Bauhauses.[88] Als Wilhelm Wagenfeld im Januar 1931 im Jenaer Kunstverein den Eröffnungsvortrag einer Ausstellung über „Neues Wohnen" hielt und dabei die Jenaer Haushaltsglasformen kritisierte, verpflichtete Erich Schott[89], seit 1927 Nachfolger seines Vaters in der Geschäftsleitung des Glaswerkes, Wagen-

---

[85] UAJGW, Vertrag Otto Schott/Carl-Zeiss-Stiftung vom 1.4.1919.

[86] Vgl. UAJGW, Geschäftsbericht Jenaer Glaswerk Schott & Gen. 1920/21.

[87] Vgl. UAJGW, Geschäftsberichte Jenaer Glaswerk Schott & Gen. 1921/22, S. 6 und 1922/23, S. 6.

[88] Vgl. Volker Wahl, Jena als Kunststadt. Begegnungen mit der modernen Kunst in der thüringischen Universitätsstadt zwischen 1900 und 1933, Leipzig 1988; Koch, Geschichte der Stadt Jena, S. 326 - 327; John, Abbes Sozialpolitik, S. 470.

[89] Vgl. Jürgen Steiner, Großer Sohn eines großen Vaters - Zum 100. Geburtstag von Erich Schott, in: Glastechnische Berichte 64, 1991, S. 57 - 70 (deutsch und englisch).

feld kurzerhand als freiberuflichen Formgestalter.[90] Zuvor hatte bereits Gerhard Marcks die „Sintrax"- Kaffeemaschine entworfen[91] und Laszlo Moholy-Nagy die Verantwortung für die an Bedeutung gewinnende Werbung übernommen[92]. In der Folgezeit wurde das „Jenaer Glas" international bekannt und so für die Stadt Jena auch im Ausland zum Werbeträger. Nach und nach konnte das Jenaer Glaswerk im Laufe der 20er Jahre seine frühere Position wiedererlangen, wenn auch der Exportanteil nicht mehr die Vorkriegszeit erreichte.[93]

	Mitarbeiter	Umsatz (in Mark)	Exportanteil (in %)
1918/19	1.056	12.153.000	?
1919/20	1.233	28.000.000	10,7
1920/21	1.437	56.000.000	35,7
1921/22	1.458	87.000.000	21,8
1922/23	1.535	5.551.000.000	21,5
1923/24	1.574	5.287.000	30,3
1924/25	1.609	9.312.000	22,7
1925/26	1.553	7.906.000	28,3
1926/27	1.461	9.638.000	27,4
1927/28	1.662	11.516.000	28,3
1928/29	1.670	12.632.000	27,8
1929/30	1.677	11.364.000	31,5
1930/31	1.589	9.565.000	33,5
1931/32	1.435	7.387.000	36,9
1932/33	1.461	7.742.000	34,0
1933/34	1.677	10.240.000	29,3

---

[90] Vgl. Walter Scheiffele, Gestalter in der Glasindustrie. Bruno Mauder, Heinrich Fuchs, Richard Süßmuth, Wilhelm Wagenfeld und Heinrich Löffelhardt, Diss. Berlin 1993 (im Druck); ders., Jenaer Glas - Vom Herd auf den Tisch, in: Oikos. Von der Feuerstelle zur Mikrowelle. Haushalt und Wohnen im Wandel, Gießen 1992, S. 156 - 162, hier S. 158 - 160; Wilhelm Wagenfeld, Jenaer Glas, in: Die Form 6, 1931, S. 461 - 464; ders., Erfahrungen aus der Zusammenarbeit mit der Glasindustrie. Neubelebung der Glasindustrie auf dem Thüringer Wald, in: Glastechnische Berichte 11, 1933, S. 49 - 53, v.a. S.52 - 53.
[91] Vgl. Die Form 3, 1928, S. 242; Günter Pfeiffer, Neues Sintrax-Modell, in: Werkzeitschrift Jenaer Glaswerk Schott & Gen. Mainz 1964 Nr. 1, S. 3; Scheiffele, Jenaer Glas, S. 158.
[92] Vgl. Günter Pfeiffer, Bauhausmeister Laszlo Moholy-Nagy, in: Werkzeitschrift Jenaer Glaswerk Schott & Gen. Mainz 1966 Nr. 1, S. 5 - 9; Scheiffele, Jenaer Glas, S. 160.
[93] UAJGW, Geschäftsberichte Jenaer Glaswerk Schott & Gen. 1918/19 - 1933/34.

Krisenzeiten hat das Jenaer Glaswerk relativ gut bewältigt. Während der Inflationsjahre 1920 bis 1923 konnte der Personalstand sogar ausgebaut werden. In den Geschäftsjahren 1925/26 und 1926/27 mußte die Belegschaft allerdings wegen nachlassender Umsätze um 77 (4,8%) bzw. 71 (4,6%) Mitarbeiter reduziert werden. Das Schwesterunternehmen Carl Zeiss hatte seine Mitarbeiterzahl bereits in den Jahren 1922/23 um 650 (13,7%), 1923/24 um 312 (7%) und 1925/26 um 351 (8%) verringern müssen.[94]

Im Verlauf der Weltwirtschaftskrise wurden in den Geschäftsjahren 1930/31 und 1931/32 insgesamt 240 Glaswerker frühpensioniert oder entlassen. Ein höherer Personalabbau konnte durch Kurzarbeit, Reduzierung der Löhne und Gehälter sowie allgemeine Sparmaßnahmen verhindert werden. Die Entlassungen betrafen überwiegend weibliche Mitarbeiter[95], so daß das Auskommen der betroffenen Familien gesichert blieb, zumal die Ausscheidenden gemäß dem Stiftungsstatut Abgangsentschädigungen erhielten. Gemessen an den Entlassungen bei Zeiss, 25,7% des Personals zwischen 1930 und 1932[96] (nachdem zwischen 1927 und 1930 die Zahl der Mitarbeiter wieder kräftig gestiegen war), und an der Erwerbslosigkeit unter den deutschen Industriearbeitern in Höhe von 40% im Jahre 1932[97] konnte das Glaswerk die Zahl der Frühpensionierungen und Entlassungen mit 14,3% der Mitarbeiter vergleichsweise gering halten.

Als der renommierte amerikanische Journalist Hubert Knickerbocker im Winter 1931/32 Deutschland bereiste, um den Zeitungslesern der New York Evening Post die politische und wirtschaftliche Situation zu schildern, stellte er eine tiefe wirtschaftliche Depression fest. Nur in Jena traf er „eine ganz andere Welt"[98]: „Von allen Leistungen ... ist im Augenblick die interessanteste, daß die Zeiß-Stiftung es zuwege gebracht hat, in ihren Werken einen prozentual höheren Beschäftigungsgrad zu erhalten als alle anderen einigermaßen gleich wichtigen Industriekonzerne in einem Deutschland, das wie noch nie zuvor unter Arbeitslosigkeit leidet."[99] Die Stiftungsidee hatte sich wieder einmal bewährt.

---

[94] Vgl. BACZJ, Nr. 7792.
[95] UAJGW, Geschäftsberichte Jenaer Glaswerk Schott & Gen. 1930/31, S. 4 und 1931/32, S. 3; Schott & Gen. Jena, 1884 - 1934, S. 39.
[96] Vgl. Schomerus, Geschichte, S. 274 - 275; Wolfgang Schumann u.a., Carl Zeiss Jena einst und jetzt, Berlin 1962, S. 413 - 415.
[97] Vgl. H. R. Knickerbocker, Deutschland so oder so? Berlin 1932, S. 48.
[98] Ebd., S. 46.
[99] Ebd., S. 53.

WOLFGANG MÜHLFRIEDEL

Zur Struktur der Jenaer Elite in den ersten beiden Jahrzehnten des 20. Jahrhunderts

Vorbemerkung

In der Geschichtsschreibung über Jena blieb, nimmt man biographische Skizzen über einige Persönlichkeiten aus, die städtische Elite unbeachtet. Bei den Studien des Verfassers zur städtischen Entwicklung in den Jahren 1870 bis 1918[1] wurde aber deutlich, daß die Vorgänge in der Stadt nicht treffend genug erfaßt werden können, wenn das Wirken all derer, die die städtischen Entscheidungen trafen und trugen, ungenügend nachgezeichnet wird.
Grundlegende methodologische Hinweise für die historische Analyse der städtischen Eliten Jenas finden sich schon in der älteren soziologischen Literatur: "Wenn es richtig ist, daß jede Gesellschaft in dem Licht erscheint, das ihre Führungsgruppen ausstrahlen - und manches spricht für diese Theorie -, dann verlangen Führungsgruppen das besondere Interesse dessen, der den Charakter einer Gesellschaft verstehen will. Durch die sozialen Eliten erhält das Recht seine Geltung und gewinnt der breite, politischen Entscheidungen zugängliche Bereich des Lebens seine Gestalt, sie geben den jeweils bestimmenden Werten ihre Färbung und allen sozialen Institutionen ihr Gepräge [...]. Die genaue Kenntnis der Führungsgruppen, ihre Herkunft, Soziallage und Haltung ist die erste Bedingung der gesamtgesellschaftlichen Analyse."[2]
Ralf Dahrendorf lenkt die Aufmerksamkeit des Stadthistorikers auf die besondere Rolle, die Eliten im städtischen Milieu von jeher spielten, und er hebt die Machtausübung als das entscheidende Kriterium für die Zugehörigkeit zur Elite hervor. Mit diesem Kriterium befaßt sich die jüngere Eliteforschung sehr eingehend. Sie betont die verschiedenartigen Quellen der Macht, die auf unser Thema bezogen, in der kompetent wahrgenommenen Position im kommunalen Leben, in der wirtschaftlichen Stellung,

---

[1] Wolfgang Mühlfriedel, Aufbruch in die Moderne. Thesen zur Entwicklung Jenas, in: Jenaer stadtgeschichtliche Beiträge. Herausgegeben von Jürgen John. Schriften des Vereins zur Förderung der Stadt-, Universitäts- und Studentengeschichte Jenas, Jena 1993, S. 65-77.
[2] Ralf Dahrendorf, Demokratie und Gesellschaft in Deutschland, München 1968, S. 250.

in der auf beruflichem Erfolg beruhenden Autorität, in der Fähigkeit, die Bürger- oder Einwohnerschaft insgesamt oder in Teilen durch Argumente oder Manipulation zu einem bestimmten wirtschaftlichen, politischen, sozialen oder kulturellen Verhalten anzuhalten, bestanden.[3]
Der Historiker, der sich von der Elite Jenas in dem vorgegebenen Zeitraum ein Bild machen will, wird durch die elitetheoretischen Arbeiten angeregt, zunächst das Elitepotential in der Stadt zu ermitteln, um daraus die Makro- und die Mikrostruktur der Elite abzuleiten. So wichtig es ist, die Elite der Stadt zu erforschen, so unerläßlich ist aber auch, den Hinweisen der Elitetheoretiker über die Gegeneliten nachzugehen. Der unbefriedigende Stand der Forschungen zur Geschichte der Stadt Jena in den ersten beiden Jahrzehnten unseres Jahrhunderts im allgemeinen und zur Elitegeschichte im besonderen bringt es mit sich, daß auf den genannten vier Untersuchungsfeldern nur vorläufige und unbefriedigende Resultate vorgelegt werden können. Aber die Wichtigkeit des Gegenstandes rechtfertigt es zweifellos, ihn dennoch publizistisch aufzugreifen, auch wenn hinsichtlich der Mikrostruktur nur die Untersuchungsrichtung angegeben werden kann.

Über das Potential und die Makrostruktur der städtischen Elite in Jena

1900 lebten in Jena 20.686 Menschen. In den ersten beiden Jahrzehnten des 20. Jahrhunderts nahm die Einwohnerschaft der Saalestadt stetig zu und zählte 1920 48.847 Männer, Frauen und Kinder, wovon 14,3 Prozent in drei eingemeindeten Ortschaften wohnten.[4] Über die soziale Struktur der Jenaer Bevölkerung gibt es bislang noch keine eingehenden Untersuchungen. Wir kennen weder die Zahl der Erwerbstätigen noch deren Verteilung auf die Wirtschaftssektoren. Lediglich die Entwicklungstendenzen, die es Ende des 19. und Anfang des 20. Jahrhunderts im Handwerk gab, wurden skizziert,[5] und wir wissen, daß in den beiden Großunternehmen der Stadt, in den Firmen Carl Zeiss und Jenaer Glaswerk Schott & Gen., 1900/01

---

[3] Wolfgang Felber, Eliteforschung in der Bundesrepublik Deutschland, Stuttgart 1986.

[4] Stadtarchiv Jena, Spezialinventar des Stadtarchivs zur Geschichte der deutschen Arbeiterbewegung. Bearbeitet vom Stadtarchiv. Als Manuskript zusammengestellt. 1969, S. 17.

[5] Peter Lange, Jena um die Jahrhundertwende, in: Carl Zeiss und Ernst Abbe. Leben, Wirken, Bedeutung. Wissenschaftshistorische Abhandlung. Herausgegeben von Rüdiger Stolz und Joachim Wittig unter Mitwirkung von Günter Schmidt, Jena 1993, S.425-447.

1.556 und 1919/20 6.233 Beamte, Angestellte und Arbeiter beschäftigt waren.[6] Einen Einblick in die Vermögensverhältnisse Jenaer Einwohner am Beginn unseres Betrachtungszeitraumes erlauben die Angaben über die 370 Bürger, die 1900 ein Einkommen von mehr als 3.000 Mark hatten. 75 Prozent von ihnen verfügten in diesem Jahr über ein Einkommen zwischen 3.000 und 7.000 Mark und 11 Prozent zwischen 7.000 und 10.000 Mark. Über 10.000 Mark versteuerten lediglich 54 Bürger, unter denen sich drei Bankiers, sieben Industrielle, drei Verleger, drei Fleischer- und zwei Maurermeister, ein Hotelier, sechs Kaufleute und Händler, vier Rechtsanwälte, sechs Justizbeamte, ein Offizier a. D., ein Apotheker, drei führende Mitarbeiter der Fa. Carl Zeiss und vier Rentiers befanden. Die drei Spitzenvermögen von 59.111, 100.951 und 374.670 Mark gehörten einem Verleger, einem hohen Justizbeamten sowie einem Industriellen.[7] Wenngleich diese vermögenden Bürger zum Kern der Elite in der Stadt zählten, so rekrutierte sich das Elitepotential auch aus jenen Einwohnern, die das Bürgerrecht erworben hatten und aus verschiedenen Gründen befähigt und in der Lage waren, eine der elitären Funktionen auszuüben. Der Kreis derjenigen Einwohner, die das Stadtrecht besaßen, war relativ klein. Er umfaßte 1911 lediglich 9,6 Prozent der Jenaer Einwohnerschaft.[8] So wichtig Vermögen und Bürgerrecht für die Bestimmung des Elitepotentials sind, so notwendig ist es auch, diejenigen Einwohner festzustellen, die über eine aus verschiedenen Quellen gespeiste Fähigkeit zum elitären Wirken verfügten. Das ließ sich auf zwei Wegen ermitteln. Zum einen war die Einwohnerschaft auf ihre elitäre Eignung hin zu analysieren. Das erlaubten die Adreßbücher der Stadt, die Angaben über die Berufe und Tätigkeiten der Einwohner enthalten. Der Verfasser hat, um auch die Bewegung in der Struktur des Elitepotentials verfolgen zu können, die Adreßbücher von 1900, 1910 und 1920 ausgewertet. Die ermittelten quantitativen Resultate werden bei der Analyse der Makrostruktur vorgetragen.[9] Zum anderen

---

[6] Zusammengestellt nach Unternehmensarchiv der Fa. Carl Zeiss Jena GmbH. BACZ, Nr. 7792, Chronik-Sammlung und Jürgen Steiner und Uta Hoff, Vom Versuchslaboratorium zum Weltunternehmen. Das Jenaer Glaswerk 1884-1934, s. Beitrag im vorliegenden Band.
[7] Zusammengestellt und errechnet nach Stadtarchiv Jena. Akten des Gemeindevorstandes zu Jena betreffend Landtagswahlen 1896-1907, Abt. XV g Nr. 19, Bl 67-75.
[8] Herbert Koch, Jenas Entwicklung während der Amtszeit des Oberbürgermeisters Dr. Heinrich Singer, Sonderdruck aus dem amtlichen Adreßbuch von Jena 1927/28. Siebenunddreißigste Folge, Jena 1927, S. 7.
[9] Adreßbuch der Residenz- und Universitätsstadt Jena nebst Einwohner- und Straßenverzeichnis von Wenigenjena, 1900. Zwölfte Folge, Jena 1900; Adreßbuch der Residenz- und Universitätsstadt Jena, Zwanzigste Folge, Jena 1910; Adreßbuch der Residenz- und Universitätsstadt Jena, Dreißigste Folge, Jena 1920.

waren die Handlungsfelder der Eliten in der Stadt festzustellen, wobei zwischen kommunalen und regionalen zu unterscheiden war, weil die Stadt verschiedene Landesinstitutionen beherbergte.
Beim Bestimmen der Elitestruktur war zunächst von der aus der modernen Gesellschaft resultierenden Arbeitsteilung und der damit verbundenen Hierarchie auszugehen. Danach ließen sich die nachfolgend behandelten Elitegruppen nach Funktion und gesellschaftlicher Stellung unterscheiden. Da für die Geschicke der Stadt die kommunale Funktionselite bestimmend war, soll auf sie zuerst eingegangen werden. Sie rekrutierte sich aus Stadtbürgern, die in der Hierarchie der städtischen Verwaltung eine führende Position einnahmen. Zu ihnen gehörte vor allem der im Kommunaldienst stehende Personenkreis: die Oberbürgermeister, Bürgermeister und beamtete Stadträte, die Leiter der kommunalen Einrichtungen (Schuldirektoren, Direktoren der städtischen Wirtschaftsunternehmen usw.) sowie die Bezirksvorsteher. Dieser Kreis nahm mit dem Wachstum der Stadt zahlenmäßig zu und wurde in seiner fachlichen Zusammensetzung zugleich differenzierter. Die Oberbürgermeisterposten hatten 1889 bis 1912 Heinrich Singer und seit 1912 Theodor Fuchs inne.[10]
Die kommunale Funktionselite bestand weiterhin aus den ehrenamtlichen kommunalen Amtsträgern, dem Gemeinderat, der zunächst 24 und seit 1906 30 Mitglieder umfaßte und den Bürgern, die neben den Ratsmitgliedern in den verschiedenen kommunalen Ausschüssen mitwirkten.[11] Als Beispiel für die Wirkungsfelder des Gemeinderates soll das Jahr 1900 genommen werden. In diesem Jahr wählte der Gemeinderat den Kommerzienrat Karl Koehler zu seinem Vorsitzenden und Paul Riemann und Karl Netz zu Stellvertretern. Er setzte den Finanzausschuß, den Bauausschuß, den Ausschuß für das Gas- und Wasserwerk, den Schulvorstand, die Grundstücks-Kaufkommission, die Kulturkommission, die Restkommission, die Braukommission und die Kommission für die Beratung einer neuen Stadtbauordnung ein.[12]
Neben der kommunalen Funktionselite gab es auf Grund der großherzoglichen Institutionen, die in Jena beheimatet waren, auch eine staatliche Funktionselite. Zu ihr gehörten die Beamten des Oberlandes- und Oberverwaltungsgerichts, das seit 1912 in Jena amtierte, des Amtsgerichts sowie der Staatsanwaltschaften. In Jena wirkten 1900 23, 1910 28 und 1920 29

---

[10] Koch, Singer.
[11] Koch, Singer, S. 9.
[12] Zusammengestellt nach Jenaische Zeitung. Amts-, Gemeinde- und Tageblatt. 1900, Jahrgang 226.

höhere Justizbeamte, die in ihrer Mehrzahl in den Gerichten tätig waren.[13] Des weiteren arbeitete bei den Justizbehörden eine nennenswerte Anzahl von Referendaren. 1920 wurden 29 Referendare in Jena beschäftigt. Die Beamten, die bis 1918 gleichwohl zur Elite des Großherzogtums und zu der der Stadt gehörten, waren auf Grund ihrer amtlichen Position besonders dazu prädestiniert, in den kommunalen Gremien, aber vor allem im politischen Verbandswesen maßgebliche Positionen einzunehmen.

Das Offizierscorps der in Jena stationierten Garnison gehörte gleichfalls zur staatlichen Funktionselite. 1900 dienten in der Stadt 17 und 1910 16 Offiziere. Im Gefolge des Weltkrieges vergrößerte sich das Offizierscorps. Das Adreßbuch von 1920 vermerkt immerhin 99 Offiziere. Während zwischen 1900 und 1914 nur Offiziere unteren und mittleren Ranges in Jena dienten, wohnten 1920 zwei aktive Generäle und vier Generäle a. D. in der Stadt.

Das zahlenmäßig starke, aber sehr differenzierte Jenenser Bildungsbürgertum bildete ein besonderes Reservoir der städtischen und regionalen Elite. Es war vornehmlich die Professorenschaft der Universität, die das politische und kulturelle Leben der Stadt beeinflußte. 1900 lebten in der Stadt 82 Professoren, 1910 85 und 1920 118. Die Angaben enthalten die Universitäts- und die Gymnasialprofessoren. Bildung, gesellschaftliche Beziehungen und eine tatsächliche oder vermeintliche Autorität ließen hiesige Professoren zu einflußreichen Persönlichkeiten in der Stadt, im Großherzogtum und verschiedentlich auch im Deutschen Reich werden.

Die Lehrerschaft der Stadt, zumal die der höheren Schulen, war ein beachtliches Elitepotential. 1900 unterrichteten in den verschiedenen Schularten 129, 1910 289 und 1920 266 Pädagogen. Betrachtet man die Lehrerschaft unter dem Gesichtspunkt des Elitepotentials, dann sind auch die im Ruhestand lebenden Pädagogen, das waren 1920 immerhin 44, einzubeziehen. Natürlich bestimmte die innere Differenzierung der Lehrerschaft, die durch den unterschiedlichen Ausbildungsgrad und durch die damit verbundene Position in der Hierarchie des Schulwesens bestimmt war, die Möglichkeit, in die städtische Elite vorzustoßen. Es waren vornehmlich die Direktoren und Pädagogen an den höheren Lehranstalten - dem Gymnasium, dem Lyzeum -, die das geistige Klima in der Stadt mit bestimmten. Anders verhielt es sich mit den Lehrern an den Volks- und Berufsschulen, die auf Grund ihrer Herkunft und Ausbildung keinen nennenswerten Einfluß auf das städtische Leben nehmen konnten. Das traf in einem besonderen Maße

---

[13] Die quantitativen Angaben über das Elitepotential wurden nach den Adreßbüchern der Stadt Jena aus den Jahren 1900, 1910 und 1920 zusammengestellt und errechnet.

auch auf die Lehrerinnen zu, die wegen ihrer diskriminierten Stellung im Bildungswesen gänzlich vom öffentlichen Leben ausgeschlossen blieben. Ein besonderes bildungsbürgerliches Elitepotential waren die Rechtsanwälte und die Mediziner. Von der erstgenannten Berufsgruppe hatten sich im ersten Jahrzehnt dieses Jahrhunderts zehn und 1920 18 niedergelassen. Die kräftige Zunahme der Bevölkerung führte zum zahlenmäßigen Anwachsen der Ärzteschaft. 1900 gab es in Jena 25 niedergelassene Ärzte, 1910 praktizierten bereits 44 und zehn Jahre später 120 Ärzte in der Stadt. Während die Zahlen für 1900 und 1910 lediglich die niedergelassenen Ärzte wiedergeben, schließen die des Jahres 1920 auch die an der Universität tätigen Assistenzärzte ein.

Die industrielle Entwicklung brachte es mit sich, daß die Ingenieure innerhalb des Bildungsbürgertums der Stadt ein größeres quantitatives Gewicht erlangten. Wenn das Adreßbuch von 1900 lediglich drei Ingenieure auswies, so finden sich in dem von 1920 Angaben zu 111 Personen dieser Berufsgruppe. Der besonderen Eigenart der in der Stadt dominierenden Industrie war es geschuldet, daß Naturwissenschaftler, ihrer Ausbildung und Lebensweise nach Bildungsbürger, auf Grund ihrer Führungspositionen im Zeiss- oder Glaswerk zugleich einflußreiche Wirtschaftsbürger waren. Zu ihnen gehörten Ernst Abbe, Otto Schott, Siegfried Czapski oder Rudolf Straubel. In einer ähnlichen Position befanden sich die Verleger Eugen Diederichs, Gustav Fischer, Bernhard Vopelius oder der Zeiss-Geschäftsleiter Max Fischer. Das Wirtschaftsbürgertum setzte sich aber weitgehend aus kleinen Industriellen, Bauunternehmern, Druckereibesitzern, der zahlenmäßig großen Handwerker- und Händlerschaft, den Eigentümern großer Mietshäuser und einigen Landwirten zusammen.[14] Einen nennenswerten Einfluß auf die Geschicke der Stadt nahmen in dem hier betrachteten Zeitraum die Inhaber des Bankhauses Koch, Wilhelm und Rudolf Koch. Dieses alteingesessene Institut hatte den Aufstieg Jenas finanziell begleitet und am städtischen Wachstum partizipiert.[15]

In der Stadt Jena wirkte aber auch ein vielgestaltiges künstlerisches Elitepotential, dessen berufliche Zusammensetzung mit den Daten aus dem Jahr 1920 illustriert werden soll. In diesem Jahr gab es 44 Musiker, darunter auch freischaffende Musikpädagogen, fünf Konzertsängerinnen und -sänger, acht Theaterkünstler, 15 Kunstmaler und acht Schriftsteller. Von der nennenswerten Anzahl der Bildhauer hatte nur ein kleiner Teil einen

---

[14] Peter Lange, Jena um die Jahrhundertwende, S. 425-447.
[15] Das Bankhaus Koch in Jena 1778-1928. Bearbeitet von Dr. Herbert Koch und Dr. jur. Arwed Koch, Jena 1928, S. 18-19.

künstlerischen Rang, weil die Mehrheit lediglich ein Steinmetzgewerbe betrieb.
Bislang haben wir uns mit jenen Gruppen der Einwohnerschaft befaßt, die vornehmlich durch ihre soziale Kompetenz die Geschicke der Stadt beeinflussen konnten. Aber es gab auch ein Elitepotential, das aus dem Bestreben von Einwohnern, politische, weltanschauliche, wirtschaftliche, kulturelle und sportliche Interessen gemeinschaftlich zu verfolgen, hervorging. 1900 existierten in Jena nahezu 40 gesellschaftliche Zusammenschlüsse der unterschiedlichsten Art.[16] Innerhalb der Parteien, Verbände und Vereine gab es Perönlichkeiten, die nicht nur wegen ihrer herausgehobenen gesellschaftlichen Stellung, sondern oftmals auch wegen ihrer Charaktereigenschaften, ihrem Organisationstalent usw. in Führungspositionen gelangten. Manche Führungspersönlichkeit nutzte die Kraft ihrer Organisation, um das städtische Leben mitzubestimmen.
Natürlich war es immer nur ein kleiner und verschiedentlich wechselnder Personenkreis, der über die politische, wirtschaftliche, kulturelle oder ideologische Macht verfügte, um die städtische Gesellschaft zu lenken.

Über die Mikrostruktur der städtischen Elite

Die bislang praktizierte soziologisch-quantitative Methode ist geeignet, um das Potential und die Makrostruktur der herrschenden Elite Jenas zu bestimmen. Um aber auch deren Mikrostruktur zu erfassen, müssen andere Analysemethoden angewandt werden. Das wird schon deutlich, wenn wir uns die elitetheoretischen Vorgaben vergegenwärtigen. Nach Felber,[17] der die Eliten als soziale Gebilde oder soziale Systeme charakterisiert, die einerseits aus Individuen und ihren sozialen Beziehungen bestehen und andererseits aus deren Beziehungen zu den Individuen, die in der Umwelt des Systems leben, können zwei Elemente der Elite-Mikrostruktur unterschieden werden: die Cliquen und die Zirkel. Die Cliquen entstanden aus einem kleinen Kreis von untereinander stark verbundenen Individuen, die aber weitgehend ohne Verbindung zu anderen, nicht zur Clique gehörenden Akteuren in dem sozialen System Elite blieben. Die Mitglieder der Clique standen miteinander in einer indirekten Interaktionsbeziehung. Um derartige Cliquen im städtischen Leben aufspüren zu können, muß man deren mögliche Wirkungsfelder feststellen, die aus machtpolitischen, wirtschaftlichen oder kulturellen Interessen erwuchsen.

---

[16] Zusammengestellt nach der Jenaischen Zeitung 1900.
[17] Felber, Eliteforschung, S. 44 und 211.

Wir können uns Cliquen in Jena vorstellen, die sich um die Oberbürgermeister bildeten, um das Geschehen in der Stadt nach bestimmten politischen Grundsätzen zu lenken. Zu Cliquen mögen sich die zusammengefunden haben, die aus wirtschaftlichen Gründen der städtebaulichen oder verkehrsmäßigen Entwicklung der Stadt eine, ihnen genehme Richtung geben wollten. An der Universität bildeten sich sicherlich Cliquen, die der akademischen Lehranstalt insgesamt oder den Fakultäten ein bestimmtes inhaltliches Gepräge geben wollten. Diese Vermutungen, die aus dem unbefriedigenden Forschungsstand resultieren, sollen den Blick des Historikers auf ein wichtiges stadtgeschichtliches Untersuchungsfeld lenken. Beim Aufspüren von Zirkeln befinden wir uns in einer ähnlichen Situation. Nach Felber bilden sich Zirkel aus mehreren miteinander verbundenen oder einander überlappenden Cliquen. Bei Zirkeln gab es keine klare Abgrenzung zur Umwelt oder zwischen den Zirkelzentren und -peripherien. Die Zirkelmitglieder waren durch indirekte Interaktionen verbunden. Die Zirkel stellten keine formalen Gebilde dar. Ihre Führer waren ebenso wie ihre Ziele, Normen und Mitgliedschaftskriterien informell. Zirkel entstanden, weil ihre Mitglieder gemeinsame Interessen verfolgten. Da aber die Zirkel mit formellen sozialen Gebilden verbunden waren oder diese Gebilde umgaben, haben wir einen Anhaltspunkt für unsere Nachforschungen. Wir können uns zunächst an die in unserem Betrachtungszeitraum in Jena agierenden gesellschaftlichen Organisationen halten und der von Felber vorgenommenen Zirkelklassifizierung folgen.

Von ausschlaggebender Bedeutung waren zweifellos die Machtzirkel, deren Mitglieder gemeinsam das Ziel verfolgten, die politische Macht in der Stadt zu erringen, auszuüben und zu erhalten. Bei der Betrachtung der städtischen Elite ist zu beachten, daß die im untersuchten Zeitraum in solchen Machtzirkeln agierenden Kräfte daran interessiert waren, daß ihresgleichen in der Stadt, im Großherzogtum und im Deutschen Reich Macht ausübten. Dabei muß die besondere Aufmerksamkeit des Stadthistorikers den Machtzirkeln gelten, die sich um die Oberbürgermeister gebildet hatten.

Zweifellos korrespondierten diese Zirkel mit denen des Wirtschaftsbürgertums, die auch in den Zentren jener Vereine, die ökonomische Interessen verfolgten, entstanden. Derartige wirtschaftliche Interessenvertretungen bestanden 1900 in den Jenaer Ortsorganisationen des Bundes der Landwirte, des Landwirtschaftlichen Vereins, des Geflügelzuchtvereins, des Gewerbevereins, des Hausbesitzervereins mit 600 Mitgliedern, des Gastwirtsvereins, des Sparkassenvereins, des Konsumvereins, des Vereins zur Förderung des Fremdenverkehrs, des Kaufmänischen Vereins, des Deutsch-

nationalen Handlungsgehilfenverbandes oder des Vereins junger Buchhändler.
In den ersten beiden Jahrzehnten unseres Jahrhunderts spielten im Leben der Stadt kulturelle Zirkel, in denen Menschen gleicher Religion und lebensphilosophischer Ansichten oder gleichgearteter kultureller Interessen zusammenkamen, eine bemerkenswerte Rolle. Akademiker tauschten in den Vorständen und Veranstaltungen der wissenschaftlichen Gesellschaften ihre Ansichten aus. So wirkten 1900 in der Stadt die sehr aktive Staatswissenschaftliche Gesellschaft, die Philosophische Gesellschaft, die Deutsche Gesellschaft für Ethische Kultur und die Geographische Gesellschaft. Es bestanden der Evangelische Männerverein, der Evangelische Bund und der Verein für Feuerbestattung.
In diesem Zusammenhang sind auch die Johannes-Freimaurerloge Carl August, die Loge zu den drei Rosen im Orient und die Loge Friedrich zur ernsten Arbeit im Orient zu nennen. Die letztgenannte Loge war zahlenmäßig klein.[18] Obgleich sie in Jena ansässig war, rekrutierte sich ihre Mitgliedschaft nur zum Teil aus Männern, die in Jena und Umgebung wohnten. Das zeigen die Mitgliederverzeichnisse vom Beginn der Mauererjahre 1900/1901 und 1920/21. Danach lebten nur 13 bzw. 23 Männer in Jena und in den Ortschaften rund um die Stadt. Die Einheimischen machten lediglich 45 bzw. 47 Prozent der gesamten Loge aus. Die soziale Zusammensetzung der hiesigen Logenmitglieder war von Lehrern, Beamten und Angestellten, die 1920/21 74 Prozent der Logenbrüder stellten, geprägt. Daneben gehörten zwei Diplomingenieure, einige Fabrikanten und Geschäftsleute sowie ein Justizrat zur Loge, die in den hier betrachteten Jahren von einem Jenenser Pädagogen geführt wurde.
An musischer Betätigung Interessierte fanden sich im Jenaer Frauenchor, im Zeiss'schen Gesangverein, im Bürgerlichen Gesangverein oder im Lesehallen-Verein zusammen. Einwohner, denen an einer Körperertüchtigung gelegen war, trieben im bürgerlichen Turnverein Sport.
Schließlich spielte im gesellschaftlichen Leben der Stadt noch der Haupt-Frauenverein eine beachtenswerte Rolle, in dem die Ehefrauen der Honoratioren den Ton angaben. Überhaupt ist bei der Analyse der städtischen Elite die Arbeitsteilung, die sich zwischen den Familienoberhäuptern und den Familienangehörigen im Hinblick auf das Vereinswesen ausgebildet hatte, zu beachten. Ebenso muß bei der Analyse der Elite-Mikrostruktur auf die Verflechtungen zwischen Familien, die das Klima im städtischen Ge-

---

[18] Stadtarchiv Jena, Bestand X S 47, Mitgliederverzeichnis der am 20. September 1889 von der Großloge zur Sonne gestifteten Loge Friedrich zur ernsten Arbeit im Orient, aufgestellt zu Beginn des Mauererjahres 1900/01 und 1920/21.

meinwesen mit prägten, geachtet werden. In der Stadt gab es eine Reihe integrativer Zirkel, in denen Einwohner gleicher Berufe, es soll nur auf den Postunterbeamten-Verein oder den Weimarischen Lehrerverein Jena-Apolda mit 257 Mitgliedern verwiesen werden, Kontakt fanden. Integrative Zirkel existierten zweifellos auch innerhalb des Kriegervereins, des Vereins der Kaiserlichen Marine oder der Jenaer Ortsgruppe des Alldeutschen Verbandes.

Ferner bestanden verschiedene Zirkel, die sich vornehmlich mit speziellen kommunalen Angelegenheiten befaßten. Dazu gehörten 1900 der Verein Feuerwehr, der Spielplatzverein, oder die Fuchsturmgesellschaft.

Über die städtischen Gegeneliten

So wichtig es für den Stadthistoriker ist, Struktur und Wirken der herrschenden Elite herauszuarbeiten und zu verfolgen, so unerläßlich ist es aber auch, daß er der städtischen Gegenelite die gebührende Aufmerksamkeit schenkt.[19] Die in dem betrachteten Zeitraum in Jena agierende Gegenelite hatte einen sehr differenzierten Zuschnitt. Bei näherer Betrachtung zeigt sich, daß sie aus den zwei großen Gruppen, der bürgerlichen und der sozialistischen Gegenelite, bestand. Die bürgerlichen Opponenten standen auf dem gleichen gesellschaftlichen Boden wie die herrschende Elite. Aber sie waren mit der Art und Weise, wie diese die gegebene politische, wirtschaftliche und soziale Ordnung vertrat, unzufrieden und verfolgten andere Konzepte zur Lösung politischer Probleme in der Kommune. Ihre Opposition galt in Ausnahmefällen dem Gesamtverhalten der Elite, zumeist aber ging es lediglich um partielle Fragen.

Ein treffendes Beispiel für das Wirken einer solchen Opposition ist die Auseinandersetzung um die Versammlungsfreiheit in Jena. Auf Anweisung aus Weimar versuchten Oberbürgermeister Singer und andere führende Kommunalpolitiker seit Ende der 90er Jahre den Sozialdemokraten jegliche Versammlungsmöglichkeit zu nehmen.[20] Abbe sah darin eine Verletzung rechtsstaatlicher Prinzipien. Weil sich die Jenaer Gastwirte dem Druck aus dem Rathaus beugten und den Sozialdemokraten verwehrten, in ihren Lokalen zusammenzukommen, schloß er mit dem Turnverein einen Vertrag, der den Sozialdemokraten erlaubte, sich in der Turnhalle zu

---

[19] Felber, Eliteforschung, S. 44.
[20] Jena. Zwanzig Jahre lokaler Parteigeschichte der Sozialdemokratie. Erinnerungsschrift zum Parteitag der Deutschen Sozialdemokratie. 17. bis 24. September 1905 im „Volkshaus", Jena 1905, S. 12-15; Friedrich Stier, Ernst Abbes Kampf um die Gleichberechtigung der politischen Parteien (MS, Städtisches Museum Jena).

versammeln. Als aber der Turnverein diesen Vertrag kündigte und der zweite Bürgermeister im Jahre 1900 das Versammlungsverbot gegen die Sozialdemokraten scharf durchsetzte,[21] sah sich Ernst Abbe veranlaßt, am 17. November 1900 auf einer Versammlung im Lindenhof, an der 800 Einwohner teilnahmen, die rechtswidrigen Beschränkungen der Versammlungsfreiheit im Großherzogtum anzuprangern. Nach einer eingehenden Analyse der Rechtslage kam Abbe zu dem Schluß: „Alle Versammlungsverbote, die im Großherzogtum erlassen wurden, ohne daß vernünftigerweise von der Versammlung selbst gegenwärtige Gefahr für die äußere Ordnung und Sicherheit zu befürchten war, sind gesetzwidrig erlassen; sie beruhen nicht auf irgend einer möglichen Gesetzesauslegung, sondern lediglich auf Gesetzesbeugung; die Sanktionierung dieser Verbote seitens der oberen Verwaltungsbehörden ist verfassungswidrig; die Ermunterung zu solchen Verboten seitens der obersten, verfassungsmäßig verantwortlichen Instanz in öffentlicher Landtagssitzung, sowie die zugestandene amtliche Beeinflussung nachgeordneter Behörden in gleichem Sinne, ist flagrante Verfassungsverletzung."[22] Abbe beließ es wiederum nicht bei einem verbalen Protest, sondern entschied sich dafür, mit Mitteln der Carl Zeiss-Stiftung in Jena ein Volkshaus zu errichten. Das 1903 eingeweihte Haus stand den Sozialdemokraten offen, die darin 1905, 1911 und 1913 auch ihre Parteitage abhalten konnten.[23]

Nicht weniger einflußreich waren bürgerlich-gegenelitäre Zirkel, die seit Ende des 19. Jahrhunderts entstanden und das Kulturleben in der Stadt stark formten. Auf zwei von ihnen soll verwiesen werden. Der erste, der von Eugen Diederichs inspirierte Sera-Kreis, versammelte nichtkooperierte Studenten, die im Gegensatz zu den schlagenden, nationalistischen Verbindungen standen und eine andere Lebenswelt anstrebten. Viele dieser im Sera-Kreis geprägten jungen Akademiker blieben auch in der Weimarer Republik und in den Jahren der nationalsozialistischen Herrschaft ihren Grundsätzen treu.[24] Den zweiten Zirkel bildeten demokratisch gesonnene Intellektuelle, die sich 1903 im Jenaer Kunstverein einen besonderen Wirkungskreis schufen. Es waren Eduard Rosenthal, Eberhard Grisebach,

---

[21] Jena. Erinnerungsschrift 1905, S. 15-16.
[22] Ernst Abbe, Vorträge, Reden und Schriften sozialpolitischen und verwandten Inhalts, Gesammelte Abhandlungen, 3. Band, Jena 1906, S. 198.
[23] Geschichte der deutschen Arbeiterbewegung. Chronik, Teil I: Von den Anfängen bis 1917, Berlin 1965, S. 221-222, 266-267, 280-281.
[24] Meike G. Werner, „In Jena begonnen zu haben, war ein besonderer Vorzug des Glückes". Der freistudentische Serakreis um Eugen Diederichs, in: Kleinstaaten und Kultur in Thüringen vom 16. bis 19. Jahrhundert, hrsg. von Jürgen John, Weimar, Köln, Wien 1994, S. 529-540 sowie auch der Beitrag in diesem Band.

Botho Graef, Rudolf Eucken, Ernst Haeckel, Siegfried Czapski, Eugen Dieterichs, die das Wesen des Kunstvereins, der sich kompromißlos für die moderne deutsche Kunst einsetzte, prägten. Das Haus des Physikers Felix Auerbach wurde zu einem Ort, an dem sich diese Männer mit Schriftstellern, Künstlern und Fachkollegen trafen, um ihre Ansichten auszutauschen.[25]
Die sozialistische Gegenelite zielte mit ihren Aktionen auf eine Umgestaltung der gesellschaftlichen Ordnung, von der die herrschende Elite in der Stadt getragen wurde. Obgleich sie in der Arbeiter- und kleinen Handwerkerschaft wurzelte, setzte sich die sozialistische Gegenelite in Jena aus Persönlichkeiten zusammen, die aus einem sehr unterschiedlichen sozialen Milieu kamen. Darunter befanden sich Bildungsbürger, die aus verschiedenen Gründen zu einer fundamentalen Kritik der herrschenden Verhältnisse gelangt waren und oft das Zentrum der sozialistischen Gegenelite dominierten. In den ersten beiden Jahrzehnten des Jahrhunderts erweiterte die sozialistische Gegenelite in Jena ihre Basis. Der sozialdemokratische Wahlverein, der 1900 lediglich 118 Mitglieder zählte, umfaßte 1911 bereits 2.005 Mitglieder.[26]
Die Gewerkschaftsbewegung hatte Anfang der 90er Jahre in Jena Fuß gefaßt und breitete sich bis zum Beginn der 20er Jahre weiter aus. Zwischen 1900 und 1905 wuchs die Anzahl der Gewerkschaftsmitglieder in der Stadt von 696 auf 1.771. Die Hirsch-Dunkerschen Gewerkvereine, die 1899 205 Mitglieder zählten, warben bis 1905 weitere 20 Mitglieder.[27] 1914 gab es in Jena 5.993 Arbeiter und Angestellte, die sich einer der 64 gewerkschaftlichen Organisationen angeschlossen hatten. Gewerkschafter vertraten nun die Arbeiterschaft als Beisitzer bei den Gewerbegerichten in Jena und Wenigenjena, in der Generalversammlung und im Vorstand der Gemeinsamen Ortskrankenkasse, im Vorstand des Lesehallenvereins, im Komitee zur Veranstaltung von Volkshochschulkursen und volkstümlichen Unterhaltungsabenden, im Aufsichtsrat des Konsumvereins Jena und im Aufsichtsrat der von den Gewerkschaften mitgegründeten Baugenossenschaft. In dem hier behandelten Zeitraum bestanden die

---

[25] Volker Wahl, Jena als Kunststadt. Begegnung mit der modernen Kunst in der thüringischen Universitätsstadt zwischen 1900 und 1933, Leipzig 1988; Ders., Akte Auguste Rodin 1905/06, in: Reichtümer und Raritäten, Bd. II. Jenaer Reden und Schriften 1981, Friedrich-Schiller-Universität Jena 1981, S. 162-163.
[26] Stadtarchiv Jena, Spezialinventar zur Geschichte der deutschen Arbeiterbewegung, S. 16. Carl Zeiss Jena. Einst und jetzt. Von einem Autorenkollektiv unter Leitung von Wolfgang Schumann, Berlin 1962, S. 206.
[27] Jena. Erinnerungsschrift 1905, S. 64; Stadtarchiv Jena. Spezialinventar zur Geschichte der deutschen Arbeiterbewegung, S. 45.

in den 90er Jahren gegründeten Arbeitervereine, die Freie Turnerschaft, der Radlerklub, die Arbeitergesangvereine „Sängerchor" und „Glashütte".[28]
Der wachsende Einfluß der Arbeiterbewegung spiegelte sich auch in den Resultaten der Reichstagswahlen wider. 1898 stimmten 35,8 Prozent der sich an der Wahl beteiligten Jenaer Einwohner für die sozialdemokratischen Kandidaten. 1907 waren es 46 Prozent und bei den wenige Tage später abgehaltenen Stichwahlen erhielten die Sozialdemokraten sogar 56,4 Prozent. Bei den Reichstagswahlen im Jahre 1912 kamen die Sozialdemokraten auf 53,5 und bei den Stichwahlen auf 66,4 Prozent.[29] Um das Geschehen im Großherzogtum Sachsen und in der Stadt mit bestimmen zu können, war es aber unerläßlich, daß Sozialdemokraten im Landesparlament und im Gemeinderat Sitz und Stimmen erhielten. Das war nach dem im Großherzogtum herrschenden Ortswahlrecht nur denjenigen Einwohnern Jenas möglich, die das Bürgerrecht besaßen. Dieses Recht konnten wiederum nur diejenigen Einwohner erwerben, die ihren ständigen Wohnsitz in Jena genommen und eine Gebühr von zehn Mark an die Gemeindekasse entrichtet hatten. Da aber Einwohner, die Sozialdemokraten waren oder dieser Partei nahestanden, eine derartige Gebühr nicht ohne weiteres aufbringen konnten, organisierte der sozialdemokratische Wahlverein ein Sparsystem. Am Erwerb des Bürgerrechts Interessierte zahlten monatlich 10 Pfennige in die dafür eingerichtete Kasse. Aus den angesparten Mitteln wurden dann den Teilnehmern dieses Sparsystems die zum Erwerb des Bürgerrechts nötigen 10 Mark vorgeschossen. Auf diese Weise nahm die Anzahl der wahlberechtigten Jenenser zu.[30]
In der 1907 abgehaltenen Ersatzwahl wurde Hermann Leber als erster Sozialdemokrat in den Gemeinderat gewählt. In den folgenden vier Jahren wuchs die sozialdemokratische Fraktion an. 1911 nahm sie 14 der 30 Gemeinderatssitze ein.[31] Die sozialdemokratischen Gemeinderatsmitglieder trugen dann auch das ihre dazu bei, um den langjährigen Oberbürgermeister Jenas, Heinrich Singer, der nach verdienstvoller Tätigkeit die Geschicke der größer gewordenen Stadt offensichtlich nicht mehr effizient genug zu lenken vermochte, 1912 zur Aufgabe seines Amtes zu zwingen.[32] In

---

[28] Jena. Erinnerungsschrift 1905, S. 66-70.
[29] Errechnet nach Stadtarchiv Jena. Spezialarchiv zur Geschichte der Arbeiterbewegung, S. 45.
[30] Koch, Singer, S. 6.
[31] Stadtarchiv. Spezialinventar zur Geschichte der Arbeiterbewegung, S. 18.
[32] Geschichte der Universität Jena 1548/58-1958. Festgabe zum vierhundertjährigen Universitätsjubiläum. Im Auftrag von Rektor und Senat verfaßt und herausgegeben von einem Kollektiv des Historischen Instituts der Friedrich-Schiller-Universität Jena

der sozialistischen Gegenelite Jenas setzte seit 1905 eine zunehmende politische Differenzierung ein. So bildete sich um Emil Höllein, der innerhalb der Sozialdemokratie eine linke Position einnahm, ein Diskussionsklub, in dem Gleichgesinnte die Richtung der sozialdemokratischen Politik erörterten. Georg Schumann, der seit 1906 als Werkzeugschlosser im Zeiss-Werk arbeitete, organisierte die Arbeiterjugend und beeinflußte sie gleichfalls im marxistischen Sinne.[33] Während des Weltkrieges erlangten die Linken in der sozialistischen Gegenelite ein zunehmendes Gewicht.
Anfang November 1918 eröffnete sich mit den im gesamten Deutschen Reich sich ausbreitenden revolutionären Aktionen auch der sozialistischen Gegenelite in Jena die Möglichkeit, die städtische Funktionselite abzulösen. Dazu schuf sie sich, von großen Teilen der Einwohnerschaft ermuntert, am 9. November 1918 einen Arbeiter- und Soldatenrat, der die politische und administrative Führung in der Stadt übernehmen sollte. Tatsächlich unterstanden ihm schon nach wenigen Tagen der Oberbürgermeister und die Polizei- und Militärbehörden. Dem Gemeinderat billigte das neue Machtorgan am 13. November zu, daß er weiter amtieren könne, wenn er den Intensionen des Arbeiter- und Soldatenrates folge.[34] Bald sollte sich aber auch in Jena zeigen, daß die herrschende Elite im Deutschen Reich fähig war, diesen existenzbedrohenden Angriff durch die Mobilisierung aller politischen, ökonomischen, militärischen und ideologischen Kräfte und Mittel abzuwehren.

Zusammenfassung

Die Skizze über die in Jena herrschende Elite und über die ihr gegenüberstehende Opposition erlaubt eine Verallgemeinerung über die städtische Elite in dem betrachteten Zeitraum.
Die städtische Elite umschloß die Stadtbürger, die in einem gegebenen Zeitraum über die Macht verfügen, das Wesen der städtischen Gesellschaft zu prägen und die Richtung zu bestimmen, in die sich der städtische Organismus entwickeln soll. Die Macht bezogen die Angehörigen der Elite aus der kompetent wahrgenommenen Position im kommunalen Leben, aus ihrem wirtschaftlichen Rang, aus der auf beruflichem Erfolg beruhenden Autorität, aus der Fähigkeit, die Bürgerschaft oder die Einwohnerschaft insge-

---

unter Leitung von Prof. Dr. habil. Max Steinmetz. Band I.: Darstellung, Jena 1958, S. 460.
[33] Stadtarchiv. Spezialinventar zur Geschichte der Arbeiterwegung, S. 19.
[34] Carl Zeiss Jena. Einst und jetzt. Von einem Autorenkollektiv unter Leitung von Wolfgang Schumann, Berlin 1962, S. 245-264.

samt oder in Teilen durch Argumente oder Manipulationen zu einem bestimmten wirtschaftlichen, politischen, sozialen oder kulturellen Verhalten anzuhalten. Die städtische Elite war einerseits durch eine personelle Stetigkeit gekennzeichnet, die aus der Seßhaftigkeit und dem Ausbau gegenseitiger Beziehungen elitärer Familien resultierte. Andererseits herrschte innerhalb der städtischen Elite auch eine starke Dynamik, die sich sowohl aus dem raschen Wachstum der Städte und dem damit einhergehenden Hinzutreten von Individuen, die sich elitäre Eigenschaften erworben hatten, als auch aus dem Machtverlust von Persönlichkeiten, die bisher zur Elite gehörten, ergab. Gegen die herrschende Elite formierte sich eine Gegenelite, die eine partielle oder prinzipielle Mitgestaltung der Verhältnisse im städtischen Gemeinwesen beanspruchte und sie mit mehr oder weniger Erfolg auch durchzusetzen vermochte.

Der Verfasser dankt den Mitarbeitern des Archivs und des Museums der Stadt Jena herzlich für ihre freundliche Unterstützung.

VOLKER WAHL

Ein Gesellschaftsexperiment - die Gesellschaft der Kunstfreunde von Jena und Weimar

„Endlich bildete unser Archäologe" - gemeint ist der Jenaer Universitätsprofessor Botho Graef[1] - „einen der Mittelpunkte, um welchen sich die Gesellschaft der Kunstfreunde in Jena und Weimar scharte. Er war Mitbegründer dieser Gesellschaft, welche eine kurze Zeit die Geister der beiden thüringischen Städte zusammenschloß. Ihm lag daran, die Kunst Weimars mit der Wissenschaft Jenas zu einem Ganzen zu verbinden, eben jenes Ziel zu erreichen, das ich vorhin das klassische genannt habe.[2] Das ist nun freilich nicht geglückt. Denn schon vor dem großen Kriege zerfiel der Verein. Aber einen bleibenden Erfolg hat dieses Gesellschaftsexperiment doch gehabt: die Einladung an Hodler, den Auszug deutscher Studenten in die Freiheitskriege für die Universität zu malen. Das Wandgemälde ziert heute den Südostflügel der Alma mater. Es ist das beste Stück im Tempel der Wissenschaft, wenn es auch kurz nach seiner Vollendung durch ein dickes Glas geschützt werden mußte gegen das aufgebrachte Kunstgefühl drohender Studenten."[3]
Mit diesen Worten hat der Jurist Hans Fehr 1918 in einem Würdigungsartikel für Botho Graef, veröffentlicht in dem von Paul Westheim herausgegebenen „Kunstblatt", das Wesen dieses Gesellschaftsexperiments zu Beginn unseres Jahrhunderts in Jena und Weimar erfaßt. Was hat diese Vereinigung von Kunstfreunden nun wirklich für die kulturelle Erneuerung in Jena und Weimar geleistet?
Die Gesellschaft der Kunstfreunde von Jena und Weimar war einmalig und hat vielleicht doch Vorbilder gehabt. Sie wäre vergessen, würde es nicht das Jenaer Universitätsbild von Ferdinand Hodler geben. Was acht Jahre währte, kann nicht als Experiment bezeichnet werden. Die Gesellschaft der Kunstfreunde von Jena und Weimar existierte zwischen 1904 und 1912 als ein Zusammenschluß von kulturell interessierten Personen aus den beiden

---

[1] Zu Botho Graef siehe Volker Wahl, Botho Graef, der „leidenschaftliche Wortführer der Jenaer Intellektuellen", in: Henrike Junge, Hrsg., Avantgarde und Publikum. Zur Rezeption avantgardistischer Kunst in Deutschland 1905-1933, Köln, Weimar, Wien 1992, S. 119-128.
[2] „Graef war eine klassische Natur, wenn man unter klassisch die Fähigkeit verstehen will, das Leben und dessen Bewegungen als Ganzes zu sehen." Hans Fehr, Botho Graef, in: Das Kunstblatt 11/1918, S. 344.
[3] Hans Fehr, Botho Graef, in: Das Kunstblatt 11/1918, S. 348.

benachbarten Städten. Vielleicht war sie die einzige Organisation, die in der Vergangenheit die Verbindung zwischen der Universitätsstadt Jena und der Residenzstadt Weimar explizit in ihren Namen aufgenommen hatte. Ihre Entstehung war an Voraussetzungen geknüpft. Da ist zunächst die allgemeine zu nennen: der Aufbruch in die Moderne nach der Jahrhundertwende, der auch vor den Klein- und Mittelstädten nicht halt machte. Im Oktoberheft des „Kunstwartes" von 1905 können wir einen aufschlußreichen Artikel von Alfred Lichtwark unter dem Titel „Die Verschiebung der deutschen Kulturzentren" finden. In ihm lesen wir den bemerkenswerten - und auf die Verhältnisse von Weimar und Jena treffend passenden - Satz: „Die Aufgabe der nächsten Geschlechter wird es sein, die neuerblühten alten Stammeszentren und die neuerstandenen Industriestädte dafür zu gewinnen, daß sie ihre ungeheuren, bisher vorwiegend auf äußeres Wohlleben verwendeten Mittel an künstlerischen Aufgaben betätigen."[4]
Nun zu den besonderen Voraussetzungen. Das neuerblühte alte Stammeszentrum Weimar, die Residenzstadt des Großherzogtums Sachsen-Weimar-Eisenach, stand seit 1902/3 mit den Aktivitäten des Kreises um Henry van de Velde und Harry Graf Kessler mitten in den kulturpolitischen Auseinandersetzungen im spätwilhelminischen Deutschland. Die Kunsterneuerungsbewegung erhielt durch die von Weimar ausgehenden Bestrebungen einen neuen Stützpunkt von internationaler Bedeutsamkeit. „Das neue Weimar" - darin auch einbegriffen das Wirken des Nietzsche-Archivs - bündelte die Aktivitäten der Weimarer Persönlichkeiten, um die Stadt an die fortgeschrittensten Kulturströmungen der Gegenwart anzuschließen.
In der Industriestadt Jena strebten Persönlichkeiten aus der Umgebung der Universität und des Zeiss-Werkes zusammen mit Verlegern und Künstlern danach, den Status der „kunstlosesten Stadt"[5] zu überwinden. Mit der Gründung des Jenaer Kunstvereins im Dezember 1903 schufen sie sich eine auf die breite Vermittlung von Kunst ausgerichtete Organisation, die eine tragende kulturelle Instanz in der Universitätsstadt wurde und schon bald

---

[4] Alfred Lichtwark, Die Verschiebung der deutschen Kulturzentren, in: Kunstwart, 2. Oktoberheft 1905, S. 67.

[5] Die Bildhauerin Martha Bergemann-Könitzer formulierte in einem Würdigungsartikel für den verstorbenen Jenaer Maler Ernst Biedermann in der Jenaischen Zeitung vom 24. August 1928: „Wenn wir jetzt oft lobend von der einzigartigen Sammlung des Jenaer Kunstvereins hören, so wissen die älteren Jenenser, daß diese Sammlung kaum ein Interesse, kaum einen Widerhall gefunden hätte, wenn nicht bereits ein Kunstverein bestanden hätte... Denn Jena war bis dahin (was es vielfach auch jetzt noch bekundet) die 'kunstloseste Stadt'. Die Gründung eines Kunstvereins war deshalb damals keine Kleinigkeit."

überlokale Bedeutsamkeit für die Präsentation zeitgenössischer Avantgardekunst gewann.[6]
Der Gründung der Gesellschaft der Kunstfreunde von Jena und Weimar gingen drei kulturelle Ereignisse voraus, die in unterschiedlicher Weise öffentliche Beachtung fanden. Am 15. Oktober 1903 wurden unter Teilnahme von Professoren der Universität Jena mit einer Gedächtnisfeier im Nietzsche-Archiv am Silberblick in Weimar die von Henry van de Velde neugeschaffenen Bibliotheksräume eingeweiht und die Nietzsche-Büste von Max Klinger enthüllt. Am 16. Dezember 1903 konstituierte sich auf Initiative von Harry Graf Kessler in Weimar der Deutsche Künstlerbund als Zusammenschluß der sezessionistischen Künstler. Schließlich setzte die Gründung des Jenaer Kunstvereins am 20. Dezember 1903 für die Universitätsstadt Jena das Zeichen für das Vordringen der modernen Kunstbewegung, die von Weimar auf Jena auszustrahlen begann.
Das fand auch seinen Niederschlag in einer nun einsetzenden regelmäßigen Berichterstattung über das Weimarer Kulturleben in der „Jenaischen Zeitung". Seit dem 21. Oktober 1903 wurden hier „Skizzen aus der Landeshauptstadt" veröffentlicht, die alle wichtigen Ereignisse auf den Gebieten der bildenden Kunst, der Musik und des Theaters berücksichtigten. Die Redaktion der „Jenaischen Zeitung" erklärte seinerzeit: „Dazu, daß sich zwischen Weimar und Jena das alte, nachbarliche Verhältnis wieder inniger gestaltet, wollen auch diese Weimarischen Briefe beitragen. In Verbindung mit unseren regelmäßigen Berichten über alle Veranstaltungen in Wissenschaft und Kunst geben sie ein umfassendes Bild von dem ungemein frisch pulsierenden geistigen Leben, dem beide Städte von Alters her ihren Ruhm verdanken."[7]
Insofern kommt es nicht unvermittelt, wenn man im Februar 1904 in der „Jenaischen Zeitung" den Bericht über die Gründung einer neuen Gesellschaft lesen konnte. „Gesellschaft der Kunstfreunde in Jena und Weimar. In Jena hat sich am 6. Februar eine Gesellschaft unter dem obigen Namen konstituiert, welche daselbst das allgemeine Interesse für Kunst, an erster Stelle für bildende Kunst, zu pflegen und zu heben beabsichtigt. Die Gesellschaft will zu solchem Zwecke zunächst Sonderausstellungen der Werke hervorragender Künstler und Kunstfreunde aus Jena und Weimar veranstalten, sowie gesellige Abende einrichten, an denen Künstler und Kunstfreunde aus Jena und Weimar zu gegenseitiger Aussprache und

---

[6] Dazu grundsätzlich Volker Wahl, Jena als Kunststadt. Begegnungen mit der modernen Kunst in der thüringischen Universitätsstadt zwischen 1900 und 1933, Leipzig 1988.
[7] Jenaische Zeitung, Beilage zu Nr. 39/1904 vom 16.2.1904.

zur Erörterung gemeinsamer Probleme zusammentreffen; derartige Zusammenkünfte sind monatlich einmal, ausschließlich der akademischen Ferien, in Aussicht genommen. Der Gedanke einer solchen Gesellschaft fand lebhaften Anklang, es sind in Jena etwa 60 Damen und Herren sofort beigetreten, und es stehen zahlreiche weitere Beitritte in Aussicht. Der erste am 6. Februar im Anschluß an die Konstituierung des Vereins abgehaltene Gesellschaftsabend, der in dem geschmackvollen Ausstellungsraum des Volkshauses stattfand, nahm einen höchst befriedigenden Verlauf. [...] Einen Vortrag hielt an jenem Abend Herr Prof. Eucken über die Bedeutung der bildenden Künste für das Geistesleben der Gegenwart; im Anschluß daran entspann sich eine kürzere Diskussion."[8]

Die Begründung für den mit der Bildung der Gesellschaft der Kunstfreunde von Jena und Weimar vollzogenen Schritt entnehmen wir dem Schlußsatz des Berichtes: „Man hofft, auf diesem Wege auch Jena stärker an dem Kunstleben teilnehmen zu lassen, das jetzt in Weimar so kräftig pulsiert, man freut sich auch einer engeren geistigen Verbindung beider Städte, die seit der klassischen Zeit, wo sie 'die eine große Stadt' bildeten, wenig Gemeinschaft pflogen, man darf endlich in der Gründung jener Gesellschaft ein weiteres Vordringen der modernen Kunstbewegung, des Verlangens nach einer lebendigen und wahrhaftigen Kunst, erblicken."[9]

Wenn man diese Aussage hinterfragt, scheint es so, als ob die treibende Kraft für diese Gesellschaftsgründung der Zirkel Jenaer Akademiker war, in dem sich kulturell-künstlerische Interessen bündelten. Sieht man sich die Zusammensetzung des ersten Vorstandes[10] an, so fällt die Ungleichheit der Repräsentanten des kulturellen Lebens beider Städte ins Auge. Der Weimarer Kreis wurde durch die Maler und Kunstschulprofessoren Hans Olde und Ludwig von Hofmann sowie durch Henry van de Velde und Harry Graf Kessler vertreten. Auf der Jenaer Seite finden wir den Archäologen Ferdinand Noack zusammen mit Irene Eucken, Klara Rosenthal und Margarethe Wagenmann. Es sind dies die Ehefrauen von Universitätsprofessoren, des Philosophen Rudolf Eucken, des Juristen Eduard Rosenthal (Vorsitzender des Jenaer Kunstvereins von 1904 bis 1908) und des Ophthalmologen August Wagenmann. Margarethe Wagenmann war zudem die Geschäftsführerin des Jenaer Kunstvereins.

Wie lange der Vorstand in dieser Zusammensetzung zusammenblieb, ist nicht bekannt. Ferdinand Noack schied bereits im April 1904 aus, als er die Jenaer Universität verließ. Seinen Nachfolger als Direktor des Archäolo-

---

[8] Jenaische Zeitung Nr. 33/1904 vom 9.2.1904.
[9] Ebd.
[10] Ebd.

gischen Museums, Botho Graef, finden wir später an seiner Stelle. Und auch Harry Graf Kesslers Nachfolger als Direktor des Museums für Kunst und Kunstgewerbe in Weimar, Karl Koetschau, wird 1908 in einer Meldung der „Jenaischen Zeitung" unter den Vorstandsmitgliedern genannt.[11] Das zeigt, daß offenbar der institutionelle Hintergrund für die Wahl in den Vorstand wichtig war. Diese Aussage gilt auch in gewissem Sinne für die Damen aus Jena, deren Ehemänner als „Institutionen" in Jena galten. Für die nachfolgenden Jahre ist eine namentliche Besetzung des Vorstandes der Gesellschaft der Kunstfreunde von Jena und Weimar nicht mehr bekannt. Auch für die Mitgliederzahlen liegen Nachweise nur für die ersten beiden Jahre vor. Im Februar 1904 bei der Konstituierung der Gesellschaft werden etwa 75 Mitglieder gemeldet, im Dezember 1905 sind es etwa 90 Mitglieder.[12] Für die damalige Zeit und angesichts der Exklusivität der Gesellschaft sind das beachtliche Zahlen.

Daß die Gesellschaft, vor allem mit dem Weimarer Kreis, eher einen elitären Zuschnitt hatte, zeigt auch eine erste Reaktion aus Weimar. „In den Skizzen aus der Landeshauptstadt" vom 12. Februar 1904 wird die Nachricht begrüßt, daß Rudolf Eucken einen Ruf nach Tübingen abgelehnt hat und in Jena bleiben wird. „Daß er nicht nur für Jena wirken will, sondern auch in Weimar in den Kreis der Professoren ziehen möchte, zeigt die neue gesellige Veranstaltung, in der sich Herren und Damen aus Weimar und Jena monatlich einmal treffen sollen. Wir haben bis jetzt nur aus den Zeitungen davon erfahren, trotzdem einige Herren von hier in den Vorstand gewählt. Gerade diese Gewählten sind aber nicht nur lauter sehr junge Weimaraner, die die hiesigen Verhältnisse und Menschen wenig kennen, sondern sie haben auch alle so viel zu tun, daß diese gesellschaftlichen Einrichtungen wohl ins Hintertreffen kommen könnten. Ich meine, es wäre gut, auch einige Eingeborene dazu zu nehmen, und - da auch in Jena Damen im Vorstand sind - das weibliche Element auch hier nicht ganz wegzulassen. Man muß bedenken, welche gewichtigen Vorbereitungen hier im Gange sind, die gerade diese gewählten Herren in ihren Köpfen herumtragen. Professor van de Velde baut ein Theater für Fräulein Dumont - einstweilen in Gedanken. Prof. Hans Olde trägt den Plan der umzubauenden Kunstschule - vielleicht auch eines Bildhauerateliers - mit sich herum. Graf Keßler bedenkt den Bau einer Gemäldegalerie für die Sezession mit Museum, Restauration etc. Man wird mir zugeben, daß neben diesen Plänen der Zukunft wenig Raum für gesellschaftliche Ver-

---

[11] Jenaische Zeitung Nr. 149/1908 vom 27.6.1908.
[12] Jenaische Zeitung Nr. 52/1904 vom 2.3.1904.

anstaltungen der Gegenwart bleiben könnte, und daß man gut tun wird, etwas weniger belastete Menschen hinzuzuziehen."[13]
Offenbar waren diese Bedenken unbegründet, zumal die erwähnten Bauprojekte nicht zur Ausführung kamen. Die Zusammenkünfte der Gesellschaft müssen zumindest in den ersten fünf Jahren regelmäßig stattgefunden haben. Sie zeigen ein breites Spektrum an Veranstaltungen mit Vorträgen, Ausstellungsbesichtigungen, Lesungen, Musikdarbietungen, Theatervorstellungen und Ausflügen.[14] Die Veranstaltungsorte konzentrieren sich auf Jena (Volkshaus, Städtisches Museum, Rosensaal, Universität, Universitätsbibliothek) und Weimar (Nietzsche-Archiv, Museum für Kunst und Kunstgewerbe, Kunstgewerbeschule); aber auch Ausflüge nach außerhalb standen auf dem Programm (Naumburg, Erfurt, Orlamünde, Wüste Möbis bei Vollradisroda).
In Weimar war das Nietzsche-Archiv ein bevorzugtes Kommunikationszentrum der Gesellschaft der Kunstfreunde von Jena und Weimar. „Ein Sammelpunkt des neuen Weimar bildet das Nietzsche-Archiv. 'Ein Parkett für die ästhetische Elite Deutschlands und des Auslands' so ungefähr nennt ihren Salon ein ... Gegner der Frau Elisabeth Förster-Nietzsche. Ja, wirklich, ihr gastliches Haus hat europäischen Ruf. Die Weimarer Gesellschaft, Fremde von überall her strömen hier zusammen, um den Manen des großen Bruders zu huldigen und den Vorlesungen zu lauschen...", heißt es in einem Beitrag über „Das moderne gesellschaftliche Weimar" von 1910.[15]
„Sie dürfen sich sagen, daß Sie vielen etwas sind und daß Ihr Haus in der alten Musenstadt heute den Mittelpunkt geistigen Lebens bildet", lesen wir in einem Brief von Rudolf Eucken an Elisabeth Förster-Nietzsche vom 15. Juni 1905.[16] Schon im Jahr der Gründung der Gesellschaft der Kunstfreunde hatte er ihr geschrieben: „... und das hoffen meine Frau wie ich mit lebhafter Zuversicht, daß die im Sommer so schön angeknüpften Beziehungen zwischen Weimar und Jena sich erhalten und noch weiter befestigen werden. In Ihnen, verehrte Frau Dr.[17], sehen wir eine Hauptstütze des

---

[13] Jenaische Zeitung, Beilage zu Nr. 39/1904 vom 16.2.1904.
[14] Eine Gesamtübersicht über die Veranstaltungen der Gesellschaft der Kunstfreunde von Jena und Weimar existiert nicht. Die Angaben zu den bisher bekannten Veranstaltungen gehen auf Anzeigen und Meldungen aus der Jenaischen Zeitung zurück.
[15] Wilhelm Hegeler, Das moderne gesellschaftliche Weimar, in: Welt und Haus, Heft 17/1910 vom 22.1.1910, S. 20.
[16] Goethe-und-Schiller-Archiv Weimar, Bestand Nietzsche-Archiv/Nachlaß Elisabeth Förster-Nietzsche Nr. 253.
[17] Die Anrede mit dem Doktortitel verweist auf die akademische Graduierung des verstorbenen Ehemannes. Elisabeth Förster-Nietzsche erhielt erst am 10. Juli 1921 die Ehrendoktorwürde der Philosophischen Fakultät der Universität Jena.

geistigen Zusammenhanges beider alter Kulturzentren, die doch über dem Alten nicht die Gegenwart vergessen dürfen."[18]
Ein Querschnitt durch die bisher bekannten Veranstaltungen der Gesellschaft der Kunstfreunde von Jena und Weimar soll uns eine Vorstellung von der Themenbreite geben. Vorträge: Rudolf Eucken „Die Bedeutung der bildenden Künste für das Geistesleben der Gegenwart", Henry van de Velde „Über Phantasie und Vernunft in der Kunst", Felix Auerbach „Tonkunst und bildende Kunst - Gegensatz und Einheit", Heinrich Wölfflin „Über kunstgeschichtliche Bildung", Botho Graef „Die Ästhetik der Armut", Karl Scheffler „Über das Wesen des Tanzes", Eberhard Grisebach „Künstlerische Würdigung des Universitätsgebäudes". Am 1. Juli 1905 besichtigten die Mitglieder nach einem Ausflug nach Schloß Tiefurt die Instrumentensammlung von Dr. Aloys Obrist in Weimar. Am 14. Dezember 1905 las Stefan George in der Villa Rosenthal in Jena. Am 29. Februar 1908 besichtigten die Mitglieder Ateliers und Werkstätten im Kunstgewerblichen Institut von Henry van de Velde in Weimar. Am 17. Juli 1908 nahmen sie im Rosensaal in Jena an einem Regerabend mit Max Reger teil. Ob aber der Vortrag von Prof. Paul Schultze-Naumburg als Vertreter der Heimatkunstbewegung am 14. Dezember 1904 in Jena auch den Intentionen der Gesellschaft der Kunstfreunde von Jena und Weimar entsprach, muß bezweifelt werden, wenn wir in der Berichterstattung darüber lesen: „Anhand zahlreicher Lichtbilder suchte er zu zeigen, wie unsere deutsche Landschaft mit Städten und Dörfern von der Mitte des vorigen Jahrhunderts an verdorben worden sei. ... Durch das ganze zog sich der Grundgedanke hindurch, daß die Zukunft unserer deutschen Kunst nur dann gesichert ist, wenn sie festhält an dem durch die Arbeit vieler Geschlechter aus heimatlichem Boden Erwachsenen und sich fern hält von Kunstbestrebungen internationaler Art."[19]
Doch die Veranstaltungen der Gesellschaft sind nicht mehr alle bekannt und wären heute vergessen. Die unvergeßliche Leistung der Gesellschaft der Kunstfreunde von Jena und Weimar ist der Auftrag an Ferdinand Hodler für ein Monumentalgemälde, das die zwischen 1905 und 1908 von Theodor Fischer gebaute neue Universität schmücken sollte. Die Entstehungsgeschichte des Bildes habe ich an anderer Stelle beschrieben und veröffentlicht.[20] Die Vorträge von Botho Graef über „Ferdinand Hodler" und Heinrich Wölfflin „Deutsche Monumentalmalerei des 19. Jahrhunderts" gehören dazu wie auch die Vorträge, die Mitglieder der Gesellschaft

---

[18] Ebd., Rudolf Eucken an Elisabeth Förster-Nietzsche, 13.11.1904.
[19] Jenaische Zeitung Nr. 297/1904 vom 18.12.1904.
[20] Siehe Volker Wahl, Jena als Kunststadt, S. 107-129.

in anderen Städten hielten, und weitere Veranstaltungen, deren Erlös für den Ankauf des Bildes dienten. Als am 14. November 1909 das Gemälde enthüllt und übergeben wurde, sprach der Philosoph Rudolf Eucken für die Gesellschaft der Kunstfreunde von Jena und Weimar. Seine Frau, Irene Eucken, hatte der Gesellschaft als Sekretärin gedient und den Kontakt mit dem Künstler gehalten. Als Anreger dafür aber gilt Botho Graef, der in einem fein durchdachten Vortrag als erster in das Geheimnis des Bildes einführte.[21]

So unvermittelt, wie die Gesellschaft ins Leben getreten ist, endete ihre Tätigkeit. Für 1911 ist lediglich ein Tanzabend im Volkshaus in Jena und als letzte Veranstaltung am 12. Februar 1912 ein Bach-Abend im Rosensaal überliefert. Es scheint so, als ob nach der Übergabe des Hodler-Bildes der Zweck der Gesellschaft erreicht worden wäre. Hans Fehrs Aussage von 1918 belegt das recht deutlich: „Aber einen bleibenden Erfolg hat dieses Gesellschaftsexperiment doch gehabt: die Einladung an Hodler, den Auszug deutscher Studenten in die Freiheitskriege für die Universität zu malen."[22] Die bei der Gründung der Gesellschaft ausgesprochene Hoffnung, „auf diesem Wege auch Jena stärker an dem Kunstleben teilnehmen zu lassen, das jetzt in Weimar so kräftig pulsiert"[23], hatte sich noch früher erfüllt. Jena emanzipierte sich sehr schnell und ging mit dem Kunstverein ganz neue und eigenwillige Wege in der Förderung der modernen Kunst. Was nun die angestrebte engere geistige Verbindung zwischen den beiden Städten betrifft, so kann ich hier nur die von Botho Graef in eine Besprechung der Ausstellung von Karl Schmidt-Rottluff eingestreute Bemerkung in der „Jenaischen Zeitung" vom 29. Juli 1914 wiederholen: „Ferner 'Weimar und Jena'. Es hat allerdings nicht an Versuchen gefehlt, die beiden Städte zu einer Vereinigung für ihre künstlerischen Interessen zu bringen, sie sind bisher leider alle gescheitert. Das ist ein langes und verwickeltes Kapitel, das sich auch nicht in allen Teilen zur Auseinandersetzung in voller Öffentlichkeit eignet, weil es das Publikum langweilen würde."[24]

Am Schluß hoffe ich, Sie trotzdem nicht gelangweilt und Ihnen auch etwas von dem faszinierenden Gesellschaftsexperiment zwischen Jena und Weimar vor dem ersten Weltkrieg nahegebracht zu haben.

---

[21] Botho Graef, Hodlers und Hofmanns Wandbilder in der Universität Jena, Jena 1910.
[22] Hans Fehr, Botho Graef.
[23] Jenaische Zeitung, Beitrag zu Nr. 39/1904 v. 16.2.1904.
[24] Botho Graef, Kunst-Ausstellung, in: Jenaische Zeitung Nr. 175/1914 vom 29.7.1914.

HORST GROSCHOPP

Den Deutschen eine neue Kultur
Forderungen und Tätigkeiten des „Weimarer Kartells" von 1907 bis 1914

Deutschland von Weimar aus erneuern

Der Begründer des Leipziger Instituts für Kultur- und Universalgeschichte Karl Lamprecht veröffentlichte Anfang 1906 einen kleinen Aufsatz in Ferdinand Avenarius' ästhetischer Halbmonatsschrift „Der Kunstwart". Unter der Überschrift „Weimar und Jena" versuchte Lamprecht eine geschichtliche Würdigung dieser beiden Städte für die deutsche Kultur. Deshalb begann er seine Abhandlung mit einer kulturgeographischen Ortsbestimmung.
„Wer heute von Berlin und den Kolonialgebieten rechts der Elbe den alten Heerweg nach den zentralen Gegenden des deutschen Mutterlandes über das alte Durchgangstor des Hörseltales bei Eisenach nimmt ... (der findet westlich der letzten) Kultursiedlung des Hermundurenstammes ... südwärts nach Jena, westwärts nach Weimar" in die Gegend der Dichter und Denker und des Mäzenatentums.[1]
Dieses Eingangszitat wurde nicht etwa nur gewählt, weil es eine Anspielung auf aktuelle Stimmungen ist, sondern weil es für das hier zu behandelnde Thema, die Kulturpolitik des *Weimarer Kartells* zwischen 1907 und 1914, einige Anschauungen benennt, die in der Gedankenwelt der Gebildeten dieser Zeit selbstverständlich waren.
Keiner besonderen Erklärung bedurfte *erstens* die Vorstellung von sich vererbenden kulturellen Unterschieden zwischen den deutschen Kern- und den später hinzugekommenen deutschen Randländern. Diese Ansicht war mit dem Bewußtsein verbunden, daß sich das Deutsche Reich aus kulturell höher entwickelten südwestlichen Regionen und niedrigeren nordöstlichen zusammensetzt. Besonders das Millennium der deutschen Ostexpansion über Elbe und Saale hinaus erfuhr eine kulturelle Legitimation. Damit verband sich zugleich eine Distanzierung vom russischen Zarenreich und dessen Panslawismus.
Helmuth Plessners Feststellung von 1935 war damals nahezu allgemein: „Östlich der Elbe liegt Kolonisationsgebiet. Der relativ junge Boden ist

---
[1] Karl Lamprecht, Weimar und Jena, in: Der Kunstwart, Halbmonatsschau für Ausdruckskultur auf allen Lebensgebieten, hrsg. von Ferdinand Avenarius, München 20. Jg. 1906, Heft 3, S. 118/119.

kulturell nicht anziehend, nicht aufspeichernd wie das Gebiet innerhalb der Karolingischen Reichsgrenze. Deutschland tendiert geistig nach Westen, seine Achse ist der Rhein, während seine politischen Möglichkeiten nach Osten weisen. ... An diesem Auseinandertreten politischer und kultureller Blickrichtungen leidet Deutschland."[2]

Zweitens zeugt das Zitat vom öffentlichen Wissen über germanische und slawische Siedlungen, verknüpft mit der Allgegenwart germanistischen Ideenguts. Der Münchener Professor an der städtischen Handelsschule Johannes Unold veröffentlichte zwar erst 1924 eine dickleibige monistische Glaubenslehre, die die makellose „Weisheit des Germanen" beschwor und in Stabreimen für eine Bürger- und Lebenskunde zusammenfaßte.[3] Doch hatte er Teile davon schon vor 1914 vorgetragen.

Unold hatte zunächst Theologie, dann Philosophie und Geschichte studiert. Nach sechs Jahren Aufenthalt in einer deutschen Kolonie in Chile veröffentlichte er seine erste größere Arbeit, die ihn zu einem Urheber der „Lebenskunde" als Ersatz für den Religionsunterricht werden ließ.[4] Unold war vor dem Kriege zeitweise Zweiter Vorsitzender und dann kurzzeitig Vorsitzender des Deutschen Monistenbundes und in dieser Funktion direkter Vorgänger des berühmten Leipziger Chemikers Wilhelm Ostwald. Seit Gründung des Deutschen Monistenbundes 1906 in Jena war Unold für das Bundesorgan verantwortlich.[5]

Da die vom *Weimarer Kartell* für Deutschland angestrebte nichtchristliche und nichtsozialistische Ethik für viele Parteigänger dieser Richtung nur auf Basis des germanischen „Ethnos" denkbar war, griffen sie auf solche Begründungen zurück. Sie entsprachen damit zugleich dem Zeitgeist. Auf diese Weise nahmen einige von ihnen, wie noch gezeigt wird, nationalsozialistischen Geist vorweg, wenn sie ihn nicht gar mit vorbereiteten.[6]

Dann kommt im Zitat *drittens* die Gewißheit zum Ausdruck, daß man weiß, was Kultur im großen und ganzen ist, nämlich eine bestimmte Lebensart,

---

[2] Helmuth Plessner, Die verspätete Nation, in: ders., Gesammelte Schriften, Bd. 6, Stuttgart 1969, S. 61.

[3] Vgl. Johannes Unold, Weisheit des Germanen, Eine Lebenskunde für das deutsche Volk, Leipzig 1924.

[4] Vgl. ders., Grundlegung für eine moderne Lebensanschauung, Leipzig 1896.

[5] Vgl. Der Monismus, Zeitschrift für einheitliche Weltanschauung und Kulturpolitik, Blätter des Deutschen Monistenbundes, hrsg. von Heinrich Koerler und Johannes Unold, München 1906-1911.

[6] Rudolph Penzigs Erinnerungsschrift an Moritz von Egidy, einem Wegbereiter der ethischen Bewegung, erschien im Volkserzieher-Verlag. Die Broschüre trug im Signum ein Hakenkreuz. Vgl. ders., Moritz von Egidy, Lebendige Gedanken eines Toten, Berlin-Schlachtensee 1909.

in der die „eigentliche Kultur" den führenden Platz hat. Das sind die Ideale dieser Lebensart, ausgedrückt in national anerkannter Kunst, von der man sicher ist, daß sie stets auf materiellen Reichtum an Geld und Zeit und auf Mäzene angewiesen sein wird.
Die Kunst durfte nach dieser Ansicht nicht dem gleichmacherischen Markt, dem „Amerikanismus", wie es hieß, oder demokratisierenden Förderprinzipien in die Hände fallen. Sicher hielt man eine größere Teilhaberschaft des Volkes am Kulturleben für angebracht, teilte aber im wesentlichen eine Position, die Heinrich von Treitschke so formulierte: „Keine Kultur ohne Dienstboten."[7]

Vor allem ist *viertens* nahezu unumstritten, daß die moderne deutsche Nation zuerst geistig bestand, ehe der Volkskörper einen gemeinsamen Staat bekam - und daß besonders die Thüringer Vielstaatlichkeit zu Beginn des 19. Jahrhunderts die Idee von der übergreifenden „Kulturnation" beförderte.

Lamprecht hatte in obigem Zitat eine zeitgenössische Binsenwahrheit ausgesprochen. Sie gehörte gerade in Thüringen und bei dortigen Gelehrten zum Gemeingut, die sich zum deutschen Kernland rechneten und doch zugleich in östlichem Grenzland siedelten. In diesem Landstrich überschnitten sich katholische und protestantische Kulturkreise seit Jahrzehnten und seit wenigen Jahren auch modernste Produktions- und Forschungsmethoden mit traditionellem klassischem Kulturideal.

Hinzu kam, daß die Thüringischen Staaten zwar nach der Reichseinigung 1866/71 nicht so widerständig gegen das vordringende Preußentum auftraten wie das benachbarte Bayern. Doch man erlebte wie dieses die deutsche Einheit als das Allgemeinsetzen fremder Regeln gegen regionales Herkommen und örtliche Gepflogenheiten, als das Aufstülpen einer fremden kulturellen Ordnung, die zudem aus dem ehemaligen Kolonialgebiet und aus der Metropole Berlin kam.

Doch nicht im eigensinnigen Beharren in lokaler Eigenbrötelei sahen fortschrittliche Gebildete im Dreieck Jena-Weimar-Gotha[8] ihre Chance auf einen angemessenen Platz im Deutschen Reich, sondern im lautstarken Anmelden ihres aus Geschichte, Kunst und Wissenschaft abgeleiteten An-

---

[7] Vorlesungen zur Politik von Heinrich von Treitschke, gehalten an der Universität zu Berlin, hrsg. von Max Cornecelius, Bd. 1, Leipzig 1897, S. 19.
[8] Gotha war ein traditioneller Ort der Freikirchlichen Bewegung. Hier fand 1859 deren erster nationaler Kongreß statt (weitere 1862, 1865, 1875). In Gotha hatte 1878 das erste Krematorium Deutschlands seinen Betrieb aufgenommen. Als erste Stadt im Großherzogtum Sachsen-Weimar-Eisenach erhielt Jena 1898 die Bauerlaubnis für ein Krematorium, genauer: der Jenaer Feuerbestattungsverein.

spruchs, von hier aus für ganz Deutschland zu sprechen. So kamen die Jenaer Monisten zu einer einflußreichen Position im 1907 entstehenden *Weimarer Kartell* und wurde Weimar, in den Augen der Wegbereiter dieser Organisation die „ewigkeitsbegnadete Stadt der Städte"[9], zu einem Ausgangspunkt versuchter Erneuerung deutscher Kultur.

In dieser Zeit des Suchens nach einer mobilisierenden und einigenden Idee für die Deutschen, nachdem sich die aus der Reichseinigung ergebenden Ansporneffekte bzw. Niederhaltungsgründe abgenützt hatten, wurde die geistige Landschaft Goethes und Schillers zu einem Ausgangspunkt nationalkulturellen Einheitsdenkens. Dabei spielte bei den Gründern des *Weimarer Kartells* die Neubewertung Goethes eine wichtige Rolle. Man sah in ihm nicht nur den Dichter, sondern auch den Naturwissenschaftler und Vordenker des Pantheismus.

Die Monisten in Jena und Weimar versuchten, Goethes geistiges Erbe für ihre Strömung zu vereinnahmen: Goethe und die Monisten sozusagen in einer Front gegen das Erstarken des geistigen Widerparts freigeistigen Denkens in Jena selbst. Denn ihre Agitation richteten sie vornehmlich gegen die religionsphilosophische Denkschule um Rudolf Eucken an der Jenaer Universität.[10] Eucken vertrat eine sehr elitäre Kulturphilosophie, in der die denkende Persönlichkeit als Teil einer überweltlichen Geistesmacht erschien. Praktisch folgte daraus die Umsetzung einer besonderen Bildungsreligion. Und genau dagegen wandten sich die Monisten und das *Weimarer Kartell*.

Doch wer war in ihrem Denken ein Genie wie Goethe, wenn in Jena der weltberühmte Professor Ernst Haeckel wirkte, der den Entwicklungsgedanken Darwins gegen alle kirchlich-orthodoxen Widerstände durchgeboxt hatte.[11] Goethe war literarische Geschichte, Haeckel wissenschaftliche Gegenwart. Und in den Augen seiner Jenaer Anhängerschaft, zusammengehalten durch seinen promovierten, organisatorisch und philosophisch be-

---

[9] Bornstein, Von der Arbeit der Ortsgruppen, in: Monistisches Jahrhundert, Zeitschrift für wissenschaftliche Weltanschauung und Weltgestaltung, Leipzig 2. Jg. 1913/14, S. 973 (im folgenden MJ).

[10] Vgl. Rudolf Eucken, Die Lebensanschauungen großer Denker, Leipzig 1890; Grundlinien einer neuen Lebensanschauung, Leipzig 1907; Einführung in eine Philosophie des Geisteslebens, Leipzig 1908.

[11] Vgl. Ernst Haeckel, Der Kampf um den Entwicklungsgedanken, Ausgewählte kleinere Schriften und Reden, Leipzig 1967. - Heinrich Schmidt, Der Kampf um die „Welträtsel", Ernst Haeckel, die „Welträtsel" und die Kritik, Bonn 1900; Der Deutsche Monistenbund, (0.0.) Jena (nach 1913); Was wir Ernst Haeckel verdanken, Ein Buch der Verehrung und Dankbarkeit, i. A. des Deutschen Monistenbundes hrsg. von Heinrich Schmidt, 2 Bde., Leipzig 1914.

gabten Assistenten, den theoretischen Biologen Heinrich Schmidt[12], bot der Gigant Haeckel auch rein menschlich die Gewähr, sich hinter seiner Fahne versammeln zu können, ohne Gefahr zu laufen, die eigene individuelle Weltanschauung verleugnen oder aufgeben zu müssen. Schmidt leitete Haeckels Büro (und später Archiv) und dessen Verteidigung. Er war nach Gründung des Kartells auch als offizieller Redner über Thüringen hinaus tätig.

Haeckel hatte im Januar 1906 mit dem *Deutschen Monistenbund* eine nationale Gelehrtenorganisation ins Leben gerufen, die schon bestehende ähnliche Bestrebungen an sich zu binden verstand. Das lag besonders an Haeckels Erklärung der *Welträtsel*. Das war eine aktuelle Glaubensinterpretation, mit der sich Haeckel von Jena aus gegen die protestantische Theologie und gegen die katholischen Hochburgen und den Vatikan wandte.[13]

Das in Jena und mit Einschränkungen auch in Weimar ansässige, mit der Jenaer Optischen Industrie, besonders aber mit Abbes Sozialprogramm verbundene Gelehrtenbürgertum, kommunizierte seit längerem mit Gleichgesinnten im Deutschen Reich und in Wien und Prag. Die 1906 noch kleine Gruppe von nicht viel mehr als einem Dutzend naturwissenschaftlicher Akademiker und mit den Naturwissenschaften verbundener Philosophen hatte zunächst die Absicht, den von ihnen gekürten Monistenbund und damit Jena zum Sammelbecken frei denkender Gelehrter zu machen. Als das nicht gelang, wurde diese Hoffnung in das *Weimarer Kartell* projiziert.

Parallel zu den Jenaer Absichten gewannen auch in anderen industriellen Gegenden Ideen an Zulauf, die wie Walter Vielhaber in Berlin einen *Allgemeinen Deutschen Kulturbund* ins Leben rufen wollten. Die Zeit dafür schien reif, nicht zuletzt wegen der inneren Auseinandersetzungen

---

[12] Vgl. Heinrich Schmidt, Monismus und Christentum, Brackwede 1906; Philosophisches Wörterbuch, 2., umgearb. Aufl., Leipzig 1916; Harmonie, Versuch einer monistischen Ethik, Dresden 1931. - Vgl. auch Horst Hillermann, Der vereinsmäßige Zusammenschluß bürgerlich-weltanschaulicher Reformvernunft in der Monistenbewegung des 19. Jahrhunderts, Kastellaun 1976.

[13] Ernst Haeckel, Die Welträtsel, Gemeinverständliche Studien über Monistische Philosophie, Jena 1899. - *Die sieben Welträtsel* hatte zuerst Emil Du Bois-Reymond 1882 in einer gleichnamigen Abhandlung formuliert. Nach Haeckel waren die ersten drei (Wesen von Kraft und Materie, Ursprung der Bewegung, Entstehung der Empfindungen) durch die Entwicklungslehre geklärt, das fünfte bis siebente (Ursprung des Lebens, Zweckmäßigkeit der Lebewesen, Entstehung vernünftigen Denkens und Sprechens) schwierig, aber lösbar, während das vierte Rätsel (Willensfreiheit) gar kein wissenschaftlich zu klärendes Objekt, sondern ein Dogma sei, da die sogenannte „Freiheit des Willens" auf einem Fehlschluß beruhe.

in den beiden großen christlichen Kirchen. Vor allem auf Pfarrer Karl Jathos Predigten einer „persönlichen Religion" beriefen sich abtrünnige Dissidenten.[14]

Für die Einberufung einer nationalen Kulturkonferenz freigeistiger Vereine nach Weimar, aus der dann Mitte Dezember 1907 das *Weimarer Kartell* hervorging, sprachen mehrere Gründe. Da war *zum ersten* der geschichtsträchtige Ort. Wer wie die Gründer des Kartells nach einer neuen Weltanschauung suchte, der mußte sich historisch verorten. Die Dichter- und Denkerstadt schien berufen, auch einem nichtkünstlerischen kulturpolitischen Verein ihren Namen zu geben, weil er ähnliche Ziele vertrat wie der im Jahre 1900 gegen die sogenannte Lex Heinze ebenfalls in Weimar gegründete *Goethebund*.

Zu den Gründern des *Goethebundes*, der bis zu 10 000 Mitglieder erreichte, zählten Hermann Sudermann, Ludwig Fulda, Otto Ernst, Friedrich Dernburg und Max Halbe. Anlaß der Gründung waren konservative und klerikale Angriffe auf die freie Entwicklung des geistigen Lebens unter dem Vorwand, staatlich gegen unzüchtige, schamverletzende und deshalb unsittliche Dramen und Bildwerke einschreiten zu müssen.

Künstler und Kunstmäzene gerade in Jena und Weimar, gruppiert um Harry Graf von Kessler und Henry van de Velde, spürten diesen zunehmenden Druck, sie würden entsittlichende Verderbtheit befördern. Doch im Gegensatz zum *Goethebund,* einem Verein von Künstlern und Kunstliebhabern, sahen die Gründer des *Weimarer Kartells* in der Lex-Heinze-Debatte einen grundsätzlichen politischen Richtungsstreit, der lediglich im Kostüm einer Kollision von Kunstansichten daherkam. Sie wollten zu dessen weltanschaulichem Angelpunkt vordringen.

Für Weimar sprach *zum zweiten* die Nähe zu Jena, weil es dort in der Führung des Monistenbundes organisationserfahrene Personen gab, die Keimzelle der späteren Ortsgruppen Weimar, Gotha, Eisenach und Erfurt. Zugleich war in Jena eines der zwölf Zentren der *Deutschen Gesellschaft für Ethische Kultur*. Deren Verein hieß in Jena *Freie ethische Gesellschaft* und wurde 1911 umbenannt in *Kulturgesellschaft Ernst Abbe*.

Zum dritten residierte in Jena der moderne Verlag von Eugen Diederichs, der gerade unter der Autorschaft des Karlsruher Hartmann-Schülers Arthur Drews die erste Gesamtdarstellung der monistischen Philosophie vorbereitete.[15]

---

[14] Vgl. Karl Jatho, Persönliche Religion, Predigten... Kirchenjahr 1904/05, Nach dem Stenogr. gedr., 3. Aufl., Köln 1911; Die vier letzten Saalpredigten Jatho's, Köln 1913.

[15] Vgl. Der Monismus, dargestellt in Beiträgen seiner Vertreter, Bd. I: Systematisches, Bd. II: Historisches, hrsg. von Arthur Drews, Jena 1908. - Drews war zunächst

Viertens lag Weimar ziemlich genau in Deutschlands Mitte. Man erwartete schließlich Gäste aus allen Landesteilen.
Zum fünften bekam Weimar den Vorzug vor Berlin, München, Hamburg oder Frankfurt a.m., den eigentlichen Zentren der Freidenkerei in Deutschland, weil ein liberaleres thüringisches Regiment es den weltlichen Ethikern und freireligiösen Predigern überhaupt gestattete, sich öffentlich zu versammeln und eine nationale Verbindung ins Leben zu rufen. In Preußen wurde den Freireligiösen bis zur Revolution 1918 der Status rechtsfähiger Vereine verweigert.

Gründung des Kartells

Im Herbst 1907 trafen sich in Jena drei führende Repräsentanten der deutschen freigeistigen Strömungen. Der Breslauer Prediger Gustav Tschirn vertrat den *Bund Freireligiöser Gemeinden*[16] und zugleich den 1881 von Ludwig Büchner und Wilhelm Liebknecht gegründeten *Deutschen Freidenkerbund*.[17] Der Berliner Stadtrat und Prediger der dortigen *Humanisten-Gemeinde* Rudolph Penzig kam für die deutsche ethische Bewegung, die nach englischem (Stanton Coit) und amerikanischem Vorbild (Felix Adler) anläßlich der preußischen Schulgesetzvorlage von 1892 entstanden war. Inzwischen besaß diese Gesellschaft verschiedene Lebenshilfe- und Propagandavereine. Darunter fielen eine Zentrale für private Fürsorge, Rechtsauskunftsstellen, Auskunftsstellen für Wohlfahrtspflege und verschiedene Vereine zur Errichtung von Lesehallen und Volksbibliotheken.[18] Als Einlader fungierte Heinrich Schmidt, damals Generalsekretär des Monistenbundes.

---

in Karlsruhe an der höheren Töchterschule angestellt, dann nach 1903 Philosophieprofessor an der dortigen Technischen Hochschule. Im Rahmen einer von ihm „konkreter Monismus" genannten Anschauung vertrat er eine Variante pantheistischer Metaphysik.

[16] Der *Bund Freireligiöser Gemeinden* galt in der Folgezeit als „verwandte Organisation". Er trat dem Kartell nicht bei, „da der religiöse Charakter der Bundesgemeinden sie nicht zu Kämpfen geeignet machte, die auf politischem Gebiet ausgefochten werden, wie der spätere Bundesvorsitzende Carl Peter 1934 rückschauend sagte." Vgl. Dietrich Bronder, Freireligiöse Bewegung und Politik, in: Die freireligiöse Bewegung, Wesen und Auftrag, als Gemeinschaftsarbeit hrsg. vom Bund Freireligiöser Gemeinden Deutschlands, Freie Religionsgemeinschaft (anläßlich seiner 100-Jahrfeier 1859-1959), Mainz 1959, S. 267.

[17] Vgl. Freidenker, Geschichte und Gegenwart, hrsg. von Joachim Kahl und Erich Wernig, Köln 1981.

[18] Vgl. Ethische Kultur, Halbmonatsschrift für ethisch-soziale Reformen, gegr. von Georg von Gizycki, hrsg. von Rudolph Penzig, Berlin 1. Jg. 1893 - 44. Jg. 1936 (im folgenden EK).

Eine Schlüsselrolle bei der Initiative zur Kartellgründung kam Arthur Pfungst zu, der in der von ihm mitbegründeten *Deutschen Gesellschaft für Ethische Kultur* und im *Weimarer Kartell* die Organisationen sah, „denen er seinen Geist einzuflößen und zu vererben wünschte."[19] Er hatte schon seit Jahren den Aufbau einer kulturpolitischen Organisation auf Reichsebene gefordert, die den Kultusministerien und der Sittenpolizei als den staatlichen Verwaltern religiös begründeter Werte und Normen entgegentreten sollte.

Pfungst war Mitinhaber der Frankfurter Naxos-Union, dem führenden deutschen Schmirgel-Produzenten, und verfocht das Konzept einer konsequenten Fabrikgemeinschaft. Er hatte den ersten Fröbelschen Kindergarten absolviert, war selbst Erfinder und Fabrikant, sonst aber vielseitiger Autodidakt, Philosoph, Dichter, Übersetzer und Publizist, den modernen Naturwissenschaften ebenso wie der indischen Weisheit zugeneigt. Er wollte eine Weltanschauung in Deutschland einführen, die sich aus Haeckel und Buddha zusammensetzen sollte.[20]

Pfungst stiftete 1900 der freigeistigen Bewegung den *Neuen Frankfurter Verlag*, eine Zentrale freigeistiger Literatur *(Bibliothek der Aufklärung)*.[21] Er finanzierte die Zeitschrift *Das freie Wort* mit der Beilage *Der Dissident* (seit 1907), die der freireligiöse Prediger und Landtagsabgeordnete Carl Saenger im April 1901 herauszugeben begonnen hatte, der aber schon im November darauf starb. Max Henning, der letzte Erste Schriftführer des *Weimarer Kartells*, wurde 1901 Leiter des Verlages.

Zugleich war Pfungst ein Sonderling, der selbst in Wirtschaftsverhandlungen eine Sanskrit-Grammatik aufschlug. Zudem war sein Vertrauen in wissenschaftliche Erkenntnisse derart groß, daß er in seiner eigenen Personalpolitik graphologischen und physiognomischen Gutachten vertraute.

Tschirn, Penzig und Schmidt, sehr verschieden in Herkunft und politischen Ansichten, kamen zusammen, um eine Konferenz freidenkerischer, freireligiöser, freigeistiger, ethischer und monistischer Vereine mit dem Ziel einzuberufen, ein nationales Kartell zur Bündelung ihrer Absichten zu gründen. Den unmittelbaren Auslöser dafür lieferte der Entwurf des neuen, stärker den Einfluß der Konfessionen protegierenden preußischen Schulgesetzes von 1906. Für eine Sammlungsbewegung zugunsten einer kulturellen Reform des Reiches sprachen aber auch die Wahlerfolge der

---

[19] Arthur Pfungst, Gesammelte Werke, hrsg. in Gemeinschaft mit Franz Angermann und Emil Doctor von Marie Pfungst, 3 Bde., Frankfurt a.M. 1926, Bd. 1, S. CXXIII.
[20] Vgl. Pfungst, Werke, Bd.1, S. XXVII.
[21] „Diesen Verlag gründete Pfungst ... als eine Etappe im Kampf gegen Rom." Vgl. Pfungst, Werke, Bd.1, S. XX.

Sozialdemokratie, die 1903 mit drei Millionen Stimmen das Bürgertum aufschreckte. Vor allem aber die Kirchenaustrittsbewegung nach 1905 selbst verlangte koordiniertes Handeln, denn immerhin wurden bereits 100 000 Dissidenten gezählt. Das waren in einer Zeit enorme Zahlen, da alle Institutionen des individuellen und gesellschaftlichen Lebens noch religiösen Begründungen folgten und „ethisch" im allgemeinen Verständnis identisch war mit „religiös-sittlich". Noch 1932 gehörten nur zwei Millionen Deutsche keiner christlichen Religionsgemeinschaft an, das entsprach nicht einmal vier Prozent der Bevölkerung.

Das Streben der Kartellanhänger nach einem einigenden Weltbild für die Deutschen fiel historisch zusammen mit einer Phase beschleunigter Säkularisation. „Mit der Trennung von Kirche und Staat wurde die seit dem Mittelalter angelegte strukturelle Differenzierung manifest, doch blieben die sozialpsychologischen Konsequenzen noch so lange latent, als homogene konfessionelle Milieus als Residuen früherer Landeskirchlichkeit und als Produkt aktiver konfessioneller Bewegungen erhalten blieben."[22]

Um die Jahrhundertwende setzte nun in Deutschland die Auflösung dieser damals noch sehr homogenen Sozialmilieus ein. Die Tätigkeit des Kartells hatte dabei eine gewisse Initialfunktion und spiegelte zugleich die Widersprüche in einer solchen Situation der Verunsicherung und des Wertewandels. Max Henning hat die Mitgliedsorganisationen des *Weimarer Kartells* 1914 in seinem *Handbuch* umfassend vorgestellt. Das ist nachlesbar und muß hier nicht ausgebreitet werden.[23]

Die Gründer des Kartells dachten zunächst an eine gemeinsame Ansprache von Intellektuellen, aus der dann ein deutscher Kulturbund hervorgehen sollte, eine kulturpolitische Vereinigung. Der Verbund wurde, wie schon der Monistenbund, „als Kulturbund gedacht", genauer noch als „Bund von Persönlichkeiten".[24] In einem solchen Verbündnis von Verbänden sah man

---

[22] Franz-Xaver Kaufmann, Auf der Suche nach den Erben der Christenheit, in: Kultur und Gesellschaft, Verhandlungen des 24. Deutschen Soziologentages 1988, hrsg. von Max Haller, Hans-Joachim Hoffmann-Nowottny und Wolfgang Zapf, Frankfurt a.M., New York 1989, S. 282.

[23] Vgl. Handbuch der freigeistigen Bewegung Deutschlands, Österreichs und der Schweiz, Jahrbuch des Weimarer Kartells 1914, hrsg. i.A. des Weimarer Kartells von Max Henning, mit einer Übersichtskarte, Frankfurt a.M. 1914.

[24] Wilhelm Breitenbach, Die Gründung und erste Entwickelung des deutschen Monistenbundes, Brackwede 1913, S. 17, 36. - Breitenbach gehörte zu einer streng naturwissenschaftlichen Strömung der Monisten. Breitenbach leitete einen monistischen Verlag in Brackwede bei Hamburg und gab mit der finanziellen Unterstützung des dortigen Fabrikanten Christian Carstens die Zeitschrift *Die neue Weltanschauung* heraus.

das Ovum für „eine neue Kulturbewegung ... strikt auf dem Boden der Wissenschaft ... an Stelle der alten kirchlichen Jenseitsreligion".[25]
Die den Initiatoren dabei vorschwebende Organisationsform war noch unbestimmt. Die einen dachten an einen eher lockeren Verbund von freidenkenden Gelehrten, eine Auffassung, die sich schließlich auch durchsetzte. Andere wünschten sich einen regelrechten Orden nach dem Vorbild der Freimaurer, deren Jenaer Loge sich gerade an den Bau und die Einrichtung eines neuen Hauses machte. Sie meinten, „daß wir unser Ziel nur mittelst einer straffen Organisation erreichen können".[26]
Nur wenigen kam ein monistisches Kloster in den Sinn, wie es dann Wilhelm Ostwald, Haeckels Nachfolger im Monistenbund, 1912 in Eisenberg tatsächlich in Gang setzte, aber damit schon ein Jahr später scheiterte. Er wollte auf „Thüringer Boden" eine Pflanzschule für eine neue „Kultur der Arbeit" errichten und mit der „Aufzucht einer neuen monistischen Generation" beginnen.[27]
Aus solch verschiedenem Wollen wuchs die gemeinsame Idee, mittels eines akademischen Vereins ein verbindliches und einheitliches neues Weltbild in Deutschland auf freigeistig-ethischer Grundlage auszuarbeiten und einzuführen. Es entstand der Glaube, dies auch relativ schnell bewerkstelligen zu können, weil der Boden bereitet sei.
Besonders eine neue Kultur nahmen sich die führenden Köpfe der Mitgliedsorganisationen des in seiner Hochzeit etwa 60 000 Anhänger zählenden *Weimarer Kartells* vor, auch wenn die öffentlich verkündeten Ziele eher enger gesteckt waren. Es lief in der Konsequenz auf eine andere kulturelle Verfassung des Gemeinwesens hinaus, wenn Punkt 2 der Forderungen von 1907 beabsichtigte, Staat und Kirche zu trennen. Punkt 1 forderte die

---

[25] Handbuch, S. 29/30.
[26] Leitschrift, Der Internationale Orden für Ethik und Kultur, hrsg. von der Internationalen Zentrale des I.O.E.K., im Namen des Ordens Generalsekretär Ludwig Hammerschlag, Freiburg i. Br. 1913, S. 17.
[27] Wilhelm Ostwald, Bericht über die VI. Hauptversammlung des Deutschen Monistenbundes zu Magdeburg vom 6. bis 10. Sept. 1912, in: MJ 1. Jg. 1912/13, S. 418. - Ostwald stand Adolf Damaschkes Bodenreformbewegung nahe, wollte aber „mir und den Meinen die Aufnahme Fremder in ... unserem Heim" nicht zumuten, kaufte Felder, Mühle, Wohngebäude, Ställe „und was sonst zum Dasein erforderlich war." Das Unternehmen ging pleite, weil die Bewohner „unter anderem Zahnbürsten auf Wirtschaftskonto angeschafft hatten, für jeden eine besonders." Vgl. Wilhelm Ostwald, Lebenslinien, Eine Selbstbiographie, Dritter Teil: Gross-Bothen und die Welt 1905-1927, Berlin 1927, S. 253/54. - Vgl. Wilhelm Breitenbach, Vom verunglückten Ostwald-Kloster, in: Neue Weltanschauung, Brackwede, 7. Jg. 1914, Heft 3, S. 110: Das sogenannte „monistische Kloster auf der Amtsschreibermühle bei Eisenberg" ist mit der Ostwaldschen Redewendung aufgelöst worden, „die erste Versuchsreihe ist abgeschlossen und die bisherigen Teilnehmer sind übereingekommen, sich zu trennen".

„freie Entwicklung des geistigen Lebens" und Punkt 3 die „Trennung von Kirche und Schule".[28]
Die Gründer wählten die Struktur eines Kartells, um den angeschlossenen Einzelvereinen volle Freiheit zu lassen. Auch die Gewerkschaften und die sozialdemokratischen Kulturorganisationen gründeten nach 1905/06 für ihre Zwecke Ortskartelle, die auch die kulturelle Arbeit koordinierten.[29] Die freigeistigen Organisationen hatten an Orten, an denen sie mehrfach vertreten waren, ebenfalls *Kulturkartelle* gebildet, so in Groß-Berlin, Frankfurt a.M. und München. Für Kartelle sprach außerdem, daß sie damals als die kommende nationalökonomische Organisationsform galten, den selbstsüchtigen Kapitalismus der freien Konkurrenz zu beenden. Mitbegründer der ethischen Bewegung hielten sogar eine kulturelle Sollsetzung ökonomischen Handelns für möglich.[30]
Das *Weimarer Kartell* wurde 1907 von Penzig, Tschirn und Schmidt in Weimar vereinbart und auf der *Weimarer Konferenz* am 15./16. Dezember 1907 beschlossen. Die Sitzung wählte einen Fünferausschuß, der am 10. Juni 1908 in Frankfurt a.M. bei Pfungst tagte und die eigentliche Gründungsversammlung für den 8./9. Juni 1909 nach Magdeburg einberief. Zu diesem Fünfergremium gehörten Rudolph Penzig (Berlin), Peter Schmal (München), Gustav Tschirn (Breslau), Walter Vielhaber (Berlin) und Max Rieß (München). Letzterer sollte das Kartell führen, wurde auch gewählt, starb jedoch im September des gleichen Jahres.
Am 12. September 1911, während der Huldigungsfahrt der Monisten aus aller Welt von Hamburg nach Jena zu Haeckel, wurde das Kartell im Speisewagen des Sonderzuges neubegründet. Es wurde die Verlegung der Zentrale von Berlin nach Frankfurt a.M. zu Pfungst beschlossen. Eine Neubelebung des Kartells scheiterte dann aber erneut, weil auch Pfungst kurz darauf plötzlich verstarb.
Doch schon die Existenz eines nationalen Kulturkartells bedeutete in der damaligen innenpolitischen Landschaft des Deutschen Reiches eine Sensation.[31] Dem Kartell gehörten immerhin 14 Organisationen an, darunter allerdings auch einige kleinere Vereine. Fünf weitere galten als „verwandt".

---

[28] Handbuch, S. 7.
[29] Vgl. Horst Groschopp, Zwischen Bierabend und Bildungsverein, Zur Kulturarbeit in der deutschen Arbeiterbewegung vor 1914, Berlin 1985, S. 116.
[30] Vgl. Ignaz Jastrow, Sein und Sollen oder die Frage nach der wissenschaftlichen Berechtigung praktischer Nationalökonomie, Berlin 1914.
[31] Vgl. O. Lempp, Weimarer Kartell, in: Die Religion in Geschichte und Gegenwart, Handwörterbuch, Tübingen 1913, Sp. 1863-1866.

Doch gibt schon eine Namensnennung in der Reihenfolge ihres Beitritts zum Kartell einen Einblick in die Buntheit des Vorhabens, dessen Gründungsdelegierte sich sicher zum Erstaunen der Weimarer Bürgerschaft versammelten: *Deutsche Gesellschaft für Ethische Kultur*[32], *Deutscher Monistenbund*[33], *Deutscher Freidenkerbund*[34], *Deutscher Bund für weltliche Schule und Moralunterricht*[35], *Bund für persönliche Religion Kassel*[36], *Kartell der freiheitlichen Vereine in München*[37], *Kultur-Kartell Groß-Berlin*[38], *Deutscher Bund für Mutterschutz*[39], *Ortsgruppe Hamburg des Deutschen Monistenbundes*[40], *Kartell der freigeistigen Vereine Frankfurt a.M.*[41], *Komitee Konfessionslos*[42], *Humboldt-Bund für naturwissenschaftliche Weltanschauung*[43], *Internationaler Orden für Ethik und Kultur (Deutscher Zweig)*[44], *Euphoristen-Orden*[45].

---

[32] 1892 Berlin; Penzig, Lilli Jannasch, Paul Jaffé, Georg von Gizycki, Wilhelm August Förster, Ferdinand Tönnies, Carl Ludwig Siemering, Clara Bohm-Schuch, Leopold Katscher, August Döring, Theobald Ziegler, Hermann Hecht, Franz Staudinger; 850 Personen, 8 Ortsgruppen. - Penzig selbst nennt 2000 Personen und 12 Abteilungen, vgl. Rudolf Penzig, Die ethische Bewegung in Deutschland, Eine Festgabe der Deutschen Gesellschaft für Ethische Kultur, Berlin 1926, S. 7. - Vgl. Handbuch, S. 35: Ziel war es, „die Menschheit in ihrem sittlichen Streben zu einigen, ohne nach ihrem religiösen Bekenntnis zu fragen."
[33] 1906 Jena; Haeckel, Ostwald, Schmidt, Wilhelm Bölsche, Johannes Unold, Bruno Wille, Albert Kalthoff, Franz Müller-Lyer, Eduard Aigner, Hugo Meindl, A. Freiherr von Hügel, Magnus Hirschfeld, Rudolf Goldscheid, Heinz Potthoff, Grete Meisel-Heß, Max Maurenbrecher, Heinrich Peus (beides Sozialdemokraten); für Jena: Otto Knopf; für Weimar: Hugo Michel; 6000 Mitglieder, 42 Ortsgruppen.
[34] 1881 Frankfurt a.M.; Tschirn, Wille, Albert Dulk, August Specht (Gotha), Carl Voigt, Carl Scholl, Georg Welker, Schmal, Penzig; für Weimar: C. Müller; 6000 Mitglieder, 61 Gruppen.
[35] 1906 Berlin; Penzig, Meyer, Jannasch, Karl Hesse, Förster, Pfungst; 2050 Mitglieder, davon 42 Körperschaften.
[36] 1901 Kassel; Hadlich; 226 Mitglieder.
[37] 1907 München; J. Cramer, Max Krämer, Ernst Horneffer, Maurenbrecher; 1100 Mitglieder.
[38] 1909 Berlin; Penzig, Hesse; 30 Vereine.
[39] 1905 Berlin; Helene Stöcker; 10 Ortsvereine.
[40] 1906 Hamburg; Christian Carstens, Max Rieß; 935 Mitglieder.
[41] 1909 Frankfurt a.M.; Ernst Hochstaedter, Henning; 3800 Mitglieder.
[42] 1909 Berlin; Haeckel, Ostwald, Tschirn, Wille, Ludwig Gurlitt, Adolph Hoffmann, Karl Liebknecht, Ewald Vogtherr, Georg Zepler, Arthur Drews, Otto Lehmann-Rußbüldt (Generalsekretär); für Thüringen zuständig: August Cyliax, Jena.
[43] 1911 Brackwede; Willy Breitenbach.
[44] 1910; Arnold Brunner, Freiherr von Harder, Ludwig Hammerschlag, Auguste Forel (Gesamtvorsitz); 120 Mitglieder.
[45] 1891 (gegr. 1911) München; H. Bohlen, Müller-Lyer.

Als „verwandt" galten das *Freigemeindetum*[46], der *Zentralverband der proletarischen Freidenker Deutschlands*[47], der *Freimaurerbund zur aufgehenden Sonne*[48], der *Bund der Konfessionslosen*[49] und die *Mahabodhi-Gesellschaft (Deutscher Zweig)*[50].

Verbund für eine neue Weltanschauung

Aus der Aufzählung der Organisationen des *Weimarer Kartells* geht nicht nur deren große Heterogenität hervor, nicht nur eine große Verschiedenheit ihrer Ansichten. Es wird auch eine wichtige Gemeinsamkeit deutlich. Die Anhängerschaft sah in Deutschland dreißig Jahre nach Vollzug der staatlichen Einheit noch keine neue deutsche Kultur entstanden. Nach dem wirtschaftlichen Aufschwung wollten sie einem, wie sie meinten, Mangel an ethischen Sollsetzungen abhelfen. Das Volk lebe „haltlos und ziellos in den Tag hinein".[51] Der Aufruf des *Weimarer Kartells* anläßlich seiner Gründung 1909 stellte fest: „Äußerlich ist das deutsche Volk geeint, innerlich aber zerrissener und gespaltener denn je."[52] Sie interpretierten dieses Uneinssein im Detail zwar unterschiedlich, stellten aber insgesamt „Gesinnungslosigkeit" fest und hofften, wie Unold 1912 formulierte, „daß unser deutsches Volk bewahrt bleibt vor der mit äußerer Kultur bisher immer verbundenen Verwirrung und Entartung".[53] Er konstatierte bei den Deutschen „übermäßiges Genuß- und Glücksstreben", das „zu einem Verlust der Leistungsfähigkeit, zur Einbuße an Mut und Kraft für die Fortführung des Entwicklungsprozesses, ja sogar zur Schädigung der Selbst- und Gattungserhaltung" führe und schon geführt habe. Gegen diese „bedenkliche(n) Anzeichen von Überkultur" müsse vorgegangen werden. „Überkultur" meinte sowohl „Materialismus" im Sinne von Drängen nach materiellem Wohlstand, als auch den schädlichen Amerika-

---

[46] Die größte Gruppe stellte der Bund freier religiöser Gemeinden Deutschlands (1859: ca. 50 Gemeinden, 40 000 „Seelen"; Tschirn, Vogtherr, Hochstaedter, Maurenbrecher, Penzig, Wille, Ida Altmann, Hoffmann).
[47] 1908 Eisenach; Bernhard Menke, Konrad Beißwanger; 4900 Mitglieder, 93 Ortsgruppen.
[48] 1905 Nürnberg; Ostwald (Ehrengroßmeister); 1500 Mitglieder, 60 Logen.
[49] 1913 Berlin; Zepler, Ernst Schulz.
[50] Leipzig; buddhistisch.
[51] Johannes Unold, Entwurf eines Lehrplanes für eine deutsche Lebens- und Bürgerkunde auf wissenschaftlicher erfahrungsmäßiger Grundlage für höhere Schulen, München 1912, S. 2 (zitiert nach der Ausgabe 1917).
[52] Handbuch, S. 22.
[53] Johannes Unold, Entwurf, S. 3. - Vgl. ders., Grundlegung für eine Moderne Praktisch-Ethische Lebensanschauung (Nationale und ideale Sittenlehre), Leipzig 1896.

nismus (das Aufgeben kultureller Werte zugunsten einer Massenkultur), eingeschlossen Reizüberflutungen, Hast und Nervosität.[54] Und sie meinten, nach dem gescheiterten Sozialistengesetz (1878-1890) und nach der Einführung des Bürgerlichen Gesetzbuches (1900) komme in neuen Schulgesetzen, in der Lex Heinze und anderen Versuchen, die Absicht zum Ausdruck, die moralische Einheit der Deutschen auf traditioneller religiöser Grundlage herstellen zu wollen.

Genau dies aber verneinten sie. Und die konsequentesten von ihnen, die Jenaer Monisten, der „Elitekörper im Monismus"[55], erstrebten, wie Ostwald 1912 schrieb, „wissenschaftliche Ethik an die Stelle der traditionellen Offenbarungsethik" zu setzen. „Was wir Monisten also anstreben und zu verwirklichen entschlossen sind, ist die Ausgestaltung einer neuen, vollkommen einheitlichen Kultur."[56]

Die *Ethische Gesellschaft* trat hier zwar insgesamt toleranter auf. Sie bezweckte eine „Genossenschaft des inneren Lebens", einen „Kultus des sittlichen Maßes und der Mitempfindung" gegen kurzsichtigen Egoismus sozialer und nationaler Lebenskreise, dachte sich das aber unter „Duldung aller religiösen Vorstellungen", jedoch bei entschiedener „Ausbreitung eines kulturgeschichtlichen, philosophischen und psychologischen Verständnisses der sittlichen Fragen".[57]

Die Anhänger des *Weimarer Kartells* waren Teil der deutschen „Gebildeten- Reformbewegung" und in diesem Sinne „ethische Idealisten des gebildeten Mittelstands". Sie wollten „im Vertrauen auf die Kraft der Bildung und unter dem Einfluß der Milieutheorie durch Belehrung und Schaffung einer kulturvollen Umwelt auf dem Wege der Zivilisierung eine Gesinnung beleben und zur Herrschaft bringen ..., welche dem kapitalistischen Geist und seinen verderblichen Wirkungen entgegenwirken und ihren Interessen dienlich sein sollte."[58] Jedoch löste sich die Bewegung des Kartells nicht in Sekten auf, sondern wirkte politisch.[59]

---

[54] Johannes Unold, Der Monismus und seine Ideale, Leipzig 1908, S. 91/92.

[55] Eger (Jena) im Bericht von Bornstein über die zweite Versammlung der Sächsisch-Thüringischen Ortsgruppen in Jena vom 12.2.1914 im MJ.

[56] Wilhelm Ostwald, Der Monismus als Kulturziel. Vortrag, gehalten im Österreichischen Monistenbund in Wien am 29. März 1912, Wien, Leipzig 1912, S. 36, 37. - Vgl. ders., Monistische Sonntagspredigten, Leipzig 1912.

[57] Die ethische Bewegung in Deutschland, Vorbereitende Mitteilungen eines Kreises gleichgesinnter Männer und Frauen zu Berlin, 2., verm. Auflage (Sommer 1892), Berlin 1892, S. 5/6.

[58] Gerhard Kratzsch, Kunstwart und Dürerbund, Ein Beitrag zur Geschichte der Gebildeten im Zeitalter des Imperialismus. Göttingen 1969, S. 28.

[59] Vgl. ebd., S. 31.

Dabei gab es auch direkte Anklänge an die Lebensreformer (besonders Antialkoholismus, Vegetarismus und Bodenreform).[60] Doch war ihr Konzept antihedonistisch, denn sie sahen die „Lösung der Sittlichkeitsfrage" in der „Selbstbeherrschung (und) Vermeidung all jener ebenso verhängnisvollen wie beliebten Genußgifte, wie z.b. Alkohol, Nikotin, Kaffee, Tee, Fleisch und alle Speisen und Gewürze, die den Geschlechtstrieb reizen."[61] Die Wünsche der Kartell-Anhänger zielten auf einen Wandel in den moralischen Grundeinstellungen. Doch blieben ihre konkreten Vorschläge ziemlich abstrakt, um nicht zu sagen weltfremd.[62]

Aus der Orientierung auf zu verändernde Grundhaltungen ergab sich ihre Konzentration auf Kulturpolitik, und zwar als Voraussetzung aller anderen Politik. Der „Sammlung vorwärts drängender politischer Parteien (was die Sache des zünftigen Politikers ist) muß zur Seite gehen, ja müßte vorausgehen die Sammlung aller Vereinigungen für freiheitliche Kultur zu gemeinsamem kulturpolitischem Wirken."[63] Ihre Kulturpolitik wandte sich an die Kultusministerien und an Kirchen als die Verwalter der Werte in der Gesellschaft. Sie sahen Kulturpolitik nicht eingeengt auf Bestrebungen zur kulturellen Hebung des Volkes im Sinne einer Erweiterung der ästhetischen Bildung.[64]

Wo unterstützende Äußerungen dazu kamen, ordneten sie sich in die „Universitäts-Ausdehnungsbewegung" ein, die sogenannten Settlements, worauf noch einzugehen ist. Doch ist man hinsichtlich möglicher Erfolge eher skeptisch. Zwar könnten „Gesangvereine ... viel nützen, wenn nur den armen, geplagten Arbeitern Musse zu den zahlreichen, erforderlichen Proben

---

[60] Vgl. Wolfgang R. Krabbe, Gesellschaftsveränderung durch Lebensreform, Strukturmerkmale einer sozialreformerischen Bewegung im Deutschland der Industrialisierungsperiode, Göttingen 1974.
[61] Leserzuschrift, in: EK 17. Jg. 1909, Heft 14, S. 111. - Die Zuschrift „einer Frau" bezog sich auf die gerade in der Zeitschrift stattfindende Debatte, ob man zur „Rassenverbesserung" auch Präservative befürworten sollte, was die Ethiker in der Mehrzahl verneinten.
[62] Vgl. Julie Ohr, Wie verschaffen wir unseren Dienstboten einen vergnügten Sonntagnachmittag? in: EK 20. Jg. 1912, Heft 22, S. 173/174: Schon über zwei Jahre veranstalte das Münchener Kartell regelmäßig gesellige Sonntagnachmittage, zu denen „nette, anständige Menschen" kämen. Angestellte, Schneiderinnen, Putzmacherinnen, Kinderfräulein und Hausdamen fänden sich zum Häkeln und Plaudern im Konferenzraum zusammen. „Wir konnten unsere Dienstboten nicht in einer unfeinen Gegend mit Wirtshäusern und Tanzböden versammeln."
[63] Aufruf (des *Weimarer Kartells* auf der Magdeburger Gründungstagung 1909), Handbuch, S. 22.
[64] Emil Reich, Die Kunst und das Volk. Vortrag, in: Ethische Ausblicke und Hoffnungen, Eine Sammlung der Vorträge und Erörterungen, welche im August 1893 in Eisenach stattgefunden, hrsg. von Gustav Maier, Berlin 1895, S. 172/173.

bliebe." An die Primärstelle kulturpolitischen Strebens rückte an Stelle der Kunst die Arbeit. Der Untergang der Kultur des antiken Griechenlands belege, daß eine solche Schwerpunktverlagerung nötig sei. „So hat sich denn auch die damalige Kultur nicht im Sinne der Arbeit entwickelt, ... sondern im Sinne der Kunst, das heisst ... Ausfüllung arbeitsloser Zeit. Auch dieses ist eine Folge des Missgriffes der damaligen Kultur."[65] Deutschlands innere Einheit entbehre gerade in diesem Sinne einer übergreifenden ethischen Idee. Das habe der „Kulturkampf" des preußischen Staates gegen den katholischen Separatismus ebenso gezeigt wie das katholische Beharren auf kultureller Eigenständigkeit in der Schulfrage oder der Frage der Mischehen. Solches Herangehen habe aus kirchlichem Egoismus den Weg zum deutschen Einheitsstaat verhindert.

Ein einigendes Ideal, so die Schlußfolgerung, müsse demzufolge säkular sein. Es müsse die künftige gesetzmäßige gesellschaftliche Entwicklung vorzeichnen und die Kultur der Eliten in einer Zeit der Vermassung bewahren. Besonders letzteres sei notwendig, da die sich als Weltanschauungspartei begreifende sozialistische Arbeiterbewegung gerade die unverständigen Massen mobilmache. Dabei besaßen die im Kartell versammelten Gelehrten gar keine so rechte Vorstellung von den „Massen". Wenn etwa Wilhelm Ostwald rückblickend feststellt, er hätte Massen erreicht, dann meinte er einen vollen Hörsaal.[66]

Wahre Geschlossenheit der Deutschen, so die Erkenntnis, sei ohne eine neue bindende und mobilisierende Weltanschauung unmöglich. Die neue Ideologie sollte die Deutschen als Deutsche ergreifen und ihr Handeln leiten. Denn um die Deutschen herum erschütterten zu dieser Zeit politische Eruptionen große staatliche Gebilde, etwa Rußland, das Osmanische Reich und die Habsburger Donaumonarchie. Das lehre, man müsse die Kraft und Macht der Deutschen gegenüber äußeren Bedrohungen stärken. Erforderlich sei deshalb eine positive Weltanschauung, gerichtet vor allem gegen Marx' lärmende Orientierung am niederen Volk, aber auch gegen Nietzsches lähmenden Pessimismus im Blick auf die Massen.

Marx kannten die meisten Kartellanhänger nur vom Hörensagen oder aus sozialdemokratischen Übersetzungen, wie sie in der bürgerlichen Presse kolportiert wurden. Dabei stimmten sie in zwei wesentlichen Punkten

---

[65] Ostwald, Kulturziel, S. 37.
[66] Sich an die Internationale Hamburger Tagung des Monistenbundes erinnernd, befürchtete er, die Ausführungen der dortigen Redner seien „zu 'hoch' für die breiteren Massen", obwohl „eine freudig erwartungsvolle Stimmung in den Massen vorhanden" gewesen sei. Die „Massen", das waren die dort versammelten, meist akademisch gebildeten Anhänger des Monismus. Vgl. Ostwald, Lebenslinien, S. 229.

mit ihm völlig überein: in der Bejahung industrieller Entwicklung und in der Bewertung der Arbeit. Marx' Lob der schrankenlosen Bedürfnisentwicklung lag ebenso außerhalb ihres Horizonts wie dessen Analyse des Gegensatzes von Kapital und doppelt freier Lohnarbeit als der sozialökonomischen Grundlage dafür.

Mit Nietzsche konnten die in ihrer Mehrzahl auf einen historischen Optimismus verpflichteten Anhänger des Kartells ebenfalls wenig anfangen. Der Mitbegründer der deutschen ethischen Bewegung, der Soziologieprofessor Ferdinand Tönnies, hatte die im Kartell im großen und ganzen allgemein anerkannte kritische Position zum „Nietzsche-Kultus" in Weimar und darüber hinaus schon vor der Jahrhundertwende formuliert.[67] Er, wie auch der „Ethiker" Franz Staudinger[68], prognostizierten ein neues „Gefühl der Zusammengehörigkeit" gerade in Abgrenzung zu Nietzsche und in Reaktion auf die atomisierte „bürgerliche Gesellschaft". Sie erstrebten eine Gemeinschaft der Deutschen durch verbindliche kulturelle Werte, die Vermassung erträglich und Individualität möglich machen.[69] Wenn überhaupt, dann wurde Nietzsche als „normaler" Philosoph gewürdigt.[70] In der Frage, wie die neue Weltanschauung der Deutschen beschaffen sein müsse, standen sich zwei eigentlich unversöhnliche Haltungen in der Anhängerschaft des Kartells gegenüber, die aber unter dem Dach eines vieldeutigen Monismus und akademischen Disputs erstaunlicherweise friedlich miteinander auskamen. Nur in der Millionenstadt Berlin mit ihren offenen sozialen Gegensätzen war der Parteikampf innerhalb der freigeistigen Bewegung schon offen aufgebrochen, was 1911 zur Verlegung der Zentrale des Kartells nach Frankfurt a.M. führte.

Die gemeinsame Gegnerschaft zum Klerikalismus hielt die Mitgliedsorganisationen des Kartells zunächst ebenso beieinander wie die Erkenntnis, daß die bisherigen Institutionen sozialer Erziehung ihre Kraft einbüßten. Das meinten sie besonders anschaulich in der immer mehr gewaltbereiten

---

[67] Ferdinand Tönnies, Ethische Cultur und ihr Geleite, I: Nietzsche-Narren, II: Wölfe in Fuchspelzen, Berlin 1893; Der Nietzsche-Kultus, Eine Kritik, Leipzig 1897.
[68] Vgl. Franz Staudinger, Ethik und Politik, Berlin 1899. - Staudinger publizierte auch in der sozialdemokratischen Presse. Vgl. ders., Die materialistische Geschichtsauffassung und der praktische Idealismus, in: Die Neue Zeit, Stuttgart 16. Jg. 1897/98, Bd. II, S. 452-464.
[69] Vgl. Ferdinand Tönnies, Gemeinschaft und Gesellschaft, Leipzig 1887.
[70] Vgl. Carl Lory, Nietzsche als Geschichtsphilosoph, Eine Quellenstudie, Berlin 1904. - Die Studie erschien als erste von dreien in der Reihe: Die neue Weltanschaung, Beiträge zu ihrer Geschichte und Vollendung in zwanglosen Einzelschriften.

Jugend ihrer Zeit zu sehen, in den aufkommenden „Hooligans"[71] und deren deutscher Form, den „Halbstarken"[72].
Angesichts der deutschen Mittellage in Europa, des angenommenen Zusammenbruchs der Ordnung im Osten und der zunehmenden Gewaltbereitschaft bei Jugendlichen entfaltete sich eine breite und hitzig geführte Debatte über angemessene kulturelle Wertmaßstäbe der Deutschen in dieser Situation. Der Gegenstand des Streits ist in der *Leitschrift* des *Internationalen Ordens für Ethik und Kultur* prägnant zusammengefaßt:
Die „Losungsworte der sozialen Religion der Zukunft" seien „Eugenik, Erziehung zu Biederkeit und Arbeit, Schaffung besserer Bildungsmöglichkeiten, solidarischer Zusammenschluß aller Menschen beider Geschlechter bei Beseitigung kapitalistischer Ausbeutungsmöglichkeit und der Genußgifte, Förderung der Kunst und Pflege der Gefühlswelt im Volke, Wahrung des Rechts des Individuums auf Entfaltung seiner Eigenart (Beschränkung derselben nur, wo es mit den sozialen Forderungen in Konflikt kommt)".[73]
In den Antworten sind bei den Vertretern des Kartells zwei Richtungen auszumachen. Die eine Position interpretierte die von Darwin und Haeckel vorgegebene Entwicklungstheorie als kulturhistorisches Modell und als Aufforderung zur gezielten Auslese. Reines Zweckdenken galt ihnen als notwendige und institutionell zu verankernde Reaktion des Staates auf die Anforderungen moderner Kosten-Nutzen-Berechnung. Daraus folgerten sie den Zwang zur bewußten sozialen Auslese.
Für diese Haltung steht innerhalb des Kartells der schon vorn vorgestellte Johannes Unold. Er sprach sich gegen „übertriebene Humanität" und für rassische Blütenlese auf naturwissenschaftlicher Grundlage aus. Die „klerikalen und radikalen Volksschmeichler" beförderten seiner Auffassung nach durch Beharren auf dem angeblich gottgewollten Daseinsrecht jeden Individuums „naturwidrige Tendenzen".
Die Kirchen würden damit eine allgemeine „Begehrlichkeit und Unzufriedenheit" und „ein über das berechtigte Maß hinausgehendes Gleichheitsstreben" unterstützen. Ihre und die Fürsorge des Staates richte sich auf

---

[71] Pfungst führte den Begriff des „Hooligans" nach Deutschland ein, übrigens als „russisches" Phänomen (russ. chuligan). Er setzte dieses Rowdytum (russ. chuliganstwo) mit der präfaschistischen politischen Organisationsform gleich, die dieses in Rußland hatte („Schwarzhunderter"). Das gäbe es auch in Deutschland. Nur kulturelle Bildungsarbeit könne deren bevorstehende Gewaltangriffe auf die Intelligenz verhindern. Vgl. Arthur Pfungst, Die Hooligans, in: Das freie Wort, Frankfurt a.M. 5. Jg. 1906, Heft 19, in: Pfungst, Werke, S. 13 - 18.
[72] Der Begriff des „Halbstarken" bezieht sich auf sozial entwurzelte junge Großstädter. Vgl. Clemens Schultz, Die Halbstarken, Leipzig-Eger 1912.
[73] Leitschrift, S. 11.

Schwache, Kranke und Minderwertige statt auf die „Auslese und Förderung der Begabten, Starken und Tüchtigen". Statt dessen drängte Unold auf „Heiratsverbote gegenüber erblich Belasteten" und auf die „unbarmherzige Ausmerzung der 'Unverbesserlichen und Rückfälligen'"[74], also die Kastration der unheilbar Kranken und mehrmaligen Kriminellen.
Die zeitgenössischen Debatten über Völkervermischung und sozial minderwertiges Erbgut sowie über Euthanasie, Sozialeugenik und Rassenhygiene wurden damals noch recht naiv geführt, den Holocaust nicht vorausahnend, aber diesen mit vorbereitend. Der Glaube, den Kulturwert von Rassen bestimmen zu können, galt ebenso als wissenschaftliche Tatsache wie die Ansicht, die Nachfolgestämme der Germanen seien besonders edel. Wilhelm Schallmayer, Mitbegründer des Sozialdarwinismus, der Lehre von der Vererbung und Auslese im Lebenslauf der Völker, forderte im Namen des Monistenbundes die in Gesetzen zu verankernde „Begünstigung der Fortpflanzung der Personen, die an geistigen und leiblichen Erbwerten den Durchschnitt überragen".[75] Paul Kammerer, zunächst Komponist, dann Mitbegründer der Ethologie, der Doktrin über erbliche Lebensgewohnheiten, sah in der Anschauung von der „Nichtvererbbarkeit erworbener Eigenschaften ... das letzte Bollwerk des reaktionären Willens (der Kirche, H.G.) zur Macht".[76]
Ludwig Hammerschlag gar, Generalsekretär des oben zitierten *Internationalen Ordens für Ethik und Kultur,* sah in der „Ideologie des Rassenhygienikers die wichtigste der Zeit." Demokratie „in der Hand der Minderwertigen und Käuflichen sei gefährlich und führe zum Rassentod der nordischen Rasse" und damit zum Kulturverfall, „weil die hochentwickelten Gehirne den Kulturgiften erlegen sind."[77] So nimmt es nicht wunder, daß das Monistentreffen 1913 beschloß, auf die gesetzliche Einführung von Gesundheitsattesten bei Eheschließungen zu drängen.

---

[74] Johannes Unold, Organische und soziale Lebensgesetze, Ein Beitrag zu einer wissenschaftlich begründeten nationalen Erziehung und Lebensgestaltung, Leipzig 1906, S. IV - VI.
[75] Wilhelm Schallmayer, Vererbung und Auslese als Faktoren zu Tüchtigkeit und Entartung der Völker, Brackwede 1907, S. 18, 10 (Flugschriften des Deutschen Monistenbundes, 5).
[76] Paul Kammerer, Sind wir Sklaven der Vergangenheit oder Werkmeister der Zukunft? Anpassung, Vererbung, Rassenhygiene in dualistischer und monistischer Betrachtungsweise, Wien, Leipzig 1913, S. 29.
[77] Ludwig Hammerschlag, Die drei Ideologien und ihre Synthese: Kulturpolitik, in: MJ 2. Jg. 1913/14, S. 453, 454. - Mit den drei Ideologien meinte Hammerschlag Freigeisterei, Sozialpolitik und Rassenhygiene.

Geradezu bedenkenlos und einfältig begann Wilhelm Ostwald im Frühsommer 1913 sogar eine Debatte über Sterbehilfe.[78] Kriterien sollten nicht nur unheilbare Krankheit und Leidensverkürzung sein, sondern die Aussichtslosigkeit einer „Wiedererlangung dauernder Arbeitsfähigkeit".[79] Das entsprach dem „Standpunkt des energetischen Imperativs (der Monisten, H.G.) ..., daß man denjenigen Entschluß fassen muß, welcher sozial die besten Ergebnisse erwarten läßt."[80]

Die besten Resultate maßen sich bei der Mehrzahl der Monisten an einer „sozialen Nützlichkeitsmoral". Der Monist Johannes Seidel (Ludwigshafen) schrieb überdies: „Gut ist nur, was die Leistungsfähigkeit der Gattung steigert".[81] Für ihn und den fortschrittsgläubigen Ostwald stand fest, „Gefühle sind unter allen Umständen Vergangenheitswerte."[82]

Nur zaghaft meldeten aus der Klientel des Kartells ein Arzt und ein Jurist Bedenken an. Ostwald blieb aber selbstsicher und gestand zum Schluß lediglich zu, daß man intensiver über das Problem nachdenken müsse. Das Recht, Tag und Ort des eigenen Todes selbst und allein an der Arbeitsfähigkeit zu bestimmen, blieb ebenso unbestritten wie die Auffassung, es gäbe daran zu messendes „unwertes Leben".

Neue Weltanschauung bedeutete für diese Richtung innerhalb des Kartells unumschränkte Anerkennung angeblich unwiderlegbarer naturwissenschaftlicher Befunde als Maximen politischen Handelns und sozialer Organisation. Nicht alle Vorschläge, die dabei im Namen des Kartells, des Monismus und der Biologie vorgetragen wurden, hatten die ungezügelte Tendenz wie bei Unold und Hammerschlag. Aber sie bargen in sich Konsequenzen, die dann zum nationalsozialistischen Rassismus führten.[83]

Dabei darf nicht übersehen werden, daß sich auch Vertreter der Sozialdemokratie, etwa Eduard David, solchem Denken näherten und sogar den „schönen Menschen" züchten wollten: „Uns ist die Aufgabe gestellt, den physischen Organismus harmonisch zu entwickeln, zu kräftigen, ab-

---

[78] Wilhelm Ostwald, Euthanasie, in: MJ 2. Jg. 1913/14, S. 169 - 174.
[79] Paragraph 7 des Vorschlags zu einem Gesetzentwurf, den die Zuschrift des siechen, bald darauf sterbenden Monisten Roland Gerkan enthielt. Dessen Brief, im Beitrag Ostwalds veröffentlicht, löste die Debatte aus.
[80] Wilhelm Ostwald, Euthanasie, S. 340.
[81] Johannes Seidel, Kernfragen, in: MJ 2. Jg. 1913/14, S. 583.
[82] Wilhelm Ostwald, Wissenschaftliche oder Gefühlsethik? in: MJ 2. Jg. 1913/14, S. 585, 586.
[83] Daß eine solche Denkrichtung an der Jenaer Universität gepflegt wurde, belegt die führende Beteiligung einiger ihrer Professoren am faschistischen Euthanasieprogramm.

zuhärten, ihn im Sinne eines gesundheitlichen und ästhetischen Ideals zu fördern."[84]

Die andere Position ist am konsequentesten bei Rudolf Goldscheid und seinem Konzept der „Menschenökonomie" zu finden. Goldscheid hatte in Berlin studiert, danach Romane und Novellen unter Pseudonymen veröffentlicht, wandte sich aber dann der philosophischen Ethik und der Nationalökonomie zu. Schließlich stand er den Monisten in Österreich vor und wirkte in verschiedenen Vereinen des Kartells als Redner.

Zwar vertrat auch Goldscheid die These von der Vererbbarkeit erworbener Eigenschaften und damit ein Programm individueller wie sozialer Rassenhygiene.[85] Doch leitete er daraus nicht Rassen-, sondern „Kulturkampf auf allen Gebieten des Lebens, Erweckung leidenschaftlichsten Kulturpatriotismus" ab. Nicht Ausmerzung der Armen durch Fortpflanzungserschwerung, sondern Beseitigung der Armut müsse das Ziel sein, denn „nichts ist teurer ... als soziales Elend". Wir können uns den Luxus des Elends nicht mehr leisten, nötig sei die „Ökonomie am Menschenmaterial", die Förderung von „Kulturkapital".[86]

Eine solche Ansicht setzte voraus, daß in der Gesellschaft Arbeit und Arbeitsamkeit als kulturelle Werte anerkannt und Arbeitslosigkeit zunehmend als Vergeudung sozialer Energie begriffen wurde. Hans Ostwald, einer der drei im Monistenbund tätigen Söhne Wilhelm Ostwalds (neben Walter und Wolfgang Ostwald) interpretierte kurz vor Ausbruch des Krieges diese Debatte auf eine heute sehr gegenwärtige und praktische Weise. Wenn Arbeitslosigkeit Elend zur Folge habe, was Deutschlands innere Sicherheit und die Vererbung der Deutschen gefährde, wenn also arbeitslose Energie brach liege, dann solle man doch ein staatliches Arbeitsbeschaffungsprogramm zur „inneren Kolonisation" einrichten, ein Programm sozialkultureller Arbeit. Ostwald legte gleich eine Berechnung des Aufwands bei.[87] - Was fehlt, ist nachvollziehbares Bedenken über die politischen, sozialen und kulturellen Konsequenzen, die solche Maßregeln hätten.

---

[84] Eduard David, Darwinismus und soziale Entwicklung, in: Darwin, Seine Bedeutung im Ringen um Weltanschauung und Lebenswert, Sechs Aufsätze, Berlin-Schöneberg 1909, S. 56 (Moderne Philosophie, 4).

[85] Vgl. Rudolf Goldscheid, Höherentwicklung und Menschenökonomie, Leipzig 1911, S. 244 - 247, 337 - 338.

[86] Ders., Monismus und Politik. Vortrag, gehalten auf der Magdeburger Tagung des Deutschen Monistenbundes im Herbst 1912, Wien, Leipzig 1913, S. 22 - 24.

[87] Vgl. Hans Ostwald, Arbeitslosenfürsorge durch Beschäftigung bei der inneren Kolonisation, in: MJ 3. Jg. 1914, S. 185 - 191.

Kulturpolitik und Kulturarbeit des Kartells

Man war im *Weimarer Kartell* der Auffassung, man müsse und könne ein ethisches Ideal, das auf die Fragen der Zeit außerreligiös reagiere und Perspektiven weise, wissenschaftlich ausarbeiten. Die moralischen Ideen der Zukunft seien nicht metaphysisch bestimmbar. Die „neueste Entwicklung der wissenschaftlichen Ethik ... in allen Kulturländern" zeige, „daß Sittlichkeit ohne Mitwirkung religiöser oder transzendenter Vorstellungen möglich ist"[88].

Die neuen Antworten auf die Frage nach dem Sinn des Lebens hätten den wirtschaftlichen Fortschritt, die moderne Naturerkenntnis und vor allem das energetische Grundgesetz zu bejahen. Von dem nahm man an, wie schon angedeutet, es wirke in allen natürlichen und sozialen Erscheinungen und biete genügend Potential, ein einigendes moralisches und psychologisch mobilisierendes Band für die Deutschen abzugeben: Vergeude keine Energie, sondern nutze sie.[89]

Man lebe schließlich in einer Zeit, in der religiös-ethisch begründete Sittlichkeit nicht mehr durchzusetzen sei, zumal eine Wissenschaft heraufziehe, die ein nichtreligiöses Bewußtsein zu entwickeln gestatte, die Soziologie, die damals in Deutschland noch „Kulturwissenschaft" hieß.[90] Die neue Wissenschaft erhebe einen synthetisierenden Anspruch, das ganze kulturelle Gefüge außerhalb von Wirtschaft und Staatswesen auszudrücken, zu analysieren und daraus Wegzeigungen abzuleiten. Sie müsse zu Einfluß gebracht werden, um „Kulturbeherrschung" zu erreichen. Franz Müller-Lyer, der Münchner Kulturtheoretiker, war in dem, was er darüber mitteilte, im *Weimarer Kartell* unbestrittene Autorität.[91]

Gewiß, andere in Deutschland hatten zur gleichen Zeit andere Ideen, die einen mehr in fortschrittlicher, liberaler oder sozialdemokratischer Schattierung, die anderen eher konservativ. Aber selbst Konservative befürworteten nach 1900 nicht mehr unbedingt christliches Wertebeharren, sondern hielten eine „konservative Revolution" außerhalb davon für unabding-

---

[88] Friedrich Jodl, Der Monismus und die Kulturprobleme der Gegenwart. Vortrag, gehalten auf dem Ersten Monisten-Kongresse am 11. September 1911 zu Hamburg, Leipzig 1911, S. 18 - 19.
[89] Daß darin auch ein ökologischer Ansatz lag, muß hier vernachlässigt werden.
[90] Vgl. Kultur und Kulturwissenschaft um 1900, Krise der Moderne und Glaube an die Wissenschaft, hrsg. von Rüdiger vom Bruch, Friedrich Wilhelm Graf und Gangolf Hübinger, Stuttgart 1989.
[91] Vgl. vor allem Franz C. Müller-Lyer, Der Sinn des Lebens und die Wissenschaft, Grundlinien einer Volksphilosophie, München 1910 (= Die Entwicklungsstufen der Menschheit, Bd. 1, 2. Aufl. 1923).

bar.⁹² Alle diese Strömungen besaßen kulturpolitische Programme. Sie bezogen sich in irgendeiner Form auch auf das *Weimarer Kartell*. Auch wenn nur wenige Sozialdemokraten an hervorgehobener Position hier mitwirkten, ist der Einfluß auf deren Konzept doch sehr nachhaltig gewesen. Als erster Sozialdemokrat hatte Robert Seidel, 1869 Mitbegründer der Bebelschen (Eisenacher) Richtung, Mitte der Neunziger positiv auf die ethische Bewegung reagiert. Die gesamte Arbeiterbewegung erschien ihm nur sinnvoll, wenn sie „sittlichend auf die Massen" wirkt. Man müsse sich dieser bürgerlichen Strömung zuwenden, „weil uns der sociale und politische Verteidigungskampf nicht erlaubt, auch diese Kulturarbeit zu thun."⁹³

Der einflußreichste Sozialdemokrat innerhalb des Kartells war zweifellos der aus einfachen Verhältnissen über das Theologie- zum Philosophiestudium gekommene Dessauer Genossenschafter, Freidenker, Propagandist der Volkshausbewegung und Erfinder der Kunstsprache Ido Heinrich Peus. Er wurde 1915 auf Vorschlag Ostwalds sogar Erster Schriftführer des Monistenbundes.⁹⁴

Max Maurenbrecher hingegen wurde von denjenigen akzeptiert, die eine persönliche Religion bzw. eine Mitgliedschaft bei den Freireligiösen Gemeinden vorzogen. Sie lasen seine Neufassung biblischer Geschichten. Er war ein oft engagierter Redner, und in der Sozialdemokratie verfocht Maurenbrecher ein Konzept der kulturellen, nicht der politischen Bildung.⁹⁵

Als radikaler Freidenker in und außerhalb der Arbeiterpartei trat dagegen Adolph Hoffmann in Erscheinung, der einen eigenen Verlag leitete, die „Jugendweihe" einführte und wegen seiner offensiven Kirchenkritik der „Zehn-

---

⁹²Vgl. Armin Mohler, Die Konservative Revolution in Deutschland 1918-1932. Ein Handbuch, 2., völlig neu bearb. und erw. Fassung, Darmstadt 1972. - Fritz Stern, Kulturpessimismus als politische Gefahr, Eine Analyse nationaler Ideologie in Deutschland, Bern, Stuttgart, Wien 1963.
⁹³Robert Seidel, Sozialdemokratie und ethische Bewegung, Zürich 1897, S. 11, 12.
⁹⁴Vgl. Heinrich Peus, Das Kapital der organisierten Verbraucher. Eßlingen 1916; Kulturschädlichkeit von Konfession und Kirche, Leipzig 1914; Kurzer Abriß der Welthilfssprache Ido, Charlottenburg 1913; Religion und Sozialdemokratie, Dessau 1894; Das Volkshaus wie es sein sollte, In Deutsch und in Ido, Berlin o. J. (1913).
⁹⁵Vgl. Max Maurenbrecher, Biblische Geschichten, Bd. 1-10, Berlin 1909/10; Jatho, Dürfen wir monistische Frömmigkeit in christliche Hüllen verschleiern. Ein Vortrag, München-Gräfelfing 1911; Das Leid, Eine Auseinandersetzung mit der Religion, Jena 1912; Massenbildung, in: Sozialistische Monatshefte, Berlin 13. Jg. 1909, Heft 21, Bd. 3, S. 1364 - 1371.

Gebote-Hoffmann" hieß.[96] Ihm erschienen die Forderungen des Kartells „nicht genügend".[97]
Das Weimarer Kartell wollte in diesem Spektrum der Ansichten sowohl vermitteln als auch eine neue Kulturpolitik etablieren. Kunst war für sie dabei, wie schon angedeutet, nicht so wichtig.[98] Ein Volk mittels Kunst verändern zu wollen, erschien ihnen absurd. Das bedeutete, daß sie sich allen volksbildenden Unternehmungen zwar öffneten, aber nur insoweit es dabei um Allgemeinbildung ging und Kunst darin eingeschlossen blieb.
So errichtete Pfungst die erste Frankfurter Freibibliothek mit öffentlicher Lesehalle (der zweiten in Deutschland). In Weimar unterstützten die Anhänger einer neuen ethischen Kultur den *Verein für Massenverbreitung guter Schriften*. Es „handelt sich hier darum, die Branntweinkneipe und das Tingel-Tangel mittelst Theaterbesuchs zu verdrängen", wie Emil Reich vor der Jahrhundertwende schrieb.[99] In Jena unterstützte die *Ethische Gesellschaft* die Arbeit des 1903 eröffneten Volkshauses.
Mit „Weltanschauungen allein (kann) keine neue Kultur heraufgeführt" werden, schrieb Julian Marcuse im Sommer 1912 an den Vorstand der Monisten. Es bedürfe schon des Mitwirkens an der sozialen Arbeit. Doch sei diese bisher „im wesentlichen Frauentätigkeit".[100] Friedrich Jodl, der im Kartell hochgeachtete Wiener Philosophieprofessor, forderte auf dem Hamburger Kongreß der Monisten 1911 die Öffnung der Kultureinrichtungen für alle, also auch für das niedere Volk. Allen „Menschen müssen die Segnungen der Kultur möglichst erschlossen werden."[101] Und Max Henning, zu dieser Zeit Sekretär des Kartells in spe, folgerte daraus, die

---

[96] Vgl. Adolph Hoffmann, Los von der Kirche! ... Landtagsrede... Berlin 1908; Die zehn Gebote und die besitzende Klasse. Nach dem gleichnamigen Vortrage mit einem Geleitbrief von Clara Zetkin... Berlin 1904. - Von Ende November 1918 bis Anfang 1919 war Hoffmann preußischer Kultusminister, gemeinsam mit Konrad Haenisch.

[97] Protokoll der Ordentlichen Generalversammlung des Deutschen Freidenkerbundes in Düsseldorf vom 20. Mai 1910, Düsseldorf 1910, S. 84.

[98] Es gab aber eine besondere freidenkerische Kunst. Vgl. Freidenkertheater-Bibliothek, Dresden 1921 ff. - Auch sahen sich, wie schon erwähnt, Pfungst, Unold und andere zuerst als Dichter, dann als Philosophen und zuletzt als „Praktiker" . - Über Unold vgl. diesbezüglich Ostwald, Lebenslinien, S. 242: „Aber er litt an der Vorstellung, daß in ihm ein großer Dichter verborgen sei, und wenn ihn die Poesie ergriff, so hielt er die Hingabe an ihren Ruf für seine erste Pflicht, der sich alles andere, auch seine Herausgebertätigkeit (der Bundeszeitschrift, H.G.), unterzuordnen hatte."

[99] Reich, Kunst, S. 176. - Wobei deutliche Unterschiede zwischen den Monisten und der Ethischen Gesellschaft zu verzeichnen sind. Letztere neigte eher zu einer Öffnung der Kultureinrichtungen für alle, vgl. S. 182 - 183. - Beziehungen zum Jenaer Kunstverein sind wegen des unterschiedlichen Konzepts unwahrscheinlich.

[100] Julian Marcuse, Mitarbeit in der sozialen Praxis, in: MJ 1. Jg. 1912/13, S. 382/383.

[101] Jodl, Kulturprobleme, S. 36.

Kirchen durch Kulturhäuser zu ersetzen: „im Gegensatz zur alten Kultusgemeinde" erstrebe das Kartell das „Gemeindehaus".[102]
In dieser Konsequenz und Orientierung auf Allgemeinbildung war auch die Rubrik *Monistische Kulturarbeit* in der Zeitschrift *Monistisches Jahrhundert* konzipiert. Es berichtete über Erkenntnisse der Physik und der Medizin, brachte Berichte zur Rechts-, Boden-, Sexual- und Schulreform, über Mutterschutz, Friedensbewegung, Alkoholfrage und Genossenschaftswesen. Werkbund und Kunst wurden hintenangestellt.
Die Anhänger des *Weimarer Kartells* besaßen eine Vorstellung von Kulturpolitik, wie sie heute, angesichts eines überzeichneten Ressort- und Verwaltungsdenkens in der Kulturarbeit, restlos aus der Mode gekommen ist. Das Kartell unterstellte, daß grundsätzliche Veränderungsvorschläge sich an das Staatswesen mit seinen Institutionen als Ganzes und an den ganzheitlichen Menschen richten müssen. Es bedürfe eines säkularen nationalkulturellen Ideals, das kulturpolitisch und institutionell umzusetzen wäre. Zehn grundsätzliche kulturpolitische Forderungen formulierte die Konferenz in Weimar 1907, über die „sofort restlose Übereinkunft erzielt"[103] wurde:
„1. Schutz der Universitäten gegen jeden Eingriff in ihre Forschungs- und Lehrfreiheit...
2. Aufhebung der theologischen Fakultäten und Einordnung des religionswissenschaftlichen Stoffes in die philosophischen Fakultäten.
3. Befreiung der Schulen und sämtlicher öffentlicher Unterrichtsanstalten... von kirchlicher Bevormundung und Beeinflussung.
4. Schaffung selbständiger Unterrichtsministerien.
5 Befreiung der Kommunen von staatlichen Eingriffen, besonders bei Kulturfragen...
6. Vereinfachung des Kirchen-Austritts und Regelung desselben.
7. Befreiung der Dissidentenkinder vom konfessionellen Religionsunterricht.
8. Aufhebung des Zwanges zu einer religiösen Eidesformel.
9. Freiheit der Bestattungsformen (Feuerbestattung).
10. Bekämpfung der gesetzlichen, wirtschaftlichen und sittlichen Minderbewertung der Frau."[104]
Die Akteure des *Weimarer Kartells* waren allerdings unerfahren und ungelenk in der Verwirklichung ihrer Absichten, und sie waren, was die organisatorische Leitung des Unternehmens betrifft, vom Unglück verfolgt.

---
[102] Handbuch, S. 32.
[103] Ebd., S. 23.
[104] Ebd.

Auch stellte sich mit der Zeit heraus, daß die führenden Köpfe unter politischem Eingreifen lediglich „energischstes" Vortragen der Argumente begriffen, wie eine häufig wiederkehrende Formulierung belegt. Sie meinten, allgemeine Einsicht in den logischen Gang der Dinge und Vertrauen in die Kraft der Überzeugung anderer mittels akademischer Vorlesungen oder volkstümlicher Ansprachen seien hinreichend und wären der übliche Weg in der Politik.

Vor allem aber vertrauten sie auf eine Politisierung der Akademiker: „Aber auch die bekannte Weltfremdheit der Gelehrten und Idealisten fängt langsam an sich zu wandeln in den brennenden Wunsch zur Mitarbeit am Ausbau unserer deutschen Kultur."[105] Weil genau dies aber nicht eintrat, kam es auch zu keinen großen gemeinsamen Aktionen oder zu Verbindungen mit politischen Parteien. So verblieb die Tätigkeit des Kartells weitgehend im Rahmen der Kulturarbeit.

Das Kartell stellte Reiseprediger ein, wie es zur gleichen Zeit auch die Sozialdemokraten und andere Organisationen praktizierten.[106] Das Reservoir solcher Wanderredner rekrutierte sich aus einem Überschuß an „freien" Akademikern, denen der bezahlte Wissenschaftsberuf, verbunden mit der Beamtenlaufbahn, verschlossen blieb. Sie setzten damals einen heute allgemein üblichen Vorgang erstmals in Gang, nämlich das Initiieren neuer Berufs- und Tätigkeitsfelder, die dann professionalisiert werden und sozusagen über die Hintertreppe neue universitäre Ausbildungen provozierten.[107]

Die bis dahin übliche Sozialarbeit (Armenpflege) wurde mehr und mehr berufsmäßig betrieben und mit der Zeit auch vermännlicht. Armenpflege war nun nicht mehr allein eine Domäne adliger und bürgerlicher Damen. Zugleich gelangten auf diesem Wege zunehmend auch Frauen in akademische Karrieren.

Kurz vor seinem Tode hatte Pfungst begonnen, eine *Akademie des freien Gedankens* einzurichten, eine nichtuniversitäre Hochschule. Daran anknüpfend, versuchten damals Herbert Kühnert und Herman Kranold, eine mit Kulturarbeit verbundene Kulturwissenschaft an deutschen Universitäten zu etablieren. Im Kapitel VIII ihrer Schrift *Neue Beiträge zur*

---

[105] Das Weimarer Kartell: Aufruf an die „Intellektuellen" zu den preußischen Landtagswahlen, in: MJ 1. Jg. 1912/13, S. 86 - 87.

[106] Redner des Kartells, soweit sie aus Jena kamen (aus Weimar ist niemand benannt), waren Schmidt, Ludwig Plate und ein H. Siedentopf (für den Monistenbund noch benannt: C.H. Thiele, Privatgelehrter; für Weimar: Friedrich Thieme). - 1913 wurde Jena zur Rednerzentrale aller sächsischen und thüringischen Ortsgruppen erklärt.

[107] Vgl. Herbert Kühnert, Herman Kranold, Wege zur Universitätsreform, München 1913 (Wege zur Kulturbeherrschung, 1).

Hochschulreform schlugen sie unter der Überschrift *Der Student und das soziale Leben,* bezugnehmend auf englische Settlements („planmäßige Ansiedlung sozial interessierter Menschen" in den Quartieren unterer Volksschichten) vor:
„Abendliche Vorträge und Diskussionen über wirtschaftliche, politische und Weltanschauungsfragen. Abendklassen mit literarischem, sprachlichem, künstlerischem, technischem, naturwissenschaftlichem, handelswissenschaftlichem Programm. Studier- und Spielvereine. Wanderklub, Lehrerverein, Theatervorstellungen, Konzerte, Knabenklubs, Boys-Scouts, Kinderspielstunden, Kinderspeisungen, Volksbibliothek, Rechtsauskunft, Stellenvermittlung, Sanitätskolonne, Frauenverein, Wohltätigkeitsverein."[108]
Ein solches Programm ging davon aus, auch Arbeiter als Beitragende zum Kulturfortschritt anzusehen. Ähnliche Ansichten hatten ja bei Abbe in Jena als erstem Unternehmer in Deutschland vor 1914 bewirkt, Arbeitern bezahlten Urlaub zu gewähren. Man begann überhaupt zu dieser Zeit das Volk kulturell wahrzunehmen, wenn auch mit der Absicht, es zu veredeln. Überall in Deutschland versuchten in diesem Sinne eine ganze Reihe sozial eingestellter Fabrikanten, ermuntert von der ethischen Bewegung und den Volkswohl-Vereinen, ein „volkstümliches" Programm kultureller Bildung in Gang zu setzen. Sie wollten Betriebsgemeinschaft, Stammarbeiter, außerhäusliche bildende Erholungen und die Kunst dem Volke nahebringen. Sie förderten deshalb Vortrags- und Unterhaltungsabende, Betriebsausflüge (etwa zu Kunst- und Gewerbeausstellungen), Urlaube, Arbeitergärten, Ferienheime des Betriebes, Lesehallen, Volkstheater, Volksunterhaltungsabende und Volksheime.[109]
Die seit den Neunzigern ausgearbeiteten Vorstellungen über Kulturarbeit mit Erwachsenen wurden in dieser Form und zu dieser Zeit auf Jugendliche übertragen, weil diese als soziale Gruppe in Erscheinung traten und ihre Ansprüche anmeldeten. Die Zauberformel hieß Jugendklub.[110]
Im *Weimarer Kartell* setzte sich besonders der wegen seines Eintretens für einen „ethischen Unterricht" in der Schule gemaßregelte Leiter einer Ham-

---

[108] Herbert Kühnert, Herman Kranold, Neue Beiträge zur Hochschulreform, München 1913, S. 131, 135 (Wege zur Kulturbeherrschung, 3).
[109] Vgl. Victor Böhmert, Die Erholungen der Arbeiter außer dem Hause, in: Der Arbeiterfreund, Berlin 30. Jg. 1892, S. 1 - 28.
[110] Zur Entstehung kultureller Jugendarbeit als Mittel zur Gewaltprävention und zur Rolle, die dabei den von der Ethischen Gesellschaft beförderten „Settlements" und „Jugendklubs" zukam, vgl. Rolf Lindner: Bandenwesen und Klubwesen im wilhelmischen Reich und in der Weimarer Republik, Ein Beitrag zur historischen Kulturanalyse, in: Geschichte und Gesellschaft, Göttingen 10. Jg. 1984, Heft 3, S. 352 - 375.

burger Volksschule Gustav Höft ein. Er forderte sogar die „Ausgestaltung einer monistischen Jugendbewegung"[111] und versuchte im April 1913 eine entsprechende kulturelle Kinder- und Jugendarbeit zu begründen: Schülerkonzerte und Theatervorstellungen, Rezitationsabende, Wandschmuck der Schulräume, Blumenpflege, Besuche von Museen, Kampf gegen die Schundliteratur, Schwimmen, Turnen, Spielen, Wandervereinigungen, Ferienkolonien, Handarbeit, Selbstregierung der Kinder.[112] Kulturarbeit meinte ein breites Spektrum an lebenshelfenden und bildenden Offerten, weil man das Ende der Religionen kommen sah und deshalb in der ganzen Breite des Lebensalltags und der Feiergestaltung nach Ersatz suchte. Viel ist seitdem nicht hinzugekommen, sieht man ab von der kommunalen Verankerung der Institutionen und ihrer Ausweitung durch „Soziokultur" sowie besonders von den modernen massenmedialen Angeboten.

Die ganze Spanne heutiger Kultur- , Jugend- und Sozialarbeit nahm damals ihren Anfang. Doch noch fungierten die beiden großen Kirchen in Deutschland als nahezu allein bevorzugte „freie Träger".[113] Besonders sie galten als staatstragend. Erst allmählich kamen bürgerliche Vereine hinzu. Und genau dafür setzte sich das *Weimarer Kartell* ein. Auch die Indienstnahme von Künstlern für Kulturarbeit begann in dieser Zeit, wie in Jena die Anstellung Erich Kuithans am Volkshaus zeigt. Seitdem ist deren Klage nie verstummt, man vernachlässige die eigentliche Berufung.

Ortsgruppen in Jena und Weimar

Das *Weimarer Kartell,* wie andere Verbünde auch, wäre nie zustandegekommen, hätten nicht überlastete Vordenker studiertem Hilfspersonal damit Lohn, Brot und persönliche Lebensperspektiven verschafft. Doch erfolgte die Bezahlung nicht aus öffentlichen Mitteln, wie heute in den meisten freien Trägerschaften und anerkannten gemeinnützigen Vereinen üblich, sondern auf Grund privater Initiative und somit aus den Kassen philanthropischer Fabrikanten wie Carstens, Pfungst, Herbig, Abbe und anderen oder aus den Schatullen von Akademikern, die durch Verbindungen mit der Industrie oder durch Verkauf ihrer Bestseller, wie es heute heißt, zu Geld gekommen waren.

---

[111] Bericht über die VII. Hauptversammlung des Deutschen Monistenbundes zu Düsseldorf vom 5.-8. September 1913, in: MJ 2. Jg. 1913/14, S. 749.
[112] Vgl. Gustav Höft, Schulreform, in: MJ 2. Jg. 1913/14, S. 155.
[113] So in der Jugendhilfe, vgl. Hermann Giesecke, Vom Wandervogel bis zur Hitlerjugend, Jugendarbeit zwischen Politik und Pädagogik, München 1981, S. 60.

Das spiegelt sich auch in der Jenaer und der Weimarer Ortsgruppe des Monistenbundes, die sich als „Speerspitzen" des *Weimarer Kartells* begriffen. Sie setzten sich aus drei sozialen Gruppen zusammen, berufenen Wissenschaftlern (Geheime Räte), aufgeschlossenen, nach sozialer Betätigung suchenden Fabrikanten (Unternehmer, Privatiers, Rentiers) und arbeitsuchenden Akademikern ohne staatliche Anstellung (Privatgelehrten, Privatdozenten).
Die größte und aktivste Gruppe des Kartells in Thüringen war zweifellos die der Jenaer Monisten.[114] Sie hatte als erste einen freireligiösen Jugendunterricht eingeführt (1913 mit vierzig Teilnehmern), den ein Herr Cilian leitete, der auch das örtliche *Komitee Konfessionslos* anführte. Bei den Jenaern gab es regelmäßig Sommersonnenwendfeiern auf dem „Forst". Die Wintersonnenwendfeiern fanden im kleinen Saal des Volkshauses statt (1913/14 mit etwa 150 Personen). Kurz vor Kriegsausbruch gab es in Jena den ersten monistischen Pfingstkurs, unter anderem mit Referaten von Magnus Hirschfeld (Sexualwissenschaft) und Franz Staudinger (Genossenschaftskultur).
Die Ortsgruppen versammelten sich in Wirtshäusern, wie parallel zu ihnen die Sozialdemokraten zu ihren monatlichen Zahlabenden in Arbeiterkneipen. Doch ging es bei den Monisten standesgemäßer zu. Das Jenaer Stammlokal war das *Hotel Fürstenhof,* in dessen Vereinszimmer sie tagten. Die Weimarer trafen sich im *Restaurant Belvedere,* doch im Sommer 1912/13 jeden Mittwoch abend zwanglos im *Hotel Chemnitius.* Diese Treffen waren Professorenstammtisch und Lobbyistenrunde zugleich.
Die großen nationalen Versammlungen führten die freigeistigen Gruppen im Volkshaus durch, wie auch die Sozialdemokraten ihre Parteitage 1905, 1911 und 1913.[115] Nur lebten beide Gruppen verschiedene Kulturen. Lediglich einige wenige gebildete Sozialdemokraten wurden, wie oben angedeutet, bei den Bürgerlichen akzeptiert, aber nicht als Sozialdemokraten, sondern als Kirchengegner.

---

[114] Davon konnten, außer den an anderer Stelle schon genannten Personen, ermittelt werden (alle männlich, außer Frau Elisabeth Müller): Photograph Bischoff, Dannemann, Dr. H. Eger (Leiter des monistischen Jugendunterrichts und Verfasser des Gedichts „Der neue Mensch"), Prof. Finke, Prof. Halbfass, Oberlehrer Hertlein, Prof. Otto Knopf, August Löber (Werkmeister bei Zeiss), cand. stud. phil. H. Müller, Prof. Ludwig Plate (Nachfolger auf Haeckels Lehrstuhl), Pomme, Kunstmaler G. Reinhardt, H. E. Ziegler. - Für Weimar werden genannt: Friedrich Thieme, Hirschberg.
[115] 1905 stand vor dem Rednerpult unter immergrünen Gewächsen die Büste von Karl Marx. Links und rechts auf der Bühne sahen die Köpfe von Lassalle und Liebknecht hervor, während das Bildnis Abbes an der einen Bühnenwand nach dem Saale zu hing.

Das Ende des Kartells

Vielleicht wäre die Wirksamkeit des Kartells größer gewesen, wenn nicht Querelen zwischen den Zentren der deutschen freigeistigen Bewegung einen festeren nationalen Verbund verhindert hätten und wenn nicht Todesfälle die jeweils gewählten oder designierten Vorstände getroffen hätten. Auf der letzten Vorkriegssitzung des Weimarer Kartells am 4.9.1913 in Düsseldorf, „an der viele in ihm vereinigte Verbände teilnahmen", wurde durch den Einfluß Wilhelm Ostwalds Professor Heinrich Rößler (Frankfurt a.M.), ein entschiedener Bodenreformer, zum letzten Vorsitzenden gewählt, weil, wie erwähnt, der für diese Funktion vorgesehene Pfungst kurz zuvor verstorben war.[116]

Das Kartell wirkte in seiner kurzen Geschichte mehr geistig initiierend als institutionell gestaltend. Das lag nicht nur, wie Ostwald rückblickend meint, an einem fehlenden „Führer, der eine solch lockere Gemeinschaft zusammenzufassen vermochte, so daß die Tätigkeit des Kartells gering blieb."[117] Es lag auch daran, daß in den konkreten kulturpolitischen Fragen nach wie vor nicht das Reich der Adressat war, sondern das jeweilige Land.

Dem letzten geschäftsführenden Ausschuß vor dem Kriege gehörten an: Heinrich Rößler, Max Henning und der Rechtsanwalt Ernst Hochstaedter. Weitere Mitglieder waren Wilhelm Ostwald, Gustav Tschirn (noch immer nur für die Freidenker, nicht für die Freireligiösen), Wilhelm Klauke, Peter Schmal, Rudolph Penzig und Helene Stöcker. Gerade letztere hatte begonnen, über „kulturelle Hegemonie" nachzudenken: Unsere kulturellen Forderungen lassen sich nur durchsetzen, „wenn wir zu einem Großblock der kulturellen Linken kommen, wie wir einen Großblock der politischen Linken brauchen".[118]

Es war dies den Jenaern weitgehend unverständlich und erschien ihnen als besondere Berliner Marotte. Der Berliner Mitbegründer des Kartells Vielhaber, der 1906 zuerst die Idee eines *Allgemeinen Deutschen Kulturbundes* geäußert hatte, ging in seinen Überlegungen weiter als Helene Stöcker. Er sprach von der Notwendigkeit eines „Kultur-Großblocks", den zu erreichen man ein deutsches „Großkartell" schaffen müsse. Dabei berief er

---

[116] Das Weimarer Kartell, in: Die neue Weltanschauung, Monatsschrift für Kulturfortschritt auf naturwissenschaftlicher Grundlage, Berlin-Wilmersdorf 6. Jg. 1913, Heft 11, S. 431 - 432.
[117] Ostwald, Lebenslinien, S. 240.
[118] Helene Stöcker, Kirche und Religiosität, in: Der Monismus, 6. Jg. 1911, Heft 63, S. 388.

sich ausdrücklich auf den Begründer des modernen deutschen Liberalismus Friedrich Naumann.[119]
Doch das Kartell und die Gemeinschaft der Leitfiguren, zudem in verschiedenen Ämtern der Mitgliedsvereine in Personalunion verwoben[120], waren in ihren Ansichten viel zu heterogen, um zu gemeinsamem Handeln zu finden. Zudem deuteten sich Kompromisse mit Kirchenvertretern über eine der Hauptforderungen des Kartells an, in der Frage nach einem staatsbürgerlichen Moralunterricht in der Schule - und zwar auf eine Weise, die radikalere Freidenker zur Opposition innerhalb des Kartells drängte. Schon auf der letzten Vorkriegssitzung wurde die „Erringung eines konfessionellen Moralunterrichts an Stelle des konfessionellen Religionsunterrichts" und damit eine Abkehr vom ursprünglichen Anspruch beschlossen.[121]
Gerade Penzigs Vorstellungen von einem weltlichen Moralunterricht in der Schule waren sehr deutschnational. Schärfere Konturen in der Auseinandersetzung deuteten sich auch schon in der Euthanasie-Debatte an. Noch immer sorgte aber die gemeinsame Gegnerschaft zur staatlichen Kulturpolitik und zu den Kirchen für Zusammenhalt und kittete die aufgebrochenen Gegensätze zwischen den Mitgliedsorganisationen.
Die Widersprüche traten beim Thema, wie man sich zu den Kriegskrediten und zur Weiterführung des Krieges verhalten sollte, offen auf. Nur eine Minderheit dachte pazifistisch, die Mehrheit jedoch national. Der Krieg wirkte als Katalysator. Die Streitfragen wären vielleicht auf der für den 9. September 1914 geplanten Konferenz des Kartells offener als vorher üblich ausgebrochen. Henning sollte, gemeinsam mit Ludwig Wahrmund, über die Trennung von Kirche und Staat referieren. Als Tagungsort war erneut das Jenaer Volkshaus vorgesehen. Beschlossen werden sollte unter anderem eine einheitliche Bezeichnung „konfessionslos" für alle aus der Kirche ausgetretenen sowie konfessionslosen Personen bei der für den 1.12.1915 beabsichtigten Volkszählung.
So schlief das Kartell ein, so sehr Henning auch nach Kriegsausbruch gegenzusteuern versuchte. Diesen Vorgang beschleunigte ein einzelner Aufruf mehr, als er in der Lage war, das Gegenteil zu befördern. Oswald Mar-

---

[119] Vgl. Walter Vielhaber, Praktische Vorschläge für den kulturellen Großblock, in: MJ 3. Jg. 1913/14, S. 1033 - 1040.
[120] Vgl. Lempp, Kartell, Sp. 1865: in „den Vorständen (der Mitgliedsvereine, H.G.) finden sich immer wieder dieselben Namen".
[121] Dieser Ausgleich war das Resultat einer Konferenz, die ein Jahr zuvor stattgefunden hatte. Vgl. Die Harmonie zwischen Religions- und Moralunterricht, Vorträge auf der Konferenz über sittliche Willensbildung in der Schule, gehalten am 29., 30. Sept. u. 1. Okt. 1912 in Berlin, gesammelt und hrsg. von Rudolph Penzig, Berlin 1912.

cuses Leserzuschrift hoffte nämlich ausdrücklich auf ein Entgegenkommen der Reichsregierung.[122] Das war für die Linken politisch nicht akzeptabel. Nach dem Krieg und in der Revolution schufen sozialdemokratische Freidenker, in Regierungsverantwortung gekommen, neue Tatsachen im Verhältnis Staat, Kirche und Zulassung freigeistiger Vereine. Das ist hier kein Gegenstand mehr. Doch entstand 1922 konzeptionell und auch personell in der sozialistisch geprägten *Reichsarbeitsgemeinschaft freigeistiger Verbände (Rag)* eine neue Dachorganisation, die Forderungen des *Weimarer Kartells* aufgriff.[123] Und es war Rudolph Penzigs Blatt *Ethische Kultur*, das die Diskussion über den „neuen Menschen" wieder aufgriff[124], die dann die kulturpolitische Debatte in den Zwanzigern prägte und in der sich auch das Programm einer sozialistischen „Kulturrevolution" entfaltete.[125]

---

[122] Vgl. Oswald Marcuse-Breslau, Die Belebung des Weimarer Kartells, in: MJ 4. Jg. 1914/15, S. 289-293.

[123] Hartmann Wunderer, Freidenkertum und Arbeiterbewegung, in: Internationale Wissenschaftliche Korrespondenz zur Geschichte der deutschen Arbeiterbewegung, Berlin 16. Jg. 1980, Heft 1, S. 1 - 33.

[124] Vgl. Max Seber, Neue Einrichtungen oder neue Menschen, in: EK 28. Jg. 1920, Heft 11, S. 81 - 82.

[125] Vgl. Walter Lindemann, Anna Lindemann, Die proletarische Freidenker-Bewegung, Geschichte, Theorie, Praxis, im Anhang: H. Eichberg, Über eine alternative Kulturbewegung, die in der Rechristianisierung der Linken unterging, Reprint der 1. Auflage von 1926, Münster 1981.

MEIKE G. WERNER

Die akademische Jugend und Modernität
Zur Konstitution der Jenaer Freien Studentenschaft 1908

Daß das wilhelminische Universitätsmilieu nicht nur autoritätshörige „Untertanen" heranzüchtete, beweist die moderne Oppositionsbewegung der Freistudenten, die an der Universität Jena ab 1908 dauerhaft Fuß faßte und dort ein vielfältiges, auf die gesamte Jenaer Öffentlichkeit wirkendes, politisch kulturelles Leben entfaltete. Die sogenannten „Wilden" oder „Finken", gemeint sind damit die nichtinkorporierten Studenten, die sich selbstbewußt als „freie Studenten" bezeichneten, konstituierten sich gegen die Unfähigkeit und den Unwillen der traditionalistischen Korporationen, sich den Herausforderungen des Modernisierungsprozesses im Hochschulleben zu stellen. Zunächst eine „ausgesprochene Klassenbewegung"[1] der steigenden Zahl der nichtinkorporierten, mittelständisch-kleinbürgerlichen Studenten, forderten sie Mitbestimmungsrecht in den studentischen Gremien, die von den ständischen elitären Korporationen majorisiert wurden. Mit der Forderung nach Demokratisierung verband sich jedoch das weiterreichende Ziel einer „Erneuerung des deutschen Studententums"[2] auf der Basis einer durchgreifenden modernen Hochschulreform.

Die ersten Anläufe in den Jahren 1889 und 1892, die Finken zur Durchsetzung entsprechender Änderungen der Universitätssatzungen an der größten deutschen Universität Berlin zu organisieren, verliefen kläglich im Sand.[3] Erst 1896 gelang in Leipzig die erste dauerhafte Gründung mit einer Satzung und Organisationsform, die allen Nachfolgorganisationen als Vorbild diente.[4] Von Leipzig griff die freistudentische Bewegung allmählich

---

[1] Noch immer lesenswert dazu Friedrich Schulze/ Paul Ssymank, Das deutsche Studententum von den ältesten Zeiten bis zur Gegenwart, 4., völlig neu bearb. Aufl., München 1932, S. 375-451, hier S. 375.

[2] Programmatisch zusammengefaßt in Wilhelm Ohr, Zur Erneuerung des deutschen Studententums, München 1908 und Felix Behrend, Der Freistudentische Ideenkreis. Programmatische Erklärungen, hrsg. im Auftrage der Deutschen Freien Studentenschaft, München 1907.

[3] Vgl. dazu Norbert Kampe, Studenten und „Judenfrage" im Deutschen Kaiserreich. Die Entstehung einer akademischen Trägerschicht des Antisemitismus, Göttingen 1988, S. 173. Kampe stellt die beiden ersten Mobilisierungsversuche in den Zusammenhang der Abwehr eines zunehmenden studentischen Antisemitismus.

[4] Dokumentiert in: Erster Bericht der Leipziger Finkenschaft WS 1896/97, Leipzig 1897; Zweiter Bericht der Leipziger Finkenschaft (Ostern 1897 bis Ostern 1899), hrsg. von der Leipziger Finkenschaft, Leipzig 1899; Rudolf Hanisch, Die Leipziger Freie Studentenschaft (Finkenschaft) 1899 bis 1905. Als dritter Bericht hrsg. vom Präsidium der Leipziger Freien Studentenschaft, Leipzig 1906.

auf andere Universitäten über.[5] 1908, als auch in Jena - ergriffen vom Geist der neuen Zeit - erneut die Gründung einer Freistudentenschaft in Angriff genommen wurde, bestanden bereits an elf Universitäten und fünfzehn Hochschulen bzw. Akademien Freistudentenschaften.[6] Die thüringische Landesuniversität kann von daher gewiß nicht den Anspruch erheben, während dieser Zeitspanne in den ersten Reihen progressiven Studententums mitgekämpft zu haben. Bemerkenswert war die Jenaer Freistudentenschaft jedoch in zweierlei Hinsicht; nämlich in ihrer personellen Zusammensetzung sowie ihrer engen Verbindung zum zeitgleich entstandenen jugendbewegten Serakreis um den Jenenser Verleger Eugen Diederichs.[7] Zu ihren Gründern und führenden Köpfen zählten - um nur einige zu nennen - der gelernte Jurist und spätere marxistische Sozialist Karl Korsch, Robert Jentzsch, nach seinem Weggang von Jena Mitglied des „Neuen Clubs" in Berlin, der spätere Mitbegründer der Pädagogik als universitärer Disziplin und Goethe-Forscher Wilhelm Flitner, der nachmals bedeutende Vertreter der analytischen Philosophie Rudolf Carnap, der Goethe-Kenner und spätere Direktor der Pädagogischen Akademie Halle Julius Frankenberger, der Lebensreformer, Schulgründer und Sprachforscher Walter Fränzel und der begabte, im Krieg gefallene Hans Kremers. Doch erst das Zusammenspiel, personell wie inhaltlich, mit dem jugendbewegten Zirkel um Eugen Diederichs, der sich nach dem Refrain eines mittelalterlichen Schreittanzes Sera-Kreis nannte, verlieh der Freistudentenschaft die spezielle Jenaer Note.[8] Und nicht zuletzt gingen 1913 von den Jenaer Freistudenten, der

---

[5] Vgl. dazu die umfassende, quellenkritische Darstellung der freistudentischen Bewegung von Hans Ulrich Wipf, Geschichte der freistudentischen Bewegung. Struktur und politische Funktion der Reformbewegung in der akademischen Jugend 1896-1914/22. Diss. Hannover 1993 (masch.).

[6] Vgl. dazu die Aufstellung in Adalbert Zoellner, Überblick über die freistudentische Bewegung an den Hochschulen Deutschlands, Charlottenburg 1909. - In Jena hatte bereits in den Jahren 1902/03 eine Freistudentenschaft bestanden.

[7] Zum Serakreis vgl. Wilhelm Flitner, Erinnerungen 1889-1945, in: Gesammelte Schriften, Bd. 11. Paderborn u.a. 1986, S. 128-156; Serakreis, in: Werner Kindt, Hrsg., Dokumentation der deutschen Jugendbewegung II. Die Wandervogelzeit. Quellenschriften zur deutschen Jugendbewegung 1896-1919. Düsseldorf, Köln 1968, S. 469-483; Sigrid Bias-Engel, Zwischen Wandervogel und Wissenschaft. Zur Geschichte von Jugendbewegung und Studentenschaft 1896-1920. Köln 1988, S. 126-132; Erich Viehöfer, Der Verleger als Organisator. Eugen Diederichs und die bürgerlichen Reformbewegungen der Jahrhundertwende. Frankfurt/M. 1988, S. 77-83; Meike Werner, „In Jena begonnen zu haben, war ein besonderer Vorzug des Glückes." Der freistudentische Serakreis um Eugen Diederichs, in: Jürgen John, Hrsg., Kleinstaaten und Kultur in Thüringen vom 16. bis 20. Jahrhundert. Köln, Wien, Weimar 1994, S. 529-540.

[8] Vgl. dazu Meike Werner, Ambivalenzen kultureller Praxis in der Jugendbewegung. Das Beispiel des freistudentischen Jenenser Serakreises um den Verleger Eugen Die-

Akademischen Vereinigung Jena, einer sogenannten modernen Korporation, sowie dem Serakreis maßgebliche Initiativen für das Zustandekommen des Ersten Freideutschen Jugendtreffens auf dem Hohen Meißner aus.[9]
Die Konstitution der Jenaer Freistudentenschaft ist, wie im folgenden zu zeigen sein wird, nicht nur eine Gegenbewegung zu den von Korporationen und Burschenschaften beherrschten studentischen Assoziationsformen, sondern auch eine Emanzipationsbewegung der wachsenden Zahl Studierender mittelständisch-kleinbügerlicher Herkunft; sie ist die Antwort der modernen akademischen Jugend in Jena auf eine sich rasch verändernde Welt, in der nicht nur generell die kulturell soziale Führungsrolle der traditionellen Eliten und das Verhältnis zur nachwachsenden Generation zur Disposition standen, sondern in deren speziell universitärem Umfeld auch die Einbindung erstarkender oder neuer Gruppen wie die katholischen und russisch-jüdischen Studierenden sowie die nun zum Studium zugelassenen Frauen zu leisten war.

Der Gründungsausschuß

Als der Jenaer Ausschuß zur Gründung einer Freistudentenschaft am 18. Februar 1908 sich in einem Rundschreiben mit der Bitte um Wohlwollen und gegebenenfalls Unterstützung an die Professoren der Universität wandte, konnte sich dieser auf eine mehrjährige freistudentische Geschichte an anderen deutschen Universitäten berufen. Um ihrem Anliegen Gewicht zu verleihen, hieß es im letzten Abschnitt des Schreibens: „An 25 Hochschulen des deutschen Reiches bestehen heute Freie Studentenschaften, überall haben sie nicht nur in den Kreisen der Nichtinkorporierten, sondern weit darüber hinaus, befruchtend auf das akademische Leben eingewirkt."[10] Die Argumente, die der Ausschuß für die Gründung einer Vertretung der nichtinkorporierten Studentenschaft vorbrachte, waren die bekannten: die ständig steigende Zahl der nichtinkorporierten Studenten

---

derichs vor dem Ersten Weltkrieg, in: Jahrbuch für Historische Bildungsforschung 1 (1993), S. 245-264.
[9] Vgl. dazu Winfried Mogge/ Jürgen Reulecke, Hoher Meißner. Der Erste Freideutsche Jugendtag in Dokumenten, Deutungen und Bildern, Köln 1988.
[10] Der Ausschuß zur Gründung einer Freistudentenschaft (Finkenschaft) zu Jena an die Professoren der Universität. Jena, 18.2.1908 aus Nachlaß Walter Fränzel, Glüsingen. Im folgenden schließe ich mich Wipfs Unterscheidung zwischen Finken und Freistudenten an. Als Finken werden allgemein die nichtinkorporierten Studenten bezeichnet, während Freistudenten die in der Bewegung aktiven Studierenden meint.

infolge der Frequenzexplosion sowie die de facto Hegemonie der Korporationen in der Studentischen Vertreterschaft.
Tatsächlich hatte Jena wie alle anderen reichsdeutschen Universitäten seit dem Ende der neunziger Jahre des 19. Jahrhunderts eine drastische Erhöhung der Studentenzahlen zu verzeichnen. Zwischen dem Wintersemester 1899/1900 und dem Wintersemester 1907/08 hatte sich die Zahl der Immatrikulationen von 758 auf 1622 mehr als verdoppelt.[11] Davon gehörten im Wintersemester 1907/08 nur 635 Studierende einer der traditionellen farbentragenden, schlagenden Verbindungen oder einem wissenschaftlich-geselligen Verein als Mitglieder an, d.h. fast 61% der Studentenschaft war nicht inkorporiert.[12] Wie an allen anderen deutschen Universitäten privilegierten auch die Jenaer „Satzungen der Studentischen Vertreterschaft von 1906", die jeder der ca. 30 Verbindungen mindestens einen Vertreter zubilligte, eindeutig die traditionalistischen Korporationen.[13] Von der einzigen Möglichkeit der Mitbestimmung über die vier Fakultätsvertreter hatten die Finken seit mehreren Semestern keinen Gebrauch mehr gemacht. Der Gründungsausschuß konnte deshalb in dem Rundschreiben mit Recht behaupten, daß den „Nichtinkorporierten (Finken, Freistudenten) so gut wie gar keine Gelegenheit gegeben [war], sich am akademischen Leben zu beteiligen."

Auslöser für den erneuten Anlauf war jedoch nicht, wie man auf Grund dieser offenkundigen Zurücksetzung hätte erwarten können und wie an einigen anderen Universitäten tatsächlich der Fall, eine Konfrontation mit den Korporationen über die Mitwirkung der nichtinkorporierten Studenten bei universitären Repräsentationsaufgaben[14], sondern eine kleine, recht heterogene Gruppe von Studenten, vor allem Studienortwechsler, darunter

---

[11] Die Semesterstatistiken sind jeweils im Anhang des halbjährlich erscheinenden Amtlichen Verzeichnisses der Lehrer, Behörden, Beamten und Studierenden der Großherzogl. Herzogl. Sächsischen Gesamtuniversität Jena abgedruckt.

[12] Ermittelt aus den halbjährlichen Namensverzeichnissen der studentischen Verbindungen, zu deren Abgabe lt. Universitätsstatut jede studentische Verbindung und jeder studentische Verein verpflichtet war (Universitätsarchiv Jena (UAJ) Bestand C, Nr. 1124, Bd. II 1892-1908).

[13] Die im Februar 1906 verabschiedeten Satzungen ersetzten das „Statut des Ausschusses der Studentenschaft an der Universität Jena" vom Juni 1903. Mit einigen Änderungen vom Dezember 1906 galten diese Satzungen bis Dezember 1911, als die Satzungen der „Studentischen Vertreterschaft von 1911" in Kraft traten. Korporationen mit mehr als dreißig Mitgliedern erhielten für jede weiteren zwanzig eine zusätzliche Stimme.

[14] Das bevorstehende 350jährige Universitätsjubiläum im Juli 1908 beispielsweise hätte Anlaß zu Konflikten geben können. In Leipzig und Berlin lösten die Jubiläumsvorbereitungen 1909 und 1910 heftige Kontroversen zwischen Freistudenten und Korporationen aus, die in Berlin in eine freistudentische Gegenveranstaltung mündeten.

einige, die bereits an anderen Universitäten ein freistudentisches Amt bekleidet hatten. Den verantwortlich zeichnenden Gründungsausschuß bildeten der Hamburger Walter Laeisz, der als aktiver Freistudent an der Technischen Hochschule Charlottenburg mehrere Semester Schiffsbau studiert hatte, der gebürtige Rudolstädter Edmund Möller, ehemals Vorsitzender der Berliner Freistudentenschaft[15], sowie der Hamburger Walther Stiller, der nach einer Ausbildung zum Kaufmann mehrere Semester in den freistudentischen Hochburgen Leipzig und Berlin zugebracht hatte. Laeisz, Sohn eines Buchhändlers, und Stiller, Sohn eines Volksschullehres, studierten Staatswissenschaften, während Möller für Naturwissenschaften eingeschrieben war.[16] Alle drei gehörten der Philosophischen Fakultät an. Diesen organisatorischen Stoßtrupp unterstützte zu Beginn des Sommersemesters 1908, als der Gründungsausschuß eine großangelegte, planmäßige Werbekampagne mit einem erneuten Rundschreiben an die Professorenschaft, Flugblättern, öffentlichem Aufruf und Bekanntmachung im freisinnigen „Jenaer Volksblatt" startete[17], eine kleine Schar von Mitstreitern: der Dresdener Walter Fränzel, Student der Naturwissenschaften und Studienortwechsler aus Leipzig, wo er die Esperanto-Abteilung der Leipziger Freistudentenschaft geleitet hatte, Max Heydemann, ehemaliger Vorsitzender der Münchner Freistudentenschaft, Karl Korsch, der bereits vier Semester Jura, Nationalökonomie und Philosophie in München, Genf und Berlin studiert hatte, Leopold Bendix, ein Erstsemester aus Hamburg, der Jenenser Philologiestudent und Sohn eines Zeissarbeiters Julius Frankenberger, der gebürtige Berliner Robert Jentzsch, erstes Semester Mathematik, Oskar Neff, Student der Naturwissenschaften im zweiten Semester, und der musisch begabte Chemiestudent Ernst Geiringer aus Wien.

---

[15] Verfasser der „Freistudentischen Irrfahrten", Jena 1910.

[16] Angaben zu Walter Laeisz aus UAJ Bestand M, Nr. 531, Promotionsakten der Philosophischen Fakultät Sommersemester 1909. Aus dieser Akte geht auch hervor, daß Laeisz (Jg. 1881) zwischen dem Abschluß der Gewerbeschule und der privaten Vorbereitung auf das Abitur zwei Jahre auf einer Schiffswerft gearbeitet hatte. - Angaben zu Walther Stiller aus UAJ Bestand M, Nr. 534, Promotionsakten der Philosophischen Fakultät Sommersemester 1910. Stiller (Jg. 1886) hatte vor Studienbeginn bereits eine Kaufmannslehre und ein Jahr Berufspraxis absolviert. - Angaben zu Edmund Möller aus Walter Fränzels Tagebuch 3, 1907-1908, Rostock, Leipzig, Jena, S. 167 aus Nachlaß Walter Fränzel, Glüsingen.

[17] Einladungsschreiben des Ausschusses zur Gründung einer Freistudentenschaft an die Professorenschaft zur Gründungsversammlung, Jena, 13. Mai 1908; Flugblatt „Burschen heraus!" aus UAJ, Bestand C, Nr. 1086, Bl. 14 und 15; Aufruf zur Gründung einer Jenaer Freien Studentenschaft aus Nachlaß Walter Fränzel, Glüsingen. Sowohl das Flugblatt als auch der Aufruf wurden bei dem freisinnigen Verleger Bernhard Vopelius, dem Herausgeber des von Ernst Abbe gegründeten freisinnigen „Jenaer Volksblattes", gedruckt.

Aus der Jenaer Personenkonstellation lassen sich einige für die freistudentische Bewegung bezeichnende Merkmale und Tendenzen ablesen. Die Gründergeneration unter den engagierten Freistudenten, die in Jena die erneute Konstitution einer Freistudentenschaft anstieß, entstammte überwiegend dem typischen freistudentischen Herkunftsmilieu, nämlich den neuen, vorwiegend protestantischen Mittelschichten, für die Bildung das Mittel zum sozialen Aufstieg bereitstellte.[18] Diesen war auf Grund ihrer mittelständisch-kleinbürgerlichen Herkunft, fehlender familiärer Tradition sowie bemessener finanzieller Mittel der Anschluß an die traditonelle studentische Sozialisationsinstanz der Korporationen, die den Weg in das soziale Netzwerk der „satisfaktionsfähigen Gesellschaft"[19] ebneten, nur schwer oder überhaupt nicht zugänglich. An der Universität konzentrierten sich die sozialen Aufsteiger - und Jena bildete hier keine Ausnahme - in der Philosophischen Fakultät, die als Fakultät mit der niedrigsten akademischen Selbstrekrutierungsrate als der „soziale Schmelztiegel der Universität" galt.[20] Gleichzeitig verraten das selbstsichere Auftreten, die selbstbewußte Diktion ihrer Rundschreiben, Flugblätter und Aufrufe sowie ihr organisatorisches Know-how das erwachende Selbstbewußtsein einer neuen universitären Bildungselite, die trotz zahlenmäßiger Überlegenheit in der traditionalistischen Universitätshierarchie jedoch als Studenten „zweiter Klasse" sozial und rechtlich marginalisiert waren.

Die Gründung: Organisation, Programm, Ziele

Zum Auftakt lud der freistudentische Gründungsausschuß am 8. Mai zu einer „Vorkneipe" im Weimarer Hof ein, zu der sich jedoch nur ungefähr vierzig Interessierte einfanden. Angesichts der 1419 immatrikulierten Studierenden, von denen im Sommersemester 1908 die Hälfte keiner Korpo-

---

[18] Der Anteil an Studenten mittelständisch- kleinbürgerlicher Herkunft, der zwischen 1871 und 1900 noch bei 30% lag, stieg bis 1914 auf 50% an, was neue soziale Fronten schuf. Vgl. dazu Konrad H. Jarausch, Frequenz und Struktur. Zur Sozialgeschichte der Studenten im Kaiserreich, in: Peter Baumgart, Hrsg., Bildungspolitik in Preußen zur Zeit des Kaiserreichs, Stuttgart, S. 119-149; sowie Konrad H. Jarausch, Students, Society, and Politics in Imperial Germany. The Rise of Academic Illiberalism, Princeton 1982, S. 78-134; ders., Deutsche Studenten 1800-1970, Frankfurt/M. 1984, S. 71-93. Zu spezifisch freistudentischen Rekrutierungsmerkmalen vgl. Wipf, Struktur und Politik, S. 357- 379.
[19] Norbert Elias, Die satisfaktionsfähige Gesellschaft, in: ders., Studien über die Deutschen. Machtkämpfe und Habitusentwicklung im 19. und 20. Jahrhundert, hrsg. v. Michael Schröter, Frankfurt/M. 1989, S. 61-158.
[20] Jarausch, Deutsche Studenten, S. 79.

ration oder Vereinigung angehörte, kein ermutigender Anfang.[21] Dagegen wurde die konstituierende Sitzung im Deutschen Haus am 13. Mai, also eine knappe Woche später, nach intensiver Werbung über Anschläge und Flugblätter von etwa 200 Studierenden besucht. Damit waren immerhin 14% der Gesamtstudentenschaft und 29% der Nichtinkorporierten mobilisiert worden.[22] Als Ersatz für den angekündigten bekannten Leipziger Freistudenten Dr. Rudolf Hanisch sprach Dr. Paul Roth, ein ebenfalls profilierter Leipziger Freistudent, über das allgemeine Selbstverständnis und Programm der freistudentischen Bewegung, während Walter Laeisz die Möglichkeiten und Ziele einer Jenaer Ortsgruppe erläuterte. Auf der Tagesordnung standen außerdem die Beratung des vorgelegten Satzungsentwurfes und die Wahl des fünfköpfigen Ausschusses.[23] Ihr modernes demokratisches Organisationsprinzip garantierte jedem nichtinkorporierten Studierenden sowohl in der Diskussion als auch bei der Wahl Stimm- und Rederecht sowie aktives und passives Wahlrecht.

Die freistudentische Bewegung verfolgte im wesentlichen zwei Ziele: eine Wahlrechts- und eine Bildungsreform. Man forderte die öffentlich rechtliche Anerkennung der Freistudentenschaft als eine auf parlamentarischer Grundlage beruhende Vertretung aller nicht-inkorporierten Studenten sowie längerfristig die Abschaffung des exklusiven, die Korporationen privilegierenden, ständischen Repräsentationswahlrechtes zugunsten eines zeitgemäßen, modernen Proportionalwahlrechts, wofür es im Kaiserreich selbst kein Vorbild gab. Der demokratisch gewählte fünfköpfige Ausschuß als das behördlich anerkannte Vertretungsorgan der Freistudentenschaft hatte die Aufgabe, „1. Die allgemeinen studentischen Interessen der freien Studenten zu vertreten und durch Weckung des Gemeinsinnes Interesse für das akademische Leben wachzurufen. 2. Gemeinnützige studentische Einrichtungen ins Leben zu rufen und zu verwalten. 3. Mittel und Wege zu bereiten, um jedem Studenten zu ermöglichen, sich körperlich und geistig harmonisch auszubilden."[24] Zu diesem Zwecke kultureller und wirtschaft-

---

[21] Vgl. dazu Walter Fränzels Tagebuch 3, 1907-1908, S. 170ff. Im SS 1908 gehörten 728 Studenten einer Verbindung oder einem wissenschaftlich-geselligen Verein an.

[22] Diese Zahlen stellen nicht in Rechnung, daß an der Versammlung möglicherweise nicht stimmberechtigte Gäste befreundeter Freistudentenschaften anderer Universitäten teilnahmen. Walter Fränzel notierte in seinem Tagebuch, daß er am 5. Mai Einladungen an Leipzig, Halle, Cöthen, Eisenach, Berlin und Charlottenburg verschickt hatte. Obwohl der Aufruf sich explizit an die Nichtinkorporierten richtete, läßt sich auch nicht ausschließen, daß sich unter den Teilnehmern nicht stimmberechtigte korporierte Studenten befanden.

[23] Ein vierseitiges Flugblatt mit dem Titel „Burschen heraus" informierte detailliert über die geplante Versammlung, aus Nachlaß Walter Fränzel, Glüsingen.

[24] §3 des Satzungsentwurfes des Gründungsausschusses der Jenaer Freien Studenten-

licher Selbsthilfe richteten die Freistudenten Abteilungen für Wissenschaft, Kunst und Literatur ein, in denen ein vielfältiges Vortragsprogramm über moderne Entwicklungen in der Industriegesellschaft, Politik, den Natur- und Geisteswissenschaften sowie Literatur, Malerei und Musik informierte. Ämter für Studienberatung, Wohnungs-, Arbeits- und Büchervermittlung sorgten für Orientierung und finanzielle Erleichterungen. Sport- und Wanderabteilungen wie auch das Festamt trugen vor allem den geselligen Bedürfnissen der Studierenden Rechnung. Nach Vorbild der englischen Settlementbewegung leisteten die Freistudenten extramurale Sozialarbeit in studentischen Arbeiterunterrichtskursen. Das sehr aktive Exkursionsamt organisierte Besichtigungen moderner Industrieanlagen und Fahrten in die Schreine der kulturellen Moderne in Weimar (z.B. in das Nietzsche-Archiv und van de Veldes Atelier), zur „Freien Schulgemeinde Wickersdorf" bei Saalfeld und Paul Schultze-Naumburgs Werkstätten bei Saaleck.[25] Praktisch bedeutete dies - die wohlwollende Duldung der Behörden vorausgesetzt - eine Koexistenz von zwei studentischen Vertretungen an ein und derselben Universität, die sich auf Grund ihrer sehr unterschiedlichen Organisationsprinzipien und Bildungsvorstellungen nicht immer friedlich gestaltete.

„Wir führen hier Krieg": Das freistudentische Vertretungs- und Toleranzprinzip

Der Anspruch der Freistudentenschaft, alle nichtinkorporierten Studierenden einer Universität in akademischen Angelegenheiten zu vertreten, bedeutete innerhalb eines wachsenden „akademischen Illiberalismus"[26] eine große Herausforderung sowohl nach innen als auch nach außen. Denn das ihrer demokratischen Assoziationsform inhärente unbedingte Toleranz- und Neutralitätsgebot hinsichtlich weltanschaulichen, religiösen und politischen Überzeugungen schloß auch die in der dominanten studentischen

---

schaft, abgedruck auf S. 4 des Flugblattes „Burschen heraus" vom Mai 1908, aus Nachlaß Walter Fränzel, Glüsingen.

[25] Zur freistudentischen Innenarbeit in Jena vgl. Wilhelm Flitner, Freideutsche Studenten in Jena 1909-1914 (1963), in: ders., Die Pädagogische Bewegung. Beiträge - Berichte - Rückblicke, Gesammelte Schriften, Bd. 4, Paderborn u.a. 1987, S. 431-436; sowie die ausführliche Schilderung in seinen „Erinnerungen", S. 103-171.

[26] So die These und der Untertitel von Jarausch, Students, Society, and Politics in Imperial Germany. The Rise of Academic Illiberalism. Jarausch nennt als Gründe für diese Tendenz die Furcht vor Statusverlust, verminderten Berufschancen und damit verbundene Konkurrenzängste, die sich in der Suche nach Sündenböcken abreagierten.

Subkultur „unerwünschten Elemente" ein, nämlich die Juden, die Ausländer, die Katholiken und die neuerlich zugelassenen Frauen.[27]
Selbst eine sozial und rechtlich marginalisierte Gruppe, der an einer Aufwertung ihrer gesellschaftlichen Reputation gelegen war, waren die Freistudenten weit davon entfernt, sich um eines abstrakten Prinzips willen unwidersprochen mit anderen Außenseitergruppen zu solidarisieren. Im Gegenteil, von ihren Gegnern auf den Prüfstand „nationaler Zuverlässigkeit" gehoben, drohten die sogenannte „Judenfrage" und die „Ausländerfrage", ein Euphemismus für die behördliche Restriktionspolitik gegenüber russisch-jüdischen Studenten, und der akademische Kulturkampf wiederholt die in sich sehr heterogene freistudentische Bewegung, die ihre Existenzberechtigung aus dem Gesamtvertretungsanspruch herleitete, auseinanderzubrechen. Der prinzipielle Einschluß der Gruppen von Studierenden, auf die im Zuge der zeitbedingten Strukturveränderungen der Universität Modernisierungs-, Konkurrenz- und Statusverlustängste projiziert wurden[28], stellte die Freistudenten unter ungeheuren Rechtfertigungsdruck sowohl nach außen, hier vor allem gegenüber dem politisch sehr aggressiven, nationalistisch-antisemitischen Verein Deutscher Studenten (VDSt), als auch nach innen, gegenüber der mehrheitlich national empfindenden freistudentischen Basis.
Die Konflikte und Fraktionskämpfe kristallisierten sich zwar vor allem an den großen, von jüdischen Studenten bevorzugten Universitäten Berlin, Leipzig und Breslau sowie zusätzlich Königsberg und München für die russischen Juden, was aber nicht bedeutete, daß sich die Jenaer (Frei-) Studentenschaft nicht mit Antisemitismus, Ausländerfeindlichkeit und antikatholischen Ressentiments sowohl in ihren eigenen Reihen als auch bei ihren Gegnern auseinandersetzen mußte. Nach 1900 traten in Jena außer der modernen Freistudentenschaft noch drei weitere Gruppen auf den Plan,

---

[27] Zum akademischen Antisemitismus: Kampe, Studenten und „Judenfrage"; ders., Jews and Antisemites at Universities in Imperial Germany. I. Jewish Students: Social History and Social Conflict, in: Year Book of the Leo Baeck Institute (LBI YB), Bd. 30, 1985, S. 357-394. II. The Friedrich-Wilhelms Universität of Berlin: A Case Study on the Students „Jewish Question", in: LBI YB, Bd. 32, 1987, S. 43-101. - Zur „Ausländerfrage": Jack Wertheimer, „The Unwanted Element" - East European Jews in Imperial Germany, in: LBI YB, Bd. 26, 1981, S. 23-46; ders., The „Ausländerfrage" at Institutions of Higher Learning - A Controversy over Russian-Jewish Students in Imperial Germany, in: LBI YB, Bd. 27, 1982, S. 187-215 und ders., Between Tsar and Kaiser - The Radicalisation of Russian-Jewish University Students in Germany, in: LBI YB, Bd. 28, S. 329-349.
[28] Vgl. zu dieser Problematik in Bezug auf die Juden Peter Gay, Freud, Jews and Other Germans. Masters and Victims in Modernist Culture, Oxford u.a. 1978.

die „Unordnung"[29] in das bis dahin sehr homogene, protestantisch provinzielle Jena brachten: die im Mai 1902 gegründete katholische Korporation „Sugambria", die steigende Zahl russischer Studenten sowie die seit dem Wintersemester 1906/07 zum Vollstudium zugelassenen Frauen. Gemeinsam war allen vier „neuen" Gruppen, daß sie im dominant traditionalistischen studentischen Milieu als inkompatibel mit den „wertvollsten Traditionen unserer Alma mater"[30] wahrgenommen wurden und deshalb Anlaß zu Konflikten und verschärften Frontbildungen gaben.

Der akademische Kulturkampf in Jena

In Jena, dessen Bevölkerung zu 96% protestantisch war[31], kam es als erster reichsdeutscher Universität zum offenen Ausbruch des latenten Antikatholizismus innerhalb der Studentenschaft, dessen Vehemenz nur im Zusammenhang mit dem Erstarken der katholischen Korporationen und deren politischer Nähe zum Zentrum, der mandatstärksten Partei im Reichstag, zu verstehen ist. Als die „Sugambria", die einzige katholische, nichtschlagende Verbindung in Jena mit nur sieben Mitgliedern im Sommersemester 1903, im Winter 1903 Farben anlegte, löste dieser symbolische Akt heftige Protestaktionen bei den Korporationen und der frisch gegründeten, sechs aktive Mitglieder zählenden Ortsgruppe des nationalistisch chauvinistischen, antisemitischen Kyffhäuser-Verbandes der Vereine Deutscher Studenten (VDSt) aus. Die Vorfälle in Jena wuchsen sich zu einem überregionalen „Hochschulstreit über die akademische Freiheit"[32] bzw. „akademischen Kulturkampf" aus, der allgemein großes Aufsehen erregte und an vielen Universitäten und Hochschulen zu heftigen Zusammenstößen mit den Universitätsbehörden führte.[33]

---

[29] Richard Sennett, The Uses of Disorder. Personal Identity and City Life. New York, London 1992 (zuerst erschienen 1970).

[30] Erklärung der „Studentischen Vertreterschaft von 1906" am 2. November 1909 als Absage an die katholische Korporation „Sugambria", in UAJ Bestand BA, Nr. 161, Notizen Rektor.

[31] 1905 waren von 26360 Einwohnern 961 katholisch (= 3,64%) und 145 jüdisch (= 0,55%). Diese Zahlen reflektieren nicht die konfessionelle Zugehörigkeit der Studierenden. Die Sugambria führte im Wintersemester 1904/05 neun aktive Mitglieder, die bei 1164 Studenten knapp 0.8% der Gesamtstudentenschaft ausmachten. Ein Zusammenschluß jüdischer Studenten ist für Jena nicht nachweisbar.

[32] Johannes Penzler, Der Hochschulstreit über akademische Freiheit und konfessionelle Verbindungen. Von einem 70. Semester, Leipzig 1905.

[33] Vgl. dazu aus zeitgenössischer Perspektive Schulze, Ssymank, Das deutsche Studententum, S. 381-398; aus katholischer Sicht: Peter Stitz, Geschichte der katholischen Deutschen Studentenverbindung Sugambria in Jena, 1902-1935, Berlebach 1936; ders.,

Die Jenaer „Studentische Vertreterschaft", in der weder die Sugambria noch der VDSt noch die Freistudentenschaft Stimmrecht besaßen, erreichte mit einer Beschwerde wegen „antinationaler Gesinnung" und „konfessionellem Hader" durch den protestantischen Senat mit 31 gegen 2 Stimmen das Farbenverbot für die Sugambria.³⁴ Alle Versuche der Sugambria während der folgenden Jahre, zumindest bei den großen Festlichkeiten wie der Schillerfeier 1905 oder dem Universitätsjubiläum 1908 die Erlaubnis zum „Chargieren im Vollwichs" zu erhalten, scheiterten wiederholt am Widerstand der „Studentischen Vertreterschaft". Diese scheute sich auch nicht, ihre Statuten - mit Genehmigung des Senats - zweimal dahingehend abzuändern, daß nicht nur die mehrfach beantragte Aufnahme der Sugambria in die „Studentische Vertreterschaft" unmöglich wurde, sondern bei Bedarf jede „national nicht zuverlässige" Gruppe ausgegrenzt werden konnte.

Gegen beide Satzungen und ihre Vertreter legten die Freistudenten Widerspruch ein: am 20. Januar 1910 gegen die „Studentische Vertreterschaft von 1906", bei deren Verabschiedung die erste Freistudentenschaft in Jena nicht mehr bestanden hatte, nach einem anhaltenden Konflikt zwischen der Sugambria, der Studentischen Vertreterschaft und dem Senat, sowie unmittelbar nach der erneuten Satzungsänderung am 15. Dezember 1911, die konfessionelle Gruppen prinzipiell ausschloß. Es ist nicht anzunehmen, daß die Solidarität der Freistudenten pro-katholischen Sympathien entsprang, denn als vornehmlich protestantische Bewegung teilten diese die im liberal protestantischen Milieu verbreiteten Vorbehalte der Fortschritts-, Bildungs- und Reichsfeindlichkeit der „Ultramontanen"³⁵, sondern diese reflektierte vielmehr das prinzipielle Eintreten für das freistudentische Demokratieverständnis, das Ausschlußverfahren auf Grund von Konfession, Weltanschauung und Rasse grundsätzlich ablehnte.³⁶ Einer möglichen Koalition mit den Katholiken stand das freistudentische Toleranzprinzip ent-

---

Der akademische Kulturkampf, München 1960; allgemein: Jarausch, Students, Society, and Politics, S. 367-380; Wipf, Struktur und Geschichte, S. 138-158; Max Steinmetz, Geschichte der Universität Jena 1548/58-1958, Bd. 1, Jena 1958, S. 497.

³⁴ Eine Zusammenfassung der Vorgänge findet sich in UAJ Bestand BA, Nr. 161h, Notizen Prorektor Sugambria betreffend.

³⁵ Vgl. dazu Helmut W. Smith, German Nationalism and Religious Conflict: Culture, Ideology, Politics 1870-1914, Princeton 1994.

³⁶ Aus den Akten zur „Sugambria" geht hervor, daß die Freistudentenschaft erklärte, daß sie „die StV 1906 nicht als den wahren Ausschuß der Studentenschaft anerkennen." Diesem Protest vorausgegangen waren mehrere Eingaben der Sugambria an die Vertreterschaft und den Senat mit der Bitte um Aufnahme in die Vertreterschaft. Die Freistudenten solidarisierten sich mit der Sugambria insofern, als daß auch sie die Vertreterschaft nicht als gesamtstudentische Vertretung anerkannten.

gegen, das generell konfessionelle Vereinigungen als Gruppen mit Sonderinteressen als mit dem Gedanken der alle Hochschulangehörigen umfassenden civitas academica unvereinbar zurückwies.[37]
Festzuhalten bleibt, daß die 1906 und 1911 vorgenommenen Satzungsänderungen der bis dahin sehr allgemein und offen formulierten Aufnahmebedingungen in den Jenaer Ausschuß der Studentenschaft[38], die nunmehr nationalistische und antikatholische Ausschlußverfahren im universitätsbehördlichen Einvernehmen ermöglichten, eine zunehmende Politisierung und damit auch Polarisierung innerhalb der Studentenschaft bewirkten und das angesichts einer Gruppe, deren Bedrohung mehr symbolischen denn aktuellen Charakter hatte.

Die „nationale Frage": Juden und Ausländer in der Freistudentenschaft

Die Katholiken waren jedoch nicht die einzigen, die die Gemüter der Jenaer Studenten erregten. Als auf dem zweiten überregionalen Weimarer Freistudententag im Mai 1902 die „nationale Frage", d.h. die Stellung der jüdischen und ausländischen Kommilitonen innerhalb der Freistudentenschaft, zum letzten Mal diskutiert wurde, berichtete das Verhandlungsprotokoll, daß der Student der Staatswissenschaften Kormann aus Jena unter Hinweis auf das anmaßende Verhalten der in Jena studierenden Ausländer sich gegen die Vergabe von Vertrauensposten an Ausländer innerhalb der Freistudentenschaft ausgesprochen hatte.[39] Ihre Integration, ein Gebot des freistudentischen Gesamtvertretungsanspruchs, war auf dem Freistudententag unter anderem mit dem bezeichnenden Argument empfohlen

---

[37] Vgl. dazu Karl Korschs positive Besprechung von Carl Sonnenscheins „Soziale Studentenblätter", in: Jenaer Hochschulzeitung (JHZ) Nr. 8, 26.5.1909, wiederabgedruckt in: Karl Korsch, Recht, Geist und Kultur, Schriften 1908-1918 (Gesamtausgabe, Bd. 1), hrsg. v. Michael Buckmiller, Frankfurt a.M. 1980, S.101-103. Korsch moniert dort allerdings das fehlende Toleranzprinzip.

[38] Im Statut des Ausschusses der Studentenschaft an der Universität Jena von 1903 heißt es: „Der Ausschuß setzt sich zusammen aus Vertretern von Verbänden studentischer Vereine bzw. von Einzelvereinen ... und je einem Vertreter der vier Fakultäten.", in UAJ Bestand C, Nr. 1086. Die neuen Satzungen führten „deutsch", „vaterländische Gesinnung", „konfessionell" als (dis)qualifizierende Argumente in die akademische Rhetorik ein.

[39] Protokoll der Verhandlungen vom 23. Mai 1902, in: Finkenblätter, Jg. 5, 1902, S. 216-219, wiederabgedruckt in Kampe, Studenten und „Judenfrage", S. 313-316, hier S. 313.

worden, daß dadurch die Gründung deutschfeindlicher Ausländervereine verhindert würde.[40] Westeuropäische Ausländer sowie Studenten aus Amerika und Australien wurden an den reichsdeutschen Universitäten ohne Einschränkung willkommen geheißen, hoben sie doch die internationale Reputation der jeweiligen Bildungsinstitution. Dagegen richteten sich die universitären Zulassungsbeschränkungen eindeutig gegen die russischen Studenten, die in der Mehrheit jüdisch waren. Die sprunghafte Zunahme russisch-jüdischer Studenten sowohl in Deutschland als auch in der Schweiz und in Frankreich war eine Folgeerscheinung der antisemitischen Quoten an den Universitäten im zaristischen Rußland, die die russischen Juden zum Studium an ausländischen Universitäten zwangen. Studierten 1888 im gesamten Reichsgebiet nur 60 russisch-jüdische Studenten, stieg ihre Zahl bis 1902 auf 655 an, die sich infolge der Russischen Revolution 1905 noch einmal merklich erhöhte, so daß trotz verschärfter Immatrikulationsbedingungen 1913/14 von den insgesamt ca. 5000 ausländischen Studenten 2259 russisch waren.[41] In Jena, wo sich nach Ausbruch der Revolution im Sommersemester 1905 statt der üblichen fünf oder sechs 63 und im Sommersemester 1906 104 Studierende aus Rußland immatrikulierten, reagierte eine Gruppe deutscher Studenten auf den merklich erhöhten Zustrom, vermutlich unter dem Einfluß alldeutscher Agitation, mit vehementen Protestaktionen und Verunglimpfungen der russischen Studenten in der Presse.[42] Prorektor und Senat zeigten sich jedoch nicht gewillt, den studentischen Forderungen nach Ausschluß der russischen Studenten bzw. dem Druck des Weimarer Staatsministeriums zur Verschärfung der Zulassungsmodalitäten nach preußischem Vorbild nachzugeben. Anders als an vielen anderen Universitäten hielt Jena an der 1893 in den „Gesetzen für die Studierenden der Großherzoglichen und Herzoglich-Sächsischen Gesamtuniversität Jena" verbürgten liberalen Zulassungspraxis fest, die keinerlei Einschränkungen für Ausländer vorsah. Eine Konzession machten die Behörden lediglich in

---

[40] Vgl. dazu Arthur Hases Grundsatzreferat „Die Studentenschaft und die nationale Frage" auf der Weimarer Verbandstagung 1902.
[41] Vgl. dazu Wertheimer, Ausländerfrage, S. 188ff.
[42] Vgl. dazu die Studie von Karl Brundig, Die Weimar-Jenaer „IskraTradition. Russische revolutionäre Studenten in Jena 1898-1914. Hrsg. zum 60. Jahrestag der Großen Sozialistischen Oktoberrevolution Jena 1977, hier v.a. S. 25-73. Brundig, dessen Ergebnisse einer Überprüfung an den Quellen bedürfen, führt die antirussische Agitation auf die unterstellte und z.T. tatsächlich nachgewiesene Unterstützung der sozialdemokratischen Partei durch die russischen Studierenden zurück. Vgl. auch die Vorgänge in UAJ Bestand BA, 1615, Acta academica betreffend: Die von Dr. Slotty und Genossen aufgestellten Wünsche über die Behandlung ausländischer Studierender, 1905-1914.

der verschärften Überprüfung der schulischen Vorbildung der Immatrikulierwilligen aus Rußland.[43] In Anbetracht dieser „Vorgeschichte" nimmt es nicht wunder, daß es in der Gründungsversammlung der Jenaer Freistudentenschaft im Mai 1908 bei der Diskussion des Satzungsentwurfes um den „Ausländerparagraphen" zu einer „heftigen Debatte" kam, in deren Gefolge festgelegt wurde, daß trotz Gesamtvertretungsanspruch in den repräsentativen Ausschuß nur „reichsdeutsche" Mitglieder gewählt werden konnten.[44] Trotz dieser vorläufigen Konzession an die nationalen Gefühle der Jenaer Studenten schwelte der Konflikt weiter. Anlaß zum erneuten Aufflammen der Diskussion der „nationalen Frage" gaben ein Jahr später der Vortrag des Kieler Monismuskritikers und Haeckel-Opponenten Prof. Johannes Reinke sowie die prinzipiell ablehnenden freistudentischen Stellungnahmen zum „gesetzwidrigen", aber auf der „Macht der Tradition" beruhenden Duell.[45] Karl Korsch hatte den Reinke-Vortrag, dessen Ankündigung im monistischen Jena „allgemeine Verwunderung" hervorgerufen hatte, zum Anlaß genommen, um den „absoluten Standpunkt der Toleranz" der „freien" Studentenschaft noch einmal zu erläutern.[46] Durch ihre dezidierte Aufgeschlossenheit gegenüber modernen Bewegungen, mit deren Überzeugungen man die Freistudenten in einem „Machtstaat", dessen Politik häufig die Form von „Glaubenskriegen" annahm[47], in eins setzte, waren sie ständig dem Verdacht ausgesetzt, „monistisch, linksliberal, bodenreformerisch, abstinent, vegetarisch ..." zu sein.[48] Korschs mit formalem Rigorismus vorgebrachte Äußerung, die in bezug auf die Gesinnung der einzelnen Freistudenten neutrale „Freie Studentenschaft 'toleriert' auch hochverräterische Standpunkte"[49] löste geradezu einen semantischen Besetzungskampf um den Begriff „national" aus,

---

[43] Trotz steigender Gesamtfrequenz pendelte sich die Zahl zwischen 40 und 50 pro Semester ein.
[44] Vgl. dazu Walter Fränzel, Tagebuch 3, 1907/1908, S. 172 und die beim Prorektor am 16. Mai eingereichten Satzungen, in UAJ Bestand E II, Nr. 2002, Bl. 198. Dieser einschränkende Zusatz ist in den revidierten Satzungen vom 16. Februar 1910 gestrichen.
[45] G.K.L[udolf] Schuchard, Duell und Freistudentenschaft; Karl Korsch, Duellanhänger und freistudentische Ehrengerichte, in: JHZ Nr. 9, 11.6.1909, Sp. 2 u. Sp. 3f. Korschs Beitrag ist wiederabgedruckt in: Korsch, Recht, Geist und Kultur, S. 105f.
[46] Karl Korsch, Monismus, Reinkevortrag, Toleranz und Freie Studentenschaft, in: JHZ Nr. 7, 7.5.1909, Sp. 2-4, wiederabgedruckt in: Korsch, Recht, Geist und Kultur, S. 97f.
[47] Thomas Nipperdey, Deutsche Geschichte 1866-1918, 2. Bd., Machtstaat vor der Demokratie, München 1992, S. 506.
[48] Korsch, Monismus, Reinkevortrag, Toleranz und Freie Studentenschaft, Sp. 3.
[49] Ders., Duellanhänger und freistudentische Ehrengerichte, Sp. 4.

der zwischen Korsch, Wolfgang Metz, vermutlich einem Vertreter der Burschenschaften, und dem VDStler Erich Keup in der „toleranten", freistudentischen Jenaer Hochschulzeitung (JHZ) ausgefochten wurde. Im Streit um den Ideengehalt der Urburschenschaft strich Wolfgang Metz den „fundamentalen Unterschied" heraus, „daß die Burschenschaft sich auf nationaler Grundlage erhob, während die Freistudentenschaft durch Aufnahme aller ausländischen Kommilitonen, und wären sie kalmückischen Stammes, diese Grundlage vermeidet, ...[die Burschenschaft] also keine Hochverräter in ihrer Mitte" kenne.[50] Diese erneute mit den bekannten Waffen geführte Attacke gegen das freistudentische Nationalbewußtsein konterte Korsch im festen Glauben an das bessere Argument mit einer positiven und negativen Bestimmung des Begriffs „national", den er ganz allgemein als „seinem Volke dienen" definierte.[51] „Negativ dient man seinem Volke", argumentierte Korsch, „durch Abwehr aller derer, die man für Schädlinge hält. Abwehr der Ausländer, der Juden, des 'inneren Feindes' sind hier geläufige Gesinnungsparolen. Die Chauvinisten, die Antisemiten und die Sozialistentöter, sie alle nehmen es gleichmäßig - und im negativen Sinne mit Recht - für sich in Anspruch, die 'nationalen' Gruppen katexochen zu heißen" (Sp.2). Dagegen entwickelte er einen positiven Nationalismusbegriff, der sich mit dem von der Freistudentenschaft gepflegten Bildungsideal deckte: „Positiv dient seinem Volke, wer sich bemüht, die Werte, die im Volke vorhanden sind oder für deren Aufnahme von außen dieses geeignet erscheint, zu entwickeln und zu pflegen... National in diesem positiven Sinne ist alles, was über die engen Schranken des egoistischen Interesses hinaus dem größeren Kreise nutzt und frommt" (Sp.2). Dieser positive Nationalismus erwachse nicht aus Abwehr, sondern durch sachliche Auseinandersetzung und offene Konfrontation mit dem Fremden, dem Anderen. Im „lebhaften Konnex mit anderen Nationen" - wie es deutschen Studenten beispielsweise durch den Verkehr mit ausländischen Studenten ermöglicht werde - erkenne man erst die „in der eigenen Nation schlummernden Werte" (Sp.2).
Korschs Angriff auf die Ziele der Burschenschaften und des VDSt als „programmmäßig ... negativ nationale Bestrebungen" rief die Gruppe in die publizistische Kampfarena, die sich nicht nur in Jena explizit die „Klärung und Kräftigung des Nationalbewußtseins in der gesamten deutschen Stu-

---

[50] Wolfgang Metz, Nochmals: Duell und Freistudentenschaft, in: JHZ Nr. 10, 30.6.1909, Sp. 1-3.
[51] Karl Korsch, National, ein negativer und ein positiver Begriff, in: JHZ Nr. 11, 10.7.1909, Sp. 1-3, wiederabgedruckt in: Korsch, Recht, Geist und Kultur, S. 109-111. Zitate daraus werden im folgenden in Klammern im Text angemerkt.

dentenschaft" auf das Banner geschrieben hatte, vor allem dann, wenn „ausgesprochen antinationale Kräfte in starkem Maße hervortreten."[52] Erich Keup als wortgewandter Vertreter des Vereins Deutscher Studenten wies Korschs Ausführungen geschickt als „Sophisterei" zurück, die den Unterschied zwischen „nationaler und kosmopolitischer Weltanschauung" verkennen, d.h zwischen einer Weltanschauung, die die expansive sozialdarwinistische Machtpolitik konkurrierender Völker für Deutschland entscheiden will, und einer Weltanschauung mit einer anerkennenswerten kulturellen Aufgabe. „Der objektive Neutralitätsstandpunkt der Fr.[eien] St.[udentenschaft] ... ist für Aestheten, Gelehrte, Weltbürger der geeignete Boden, Männer der Kraft, Männer der rücksichtslosen, aber gesunden, menschheitsfördernden Tat, nationale Männer werden mit psychologischer Notwendigkeit in ihrer Bewegung keinen Raum finden" (Sp.6).

Korschs Appell an den rationalen Diskurs und ein integratives Nationalverständnis war innerhalb der Finkenschaft kein populärer Standpunkt, er unterschätzte nicht nur die verbreitete Angst vor einer Feminisierung der deutschen Kultur, sondern auch die häusliche Sozialisation vieler Finken, die „national" seit der Reichsgründung häufig kritiklos mit „zu Bismarck stehen, für Heer, Flotte und Kolonialpolitik eintreten und das Andenken des deutsch-französischen Kriegs feiern" verband, wozu in neuerer Zeit auch noch der „Rassengedanke, d.h. national sein heißt antisemitisch sein" getreten war.[53] Das energische Eintreten führender Freistudenten wie Korsch für ein integratives Nationalverständnis beförderte innerhalb der Jenaer Freistudentenschaft jedoch in einer Zeit erhöhten Anpassungsdrucks eine pluralistische, demokratische und vorsichtig fomuliert „multikulturelle" Praxis. Die Wahl jüdischer Mitstudierender in den freistudentischen Ausschuß und deren sowie ausländischer Kommilitonen aktive Mitarbeit in den einzelnen Abteilungen, Berichte in der JHZ und Vorträge in den Abteilungen über fremde Länder sowie Studienreisen bezeugen dies.

---

[52] Erich Keup, National, ein positiver und ein negativer Begriff. Entgegnung auf den Artikel von Herrn Korsch, in: JHZ Nr. 15, 3.12.1909, Sp. 4-6. - Zum Kyffhäuserverband vgl. außer Kampe, Studenten und „Judenfrage" die Verbandsgeschichte von Hedwig Ross-Schumacher, Der Kyffhäuserverband der Vereine Deutscher Studenten 1880-1914/18. Ein Beitrag zum nationalen Vereinswesen und zum politischen Denken im Kaiserreich, Gifthorn 1986.
[53] Wilhelm Ohr, Leitsätze für die akademische Gegenwart, in: ders., Zur Erneuerung des deutschen Studententums, S. 7.

Die Frauenfrage

Einen dritten Konfliktherd bildeten die Frauen und das schon bevor sie zum Studium in Jena zugelassen waren. Erst nach wiederholten Anträgen und unter Hinweis auf die fatalen Folgen des Ausschlusses „Jenas von einer die ganze Kulturwelt durchdringenden Bewegung" öffneten sich ihnen die Pforten der Alma mater zum Wintersemester 1902/03 zunächst als Hörerinnen und nach erneutem Anstoß durch den Jenaer Verein „Frauenbildung - Frauenstudium" ab dem Wintersemester 1906/07 als gleichberechtigt zum Vollstudium.[54] Damit war das Weimarer Staatsministerium - allerdings nur auf Druck der Universität und der bildungsbürgerlichen Öffentlichkeit - Preußen um zwei Jahre zuvorgekommen.

Im Wintersemester 1908/09, dem zweiten Semester ihres Bestehens, gingen die Freistudenten ihrem Gesamtvertretungsanspruch entsprechend in eine doppelte Offensive. Sie nahmen Kontakt zum Studentinnenverein auf, in dem sich die verschwindende, jedoch signifikante Minderheit der weiblichen Studierenden organisierte, und sie machten beim amtierenden Prorektor Berthold Delbrück die bereits zum Ende des Sommersemesters geplante Eingabe „zwecks Erlangung eines annehmbaren Finkenwahlrechts zur studentischen Vertreterschaft".[55] Die Verhandlungen mit dem Prorektor scheiterten. Daraufhin proklamierte die Freistudentenschaft die Wahlenthaltung bei den anstehenden Fakultätsvertreterwahlen, um ihre Frontstellung gegen diese offensichtliche Weigerung seitens des Prorektors, einer die Freistudenten berücksichtigenden Satzungsreform zuzustimmen, zu demonstrieren. Man wollte keine Kompromisse mehr, sondern die offizielle Legitimation; oder wie Fränzel einmal etwas pathetisch an seine Eltern schrieb: „Wir führen hier Krieg".[56]

Eine Zuspitzung erfuhr der Konflikt der Freistudentenschaft mit dem Prorektor um ihre rechtliche Anerkennung durch die „Affäre Besch".[57] Ob-

---

[54] Vgl. dazu Leni Arnold, Vor 80 Jahren - Beginn des Frauenstudiums in Jena. Aus den Akten des Universitätsarchivs, in: UZ Nr. 13, 1987, S. 3f. Das Zitat aus den Universitätsakten zum Frauenstudium ist diesem Artikel entnommen. Der ministerielle Erlaß datiert vom 17.3.1906; die ersten Immatrikulationen werden erst für das darauffolgende Wintersemester verzeichnet, in: UAJ Bestand C, Nr. 1180, Bl. 14.

[55] Unterzeichnet war die Eingabe vom 26. November 1908 von Karl Korsch (stud. jur.), Walter Fränzel (stud. phil.), Martin Hagelberg (stud. med.) und Leopold Bendix, in: UAJ Bestand BA, Nr. 1784, Bl. 104-113.

[56] Walter Fränzel an seine Eltern, Jena, 17.8.1908, aus Nachlaß Walter Fränzel, Glüsingen.

[57] Vgl. dazu UAJ Bestand E II, Nr. 2003, Bl. 106-111 und Bl. 129-156, die Aktennotizen und Schreiben des Universitätsamtes und der Freistudentenschaft enthalten,

wohl §43 der Jenaer Statuten die Studierenden betreffend die Bildung von gemischten Vereinen untersagte und dies dem ersten Vorsitzenden der Jenaer Freistudentenschaft, Walter Fränzel, in einem Gespräch am 28. Januar 1909 vom Prorektor Delbrück unmißverständlich mitgeteilt worden war, versuchte die Freistudentenschaft weiterhin, die Studentinnen dazu zu bewegen, den Studentinnenverein in der Freistudentenschaft aufgehen zu lassen.[58] Im Sinne ihrer gesamtstudentischen Einigungsbewegung waren sie bestrebt, die Aufspaltung in eine akademische „Frauenkultur versus eine Männerkultur" aufzuheben und die von den Frauen bevorzugten Studentinnenvereine als „Abteilungen für Fraueninteressen" in die Gesamtbewegung zu integrieren.[59] Daß die Freistudenten mit dieser Strategie, die folgerichtig aus ihrer demokratischen Organisationsform erwuchs, einen empfindlichen Nerv der bestehenden Ordnung getroffen hatten, offenbarte sich in der unnachgiebigen Reaktion des bis dahin wohlwollenden Prorektors, selbst ein früher Befürworter des Frauenstudiums[60], als in der 5. Nummer der Jenaer Hochschulzeitung vom 16. Februar 1909 die Medizinstudentin Charlotte Besch als Mitglied des Studienamtes, das die Aufgabe einer Studienberatung wahrnahm, aufgeführt war. Wie genau die Universitätsbehörde die Vorgänge innerhalb der Studentenschaft observierte, läßt sich daraus ersehen, daß die Behörde den sofortigen Austritt Charlotte Beschs aus der Freien Studentenschaft verfügte. Darüberhinaus wurde den Freistudenten das Auslegen der Hochschulzeitung sowie das Anbringen von Anschlägen in der Universität verboten. Die Freie Studentenschaft konterte in ihrer Replik, daß man aus der Freien Studentenschaft, der gerade keine vereinsmäßige Organisationsstruktur zugrunde liege, nur durch einen Eintritt in einen Verein „austreten" könne. Als eingetragenes Mitglied des Studentinnenvereins sei die betreffende Studentin gar nicht als Freistudentin zu betrachten. Das formale Argument verfing nicht. Der Vorstoß gegen die patriarchalen Universitätsstrukturen, der in letzter Konsequenz deren Außerkraftsetzung zum Ziel hatte, endete in einer Niederlage der Freistu-

---

sowie die Briefe und Karten Fränzels an seine Eltern im Februar 1909, aus Nachlaß Walter Fränzel, Glüsingen.

[58] Walter Fränzel in zwei Postkarten an seine Eltern, Jena, 22.1. und 6.2.1909, die von den Verhandlungen mit dem Studentinnenverein berichten.

[59] Vgl. dazu Wilhelm Ohr, Zur akademischen Frauenfrage, in: ders., Zur Erneuerung des deutschen Studententums, S. 33-36, hier S. 35f.

[60] Berthold Delbrück hatte bereits 1894 zusammen mit dem Nationalökonomen Pierstorff und dem Althistoriker Gelzer Rudolf Euckens Antrag beim Weimarer Ministerium auf Zulassung von Frauen als Hörerinnen unterstützt. Vgl. dazu Arnold, Frauenstudium in Jena.

denten. Bereits in der nächsten Nummer der Hochschulzeitung (vom 26. Februar 1909) stand zu lesen: „Im Studienamt ist seit dem Erscheinen der letzten Nummer die Änderung eingetreten, daß auf Verlangen der akademischen Behörde gemäß §43 der Universitätssatzungen Fräulein Charlotte Besch nicht mehr zu seinen Mitarbeitern gehört." Trotz dieses öffentlichen Kotau erreichten die Freistudenten die Erlaubnis zur Mitwirkung von Charlotte Besch bei den von den Freistudenten allwöchentlich veranstalteten „Märchenvorlesungen für die Jugend" im Kleinen Volkshaussaal. In der mütterlichen Funktion als Märchenvorleserin wurde von seiten der Universitätsbehörde weibliche Mitarbeit offensichtlich geduldet. Vor dem geschickt vorgebrachten Argument weiblicher Beteiligung via Mütterlichkeit kapitulierten die bürokratischen Ausschlußverfahren.
Eine nicht übersehbare Spitze gegen die Rückständigkeit der Jenaer Universitätsverwaltung enthielt in diesem Zusammenhang auch Walther Stillers Bericht über die „Neubegründung der Berliner Freistudentenschaft"[61] in derselben Nummer der Hochschulzeitung, die die Streichung Charlotte Beschs aus der Liste der Mitarbeiter des Jenaer Studienamtes mitteilte. Er vermerkte (in Sperrdruck) als besonderen Erfolg in Richtung eines modernisierten Studententums, daß in den neugewählten Berliner Ausschuß „auch eine Dame" gewählt worden sei.
Die moderne, demokratisch-pluralistische Assoziationsform der Freistudenten rüttelte an den Grundfesten einer Gesellschaft, deren männliche Identität durch den „Mythos vom Bund" bestimmt wurde.[62] Nicolaus Sombart notiert dazu in seinen Erinnerungen, „daß man in der Persistenz des Männerbundsyndroms den vielleicht ausschlaggebenden Faktor des zähen Widerstands, des leidenschaftlichen Affekts der deutschen Männer gegen das 'Projekt der Moderne' sehen muß, d.h. den Versuch, eine Gesellschaft zu schaffen, die jedem Individuum, ob Mann oder Frau, die Möglichkeit der individuellen Selbstentfaltung bietet... Politische und sexuelle Emanzipation sind nun einmal nicht zu trennen."[63] Dieser Erkenntnis konnten sich Prorektor und Akademischer Senat der Jenaer Universität

---

[61] Die Berliner Freistudentenschaft war im Sommersemester 1908 aufgelöst worden. Nach Marburg war diese die zweite freistudentische Organisation, deren Satzungen von den Universitätsbehörden auf der Grundlage des freistudentischen Programms ausgearbeitet worden waren. Vgl. dazu Walther Stillers Bericht „Die Neubegründung der Berliner Freien Studentenschaft" in: JHZ Nr. 6, 26.2.1909, Sp. 11f.

[62] Vgl. dazu den ausgezeichneten, materialreichen Katalog zur Ausstellung „Männerbande, Männerbünde." Zur Rolle des Mannes im Kulturvergleich, hrsg. v. Gisela Vögler u. Karin v. Welck, 2. Bde., Köln 1990.

[63] Nicolaus Sombart, Jugend in Berlin. 1933-1943. Ein Bericht. Frankfurt/M. 1986, S. 166f.

offensichtlich langfristig nicht ganz entziehen. Obwohl sie die Regelverletzung im Falle der Studentin Besch erfolgreich als Mittel zur Disziplinierung der Freistudentenschaft eingesetzt hatten, indem sie ihr „Wohlwollen" von der „bündigen, nicht verklausulierten"[64] Kapitulation der Freistudenten vor dem prorektoralen Machtwort abhängig machten, kooperierten die Universitätsbehörden unter dem Druck von Modernisierungszwang einerseits und dem Wunsch nach Herrschaftssicherung andererseits in der Folgezeit mit den Freistudenten. Als Ergebnis einer freistudentischen Umfrage zur Praxis der Vereinsbildung an anderen Universitäten beantragte der akademische Senat im November 1909 die Aufhebung des Verbots mit der Begründung, daß mit der Zulassung der Frauen zum Studium „ein Zusammentreffen männlicher und weiblicher Studierender, wie solches z.B. in den Hörsälen, Seminarräumen, Lesezimmern usw. täglich stattfindet, nicht verboten werden könne."[65] Die Spitze Walter Stillers in bezug auf das großstädtische Berlin hatte offenbar ihre Wirkung nicht verfehlt. Dennoch dauerte es noch fast zwei Jahre, bis das Weimarer Ministerium den Antrag positiv beschied und das Verbot mit Wirkung vom 27. Oktober 1911 aufhob.

Infolge der bürokratischen Widerstände, aber auch der Proteste innerhalb der nichtinkorporierten Studentenschaft, die nicht allein wegen ihres nichtinkorporierten Status mit den Zielen und dem Programm der letztlich sehr kleinen Gruppe von aktiven Freistudenten übereinstimmten, sowie allgemein nachlassendem Interesse an der freistudentischen Bewegung formulierten die Freistudenten ihren Gesamtvertretungsanspruch in den im Februar 1910 verabschiedeten revidierten Satzungen zurückhaltender. Anstelle von „vertreten" reklamierten sie nunmehr, den allgemeinstudentischen Interessen der Nichtinkorporierten zu „dienen".

Die Leistung der Jenaer Freistudentenschaft bestand vor allem in der Etablierung einer demokratisch- pluralistischen Organisationsform mit kulturliberaler Ausrichtung neben den im studentischen Sozialmilieu weiterhin dominanten, ständisch verfaßten, elitären und oft chauvinistisch bis antisemitischen Korporationen. Der Versuch zur Verrechtlichung ihrer demokratischen Spielregeln durch eine Reform des exklusiven, die Korporationen privilegierenden, ständischen Repräsentationswahlrechtes zugunsten eines zeitgemäßen, modernen Proportionalwahlrechts scheiterte zwar - wie an allen anderen reichsdeutschen Universitäten auch - an dem

---

[64] Die prorektorale Anmerkung zu den zwei freistudentischen Rechtfertigungsschreiben, in: UAJ Bestand E II, Nr. 2003, Bl. 135.
[65] UAJ Bestand C, Nr. 1078, Bl. 148. Die männerbündlerischen Korporationen sollten jedoch von dieser Regelung unangetastet bleiben.

Unwillen der Universitätsbehörden zur Demokratisierung. Doch im Insistieren auf weltanschauliche Toleranz und konfessionelle Neutralität bot die Jenaer Freistudentenschaft nicht nur der steigenden Zahl der Nichtinkorporierten ein Forum, sondern sie signalisierte auch prinzipielle Offenheit gegenüber den neuen und erstarkenden, jedoch oft unerwünschten Randgruppen der weiblichen, katholischen und russisch-jüdischen Studierenden. In einer Phase zunehmenden „akademischen Illiberalismus" und verschärften Konformitätsdrucks beförderte das freistudentische Selbstverständnis und Bildungsideal statt kulturpessimistischer Abkehr oder einfach selbstgenügsamem Desinteresse eine prinzipielle Aufgeschlossenheit und Sachlichkeit gegenüber Neuem in Wissenschaft, Kunst und Literatur sowie Anteilnahme und Verantwortungsbewußtsein gegenüber den Problemen der modernen Industriegesellschaft, es garantierte Heterogenität und Pluralität, kurz: ein „demokratisches Potential"[66] und kulturelle Innovation.

---

[66] Kampe, Studenten und „Judenfrage", S. 181.

ANNA-MARIA EHRMANN

Die Botho-Graef-Stiftung Ernst Ludwig Kirchners für den Jenaer Kunstverein

Ernst Ludwig Kirchner stiftete dem Jenaer Kunstverein im Jahre 1918 eine an Umfang und Qualität außerordentliche Sammlung zum Andenken an seinen Freund und Förderer Botho Graef.[1] Um die Hintergründe einer derart bedeutenden Schenkung zu beleuchten, gilt es zunächst, die besondere Konstellation von Personen und Institutionen im damaligen kulturellen Leben der Stadt aufzuklären und die entscheidenden Bezüge zur Biographie Kirchners herzustellen.[2]
Einleitend geht es um die situativen Voraussetzungen in Jena (Der Jenaer Kunstverein und Botho Graef). Dann wird auf die damaligen persönlichen Umstände Kirchners und die daraus hervorgehenden Beweggründe kurz eingegangen (Die Stiftung). Die rege Förderung der bildenden Kunst, die in Jena zu Beginn des Jahrhunderts ihren Anfang nahm und über drei Jahrzehnte andauerte, wurde durch die Kulturpolitik des nationalsozialistischen Regimes gewaltsam beendet. Die Botho-Graef-Stiftung fiel der „Aktion Entartete Kunst" zum Opfer (Die Auflösung). Erst in jüngster Zeit - nach der politischen Wende von 1989 - konnte die von Volker Wahl begonnene Rekonstruktion der Botho-Graef-Stiftung fortgeführt werden (Die Rekonstruktion). Anhand von Beispielen wird der Inhalt der Stiftung in groben Zügen umrissen (Grundlage für ein „Kirchner-Museum"). Die Forschungen zur Botho-Graef-Stiftung bringen neues Wissen über Kirchner hervor, von dem auch in diesem Aufsatz einiges Erwähnung findet. Eingehendere Studien auf der Grundlage der Botho-Graef-Stiftung sind zu wünschen (Ansatzpunkte weiterer Kirchner-Studien).

---

[1] Vgl. Volker Wahl, Ernst Ludwig Kirchners Botho-Graef-Stiftung für den Jenaer Kunstverein, in: Ausst.-Kat. „Ernst Ludwig Kirchner - Von Jena nach Davos", Stadtmuseum Göhre Jena, Leipzig 1993 (im folgenden zit. als Ausst.-Kat. Jena), S. 65-72. Biographie Kirchners s. Eberhard W. Kornfeld, Ernst Ludwig Kirchner. Nachzeichnung seines Lebens, Bern 1979.
[2] Vgl. Volker Wahl, Von Jena nach Davos. Stationen eines Künstlerlebens, in: Ausst.-Kat. Jena, S. 21-39.

Der Jenaer Kunstverein und Botho Graef

Der Jenaer Kunstverein und die Person Botho Graefs waren für Kirchner und dessen persönlichen und künstlerischen Werdegang von herausragender Bedeutung.
Der *Jenaer Kunstverein* wurde im Jahr 1903 gegründet zum Zweck „der Förderung der Teilnahme an Werken der bildenden Kunst", insbesondere durch „Veranstaltung von Ausstellungen von Werken der bildenden Kunst".[3]
Die Gründung geschah in einer Zeit des kulturellen Aufbruchs. Im selben Jahr war auch das Jenaer Volkshaus eingeweiht und das Stadtmuseum für Besucher geöffnet worden, eine freie Zeichenschule wurde gegründet und das Projekt eines Neubaus des Universitätsgebäudes war im Gespräch. Der Kunstverein trug durch sein Wirken dazu bei, daß sich die Universitäts- und Industriestadt im ersten Drittel des Jahrhunderts auch zur Kunststadt entwickelte.
Die Gründung vor dem Hintergrund kunstreformerischer und pädagogischer Bemühungen sowie die entscheidenden Etappen seiner Entwicklung unter der Regie der Geschäftsführer Hans Fehr 1908-1912, Eberhard Grisebach 1912-1921 und Walter Dexel 1921-1928 bis hin zur Auflösung im Naziregime hat Volker Wahl eingehend beleuchtet.[4]
Seine ganz besondere Prägung erhielt der Kunstverein durch *Botho Graef*.[5] Jener - im kulturellen Leben der Stadt eine herausragende Figur - wirkte als „Mentor", obgleich er kein offizielles Amt im Vorstand des Kunstvereins innehatte. Der in Berlin habilitierte Archäologe hatte 1904 einen Ruf an die Universität Jena erhalten. Als Extraordinarius lehrte er an der Universität neben der Klassischen Archäologie auch die neuere Kunstgeschichte und war gleichzeitig Direktor des Archäologischen Museums. Er tat sich außerdem durch eine rege öffentliche Vortragstätigkeit als ein Kunstvermittler von großem rhetorischen und pädagogischen Geschick hervor. Ein besonderes Anliegen war Graef dabei die junge Kunst, für deren wichtige Vertreter er mit großer Kennerschaft und Überzeugung eintrat. Gerade hierin lag auch die Besonderheit seines Mitwirkens im Kunstverein. Auf seine Anregung hin begann der Kunstverein im Jahr 1911 den Aufbau einer eigenen Sammlung moderner Kunst.

---

[3] Zitiert nach Volker Wahl, Jena als Kunststadt 1900-1933, Leipzig 1988, S. 18.
[4] Ebd., S.13-56.
[5] Volker Wahl, Botho Graef, der „leidenschaftliche Wortführer der Jenaer Intellektuellen", in: Henrike Junge, Hrsg., Avantgarde und Publikum - Zur Rezeption avantgardistischer Kunst in Deutschland 1905-1933, Köln, Weimar, Wien 1992, S. 119-128.

Die dort vertretenen Künstler, heute allesamt als führende Namen der Moderne geltend, sprechen für die Qualität dieser Sammlung, die 1937 zum großen Teil der Beschlagnahme durch die Nazis zum Opfer fallen sollte. Als Beispiele seien genannt: Cuno Amiet, Lovis Corinth, Otto Dix, Giovanni Giacometti, Erich Heckel, Ferdinand Hodler, Ludwig von Hofmann, Wassily Kandinsky, Paul Klee, Oskar Kokoschka, Erich Kuithan, August Macke, Aristide Maillol, Franz Marc, Gerhard Marcks, Otto Müller, Edvard Munch, Emil Nolde, Karl Schmidt-Rottluff.[6] Den gewichtigsten Anteil an der Sammlung moderner Kunst hatten jedoch Arbeiten von Kirchner. Hierzu gehören die Ölgemälde „Artistin" (1910), „Bootshafen auf Fehmarn" (1913), „Mann und Soldat" und als Leihgabe „Der Trinker" (1915).[7]

Durch die Botho-Graef-Stiftung mit 260 Blatt Druckgraphik - 102 Holzschnitte, 34 Radierungen, 124 Lithographien - kam der Jenaer Kunstverein zur größten öffentlichen Kirchner-Sammlung.

Die Stiftung

Die Botho-Graef-Stiftung steht im Zusammenhang mit dem beispielhaften und glücklichen Zusammenwirken von Künstlern und Kunstförderern. Kirchner entschloß sich zu der Schenkung in einer Zeit der Wende, die sich in Davos und Kreuzlingen in den Jahren 1917-1918 vollzog.[8] Vorausgegangen war eine aufreibende und kritische Zeit, die mit dem Auseinanderbrechen der Künstlergruppe „Brücke" 1913 begonnen hatte und 1915 in einem Zusammenbruch während des Militärdienstes in Halle gipfelte. 1916-1918 verbrachte Kirchner die meiste Zeit im Sanatorium. Für den sensiblen Künstler war die Kriegsangst unerträglich. Entscheidend waren in dieser Zeit in Jena Bekanntschaften mit dem Rechtshistoriker Hans Fehr[9], mit dem Philosophen und Nobelpreisträger

---

[6] Vollständige Auflistung der in der ehemaligen Kunstvereinssammlung enthaltenen Werke s. Volker Wahl, Kunststadt, 1988, S. 293-297.

[7] Zu Herkunft und Verbleib der Gemälde ist folgendes bekannt: „Die Artistin" war ein Geschenk von Sabine Lepsius (Botho Graefs Schwester) aus dem Nachlaß von Botho Graef 1917, beschlagnahmt als „entartet" 1937, später Sammlung Ferdinand Möller, Berlin/Köln, heute Privatbesitz. „Bootshafen auf Fehmarn" war ein Geschenk des Künstlers 1914, beschlagnahmt als „entartet" 1937, heute Kunsthalle Bremen. „Mann und Soldat" war ein Geschenk von Professor Grisebach 1926, Verbleib unbekannt. „Der Trinker" war 1917 bis 1921 Leihgabe von Dr. Karl Theodor Bluth, heute Germanisches Nationalmuseum Nürnberg.

[8] Vgl. Albert Schoop, Ernst Ludwig Kirchner im Thurgau. Die zehn Monate in Kreuzlingen, Bern 1992.

[9] Vgl. Hans Fehr, Ernst Ludwig Kirchner und der neutrale Oberleutnant, Bern 1955.

für Literatur Rudolf Eucken und dessen Frau Irene, mit dem Biologen Julius Schaxel und vor allem mit dem Philosophen Eberhard Grisebach, der als Geschäftsführer des Jenaer Kunstvereins für Kirchner in Jena 1914 eine erste Ausstellung organisiert hatte. Außerordentlich bedeutend war die Freundschaft mit Graef.

Angesichts des fast hoffnungslos erscheinenden Zustands Kirchners machten sich vor allem Graef und Grisebach schwere Sorgen um seine gesundheitliche und materielle Existenz sowie um die Zukunft seiner Kunst. Ein Sanatoriumsaufenthalt in Königstein im Taunus wurde angeregt[10], ein weiterer folgte in Berlin-Charlottenburg.[11] Dort besuchte ihn Graef, um mit ihm über die Zukunft seiner Kunst zu sprechen.

Grisebach setzte sich indessen für einen Aufenthalt bei seinen Schwiegereltern, Lucius und Helene Spengler, in Davos ein. Kirchner wird dort im Januar 1917 von dem Arztehepaar erstmals in Empfang genommen. Nachdem er, noch keineswegs bei besserer Gesundheit, wieder nach Berlin zurückgekehrt war, besuchte ihn Grisebach, um Bilder für eine zweite Ausstellung in Jena auszuwählen. Der Verkauf von Bildern sollte ihm eine Existenzgrundlage verschaffen. Kirchner, der seine zweite Reise nach Graubünden bereits plante und der Ausstellung in Jena entgegensah, traf indessen die unerwartete Nachricht vom Tod Botho Graefs zutiefst: „Es ist traurig, einen solchen Gönner zu verlieren ... Ich möchte selbst tot sein ... Es ist schrecklich. Er hat so unendlich viel Gutes an mir getan. Den Grabstein möchte ich ihm machen ... Mir ist als wenn ein Vater tot wäre, mehr, viel mehr ... Auf dem Wege zur Schweiz komme ich ja über Jena und finde das Haus nicht mehr, in dem ich soviel Schönes erleben durfte ..."[12]

Ohne sich von den Bekannten zu verabschieden, reiste Kirchner im Mai 1917 erneut in die Einsamkeit der Davoser Berge. Dort besuchte ihn der berühmte belgische Architekt und Gestalter Henry van de Velde, der Deutschland verlassen konnte und den offiziellen Auftrag erhalten hatte, von Bern aus die Lage der in der Schweiz internierten deutschen Maler, Bildhauer und Architekten zu überprüfen. Jener war ein großer Bewunderer Ernst Ludwig Kirchners seit dem Erlebnis einer Ausstellung beim Kunsthändler Schames in Frankfurt am Main im Oktober 1916. Über die Begegnung mit Kirchner schreibt er in der „Geschichte meines Lebens":

---

[10] Dezember 1915 bis Ende Januar 1916, Mitte März bis Mitte April, Anfang Juni bis Mitte Juli 1916.
[11] Dezember 1916 bis Januar 1917.
[12] Brief Kirchners an Grisebach (13.4.1917), in: Lothar Grisebach, Hrsg., Malerbriefe des Expressionismus im Briefwechsel mit Eberhard Grisebach, Hamburg 1962, S. 62.

„Im Gedenken an den Jenenser Kunsthistoriker Botho Graef suchte ich Ernst Ludwig Kirchner in Davos auf, ein wahres Opfer des Krieges. ... In Davos fand ich einen abgemagerten Menschen mit stechendem, fiebrigem Blick, der den nahen Tod vor Augen sah. Im Verlaufe mehrerer Tage gewann ich langsam sein Vertrauen und fragte dann bei meinen Freunden Binswanger in Kreuzlingen an, ob sie bereit seien, Kirchner in ihr Sanatorium aufzunehmen. Ich war froh, daß sie sich, allein aus dem Gefühl der Menschlichkeit, mit besonderem Interesse Kirchners annehmen wollten".[13] Nach dem künstlerisch äußerst produktiven Sommeraufenthalt auf der Stafelalp trat Kirchner im September 1917 seinen insgesamt 10 Monate dauernden Kuraufenthalt in Dr. Binswangers Sanatorium „Bellevue" in Kreuzlingen an, den van de Velde für ihn vorbereitet hatte.[14]
In dieser Zeit vollzog sich bei Kirchner eine Wende. Die künstlerisch anregende Umgebung, die Freundschaft mit van de Velde und seiner Tochter Nele spornten ihn an.[15] Dr. Ludwig Binswanger sah seine Aufgabe darin, die Gesundung des Patienten durch Unterstützung seiner künstlerischen Arbeit zu erreichen. Er legte viel Wert darauf, daß Kirchner den inspirierenden Umgang mit Künstlern, Kunstfreunden und Sammlern pflegte. Der Arzt und seine Familie, Pfleger und Patienten, lebten in einer engen Lebensgemeinschaft.
Zu neuem Lebensmut und wiederkehrender Schaffensfreude trugen auch Aktivitäten aus Jena bei. Griesebach regte eine Ausstellung in Zürich an und verfaßte den Essay „Ernst Ludwig Kirchner und sein Werk".[16] Aus dem Nachlaß von Graef wurde Kirchner eine Abhandlung über seine Kunst geschickt, die ihm zusätzliche Freude bereitete. Im Kontext dieser Erlebnisse entstand der Holzschnitt „Kopf Dr. Grisebach" (1917), in dessen Hintergrund als Hinweis auf die geistige Nachfolgerschaft Graef im Profil erscheint.[17]
Die intensive Beschäftigung seiner Freunde mit seiner Kunst war bei Kirchner in dieser Umbruchphase anregend für eigene Überlegungen zu seinem künstlerischen Schaffen, zu seinem Woher und Wohin. Die Frage, was mit seinem künstlerischen Erbe geschehen sollte, beschäftigte ihn ebenso wie die Umorientierung nach einem neuen Lebensumfeld. Ein Bedürfnis, Ord-

---

[13] Hans Curiel, Hrsg., Henry van de Velde, Geschichte meines Lebens, München 1962, S. 391.
[14] Dr. Ludwig Binswanger war der Neffe des Jenaer Psychiaters Prof. Otto Binswanger.
[15] Ernst Ludwig Kirchner, Briefe an Nele und Henry van de Velde, München 1961.
[16] Eberhard Grisebachs Essay war eigentlich für die Veröffentlichung geplant, zu der es nie kam. Vgl. Volker Wahl, Ausst.-Kat. Jena 1993, S. 35.
[17] Dube H 310, Sammlung E. W. Kornfeld, Bern.

nung in sein Leben zu bringen, kam auf. Vor dem endgültigen Umzug nach Davos schickte Kirchner Gustav Schiefler 258 Blatt seiner Graphik zur Katalogisierung, die durch Graef und Grisebach angeregt worden war.[18] Die Wertschätzung seiner Kunst erfüllten Kirchner mit großer Dankbarkeit. So reifte auch gerade jetzt der Entschluß, seinem ersten großen Förderer, dem verstorbenen Botho Graef, eine Gedenkstiftung zu machen. Nach Jena, wo er in Grisebach einen gleichermaßen überzeugten Fürsprecher seiner Kunst wußte, sandte Kirchner die außerordentlich umfangreiche „Botho-Graef-Stiftung". Mit Werken aus allen Perioden seiner künstlerischen Entwicklung stellt sie eine Retrospektive seines bisherigen künstlerischen Schaffens dar.[19]

Die Auflösung

Der Inhalt der nicht mehr existierenden Stiftungsurkunde der Graef-Stiftung ist in einer Protokollfassung Grisebachs von 1921 und in einer Neufassung Kirchners vom 15. September 1929 überliefert.[20] In jenem Schreiben Kirchners an Kunstverein und Universität Jena heißt es: „Die Gräfstiftung ist unverkäuflich und darf weder in einzelnen Blättern noch als Ganzes verkauft, vertauscht noch versteigert werden. Sollte der Kunstverein sich auflösen, so geht die gesamte Stiftung unter gleichen Bedingungen in den Besitz der Universität über. E. L. Kirchner behält sich in jedem Falle das unumschränkte Reproduktionsrecht vor, ... Sollte die Universität die Stiftung nicht annehmen, so geht dieselbe an den Künstler oder seine Erben zurück."

Genau das, was Kirchner hier als seinen expliziten Willen formuliert hatte, sollte im Zuge der Kulturpolitik des Dritten Reiches rücksichtslos übergangen werden.

30 Blatt wurden bereits 1934 „zwecks wertgleicher Ergänzung und Abrundung der Sammlung" mit der Galerie Nierendorf, Berlin, getauscht gegen Arbeiten von Karl Hofer, Max Kaus, Lovis Corinth, Otto Dix, Hans Theo Richter, Georg Schrimpf.[21]

---

[18] Gustav Schiefler, Landgerichtsdirektor in Hamburg, Verfasser der Graphik-Verzeichnisse Max Liebermanns, Edvard Munchs und Emil Noldes.

[19] 1919 und 1924 fanden in Jena Ausstellungen mit einer Auswahl von Blättern der Botho-Graef-Stiftung statt, geschlossen als Botho-Graef-Stiftung wurde sie lediglich 1920 der Öffentlichkeit vorgestellt, s. Volker Wahl, in: Ausst.-Kat. Jena 1993, S. 68.

[20] E. L. Kirchner an Kunstverein und Universität Jena, 15. September 1929, Faksimile-Reproduktion in: Ausst.-Kat. Jena 1993, S. 81.

[21] Vgl. Volker Wahl, Ausst.-Kat. Jena 1993, S. 70 u. S. 72, Anm. 73.

Die Botho-Graef-Stiftung wurde 1937 im Auftrag des Reichsministeriums für Volksaufklärung und Propaganda mit noch anderen als „entartet" eingestuften Kunstwerken aus Jena - insgesamt waren es 273 Stück - entfernt. Heute befinden sich wieder sechs Graphiken Kirchners in Jena - davon fünf „Botho-Graef-Blätter". Vermutlich immer in Jena geblieben ist die Radierung „Großes strohgedecktes Bauernhaus" (1908). Die Lithographie „Kirche in Goppeln" (1907) wurde 1954 in den Städtischen Museen als Rückgabe aus Rostock inventarisiert. Die Lithographie „Kohlenhandlung" (1907) wurde 1968 als anonyme Rücksendung aus Göttingen registriert. 1993 wurden wieder zwei originale Blätter aus der Botho-Graef-Stiftung, der Holzschnitt „Kopf Professor Graef"(1915) und die Lithographie „Hugo am Tisch liegend" (1915) sowie die Radierung „Gewecke und Erna"(1913) (Abb. 1) von den Städtischen Museen Jena erworben.[22]

Die Rekonstruktion

In Jena überlieferte Dokumente ermöglichten es Volker Wahl, anläßlich des Todestages von Kirchner 1988 eine erste Rekonstruktion des Inhaltes der Stiftung vorzunehmen und auf dem Ernst Ludwig Kirchner Symposium Davos und Frauenkirch vorzustellen. Im Katalog der Ausstellung „Ernst Ludwig Kirchner. Von Jena nach Davos" (10.10.1993-16.1.1994) wurde der Inhalt der Botho-Graef-Stiftung erstmals publiziert. Zu jedem Blatt der Stiftung wurden die in Quellen verfügbaren Daten zu Beschaffenheit, Historie und Standort in einer Konkordanztafel zusammengestellt.
Die jeweiligen Entstehungsumstände dieser für die Rekonstruktion wertvollen Quellen seien kurz umrissen. Wie bereits erwähnt, begann Schiefler auf Anregung Graefs und Grisebachs im Jahr 1917 ein Werkverzeichnis der Graphik Kirchners zu erarbeiten.[23] Der schließlich 1925 erschienene erste Band, der die bis 1916 datierten Arbeiten enthält, berücksichtigte die Blätter der Botho-Graef-Stiftung nicht. Erst für den zweiten Band nahm Schiefler Blätter aus der Botho-Graef-Stiftung, die ihm der damalige stellvertretende Geschäftsführer Edgar Lehmann zusandte, in Augenschein. Er behandelt dort im Nachtrag die im ersten Band „nicht beschriebenen, aber in Jena vorhandenen Blätter sowie einige ihm (Edgar Lehmann) zweifelhafte Zustandsdrucke."[24]

---

[22] Vgl. Dube, Annemarie und Wolf-Dieter, E. L. Kirchner. Das Graphische Werk, 2 Bde., München 1967, 2. Aufl. 1980, R 50, L 45, L 43, L 277, H 248, R 169. Bei letzterer Graphik handelt es sich um ein anderes Exemplar als das der Stiftung.
[23] Gustav Schiefler, Die Graphik E. L. Kirchners, Bd. I bis 1916, Berlin 1926.
[24] Ders., Die Graphik E. L. Kirchners, Bd. II 1917-1927, Berlin 1931, S. 491 (Zweiter Nachtrag), Reproduktion s. Ausst.-Kat. Jena 1993, S. 80.

Die Anfrage Schieflers veranlaßte Lehmann zu einer näheren Beschäftigung mit der Graef-Stiftung. Er numerierte die Blätter und listete sie in dem uns heute überlieferten Sammlungsinventar des Jenaer Kunstvereins auf.[25] Er verglich nun den Jenaer Bestand der Kirchner-Graphik mit dem ersten Band von Schieflers Werkverzeichnis. Mit Hilfe dieser von Lehmann benutzten Ausgabe kann der Inhalt der Botho-Graef-Stiftung rekonstruiert werden. Man findet darin bei den Katalognummern seine Bleistiftnotizen mit den Inventarnummern der Jenaer Blätter sowie die Wiedergabe der Bezeichnungen Kirchners. Sehr aufschlußreich sind die Bemerkungen Lehmanns zu Besonderheiten der Jenaer Exemplare. Es handelt sich durchgängig um Eigenabdrucke bzw. Handdrucke, oft um seltene Probe- oder Zustandsdrucke.

Bei der Vorbereitung der Kirchner-Ausstellung 1993 im Stadtmuseum Göhre wurde die Rekonstruktionsarbeit unter Zuhilfenahme weiterer Dokumente vertieft. Kirchners Skizzenbuch Nr. 7 (1918/19) - eine Auflistung der „Gräf Stiftung Kunstverein Jena" - vermittelt nähere Kenntnisse zu den Blättern der Botho-Graef-Stiftung.[26] Vermutlich legte Kirchner dieses Verzeichnis in seiner Kreuzlinger Zeit an. Da ihm auf Grund einer Lähmung in der Hand das Schreiben schwerfiel, pflegte er seine Texte zu diktieren. Dank des freundlichen Hinweises von Annemarie Dube-Heynig wissen wir heute, daß es sich hierbei entgegen früherer Annahmen nicht um Erna Kirchners, sondern um Frau Marie-Louise Binswangers Handschrift handelt.[27] Diese kluge und geschätzte Frau, Stiefmutter Ludwig Binswangers, hatte ihm auch geholfen, das bereits erwähnte Manuskript Graefs über sein künstlerisches Schaffen in eine leserliche Handschrift zu übertragen.[28]

Oftmals weichen die von Kirchner verwendeten Graphiktitel im Skizzenbuch von denen im Schiefler-Verzeichnis ab. Außerdem schließen sie technische Angaben mit ein. Die erstmalig im Katalog der Ausstellung „Ernst Ludwig Kirchner - Von Jena nach Davos" publizierte Botho-Graef-Stiftung baut auf der Reihenfolge dieses Kirchner-Skizzenbuches auf, das nacheinander Radierung, Holzschnitt und Lithographie in Gruppen zusammenfaßt. Zu jedem Blatt der Stiftung wurden die Angaben aus den über-

---

[25] Inventar des Kunstvereins Jena 1929, angelegt am 1.1.1929 von Edgar Lehmann, heute aufbewahrt in den Städtischen Museen Jena.
[26] Kirchners Skizzenbuch Nr. 7 befindet sich heute im Kirchner Museum Davos.
[27] Frau Dr. Dube-Heynig sei Dank für diesen Hinweis und für die freundliche Zusendung von Kopien mit Schriftproben Erna Kirchners und Frau Marie-Louise Binswangers. Frau Marie-Louise Binswanger, zweite Frau von Dr. Robert Binswanger, geborene Meyer-Wolde. S. Dube H 315 „Frau Dr. Robert Binswanger".
[28] S. Albert Schoop, Kirchner in Thurgau, S. 32.

lieferten Dokumenten in einer Konkordanztafel zusammengestellt.[29] Zum einen wurden die genannten Dokumente herangezogen, welche die Objekte der ehemaligen Sammlung näher zu bestimmen halfen, zum andern aber auch Dokumente, die - wenn auch sehr lückenhaft - die Historie einzelner Blätter ans Tageslicht brachten. Auf Grund des handschriftlichen Vermerkes „Tausch mit Galerie Nierendorf" im Jenaer Inventarbuch wissen wir genau, welche Blätter - insgesamt 30 - von der Tauschaktion im Vorfeld der Säuberungspolitik betroffen waren. Für die Historie der Graphiken gleich nach der Beschlagnahmeaktion ist ein im Nachlaß des Kunsthändlers Möller befindliches Verzeichnis von Bedeutung.[30] Darin sind 149 ehemalige Botho-Graef-Graphiken aufgelistet, welche die Galerie Möller im Jahr 1940 erworben und dann mit der Zeit an unterschiedliche Sammler weiterverkauft hat.[31] Hinweise für das weitere Schicksal sowie für den heutigen Verbleib von Blättern aus der Stiftung finden sich in dem von Wolfgang Henze verwalteten Kirchner-Archiv (Wichtrach/Bern), wo das Auftauchen von Botho-Graef-Blättern in Verkaufs- und Auktionskatalogen erfaßt ist. Als eindeutiges Identifikationsmerkmal der Jenaer Blätter dient der rückseitige runde Monogrammstempel „ELK", den Kirchner eigens für die Botho-Graef-Stiftung geschaffen hat.[32] Meist tragen die Blätter noch zusätzlich den Stempel „Kunstverein Jena".

Grundlage für ein „Kirchner-Museum"

Das große Geschenk Kirchners an den Jenaer Kunstverein geschah aus Dankbarkeit, aber auch aus Sorge um sein künstlerisches Erbe. Er besaß zur damaligen Zeit auf Grund seiner positiven persönlichen Erfahrungen das Vertrauen, daß dieses in Jena gepflegt und gewürdigt würde. Graef formulierte den motivierenden Gedanken in einem Schreiben an Gustav Schiefler vom 17. Dezember 1916: „Ein Kirchner-Museum, wo die wichtigsten Sachen zusammen sind, würde am meisten seinen Wünschen entsprechen. Vielleicht läßt es sich, wenn auch in bescheidensten Grenzen, später

---

[29] Anna-Maria Ehrmann und Maria Schmid unter Mitarbeit von Volker Wahl und Wolfgang Henze, Ausst.-Kat. Jena 1993, S. 82-99.
[30] Verzeichnis „Sammlung Graphik von E. L. Kirchner, früher Kunstverein Jena, jetzt Ferdinand Möller, Berlin", Nachlaß F. Möller (bei Fr. Angelika Fessler-Möller, Maienfeld/Schweiz).
[31] Die von Ferdinand Möller erworbenen Blätter tragen rückseitig den Stempel der Galerie Ferdinand Möller sowie oftmals den handschriftlichen Vermerk „erworben lt. Vertrag 1940."
[32] Abb. Stempel „ELK" für die Botho-Graef-Stiftung, s. Ausst.-Kat. Jena 1993, S. 75.

ins Werk setzen."³³ Die Botho-Graef-Stiftung war höchstwahrscheinlich als eine Grundlage für die Realisierung dieses Gedankens gedacht. Ein großer Teil des Gesamtwerkes ist in ihr enthalten, so daß Kirchners künstlerische Entwicklung - im folgenden kurz und schlaglichthaft skizziert - durch sie nachvollziehbar wird.
Mit den beiden Holzschnitten „Die Vereinigung" und „Vor den Menschen" (1905), beide Teil der Serie „Mann und Weib", sind Beispiele der frühesten erhaltenen Arbeiten enthalten, die noch geprägt sind vom überhöhenden Symbolismus und der dekorativen Jugendstilform.³⁴ Impressionistische Anklänge finden sich bei „Dodo, sitzend, im gestreiften Kleid" (1906).³⁵ Um 1906/07 zeigt sich der beginnende Expressionismus mit seinem Streben nach Unmittelbarkeit des Ausdrucks, der unter Rückgriff auf die archaische Formensprache von Naturvölkern und unter bewußtem Einsatz der Expressivität der Farbe und des graphischen Details geschieht. Mit Vorliebe beschäftigte sich Kirchner mit Bildthemen aus Zirkus, Tanz und Variété (z. B. „Russisches Tänzerpaar", 1909).³⁶ Besondere Bedeutung hat die Aktdarstellung, nicht im klassischen Sinne, sondern in freier Ungezwungenheit im Wohnatelier (z. B. „Badende im Tub", 1909)³⁷ oder als Badende an den Moritzburger Teichen (z. B. „Badende, sich waschend", 1910).³⁸ Außerdem wendet er sich Häusern und Straßenzügen Dresdens zu (z. B. „Am Pirnaischen Platz", 1911)³⁹, sowie landschaftlichen Motiven der Umgebung (z. B. „Blühende Kirschbäume", 1909).⁴⁰ Nach seinem Umzug nach Berlin 1911 schafft Kirchner zunehmend Bilder von architektonischem Aufbau und strenger Formgebung (z. B. „Gewecke und Erna", 1911, Abb. 1).⁴¹ Er erreicht einen neuen Personalstil und erweitert seine Thematik. Eine spitze, splittrige Formensprache und nervöse Schraffur findet in den Berliner Straßenbildern einen Höhepunkt (z. B. „Sich anbietende Kokotte", 1914, und „Fünf Kokotten", 1914).⁴² Die Insel Fehmarn wird eine neue Quelle des Landschaftsbildes (z. B. „Badeszene unter überhängenden Baumzweigen", 1913, Abb. 2).⁴³ Die existentielle

---

[33] Zit. nach Kornfeld, Biographie, 1979, S. 73.
[34] Dube H 44, H 45.
[35] Dube H 81.
[36] Dube L 130.
[37] Dube L 88.
[38] Dube H 164.
[39] Dube L 163.
[40] Dube L 133.
[41] Dube R 169.
[42] Dube R 182, H 240.
[43] Dube H 226.

Abb. 1: Gewecke und Erna, Kaltnadelradierung, 1913 (Städt. Kunstsamml. Jena)

Krise, die auf eine kurze, aber qualvoll empfundene militärische Ausbildung folgt (August bis Dezember 1915) läßt Blätter von psychographischem Charakter entstehen (z. B. „Artilleristenbad", 1915).[44] Wahnvorstellungen und Kriegsängste werden unterschwelliges Thema vieler Arbeiten. Es entstehen Bilder des Soldatenlebens und der Landschaften um Halle sowie von Tieren im Hallenser Zoo („Patrouillenritt am Abend", 1915, „Am Zoo, Halle", 1915).[45] Die Anerkennung seiner Kunst begann in diesen Jahren, nicht zuletzt durch das persönliche Eintreten Botho Graefs. Zur ersten persönlichen Begegnung mit jenem war es 1914 anläßlich einer Personalausstellung im Jenaer Kunstverein gekommen, zu der Graef die Einführungsrede hielt. Daraufhin folgten viele Besuche in Jena, auch noch in den ersten Kriegsjahren. Die folgenden dort entstandenen Arbeiten legen Zeugnis ab von einer künstlerisch anregenden und persönlich wohltuenden Atmosphäre: „Kopf Sohn Hardt", 1914/15, „Kopf Fräulein Hardt", 1914/15, „Drei Knaben (Söhne Fehr)", „Kopf Professor Graef", 1915 (Abb. 3), „Jenenser Landschaft", 1915, „Galgenberg Jena, von Graefs Wohnung aus", 1915, „Hugo, am Tisch liegend", 1915, „Hugo nach dem Bade", 1915 (Abb. 4), „Kopf Professor Graef", 1915, „Hugo", 1915, „Bildnis Professor Botho Graef", 1915, „Bildnis Frau Fehr", 1915.[46] Weitere ausdrucksvoll empfundene Porträts entstehen nach der Übersiedlung ins Sanatorium, auch von Mitpatienten, Ärzten, Besuchern („Tochter Sternheim", 1916, „Kopf Dr. Kohnstamm", 1916).[47] Diese vergeistigten Porträts geben das innere Wesen jener unruhigen Zeit wieder. Relativ neu zur Zeit der Übergabe waren die während des ersten Hochgebirgsaufenthalts im Sommer 1917 auf der Stafelalp oberhalb von Frauenkirch entstandenen Holzschnitte (z.B. „Stafelalp", 1917, „Sennkopf (Martin Schmid)", 1917) sowie die eindrucksvollen, extrem hochformatigen Kreuzlinger Bildnisse (z. B. „Porträt Dr. Mayer", 1917/18).[48] Eigentlich hatte Kirchner die umfangreiche Schenkung im Laufe der Zeit noch ergänzen wollen, doch allmählich lockerten sich die Beziehungen zu Jena. Die 1919 nachgesandten Holzschnittfolgen „Petrarca, Triumph der Liebe", 1918 und „Absalom", 1918) bleiben die einzigen Ergänzungen.[49] Erstere bildet den Höhepunkt in der lebenslangen Beschäftigung mit dem Thema der Liebe und

---

[44] Dube L 296.
[45] Dube L 303, L 293.
[46] Dube H 254, H 255, H 247, H 248, H 260, R 204, L 277, L 279, L 283, L 281, L289.
[47] Dube H 274, L 287.
[48] Dube H 301, H 308, H 326.
[49] Dube H 342-350, H 358-366. Vgl. Zusatz von der Hand Kirchners im Skizzenbuch Nr. 7 „Gräf Stiftung Jena"(1918/19): „Triumph der Liebe 8 Blatt u. Titel. Erste Handdrucke". „Absalom" wird im Skizzenbuch Nr. 7 nicht erwähnt.

Abb. 2: Badeszene unter überhängenden Baumzweigen, Holzschnitt, 1913 (Botho-Graef-Exemplar, Kunsthandel Wolfgang Werner, Bremen).

des Mann-Frau-Verhältnisses, welches bereits in der Holzschnittfolge von 1905 „Mann und Weib" sowie im Titelblatt „Triumph der Liebe"[50], eines schon 1911/12 geplanten Holzschnittzyklusses zu Petrarca, vorkommt. In der Holzschnittserie „Absalom" findet das Thema des Todes seine Behandlung.

Ansatzpunkte weiterer Kirchner-Studien

Neben der Geschichte der Botho-Graef-Stiftung bedürfen künstlerisch-technische ebenso wie inhaltliche Aspekte in Zukunft einer noch näheren wissenschaftlichen Würdigung. Die übersichtliche Darstellung von Daten der Botho-Graef-Stiftung, deren Rekonstruktion und Historie soweit wie möglich vervollständigt wurde, bringt zu manch einem Blatt neue Erkenntnisse zutage.[51] Nach und nach kann die Spalte „Standort" der im Katalog der Ausstellung „Ernst Ludwig Kirchner - Von Jena nach Davos" veröffentlichten Konkordanztafel noch ergänzt werden.[52]
Die Titel des Kirchner-Skizzenbuches konnten - auch in schwierigeren Fällen - den Schiefler-Titeln und somit den Jenaer Inventarnummern zugeordnet werden. Zum Beispiel bezeichnet der Kirchner-Titel „Kornhütten in Mohnstein" (Graef L 125)[53] die Graphik, die der Jenaer Inventarnummer 247 mit Lehmanns Notiz „Alpenlandschaft r. Vordergrund 1 Mann" zugeordnet werden kann. Lehmanns Beschreibung führte zum Dube-Titel „Monsteiner Speicher" (Dube L 373). Ausnahmen sind „Absalom" (Dube H 358-366), „Der Theosoph" (Dube H 317) und „Biallowons" (Dube H 277), die zwar im Skizzenbuch nicht aufgeführt, aber in Jena nachweisbar sind.[54] Umgekehrt ist eine der Redslob-Illustrationen, die Kirchner erwähnt (Graef H 77: „Schwegler") im Jenaer Inventarbuch nicht nachweisbar. Besondere Aufmerksamkeit verdienen die Graphiken, die Schiefler mit Hilfe Lehmanns in den 2. Nachtrag von Band II seines Werkverzeichnisses aufnahm. Es handelt sich um 11 ganz neu hinzugekommene Graphiken und 8 Ergänzungen zu bereits behandelten Graphi-

---

[50] Dube H 186.
[51] Albert Schoop, Kirchner in Thurgau, S. 32.
[52] So wurde uns inzwischen freundlicherweise der Verbleib der ehemaligen Jenaer Radierungen „Spaziergang im Walde" (R 20) und „Wannseelandschaft mit dünnen Bäumchen" (R 21) in einer Privatsammlung mitgeteilt.
[53] Die Verfasser der Konkordanz im Ausst.-Kat. schufen diese Art der Bezeichnung für die im „Kirchner-Skizzenbuch Nr. 7" aufgeführten Titel, die durchnumeriert wurden. R=Radierung, H=Holzschnitt, L=Lithographie.
[54] Vgl. Ausst.-Kat., Jena 1993, S. 90.

Abb. 3: Kopf Professor Graef, Holzschnitt, 1915 (Botho-Graef-Exemplar, Städt. Kunstsamml. Jena).

ken.[55] Die Tatsache, daß Schiefler sie beim Verfassen des ersten Bandes nicht kannte, spricht für die Seltenheit der Druckexemplare bzw. Druckzustände.
Neue Erkenntnisse - zum Bildinhalt und zur Technik - können aus der Konkordanztafel zur Botho-Graef-Stiftung gewonnen werden.

a) Zum Bildinhalt

Die Titel im Skizzenbuch Nr. 7 Kirchners (1917/18) weichen oftmals von den Titeln bei Schiefler und Dube in der Weise ab, daß sie das Bildmotiv präziser umschreiben. Sie ermöglichen z. T. neue Identifikationen bzw. bestätigen Vermutungen. Manchmal setzt Kirchner durch die Erwähnung weiterer Bildelemente mit seinen Überschreibungen andere Akzente als in den geläufigen Titeln.
Beispiele:

Dube - Titel	Kirchner- Titel
Die Siesta, 1915 (Dube R 199)	Gräf mit Biallowons (Graef R 28)[56]
Atelierszene, 1916 (Dube R 212)	Kirchner und Biallowons (Graef R 31)
Vor den Menschen, 1905 (Dube H 45)	Aus dem Zyklus Mann und Weib. Über den Köpfen der Philister (Graef H 3)
Kinderporträt K.-H., 1908 (Dube H 124)	Knaben Köhler-Hausen (Graef H 13)[57]
Häusergruppe, 1909 (Dube H 138)	Häuser im Schnee Dresden (Graef H 16)
Badeszene unter überhängenden Baumzweigen, 1913 (Dube H 226)	Badeszene Fehmarn vorn Maler mit Pfeife (Graef H 36)
Fünf Kokotten, 1914 (Dube H 240)	Cocotten mit Auto Sammlung Essen (Graef H 45)
Frau Sch. (Sanatorium Kohnstamm), 1915/16 (Dube H 271)	Frau Schmid bei Kohnstamm (Graef H 58)

---

[55] Von Schiefler in Bd. II, 2. Nachtrag neu aufgenommene Graphiken der Botho-Graef-Stiftung: „Großes strohgedecktes Bauernhaus" Sch Ae(Z) 558 (Dube R 50), „Mann und Mädchen am Tisch" Sch KN 559 (Dube R 175), „Waldstraße Königstein mit Post" Sch Ae(Z) 209 (Dube R 215), „Flanierendes Publikum auf der Straße" Sch H 581 (Dube H 235), die Männerporträts Sch H 583-H 586 (Graef H 78, 79, 81, 82 bzw. „Ratsherr und Bischoff", „Kreuzfahrer", „Gilsbert", „Der Gehenkte"), „Gedenkblatt Biallowons" Sch H 582 (Dube H 277), „Sitzender lesender Akt" Sch L 451 (Dube L 199), „Toilette" Sch L 452 (Dube L 240), „Soldatenmusterung" Sch L 453 (Dube L 297).
Ergänzungen in Gustav Schiefler Bd.II, 2. Nachtrag zu den Graphiken „Waldstraße Königstein mit Post" Sch Ae(Z)209 (Dube R 215), „Kopf Fräulein Hardt" Sch H 235 (Dube H 255), „Porträt Dr. Mayer" Sch H 292 (Dube H 326), „Leipziger Straße" Sch L 260 (Dube L 250), „Kamel und Dromedar" Sch L 287 (Dube L 310), „Weiße Tänzerin in kleinem Varieté" Sch L 232 (Dube L 246), „Hugo" Sch L 262 (Dube L 281), „Dinertafel" Sch FL 288 (Dube L 332).
[56] Hugo Biallowons (1879-1916), Forstaufseher, vertrauter Freund Botho Graefs.
[57] F.Ernst Köhler-Haußen (1872 Davos - 1946 Lichtenstein bei Zwickau), Schriftsteller und Journalist, Freund und Sammler Kirchners, seit 1909 im Verzeichnis der passiven Mitglieder der Künstlergruppe „Brücke".

Rothaarige Frau, 1915 (Dube H 261)
Drama Redslob[59]
Profilkopf, 1918 (Dube H 356)
Männerkopf III, 1918 (Dube H 353)
Männerkopf V, 1918 (Dube H 355)
Männerkopf IV, 1918 (Dube H 354)
Männerkopf II, 1918 (Dube H 352)
Männerkopf I, 1918 (Dube H 351)
Kirche in Goppeln, 1907 (Dube L 45)
Dame im Regen, 1914 (Dube L 248)
Kopf Hugo im Profil, 1915 (Dube L 282)
Spritzende Badende, 1916 (Dube L 322)

Porträt Frau Bluth, 1916 (Dube L 330)

Dube-Titel

Exekution (Dube L 298)
Sturmangriff (Dube L 299)

Mie und Gothein (Graef H 65)[58]

Schwegler (Graef H 77)
Ratsherr und Bischoff (Graef H 78)
Kreuzfahrer (Graef H 79)
Henker (Graef H 80)
Gilsbert (Graef H 81)
Der Gehenkte (Graef H 82)
Golberode Kirche (Graef L 2)
Cocotte vor Schaufenster (Graef L 96)
Letzter Kopf Biallowons mit Hand (Graef L 98)
Schlußkomposition der Kohnstammbilder
(Graef L 113)[60]
Frau Sanit. Rat Bluth (Graef L 124)[61]

Notizen Edgar Lehmanns

Exekution in Belgien nach Erzählungen Hugos
Gefecht in Rußland nach Erzählungen Hugos

b) Zur Technik

Durch Titel Kirchners, die technische Angaben mit einschließen, und durch die Bemerkungen Lehmanns im Jenaer Inventarbuch und in Schieflers erstem Band ist einiges über die technischen Besonderheiten der Blätter zu erfahren. Der Briefwechsel zwischen Schiefler und Lehmann aus der Zeit 1928/29 ist zusätzlich aufschlußreich im Hinblick auf Bearbeitungszustände von Litho-Stein, Radierplatte und Holzstock.[62]

---

[58] Werner Gothein (1880 Karlsruhe - 1968), Schüler Kirchners in dem 1911 zusammen mit Max Pechstein gegründeten MUIM - Institut (Moderner Unterricht in Malerei).

[59] Zu Edwin Redslob, Die neue Stadt schuf Kirchner 1918, 6 Holzschnitte. Vgl. Auktion 189 vom 21. Juni 1985 der Galerie Kornfeld, Ernst Ludwig Kirchner. Werke, Dokumente, Bücher, Bern 1985, Nr. 96 u. 97. Edwin Redslob schrieb in seinem „Begleitwort als Widmung an E. L. Kirchner" zu seiner 1919 in Erfurt erschienenen Erzählung: „Neun Jahre trug ich mich mit den Gestalten zu dem Drama "Die neue Stadt„ ... bis ein Besuch auf einsamer Alp bei Einem, dem ich Freund wurde, von Anbeginn, bei E. L. Kirchner, den letzten Mut zur Hingabe brachte...Einen Tag nur - es war der 28. August 1917 - dauerte diese Vorbereitung. Am nächsten Tag begann die Vorbereitung zum Drama. Wie mir aber die Freundschaft zu E. L. Kirchner den Mut zur Arbeit gab, wie er dann zustimmte, indem er Holzschnitte zum Drama schuf, so soll auch die Erzählung begleitet von Bildern, in denen ein Stück Hoffnung für das neue Erfurt liegt, seinen Namen als Zeichen tragen." Der „Schwegler" (Graef H 77) ist wohl einer der Gaukler, von denen in der Erzählung die Rede ist. „Ratsherr und Bischof" (Graef H 78) ist vermutlich identisch mit dem Priester, der den Geisslern den Einzug in den Dom versagt. Mit dem „Kreuzfahrer" (Graef H 79) ist wohl der Erzähler gemeint.

[60] Im Sanatorium von Dr. Kohnstamm in Königstein/Taunus durfte Kirchner den „Brunnenturm" ausmalen. In diesem Zusammenhang entstanden zahlreiche Entwurfsarbeiten mit Badenden, die vom Erlebnis der Insel Fehmarn zehren.

[61] „Sanit.-Rat."= Sanitärrat. Es handelt sich also um die Mutter des Dichters und Philosophen Karl Theodor Bluth, mit dem Kirchner in Jena Freundschaft schloß. Bluths Vater war Arzt bzw. Sanitärrat.

[62] Staatsarchiv Hamburg, Nachlaß Gustav Schiefler, Briefe Bd. 60, 1929 II (Kopien bei Dr. Volker Wahl).

Im folgenden werden einige hinsichtlich der Technik interessanten Beispiele aufgeführt.

Dube-Titel/Nr.	technische Angabe im Kirchner-Titel	Lehmann	Schiefler (Brief 12.7.1929 an Lehmann)
Wettiner Straße (R.62)	K. N.	1. Probedruck E.L.Kr. Rückseite: „Straße Dresden" I. Zustand	
Elblandschaft mit Schiffen (R 122)	K. N. Gratdruck	1. Druck E.L.Kr.	
Bahnhof Büchen (R 194)	Aetzung	Eigendruck E.L.Kr.	
Waldstraße Königstein mit Post (R 215)	Aetzung	Eigendruck Kirchner. Probedruck überzeichnet, mit dunkelgrauer Farbe Flächen eingemalt (z. B. über Kopf des Pferdes)	
Mädchenakt (H89)	roter Wasserfarbendruck	Handdruck E.L.Kr. Farbholzschnitt mit roter Farbe	
Drei badende Frauen (H 225)	rosa Probedruck	Eigendruck Probe. E.L.Kr. Schwarzer Druck auf rotem Grund. Rosa Aquarellgrundierung Hddr. E.L.Kr. mit Wasserfarben koloriert	
Auf Decke liegender Akt (L 179)	auf schwarz grün klein	Handdruck E.L.Kr.	
Liegende Akte am Meer (L 233)		Hddr. E.L.Kr.	Es ist der II. Zustand
Weiße Tänzerin in kleinem Varieté (L246)	50x60 schwarzweiß	Hddr. E.L.Kr. späterer Zustand als Abb. (zwischen S. 196 und 197 bei Schiefler)(Platte ausgesetzt ?) Jena Zustand II.	Ihr Blatt scheint mir ein späterer Zustand als der reproduzierte zu sein.

Abb. 4: Hugo nach dem Bade, Lithographie, 1915 (Botho-Graef-Exemplar, Hamburger Kunsthalle).

Die Spezifik der Botho-Graef-Stiftung könnte in einer zukünftigen Studie im Vergleich mit jeweils anderen Exemplaren der in ihr enthaltenen Motive näher erfaßt werden. Eine solche Studie würde einen tiefen Einblick in Kirchners Arbeitsweise bringen, in sein mehrmaliges Überarbeiten des Druckträgers, sein Experimentieren mit unterschiedlichen Farben und Techniken.

Die Jenaer Arbeiten der Botho-Graef-Stiftung bieten überdies eine gute Grundlage, um die hier unter besonderen Voraussetzungen entstandenen Figurenbilder näher zu behandeln und im Kontext des Gesamtwerkes zu würdigen. Über die Jena-Motive der Botho-Graef-Stiftung hinaus können die hier entstandenen Ölbilder sowie weitere Graphiken hinzugezogen werden. Das in der Rezeption vorherrschende Bild vom Großstadtexpressionisten Kirchner wird durch Arbeiten, die im Milieu der Jenaer Universitätskreise entstanden sind, relativiert. In einer Atmosphäre der Vertrautheit entstanden - oft eingebunden in private, bürgerliche Interieurs - zahlreiche Porträts seiner Freunde, die Ausgangspunkt einer neuen Sicht auf Kirchners Oeuvre sein können.[63]

---

[63] Vgl. Thomas Röske, Dokumente einer Freundschaft. Botho Graef und Hugo Biallowons auf Bildern Ernst Ludwig Kirchners, in: Ausst.-Kat. Jena 1993, S. 40-48.

PETER FAUSER

Jena als Zentrum der Reformpädagogik
Notizen zu einem pädagogischen Topos, seiner Rezeptionsdynamik und Aktualität[1]

Vorbemerkung

Wer als Professor für Schulpädagogik an der Universität Jena arbeitet, muß und darf sich institutionell zweifellos als einen der Erben der Jenaer pädagogischen Tradition betrachten. Es gehört dann zu den selbstverständlichen Übungen professioneller Kultur, die eigene Arbeit und die eigene wissenschaftliche Identität nicht nur in synchroner Analyse zu den gegenwärtigen Topoi, Positionen und Diskursen der Zunft ins Verhältnis zu setzen, sondern auch diachron, im kritischen Rückgang und mit Blick auf die große Tradition zu bedenken, in welcher Richtung wir uns bewegen und auf welchem Niveau des pädagogischen Problembewußtseins wir argumentieren.
So selbstverständlich uns diese Übung erscheint, so wenig selbstverständlich sind doch ihre Resultate. Auch denjenigen, die, wie ich, weder Historiker sind, noch sich dem Kreis der Reformpädagogik-Spezialisten[2] zurechnen können, steht doch dies unübersehbar deutlich vor Augen: Wir befinden uns heute inmitten einer dramatischen Rekonstruktion des Erfahrungsraums und des Erwartungshorizonts[3] der historischen Entwicklungsphase am Beginn des zwanzigsten Jahrhunderts, die üblicherweise mit dem Begriff der „Reformpädagogik" bezeichnet wird.
Wenn ich von einer dramatischen Rekonstruktion spreche, so aus verschiedenen Gründen. Erstens will ich damit sagen, daß die Beschäftigung mit der Reformpädagogik (wie ich mir im folgenden verkürzend zu sagen erlaube) über das engere historiographische Interesse hinaus im Problembewußtsein der pädagogischen Gegenwart gründet, der Vermutung ihrer geschichtlichen Wahlverwandtschaft mit einer Epoche des Übergangs in

---

[1] Der Vortragsstil ist weitgehend beibehalten, Anmerkungen und Literaturhinweise sind auf ein Minimum beschränkt.
[2] Mein Feld ist die systematische Analyse schultheoretischer Grundprobleme und ich interessiere mich vor allem für gegenwärtige Apekte der Schulreform und der Bildungspolitik.
[3] Zu den Begriffen „Erfahrungsraum" und „Erwartungshorizont" als historischen Bewegungsbegriffen vgl. Reinhart Koselleck, Vergangene Zukunft. Zur Semantik geschichtlicher Zeiten, Frankfurt am Main, 1979, S. 349-375.

eine andere Moderne, oder fast muß man heute radikalisierend sagen: in eine andere Postmoderne.[4] Der dramatische Impetus der Auseinandersetzung entspringt also primär der Relevanz der Reformpädagogik für die Identität und die Handlungsprobleme der pädagogischen Gegenwart. Von diesem Gesichtspunkt lassen sich auch meine Überlegungen leiten.

Zweitens: Die Auseinandersetzung mit der Reformpädagogik hat im Westen Mitte der achtziger Jahre ganz erheblich an Dynamik gewonnen.[5] Ohne Zweifel wird dieser Vorgang durch die deutsche Vereinigung in außerordentlichem Maß gesteigert, nicht allein wegen des verbreiterten Quellenzugangs, sondern auf grundlegend kulturmächtige Art deshalb, weil die Reformpädagogik plötzlich auf ganz neue Weise gewissermaßen vom Ideenreservoir, vom Fundus und verstaubten Archiv, zur farbenprächtigen Kulisse und gut bestückten Werkstatt gegenwärtiger Schulentwicklung und Bildungspolitik werden kann. Belege für diese Einschätzung sind

---

[4] Der Begriff der „Postmoderne" kann - und in diesem Sinne wird er hier verwendet - als Ausdruck einer immanenten Radikalisierung des Konzepts der Moderne verstanden werden. Der Begriff hebt dann hervor, daß mit dem Übergang in die Moderne und mit der konsequenten Fortsetzung der Aufklärung als (selbst-) kritischem Gebrauch der Vernunft in Wissenschaft und Politik, eine Rückkehr aus der Pluralität der Lebens- und Erkenntnisverhältnisse zu Einheitlichkeit und Geschlossenheit als nicht mehr legitimierbar erscheint. Der Begriff „postmodern" enthält dann eine kritische Spitze gegen beides, gegen die Vorstellung von einer geschlossenen Moderne (etwa als technisch-wissenschaftlich totalitär gewordener Kultur), als auch gegen einen Pluralismus, der die kritische innere Spannung der Pluralität auflöst, indem die Differenz von Positionen nicht als Herausforderung an die Vernunft, sondern als das letzte Wort verstanden - und folglich nicht kritisch-demokratische Pluralität, sondern Beliebigkeit von Überzeugungen propagiert wird. Vgl. Wolfgang Welsch, Wege aus der Moderne. Schlüsseltexte der Postmoderne - Diskussion, Weinheim 1988; ders., Unsere postmoderne Moderne, Weinheim, 3. durchges. Aufl. 1991; Jürgen Habermas, Der philosophische Diskurs der Moderne. Zwölf Vorlesungen, Frankfurt a. Main 1985; für die pädagogische Diskussion vgl. Jürgen Oelkers, Die Wiederkehr der Postmoderne. Pädagogische Reflektionen zum neuen Fin de siécle, in: Zeitschrift für Pädagogik 33 (1987) 1, S. 21 - 40; Peter Fauser, Ganzheitlichkeit als pädagogisches Problem. Eine Kritik, in: Evangelische Akademie Bad Boll, Hrsg., Zur Frage der Ganzheitlichkeit in der beruflichen Bildung, Bad Boll, Protokolldienst 2/1991, S. 3 - 20; ders., Modernisierung und Praktisches Lernen. Perspektiven für Schule und Bildungspolitik nach der deutschen Vereinigung, in: Neue Sammlung 33 (1993) 3, S. 385 - 403.

[5] Eine solche Datierung ist problematisch, weil, vor allem bei den Spezialisten, die Rezeption und die Erforschung der Reformpädagogik nie abgebrochen sind. Aber Mitte der achtziger Jahre beginnt eine breite Wiederentdeckung dieser Epoche; sie ist, anders als in der Reformzeit der sechziger und siebziger Jahre, Teil des diskursiven Hauptstroms der Erziehungswissenschaft. Vgl. dazu besondes Heiner Ullrich, Die Reformpädagogik, Modernisierung der Erziehung oder Weg aus der Moderne?, in: Zeitschrift für Pädagogik 36 (1990) 6, S. 893 - 918.

unübersehbar, die Neugründung einer Jenaplanschule in Jena[6], die Wiedergründung des Landerziehungsheims Haubinda[7], die Versuche, auch das Landerziehungsheim Wickersdorf[8] wiederaufleben zu lassen, sprechen für sich, ebenso wie das große Interesse, das reformpädagogische Themen in der Lehrerfortbildung finden. Und auch die Universität Jena hat schon 1990 einen ersten Versuch gemacht, Peter Petersen und die Jenaplan-Pädagogik zu rehabilitieren - eine Art auch für Institutionen notwendiger Erinnerungsarbeit.[9] Hier stehen wir erst am Anfang. In den von Fritz Kühnlenz und Paul Esche geschriebenen Jenaer Portraits von 1969, um nur ein Beispiel zu erwähnen, sucht man die Namen Rein oder Nohl, Diederichs, Petersen oder Flitner vergeblich.[10]

„Reformpädagogik"

Als wissenschaftlicher Topos hat der Begriff „Reformpädagogik" seit den zwanziger Jahren und seit Mitte der achtziger Jahre einen grundlegenden Bedeutungswandel durchgemacht. Zuerst als Epochenbezeichnung, dann als historisch-systematischer Begriff aufgefaßt, wird er heute zunehmend zum begrifflichen Platzhalter, zur Überschrift einer komplexen Diskussion, die von weitreichender Bedeutung ist für die Problemkonstitution und Konzeptentwicklung der gegenwärtigen pädagogischen Praxis und Wissenschaft. In der Auseinandersetzung mit den wissenschaftlichen Theorien und pädagogischen Konzepten der Reformpädagogik werden in der Pädagogik, besonders in der Schulpädagogik, wissenschaftliche Themen profiliert und praktische Konzepte generiert.

---

[6] Vgl. zur Vorgeschichte: Barbara Mergner, Eine Schulgründung in Thüringen, in: Ernst Schmutzer, Hrsg., Reformpädagogik in Jena, S. 247 - 250; zum heutigen Stand: Jenaplan-Schule Jena, Konzeption zum Schulversuch. Stand 1992, Jena: Eigendruck 1992; Ingeborg Maschmann, 50 Jahre Schulreform - Eine berufsbiographische Skizze, in: Universität Lüneburg. berichte informationen meinungen, Heft 14, Januar 1994, S. 12 - 19.
[7] Vgl. dazu Stiftung Deutsche Landerziehungsheime Hermann Lietz-Schule u.a., Hrsg., Leben und Arbeit. Zeitschrift der Deutschen Landerziehungsheime Hermann-Lietz-Schule, bes. 1992 ff.
[8] Vgl. Otto Seydel, Gerold Becker, Peter Fauser, Neue Schule Wickersdorf. Idee und Konzept, in: Peter Fauser, Henning Luther, Käte Meyer Drawe, Hrsg., Verantwortung. Jahresheft X des E. Friedrich-Verlags, Seelze 1992.
[9] Vgl. Ernst Schmutzer, Hrsg., Reformpädagogik in Jena. Peter Petersens Werk und andere reformpädagogische Bestrebungen damals und heute, Jena 1991.
[10] Fritz Kühnlenz, Paul G. Esche, Jenaer Porträts. Die Saalestadt im Spiegel historischer Persönlichkeiten, Rudolstadt 1969.

Als Epochenbezeichnung wird der Begriff für Europa, Nordamerika und Palästina für den Zeitraum von 1890 bis 1950, für Deutschland bis 1933 verwendet. „Reformpädagogisch" nennt man heute, so eine Formulierung von Heiner Ullrich, die „von kultur- und gesellschaftskritischen Motiven inspirierten pädagogischen Programme und Reformversuche" dieser Zeit.[11] Diese sehr allgemeine Bestimmung geht zeitlich und systematisch über das hinaus, was Wilhelm Flitner, Zeitzeuge und selbst einer der Protagonisten, 1926 als „pädagogische Bewegung", 1928 als „reformpädagogische Bewegung" und 1974 als „Reformpädagogik" gefaßt hat.[12] Flitner hat drei Perioden unterschieden, die des Bewußtwerdens, der Pioniere, die er sich bis zum ersten Weltkrieg erstrecken sieht, die Periode der Synthesen nach dem ersten Weltkrieg und sodann die Periode der Reflexion ab 1925. Ohne auf diese Periodisierung im einzelnen eingehen zu können, sollen doch die Grundfiguren hervorgehoben werden, durch die Flitner die drei von ihm unterschiedenen Abschnitte charakterisiert. Die erste Epoche begründet, inspiriert von Kulturkritik, Kunst, Psychologie, pädagogisch nicht zuletzt im Impuls gegen die Pauk- und Stoffschule, eine neue Sicht des Kindes und des Jugendlichen, setzt Kindheit und Jugendzeit, damit auch die Lebensformen und Lebensäußerungen von Kindern und Jugendlichen in ihr eigenes Recht. Kreative Arbeit wird rezeptivem Pauken, Selbsttätigkeit schulischer Fremdbestimmung entgegengesetzt. Kindliches Gemeinschaftsleben und jugendliche Gesellungsformen werden in ihrer eigenen kulturellen, ja anthropologischen Bedeutung erkannt und in Jugendleben und Schule aufgenommen.

In der zweiten Phase nach dem ersten Weltkrieg sieht Flitners Deutung institutionelle Konzepte entstehen, die sich als Synthesen reformpädagogischen Denkens und reformpädagogischer Erfahrung verstehen lassen: die Freien Waldorfschulen, die Montessorischulen, die Hamburger und Berliner Gemeinschaftsschulen, die Jenaplanschule. Diese Konzepte haben verschiedene Impulse der ersten Epoche auf je eigene Weise zu institutio-

---

[11] Heiner Ullrich, Die Reformpädagogik, S. 895.

[12] Vgl. zum folgenden Wilhelm Flitner, Die pädagogische Bewegung und die Schule, in: Johannes Ilberg, Hrsg., Neue Jahrbücher für Wissenschaft und Jugendbildung 2 (1926), S. 735 - 742. Wiederabgedruckt in: Wilhelm Flitner, Die pädagogische Bewegung. Beiträge - Berichte - Rückblicke, Gesammelte Schriften Bd. 4, Paderborn, München, Wien, Zürich 1987, S. 26 - 35; ders., Die drei Phasen der Pädagogischen Reformbewegung und die gegenwärtige Lage, in: Johannes Ilberg, Hrsg., Neue Jahrbücher für Wissenschaft und Jugendbildung 4 (1928), S. 242 - 249. Wiederabgedruckt in: Wilhelm Flitner, Die pädagogische Bewegung, S. 232 - 242; ders., Reformpädagogik, in: Walter Rüegg, Hrsg., Kulturkritik und Jugendkult, Frankfurt am Main 1974, S. 137 - 146. Wiederabgedruckt in: Wilhelm Flitner, Die pädagogische Bewegung, S. 494 - 502.

nellen Gestalten verbunden. Hinzu kommt eine Öffnung und Erweiterung des pädagogischen Horizonts und Bewußtseins in verschiedener Hinsicht. Die heilpädagogische Praxis nimmt psychiatrische, entwicklungspsychologische und tiefenpsychologische Einsichten auf und wirkt auf die allgemeine Schule zurück. Die Erwachsenenbildung mit den Volkshochschulen entsteht und schließt vor allem im Methodischen an die Jugendbewegung und die Reformpädagogik an. Sie fügt der pädagogischen Bewegung ein aus meiner Sicht fundamentales und qualitativ neues demokratisch-emanzipatorisches Motiv hinzu. Bildung wird - vor dem Hintergrund des Krieges - von der Pädagogik vielleicht erstmals als Schicksalsfrage der modernen Gesellschaft als ganzer begriffen.
Die Versuche, reformpädagogische Impulse auch im staatlichen Schulwesen in der Breite wirksam werden zu lassen, führen auf Grenzen. Hier setzt das ein, was Flitner als Epoche der „Reflexion" bezeichnet, verkürzend gesprochen, eine Art institutionell abgeklärter Ernüchterung über Wege und Grenzen der pädagogischen Reform, gleichzeitig jedoch ein wachsendes Bewußtsein von der Zweischneidigkeit der Aufklärung, den größeren historischen Zusammenhängen der gesellschaftlichen und kulturellen Modernisierung und dem irreversiblen Verlust traditionaler Geschlossenheit und Unmittelbarkeit des pädagogischen Lebens.

Reformpädagogik - Kritik des Begriffs

Die neuere erziehungswissenschaftliche Diskussion über die Reformpädagogik kann hier nicht rekapituliert werden. Gleichsam im Sprung setze ich über Verlauf und Einzelheiten weg und hebe drei mir für die Gegenwart wesentlich erscheinende Punkte heraus.
1. Bestritten und relativiert worden ist die These von der epochalen Geschlossenheit der Reformpädagogik als einem einheitlichen Typus sozialer Bewegung mit einer notwendigen immanenten Phasenfolge.[13] Die Reformpädagogik genannte Epoche, so die vor allem von Jürgen Oelkers vorgetragene Kritik, sei theoretisch und praktisch inhomogen, greife in großem Umfang Gedanken und Konzepte früherer Epochen auf und verfehle in der Theorie ausgerechnet ihre sie bestimmende Eigenheit, nämlich die „Mythisierung des Kindes und der Gemeinschaft".[14]

---

[13] Vgl. Heiner Ullrich, Die Reformpädagogik, S. 895.
[14] Jürgen Oelkers, Pädagogischer Liberalismus und Nationale Gemeinschaft. Zur politischen Ambivalenz der „Reformpädagogik", in: Pädagogik und Nationalsozialismus, 22. Beiheft der Zeitschrift für Pädagogik, 1988, S. 208.

Ich möchte nur einen Punkt aus diesem Zusammenhang herausnehmen. Es dürfte inzwischen unbestritten sein, daß sich die Reformpädagogik, ob man sie nun historisch als „Epoche" rekonstruiert oder nicht, konzept- und ideengeschichtlich nicht scharf abgrenzen läßt und daß sie eine große Vielfalt von Erfindungen und Positionen hervorgebracht und ermöglicht hat. Um ein Jenaer Beispiel aufzugreifen: Es war der als „Herbartianer" geltende Wilhelm Rein, der Hermann Lietz, den Begründer der nach ihm benannten Landerziehungsheime und Reformpädagogen, auf Cecil Reddies englische Reformschule Abbotsholme aufmerksam gemacht und ihm dort einen Aufenthalt ermöglicht hat, ohne den Lietzens eigene Schulgründungen wohl nicht hätten entstehen können. Und es war, schon vor diesem Besuch, die Reinsche Übungsschule, in der Lietz den entscheidenden Impuls zum Lehrerberuf erhalten und wo er Paul Geheeb, seinen späteren Mitarbeiter und Gründer der Odenwaldschule und der École d'Humanité kennengelernt hat.[15] Und betrachtet man das Spektrum der Themen und Positionen in der Reinschen Enzyklopädie, so wird man zwischen dem Didaktiker und dem Bildungsreformer Rein deutlich unterscheiden müssen.[16] Ich vermute auch, daß zwischen der Schularbeit der Virtuosen unter den Praktikern eines „erziehenden Unterrichts" im Sinne Herbarts und den tüchtigen reformpädagogisch ausgebildeten Lehrern faktisch kaum ein Unterschied bestanden haben dürfte.[17]

2. Am gleichen Beispiel kann man sich auch klarmachen, daß nicht allein die Abgrenzung der Reformpädagogik als einer Epoche insgesamt, sondern auch die Periodisierung, wie Flitner sie vorgeschlagen hat, zu stark vereinfacht. Lietz hat sein Landerziehungsheim in Ilsenburg am Harz schon 1898 gegründet, Haubinda 1900, und die Landerziehungsheime sind aus heutiger Sicht ohne Zögern den herausragenden „Syntheseleistungen" der

---

[15] Vgl. Ralf Koerrenz, Wilhelm Rein und Hermann Lietz, in: Leben und Arbeit Heft 1 (1933), S. 20 - 26; Elisabeth Badry, Die Gründer der Landerziehungsheime, in: Hans Scheuerl, Hrsg., Klassiker der Pädagogik. Zweiter Band von Karl Marx bis Jean Piaget, München 1979, S. 152 - 169.
[16] Wilhelm Rein, Hrsg., Encyklopädisches Handbuch der Pädagogik, 2. Aufl. Langensalza 1910; vgl. Ralf Koerrenz, Wilhelm Rein als Reformpädagoge, in: Jahrbuch für historische Bildungsforschung 1 (1993), S. 131 - 150.
[17] Dafür sprechen nicht nur zahlreiche Äußerungen von Hermann Lietz, sondern u.a. auch Aussagen etwa von Wilhelm Flitner. Vgl. Hermann Lietz, Lebenserinnerungen. Von Leben und Arbeit eines deutschen Erziehers, hrsg. v. Erich Meißner, Veckenstedt/Harz, 4. Aufl. 1935, S. 74 passim; Ralf Koerrenz, Hermann Lietz, Grenzgänger zwischen Theologie und Pädagogik, Frankfurt 1989; ders., Übungsschule - Erziehungsschule - Alternativschule. Rekonstruktion eines pädagogischen Reformweges, erscheint in: Pädagogische Rundschau 1994; Wilhelm Flitner, Erinnerungen 1889 - 1945, Gesammelte Schriften Bd. 11, Paderborn, Wien, Zürich 1986, bes. S. 250f.

Reformpädagogik zuzuordnen, die Flitners Phaseneinteilung erst nach dem ersten Weltkrieg entstehen sieht. Nicht weniger wird man etwa auch im Verhältnis zwischen Rein und Petersen und im Verhältnis zwischen den Landerziehungsheimen und der Jenaplan-Schule sowohl Kontinuität als auch Diskontinuität erblicken: Die Jenaplan-Schule entsteht fast eine Generation nach den Landerziehungsheimen. Sie zentriert zwar ihre pädagogische Idee mehr auf den Bereich des Unterrichts als die Landerziehungsheime, aber ein pädagogischer Grundgedanke beider Konzepte, der eines aktiven Lernens in einer Gemeinschaft von Erwachsenen und Kindern, ist fast identisch.

3. Im Blick auf die heutige Diskussionslage habe ich den Eindruck, daß der historisch-kritische Diskurs über die Reformpädagogik nicht zuletzt dazu herausgefordert hat, genauer zu bestimmen, worin die für reformpädagogisches Denken - und allgemeiner, für die Reform der Erziehung in der Moderne - wesentlichen, konstitutiven Problemstellungen und Konzepte zu sehen sind. Heiner Ullrich hat in einer Diskussion von Andreas Flitners Jenaer Vorlesungen drei Themenkreise dieses Denkens herausgehoben. „(1) Kinder verstehen (zur Selbständigkeit ermutigen, Begabungen finden und fördern, hilfreich beurteilen); (2) Ganzheitlich lehren und lernen (Ausdruck und Gestaltung ermöglichen, Vertiefung und „Einwurzelung" anbahnen, Konzentration und Stille üben, praktisch lernen, Brücken zur Wirklichkeit schlagen); (3) Gemeinsam leben und arbeiten (Gemeinschaft über Konkurrenz stellen, an die Aufgaben in öffentlicher Verantwortung heranführen, aus dem Funktionsgebilde Schule einen Lebensraum entwickeln)."[18]

Jena und die Reformpädagogik

Lassen wir uns rückblickend von diesen pädagogischen Gesichtspunkten leiten, dann kann nicht daran gezweifelt werden, daß Jena - unabhängig davon, ob der Begriff der Reformpädagogik nun als eine Epochenbezeichnung haltbar ist oder ob damit mehr systematische Koordinaten oder Problemhorizonte pädagogischer Theorie und Praxis angesprochen sind - als ein Zentrum der Reformpädagogik betrachtet werden muß. Das gilt zum einen schon deshalb, weil hier eine große Zahl für die Reformpädagogik zen-

---

[18] Heiner Ullrich, Die Verheißungen der Reformpädagogik. Gedanken zu Andreas Flitner, Reform der Erziehung, in: Neue Sammlung 33 (1993)1, S. 40; Andreas Flitner, Reform der Erziehung. Impulse des 20. Jahrhunderts. Jenaer Vorlesungen. Mit einem Beitrag von Doris Knab, München und Zürich 1992.

traler Akteure teilweise in unmittelbarer Zusammenarbeit gewirkt haben. Sodann wird man in der Übungsschule Stoys und Reins, in den Landerziehungsheimen, der Jenaplanschule, der Volkshochschule und der Trüperschen Anstalt Vorstufen, Ausprägungen, konzeptionelle Durchbrüche und bis heute wirksame Formen einer pädagogischen Praxis erkennen, die von einem eigenartigen und charakteristischen Impuls bewegt sind. Dieser Impuls geht dahin, die Moderne des 19. Jahrhunderts mit ihren von Naturwissenschaften, Technik und großer Industrie geprägten Fortschritten nicht direkt linear weiterführen zu wollen, sondern angesichts der von dieser Moderne miterzeugten Krisen nach vergessenen und übersehenen Potentialen der Humanisierung zu fragen. Die Reformpädagogik läßt sich unter diesem Blickwinkel mit Heinz-Elmar Tenorth als ein „Krisenbearbeitungsmuster im Prozeß der Modernisierung" entschlüsseln, mit dem die Pädagogik auf einen säkularen Strukturwandel der Lebensverhältnisse antwortet.[19] Für die Pädagogik beginnt in dieser Zeit eine wichtige Phase der Expansion und der Stabilisierung als berufliche Sphäre ebenso wie als akademische Disziplin. In allen Feldern der Pädagogik, die sich mittlerweile zu eigenen Zweigen der Profession und der Erziehungswissenschaften herausgebildet haben, sind dabei wesentliche Anfänge in Jena zu finden.

Stellt man die Frage, warum dies so ist, so muß man den Blick über die Pädagogik hinaus ausweiten. Das kann nicht die Aufgabe dieses kleinen Beitrags sein. Auf der Hand zu liegen scheint mir freilich dies: Pädagogisch gesehen, waren im Jena der Jahrhundertwende und während des ersten Jahrhundertdrittels die zentralen Probleme und Impulse auf engem Raum präsent, von denen die Reformpädagogik ihren Schwung erhielt und auf die sie Antworten suchte. Die große, auf wissenschaftliche Erfindungen und Endeckungen gestützte moderne Industrie mit ihren Auswirkungen für Regionalstruktur und Lebensverhältnisse der Arbeiterschaft, der Übergang in die künstlerische Moderne - mit dem Weimarer Bauhaus als regional wichtigster Stätte -, ein durch die geringe Größe der Universität begünstigtes Klima der Kommunikation und Anregung über die Fächergrenzen und Stadtgrenzen hinweg, eine hochentwickelte Kultur bürgerlicher Bildung und bürgerschaftlichen Gemeinsinns. Sodann: eine pädagogische Tradition, die mit Stoy und Rein einen vorbildlichen Stand berufspolitischer, berufspraktischer und wissenschaftlicher Qualität und einen über Generationen

---

[19] Heinz-Elmar Tenorth, Geschichte der Erziehung. Einführung in die Grundlagen ihrer neuzeitlichen Entwicklung, Weinheim und München 1988, bes. S. 181ff. Vgl. auch Heiner Ullrich, Die Reformpädagogik, S. 910ff.

hin gefestigten Ruf als Ausbildungsstätte erarbeitet hatte - ein idealer Ausgangspunkt für reformerische Neuansätze auf hohem Niveau.[20] Nicht überschätzt werden kann schließlich das sozialreformerische und kulturelle Engagement von Persönlichkeiten wie Carl Zeiß, Ernst Abbe oder Eugen Diederichs, das ja über ein Mäzenatentum weit hinausging und auf eine bis heute vorbildliche Art und Weise die gesellschaftspolitische Verantwortung von Unternehmern repräsentiert.

Bemerkungen zur Aktualität

Es geht mir - und wohl einer wachsenden Zahl von Pädagoginnen und Pädagogen in Praxis und Wissenschaft - mit der Reformpädagogik ähnlich wie mit den Bildern von Erich Kuithan: Sie sind mir auf irritierende Weise vertraut und fremd zugleich. Wenn ich die großen Gemälde des sonnenüberglänzten Saaletals sehe, dann staune ich darüber, wie souverän hier der Realismus des 19. Jahrhunderts überwunden ist, wie Kuithan zugleich aber, wie Herman Nohl formuliert hat, „frei vom Druck der Konvention dem Gegenstand seine Ehre ließ".[21] Daneben befremden mich die Mythisierung der mit konzentrisch sich über das Ganze ausbreitenden Sonne und die süßen Pastelltöne, die mich an Formen und Farben anthroposophischer Kunst und die mythisch-geschlossene Kosmologie Steiners erinnern, und zugleich fesselt mich die aufregend kühne expressive Farbgebung, die an Cézanne, Nolde oder Kandinsky erinnert und mit ihren Neon-Effekten dem wild gewordenen Auge der Gegenwart entsprungen scheint. Die Überwindung des klassisch modernen Objektivismus und gleichzeitige Radikalisierung der Subjektivität, die Sehnsucht, Suche oder das Ringen nach schützender, versöhnender Ganzheit, menschlicher Gemeinschaft und einer Einheit des Menschlichen und die grelle, schreiende, formsprengende Unruhe der Postmoderne mit der Ahnung des Abgrunds, das sind für mich Impulse und Erfahrungsqualitäten, für die auch in der deutsch-deutschen und europäischen Gegenwart Entsprechungen sich aufdrängen.
Daß die Auseinandersetzung mit der Reformpädagogik heute eine solche Intensität annimmt, hängt, dies sei schließlich noch hervorgehoben, mit den Selbstdeutungen, der ideologischen Assimilation und den Verdrängungen der Reformpädagogik zusammen, die sich im zwanzigsten Jahrhundert

---

[20] Vgl. die Portraits in dem von Günther Franz unter Mitwirkung von Wilhelm Flitner herausgegebenen Band Thüringer Erzieher, Köln, Graz 1966.
[21] Vgl. Wilhelm Flitner, Erinnerungen, S. 286.

vollzogen haben. Das sind Hindernisse von ganz unterschiedlicher Qualität. Die ersten Selbstdeutungen durch Wilhelm Flitner 1926 und 1928, durch Herman Nohl 1933, stehen im Kontext einer Erziehungswissenschaft, die sich erst auf dem Wege zu einer anerkannten akademischen Diziplin befindet; bekanntlich hat auch der überaus erfolgreiche und angesehene Wilhelm Rein erst spät ein persönliches Ordinariat erhalten, und Petersen war der erste regelrechte, freilich konfliktträchtig berufene Ordinarius für Pädagogik in Jena. Flitner und Nohl argumentieren vom Boden einer Disziplin aus, die um ihre akademische und ihre politisch-gesellschaftliche Identität noch lange würde ringen müssen - und anfällig bleibt für politisch-ideologische Verführung und Übergriffe. Gegenstand und Methode der Disziplin, ihre Grundgedanken, sind noch undeutlich, oder, vorsichtiger gesagt, sie befinden sich nach dem Ende des Herbartianismus in einem Paradigmenwechsel.

Die Darstellung der Reformpädagogik von Flitner und Nohl dokumentiert so gesehen zweierlei, einen epochalen Wandel des pädagogischen Common sense und der pädagogischen Praxis zum einen, ebenso aber das erwachende Selbstbewußtsein der Erziehungswissenschaft, die in der Folge nicht mehr nur auf ihren Gegenstand, sondern zugleich wissenschaftstheoretisch reflexiv geworden, auf sich selbst blickt. Es mag sein, daß die empfindliche Bindung des disziplinären Autonomiebewußtseins an die Nohlsche „Meistererzählung" nicht nur dessen Deutung der Reformpädagogik zu einem „nahezu kanonisch geltenden" Text hat werden lassen, sondern auch den analytisch differenzierenden, entmythologisierenden Zugang zu der Epoche erschwert hat.[22]

Weit gravierender als die Rezeptionsdynamik der Zunft jedoch wirkt sich aus, daß die Reformpädagogik dem Nationalsozialismus teils mit den Boden bereitet, sich teils dann nicht entschieden genug von ihm distanziert, überwiegend aber jedenfalls durch die nationalsozialistische Ideologie korrumpiert und semantisch bis zur Unkenntlichkeit verletzt und verstümmelt worden ist.[23] Viele der zentralen Begriffe und Gedanken der

---

[22] Herman Nohl, Die pädagogische Bewegung in Deutschland und ihre Theorie, 2. Aufl., Frankfurt 1935, vgl. Heiner Ullrich, Die Reformpädagogik, S. 895.

[23] Nationalstolz und Weltverbesserungspathos sprechen beispielsweise schon aus der Antrittsvorlesung Peter Petersens vom 3. Nov. 1923: Der Bildungsweg des neuen Erziehers auf der Hochschule, in: Zeitschrift für pädagogische Psychologie, Juni 1924, S. 1 - 16; s. auch Jürgen Oelkers, Petersen und der Nationalsozialismus, in W. Keil, Hrsg., Pädagogische Bezugspunkte - Exemplarische Anregungen. Festschrift für Hans Scheuerl, Regensburg 1989, S. 99 - 130 (b); Ulrich Hermann, Jürgen Oelkers, Hrsg., Pädagogik und Nationalsozialismus (22. Beiheft der Zeitschrift für Pädagogik), Weinheim und Basel 1988.

Reformpädagogik, Führer, Gemeinschaft, Volk, Feier, waren nach dem Zusammenbruch 1945 lange Zeit unbrauchbar geworden. Erst nach dem Durchgang durch eine sozialwissenschaftliche Ernüchterung der Sprache und des Denkens und nach einem jahrzehntelangen Ringen um eine demokratische Kultur können wir uns offenbar wieder auf den humanisierenden und aufklärerischen Gehalt der Konzepte und Topoi jener Zeit neu besinnen und einlassen. Fast unnötig zu unterstreichen, daß die DDR-Zeit im Verhältnis zur als „bürgerlich" abgewehrten Reformpädagogik weitere und eigene Zugangsschranken errichtet hat. Es wird großer Anstrengungen bedürfen und erscheint mir als eine Hauptaufgabe der heutigen Erziehungswissenschaft in Jena, die reformpädagogischen Konzepte und Gedanken gegen eine sich anbahnende Konventionalisierung des pädagogischen Blicks und der pädagogischen Praxis zur Geltung zu bringen, um zu verhindern, daß die Quellen, die wir soeben erst wiederentdeckt haben, allzuschnell wieder zugeschüttet werden.
Zu Recht sieht Wilhelm Flitner rückblickend 1974 in der Reformpädagogik das, was wir heute als „Reflexivwerden" der Moderne bezeichnen, und begreift sie als Ausdruck der „gesamten modernen Erziehungslage". Diese wird von den extremen inneren Spannungen der Moderne bestimmt, von der Einsicht, daß wir aus der technischen Zivilisation nicht aussteigen können und sie nicht verwerfen dürfen, daß wir hinter den humanen Anspruch der Aufklärung nicht zurückfallen dürfen, daß wir aber zugleich ungezügelter Rationalisierung und Totalisierung der technologischen Systeme nach innen und außen und ihrer manipulativen Gewalt Grenzen setzen müssen. Kinder und Jugendliche brauchen Umgebungen des Lebens und Lernens, die der Eigentätigkeit, der Vertiefung und Besinnung, dem allmählichen Aufbau von Formen und Qualitäten ethisch orientierten Soziallebens und demokratischer Gesinnung ebenso Raum geben, wie der energischen und enggeführten Spezialisierung.
Die schulpädagogische Lehre aus der Reformpädagogik, daß die Schule in ihrer Form als bloße Unterrichtsanstalt hinter den Lernwelten und Lernproblemen der Moderne hoffnungslos zurückbleibt, also einen epochalen pädagogischen Rückstand an adaptiver Intelligenz aufweist, diese Einsicht bleibt aktuell und richtungweisend, auch wenn wir die Konsequenzen daraus heute unter ganz anderen Bedingungen und Verhältnissen bedenken müssen als vor hundert Jahren, und auch wenn es Kollegen in der Zunft gibt, die reformpädagogisch orientierte Bemühungen, wie ich sie gemeinsam mit Andreas Flitner und einer wachsenden Zahl von Mitstreiterinnen

und Mitstreitern seit einer Reihe von Jahren voranzubringen suche, als „Schnee vom vergangenen Jahrhundert" abtun.[24]

---

[24] Erwähnt seien zwei Schulreformprojekte, das „Projekt Praktisches Lernen", das die Akademie für Bildungsreform zusammen mit der Robert Bosch Stiftung Anfang der achtziger Jahre ins Leben gerufen hat, und das Projekt „Demokratisch Handeln. Ein Förderprogramm für Jugend und Schule", bei dem die Akademie für Bildungsreform mit der Theodor-Heuss-Stiftung zusammenarbeitet. Vgl. dazu Peter Fauser, Klaus J. Fintelmann, Andreas Flitner, Hrsg., Lernen mit Kopf und Hand. Berichte und Anstöße zum Praktischen Lernen in der Schule, Weinheim und Basel, 2. Aufl. 1991, sowie Wolfgang Beutel, Peter Fauser, Hrsg., Demokratisch Handeln. Dokumentation des Symposions „Schule der Demokratie", 24. bis 26. September 1989, Universität Tübingen. Tübingen und Hamburg 1990 und Peter Fauser, Henning Luther, Käte Meyer-Drawe, Hrsg., Verantwortung. Polemisch dazu Winfried Böhm u.a., Hrsg., Schnee vom vergangenen Jahrhundert. Neue Aspekte der Reformpädagogik, Würzburg 1993.

FRANK RÜDIGER

„Neue Wege der Photographie" und „Aenne Biermann"
Zwei Ausstellungen moderner Fotografie des Jenaer
Kunstvereins

Als am 25. März 1928 im Prinzessinnenschlößchen die vom Jenaer Kunstverein unter Walter Dexel initiierte Ausstellung „Neue Wege der Photographie" eröffnet wurde, war das Medium Fotografie noch keine hundert Jahre alt. Vor allem in der Zeit seit der Jahrhundertwende hatte es sich zu einer bis dahin ungeahnten Vielfalt an Stilrichtungen und Bildauffassungen entwickelt.
Mit der fortschreitenden technischen Entwicklung im Kamerabau und der Vereinfachung technologischer Prozesse in der Bildverarbeitung war es vielen Interessenten möglich, selbst zu fotografieren. Ereignisse aus dem persönlichen Leben und des individuellen Alltags waren die Hauptmotive der neu enstandenen Amateurfotografie. Scheinbar Unwichtiges und Belangloses bekam für den Einzelnen Bedeutung, wurde als mitteilenswert angesehen und mit der Kamera festgehalten.
Zeitungen und Zeitschriften verbreiteten massenhaft Fotos wichtiger Tagesereignisse. Die Pressefotografie etablierte sich als eigenständiges fotografisches Genre. Sie trug dazu bei, daß das technische Bild, die Fotografie, einen neuen Stellenwert einnahm, in dem sie sich zwischen den Menschen und die Welt stellte und die Welt damit nur noch mittelbar erlebbar wurde.
Der gewerbemäßig betriebenen Atelierfotografie oblag es, vornehmlich Einzel- und Gruppenporträts anzufertigen. Kleine Tische, Stühle, Bänke, Säulen, Vorhänge und Blumentöpfe bildeten das hauptsächlichste Interieur für die möglichst repräsentativen Bildnisse, bei denen die Herren in erster Linie würdevoll und die Damen elegant und zurückhaltend erscheinen sollten. Es herrschte also eine Porträtauffassung vor, die sich seit der Bekanntgabe der Erfindung der Fotografie im Jahre 1839 kaum verändert hatte und die Anfang des 20. Jahrhunderts längst tatsächlich zum Klischee erstarrt war.
Eine andere weit verbreitete fotografische Richtung war die seit etwa 1895 betriebene sogenannte Kunstfotografie. Die Vertreter dieses Genres waren bestrebt, möglichst malerisch wirkende Bilder zu schaffen. Durch verschiedene Edeldruckverfahren, wie Gummi- oder Bromöldruck, entstanden Arbeiten in ausgesprochen impressionistischer Manier. Bildschärfe und Konkretheit in der Abbildung waren sekundär, Ziel der Kunstfotografie waren Bilder, die pittoreske Eindrücke und Stimmungen mit oftmals lyrischem

Abb. 1: Hugo Erfurth: HANS THOMA, 1920 aus: Bodo von Dewitz, Karin Schuller-Procopovici, Hrsg., Hugo Erfurth, Photograph zwischen Tradition und Moderne, Köln 1992

Charakter wiederzugeben versuchten. Diese Kunstfotografie verlor in den Jahren nach dem Ersten Weltkrieg zunehmend an Ausstrahlung, und eine junge Generation von Fotografen suchte nach neuen Wegen, das Medium Fotografie in die Entwicklungstendenzen der Malerei zu integrieren, seine Aussagemöglichkeiten zu erweitern, um schließlich eigenständige Bildformulierungen zu finden. Inspiriert unter anderem durch die dadaistische und die surrealistische Bewegung entstanden formal ungewöhnliche und phantastische Arbeiten, deren Intentionen die Grundlagen für die moderne Fotografie bildeten. Als 1925 der Begriff der Neuen Sachlichkeit als Stilrichtung der Malerei geprägt wurde, hatte die Fotografie schon einige Jahre zuvor zu einem neuen, unverstellten Blick auf die Wirklichkeit gefunden. Eingebunden in die tiefgreifenden Veränderungen der Wahrnehmungskultur und der „Erkenntnis, daß auch in der Fotografie eines der ältesten Gesetze der Kunst, nämlich die Wahrung der Einheit von Technik

Abb. 2: Hugo Erfurth: MARC CHAGALL, 1925 aus: Bodo von Dewitz, Karin Schuller-Procopovici, Hrsg., Hugo Erfurth, Photograph zwischen Tradition und Moderne, Köln 1992

und Mitteln, respektiert werden sollte"[1], etablierte sich die Fotografie als individuelle Ausdrucksmöglichkeit einer eigenen, neuen Realität.
Der Jenaer Exposition „Neue Wege der Photographie" gebührt der Verdienst, als eine der ersten Ausstellungen in Deutschland auf die Entwicklung der Fotografie als eigenständiges Medium im Kontext der Entwicklung moderner Kunst reagiert zu haben. Erstaunlicherweise finden sich, abgesehen von einigen wenigen Erwähnungen in Ausstellungskatalogen und Monographien[2,3,4], nur äußerst spärliche Informationen über diese Exposition in der Literatur zur Fotografiegeschichte. Das mag vor allem daran liegen, daß die Fotografiegeschichte eine vergleichsweise junge Disziplin ist,

---

[1] Petr Tausk, Die Geschichte der Fotografie im 20. Jahrhundert, Köln 1977, S. 46.
[2] Aenne Biermann, Fotografien 1925-33, Berlin 1987.
[3] Errell, Fotograf und Grafiker, Essen 1984.
[4] Karl Steinorth, Photographen der 20er Jahre, Gütersloh 1987.

Abb. 3: Errell: WERBUNG FÜR AUTOREIFEN, vor 1930 aus: Errell, Fotograf und Grafiker, Essen 1984

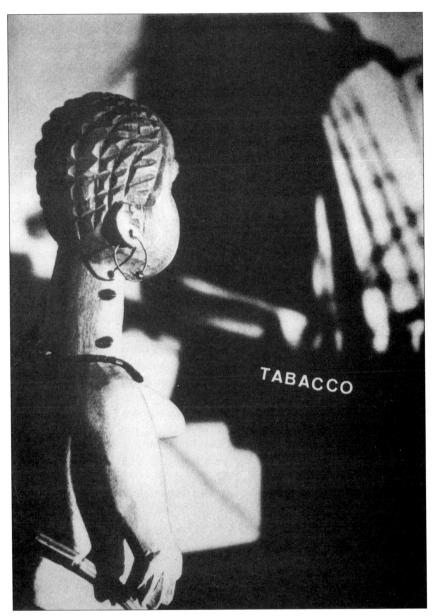

Abb. 4: Errell: ENTWURF FÜR EIN ZIGARETTENPLAKAT, vor 1930 aus: Errell, Fotograf und Grafiker, Essen 1984

die zunächst vor allem Informationen und Material aus den Zentren der Kunst- und Kulturentwicklung sammelte, zusammenstellte und einer Bewertung unterzog. In Wolfgang Baiers „Geschichte der Fotografie" finden sich über den hier interessierenden Zeitraum lediglich folgende Hinweise: „...in diesem Jahre (1929) fand in Stuttgart die *Internationale Ausstellung Film und Foto (FIFO)* statt, ...1929 war eine gleiche Tendenzen ...vertretende Ausstellung im Folkwang-Museum Essen. ...1929 wanderte eine Ausstellung *Photographie der Gegenwart* durch die Städte des In- und Auslandes."[5]

Die Jenaer Ausstellung von 1928 ist also noch weitgehend unbekannt, obwohl sie ein breites Spektrum zeitgenössischer fotografischer Ausdrucksweisen präsentierte. Porträts in neuer Sichtweise, klar formulierte Landschafts- und Architekturfotografien sowie materialbezogene Sachaufnahmen waren genauso vertreten wie Fotogramme oder Fotomontagen aus dem experimentellen Bereich. Luftbildaufnahmen, Filmbilder und Reklamefotos vervollständigten die Ausstellung. Die im Prinzessinnenschlösschen gezeigten Arbeiten stammten durchweg von führenden und innovativen Fotografen und Künstlern der damaligen Zeit: Hugo Erfurth, Errell, Laszlo Moholy-Nagy, Lucia Moholy, Walter Peterhans, Hannah Reeck, Albert Renger-Patzsch und Umbo. Ferner waren Aufnahmen aus der Bildstelle des Preußischen Ministeriums für Handel und Gewerbe sowie aus den beiden Berliner Sammlungen Marianoff und Gorodiski ausgestellt.

Die folgende inhaltliche Beschreibung der Ausstellung „Neue Wege der Photographie" ist ein Versuch, der keinen Anspruch auf Vollständigkeit erheben kann. Auf Grund der vorhandenen Quellenlage konnten nur relativ wenig Bilder ermittelt werden, die tatsächlich in der Ausstellung gezeigt wurden. Es handelt sich hierbei um die Porträts von Hugo Erfurth, die Aufnahme von Lucia Moholy sowie das Bild von Ton drehenden Händen von Albert Renger-Patzsch. Alle anderen Bilder wurden nach den Beschreibungen in den Ausstellungsrezensionen der zeitgenössischen Presse ausgewählt. Sie entsprechen in jedem Fall den Intentionen der Autoren im in Frage kommenden Zeitraum und vermitteln damit den Grundcharakter der inhaltlichen Konzeption der Ausstellung.

Von Hannah Reeck waren bisher weder Lebensdaten noch Bilder zu ermitteln. Ungeklärt blieb bisher auch, welche Fotografien aus den Sammlungen Marianoff und Gorodiski in Jena gezeigt wurden.

Der Dresdner Hugo Erfurth zählte zu den führenden Porträtisten seiner Zeit. Nach einer Fotografenlehre studierte er einige Semester Malerei an

---

[5] Wolfgang Baier, Geschichte der Fotografie, München 1977, S. 543 f.

Abb. 5: Laszlo Moholy-Nagy: OHNE TITEL, 1922-26 aus: Emilio Bertonati, Das experimentelle Photo in Deutschland 1918-1940, München 1978

der Kunstakademie Dresden, widmete sich danach jedoch ausschließlich der Fotografie. Anfang des Jahrhunderts noch einem impressionistischen Stil verpflichtet, entwickelte er sich in den Folgejahren zu einem der wichtigsten Vertreter einer psychologisierenden Bildnisauffassung. Er verzichtete in seinen Aufnahmen auf jegliches Beiwerk und fotografierte sein Gegenüber vor neutralem Hintergrund. Die beeindruckende Individualität und Charakteristik der von ihm geschaffenen Porträts ergibt sich allein aus der Lichtführung sowie der Gestik und Mimik der abgebildeten Personen. Erfurths Atelier war ein Zentrum im Kultur- und Geistesleben der Stadt Dresden. Berühmte Künstler, Literaten und Schauspieler trafen sich hier und ließen sich von Erfurth fotografieren. In der Jenaer Ausstellung zeigte er unter anderem Porträts von Ernst Haeckel, Hans Thoma (Abb. 1), Gerhart Hauptmann, Max Liebermann, Heinrich Zille, Karl Gjellerup, Theodor Däubler, Otto Dix, Marc Chagall (Abb. 2) und Max Slevogt.

Errell, mit bürgerlichem Namen Richard Levy, stammte aus Krefeld und erlernte den Beruf eines Dekorateurs. In Abendkursen studierte er an der Kunstgewerbeschule Krefeld sowie an der Kunstakademie Düsseldorf.

Abb. 6: Lucia Moholy: BAUHAUS DESSAU, WERKSTÄTTENFLÜGEL, 1925/26
aus: Museum Ludwig, Hrsg., Sammlung Gruber, Photographie des 20. Jahrhunderts, Köln 1984

Nachdem er in verschiedenen Firmen als Dekorateur und Werbemann gearbeitet hatte, studierte er 1925 an der Académie Grande Chaumiére in Paris. Von Haus aus Werbegrafiker, nahm die Beschäftigung mit der Fotografie in Errells Tätigkeit einen zentralen Platz ein. In seinen Plakaten und Anzeigen kombinierte er oftmals mehrere gleiche oder verschiedene Bilder, die er mit einer sparsamen Typographie ausstattete. Immer fungierte das Foto bei ihm jedoch als wichtigster Informations- und Werbeträger (Abb. 3, Abb. 4). Die Reaktionen auf Errells Arbeiten in der Ausstellung waren geteilt. Während die Jenaische Zeitung vermerkte, daß „... die Photographie der Reklame wertvolle Dienste leistet ..."[6], konstatierte das Jenaer Volksblatt „... wenig Bedeutendes"[7].

Ebenfalls umstritten waren die Bilder Laszlo Moholy-Nagys. Der ungarische Maler, Bildhauer, Bühnenbildner und Fotograf, der von 1923 - 1928 als Meister am Bauhaus Weimar wirkte, konfrontierte das Publikum mit experimentellen Arbeiten (Abb. 5). Neben Fotogrammen waren es in der Fotografie seine unkonventionellen Sichten von bisher nicht fotografierwürdigen Motiven, seine Negativdrucke, Kopier- und Klebemontagen sowie verwandte Experimente, die ihn zu einem wichtigen Wegbereiter der modernen Fotografie machten. Moholy-Nagy erweiterte konsequent den Begriff des fotografischen Bildes und provozierte damit fast vorhersehbar den Rezensenten des Jenaer Volksblattes zur Fragestellung: „ ...ob man diese Spielereien mit der Photographie in Verbindung bringen kann ..."[8]. Zur Beschäftigung mit der Fotografie wurde Moholy-Nagy durch seine damalige Frau Lucia Moholy inspiriert, die in der Jenaer Ausstellung unter anderem Architekturaufnahmen des Bauhauses Dessau und der dortigen Meisterhäuser präsentierte (Abb. 6). Durch ungewöhnliche Perspektiven erreichte sie formal prägnante Bildfindungen der Bauhausarchitektur, die zu einer eigenwilligen Dynamik bei gleichzeitiger Klarheit im bildnerischen Ausdruck führten.

Ungewöhnliche Sichtweisen kennzeichneten auch die Aufnahmen von Walter Peterhans. Peterhans, der an der Akademie für Graphische Künste in Leipzig studierte und 1929 zum Leiter der Fotoklasse am Bauhaus Dessau berufen wurde, stellte neben strengen Porträts Sachaufnahmen von Gläsern aus, deren eigenwilliger Reiz aus dem Spiel von Licht und Schatten resultierte. In seinen Stilleben erwachen unspektakuläre unscheinbare Gegenstände zu faszinierendem Eigenleben und werden so auf eine neue Realitätsebene gehoben (Abb. 7).

---

[6] Jenaische Zeitung, 2.5.1928.
[7] Jenaer Volksblatt, 29.3.1928.
[8] Jenaer Volksblatt, 30.4.1928.

Abb. 7: Walter Peterhans: GLÄSER, ca. 1930
aus: Emilio Bertonati, Das experimentelle Photo in Deutschland 1918-1940, München 1978

Ungeteilte Zustimmung und Bewunderung fanden in der Ausstellung die Arbeiten von Albert Renger-Patzsch. Der fotografische Autodidakt, der 1921/22 die Bildstelle des Folkwang-Archivs und des Auriga-Verlages übernommen hatte und ab 1925 selbständig als Presse- und Dokumentationsfotograf arbeitete, avancierte zum führenden Vertreter der Neusachlichen Fotografie. Mit seinem Buch „Die Welt ist schön", das 1928, also im Jahr der Jenaer Ausstellung, erschien, setzte er wegweisende Maßstäbe und beeinflußte nachhaltig jüngere Fotografen. In Jena präsentierte er einen umfassenden Querschnitt seiner Arbeiten jener Zeit. Sachlich und formatfüllend fotografierte Blumen, Pflanzen und Tiere, Porträtaufnahmen, Bilder von Ton drehenden Händen und Maschinenteilen (Abb. 8) sowie der Brandung des Meeres zeugten von der Vielfalt der Motive, die Renger-Patzsch bei aller Unterschiedlichkeit konsequent und klar ins Bild setzte. Mit seinen programmatischen Intentionen verhalf er dem Medium Fotografie zu seinem neuen Selbstverständnis und expliziter Eigenständigkeit: „Das Geheimnis einer guten Fotografie, die künstlerische Qualitäten wie ein Werk der bildenden Kunst besitzen kann, beruht in ihrem Realismus.

Abb. 8: Albert Renger-Patzsch: LAUFSCHIENE aus:
Albert Renger-Patzsch, Die Welt ist schön,
Dortmund 1992 (Reprint)

...Dem starren Liniengefüge moderner Technik, dem luftigen Gitterwerk der Krane und Brücken, der Dynamik 1000pferdiger Maschinen im Bilde gerecht zu werden, ist wohl nur der Fotografie möglich. ...Überlassen wir daher die Kunst den Künstlern und versuchen mit der Fotografie Fotografien zu schaffen, die durch ihre fotografischen Qualitäten bestehen können - ohne daß wir von den Künstlern borgen."[9]
Der Berliner Fotograf Umbo (Otto Umbehr) war in der Austellung mit Porträts sowohl in einfacher Gegenständlichkeit als auch „in höchstem Raffinement in Auffassung und Technik"[10] vertreten. Umbo studierte von 1921-1923 am Bauhaus Weimar und war danach in den verschiedensten Berufen tätig: Mitarbeiter der Kunstgewerblichen Werkstätten Berlin, Anstreicher, Clown, Filmhilfsregisseur, Kameraassistent und Pressefotograf. Umbos fotografische Arbeiten, in denen nicht selten unterschwellig surrealistische Tendenzen mitschwingen, werden vor allem durch ihre poetisch-lyrische Ausstrahlung charakterisiert (Abb. 9).

[9] Albert Renger-Patzsch, Ziele, in: Wolfgang Kemp, Hrsg., Theorie der Fotografie II 1912-1945, München 1979, S. 74.
[10] Das Volk, 14.4.1928.

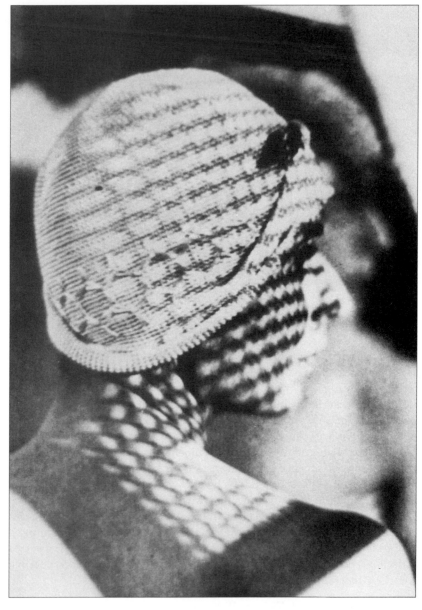

Abb. 9: Umbo: SONNE aus: Karl Steinorth, Photographen der 20er Jahre, Gütersloh 1987

Neben diesen Autorenfotos wurden in der Ausstellung Luftbildaufnahmen vom Afrikaflug des Schweizers Walter Mittelholzer gezeigt, die die Bildstelle des Preußischen Ministeriums für Handel und Gewerbe zur Verfügung stellte.
Russische Filmbilder sowie Filmaufnahmen der UFA ergänzten die Ausstellung.
Es war in erster Linie den klugen und weitsichtigen Bemühungen Walter Dexels zu verdanken, daß sich die Ausstellungsaktivitäten des Jenaer Kunstvereins über den Rahmen der klassischen Künste hinaus bewegten und somit unter anderem auch die moderne Fotografie ein Podium finden konnte.[11] Daß ein derartiges Angebot von Publikum und Fachwelt gleichermaßen angenommen wurde, beweist die Tatsache, daß die Ausstellung „Neue Wege der Photographie" des anhaltenden Interesses wegen verlängert wurde.
Es erscheint folgerichtig, daß der Kunstverein Jena zwei Jahre später eine weitere Ausstellung moderner Fotografie ausrichtete. Vom 1. bis 29. Juni 1930 präsentierte die Geraer Fotografin Aenne Biermann im Prinzessinnenschlößchen dem interessierten Publikum etwa 200 Aufnahmen.
Aenne Biermann wurde 1898 im niederrheinischen Goch als Anna Sibilla Stereld geboren und wuchs im gutsituierten Elternhaus eines Lederfabrikbesitzers auf. 1920 heiratete sie den Geraer Kaufmann Herbert Biermann, den sie während eines Badeurlaubs an der Nordsee kennengelernt hatte und zog mit ihrem Mann in die ostthüringische Industriestadt Gera.
Anfang der 20er Jahre begann Aenne Biermann zu fotografieren. Die Beweggründe dafür dürften ausgesprochen privater Natur gewesen sein, denn es handelt sich bei den Bildern aus dieser Zeit zum überwiegenden Teil um Fotos ihrer Kinder: Fotografie also, um Erinnerungen an die Familie festzuhalten. Erst die Bekanntschaft mit dem Geologen Rudolf Hundt, der sie bat, für seine wissenschaftlichen Untersuchungen verschiedene Minerale und Gesteinsproben zu fotografieren, veranlaßte Aenne Biermann, sich intensiv mit den Möglichkeiten der Lichtbildkunst zu beschäftigen. Die Fotografin, selbst begeisterte Sammlerin von Mineralien, setzte die aufzunehmenden Objekte mit großer Detailtreue und außerordentlicher Schärfe formatfüllend ins Bild.
„Das einzelne Objekt, das innerhalb seiner Umgebung niemals aus dem Kreis der vertrauten Erscheinungen herausfiel, gewann auf der Mattscheibe ein ureigenes Leben; die Wirkung des Lichts auf der polierten Fläche eines Metallgegenstandes, nie beobachtete Schattenspiele, überraschende Kon-

---
[11] Vgl. Volker Wahl, Jena als Kunststadt, Leipzig 1988, S. 259-292.

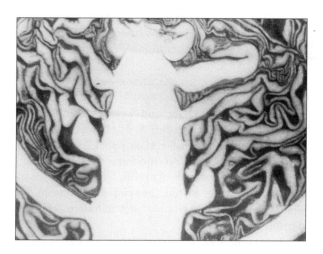

Abb. 10: Aenne Biermann: ROTKRAUTDURCHSCHNITT
aus: Franz Roh, Aenne Biermann 60 Fotos
(Fotothek 2), Berlin 1930

trastwirkungen von Schwarz und Weiß, das Problem der glücklichen Raumaufteilung eines Bildes, brachten unerschöpfliche Ueberraschungen und ein Streben nach größter Vertrautheit mit den Dingen und der Möglichkeit ihrer Darstellung."[12]
Diese fotografische Sicht und Herangehensweise, die Aenne Biermanns Aufnahmen kennzeichnen, gab Anlaß, sie unter die Vertreter der Neuen Sachlichkeit in der Fotografie zu zählen. Ihrer tatsächlichen Leistung wird man damit allerdings nur zum Teil gerecht, wie eine große Zahl ihrer Arbeiten belegt. Das Bemerkenswerte der Biermannschen Fotos liegt nicht allein in ihrer Gegenstandsbezogenheit. Ungewöhnliche Perspektiven und Bildausschnitte zeugen von ihrer Suche nach einem individuellen Selbstverständnis der Fotografie in jener Zeit. Das sich in den 20er Jahren durch die massenhafte Reklame herausgebildete Überangebot des Alltags und der durch eine immense Industrialisierung und Technisierung sich veränderte Zeitbegriff spiegeln sich in einem Großteil der Fotografien Aenne Biermanns wider. Die fotografische Autodidaktin muß mit ihren Arbeiten zu den wesentlichen Vertretern der Neuen Fotografie gezählt werden.

---

[12] Aenne Biermann, Von der photographischen Darstellung im Allgemeinen und vom photographischen Unterricht im Besonderen, in: Thüringen. Eine Monatsschrift für alte und neue Kultur, Neustadt/Orla 1929, S. 81.

Abb. 11: Aenne Biermann: DR. FRANZ ROH
aus: Franz Roh, Aenne Biermann
60 Fotos (Fotothek 2), Berlin 1930

Die Jenaer Ausstellung von 1930 vereinte Aufnahmen der verschiedensten Motivgebiete. Porträts, Naturaufnahmen, Fotos von Pflanzen, Steinen und alltäglichen Gegenständen sowie Bilder eines Feuerwerkes bezeugten die Mannigfaltigkeit des fotografischen Interesses Aenne Biermann. Prägnantes Merkmal ihrer Aufnahmen ist die sachliche Distanz, die sie den abgebildeten Personen oder Dingen gegenüber wahrt. Trotz intensiver Beschäftigung mit dem zu fotografierenden Motiv ist die unaufdringliche Ehrfurcht zu spüren, die Aenne Biermann ihm entgegenbringt. Ihre Bedeutsamkeit erhalten die Bilder durch eine überlegte Lichtführung, Ausschnittbestimmung sowie den oftmals überraschenden Blickwinkel auf allzu bekannt Geglaubtes (Abb. 10). Mit dieser ungewöhnlichen Sicht auf die Dinge erhalten die Fotografien Aenne Biermanns einen unaufdringlich pädagogischen Aspekt: „Erzogen wird der Mensch zum Schauen..."[13], zum bewußten Hinsehen, Bewerten und Reflektieren sowie zum Neuentdecken der Welt.

---

[13] Jenaer Volksblatt, 4.6.1930.

Der Kunstkritiker Franz Roh, dessen Porträt ebenfalls in der Jenaer Ausstellung zu sehen war (Abb. 11), hatte schon frühzeitig die innovative Bedeutung der fotografischen Arbeiten Aenne Biermanns erkannt und 1930 eine Monographie mit 60 ausgewählten Bildern publiziert.

Aenne Biermann starb am 14. Januar 1933 an einer Leberkrankheit. Eine angemessene Würdigung ihres Schaffens zu erleben, ist ihr versagt geblieben.

Nach einer Präsentation ihrer Fotografien im Kunstkabinett München im Jahre 1928 war die Jenaer Ausstellung nach bisherigem Kenntnisstand ihre zweite Personalausstellung. Der Jenaer Kunstverein anerkannte damit ihren Stellenwert in der zeitgenössischen Fotografie noch vor dem Kunstverein ihrer Heimatstadt Gera, der ihr eine Einzelausstellung erst im November 1930 ausrichtete.

RÜDIGER STUTZ

Der Jena-Weimar-Plan 1932
Anliegen und Hintergründe

Kurz vor Abschluß des Sommersemesters 1932 veröffentlichte der Jenaer Universitätsprofessor Carl August Emge im Nachrichtenblatt der Jenaer Studentenschaft einen „konkreten Plan"[1], der in der regionalen Presse umgehend wohlwollende Zustimmung fand, von einigen Fachschaftsvertretern indes ironisch-distanzierte Kritik erfuhr.[2] Emge, zugleich wissenschaftlicher Leiter des Nietzsche-Archivs in Weimar, hatte im Vorfeld der Landtagswahlen vom 31. Juli 1932 die Frage aufgeworfen, wie eine Synthese zwischen Jena und Weimar „vom akademischen Standpunkt" verwirklicht werden könnte. Als Leitmotiv stand ihm Johann Wolfgang von Goethes Sentenz über die „große Stadt" vor Augen. Ausgehend von der wissenschaftlich-institutionellen Infrastruktur der Klassikerstadt, dem Goethe- und Schiller-Archiv, Schillerhaus, Goethe-Nationalmuseum und Nietzsche-Archiv, schlug er vor, diese Einrichtungen „in irgend einer gemeinsamen Form als Bildungsakademie" der Universität Jena anzugliedern. Die Lehrveranstaltungen in den Weimarer Archiven müßten denen an der Salana gleichgestellt werden. Außerdem vermerkte Emge mit Blick auf die zahlreichen Veranstaltungen im „Goethe-Jahr", es gebe wohl keine zweite Stätte im Deutschen Reich, die geeigneter wäre als die geistige Doppelstadt, ausländischen Gästen und Studenten einen „fruchtbaren Einblick in die Tiefe und Breite deutscher Kultur zu gewähren." Denn gerade in der sog. Provinz erschlösse sich die „deutsche Wesensart von früher, heute und morgen am leichtesten". Es wäre daher überaus weitschauend von Benito Mussolini gewesen, im kleinen Perugia eine Akademie für Ausländer zu begründen. Zum Abschluß forderte der Jurist und Philosoph[3] seine Kollegen auf, neuen Lehrformen an der Hochschule eine Chance zu geben. Zudem hätte das Thüringische Ministerium für Volksbildung (ThMV) bereits Interesse für diesen Jena-Weimar-Plan signalisiert.

---

[1] Carl August Emge, Jena-Weimar-Plan, in: Die Jenaer Studentenschaft. Nachrichtenblatt der Studentenschaft der Universität Jena, Nr.4, Sommersemester 1932, S. 70.

[2] In einem Artikel wurde der Vorschlag einer Straßenbahnverbindung zwischen Jena und Weimar als der schwächste Punkt des ansonsten begrüßten Vorhabens bezeichnet. Vgl. Jenaer Volksblatt, Unabhängige demokratische Tageszeitung für Thüringen, 43. Jg. (1932), Nr. 181 vom 4. August.

[3] Emge, von 1928 bis 1934 an der Universität Jena, seit 1933 o. Prof. für Rechtsphilosophie, ab 1935 in Berlin, 1948 Mitglied der Akademie der Wissenschaften und Literatur in Mainz, 1959 in Würzburg em.; am 1. Oktober 1932 vom Thüringischen Minister für Volksbildung, Fritz Wächtler (NSDAP), an der Salana zum Kurator eingesetzt.

Dieser Verlautbarung Emges schlossen sich Anmerkungen von Friedrich Stier an, dem Leiter des Hochschulreferates im ThMV. Der Oberregierungsrat hob ausdrücklich das Nietzsche-Archiv hervor, das dank seiner „Hüterin", Frau Dr. h.c. Elisabeth Förster-Nietzsche, und durch eine „Personalverbindung" schon längere Zeit für die Verwirklichung der Vorschläge Emges geworben hätte. Er plädierte nicht nur für eine festere „äußere Verbindung" zwischen der Saale- und der Ilmstadt, sondern wollte vor allem ein „geistiges Band" angeknüpft wissen.[4] Diesen Intentionen widersprach wiederum cand. phil. Gerhard Keferstein, der eine „schädliche und schmerzliche Vereinerleihung der beiden Städte" ausmalte, die in Wirklichkeit grundverschieden wären. Eine Umsetzung des Jena-Weimar-Planes hätte seiner Auffassung nach zu einem mißtönenden Ausklang des „Goethe-Jahres" geführt.[5] Zu befürchten stand zumindest eine wissenschaftspolitische Vereinnahmung der Universität Jena durch eine konzertierte Aktion des ThMV und der Stiftung Nietzsche-Archiv bzw. der maßgebenden Archivmitarbeiter. Denn schon im Jahre 1930 hatten ein Vorstandsmitglied dieser Stiftung, der damalige Oberbürgermeister Weimars, Prof. Adalbert Oehler, und E. Förster-Nietzsche alle Anstrengungen unternommen, den in der Öffentlichkeit beschädigten Ruf des Nietzsche-Archivs durch ein engeres Zusammenwirken mit der Alma mater Jenensis aufzubessern.

Auf der Vorstandssitzung vom 16. Februar 1930 hatte Oehler angeregt, das Archiv „in irgendeiner Form" unter Wahrung der „vollen finanziellen, verwaltungsmäßigen und wissenschaftlichen Selbständigkeit" an die Salana anzubinden. Es würde auf diese Weise „noch mehr wissenschaftliches Relief erhalten". Nach einer kontroversen Debatte beschloß der Stiftungsvorstand indes, zunächst erst einmal intensivere Kontakte zu einem der Ordinarien für Philosophie herzustellen. Ins Auge gefaßt wurde der in einem laufenden Berufungsverfahren als aussichtsreichster Kandidat angesehene Johannes Leisegang[6]; er würde der Nietzsche-Forschung und dem Archiv in Weimar „reges Interesse" entgegenbringen. Nachdem sich Lei-

---

[4] Friedrich Stier, Zum Jena-Weimar-Plan, in: Jenaer Studentenschaft, Nr.4, Sommersemester 1932, S. 71.

[5] Gerhard Keferstein, Städte sehen sich an...Ein Beitrag zum Jena-Weimar-Plan, in: Jenaer Studentenschaft, Nr.4, Sommersemester 1932, S. 115.

[6] Leisegang, Gymnasiallehrer, Philologe, Philosoph und Physiker, 1930-1933 Prof. für Philosophie an der Universität Jena, amtsenthoben, danach Studium der Physik und in der Industrie tätig, von 1945/46 bis Oktober 1948 wieder an der Salana, fristlos entlassen, danach an der Freien Universität Berlin; verstand Philosophie als interdisziplinäres Weltanschauungskonzept, wichtiger Vertreter des philosophischen Objektivismus in der ersten Hälfte des 20. Jahrhunderts.

segang dem Nietzsche-Archiv mit einem Sachverständigengutachten für einen Prozeß gegen den Kröner-Verlag empfohlen hatte, beauftragte ihn E. Förster-Nietzsche im Frühjahr 1930 mit der Edition einer wissenschaftlich-kritischen Gesamtausgabe der Manuskripte und Texte ihres Bruders. Dies geschah just zu einem Zeitpunkt, da der Geschäftsführer der Nietzsche-Gesellschaft in Berlin-Charlottenburg, Dr. Friedrich Würzbach, sowohl die verdeckten Zugangsbeschränkungen im Nietzsche-Archiv als auch die unzureichende quellenmethodische Solidität der Archivmitarbeiter in der Presse beklagt hatte.

Leisegang stürzte sich „wundervoll eifrig" in die Arbeit, wie es E. Förster-Nietzsche in ihrer umfänglichen Korrespondenz mit dem Rektor der Alma mater, Karl Heussi[7], feinsinnig auszudrücken pflegte. Sie betonte aber nicht nur ihre hohe Wertschätzung für den mit seinem Hauptwerk „Denkformen" aus dem Jahre 1928 ausgewiesenen Philosophen. Gleichzeitig bedrängte sie Seine Magnifizenz, eine „große allgemeine Besprechung über eine vielleicht mögliche Angliederung des Nietzsche-Archivs an die Universität" herbeizuführen, sobald der Vorsitzende der Stiftung Nietzsche-Archiv, Arnold Paulssen[8], wieder genesen sei. Doch nur vier Tage, nachdem Leisegang die Verträge mit dem Archiv und seinem Verleger Felix Meiner aufgesetzt hatte, um die Werkausgabe auf den Weg zu bringen, kam es zwischen ihm und der Eigentümerin des Nietzsche-Nachlasses zu einem folgenreichen Disput. E. Förster-Nietzsche hatte nach Darstellung Leisegangs in einem vertraulichen Gespräch vorgeschlagen, die Jugendschriften Friedrich Nietzsches von vornherein für einen Supplementband auszusondern. Deren Veröffentlichung könne ansonsten „einen ungünstigen Eindruck" hinterlassen; sie verlangte schließlich vom Herausgeber nichts weniger, als eine (Vor-)Auswahl des Materials zu treffen. Im Verlaufe ihrer Auseinandersetzung erläuterte der Philosoph noch einmal die Anforderungen an eine textkritische Gesamtausgabe. Leisegang beharrte auf einen vollständigen Abdruck der handschriftlichen Unikate und verwies zur Begründung auf seine Verantwortung als Editor. Das Ethos eines Wissenschaftlers gebiete ihm, unter keinen Umständen - „um irgendwelcher Rücksichten willen" - Nachlaßteile zurückzuhalten.

---

[7] Heussi, evangelischer Theologe und Kirchenhistoriker, 1924 -1953 Lehrstuhl für Kirchengeschichte in Jena, zur Auseinandersetzung mit dem nationalsozialistischen Thüringischen Innen- und Volksbildungsminister vgl. Eberhard Pältz, Rektor Heussi contra Frick 1930, in: Standpunkt. Evangelische Monatsschrift, 1977, Heft 7, S. 185ff.

[8] Paulssen, Jurist und Landespolitiker (DDP und Deutsche Staatspartei), 1919/21 und 1928/30 leitender Staatsminister Thüringens.

Die folgende Sicht auf die Ursachen dieses Zerwürfnisses stützt sich zwar vornehmlich auf den „Bericht zum Antrag des Nietzsche-Archivs", den Leisegang - flankiert von etwa 90 Aktenstücken - dem Senat der Universität Jena am 12. November 1930 vorgelegt hat. Im Lichte anderer Quellenüberlieferungen erscheint dem Verfasser Leisegangs Darstellung aber glaubwürdig, also nicht nur wegen dessen eidesstattlicher Erklärung vor den Senatoren. Der Philosoph kam in seinen Ausführungen bezüglich E. Förster-Nietzsche zu dem Schluß: „Mir war nunmehr klar, daß ich hier auf den Nerv der ganzen Sache gestoßen war; denn ich hatte sie, die sich sonst fabelhaft beherrschen kann, noch nie so aus der Rolle fallen sehen und hätte nicht geahnt, daß sie derart unangenehme Töne anschlagen kann. Daß sie von einer kritischen Ausgabe entweder gar keine Vorstellung hat oder eine solche in Wirklichkeit gar nicht will, mußte ich mir sagen. Es kam ihr offenbar nur darauf an, für ihre Art der Behandlung des Nachlasses ihres Bruders ein 'wissenschaftliches Relief' durch Deckung hinter einem Universitätsprofessor und hinter der Universität zu finden."

Nach der Anhörung Prof. Leisegangs lehnten die Senatoren eine weitere Behandlung des Tagesordnungspunktes „Herstellung einer Verbindung zwischen dem Nietzsche-Archiv und der Universität" ab. Sie ermächtigten ihn obendrein, sehr zum Verdruß von Frau Förster-Nietzsche, ein entsprechendes Antwortschreiben des Rektorats an das Weimarer Archiv zu veröffentlichen. Dieser Beschluß ging außerdem den übrigen Universitäten sowie der Notgemeinschaft der Deutschen Forschung zu. Der Rektor war ob dieses Votums spürbar zerrissen; seine - in der Sache unnachgiebigen - Briefe an die Schwester des Philosophen aus Röcken zeugen von großer Liebenswürdigkeit und Hochachtung. Zudem wird Heussis Zurückhaltung gegenüber der Doctoris Philosophiae honoris causa der Universität Jena[9] deutlich, während er Prof. Oehlers Einwände im Nachgang der Senatsentscheidung mit der kühlen Bemerkung konterte, das wissenschaftliche Renommee des Nietzsche-Archivs wäre nicht das beste. Seiner geschätzten Briefpartnerin versicherte Heussi noch ausdrücklich, die sachgemäße

---

[9] Den Kommissionsbericht über die Beratung einer Ehrenpromotion von E. Förster-Nietzsche vom 15. Juni 1921 hatte Prof. Bruno Bauch verfaßt. In ihm begründete der Jenaer Neukantianer diese Auszeichnung mit der regen Nutzung des wohlgeordneten Archivs durch Studenten und Promovenden, die mitunter „von weither" kämen, um ihre Studien in der Weimarer Luisenstraße 36 abzuschließen. Vermutlich gehörte dieser Philosoph ebenfalls zum Kreis der geistigen Väter des Jena-Weimar-Planes, zumal ihn E. Förster-Nietzsche in einem Brief an den Rektor als „unseren lieben Freund" bezeichnet hat. UAJ, BA, Nr.1352, Bl. 2v., vgl. Bl. 117f. - vgl. ferner den Abschnitt „Staat und Erziehung" in: Bruno Bauch, Die erzieherische Bedeutung der Kulturgüter, Leipzig 1930, S. 22 - 33.

Betreuung des Nietzsche-Archivs stelle eine Kulturpflicht dar, über die sich die Universitätsleitung „in vollem Umfange klar" wäre. Die Alma mater Jenensis sei dazu allerdings infolge „ihrer ganzen Konstruktion", der wünschenswerten Fluktuation ihrer Hochschullehrer und „aus manch anderen Gründen" wenig geeignet. Der scheidende Rektor hätte diese schlagzeilenträchtige Angelegenheit am liebsten dilatorisch behandelt, eine nochmalige Diskussion des Gegenstandes wurde denn auch vom Senat einer schwerfälligen Kommission überantwortet; doch die leitenden Persönlichkeiten des Nietzsche-Archivs vermochten einen gewissen Gegendruck auf die Universitätsleitung auszuüben. So zeitigte die Einladungsstrategie der zielbewußten E. Förster-Nietzsche Wirkung, als sie für Mitte Mai 1931 den namhaften Rechtswissenschaftler und Senator der Universität Jena, Justus Wilhelm Hedemann, zu einem Besuch des Archivs aufforderte. Daß es sich hierbei keineswegs nur um eine „rein private" Aufwartung eines ehemaligen Prozeßbeistandes handeln konnte, unterstrich ihre Absicht, zu dieser Besprechung den durchtriebenen Archivverwalter, Major Oehler, ein Verwandter des Oberbürgermeisters der Ilmstadt, und Prof. Emge hinzuzuziehen. Mit Gespür für die sich ihm nun offenbarende Chance, sprang letzterer für den ausgeschiedenen Leisegang in die Bresche. Emge hielt bereits am 10. Juni 1931 „einen bedeutsamen Vortrag über die gegenwärtigen Aufgaben des Archivs", wie es in einer Zeitungsnotiz hieß. Dieser Abend fand bezeichnenderweise im Hause des thüringischen Ministerialbeamten Stier statt, zudem in Anwesenheit des neuen Rektors der Universität Jena, Prof. Walther Loehlein. Offenkundig gedachte er, die Abwartetaktik seines Amtsvorgängers nur bedingt fortzusetzen.[10]

Diese verwickelten Vorgänge sind in zweifacher Hinsicht für das Verständnis des eingangs angeführten, mehr als ein Jahr später unterbreiteten Jena-Weimar-Plan von Bedeutung. Nach entsprechenden Kommentaren liberaldemokratischer Zeitungen[11] über die Ablehnung des Senats, der intendierten Verbindung zum Nietzsche-Archiv näherzutreten, mußte seiner Begründerin und Prof. Oehler daran gelegen sein, die Universitätsorgane wieder unter Zugzwang zu setzen. Die vorgestellten Überlegungen Emges und Stiers schlossen daher übereinstimmend mit ungehaltenen Aufforderungen an die „amtlichen Stellen" der Universität, diesem Ruf nach „Gemeinschaftsarbeit" nun endlich Folge zu leisten. Auf Initiative von E. Förster-Nietzsche wurde des weiteren ein wissenschaftlicher Ausschuß der Stiftung Nietzsche-Archiv gebildet, dessen Vorsitz in die vertrauten

---

[10] Vgl. zum gesamten Komplex UAJ, BA, Nr.1352, passim; zit. nach: Bl. 7v., 42, 44ff., 48, 58, 74v., 100, 117 und 125v.
[11] Vgl. UAJ, BA, Nr.1352, Bl. 59.

Hände von Emge überging. Dieser erschien aber nach außen hin als eine Art Integrations- und Schlichtungsfaktor. Besagter Ausschuß hatte nach einem Entwurf Prof. Oehlers vom 30. September 1930 die Aufgabe, ein Gesamtkonzept für die historisch-kritische Werkausgabe zu erarbeiten. Auf Wunsch der Bearbeiter, in erster Linie des Assistenten von Emge, Dr. Hans Joachim Mette, sollten außerdem Gutachten über wissenschaftliche und editionstechnische Einzelfragen erstellt werden.[12] So fiel die Würde und Bürde der Herausgeberschaft de jure einem Jenaer Universitätsprofessor zu, während de facto die rührige E. Förster-Nietzsche und der ihr verpflichtete Major Oehler alles im Griff behielten. Nach seiner Einsetzung als Interims-Kurator der Salana oblagen Emge darüber hinaus „alle 'grundsätzlichen Organisationsfragen des Hochschulwesens, der Studentenschaft', alle 'politischen Angelegenheiten' sowie die Aufsicht über den Schriftverkehr zwischen Fakultät, Rektor und Ministerium".[13] Vor dem Hintergrund dieser ministeriellen Eingriffe in die universitäre Selbstverwaltung und Personalpolitik muß auch die kulturpolitische Verlautbarung des ThMV vom 20. Dezember 1932 gesehen werden. Inhaltlich an Emges Jena-Weimar-Plan orientiert, formulierte Wächtler darin als das eigentliche Ziel seiner vorweihnachtlichen Intervention, die Einheit der „großen Stadt" zu neuem Leben zu erwecken. Anknüpfungspunkte böte dabei die weithin ausstrahlende Arbeit der Deutschen Akademie, des Rudolf Eucken-Hauses zur Betreuung ausländischer Studenten und des Nietzsche-Archivs. Sein politisches Credo kam in der ostentativen Aufforderung an alle ihm unterstellten Einrichtungen zum Ausdruck, das Ministerium bei der Umsetzung dieses Planes zu unterstützen. Es behielte sich in jedem Falle die „richtungsweisende Leitung" vor.[14] Triumphierend erklärte Emge rückblickend, „in diesem Sinne" wäre das Nietzsche-Archiv „zunächst in legale Beziehungen zur Universität Jena gebracht" (sic!) worden. Er könne seither „ganz offiziell" Seminare mit acht bis zehn Studenten im Archiv durchführen.[15]

---

[12] Vgl. Friedrich Nietzsche, Werke und Briefe. Historisch-kritische Gesamtausgabe (von der Stiftung Nietzsche-Archiv veranstaltet). Die Leitung der Bearbeitung liegt in den Händen des wissenschaftlichen Ausschusses der Stiftung unter dem Vorsitz von Carl August Emge, München. Werke, Bd. 1-5, 1933-1940; Briefe, Bd. 1-4, 1938-1942.
[13] Zit. nach: Alma mater Jenensis. Geschichte der Universität Jena. Hrsg. von Siegfried Schmidt in Verbindung mit Ludwig Elm und Günter Steiger, Weimar 1983, S. 287. Emge verfügte über intime Beziehungen zur NSDAP-Gauleitung Thüringen, so daß er schon im August 1932 während der Regierungsbildung Sauckels „unverbindlich" ins Gespräch gebracht worden war. Jenaer Volksblatt, 4. August 1932.
[14] Die Jenaer Studentenschaft, Nr.7, Wintersemester 1932/33, S. 136.
[15] UAJ, BA, Nr. 1356, Bl. 36.

Nach Bildung der nazifaschistisch dominierten Landesregierung unter Fritz Sauckel im August 1932 bestanden für die „Weimarer" aber nicht nur günstigere Möglichkeiten zur Umsetzung des Jena-Weimar-Planes; vielmehr verlagerte sich nun dessen Grundintention mehr und mehr von einer wissenschaftskooperativen auf eine kultur- und hochschulpolitische Ebene. Die skizzierten Veröffentlichungen Emges, Stiers und Wächtlers waren zweifellos vergleichsweise sachlich gehalten. In ihnen fehlte sogar jeder Hinweis auf eine spezifisch nationalsozialistische Kultur- und Wissenschaftspolitik, was bei einem der ganz wenigen öffentlichen NS-Bekenner unter der Professorenschaft wie Emge oder dem Volksbildungsminister der Sauckel-Regierung durchaus zu erwarten gewesen wäre. Sie entsprachen dennoch dem generellen Kurs der Weimarer Gauleitung, die im „Goethe-Jahr" ohnehin nachhaltigere kulturpolitische Akzente setzte. Aus einem am 29. Januar 1932 in der sozialdemokratischen Regionalpresse publizierten Rundschreiben Sauckels ging hervor, daß die Thüringer NSDAP-Gauleitung den Besuch von Thomas Mann, Gerhart Hauptmann und Walter von Molo aus Anlaß des 100. Todestages des Dichterfürsten als eine Verhöhnung der nationalsozialistischen und „nationalen" Einwohnerschaft Weimars deklarierte. Darauf, kündigte Sauckel auf einer Pressekonferenz an, würde in der Landeshauptstadt mit der Inszenierung einer hyperpatriotischen Gegenöffentlichkeit reagiert; aber eben nicht mit abgegriffenen Parteiparolen oder Krawallen wie 1924 und 1926. Der Redakteur, Schriftsteller und spätere Intendant des Deutschen Nationaltheaters Weimar, Hans Severus Ziegler[16], entgegnete in seiner Replik auf den bissigen Artikel im „Volk", die NSDAP werde in eigenen Veranstaltungen den „deutschbewußten Goethe, den volksbewußten Weisen von Weimar" herausstellen. Abschließend charakterisierte er Hitler als den souveränsten staats- und kulturpolitischen Kopf seiner Zeit.[17] Überhaupt präsentierten die führenden Nationalsozialisten Thüringens ihre Parteibewegung im Vorfeld der Landtagswahlen vom 31. Juli 1932 betont vaterlandsverbunden und diszipliniert - sich selbst staatsmännisch und kulturvoll, um die

---

[16] Ziegler, ausgezeichneter Hebbel-Kenner, spiritus rector eines Kreises jüngerer Intellektueller, die sich in Weimar um den völkischen Literaturhistoriker Adolf Bartels scharten, Gauführer des Kampfbundes für Deutsche Kultur in Thüringen, 1930 Referent für Kunst und Theater im ThVM.

[17] Das Volk. Organ der Sozialdemokratischen Partei für das Land Thüringen, 27. Jg. (1932), Nr.33 vom 9. und Nr.50 vom 29. Februar, vgl. ferner das programmatische Bekenntnis: Sigmund Graff, Zweimal Weimar, in: Das Goethe-Jahr in Weimar 1832/1932. Hrsg. von der Generalintendanz des Deutschen Nationaltheaters in Weimar, München 1932, S. 83 - 85; vgl. für das folgende: Hildegard Brenner, Die Kunstpolitik des Nationalsozialismus, Reinbek bei Hamburg 1963, S. 22 - 35.

deutschvölkischen und rechtskonservativen Wähler noch zahlreicher um ihr Banner zu scharen, womit sie nicht zuletzt die künstlerische, technische und wissenschaftliche Intelligenz zu gewinnen trachteten. Die Instrumentierung des ursprünglich pragmatischer ausgerichteten Jena-Weimar-Planes verstärkte sich dann in dem Maße, wie das neue Herrschaftssystem auf Reichsebene konsolidiert werden konnte, aber noch einer außenpolitischen Abschirmung bedurfte.

Die ersten Veranstaltungen im Rahmen des von Wächtler aufgewerteten Vorhabens fanden im Sommersemester 1933 statt. Innerhalb der Vorlesungszyklen an der Universität Jena wurden Vortragsreihen in den wissenschaftlichen Spitzeneinrichtungen Weimars angeboten, die durchweg von deren Direktoren und Leitern zu bestreiten waren. Es handelte sich im einzelnen um das Goethe-Nationalmuseum, die Thüringische Landesbücherei, das Thüringische Staatsarchiv und um das Goethe- und Schiller- sowie das Nietzsche-Archiv.[18] In seinem Bericht über die achte ordentliche Mitgliederversammlung der 1926 gegründeten Gesellschaft der Freunde des Nietzsche-Archivs vom 6. Dezember 1933 kündigte Emge den „weiteren Ausbau" der wissenschaftspolitischen Kooperationsbeziehungen des Nietzsche-Archivs an. Er berief sich dabei nicht nur auf die Besuche Hitlers und des Reichsführers SS, Heinrich Himmler, in Weimar, sondern auch auf die verzweigten internationalen Verbindungen von E. Förster-Nietzsche. Angeregt durch Kontakte zum italienischen Botschafter in Berlin, wäre das Projekt einer „deutschen Friedensakademie" entwickelt worden. Ausländische Gäste sollten jedoch keineswegs mit „trommelnder Propaganda überfallen werden", wie Emge nicht ohne Ironie ausführte. Vielmehr wäre ihnen die Gelegenheit zu geben, „sich in unsere Ideen geistig einzufühlen." Offenbar war beabsichtigt, die Klassikerstadt im Dienste der auswärtigen Kulturpolitik des Deutschen Reiches zu einem Perugia des Nordens zu profilieren. Die Mitglieder des genannten Fördererkreises des Archivs, unter ihnen der innovative Physiker und neue Rektor der Universität Jena, Abraham Esau, waren sichtlich bestrebt, aus der ungebrochenen Anziehungskraft Weimars im Ausland bare außenpolitische Münze zu schlagen.[19]

Allerdings wäre es verfehlt, Emge lediglich als verlängerten Arm der NSDAP-Gauleitung und ihrer Freunde im Nietzsche-Archiv anzusehen, denn das würde seiner Gesamtpersönlichkeit als Hochschullehrer nicht gerecht. Im Rahmen seines nationalistisch-antidemokratischen Weltbildes

---

[18] Vgl. Martin Schulze, Nationalsozialistische Regierungstätigkeit in Thüringen 1932-1935, Bd.1, Weimar 1933, S. 24.
[19] UAJ, BA, Nr.1356, Bl. 36.

lag seinem Jena-Weimar-Plan ein Wissenschaftsverständnis zugrunde, das auf eine erkenntnisfördernde Verknüpfung von Lehre und Forschung an der Philosophischen Fakultät der Alma mater Jenensis zielte. Emge entwickelte außerdem ungeordnete Vorstellungen über eine „Revolution der Hochschule", wie er es nach der Zuarbeit eines V-Mannes für die Außenstelle Jena des Sicherheitsdienstes (SD) der SS selbst ausgedrückt hätte. Demnach schwebte ihm die Ausprägung einer „Jenaer Richtung des Studenten" vor, die sich durch eine bewußtere berufsethische Einstellung auszeichnen sollte. Auch diese dubiose Quelle belegt, daß ihn seit längerer Zeit das Verhältnis zwischen der wissenschaftlichen Nachwuchselite und dem „nationalsozialistischen Staat" umtrieb.[20]
Die Auffassungen des Jenaer Rechtsphilosophen standen im übrigen mit der maßgeblich von Erich Rothacker initiierten Diskussion um die weltanschauliche Bildung an den Universitäten und einer lediglich gesinnungsprägenden Massenerziehung im Zusammenhang. Denn das Besondere der Darlegungen Rothackers lag in „der Betonung des nationalkulturellen Aspekts für die (erweiterte) Reproduktion der NS-Herrschaft." Auf diese Weise wandte er sich gegen eine bloße „neue Erziehung zum Staat" (Hans Freyer), da dies noch keine substantielle Bindung an die Nation garantiere.[21] Emge unterschied allerdings im Gegensatz zu Rothacker zwischen den beamteten Routinelaufbahnen der akademischen Bildung und einer kreativeren „freien Geistigkeit". Letztere wollte er „gewissermaßen als Sicherheitsventil" im Sinne wachsender Herrschaftseffektivität verstanden wissen.[22]
Emges Plädoyer für die Beförderung eines berufsorientierten Reizklimas und studentischer Individualität an den Universitäten traf der ideologische Bannstrahl des SD, dessen Spitzel ihm sogar freimaurerisches Gedankengut unterstellten. Auch Emges parteiloser Mitstreiter in Sachen

---

[20] Vgl. Carl August Emge (Pseudonym: ab insulis), Geistiger Mensch und Nationalsozialismus. Ein Interview für die Gebildeten unter seinen Gegnern, Berlin 1931. Für Emges Denkweise aufschlußreich - sein Jenaer Vortrag über die „Idee des Bauhauses" aus dem Jahre 1924: „Das ist das Eine: Die künstlerische Synthese. Sodann Zusammenwirken Vieler in bewußter Gemeinschaftsarbeit am Ganzen, das Andere: Die soziale Synthese. Das Bauhaus sucht also die organische Einheit an Stelle der aus mechanistischer Einstellung geborenen Zersplitterung und Verödung der Einzelgebiete zu setzen." Ders., Die Idee des Bauhauses. Kunst und Wirklichkeit, Berlin o.J., S. 11.
[21] Thomas Weber, Arbeit am Imaginären des Deutschen. Erich Rothackers Ideen für eine NS-Kulturpolitik, in: Wolfgang Fritz Haug, Hrsg., Deutsche Philosophen 1933, Hamburg 1989, S. 131.
[22] Thüringisches Hauptstaatsarchiv (ThHA), SD-Außenstelle Jena NS 29, Nr. 93, Bl. 38; vgl. Nr.93, passim und Nr.94, Bl. 79ff.

„Universitätsreform"[23], der 1933 an die Salana berufene jungkonservative Publizist Max Hildebert Boehm, wurde längere Zeit vom Nachrichtendienst der SS observiert. So wie Gerwin Klinger eine „Mehrstimmigkeit der Philosophie im Faschismus"[24] aufzeigen kann, verliefen die hochschulpolitischen Konfliktlinien der Jahre 1933/34 quer zur NSDAP-Zugehörigkeit, die demzufolge als politisch-moralisches Scheidemesser des Lehrkörpers überstrapaziert wird. Überdies blieben die Grenzen zwischen vorübergehendem Gleichklang und langwierigen Auseinandersetzungen mit der alteingesessenen Professorenschaft fließend. Abschließend sei deshalb angemerkt, daß diese vertrackten Widerspruchslagen durch das Diktum der „braunen Universität" Jena eher verdeckt denn erhellt worden sind, was schon in einem anderen Kontext kritisiert wurde.[25] Die Oberflächlichkeit solcherart Begriffswahl entspricht der anderer vorschneller Etikettierungen, die vorrangig diversen Legitimationsbedürfnissen nach tiefgreifenden politischen Umbrüchen geschuldet sind.

---

[23] ThHA, SD-Außenstelle Jena NS 29, Nr.93, Bl. 9; vgl. Nr.93, Bl. 5f. und 266f. („Gruppe Universität" und Boehms Pläne für ein Politisches Kolleg).
[24] Gerwin Klinger, Freiheit als „freiwillige Aufgabe der Freiheit". Arnold Gehlens Umbau des Deutschen Idealismus, in: Haug, Hrsg., Deutsche Philosophen, S. 190f.
[25] Vgl. Jürgen John, Wissenschaft und Politik - Die Jenaer Universität im 20. Jahrhundert, in: Herbert Gottwald, Hrsg., Universität im Aufbruch. Die Alma mater Jenensis als Mittler zwischen Ost und West. Völkerverbindende Vergangenheit und europäische Zukunft einer deutschen Universität, Jena und Erlangen 1992, S. 244 und 250.

Jena und Weimar der 1880er bis 1930er Jahre
Synopse ausgewählter Daten
(zusammengestellt von Jürgen John und Volker Wahl, kursiv gesetzte und in die Mitte gerückte Daten beziehen sich auf beide Städte)

Einwohnerzahlen

	Jena	Weimar
1880	10 326	19 944
1890	13 449	24 546
1900	20 686	28 489
1910	38 000	34 582
1914	48 659	36 894
1918	45 828	35 115
1925	52 559	45 957
1930	59 003	50 805
1933	59 723	49 448

Jahr	Jena	Weimar
1880	Produktionsbeginn im ersten Zeiss-Fabrikgebäude	„Permanente Kunstaustellung" als Ausstellungs- und Verkaufseinrichtung Weimarer Künstler
1882	Übersiedlung Otto Schotts	
1883		Beginn der Weimarer Ausgabe der Werke Martin Luthers im Verlag Hermann Böhlau
1884	Gründung des Glastechnischen Laboratoriums Schott & Genossen	
1885	Betriebskrankenkasse der Firmen Zeiss und Schott	- Gründung der Goethe-Gesellschaft, des Goethe-Nationalmuseums und des Goethe-Archivs - Leopold v. Kalckreuth Direktor der Großherzoglichen Kunstschule (bis 1890) - Gründung des Arbeiter-Gesangvereins „Freundschafts-Sängerbund"
1886	- Einrichtung eines "Ministerialfonds für wissenschaftliche Zwecke" durch Ernst Abbe - Wilhelm Rein Leiter des Pädagogischen Seminars (bis 1923); Universitäts-Übungsschule - Gründung der Zementfabrik Göschwitz	
1887	- Denkschrift Ernst Abbes über die Zukunft der Jenaer Industriebetriebe und ihre Verbindung mit der Universität - Entwicklung des Borosilicatglases durch Otto Schott	- Gründung des Liszt-Museums und der Liszt-Stiftung - Beginn der Gesamtausgabe von Goethes Werken („Sophien-Ausgabe") im Verlag Hermann Böhlau
1888	- Tod von Carl Zeiss - Gemeinsames Pensionsstatut der Firmen Zeiss und Schott	

Jahr	Jena	Weimar
1888/89		Gründung der Naturwissenschaftlichen Gesellschaft und des Naturwissenschaftlichen Museums
1889	- Gründung der Carl-Zeiss-Stiftung und Erbeinsetzungsvertrag mit Ernst Abbe - Beginn der Lehrer-Fortbildungskurse Wilhelm Reins	- Erweiterung des Goethe-Archivs zum Goethe- und Schiller-Archiv - Richard Strauss 2. Hofkapellmeister (bis 1894)
1890	- Gründung des freisinnigen „Jenaer Volksblattes" durch den Verleger Bernhard Vopelius - Gründung der sozial- und heilpädagogischen Anstalten Johannes Trüpers	Ständiger „Vorort" der Deutschen Schillerstiftung
	Gründung sozialdemokratischer Wahlvereine	
1890 - 1918	Gründung neuer Produktionsbereiche der Fa. Zeiss: Photo-Abteilung (1890), Meß-Abteilung (1892/93), Fernrohrabteilung (1893/94), Astro-Abteilung (1897), Bildmeßabteilung (1901), Geodätische Abteilung (1908), Opto-Abteilung zur Brillenherstellung (1912), Feinmeßabteilung (1918)	
1891	- Übertragung des Zeisswerkes und eines Teiles des Schottwerkes auf die Carl-Zeiss-Stiftung; erste Zeiss-Geschäftsleitung mit Ernst Abbe, Siegfried Czapski, Max Fischer - Arbeitsordnung für das Zeisswerk mit neunstündiger Arbeitszeit, festem Wochenlohn und bezahlter Überstundenarbeit	
1891/93	„Die Theorie der optischen Instrumente nach Abbe" von Siegfried Czapski	
1892	- Bismarck-Besuch - Gründung des Arbeitervereins „Freie Turnerschaft" und eines Arbeiter-Gesangvereins - Neubau des Chemischen Instituts der Universität	
1893		Uraufführung von Engelbert Humperdincks Märchenoper „Hänsel und Gretel" durch Richard Strauss
1893/94		„Philosophie der Freiheit" von Rudolf Steiner (1890/97 Mitarbeiter im Goethe- und Schiller-Archiv)

Jahr	Jena	Weimar
1893/1903	„Grundgesetze der Arithmethik" von Gottlob Frege (1879-1918 Universität Jena)	
1894	- Programmatische sozialpolitische Vorträge Ernst Abbes vor dem Freisinnigen Verein - „Ernst Haeckel-Professur" für Geologie und Paläontologie an der Universität - Mineralogische Anstalt Gottlob Lincks (bis 1930) an der Universität als Zentrum mineralogischer und kristallographischer Grundlagenforschung für die Zeiss- und Schottwerke	
1895	Ansiedelung der Zellstoffabrik Schietrumpf	Gründung der Marie-Seebach-Stiftung zur Altersversorgung von Schauspielern und Sängern
1896	- Statut der Carl-Zeiss-Stiftung - Gründung eines „Lesehallenvereins" und einer öffentlichen Lesehalle u.a. aus Mitteln der Carl-Zeiss-Stiftung - Gründung der Historischen Kommission des Vereins für Thüringische Geschichte und Altertumskunde	- Übersiedlung Elisabeth Förster-Nietzsches mit dem Nietzsche-Archiv (1894) und Friedrich Nietzsche - Übersiedlung des völkisch-antisemitischen Literaturhistorikers Adolf Bartels
1897	- Gründung einer gemeinnützigen Baugenossenschaft - Erster Arbeiterausschuß der Fa. Zeiss	
1898		Gründung der Waggonfabrik
	Erste Ausstellung des Thüringer Ausstellungsvereins bildender Künstler in Jena mit Werken der Weimarer Malerschule	
1899	- Öffentliche Kontroverse zwischen Oberbürgermeister Heinrich Singer und Ernst Abbe über die parteipolitische Neutralität der Lesehalle und den Status der Carl-Zeiss-Stiftung - „Die Welträtsel" von Ernst Haeckel (seit 1862 in Jena)	
	Beginn des Straßenbahnbetriebs in Weimar (1899) und Jena (1901)	
1900	Universitäts-Ergänzungsstatut der Carl-Zeiss-Stiftung	- Tod Friedrich Nietzsches - Übersiedlung des Dramatikers Ernst v. Wildenbruch
1900/01	Einführung des Achtstundentages im Zeisswerk (im Schottwerk 1918)	

Jahr	Jena	Weimar
1901		Tod des Großherzogs Carl Alexander und Regierungsantritt des Großherzogs Wilhelm Ernst
1902	- Akademische Besoldungsreform für die Universität unter Beteiligung der Carl-Zeiss-Stiftung - Neubau des Physikalischen Instituts der Universität - 1902 Universitätinstitut für Mikroskopie - Lehrstuhl und Institut für Technische Chemie der Universität (Stiftung Otto Schotts) - Lehrstuhl für angewandte Mathematik der Universität	- Übersiedlung Henry van de Veldes und Gründung des Kunstgewerblichen Seminars - Berufung Hans Oldes zum Direktor der Großherzoglichen Kunstschule - Ernst Wachler (Bartels-Kreis) übernimmt die Leitung der „Weimarischen Zeitung" - Paul Schultze-Naumburg (Werkstätten Saaleck) Dozent für Farbenlehre an der Großherzoglichen Kunstschule (1901/19 „Kulturarbeiten"; 1904/12 Vorsitzender Bund Heimatschutz)
1902/06		Reformkreis „Neues Weimar"
1903	- Gründung des Jenaer Kunstvereins unter Vorsitz Eduard Rosenthals - Gründung eines Städtischen Museums - Einweihung des Volkshauses mit öffentlicher Lesehalle - Gründung der Freien Zeichenschule Erich Kuithans im Volkshaus - „Komitee für Volksunterhaltung" im Volkshaus unter Leitung des Sekretärs der Carl-Zeiss-Stiftung Georg Paga - Ausscheiden Ernst Abbes aus der Zeiss-Geschäftsleitung; Nachfolger Rudolf Straubel - „Kunstformen der Natur" Ernst Haeckels - Erfindung des Ultramikroskops durch Henry Siedentopf und Richard Zsigmondy - Lehrstuhl und Institut für Technische Physik der Universität (als zweite nach Göttingen) - Gründung des Jenaer Vereins Deutscher Studenten als Ortsgruppe des antisemitischen „Kyffhäuser-Bundes" - Statut (1906/11 Satzungen) der Studentischen Vertreterschaft (Korporationen)	- Berufung Harry Graf Kesslers und Umwandlung der „Permanenten Kunstausstellung" zum Großherzoglichen Museum für Kunst und Kunstgewerbe - Nietzsche-Gedenkstätte Henry van de Veldes, Max Klingers und Hans Oldes im Nietzsche-Archiv - Gründung des Allgemeinen Deutschen Künstlerbundes unter Vorsitz Leopold v. Kalckreuths - Übernahme des Naturwissenschaftlichen Museums durch die Stadt - Übersiedlung des Schriftstellers Paul Ernst
1904	- Berufung Botho Graefs - Übersiedlung des Verlegers Eugen Diederichs und der Schriftstellerin Helene Voigt-Diederichs - Erste Frauenpromotion an der Universität	Atelierhaus Weimarer Künstler auf genossenschaftlicher Basis

Jahr	Jena	Weimar
1904/07	Gründung der Gesellschaft der Kunstfreunde von Jena und Weimar mit Irene Eucken als Geschäftsführerin Aufenthalte Edvard Munchs	
1904/11		Bauten Henry van de Veldes für Kunst- und Kunstgewerbeschule
1905	- Tod Ernst Abbes - Schiller-Gedächtnisfeier der Universität; Ehrenpromotion August Rodins und Herzog Georgs II. v. Sachsen-Meiningen - sowie 1911, 1913 Sozialdemokratische Reichsparteitage im Volkshaus	Professorentitel für Bartels vom Großherzog verliehen
1906	- Gründung eines „Volksbad-Vereins" - Gründung des Deutschen Monistenbundes durch Ernst Haeckel und Wilhelm Ostwald - Gründung des „Vereins der Museumsfreunde" - „Ernst Abbe-Professur" der Universität als erste Sozialpolitik-Professur in Deutschland	- III. Künstlerbund-Ausstellung - Rodin-Skandal; Demission Harry Graf Kesslers - Gründung des Deutschen Schillerbundes mit Adolf Bartels als Geschäftsführer - Gründung einer freigewerkschaftlichen „Volkshaus" GmbH
	- Baubeginn der neuen Zeiss-Fabrikanlagen unter künstlerischer Beratung Henry van de Veldes - Sozialdemokratische „Weimarische Volkszeitung" für den Wahlkreis Jena-Neustadt, seit 1913 für das gesamte Großherzogtum (Schriftleiter 1911/29 Albert Rudolph)	
1907	- Malauftrag der Gesellschaft der Kunstfreunde an Ferdinand Hodler für ein Universitätsbild - Gründung eines Nichtordinarienverbandes der Universität - Erster sozialdemokratischer Abgeordneter im Gemeinderat - „Jenaer Diskutierklub" sozialdemokratischer Linker	- Umwandlung des Kunstgewerblichen Seminars Henry van de Veldes zur Großherzoglichen Kunstgewerbeschule - Gründung des Weimarer Kulturkartells - Antisemitischer Reichstags-Abgeordneter im Wahlkreis Weimar-Apolda (bis 1909)
1907/11	Thüringer Arbeiterjugendtage	
1908	- Gründung der Jenaer Freien Studentenschaft und des „Serakreises" um den Verleger Eugen Diederichs - Nobelpreis für Literatur an den Philosophen Rudolf Eucken (seit 1874 in Jena) - Ehrenpromotion Max Regers - Aufenthalt Emil Noldes - Genehmigung des Frauenstudiums für alle Fakultäten (als eine der letzten deutschen Universitäten) - Erster Deutscher Pazifisten-Kongreß	- Eröffnung des freigewerkschaftlichen „Volkhauses" und Gründung eines Arbeiterbildungs-Ausschusses - Beginn der Altsteinzeit-Funde von Weimar-Ehringsdorf Weimar (1925 Schädelfund) - Einweihung des neuerbauten Hoftheaters

Jahr	Jena	Weimar
	- Einweihung des neuen Universitäts-Hauptgebäudes aus Anlaß der 350-Jahres-Feier der Universitätsgründung - Errichtung des Phyletischen Museums durch Ernst Haeckel	
	Prozeß zwischen Elisabeth Förster-Nietzsche und dem Diederichs-Verlag	
1908/09	Bau des Volksbades mit finanzieller Beihilfe der Carl-Zeiss-Stiftung	
1909	- Übergabe des Hodler-Gemäldes „Auszug deutscher Studenten 1813" an die Universität - Gründung eines völkischen „Wälsungen Orden" mit der Zeitschrift „Die Nornen"	- Gründung des Verbandes Thüringischer Industrieller (seit 1923 Verband der Mitteldeutschen Industrie) - (Erste) „Deutsche Nationalfestspiele" am Hoftheater - Gründung des Gustav Kiepenheuer-Verlages
1909/13	Eingemeindung von Wenigenjena, Ziegenhain und Lichtenhain	
1910/13		Weimar-Besuche Rainer Maria Rilkes
1911	- Gründung einer Heimstättengenossenschaft - Ausstellungen der „Brücke"-Maler und der „Neuen Sezession Berlin" im Kunstverein - Abbe-Denkmal Henry van de Veldes, Max Klingers und Constantin Meuniers	
1912	- Gründung des Oberverwaltungsgerichtes thüringischer Staaten - Gründung einer höheren Mädchenschule (Lyzeum) - Übernahme der Zeitschrift „Die Tat" durch den Diederichs-Verlag - Eberhard Grisebach Geschäftsführer des Kunstvereins (bis 1921) - Rein erster Ordinarius für Pädagogik an einer deutschen Universität	Aufenthalt Franz Kafkas
	Reichstagswahlen: Erstmals sozialdemokratische Abgeordnete in den Wahlkreisen Weimar-Apolda und Jena-Neustadt	
1913	- Pfingsttreffen freistudentischer Organisationen mit der Anregung zum ersten „Freideutschen Jugendtag" auf dem Hohen Meißner bei Kassel	
1913/31		Cranach-Presse bibliophiler Drucke Harry Graf Kesslers

Jahr	Jena	Weimar
1914	- Offener Brief Haeckels an Hodler; Entfernung des Hodler-Bildes - Vorsitz im Jenaer Hauptfrauenverein an die Abbe-Tochter Grete Unrein	
1914/17	Aufenthalte Ernst Ludwig Kirchners	
1915	- Gründung eines Kriegs-Archivs der Universität - Unterschriften u.a. Haeckels und Reins unter die „Professorendenkschrift" annektionistischer Kriegsziele - Übersiedlung Max Regers nach Jena - Zeiss-Hochhaus als zweiter deutscher Hochhausbau	Weggang Henry van de Veldes
1916	- Antikriegskonferenz sozialdemokratischer Jugendgruppen mit Karl Liebknecht - Gründung einer „Vaterländischen Gesellschaft 1914 für Thüringen" u.a. durch Eugen Diederichs und Max Maurenbrecher	
1917	- Universitätsklinik für Kinderheilkunde unter Leitung Jussuf Ibrahims aus Mitteln der Carl-Zeiss-Stiftung - Tod Botho Graefs - Friedrich Gogarten Privatdozent an der Theologischen Fakultät (bis 1931)	Übersiedlung des völkischen Schriftstellers Friedrich Lienhard (1905/08 „Wege nach Weimar")
1917/18	Lohn- und Antikriegstreik-Aktionen unter den Zeiss- und Schottarbeitern	
	Gründung von USPD-Ortsgruppen	
1918	- Botho Graef-Stiftung Ernst Ludwig Kirchners für den Jenaer Kunstverein - Deutscher Studententag zur Gründung allgemeiner Studentenausschüsse und einer Deutschen Studentenschaft - Produktionsbeginn hitzebeständiger Schott-Hauswirtschaftsgläser („Jenaer Glas")	
	Arbeiter- und Soldatenräte und provisorischer Studentenausschuß	
	Vorsynode thüringischer evangelischer Landeskirchen zur Aufhebung des Staatskirchensystems und zum Zusammenschluß	Abdankung des Großherzogs und Umwandlung Sachsen-Weimar-Eisenachs in einen parlamentarisch-republikanischen Freistaat (erster Staatsminister August Baudert/SPD)

Jahr	Jena	Weimar
		„Zwölfer-Ausschuß" zur Vorbereitung einer „großthüringischen" Provinz- bzw. Landesgründung (Vorsitz: Albert Rudolph(SPD)/Jena; Sitz Weimar)
1919	- Erster Allgemeiner Studentenausschuß - Tagung der industriellen Spitzenverbände mit Beschluß zur Gründung des Reichsverbandes der Deutschen Industrie - Erster Reichsparteitag der Deutschen Volkspartei - Freideutsche Führertagung und Wiederaufstellung des Hodlerbildes - Reichstagung sozialistischer Studentengruppen - Gründung des Allgemeinen Deutschen Waffenrings als Dachverband der Korporationen - Gründung des Reichsbundes der Kriegsteilnehmerverbände deutscher Hochschulen - Einführung der Rektoratsverfassung an der Universität - Gründung des Vereins „Volkshochschule Thüringen" durch Hermann Nohl, Heinrich Weinel, Wilhelm Rein und Reinhard Buchwald (Geschäftsführer 1920/21) und der Jenaer Volkshochschule (Geschäftsführer Wilhelm Flitner) - Heinrich Weinels Zeitschrift „Die freie Volkskirche" - Übertragung der Anteile Otto Schotts am Glaswerk auf die Carl-Zeiss-Stiftung - Tod Ernst Haeckels	- Proklamation des Hoftheaters zum „Deutschen Nationaltheater"; neuer Generalintendant Ernst Hardt (bis 1924) - Tagungs- und Gründungsort der verfassungsgebenden Deutschen Nationalversammlung und der Weimarer Republik (6.2. - 21.8.1919); Flugplatz mit Linienverkehr nach Berlin - Erster sozialdemokratischer Nachkriegsparteitag - Gründung des Bauhauses durch Walter Gropius - Staatsrat unter Vorsitz des weimarischen Staatsministers Arnold Paulssen (DDP) und Volksrat zur Vorbereitung der Landesgründung
	- *Gründung von KPD-Ortsgruppen* - *Protesttelegramm des Jenaer Studentenausschusses an die Nationalversammlung gegen die republikanischen Reichsfarben „Schwarz-rot-gold"* - *Gründung Freier Volksbühnenvereine* - *Ausarbeitung der Verfassung des Freistaates Sachsen-Weimar-Eisenach und des Gemeinschaftsvertrages thüringischer Staaten durch den Jenaer Staatsrechtler Eduard Rosenthal (DDP)*	
1920	*Kapp-Lüttwitz-Putsch unter Beteiligung Jenaer Studenten; Absetzung der Weimarer Staatsregierung durch putschende Reichswehrtruppen; Reichsexekution gegen die thüringischen Staaten*	

Jahr	Jena	Weimar
	- Gründung des Eucken-Bundes (Zeitschrift „Der Euckenbund", seit 1925 „Die Tatwelt") - Gründung der „Gesellschaft 'Deutscher Staat'" durch den Philosophen Max Wundt (1927/30 Zeitschrift „Nationalwirtschaft") - Einrichtung des „Ernst Haeckel-Hauses" - Tagung des Reichsverbandes des Deutschen Handwerks - Einrichtung der Gaststätte „Zum Löwen" als Gewerkschaftshaus - Konstituierung der Synode einzelstaatlicher Kirchen als 1. Landeskirchentag der Thüringer Evangelischen Kirche (Sitz Eisenach) - Gründung eines Deutschvölkischen Vereins	- I. „Deutscher Tag" des Deutschvölkischen Schutz- und Trutzbundes - Gründung einer Vereinigung völkischer Verleger um den Alexander Duncker-Verlag und Herausgabe eines „Deutschvölkischen Jahrbuches"
	Gründung des Landes Thüringen mit Weimar als Landeshauptstadt und Jena als Sitz der Landesuniversität, der Oberlandes- und Oberverwaltungsgerichte und des Staatsgerichtshofes	
1920/21	*Ausarbeitung der Landesverfassung durch Eduard Rosenthal*	
1921	*Übernahme der Jenaer Universität („Thüringische Landesuniversität"), des Weimarer Bauhauses („Staatliches Bauhaus") und der Befugnisse des Stiftungskommissars für die Carl-Zeiss-Stiftung durch das Land Thüringen*	
	- Reichsparteitag der KPD im Volkshaus - Gründung einer Förder-„Gesellschaft der Freunde der Thüringischen Landesuniversität" - Ernst Abbe-Gedächtnispreis der Universität - Walter Dexel Geschäftsführer des Kunstvereins (bis 1928) - „Tag der Jugend", veranstaltet von Eugen Diederichs	- Gründung des Wirtschaftsverbandes Mitteldeutschland (Sitz Halle) - Gründung einer Staatlichen Hochschule für bildende Kunst als Sezession des Bauhaus-Gegner - Umwandlung des Städtischen Museums in ein Museum für Vorgeschichte
1921/22	*Umbau des Jenaer Stadttheaters durch Walter Gropius und die Bauhaus-Werkstätten*	
1921/23	*Reformpolitik der sozialistischen Landesregierung Frölich-Greil und (1.) „Thüringer Hochschulkonflikt" mit der Universität*	
1921/30	Sitz der KPD-Bezirksleitung „Großthüringen"; Redaktion und Druckerei des Bezirksblattes „Neue Zeitung"	

Jahr	Jena	Weimar
1922	- Flucht der Rathenau-Mörder nach Burg Saaleck und Jena - Gründung eines Kartells der Deutschen Republikanischen Studentenschaft - Einrichtung eines optischen Museums im Volkshaus der Carl-Zeiss-Stiftung	- 1. Reichskonferenz des Republikanischen (Beamten-) Reichsbundes (1921/23 Vorsitzender thüringischer Innenminister Karl Freiherr v. Brandenstein (USPD/SPD) mit Geschäftsstelle Weimar) - Walter Gropius' „Denkmal der Märzgefallenen" für die Opfer des Kapp-Putsches 1920 - Internationaler Dadaisten- und Konstruktivisten-Kongreß - Reinhard Buchwald Volkshochschulreferent im thüringischen Volksbildungsministerium (bis 1930)
	- Verbot der NSDAP und des „völkisch"-antisemitisch ausgerichteten Jenaer Studentenausschusses durch die Landesregierung *- Thüringische Kreisreform: Eingemeindungen in Weimar (Oberweimar, Ehringsdorf, Tiefurt) und Jena (Ammerbach, Burgau, Löbstedt, Winzerla; Göschwitz (bis 1923); Kunitz, Lobeda und Wöllnitz (jeweils bis 1924))*	
1923	- Adolf Reichwein Geschäftsführer der Volkshochschule Thüringen (1923/25) und der Jenaer Volkshochschule (1925/29) - Gründung der Reichszentralstelle für Erdbebenforschung - Zeitweiser Sitz des kommunistisch beeinflußten Reichsausschusses der Betriebsräte - Beteiligung Jenaer Studenten an den Putschvorbereitungen in Bayern	- Bauhaus-Ausstellung mit dem Muster-Wohnhaus „Am Horn" - Gründung einer von Rudolf Steiner beeinflußten anthroposophischen Christengemeinschaft
	- Berufung der Pädagogen Peter Petersen, Anna Siemsen, Mathilde Vaerting, Otto Scheibner und Richard Strecker durch die sozialistische Landesregierung *- SPD-KPD-Koalitionsregierung; Konflikt mit dem Reich und Höhepunkt des Hochschulkonfliktes; Reichswehreinmarsch; Regierungsrücktritt*	
1923/24	Umwandlung der Juristischen zu einer Rechts- und Wirtschaftswissenschaftlichen Fakultät	
1924	*„Thüringer Ordnungsbund"-Regierung unter dem Jenaer DVP-Politiker Richard Leutheußer*	
	- Gründung der kommunistischen Jugendorganisation „Rote Jungfront"; Ortsgruppe und Gauleitung des „Roten Frontkämpferbundes" - Gründung von Verlag, Zeitschrift und Freiem (sozialistischem) Bildungsinstitut „Urania" durch Ernst Mühlbach und Julius Schaxel - Elektroenzephalogramm des Neurologen Hans Berger	- Reichsparteitag der DDP - „Deutscher Tag" der „Nationalsozialistischen Freiheitsbewegung Großdeutschlands" mit „Deutschem Kulturbekenntnis" - Zeitung „Der Völkische" von Hans Severus Ziegler (Bartels-Kreis)

Jahr	Jena	Weimar
	- Entwicklung des Pulfrich-Photometers bei Zeiss	
		- *Aufhebung des Verbotes der NSDAP und des Jenaer Studentenausschusses durch die neue Landesregierung* - *Bau der „Villa Auerbach" durch Walter Gropius*
1924/25	Gründung einer Mathematisch-Naturwissenschaftlichen Fakultät und neue Satzung der Universität	Auflösung des Bauhauses und Übersiedlung als kommunale Einrichtung nach Dessau
	Gründung von NSDAP-Ortsgruppen	

Jahr	Jena	Weimar
1924/26	Zeiss-Projektionsplanetarien für das Deutsche Museum München und Jena	
1924/31		Reiher-Verlag unter Leitung Otto Dorfners und Walther Klemms
1925	Erste UKW-Übertragung der Welt durch den Physiker Abraham Esau	Gründung des NSDAP-Gaues Thüringen mit Artur Dinter (Bartels-Kreis) als Gauleiter; Umwandlung des „Völkischen" zur Gauzeitung „Der Nationalsozialist"
	Erste öffentliche Auftritte Adolf Hitlers in Weimar und Jena	
1925/26	Gründung einer Interessengemeinschaft der Optischen Industrie und der Zeiss-Ikon AG	
	Gründung der „Obere Saale AG" und der AG „Thüringische Werke"; Baubeginn an dem vom Physiker und Zeiss-Geschäftsführer Rudolf Straubel konzipierten Saaletalsperren- und Kraftwerk-System	
1926	- Gründung einer Ortsgruppe des NS-Studentenbundes - Begründung der Elektronenmikroskopie durch den Physiker Hans Busch - Tod Rudolf Euckens	- Reichsparteitag der NSDAP und Gründung der „Hitler-Jugend"; Reichsführer 1929/40 Baldur v. Schirach (Bartels-Kreis) - Gründung des „Weimarer Kreises" verfassungstreuer Hochschullehrer - Gründung der Gesellschaft der Freunde des Nietzsche-Archivs - Gründung des Liszt-Bundes
1926/30		Bauhaus-Nachfolgeeinrichtung „Staatliche Hochschule für Handwerk und Baukunst" unter Leitung Otto Bartnings
1927	- „Jena-Plan" Peter Petersens - Erich Schott als Nachfolger Otto Schotts Geschäftsführer des Glaswerkes	Fritz Sauckel NSDAP-Gauleiter in Thüringen

Jahr	Jena	Weimar
1928	-Gustav Fischer-Stiftung für soziale Universitätszwecke -Rudolf Eucken-Haus zur Betreuung ausländischer Studenten -Ständige Galerie des Kunstvereins im Prinzessinnenschlößchen mit der Ausstellung „Neue Wege der Photographie" (1928) und der Aenne-Biermann-Ausstellung (1930)	Einweihung der Landeskampfbahn
1929	- Deutsches Brahms-Fest - Bildung des „Tat-Kreises" um Hans Zehrer	
1929/30	*Bau des Abbeanums und des Studentenhauses durch die Weimarer Bauhochschule*	
1930/31	*Koalitionsregierung unter erstmaliger Beteiligung der NSDAP; Wilhelm Frick als Innen- und Volksbildungsminister; Weimar und Jena als NS-Experimentierfelder; (2.) „Thüringer Hochschulkonflikt" und erneuter Konflikt mit dem Reich*	
1930	- Vorsitz des Studentenausschusses an den NS-Studentenbund - Berufung des NS-Rassenforschers Hans F.K. Günther an die Universität und Lehrauftrag für Adolf Bartels - Tod des Verlegers Eugen Diederichs	- Berufung Paul Schultze-Naumburgs als Direktor der Hochschulen für Baukunst, bildende Kunst und Handwerk - Umwandlung der Musikschule zur „Staatlichen Hochschule für Musik" - Zerstörung der Bauhaus-Fresken Oskar Schlemmers und „Säuberung" der Weimarer Kunstsammlung von Werken der „Entarteten Kunst" - Frick-Erlasse „Wider die Negerkultur für deutsches Volkstum" und thüringischer Schulgebete gegen „art- und volksfremde Kräfte" - Verbot von Remarques „Im Westen nichts Neues" für Thüringer Schulen - 1. Reichstagung des NS-„Kampfbundes für deutsche Kultur" (Landesleiter Hans Severus Ziegler) - Gründung der Landesplanungsstelle Thüringen-Mitte
1931	Gründung der Zeiss-Aerotopograph GmbH	Gründung eines Wissenschaftlichen Ausschusses des Nietzsche-Archivs
1932	Tagung des Deutschen Studentenwerkes unter dem Motto „Kampf gegen die Überfüllung der deutschen Hochschulen"	- Reichs-Goethe-Feier; Einweihung der „Weimar-Halle" - NSDAP-Landesregierung unter dem Gauleiter Fritz Sauckel
	Jena-Weimar-Plan zur Angliederung Weimarer Archive und Museen an die Universität	

DOKUMENTE

Weimar-Jena
Eine Thüringer Frage und Rundfrage (1921)

Editorische Vorbemerkungen

Die „Allgemeine Thüringische Landeszeitung Deutschland" gab 1921 eine monatliche Beilage „Weimarisches Echo" heraus, die den Untertitel „Blätter für Wissenschaft, Kunst und Literatur" führte. In den Folgen 3 bis 5 vom März bis Mai 1921 publizierte sie die Ergebnisse einer Umfrage in den Städten Weimar und Jena, die unter dem Stichwort „Weimar-Jena" die engere geistige Verbindung zwischen den beiden Nachbarstädten als kulturellen Vorteil für die Überwindung der Not der Zeit beschwor. Als Zeitdokument mögen die Anworten der Jenaer Universitätsprofessoren und der Persönlichkeiten aus dem kulturellen Weimar aufschlußreich sein, wie nach dem ersten Weltkrieg und der 1920 erfolgten Gründung des Landes Thüringen das aus der Tradition geborene Verhältnis zwischen diesen Städten Hoffnungen für die kulturelle Entwicklung Thüringens und Deutschlands weckte.
Die Fragen der Schriftleitung lauteten:
1. Ist eine engere Verknüpfung des geistigen Lebens in Weimar und Jena wünschenswert?
2. Was darf man sich von dieser Annäherung oder Vereinigung der Kräfte für die kulturelle Entwicklung Thüringens (Deutschlands) versprechen?
3. Welche Wege und Mittel scheinen geeignet, die engere Verbindung herzustellen?
Im folgenden werden die drei Teile der Umfrage aus der Beilage „Weimarisches Echo" vom 9. März (I), 11. April (II) und 12. Mai 1921 (III) im Originalwortlaut veröffentlicht. Erläuterungen und Hinzufügungen des Herausgebers stehen in [ ].

Volker Wahl

I

In einer Zeit, wo es mehr denn je notwendig erscheint, daß sich das geistige Deutschland eng zusammenschließt, um inmitten der Hochflut des Materialismus und angesichts des sittlichen Niederbruchs weiter Volkskreise, aber auch in Abwehr der würgenden Faust eines unmenschlichen Feindes das Erbgut des deutschen Idealismus zu schützen und zu mehren und unsere Kultur vor einem Versailles und Spaa zu bewahren, erscheint es doppelt befremdlich, daß zwei Städte wie Jena und Weimar in geistiger Beziehung sich kaum viel näher stehen als etwa Weimar und Memel.

Sollte es nicht eine unserer vornehmsten und ersprießlichsten Aufgaben sein, zwischen dem geistigen Jena und dem geistigen Weimar eine engere Verbindung herzustellen, wie sie etwa zur Zeit Goethes und Schillers bestand?

Es bedarf gewiß nicht erst einer umständlichen Darlegung, welcher Gewinn nicht nur dem geistigen Leben selbst, sondern auch der gesamten Bewohnerschaft der beiden Städte, ja, dem ganzen Thüringer Lande daraus erwachsen müßte. Und wäre der kulturelle Vorteil fürs erste auch noch so klein, die Zeitläufte erlauben es nicht, auf ihn zu verzichten. Die vaterländische Pflicht fordert, daß alles geschaffen und gesammelt werde, was irgend geeignet scheint, die furchtbare Not der Zeit zu lindern und die Zukunft des deutschen Volkes zu sichern. Und hierbei darf man in erster Linie doch gewiß von Weimar und Jena Taten erwarten.

Auf Grund dieser Überlegungen unternahm es die Schriftleitung des „Weimarischen Echos" in Übereinstimmung mit dem Verlag, an eine Anzahl Persönlichkeiten mit der Bitte um Stellungnahme zu folgenden Fragen heranzutreten:

1. Ist eine engere Verknüpfung des geistigen Lebens in Weimar und Jena wünschenswert?
2. Was darf man sich von dieser Annäherung oder Vereinigung der Kräfte für die kulturelle Entwicklung Thüringens (Deutschlands) versprechen?
3. Welche Wege und Mittel scheinen geeignet, die engere Verbindung herzustellen?

Die bis zur Stunde aus Jena eingelaufenen Antworten seien im folgenden wiedergegeben, während die noch zu erwartenden Antworten aus Weimar in der nächsten Nummer mitgeteilt werden sollen.

Universitätsprofessor Dr. Bruno Bauch:

1. Die Frage, ob eine engere Verknüpfung des geistigen Lebens zwischen Jena und Weimar wünschenswert sei, möchte ich im Hinblick auf die geistige Verbundenheit beider Städte in der geschichtlichen Vergangenheit unbedenklich bejahen.
2. Da man aber die geschichtliche Zukunft nicht vorausbestimmen und konstruieren kann, so ist die zweite Frage, was man sich von jener Verknüpfung für die kulturelle Erneuerung Thüringens, ja Deutschlands, zu versprechen habe, nicht so einfach zu beantworten. Das hängt ab von den ja vorläufig selbst noch nicht bestimmten Kräften, die in jener Verknüpfung des geistigen Lebens beider Städte zur Wirksamkeit gelangen würden. Und es käme zu allererst darauf an, daß solche Verknüpfung eben eine Verknüpfung wirklich geistiger Kräfte zu wirklich geistigem Leben wäre. Sie würde als solche schon in sich selber zunächst ihren Wert haben und dann durch gemeinsame geistige Arbeit auf das Geistesleben Thüringens und Deutschlands wertvoll wirken können, auch wenn sich diese Wirkung nicht von vornherein absehen oder gar berechnen läßt.
3. Die Wege und Mittel scheinen mir in der Schaffung geistiger Arbeitsgemeinschaften zu liegen, etwa nach der Art der Akademien, die freilich nicht als äußeres Schau- und Schmuckstück zu betrachten wären, sondern die Bedeutung wirklicher Wechselbeziehung geistiger Arbeit haben müßten.

Geheimrat Prof. Dr. Rudolf Eucken:

Eine engere Verbindung zwischen Weimar und Jena wäre gewiß sehr erwünscht, aber sie hat große Schwierigkeiten.
Rudolf Eucken weist in den weiteren Ausführungen darauf hin, daß die meisten Gelehrten durch ihre eigene Arbeit, ihr Fach, äußerst stark in Anspruch genommen seien; daß die jüngeren Herren zwar weit mehr Interesse z. B. auch für die schöne Literatur aufbrächten, aber als mehr vorübergehende Erscheinungen den so notwendigen festen Stamm nicht würden bilden können.
Jedenfalls - schließt Rudolf Eucken - ist auch in Jena eine Sammlung der Kräfte wünschenswert, und wir können Ihre Anregung nur mit lebhafter Freude begrüßen.

Universitätsprofessor Dr. G[ottlob]. Linck:

1. Weimars wesentliche geistige Nahrung ist Kunst. Jenas aber Wissenschaft. Wie man das sollte verknüpfen können, ist mir fraglich. Es sind früher Versuche gemacht worden, in Weimar von Jena aus wissenschaftliche Vorträge zu halten - ohne Erfolg! Auch das Analoge ist von Weimar aus versucht worden - ohne Erfolg! Beide Städte sind überfüttert im Einen.
2. Wenn es nun aber nicht so wäre, was sollte man sich davon für die kulturelle Erneuerung des Volkes versprechen? Nichts - denn an die Kreise, die im wesentlichen der Erneuerung und Aufrichtung bedürfen, kommt man so gar nicht heran. Dazu bedürfen wir in erster Linie der Wiederherstellung der staatlichen Autorität, eines gerechten aber strengen Regiments, der Ausscheidung aller Parasiten und Drohnen aus den öffentlichen Ämtern, und im ganzen nicht Worte, sondern Taten.
Schöpferische und selbstlose Arbeit muß die Parole sein und im stillen Kämmerlein dann noch etwas, das ich mit meinem Herrgott allein abzumachen habe. Auf zur Tat.

Universitätsprofessor Dr. Hans Naumann:

Daß Bestrebungen zur Vertiefung des geistigen Lebens, zunächst unter den „Gebildeten" der Nation, für eine Wiederaufrichtung Deutschlands unumgänglich notwendig sind, liegt klar zutage. Sind geistiges und sittliches Leben erst einmal unter den „Gebildeten" erneuert und vertieft, so wirkt dies unvermeidlich auf die ganze Nation. Was die Oberschicht tut, wirkt naturgesetzartig auf die Unterschicht ein. Gingen Jena und Weimar mit gutem Beispiel voran, so würden sie mit den großen Traditionen, die sich an ihre Namen knüpfen, leicht Nachfolge finden.
Eine engere Verknüpfung dieser beiden Städte ist zweifellos erwünscht; aber sie wird in Praxis nicht eher möglich sein, ehe nicht wieder die Abendzüge verkehren, die diese beiden Städte früher so glücklich miteinander verbunden haben sollen. Ich halte die Wiedereinrichtung dieser Züge, so äußerlich das Mittel auf den ersten Blick scheinen mag, für eine der allernotwendigsten Voraussetzungen, deren Gründe leicht ersichtlich sind. Jena besitzt die Zentrale des Euckenbundes, der unter dem Namen des greisen Philosophen ein Bund der Geistigen in ganz Deutschland zu werden beginnt. Eine rege Beteiligung der Weimarer an den Sitzungen und Bestrebungen dieses Kulturbundes würde ich für ein erstes Annäherungsmittel erachten. Weitere dürften sich dann von selber ergeben.

Prof. Dr. W[ilhelm]. Rein:

1. Gewiß ist eine engere Verknüpfung sehr wünschenswert.
2. Aus einer solchen Vereinigung können wertvolle Anregungen im gegenseitigen Austausch der Gedanken geschöpft werden, die für das geistige Leben Thüringens und damit auch Deutschlands Bedeutung gewinnen.
3. Ich würde vorschlagen, daß ein Ausschuß in Weimar gebildet wird, der einen Tag zu gemeinsamer Aussprache abwechselnd in Weimar und Jena festsetzt.

Universitätsprofessor Dr. Max Wundt:

1. Ja.
2. Das kommt darauf an, wie sehr sich die einzelnen Mitglieder eines solchen „Kulturbundes" tätig beteiligen.
3. Gründung einer Arbeitsgemeinschaft, Vorträge, Diskussionsabende.

Ohne schon jetzt auf die einzelnen Ausführungen näher einzugehen, darf doch gesagt werden, daß im allgemeinen, soweit Jena in Betracht kommt, die engere Verknüpfung des geistigen Lebens von Weimar und Jena für wünschenswert und ersprießlich erachtet wird. Und wenn vorerst auch nur eine kleine Zahl der für das geistige Leben Jenas in Betracht kommenden Persönlichkeiten befragt werden konnte, und von den Befragten noch nicht alle geantwortet haben, so dürfte es doch kaum noch zweifelhaft sein, daß in Jena das Gefühl für die Notwendigkeit, gemeinsam mit Weimar am Wiederaufbau unserer Kultur zu arbeiten, vorherrscht.

Wir werden nun in der nächsten Nummer des „Weimarischen Echo" die Antworten der Weimaraner bringen, um in der übernächsten die Nachträge mit einer abschließenden Übersicht zu veröffentlichen, in der Hoffnung, daß diese Anregung Früchte trage, die in erster Linie unserem Thüringer Land und Volk, dann aber auch dem Deutschen Reiche zugute kommen.

II

Die Stellungnahme der Jenaer zu den drei Fragen:
1. Ist eine engere Verknüpfung des geistigen Lebens in Weimar und Jena wünschenswert?
2. Was darf man sich von dieser Annäherung oder Vereinigung der Kräfte für die kulturelle Entwicklung Thüringens (Deutschlands) versprechen?
3. Welche Wege und Mittel scheinen geeignet, die engere Verbindung herzustellen?
hat allenthalben eine lebhafte Erörterung der Angelegenheit hervorgerufen. Fast ausnahmslos hat man die Antworten aus Jena begrüßt, wenn auch einmal eine Art Protest aus dem weiteren Thüringen eingelaufen ist, gegen den - wie man meint - im Zusammenschluß von Jena und Weimar liegenden Ausschluß der anderen Thüringer Städte.
Aber auch davon im nächsten „Echo". Ebenso soll von dem Hinweis auf Erfurt, das man trotz seiner politischen Zugehörigkeit zu Preußen geistig zu Thüringen rechnet, gesprochen werden. Heute zuvörderst die Antworten aus Weimar.

Prof. Dr. Werner Deetjen, Direktor der Landesbibliothek:

Eine engere geistige Gemeinschaft zwischen Weimar und Jena, wie sie früher bestand, ist für die Gegenwart auf das innigste zu wünschen. Vorträge von Jenaer Gelehrten würden hier sicherlich sehr willkommen sein und des Erfolges nicht entbehren, wenn die Themen glücklich gewählt werden und die Einrichtung des ganzen Unternehmens in geschickten Händen liegt. Man sollte sich durch einen angeblichen Mißerfolg eines viele Jahre zurückliegenden Versuches nicht von einem neuen abschrecken lassen. Für die Bevölkerung Jenas andererseits sollten in Weimar an bestimmten Tagen von Berufenen Führungen durch die hiesigen Kultur- und Gedächtnisstätten eingerichtet werden. Vor allem empfiehlt es sich, die Studierenden immer aufs neue eindringlichst auf die hohe Bedeutung Weimars aufmerksam zu machen und sie zu eingehendem Studium dieser Stadt, an die sich die größten Erinnerungen des deutschen Volkes knüpfen, anzuregen. Wenn sie die Universität Jena verlassen, muß ihnen der Besuch der Nachbarstadt ein unvergeßliches Erlebnis für ihr ganzes späteres Leben sein.

Dr. theol. Paul Graue, Oberhofprediger und Kirchenrat a.D.:

1. Ja.
2. Ich lege bei einer geistigen Arbeitsgemeinschaft besonderen Wert auf folgende Punkte: Erstens darauf, daß Jena nicht so sehr seine Einzelwissenschaften uns bringe, als vielmehr seine Philosophie (Eucken und Liebmann in ihrer notwendigen Zusammengehörigkeit). Von Einzelwissenschaften liegt mir besonders die biblische Geschichtswissenschaft am Herzen, zunächst, weil sie am unbekanntesten ist, und sodann, weil sie (z. B. nach dem Urteil Mommsens) die größte Leistung auf dem Gebiet der Geschichtswissenschaft des letzten Jahrhunderts bedeutet. Auch müßten soziale Ethik und Religionsphilosophie zu ihrem vollen Rechte kommen. - Die Weimarische Kunstpflege muß ihren mehr oder minder exklusiven Charakter verlieren. Goethe, Schiller und die anderen großen Geister, von denen wir leben, werden, rein literarisch und ästhetisch betrachtet (obwohl auch das nötig ist), niemals wirklich volkstümlich werden. Auch das Theater, auf dessen Pflege so viel Wert gelegt wird, kann nur kleine Kreise des Volkes erreichen und dient dazu nur zu oft der bloßen geistigen oder sinnlichen Genußsucht. Desgleichen die bildenden Künste stecken noch viel zu sehr in den Banden rein privater Interessen und Liebhabereien. Selbst die Musik ist, wenn sie etwas wert ist, nur einer Auslese zugänglich, im übrigen der Genußsucht untertan. Das ist aber deshalb so bedauerlich, weil wir durchaus von einer bloßen Kultur der geistigen oder finanziellen Oberschicht zu einer wirklichen, echten Volkskultur kommen müssen, soll unser Volk nicht innerlich verderben. Nun könnte man viel von einer immer neuen Popularisierung der Wissenschaft, besonders der Naturwissenschaft erwarten, wie z. B. die Volksbildungsvereine es taten. Aber dann müßte man wenigstens von den Einzelwissenschaften zur Philosophie fortschreiten. Denn unserem Volke fehlt vor allem eine neue, dem Materialismus überlegene Philosophie oder Gesamt-Weltanschauung. Es fehlt ihm eine führende Lebensweisheit und ein begeisternder, einheitlicher Glaube. Hier bin ich an dem Punkte, auf den es mir ankommt. Wenn der Idealismus etwas fürs Ganze wert sein soll, so muß er ganz praktisch auf eine Erneuerung und Erfüllung von Schule und Kirche gerichtet sein. Denn allein in diesen beiden Anstalten und Gemeinschaften kommt der Geist bis in die letzte Hütte auf dem Lande, bis in den letzten Winkel der Großstadt - die Kirche nicht mehr ganz in jetziger Zeit, aber im allgemeinen wenigstens äußerlich noch immer. Es ist ein Jammer, daß besonders die Kirche (die ich als mir besonders naheliegendes Beispiel heraushebe), bestimmungsgemäß die eigentliche Trägerin des Idealismus für das Gesamtvolk, in so hohem

Maße das Interesse der führenden Bildung verloren hat, obwohl man sie sich noch gefallen läßt. Unser Volk wäre besser, wenn es frömmer wäre: und es ist ein Unglück für unser Volk, daß Goethe und Schiller, obwohl beide in ihrer Art tiefinnerliche Christen waren, kein positives Verhältnis zur Kirche hatten, wie Herder. Wohl war eine Emanzipation vom Dogma nötig. In Freiheit mußten Kunst und Wissenschaft nach eigenen Gesetzen sich entwickeln. Aber diese Freiheit macht ihnen außer der katholischen Kirche im Ernst niemand mehr streitig, und deshalb ist es nötig, daß wenigstens im Umkreis des Protestantismus die Idealisten außerhalb der Kirche endlich den Idealisten innerhalb der Kirche helfen, auch in der Kirche selbst das Dogma loszuwerden und überhaupt die Kirche ihrer vollen Bestimmung zuzuführen und sie aus der ganzen Fülle des Geistes neuzugestalten. Eine gute, volkstümliche Kirche, die alte mit neuer Wahrheit verbindet, eine Stätte, wo unser Volk wieder Ehrfurcht lernt vor der Majestät und Herrlichkeit selbständigen Geisteslebens, wie not tut sie uns allen! Auch eine wirklich deutsche Kirche, die an den Weltberuf unseres Volkes glaubt, gerade auf dem Gebiete innerster Seelenkultur, und nicht müde wird, diesen Glauben zu verkünden! Durch deren Vermittlung unsere großen Geistesträger als Erzieher (vgl. Bode, Goethes Lebenskunst) wirken können auch auf die, die ihre feinsten künstlerischen Werke nie verstehen werden, wo echte Wissenschaft und Kunst als „Wort Gottes" gewahrt wird, wie jede wirkliche Wahrheit und Schönheit in der Bibel! Wir müssen aus dem Zustand heraus, daß der ästhetische Idealismus der Kirche gleichsam Konkurrenz macht, indem er eine Gemeinschaft für sich bildet, und daß die Kirche vielerorts neben Kunst und Wissenschaft ihr Leben führt, anstatt durch den Bund mit der Wissenschaft ihre Lehre, durch den Bund mit der heimischen Kunst ihre Symbole elastisch und fortbildungsfähig zu erhalten. Selbstverständlich hat zunächst ein Austausch der geistigen Güter und Erfahrungen im kleinsten Kreise stattzufinden. Ehe wir am Volke arbeiten können, müssen wir an uns selbst arbeiten, uns austauschen, Verbindungsfäden ziehen zwischen den einzelnen Gebieten und zwischen Theorie und Praxis. Jedenfalls nach allen Richtungen hin heraus aus der Vereinzelung! Eine Sammlung der Kräfte ist not, und zwar mit dem Endzweck auf die Beeinflussung des Volksganzen.

Staatsminister a. D. Dr. Karl Rothe:

Die Antworten, die auf die im „Weimarischen Echo" gestellten Fragen einliefen, bestätigen im wesentlichen, was von jeher meine Meinung war, daß nämlich ein dauerndes Zusammenarbeiten der geistigen Kräfte in Weimar und Jena zu gemeinsamen Zwecken sehr erwünscht ist, aber nur dann erreichbar sein würde, wenn in Weimar selbst eine kraftvolle und auch nach außen hin wirksame Vereinigung zur Pflege und Förderung der spezifisch Weimarischen Interessen besteht. Früher war es der Hof, der einen Mittelpunkt für derartige Interessen zu schaffen versuchte. Jetzt sind in Weimar die geistig Schaffenden ganz auf sich allein angewiesen und dadurch wird die Sache ganz wesentlich erschwert. Auch die Disparität der künstlerischen Anschauungen und Bestrebungen wirkt hemmend; ebenso leider auch hier und da persönliche Disharmonien. Was Prof. Lienhard verlangt: Pflege des Idealismus, Beseelung des geistigen Lebens, das würde auch Weimars Werbekraft nach außen und insbesondere auch seine Stellung Jena gegenüber bedeutend stärken und erhöhen. Ich denke dabei z. B. an den Lienhardschen Vorschlag eines weiteren Ausbaues der Goethe- Gesellschaft, zu dem bisher leider die Gesellschaft selbst noch keine Stellung genommen hat. Weiter möchte wohl auch das Goethe-Schiller-Archiv zu lebendigerer Mitarbeit an dem Weimarer Geistesleben herangezogen werden. Ob dies auch hinsichtlich des Deutschen Nationaltheaters möglich und ausführbar wäre, entzieht sich meinem Urteil. Wohl aber könnte in der Weimar-Gesellschaft ein Organ geschaffen werden, das wohl noch in größerem Ausmaße als bisher für Weimars Interessen dienstbar gemacht werden könnte. Wenn ich die Verhältnisse, wie sie gegenwärtig in Weimar liegen, überblicke, so möchte ich es als das nächste Erfordernis bezeichnen, daß in Weimar ein kräftiger Unterbau geschaffen wird, auf dem dann weitergebaut und auch die Beziehungen zu dem geistigen Jena neu orientiert werden könnten; um dies zu erreichen, müßte aber wohl zu allererst ein engerer Zusammenschluß aller derjenigen geistig Schaffenden (Dichter, Künstler, Gelehrte) angestrebt werden, die von wesentlich gleichen Grundanschauungen ausgehen, die Wiederaufrichtung des deutschen Volkes durch Verinnerlichung des geistigen Lebens, durch Pflege des Idealismus anstreben und damit zugleich auch Weimar zu einem Mittelpunkt dieser Bestrebungen machen wollen.

Dr. Armin Tille, Direktor des Geh. Haupt- und Staatsarchivs:

Daß Weimar und Jena trotz naher Nachbarschaft geistig in so wenig enger Fühlung miteinander stehen, ist an sich auffallend, und eine Besserung dieser Beziehungen wäre gewiß zu wünschen. Welcher Art der Erfolg sein sollte und könnte, das muß man ruhig der Zukunft überlassen, da jede solche gegenseitige Befruchtung zunächst den Lohn in sich selbst tragen muß. Rückwirkungen auf die geistige Haltung der beteiligten Städte stellen sich, wenn erst wirkliche Gemeinschaftsarbeit vorliegt, von selbst ein. Eine Organisation, die solchem Ziele zustrebt, künstlich ins Leben zu rufen, hat wenig Zweck. Wenn sie dauernd lebensfähig sein soll, muß sie aus den Bedürfnissen selbst herauswachsen. Die sachlichen Schwierigkeiten liegen auf verschiedenen Gebieten, nicht zuletzt auf dem des Verkehrs, der bisher auf derartige Dinge gar keine Rücksicht nimmt. Die mangelhafte Zugverbindung schließt es fast aus, daß jemand ohne große Opfer an Zeit und Geld an einer der zahlreichen Veranstaltungen in der Nachbarschaft, die doch meist am Abend stattfinden, teilnimmt. Da aber die neuerlich bevorstehende Verteuerung des Reisens die Pflege fernerer Beziehungen für beide Städte noch mehr erschwert als bisher, so könnte darin sehr wohl ein Anreiz liegen, in der Nähe Ersatz zu suchen. Sofern es möglich wäre, in beiden Richtungen gegen 7 Uhr abzufahren und nach 11 Uhr die Rückfahrt anzutreten, würde sich ein Austausch der Kräfte wohl anbahnen lassen. Freilich würde dazu gehören, daß die Presse beider Städte ihre Leser dauernd darüber auf dem Laufenden erhielte, was in der anderen jeweils an öffentlichen oder geschlossenen Veranstaltungen geboten wird.

Prof. Dr. Friedrich Lienhard:

1. Ja - wenn nur einmal in Weimar selbst das geistige Leben „enger geknüpft" wäre! Aber ich habe nicht den Eindruck, daß die hier wirkenden geistigen und künstlerischen Kräfte eine starke Geschlossenheit und innere Einheit darstellen.
2. Von einer solchen äußeren Annäherung oder Vereinigung, der nicht auch ein inneres Zusammenklingen entspricht, geht keine befruchtende Weiterwirkung aus.
3. Es gibt überall in der Welt nur ein Mittel, engere Verbindung herzustellen: wenn Geist und Herz bedeutender Persönlichkeiten unter günstigen Verhältnissen ihre Kristallisationskraft auswirken können. Jetzt haben noch die Elemente das Wort: die Dämonen.

Prof. Bruno Hinze-Reinhold, Direktor der Staatlichen Musikschule zu Weimar:

Auch ich bin der Ansicht, daß eine engere Verbindung des geistigen Lebens in Weimar und Jena sehr wünschenswert ist und die Notwendigkeit dazu sozusagen auf der Hand liegt bei der Verschiedenheit der Kulturfaktoren, welche von beiden Städten vertreten werden. Ich meine, daß Weimar für Jena in jeder künstlerischen Hinsicht und Jena für Weimar in jeder übrigen geistig-wissenschaftlichen Beziehung die Anregung und Förderung schaffen muß. Aber abgesehen davon, daß der in Deutschland leider wuchernde „Spaltpilz" sich mit besonderer Vorliebe in benachbarten Städten breit macht und gemeinsame Bestrebungen zu hemmen pflegt, ist gerade eine engere geistige Verbindung zwischen unseren beiden Städten solange gänzlich unterbunden, als die Verkehrsmittel geradezu wie mit ausgesuchtem Raffinement sich dem entgegenstellen.

N.N.:

Eine weitere Anzahl zum Teil sehr wertvoller Ausführungen sind der Schriftleitung zugegangen mit dem Bemerken, daß sie nicht für den Druck bestimmt seien. Man glaubte wegen seiner „exponierten Stellung" sich nicht öffentlich über die Frage äußern zu dürfen(!!). In einem anderen Falle waren es „persönliche Rücksichten", die es nicht gestatteten, die Druckerlaubnis zu geben. Nicht minder bedeutsam und für unsere Verhältnisse bezeichnend ist die Wendung „daß eine öffentliche Stellungnahme der Sache keinen Nutzen, mir (dem Verfasser der betr. Antwort) aber Schwierigkeiten, wenn nicht ... Angriffe bringen würde." So muß sich die Schriftleitung also eine Wiedergabe der Schreiben versagen; sie glaubt es aber der Sache schuldig zu sein, wenigstens die Hauptlinien der Gedankengänge nachzuziehen, womit den Wünschen der Verfasser noch immer in weitestgehendem Maße Rechnung getragen wird.

„... Jena, als Universitätsstadt, hat sich seinen wissenschaftlichen Ruf wahren können. Weimar, als Kunststadt, nicht. ... Wenn nun aber im Verlauf des Austausches diese Rücksichten fallen müßten, dann würde es der Öffentlichkeit vor Augen treten und Weimars Ansehen neuerlich verlieren ... Aber es wird heute nicht möglich sein, die Mängel abzustellen ... So lange also diese Ungleichheit besteht, und wir die entsprechenden Gegendienste nicht leisten können, ... würde es zu einer neuen Schädigung Weimars und Enttäuschung Jenas führen, womit das Ende auch dieses Versuches besiegelt wäre ... Andererseits kann es sich nur um eine kleine Schar von Führern handeln, was Unfrieden schafft ... Jede große geistige Bewegung ist an eine große nationale Bewegung geknüpft. Die haben wir nicht; wenigstens nicht bei uns (in Thüringen) ... Der Jenenser hat keine künstlerische Tradition, Weimar keine wissenschaftliche, was die gegenseitige Befruchtung ungeheuer erschwert, wenn nicht unmöglich macht ... Die Fahrpreise und Einkünfte der Kopfarbeiter, namentlich soweit diese für die Kulturprobleme unserer Phase in Betracht kommen, stehen in umgekehrtem Verhältnis zueinander, so daß eine sich regelmäßig wiederholende

Fahrt von Weimar nach Jena und umgekehrt fast ausgeschlossen ist. (Der Abg. Muth (?) sagte: Nach dieser (sc. angekündigten) Erhöhung des Personentarifes kann ein anständiger (sic.!!) Mensch überhaupt nicht mehr fahren.") ... Es gibt nur eine gemeinsame Ebene, auf der sich das Lot errichten ließe: das Kultusministerium; aber ... Ich glaube doch trotz allen Bedenken, daß sich eine Gemeinsamkeit herausbilden wird, sobald es erst einmal gelungen ist, eine Aufgabe gemeinsam zu lösen, was von drei bis vier Leuten gemacht werden könnte ... Nicht fragen, handeln!"

Außer den bisher veröffentlichten Antworten ist noch eine Fülle von Anregungen und Gegenfragen an die Schriftleitung gelangt, was alles ein deutlicher Beweis dafür ist, daß weite Kreise mit ungeduldiger Sehnsucht auf die Hilfe von geistiger Seite warten. Gerade in Thüringen, wo man, in engere Grenzen zusammengeschlossen, die gewaltigsten Epochen deutscher Kulturgeschichte aufs nachdrücklichste miterlebt hat; wo man an den größten weltgeschichtlichen Geistestaten sozusagen mit teilnehmen durfte und ihre Wirkungen unmittelbar spürte, gerade in Thüringen ist das seherische Wissen um die Erlösungskraft des deutschen Idealismus ganz besonders stark. Gerade in Thüringen wartet ein unerschütterlicher, echt deutscher Glaube, aufs äußerste angespannt, des Rufes, der den dunklen Bann der Notnächte bricht und die aufwärtsdrängende, frühlinggewärtige Menschheit wieder in flutende Sonne reißt.

III

Zunächst von den zahlreichen noch eingegangenen Äußerungen zwei, die besonders bedeutsam erscheinen.

Dr. Artur Hoffmann, Erfurt, Geschäftsführer der Deutschen Philosophischen Gesellschaft:

Die Deutsche Philosophische Gesellschaft hat ihren geschäftlichen Sitz und damit den ständigen Ort ihrer Tagungen in Weimar und einen für ihre Unternehmungen gleich bedeutsamen geistigen Mittelpunkt in Jena. Der Umstand, daß diese Vereinigung ihre Wirksamkeit gleichmäßig von beiden Stellen ausstrahlen läßt, kommt bei ihren Veranstaltungen stets zur Geltung. Im vorigen Jahre hat gelegentlich der Hauptversammlung in öffentlicher, aus allen Kreisen Weimars stark besuchter Sitzung Prof. Dr. Max Wundt-Jena über die deutsche Philosophie und ihr Schicksal gesprochen. Den Hauptvortrag der diesjährigen Tagung hat Prof. Dr. Bruno Bauch-Jena übernommen. An den Zusammenkünften nehmen aus äußeren Gründen natürlich vorwiegend die Weimarer und Jenaer Mitglieder der Deutschen Philosophischen Gesellschaft teil, die damit Gelegenheit fanden und immer wieder geboten bekommen, persönliche Beziehungen zu pflegen. In beiden Städten werden in den nächsten Wochen Ortsgruppen entstehen, deren Tätigkeit weitere Berührungspunkte schaffen wird. U.a. werden die Herren Prof. Dr. Max Wundt und Dr. Eberhard Zschimmer-Jena ihre Vorträge, die sie der Jenaer Ortsgruppe zugesagt haben, auch in Weimar halten. Gerade die Philosophie des deutschen Idealismus, deren wissenschaftliche Vertiefung und deren Belebung zu weitgreifender Wirksamkeit die Deutsche Philosophische Gesellschaft anstrebt, bezeichnet einen geistigen Sammelpunkt, an dem sich in reichen Jahren deutscher Geistesgeschichte die führenden Geister Weimars und Jenas zu treffen haben, und der auch jetzt wieder besonders geeignet ist, Ziel- und Richtpunkt der Bestrebungen zu werden, die eine geistig tief verankerte Wirkungsgemeinschaft zur Wahrung der deutschen Kulturgüter schaffen wollen, und die ein solches Vorhaben am ehesten im nächsten Umkreise der beiden Zentren Weimar und Jena werden verwirklichen können und müssen.

Prof. Adolf Bartels, Weimar:

Prof. Bartels ist durchaus der Meinung, daß Weimar-Jena eine Arbeitsgemeinschaft von hoher Bedeutung für unseren kulturellen Wiederaufbau bilden könnten, glaubt aber, daß Weimar vor allem erst wieder seine eigentliche Bestimmung erfüllen müßte und schreibt in dieser Beziehung an die Schriftleitung des „Weimarer-Echos": Durchaus stimme ich mit Ihnen darin überein, daß Weimar niemals reine Fremdenstadt werden darf. Bis zu einem bestimmten Grade ist es ja Fremdenstadt: die Erinnerungsstätten an das goldene und das silberne Zeitalter Weimars ziehen viele Deutsche und auch Ausländer her, die günstige Lage in der Mitte Deutschlands hat Weimar zur Kongreßstadt gemacht, auch die vielen Pensionen kann man als ein fremdes Element herbeiziehend betrachten. Doch wird sich kein vernünftiger Weimarer daran stoßen, zumal der Fremdenstrom im allgemeinen nicht aufdringlich wird, das eigene Leben Weimars im ganzen nicht stört... „Aber der Geist!" werden Sie nun sagen, und da haben Sie allerdings recht. Weimar ist zweimal, unter Karl August und Carl Alexander, Mittelpunkt deutscher Kultur gewesen und darf deshalb nicht bloße Fremdenstadt, also so etwas wie ein Museum, in dem man von dem Besucher im Grunde weiter nichts als eine möglichst reiche Spende will, werden, es muß eigenes geistiges Leben behalten und wenn auch nicht immer Großes, doch Tüchtiges auch für einen weiteren Kreis, wenn auch nicht jederzeit für das ganze Deutschland, leisten. Vor allem, Weimar ist Hauptstadt Thüringens, auch die geistige, ob auch Jena und Erfurt und Gotha und Eisenach und Meiningen und Altenburg und Gera gleichfalls ihre Ansprüche stellen, und so erwachsen Weimar eine ganze Reihe örtlicher Pflichten, um die man sich im Zeitalter Karl Augusts und Carl Alexanders nicht viel gekümmert hat, die aber jetzt, da der ungünstige Einfluß des Kulturbabels Berlin in ganz Deutschland zu bekämpfen ist, dringend geworden sind... Thüringen ist landschaftlich, völkisch und auch kulturell außerordentlich vielseitig, und man könnte, zumal, wenn man freundnachbarlich arbeitete (Weimar-Jena, Weimar-Erfurt) sehr viel aus ihr herausholen. Auch allgemeindeutsche Kulturarbeit halte ich im heutigen Weimar für möglich. Als Sitz des Goethe- und Schiller-Archivs und des Vorstandes der Deutschen Schillerstiftung, als Ort der Tagungen der Goethe- und Shakespeare-Gesellschaft hat die Ilmstadt ja ohne weiteres allgemein-deutsche Bedeutung, und wenn wir auch die fachmännische Arbeit nicht überschätzen wollen, notwendig ist sie doch und es springt manchmal auch etwas für das Volksganze heraus. Freilich, wir brauchen in unserer Zeit vor allem erzieherische Kulturarbeit oder, wenn man lieber will, gesundmachende. Und diese muß, da sind wir uns klar, im Geiste der alten hohen Kunst, der Weimarer Überlieferung erfolgen. Nicht, daß wir gewissermaßen zu Goethe und Schiller zurückwollten - wir wissen im Gegenteil nur zu gut, daß ihr Kosmopolitismus und Humanismus für alle Zeiten überwunden ist, vor allem für uns Deutsche überwunden sein muß - aber wir wollen doch mit ihnen weiter, wollen die Größe ihrer Kunst und ihrer Persönlichkeit auch im Leben unserer Zeit spüren. Das Weimar Carl Alexanders hat ja dann zu Schiller und Goethe noch Wagner und Hebbel gestellt, und zu ihnen bekennen wir uns auch in einem gewissen Gegensatze zur Klassik, da wir eben nicht einseitig werden wollen. So kann und soll denn auch alles tüchtige Neue für uns leben und in Weimar seine Stätte finden. Als Medium deutscher Kunst, sozusagen, hat es noch immer sein Theater, das sich auf ansehnlicher Höhe gehalten hat, und die wichtigste Frage für die Weimarer Kulturfreunde ist daher, ob dieses richtig aufnimmt und - ausstrahlt. Ja, das Weimarer Theater hat nicht bloß einen guten Teil Thüringens zu vermitteln, es hat auch wieder auf das neue Deutschland zurückzuwirken - das fordert seine Tradition. Und damit komme ich denn nun endlich zu den Nationalfestspielen für die deutsche Jugend, die Sie in Ihrem Weimarroman nicht günstig beurteilt haben, und die doch, meiner Ansicht nach, aus dem besten Weimarer Geiste heraus geboren sind. Daß die Idee und größtenteils auch die Durchführung auf mich zurückgeht, ist gleichgültig - Erfahrungen verschiedenster Art haben mich, wie ich glaube, in dieser Sache längst objektiv gemacht. Weder haben, das kann ich bestimmt versichern, bei den ersten Spielen die Gesichtspunkte der Fremdenindustrie mitgespielt, noch ist bei ihnen die Durchführung irgendwie zu dem zeitgenössischen Klimbim entartet. Die deutsche Jugend, die sich unter Führung zielbewußter Lehrer in Weimar bewegte, störte nicht, und, wo das Ganze der Veranstaltung in die Öffentlichkeit trat, wirkte es imponierend. Die Aufführungen waren würdig und gaben einen Gesamteindruck, die Besichtigungen entarteten nicht zu Hetzen. Jeder Teilnehmer nahm einen großen Eindruck deutscher Kultur und auch lieblicher deutscher Natur mit ins Leben hinaus. Das ist unbestreitbar, und wird auch so bleiben, wenn der richtige Geist im Schillerbunde bleibt. Weimar soll geben, was es nur allein geben kann, und die Siebzehn- und Achtzehnjährigen sind die richtigen Empfangenden, ob sie auch noch nicht überall mitkönnen. Ich habe u.a. Kleists „Prinzen von Homburg" dreimal mit ihnen gesehen. Sie waren nicht gleich „drin", aber sie kamen hinein und die Nachwirkung war stärker als z. B. beim „Tell", der ja sicher unser bestes Volksschauspiel ist, aber nicht immer als Maß gesetzt werden sollte. Die beste deutsche Jugend will tiefer hinab. Und nun habe ich alter Projektenmacher auch noch Weimarer Festspiele für Erwachsene, Weimar als Baireuth des Schauspiels, vorgeschlagen. Sie werden natürlich sagen: das wird schwer auszuhalten sein, einen Sommer die deutsche Jugend und im nächsten die Globetrotter und Schieber, Männlein und Weiblein! Natürlich habe ich auch meine Bedenken, aber ich sage wie immer: 1. Es gibt bisher kein deutsches Nationaltheater, das heißt eins, das es für seine Pflicht hielte, das Hohe deutscher dramatischer Kunst systematisch am Leben zu erhalten, und 2., es gibt auch keine Sommerbühne, die den fern von den literarischen Zentren lebenden Deutschen ermöglichte, einen Zyklus bedeutsamer Dramen zu genießen.

An anderem Orte habe ich bereits einen Vorschlag zwölf solcher Zyklen gemacht:1. Goethe-Jahr, 2. Schiller-Jahr, 3. Shakespeare-Jahr, 4. Lessing-Kleist-Ludwig-Jahr, 5. Grillparzer-Jahr, 6. Hebbel-Jahr, 7. Jahr der Spanier und Franzosen, 8. Wildenbruch-Jahr, 9. Jahr der Weltanschauungsdramen, 10. Jahr der deutschen Geschichtsdramen, 11. Jahr der Tragödien, 12. Jahr der höheren Lustspiele. - 5 bis 6 zusammengehörige Stücke ergeben immer einen gewaltigen Eindruck und könnten auch so etwas wie den Kern des Jahresspielplanes eines Nationaltheaters bilden. Man hat ja gelegentlich auf deutschen Bühnen schon Dichter- und Dramen-Zyklen gegeben - der der Shakespeareschen Historien unter Dingelstedt ist wohl der berühmteste - aber großzügige, zusammenhängende Arbeit in dieser Richtung, die für ganz Deutschland vorbildlich wirkte und in bösen Zeiten den Dichtern ihr Recht schaffte, ist noch nicht erfolgt. Ich hätte, nebenbei bemerkt, auch nichts dagegen, wenn man den Zyklen 8 bis 12 wertvolle Dramen lebender Dichter anhängte oder diese einmal in einem besonderen Zyklus zu Geltung kommen ließe. Jedenfalls müßte einmal irgendwo in Deutschland die übliche Zufallswirtschaft und freie Geschäftspraxis unterbrochen werden, und Weimar wäre dazu zweifellos der geeignetste Ort. An große Tamtamfestspiele denke ich nicht, man müßte im Gegenteil auf ein Stammpublikum der „Besten" hinarbeiten. Natürlich müßten die Preise so sein, daß sie auch mit die Existenz des Weimarer Theaters sicherten.

Es ließe sich natürlich mit den Weimarer Festspielen auch noch allerlei verbinden: Maler und Bildhauer könnten Ausstellungen machen, Musiker an einem für eine gesellschaftliche Zusammenkunft bestimmten Abend ein weltliches und Sonntag in der Frühe ein geistliches Konzert veranstalten, Gelehrte wissenschaftliche Vorträge halten usw. usw. Bei den Spielen selbst müßten auch hier und da hervorragende auswärtige Gäste mitwirken, vor allem, wenn eine einheimische Kraft nicht genügte, - da müßte der Spielleiter unerbittlich sein. Überhaupt ist zur Durchführung des Ganzen eine kraftvolle und ideenreiche Persönlichkeit, so etwas wie ein neuer Din-

gelstedt, nötig: Es könnte die erste große neue Kulturleistung im neuen Deutschland werden!"
Damit sei vorerst die Reihe der Antworten auf unsere Rundfrage geschlossen. Es braucht wohl nicht noch ausdrücklich betont zu werden, daß als Gesamtergebnis die Zustimmung von Jena und Weimar zu verzeichnen ist. Was die einzelnen Bedenken betrifft, so ist zu sagen: an der Mitarbeit wirklich geistiger Kräfte würde es hüben und drüben nicht fehlen. Und wenn die Sorge, daß der einzelne sich der gemeinsamen Sache zu widmen unter den heutigen Verhältnissen nicht immer in der Lage sein möchte, vielleicht nicht unbegründet erscheint, so liegt eine Notwendigkeit, sich durchaus oder ausschließlich auf Einzelmitglieder zu stützen, nicht vor. Ja, es dürfte nicht einmal unumgänglich sein, Einzelmitglieder überhaupt zu gewinnen. In den verschiedenen Antworten ist hingewiesen worden auf die Goethe-Gesellschaft, den Eucken-Bund, die Deutsche Philosophische Gesellschaft, die alle drei sowohl in Weimar als auch in Jena zu Hause sind. Es wäre also die Möglichkeit eines Zusammenschlusses vorerst dieser drei Verbände zu einer Kultur-Arbeitsgemeinschaft denkbar, wobei die einzelnen Verbände trotzdem ihre bisherige Selbständigkeit durchaus wahren könnten. Es bedürfte zunächst lediglich der Schaffung einer gemeinsamen Basis, auf der man sich gelegentlich zu gemeinsamer, planvoller Kulturarbeit zusammenfinden könnte. Ob dann daraus später einmal ein engerer Zusammenschluß oder gar eine Verschmelzung sich entwickelt, brauchte fürs erste niemand zu kümmern. Es steht ja außer allem Zweifel, daß die drei Verbände, denen sich allmählich gewiß noch andere angliedern würden, samt und sonders dem kulturellen Aufbau Deutschlands zu dienen bemüht sind und daß sie, jeder auf seine Weise, den ernsten, freudigen Willen bekunden, dem deutschen Idealismus als unserem einzigen Helfer und Führer aus Schmach und Not, den Weg zu bereiten. Nur gilt eben auch hier, wenn Großes, Nachhaltiges, Umfassendes geleistet werden soll, der in den Antworten erhobene Ruf: Heraus aus der Vereinzelung! Es ist auch unwahrscheinlich, daß es an Persönlichkeiten fehlen würde, die gewiß allein als Träger und Gestalter bedeutender Ideen in Frage kommen können, und es ist deshalb auch nicht zu fürchten, daß das hohe Ziel verfehlt werden könnte, etwa weil man sich über den einzuschlagenden Weg nicht würde verständigen können. Es tut auch nicht allzu viel zur Sache, daß Jena mehr das wissenschaftliche, Weimar das künstlerische Leben pflegt, denn die gemeinsame Aufgabe liegt höher und ist weder nur wissenschaftlich noch nur künstlerisch; sie ist vielmehr Kulturaufgabe und kann als solche nur gelöst werden, wenn Wissenschaft und Kunst gemeinsame Sache machen.

Aber freilich: die Verkehrsverhältnisse! Die schlechte Bahnverbindung! Hier liegt gewiß ein Hindernis. Aber auch es ist nur da, um überwunden zu werden, und wo es um so Großes geht, wie in unserem Falle, kann und wird ein miserabler Fahrplan keine Rolle spielen. Wer erst einmal mit ganzer Seele bei dem Unternehmen ist, wird hin und wieder, vielleicht alle vier Wochen einmal, gern einen Sonntag benützen, um vormittags oder am frühen Nachmittag nach Weimar bzw. Jena zu fahren. Die Veranstaltungen der Kultur-Arbeitsgemeinschaft könnten immer so gelegt werden, daß die Rückfahrt bequem zu bewerkstelligen wäre. Genug, es gibt schlechterdings kein äußeres Hindernis, das die Bildung der Arbeitsgemeinschaft zu vereiteln vermöchte, wenn der Wille zur Verwirklichung des Planes vorhanden ist. Und an dem Vorhandensein dieses Willens ist nicht zu zweifeln! Das geht nicht nur aus den veröffentlichten Antworten hervor, sondern auch aus den vielen persönlichen Zuschriften, die von einer hocherfreulichen Bereitwilligkeit, ja, oft von einer begeisterten Freudigkeit zur Teilnahme an der Gemeinschaft zeugen. Handelt es sich dabei auch zunächst immer nur um Einzelpersonen, so ist es ja auch selbstverständlich, daß Persönlichkeiten, die den sich etwa zusammenschließenden Verbänden nicht angehören, in die Arbeitsgemeinschaft aufgenommen werden, um jedem Deutschen, der ernsthaft gewillt ist, an dem großen Kulturwerk des deutschen Idealismus mitzubauen, Gelegenheit dazu zu geben.

Mag die Not der Zeit auch noch so groß sein, den deutschen Willen zum kulturellen Aufstieg hat sie nicht gebrochen. Mögen unsere Feinde uns noch so unerbittlich befehden und berauben, den seit Jahrtausenden an der Aufwärtsentwicklung unseres Volkes und der Menschheit bauenden Geist werden sie nie und nie vertilgen. All' ihre Gewalt und Macht muß am deutschen Idealismus ohnmächtig zerschellen. Davon vor aller Welt durch die Tat Zeugnis abzulegen, sind vor allem Weimar und Jena, die Pflanzstätten deutscher Kultur, berufen und ausgewählt.

Personenregister

(Alle in den Texten - außer in den Anmerkungen - sowie im inhaltlichen Teil der Einleitung erwähnten Personen)

Abbe, Ernst (1840-1905)	XXf., XXIVff., XXIX, XXXIII, XL, XLIII, 48, 67ff., 105, 108, 174, 209ff., 214f., 218ff., 225, 228, 230, 238, 242f., 261f., 283f., 339, 369ff.
Adler, Felix (1851-1933)	263
Albert, Eugen d' (1864-1932)	123
Amiet, Cuno (1868-1961)	7, 313
Andersen-Nexö, Martin (1869-1954)	86
Andreas-Salomé, Lou (1861-1937)	86, 88
Annunzio, Gabriele de (1863-1938)	43
Ansorge, Conrad (1862-1930)	26, 121
Antaios (Antaeus), griech. Gott, Sohn des Poseidon und der Gaia	70
Apel, Pauline	122
Aristoteles, griech. Philosoph (384-322 v.u.Z.)	59, 172
Arndt, Ernst Moritz (1769-1860)	158
Arndt, Friedrich (später Omar al Raschid Bey)	81
Arnim, Bettina von geb. Brentano (Anna Elisabeth) (1785-1859)	58
Auer von Welsbach, Carl (1858-1929)	215
Auerbach, Anna	1, 3, 8f., 14, 17, 56
Auerbach, Felix (1856-1933)	1, 3, 5, 8ff., 12, 17, 56, 174, 244, 255
Auerbach, Günter (geb. 1903)	12, 16, 18
Auerbach, Johannes Ilmari (1899-1950)	2ff., 14, 16, 19
Auerbach geb. Reisner, Kaethe (1871-1940)	1ff.
Auerbach, Klaus (1901-1922)	2
Auerbach, Max (1872-1965)	1

Augusta (Maria Luise Auguste), als Frau Wilhelm I. Königin und Kaiserin von Preußen (1811-1890) 38f.
Avenarius, Ferdinand (1856-1923) 56, 66, 196, 257

Bach, Johann Sebastian (1685-1750) 6, 111, 116, 118ff., 124
Baier, Wolfgang 348
Bartels, Adolf (1862-1945) XXXII, XXXVf., 25, 60, 195ff., 200ff., 208, 371ff., 380, 394
Barth, Karl (1886-1968) 140ff., 152, 157
Bartning, Otto (1883-1959) 379
Basedow, Johannes Bernhard (eigentl. Johan Berend Bassedau) (1724-1790) 173
Bauch, Bruno (1877-1942) 164, 383, 393
Baudert, August (1860-1942) 375
Beethoven, Ludwig van (1770-1827) 56, 116, 119, 123, 125
Behmer, Hermann (1831-1915) 45
Behrens, Peter (1868-1940) 36, 39, 63, 69, 107
Bell, George Kennedy Allen (1883-1958) 152
Bellini, Vincenzo (1801-1835) 115
Bendix, Leopold 293
Berg, Leo 75
Berger Hans (1873-1941) 378
Bergson, Henri Louis (1859-1941) 61
Berlioz, Hector (1803-1869) 112, 115, 121
Bernhardt, Sarah (eigentl. Henriette Rosine Bernard) (1844-1923) 43
Bernoulli, Carl Albrecht (Pseud. Ernst Kilchner) (1868-1937) 31, 72f., 75f., 78, 80
Besch, Charlotte (geb. 1883) 305ff.
Bethe, Erich (1863-1940) 62
Beyer, Hermann Wolfgang (1898-1942) 159
Biallowons, Hugo (1879-1916) 317, 322, 324, 326f., 329
Biedermann, Wilhelm (1852-1929) 15, 114
Bierbaum, Otto Julius (1865-1910) 35
Biermann Aenne geb. Sternefeld, Anna Sibilla (1898-1933) 343, 355ff., 380
Biermann, Herbert (1890-1960) 355
Binswanger, Ludwig (1881-1966) 315, 318
Binswanger, Marie Louise (1871-1941) 318

Binswanger Otto (1852-1929)	4, 22
Bismarck, Otto Fürst von (1815-1898)	67, 158, 370
Blüher, Hans (1888-1955)	193
Blunck, Hans Friedrich (1888-1961)	86
Bluth	327
Bode, Wilhelm von (1845-1929)	388
Bodenhausen, Eberhard Frhr. von (1868-1918)	35ff., 40
Böcklin, Arnold (1827-1901)	120
Böhlau, Helene verh. mit Omar al Raschid Bey (eigentl. Friedrich Arndt) (1856-1940)	81
Böhlau, Hermann (1826-1900)	369
Boehm, Max Hildebert (1891-1968)	368
Böhm, Wilhelm	61
Böhme, Jakob 1575-1624)	61
Boehmer, Caroline s. Schelling, Caroline	
Bölsche, Wilhelm (1861-1939)	66
Boesch, Hans (geb. 1926)	66
Boieldieu, François Adrien (1775-1834)	115
Bojanowski, Paul von (1834-1915)	182
Bonus, Arthur (1864-1941)	59, 61, 145
Bornkamm, Heinrich (1901-1977)	159
Braasch, Gertrud	15
Brahms, Johannes (1833-1897)	111, 116, 119, 380
Brandenstein, Karl Frhr. von (1875-1946)	378
Brandes, Georg (eigentl. Moritz Cohen) (1842-1927)	53
Brentano, Sophie geb. Schubart, gesch. Mereau (1770-1806)	81
Brill, Hermann Louis (1895-1959)	XXXIXf.
Brinckmann, Justus (1843-1915)	56, 66, 82
Bruckner, Anton (1824-1896)	111
Brück, Adolf	67
Bruno, Giordano (1548-1600)	78
Bruns, Hans	172
Buber, Martin (1878-1965)	86
Buchwald, Konrad	172

Buchwald, Reinhard (1884-1983)	174, 376, 378
Buddha „der Erleuchtete" Ehrenname des indischen Religions-Stifters (560 - um 480 v.u.Z.)	264
Büchner, Ludwig (1824-1899)	263
Bülow, Hans Guido Frhr. von (1830-1894)	111, 114, 124f.
Bultmann, Rudolf Karl (1884-1976)	142
Burckhardt, Carl August Hugo (1830-1910)	21
Burdach, Konrad (1859-1936)	193
Busch, Fritz (1890-1951)	120
Busch, Hans (1884-1973)	379
Busoni, Ferruccio (1866-1924)	118, 123
Carl Alexander, Großherzog von Sachsen-Weimar-Eisenach (1818-1853-1901)	XXVIII, XXXII, 98, 113, 182ff., 186ff., 372, 394f.
Carl August, Herzog/Großherzog von Sachsen-Weimar-Eisenach (1757-1775-1828)	34, 394
Carnap, Rudolf (1891-1970)	290
Carstens, Christian	284
César, August (1863-1959)	141
Cézanne, Paul (1839-1906)	339
Chagall, Marc (1887-1985)	345, 349
Chladni, Ernst Florens Friedrich (1756-1827)	3
Chopin, Frédéric (1810-1849)	115
Cilian	285
Cissarz, J.V. (1873-1942)	64, 78
Cohen, Moritz s. Brandes, Georg	
Coit, Stanton	263
Colli, Giorgio (1917-1979)	31
Comenius, Johann Amos (eigentl. Komensky) (1592-1670)	173
Corinth, Lovis (1858-1925)	42, 313, 316
Cornelius, Carl August Peter (1824-1874)	112

Cranach, Lukas d.Ä. (1472-1553)	XXXIII
Crane, Walter (1845-1915)	48
Cross, Henri Edmond (eigentl. H.E. Delacroix) (1856-1910)	187
Crusius, Otto (1857-1918)	57
Czapski, Margarethe	6, 106
Czapski, Siegfried (1861-1907)	6, 105f., 108, 220, 225, 238, 244, 370
Czerny, Carl (1791-1857)	115
Däubler, Theodor (1876-1934)	349
Dahrendorf, Ralf Gustav (geb. 1929)	233
Dalcroze, Émile Jaques (eigentl. Jaques-Dalcroze, Émile) (1865-1950)	13
Darwin, Charles Robert (1809-1882)	260, 274
David, Eduard (1863-1930)	276
Decroly, Ovide (1871-1932)	173
Deetjen, Werner	386
Dehmel, Richard (1863-1920)	42
Dehn, Siegfried Wilhelm (1799-1858)	118
Delacroix, Henri Edmond s. Cross, Henri Edmond	
Delbrück, Berthold (1842-1922)	305f.
Dernburg, Friedrich (geb. 1833)	262
Descey, Ernst	120
Detmer, Helene	13
Dexel, Walter (1890-1973)	312, 343, 355, 377
Dibelius, Friedrich Karl Otto (1880-1967)	131
Diederichs, Eugen (1867-1930)	XVIf., XXXI, 3, 10, 31, 51ff., 81, 84ff., 108, 174, 194, 238, 243f., 262, 290, 333, 339, 372ff., 377, 380
Diederichs, Helene s. Voigt-Diederichs, Helene	
Diederichs, Jürgen (1901-1976)	87
Diederichs, Luise s. Strauß und Torney Lulu von	

Diederichs, Niels (1902-1973)	87
Diederichs, Peter (1904-1990)	87
Diederichs, Ruth (1899-1984)	3, 87
Diederichs, Ulf	79f.
Diehl, Guida (1868-1961)	203
Dilthey, Wilhelm (1833-1911)	73
Dingelstedt, Franz Frhr. von (1814-1881)	396
Dinter, Artur (1876-1948)	XXXVI, 205, 379
Dix, Otto (1891-1969)	313, 316, 349
Djalal od-Din Rumi, pers. Dichter und Mystiker (1207-1273)	61
Döpel, Waldemar	177
Donizetti, Gaetano Domenico Maria (1797-1848)	115
Dorfner, Otto (1885-1955)	379
Dresdner, Albert	61, 64
Drews, Arthur (1865-1935)	262
Dube-Heynig, Annemarie	318, 326
Dürckheim	47
Dürer, Albrecht (1471-1528)	97, 101, 103
Dumont, Louise (1862-1932)	42f., 253
Duncan, Isadora (1878-1927)	88
Durisch, Gian	74
Duse, Eleonora (1858-1924)	43
Dwinger, Edwin Erich (1898-1981)	86
Ebhardt, Christian	18
Eckermann, Johann Peter (1792-1854)	58, 71
Ehmcke, Fritz Helmuth (1878-1965)	69
Eichhorn, Gustav (1862-1929)	94
Eickemeyer, Willy (1879-1935)	111
Einstein, Albert (1879-1955)	228
Emerson, Ralph Waldo (1803-1892)	71
Emge, Carl August (1886-1970)	29, 359f., 363ff.
Empedokles, griech. Philosoph (495-435 v.u.Z.)	61
Engelmann, Richard (1868-1966)	16
Eppenstein, Agnete	172
Eppenstein, Otto (1876-1942)	17

Erdmannsdörfer-Fichtner, Pauline (1847-1916)	123
Erfurth, Hugo (1874-1948)	344f., 348f.
Erler-Schnaudt, Anna (1878-1963)	112
Ernst, Otto (eigentl. Schmidt, Otto Ernst) (1862-1926)	262
Ernst, Paul (1866-1933)	67, 372
Ernst Ludwig, Großherzog von Hessen und bei Rhein (1868-1892/1918-1937)	37
Errell (eigentl. Richard Levy) (1899-1992)	346ff., 351
Esau, Abraham (1884-1955)	366, 379
Esche, Herbert (1874-1962)	48
Esche, Paul Gerhard	333
Eucken, Irene geb. Passow (1863-1941)	51, 252, 256, 314, 373
Eucken, Rudolf (1846-1926)	XVII, XXIV, 56f., 61, 75, 114, 244, 252ff., 260, 314, 364, 373, 379f., 383f., 387
Fehr, Hans Adolf (1874-1961)	249, 256, 312f., 322
Felber, Wolfgang	239f.
Ferguson, Charles	59
Feuerstein	4
Fichte, Johann Gottlieb (1762-1814)	51, 54, 56, 61, 70, 77f., 85, 131, 158
Fink, Fritz (geb. 1883)	207f.
Fischer, Gustav (1845-1910)	65, 94, 224f., 227, 238, 380
Fischer, Max (1857-1930)	XIII, XXVI, 228, 238, 370
Fischer, Theodor (1862-1938)	255
Flitner, Andreas (geb. 1922)	337, 341
Flitner, Wilhelm (1889-1990)	25, 290, 333ff., 340f., 376
Förster, Bernhard (1843-1889)	22, 72
Förster-Nietzsche, Elisabeth (1846-1935)	5, 22ff., 35ff., 40f., 49, 53, 70ff., 198, 200, 254, 360ff., 366, 371, 374
Ford, Henry (1863-1947)	XXIV
Fränzel, Walter (1889-1968)	290, 293, 305f.
Frankenberger, Julius (1888-1943)	290, 293

Franz Joseph I., Kaiser von Öster-
  reich u. König von Ungarn
  (1830-1848-1916) 182
Frege, Gottlob (1848-1925) XVIII, 371
Frenzel, Robert 120, 124
Freyer, Hans (1887-1969) 367
Freyhold, K.F. von 78
Frick, Wilhelm (1877-1946) XXXVIII, 380
Friedrich II. d. Große, König von
  Preußen (1712-1740-1786) 15, 158
Fritsch, Theodor (1852-1933) 197, 203
Fröbel, Friedrich (1782-1852) 63, 177
Frölich, August (1877-1966) 377
Fuchs, Emil (1874-1971) 146
Fuchs, Theodor (1861-1933) 236
Fulda, Ludwig (1862-1939) 262

Gaia (Gaea), griech. Göttin, Mutter
  des Antaios 70
Gast, Peter s. Köselitz, Heinrich
Gauguin, Paul (1848-1903) 44
Geheeb, Paul (1870-1961) 173, 336
Geiringer, Ernst 293
Georg II., Herzog von Sachsen-
  Meiningen (1826-1866-1914) 114, 125, 373
George, Stefan (1868-1933) 255
Gerland, Heinrich (1874-1944) 227
Gerstenhauer, Max Robert (1873-1940) 207
Geyer, Alfred 53
Giacometti, Giovanni (1868-1933) 313
Gide, André (1869-1951) 27, 41f.
Gille, Carl (1813-1899) 111ff., 118
Gimkiewicz, Amalie 121
Gjellerup, Karl Adolph (1857-1919) 349
Gleichen-Rußwurm, Alexander Frhr.
  von (1865-1942) 56, 64
Göhler, Karl Georg (1874-1954) 119
Görres, Joseph von (1776-1848) 58
Goethe, Johann Wolfgang von
  (1749-1832) IXff., XVf., XIXf., XXXIII,

	XXXVIIIf., 21, 25, 30, 33f., 54, 57f., 63, 70f., 77, 134, 158f., 185, 189, 194f., 200, 260, 359, 365, 369, 382, 387f., 395
Gogarten, Friedrich (1887-1967)	140ff., 375
Goldscheid, Rudolf (1870-1931)	277
Gomperz, Heinrich (1873-1942)	59
Gorodiski	348
Gothein, Werner (1880-1968)	326
Gottschalg, August Wilhelm (1827-1908)	120
Graef, Botho Franz (1857-1917)	6, 69, 94, 106, 174, 244, 249, 253, 255f., 311f., 314ff., 322, 326, 372, 375
Graf, Friedrich Wilhelm (geb. 1948)	156
Graue, Paul (gest. 1939)	387
Greil, Max (1877-1939)	XXXVII, 161ff., 166, 171, 377
Grimm, Hans (1875-1959)	86
Grimm, Jacob (1785-1863)	58
Grisebach, Eberhard (1880-1945)	5, 174, 243, 255, 312, 314ff., 374
Grolle, Joist (geb. 1932)	165, 168
Gropius, Walter (1883-1969)	XXXVII, 16, 48, 174, 181, 376ff.
Günther, Hans F.K. (1891-1968)	XXXVIII, 380
Gulbransson, Olaf (1873-1958)	60
Hacker, Ludwig	4
Haeckel, Ernst (1834-1919)	XVII, XX, XXIV, XXXI, 152, 244, 260f., 264, 266f., 274, 349, 371ff.
Händel, Georg Friedrich (1685-1759)	118
Haessel, H.	52, 197
Hahn, Hermann (1868-1942)	67
Halbe, Max (1865-1944)	262
Hammerschlag, Ludwig	275f.
Hanisch, Rudolf	295
Hardenberg, Friedrich Frhr. von s. Novalis	
Hardt, Donata	7, 322

Hardt, Ernst (eigentl. Ernst Stöckhardt) (1876-1947)	XXXVIf., 6, 376
Hardt, Prosper	7, 322
Harnack, Adolf von (1851-1930)	127f., 157, 159
Harnack, Angela von	8
Harnack, Clara von (1877-1962)	8
Harnack, Otto von (1857-1914)	8
Hase, Karl August von (1800-1890)	118, 159
Hauer, Jakob Wilhelm (1881-1962)	152
Hauptmann, Carl (1858-1921)	86
Hauptmann, Gerhart (1862-1946)	42, 187, 349, 365
Hebbel, Christian Friedrich (1813-1863)	395
Heckel, Erich (1883-1970)	313
Hedemann, Justus Wilhelm (1878-1963)	363
Hegel, Georg Wilhelm Friedrich (1770-1831)	51, 56, 78, 85
Heidler, Irmgard	79
Heine, Heinrich (1797-1856)	115
Heine, Thomas Theodor (1867-1948)	60
Heinrich XIV., Fürst Reuß j.L. (1832-1867-1908)	39
Held, Kurt (eigentl. Kläber, Kurt) (1897-1959)	86
Held, Lisa s. Tetzner Lisa	
Hellen, Eduard von der (1863-1927)	25
Henneberg	47
Henneberger, Otto (1892-1981)	153
Henning, Max (1861-1927)	264f., 280, 286f.
Henze, Wolfgang	319
Herbart, Johann Friedrich (1776-1841)	164, 336, 340
Herbig, Adolf (1871-1912)	284
Herbig, Otto (1889-1971)	86, 107, 109
Herder, Johann Gottfried von (1744-1803)	XXXIII, 34, 55, 78, 116, 123, 388
Herschkowitsch	4, 12
Hesse, Hermann (1877-1962)	82f., 90
Heusler, Andreas (1865-1940)	75
Heuss, Theodor (1884-1963)	86

Heussi, Karl (1877-1961)	158, 361f.
Heydemann, Max	293
Heymel, Alfred Walter von (1878-1914)	41, 47
Hildebrand, Adolf von (1847-1921)	67
Hilgenfeld, Adolf Bernhard von (1823-1907)	127
Himmler, Heinrich (1900-1945)	366
Hindenburg, Paul von Beneckendorf und von (1847-1934)	28, 135
Hinze-Reinhold, Bruno (1877-1964)	16, 111, 390
Hirschfeld, Magnus (1868-1935)	285
Hirschwald, Hermann (geb. 1849)	34f., 37
Hitler, Adolf (1889-1945)	29f., 150, 156, 158, 208, 365f., 379
Hochstaedter, Ernst (geb. 1872)	286
Hodler, Ferdinand (1853-1918)	XXXI, 69, 100, 174, 249, 255f., 313, 373ff.
Höft, Gustav (geb.1864)	284
Hölderlin, Johann Christian Friedrich (1770-1843)	51, 54, 61, 71, 85
Höllein, Emil (1880-1929)	246
Hofer, Karl (1878-1955)	316
Hoffmann, Adolph (1858-1930)	279f.
Hoffmann, Arthur	393
Hoffmann, David Marc	76
Hoffmann, Gerhard	208
Hofmann, Karl Theodor	86
Hofmann, Ludwig von (1861-1945)	42, 69, 252, 313
Hofmannsthal, Getrud von (1880-1959)	185
Hofmannsthal, Hugo von (1874-1929)	27, 41ff., 48, 185f., 188
Hofmiller, Josef (1872-1933)	182
Holbein, Hans H. d. Ä. (um 1465-1524)	101
Holbein, Hans H. d. J. (1497/98-1543)	101
Horneffer, August (1875-1955)	72
Horneffer, Ernst (1871-1954)	72, 75
Huch, Ricarda (1864-1947)	XL
Huch, Rudolf (Pseud. A. Schuster) (1862-1943)	194
Humperdinck, Engelbert (1854-1921)	370
Hundt, Rudolf (1889-1961)	355

Hunger, Max (1849/50-1922) 93

Ibrahim, Jussuf (1877-1953) 375
Ibsen, Henrik (1828-1906) 42f., 88
Immisch, Otto (geb. 1862) 71

Jaques-Dalcroze, Émile
  s. Dalcroze, Émile Jaques
Jaspers, Karl (1883-1969) 76
Jatho, Karl (1852-1913) 262
Jentzsch, Robert (1890-1918) 290, 293
Jessen, Peter (1858-1926) 66
Jodl, Friedrich (1849-1914) 280
Joël, Karl (1864-1934) 51, 57, 73, 75
Josephson, Paul 91
Jursch, Hanna (1902-1972) 128, 158

Kafka, Franz (1883-1924) 374
Kainz, Josef (1858-1910) 185
Kalckreuth, Leopold Graf von
  (1855-1928) 42, 369, 372
Kalthoff, Albert (1850-1906) 59
Kammerer, Paul (geb. 1880) 275
Kandinsky, Wassily Wassiljewitsch
  (1866-1944) 313, 339
Kant, Immanuel (1724-1804) 158
Karoline, geb. Prinzessin von Reuß
  ä.L., Großherzogin von Sachsen-
  Weimar-Eisenach (1884-1905) 41ff., 49
Kassner, Rudolf (1873-1959) 59
Kaus, Max (1891-1977) 316
Keferstein, Gerhard 360
Keller, Gottfried (1819-1890) 53
Kellermann, Hermann 207
Kemmler, Hermann 4, 18
Kerlé, Josef 66f.
Kessler, Adolf Wilhelm Graf von
  (1838-1895) 38f.
Kessler, Alice von (1844-1919) 38

Kessler, Harry Graf von (1868-1937)	XXXIIIff., 26ff., 35ff., 187f., 195, 250ff., 262, 372ff.
Kessler, Wilma von (geb. 1877)	39
Keup, Erich	303f.
Key, Ellen (1849-1926)	65, 74
Kiefer, Otto	59, 61
Kierkegaard, Sören (1813-1855)	59
Kilchner, Ernst s. Bernoulli, Carl Albrecht	
Kircher, Erwin (ca. 1880-1904)	56, 59, 62f.
Kirchner, Erna geb. Schilling (1884-1945)	318
Kirchner, Ernst Ludwig (1880-1938)	XLV, 9, 174, 311ff., 375
Kläber, Kurt s. Held, Kurt	
Klauke, Wilhelm (1866-1917)	286
Klee, Paul (1879-1940)	313
Kleist, Bernd Wilhelm Heinrich von (1777-1811)	395
Klemm, Walther (1883-1957)	379
Klinger, Gerwin	368
Klinger, Max (1857-1920)	XXXIII, 41f., 56, 68, 251, 372, 374
Klostermann, Eckard (gest. 1956)	51
Knickerbocker, Hubert Renfro	232
Knopf, Rudolf (1874-1920)	159
Koch, Alexander (1860-1939)	37
Koch, Herbert (1886-1982)	96, 210
Koch (Hermann?)	224
Koch, Rudolf (1854-1906)	238
Koch, Wilhelm (1850-1903)	238
Koegel, Fritz (1860-1904)	25f., 76
Koehler, Karl (gest. 1905)	236
Köhler-Haußen, F. Ernst (1872-1946)	326
König, Karl (1868-1948)	61, 133, 143, 150
Körner, Christian Gottfried (1756-1831)	54
Köselitz, Heinrich (eigentl. Gast, Peter) (1854-1918)	21, 24, 31, 72, 75f., 198

Koetschau, Karl (1868-1949)	253
Kohnstamm	322
Kokoschka, Oskar (1886-1980)	313
Kormann	300
Kornatzki, Wolf von	208
Korsch, Karl (1886-1961)	290, 293, 302f.
Kotzebue, August von (1761-1819)	XI
Kranold, Herman	282
Krause, Martin (1853-1918)	119
Kremers, Hans (1892-1917)	290
Krüger, Gustav (1882-1940)	141
Krupp, Alfred (1812-1887)	214
Krupp, Friedrich Alfred (1854-1902)	XXI
Kuckhoff, Adam (1887-1943)	86
Kühnert, Herbert (1887-1970)	209, 282
Kühnlenz, Fritz	333
Kuhlenbeck, Ludwig	56
Kuithan, Erich (1875-1917)	XXII, XLV, 9, 66ff., 74, 86, 105ff., 284, 313, 339, 372
Laban, Rudolf von (1879-1958)	86
Laeisz, Walter (1881-1910)	293, 295
Lagarde, Paul Anton de (eigentl. Bötticher) (1827-1891)	146
Lamprecht, Karl (1856-1915)	257, 259
Lamszus, Wilhelm (1881-1965)	166
Landon, Howard Chandler Robbins (geb. 1926)	116
Landauer, Gustav (1870-1919)	193
Langen, Albert (1869-1909)	60
Lanz [von] Liebenfels, Jörg (1874-1954)	204
La Rochefoucauld, François, Herzog von (1613-1680)	71
Lasson-Feofanoff, Bokken	64, 86
Leber, Hermann (1860-1940)	245
Leffler, Siegfried (1900-1983)	150
Lehmann, Edgar (geb. 1909)	317f., 324, 327f.
Lehmann-Hohenberg, Johannes (1851-1925)	206

Leisegang, Johannes (1890-1951)	360ff.
Leistikow, Walter (1865-1908)	69
Leitzmann, Albert (1867-1950)	15
Lenbach, Franz von (1836-1904)	46
Lenin, Wladimir Iljitsch (eigentl. Uljanowsk) (1870-1924)	156
Leonardo da Vinci (1452-1519)	78
Lepsius, Billy	6
Lepsius, Reinhold	6
Lepsius geb. Graef, Sabine	6
Leßmann, Otto (1844-1918)	119
Leutheußer, Richard (1867-1945)	28, 378
Levy, Richard s. Errell	
Lewald-Stahr, Fanny (1811-1889)	183
Leyen, Friedrich von der (1873-1966)	55
Lichtenberg, Georg Christoph (1742-1799)	71
Lichtenberger, Henri (1864-1941)	70, 73
Lichtwark, Alfred (1852-1914)	56, 66, 165, 170f., 250
Liebermann, Max (1847-1935)	42, 349
Liebig, Justus von (1803-1873)	211
Liebknecht, Karl (1871-1919)	375
Liebknecht, Wilhelm (1826-1900)	263
Liebmann, Otto (1840-1912)	387
Lienhard, Friedrich (1865-1929)	XXXV, 189, 191ff., 195f., 198f., 201f., 204ff., 375, 389f.
Lietz, Hermann (1868-1919)	173, 336
Lietzmann, Hans (1875-1942)	130
Lighthart, Jan (1859-1916)	173
Lilienfein, Heinrich (1879-1952)	181, 185, 189
Linck, Gottlob (1858-1947)	371, 384
Lindemann, Gustav (1872-1960)	42
Lindner, Adalbert (1860-1946)	115, 120, 124
Linnè, Karl von (1707-1778)	3
List, Guido [von] (1848-1919)	204
Liszt, Franz (1811-1886)	XX, XXVIII, XXXIII, 12, 111ff., 184f., 369
Loehlein, Walther (1882-1954)	363
Lommel, Felix (1875-1965)	114
Louis, Rudolf (1870-1914)	121

Lublinski, Samuel (1868-1910)	61
Lütge, Friedrich	100
Luitpold, Prinzregent von Bayern (1821-1886-1912)	182
Lukács, Georg von (1885-1971)	189
Luther, Martin (1483-1546)	XXXIII, 134, 157f., 195, 369
Macke, August (1887-1914)	313
Mackensen, Fritz (1866-1953)	86
Maeterlinck, Maurice (1862-1949)	43
Mahler, Gustav (1860-1911)	27
Maier, Ludwig	120
Maillol, Aristide (1861-1944)	27, 48, 187, 313
Mann, Thomas (1875-1955)	XXXVIII, 186, 365
Marc, Franz (1880-1916)	313
Marcks, Gerhard (1889-1981)	231, 313
Marcus Aurelius, röm. Kaiser (121-161-180)	59
Marcuse, Julian (geb. 1862)	280
Marcuse, Oswald	287f.
Marianoff	348
Marie, Prinzessin von Sachsen-Meiningen (1853-1923)	124
Marx, Karl Heinrich (1818-1883)	272f.
Maurenbrecher, Max (1874-1930)	145, 279, 375
Mayer	322
Meier-Graefe, Julius (1867-1935)	35
Meiner, Felix (1883-1965)	361
Meisel-Hess, Grete (geb. 1879)	88
Mendelssohn, Dorothea s. Veit, Dorothea	
Mendelssohn Bartholdy, Felix (1809-1847)	121, 124
Mensing, Karl (1863-1953)	143, 159
Mentz, Sonja	172
Mereau, Sophie s. Brentano, Sophie	
Mette, Hans-Joachim (1906-1986)	364
Metz, Wolfgang	302
Meunier, Constantin (1831-1905)	XXXIII, 68f., 374
Meyer-Erlach, Wolf (1891-1982)	150

Meyreder, Rosa	88
Michaelis, Caroline s. Schelling, Caroline	
Minor, Jakob (1855-1912)	62
Misch, Georg (1878-1965)	73
Mittelholzer, Walter (1894-1937)	355
Möller, Edmund	293
Möller Ferdinand	319
Moholy, Lucia geb. Schulz (1894-1989)	348, 350f.
Moholy-Nagy, László (1895-1946)	231, 348f., 351
Molo, Walter von (1880-1958)	365
Mommsen, Theodor (1817-1903)	387
Montinari, Mazzino (1928-nach 1980)	31
Morris, William (1834-1896)	48
Mozart, Wolfgang Amadeus (1756-1791)	111, 116
Mühlbach, Ernst	378
Müller, Beta	172
Müller, Ludwig (1883-1945)	152
Müller, Otto (1874-1930)	313
Müller-Lyer, Franz (1857-1916)	278
Münzenberg, Willi (1889-1940)	86
Munch, Edvard (1863-1944)	8, 174, 313, 373
Mussolini, Benito (1883-1945)	29, 359
Muth	392
Muthesius, Hermann (1861-1927)	62, 66
Mysz-Gmeiner, Lula (1876-1948)	121
Napoleon I. Bonaparte, Kaiser der Franzosen (1769-1804/14/15-1821)	XI, 10, 131, 134
Naumann, Friedrich (1860-1919)	162, 228, 287
Naumann, Hans (1886-1951)	384
Neff, Oskar	293
Neißer, Arthur	121
Netz, Karl (1852-1927)	224, 236
Neumann, C.	57
Neumeister	68
Nicodé, Jean Louis (1853-1919)	121
Nicolai, Walter	172
Nietzsche, Erdmuthe Dorothea (1778-1856)	21

Nietzsche, Franziska Rosaura
  (1826-1897) 21
Nietzsche, Friedrich Wilhelm
  (1844-1900) XXIX, XXXIIf., XLII, XLIV,
 21ff., 35f., 51, 53, 58f., 69ff., 78,
 80, 189, 195, 200f., 251, 272f.,
 361, 371
Nikisch, Arthur (1855-1922) 119
Noack, Ferdinand (1865-1931) 106, 252
Nohl, Hermann (1879-1960) 73, 78, 174, 333, 339f., 376
Nolde, Emil (eigentl. Hansen)
  (1867-1956) 69, 174, 313, 339, 373
Nostitz-Wallwitz, Alfred von
  (1870-1953) 185, 188
Nostitz-Wallwitz, Helene von
  (1878-1944) 185, 187f.
Novalis (eigentl. Hardenberg,
  Friedrich Frhr. von) (1772-1801) 62, 85

Obrist, Aloys 255
Obrist, Hermann (1863-1927) 63
Oehler, Adalbert (1860-1943) 360, 362ff.
Oehler, Max (1875-1948) 29
Oelkers, Jürgen (geb. 1947) 335
Olbrich, Joseph Maria (1867-1908) 39
Olde, Hans (1855-1917) XXXIII, 252f., 372
Olden, Hans (1859-1932) 25
Onnasch, Carl (gest. 1923) 138
Oppeln-Bronikowski, Friedrich
  Frhr. von (1883-1936) 70
Orlik, Emil (1870-1932) 69
Osthaus, Karl Ernst (1874-1921) 48
Ostwald, Hans 277
Ostwald, Walter (geb. 1886) 277
Ostwald, Wilhelm (1853-1932) 258, 266, 270, 272, 276f.,
 279, 286, 373
Ostwald, Wolfgang (1883-1943) 277
Otto, Berthold (1859-1933) 173
Otto, Walter (1878-1941) 79

Overbeck, Franz Camille
  (1837-1905) 31, 72ff., 80

Paga, Georg (gest. 1950) XXII, 372
Paganini, Niccoló (1782-1840) 115
Palézieux-Falconnet, Aimé Frhr.
  von (1843-1907) 45
Pallat, Ludwig (1867-1946) 106
Pankok, Bernhard (1872-1943) 63, 69
Paquet, Alfons (1881-1944) 78, 86
Paracęlsus, Theophrastus Bombastus
  von Hohenheim (1493-1541) 78
Pascal, Blaise (1623-1662) 71
Pater, Walter Horatio (1839-1894) 59
Paul, Bruno (1874-1968) 63f.
Paul, Gertrud 95
Paul, Rudolf (1893-1978) XLf.
Pauline, Erbgroßherzogin von
  Sachsen-Weimar-Eisenach
  (1852-1904) 39, 42, 49
Paulssen, Arnold (1864-1942) 28, 361, 376
Penzig, Rudolph (geb. 1855) 263f., 267, 286ff.
Pestalozzi, Johann Heinrich
  (1746-1827) 58, 173
Peterhans, Walter (1897-1960) 348, 351f.
Peters, Wilhelm (1880-1963) 164
Petersen, Hilde 172
Petersen, Peter (1884-1952) XXXII, 161ff., 333, 337, 340, 378f.
Petersen, Uwe-Karsten 172
Peus, Heinrich (1862-1937) 279
Pfungst, Arthur (1864-1912) 264, 267, 280, 282, 284, 286
Pierstorff, Julius (1851-1926) 225
Platon, griech. Philosoph
  (427-347 v.u.Z.) 59, 61
Plessner, Helmuth (1892-1985) 257
Plotin (Plotinos), hellenist.
  Philosoph (um 205-270) 59, 61
Pohlig, Karl (1846-1928) 124

Poppen, Hermann Meinhard
  (1885-1956)   125
Preuß, Hugo (1860-1925)   228
Pückler-Muskau, Hermann Fürst von
  (1785-1871)   185

Rade, Martin (1857-1940)   51, 141, 156
Raffael (eigentl. Raffaello Santi)
  (1483-1520)   101
al Raschid Bey, Omar s. Arndt, Friedrich
Rathenau, Walther (1867-1922)   XXIV, 27, 136, 378
Rechewski, Hildegard   172
Reddie, Cecil (1858-1932)   336
Redlich, Hans Ferdinand (1903-1968)   122
Redslob, Edwin (1884-1973)   XXXVII, 324, 327
Reeck, Hannah   348
Reger, Elsa (1878-1951)   122
Reger, Max (1873-1916)   12, 14ff., 111ff., 255, 373, 375

Reich, Emil   280
Reichelt, Gerhard   172
Reichwein, Adolf (1898-1944)   378
Reigbert   172
Rein, Wilhelm (1847-1929)   XVII, XXIV, 163f., 172f., 333, 336ff., 340, 369f., 374ff., 385

Reinke, Johannes (1849-1931)   302
Reißner, C.   70
Remarque, Erich Maria (eigentl. Erich Paul Remark) (1898-1970)   380
Remmert, Martha (geb. 1854)   122f.
Renger-Patzsch, Albert (1897-1966)   348, 352f.
Rennie-Keilson, Eva   171
Reubke, Julius (1834-1858)   120, 124
Reuter, Gabriele (1859-1941)   25
Reuter, Otto Sigfried (1876-1945)   203
Rheinberger, Joseph (1839-1901)   124
Richter, Hans Theo (1902-1969)   316
Riemann, Hugo (1849-1919)   8, 115, 119f.

Riemann, Paul (gest. 1914)	236
Riemerschmid, Richard (1868-1957)	63
Rieniets, Carl (geb. 1891)	7f.
Rieß, Max (gest. 1909)	56, 267
Rilke, Rainer Maria (1875-1926)	42, 185, 187, 374
Ritgen, Hugo von (1811-1889)	187
Ritschl, Friedrich Wilhelm (1806-1876)	53
Rodin, Auguste (1840-1917)	42, 44ff., 65, 174, 184f., 373
Röhrs, Hermann (geb. 1915)	180
Rößler, Heinrich (1845-1924)	286
Rößler, Lotte	172
Roethe, Gustav (1859-1926)	57
Roh, Franz (1890-1965)	357f.
Roltsch, Karl	96
Rosenthal, Eduard (1853-1926)	XIII, 56, 225, 243, 252, 372, 376f.
Rosenthal, Klara	252
Rossini, Gioacchino (1792-1868)	115
Roth, Joseph (1894-1939)	182
Roth, Paul	295
Rothe, Karl (1848-1921)	388
Rothacker, Erich (1888-1965)	367
Rudolph, Albert	XIII, 373, 376
Rufer, Josef (geb. 1893)	122
Rumi s. Djalal od-Din Rumi	
Ruskin, John (1819-1900)	48, 57
Saenger, Carl (gest. 1901)	264
Salis-Marschlins, Meta von (1855-1929)	22
Salzmann, Christian Gotthilf (1744-1811)	63
Sand, Karl Ludwig (1795-1820)	XI
Sauckel, Fritz (1894-1946)	365, 379f.
Savonarola, Girolamo (1452-1498)	186
Sayn-Wittgenstein, Caroline Fürstin von geb. Iwanowska (1819-1887)	188
Schacht, Hjalmar (1877-1970)	228
Schäfer, Wilhelm (1868-1952)	203
Schaichet, Alexander	12
Schall, Gotthilf	107

Schallmayer, Wilhelm (1857-1919) 275
Schames, Ludwig (geb. 1852) 314
Schaxel, Julius (1887-1943) 5, 162f., 174, 314, 378
Scheffler, Karl (1869-1951) 255
Scheibner, Otto (1877-1961) 164, 378
Scheidig, Walther (1902-1977) 183
Scheler, Max (1874-1928) 57, 61, 73
Schelling, Caroline geb. Michaelis, verw. Boehmer, gesch. Schlegel (1763-1809) 81, 87
Schelling, Friedrich Wilhelm Joseph (1775-1854) 51, 56, 58, 85
Schering, Arnold (1877-1941) 118
Schiefler, Gustav (1875-1935) 316ff., 324, 326ff.
Schiller, Friedrich von (1759-1805) X, XVf., XXXIX, 12, 34, 54, 56ff., 62ff., 70, 73, 77, 134, 158, 195, 200, 260, 373, 382, 387f., 395
Schirach, Baldur von (1907-1974) XXXVI, 379
Schlaf, Johannes (1862-1941) 61
Schlag, Hans (1890-1970) 109
Schlechta, Karl (1904-1985) 31
Schlegel, Caroline s. Schelling, Caroline
Schlegel, Dorothea s. Veit, Dorothea
Schlegel, Friedrich Wilhelm von (1772-1829) 51, 55, 62, 85f.
Schleiermacher, Friedrich Ernst Daniel (1768-1834) 59, 158
Schlemmer, Oskar (1888-1943) 380
Schlösser, Rudolf 17
Schmal, Peter J. 267, 286
Schmid, Martin 322, 326
Schmidt, Heinrich (1874-1935) 261, 263f., 267
Schmidt, Joseph (geb. 1843) 222
Schmidt, Otto Ernst s. Ernst, Otto
Schmidt-Rottluff, Karl (1884-1976) 256, 313
Schmitt, Eugen Heinrich 59
Schneider, Vera 172
Schoerus, Hilka 172
Scholz, Wilhelm von (1874-1969) 184f.

Schopenhauer, Arthur (1788-1860)	135
Schott, Erich (1891-1989)	230, 379
Schott, Otto (1851-1935)	XXf., XXVI, 69, 92, 209ff., 238, 369, 372, 376, 379
Schrempf, Christoph (1860-1944)	59
Schrimpf, Georg (1889-1938)	316
Schröder, Hans (Hanning) (1896-1987)	18f.
Schröder-Auerbach, Cornelina (geb. 1900)	1ff., 125
Schubart, Sophie s. Brentano, Sophie	
Schubert, Franz (1797-1828)	6, 116
Schultes, Karl (1909-1982)	XLI
Schultz, Franz	61
Schultze-Naumburg, Paul Eduard (1869-1949)	XVI, XXXV, XXXVIII, 25, 30, 64, 66, 88, 197, 255, 296, 372, 380
Schulz, Hans	66
Schulze-Wendhausen, Fritz (eigentl. Schulze, Friedrich aus Wendhausen bei Braunschweig)	7
Schumann geb Wieck, Clara (1819-1896)	15
Schumann, Georg (1886-1945)	246
Schumann, Robert (1810-1856)	121, 125
Schuster, A. s. Huch, Rudolf	
Schwabe, Toni (1877-1961)	86
Seidel, Johannes	276
Seidel, Robert (1850-1933)	279
Selle, Ferdinand	10
Seydewitz	15
Shakespeare, William (1564-1616)	200, 396
Siedentopf, Henry (1872-1940)	372
Siemens, Werner von (1816-1892)	211
Siemsen, Anna (1882-1951)	164, 378
Sievers, Gerd (geb. 1915)	118
Signac, Paul (1863-1935)	187
Siloti, Alexander Iljitsch (1863-1945)	123
Simmel, Georg (1858-1918)	57
Singer, Heinrich (1854-1927)	227, 236, 242, 245, 371

Slevogt, Max (1868-1932)	42, 349
Sohnrey, Heinrich (1859-1948)	84
Sombart, Nicolaus (geb. 1923)	307
Sophie, Prinzessin der Niederlande, Großherzogin von Sachsen-Weimar-Eisenach (1824-1897)	113
Sorge, Reinhard Johannes (1892-1916)	7
Spengler, Helene (1870-1943)	314
Spengler, Lucius (1858-1923)	314
Spengler, Oswald (1880-1936)	28f., 103
Sperling	188
Springmann, Rudolf (1854-1934)	48
Stade, Friedrich Wilhelm (1818-1902)	113
Staudinger, Franz (1849-1921)	273, 285
Stavenhagen, Bernhard (1862-1914)	123
Stein, Charlotte Ernestina Bernardina Freifrau von, geb. von Schardt (1742-1827)	58
Stein, Fritz (1879-1961)	114, 116
Stein, Heinrich Friedrich Karl Reichsfreiherr vom und zum (1757-1831)	158
Steiner, Klaus (geb. 1948)	144
Steiner, Rudolf (1861-1925)	XVII, 25f., 339, 370, 378
Stendhal, Frédéric de (eigentl. Beyle, Marie Henri) (1783-1842)	71
Sternefeld, Anna Sibilla s. Biermann, Aenne	
Sternheim	322
Stier, Friedrich (1886-1966)	360, 363, 365
Stiller, Walther (geb. 1886)	293, 307f.
Stintzing, Roderich (1854-1933)	114
Stöcker, Helene (1869-1943)	286
Stöckhardt, Ernst s. Hardt, Ernst	
Storch, Hans (1894-1914)	7
Stoy, Karl Volkmar (1815-1885)	3, 338
Stradal, August (1860-1930)	124
Straubel, Rudolf (1864-1943)	220, 238, 372, 379
Strauß, Johann (1825-1899)	121
Strauss, Richard (1864-1949)	XX, XXVIII, 48, 119ff., 125, 370

Strauß und Torney-Diederichs,
Lulu von (1873-1956) — 81
Strecker, Richard (1876-1951) — 164, 378
Stuck, Franz von (1863-1928) — 42
Stüber, Hugo (1887-1962) — 150
Stumm-Halberg, Karl Ferdinand
Frhr. von (1836-1901) — XXI
Stutschewsky, Joachim — 12
Sudermann, Hermann (1857-1928) — 262
Susman, Margarete — 62, 88
Swenigorodskoi, A.W.V. — 97

Taine, Hippolyte (1828-1893) — 53, 71
Tausig, Carl (Karol) (1841-1871) — 123
Tenorth, Heinz-Elmar (geb. 1944) — 338
Tetzner, Lisa (verh. Held) (1894-1963) — 86
Theil, Eveline — 172
Thoma, Hans (1839-1924) — 60, 344, 349
Tille, Armin — 389
Tillich, Paul Johannes (1886-1965) — 142f.
Tönnies, Ferdinand (1855-1936) — 273
Toller, Ernst (1893-1939) — 193
Tolstoi, Lew Nikolajewitsch (1828-1910) — 59
Torhorst, Marie (1888-1989) — 178
Treitschke, Heinrich von (1834-1896) — 135, 259
Treu, Georg — 65
Trübner, Wilhelm (1851-1917) — 42
Trüper, Johannes (1855-1921) — XXIV, 338, 370
Tschirn, Gustav (1865-1931) — 263f., 267, 286
Tschudi, Hugo von (1851-1911) — 56

Uljanowsk, Wladimir Iljitsch s. Lenin
Ullrich, Heiner — 334, 337
Umbo (eigentl. Otto Umbehr)
(1902-1980) — 348, 353f.
Unold, Johannes (geb. 1860) — 258, 269, 274ff.
Unrein, Margarete (Grete) (1872-1945) — 228, 375

Vaerting, Mathilde (1894-1977) — 164, 378

Vauvenargues, Luc de Clapiers, Marquis de (1715-1747)	71
Veit, Dorothea geb. Mendelssohn, verh. (1804) Friedrich Schlegel (1763-1839)	81
Velde, Henry van de (1863-1957)	XXXIII, XXXVIf., 4ff., 8, 26f., 33ff., 64, 68, 106, 114, 174, 188, 195, 250ff., 255, 262, 296, 314f., 372ff.
Velde, Lene van de	6
Velde, Nele van de (1897-1965)	6, 315
Velde, Till van de	6
Velde, Tilla van de	6
Verdi, Giuseppe (1813-1901)	115
Viehöfer, Erich	79
Vielhaber, Walter	261, 267, 286
Vogeler, Heinrich (1872-1942)	86, 107
Voigt, Hulda	82
Voigt, Lotte	82
Voigt-Diederichs, Helene (1875-1961)	51, 56, 73, 81ff., 372
Vopelius, Bernhard	238, 370
Voß, Richard (1851-1918)	184
Wachler, Ernst (1871-1945)	XXXV, 25, 195ff., 203ff., 372
Wächtler, Fritz (1891-1945)	364ff.
Wagenfeld, Wilhelm (1900-1990)	230f.
Wagenmann, August (1863-1956)	252
Wagenmann, Margarethe	252
Wagner, Richard (1813-1883)	XXXIII, 84, 111f., 115f., 119, 121, 125, 201f., 395
Wahl, Volker (geb. 1943)	311f., 317
Wahrmund, Ludwig (geb. 1861)	287
Wandersleb, Ernst (1879-1963)	8, 17
Wandersleb, Gertrud	172
Weber, Alfred (1868-1958)	228
Weber, Carl Maria von (1786-1826)	125
Weber, Paul Karl (1868-1930)	67, 91ff.
Weicher, Theodor	197
Weigel, Erhard (1625-1699)	92, 97
Weinel, Heinrich (1874-1936)	127ff., 174, 376
Weinel, Katharina	172

Weiss, Emil Rudolf (1875-1942)	58, 60
Wendt, Hans-Heinrich (Hinrich) (1853-1928)	133
Werblowsky, Zwi (geb. 1924)	156
Westernhagen, Curt von (1893-1982)	30
Westheim, Paul	249
Wieland, Christoph Martin (1733-1813)	34
Wigman, Mary (eigentl. Marie Wiegmann) (1886-1973)	86
Wilbrandt, Robert (1833-1911)	73
Wildenbruch, Ernst von (1845-1909)	182, 184, 371
Wilhelm I., König von Preußen und deutscher Kaiser (1797-1861/71-1888)	38f.
Wilhelm II., König von Preußen und deutscher Kaiser (1859-1888/1918-1941)	24, 42ff., 49f., 56
Wilhelm Ernst, Großherzog von Sachsen-Weimar-Eisenach (1876-1901/1918-1923)	XXXII, XXXIV, 24, 33, 37, 41, 43ff., 184, 372, 375
Wilson, Thomas Woodrow (1856-1924)	135f.
Winkelmann, Adolf (1848-1910)	211
Witt, Friedrich (1770-1857)	116
Wölfflin, Heinrich (1864-1945)	255
Wolf, Gustav Heinrich (1886-1934)	86
Wolf, Hugo (1860-1903)	111, 116, 120
Wolff, Hans	173
Wolfrum, Philipp (1854-1919)	120
Wolzogen, Hans Paul Frhr. von (1848-1938)	201
Würzbach, Friedrich (geb. 1886)	361
Wundt, Max (1879-1963)	164, 377, 385, 393
Wundt, Wilhelm (1832-1920)	164, 172
Zehrer, Hans (1899-1966)	380
Zeiss, Carl (1816-1888)	XXf., XXVII, XLIII, 69, 92, 209ff., 214, 218f., 339, 369
Zeiss, Roderich (1850-1919)	211, 218
Zet	122
Ziegler, Hans Severus (geb. 1893)	197, 365, 378, 380

Ziegler, Leopold (1881-1958)   56, 61, 77
Zille, Heinrich (1858-1929)   349
Zschimmer, Eberhard (1873-1940)   69, 209, 229, 393
Zsigmondy, Richard Adolf (1865-1929) 372

Abbildungsnachweis

Der Verlag dankt den folgenden Personen und Institutionen für die Erlaubnis, die angeführten Abbildungen zu veröffentlichen.

Abb. S.2, 11, 52, 83, 129, 172, 176, 178, 179: Privat

Abb. S.212, 213, 215: Schott Glaswerke, Jena

Abb. S.321, 325: Städtische Museen Jena

Abb. S.323: Graphisches Kabinett Werner, Bremen

Abb. S.329: Hamburger Kunsthalle

Abb. S.344, 345: Wienand Verlag

Abb. S.346, 347: Folkwang-Museum Essen

Abb. S.350: Museum Ludwig, Köln

Abb. S.353: Harenberg Verlag

Abb. S.354: Laterna magica Verlag

Abb. S.356, 357: Verlag Klinkhardt & Biermann

Mitteldeutsches Jahrbuch für Kultur und Geschichte

Herausgegeben von der Stiftung Mitteldeutscher Kulturrat
durch Christof Römer

1994. Band 1. 376 Seiten. 71 s/w-Abbildungen.
Gebunden. ISSN 0946-3119

Das „Mitteldeutsche Jahrbuch" veröffentlicht im Auftrag der Stiftung Mitteldeutscher Kulturrat Beiträge zur Tradition und Gegenwart Mitteldeutschlands aus den Bereichen Kunst, Literatur, Musik, Mentalitäten und Geistesgeschichte. Im Sinne der 1955 gegründeten Stiftung am Sitz der Bundesregierung bringt das „Mitteldeutsche Jahrbuch" Reflexionen und generalisierende Berichte zu wichtigen kulturellen Phänomenen aus der Geschichte Mitteldeutschlands. Berücksichtigt werden insbesondere politisch-kulturelle Strömungen wie Humanismus und Reformation, Pietismus und Aufklärung, Romantik und Industrialisierung, Arbeiterbewegung und Neue Sachlichkeit.
Der Teil Gedenktage führt eine Tradition der Stiftung Mitteldeutscher Kulturrat fort.

Beate Häupel

Die Gründung des Landes Thüringen

(Demokratische Bewegungen in Mitteldeutschland, Band 2)

1995. Etwa 200 Seiten. Broschur. ISBN 3-412-12594-6

Die Thüringer Region als Ausgangspunkt demokratischer Bewegungen in Deutschland stand bisher im Schatten einer „preußischen" Historiographie. In diesem Gebiet vollzog sich zwischen 1918 und 1923 ein außergewöhnlicher Wandel von anachronistisch anmutenden Minifürstentümern über eigenständige Freistaaten zum vereinigten Land Thüringen. Darüber hinaus stellte die Sozialdemokratie fast zeitgleich zu Sachsen für zwei Jahre die Landesregierung.
Die Studie leistet nicht nur einen Beitrag zur Aufhellung folgenreicher Kristallisationspunkte Thüringer Regionalgeschichte, sondern versucht auch, einer „mitteldeutschen Perspektive" zu ihrem Recht zu verhelfen. Damit verknüpft sich aufs engste die wissenschaftliche Aufarbeitung bislang unerforschter demokratischer Traditionen und Potentiale unter den Eigenarten kleinstaatlicher Vergangenheit.

BÖHLAU VERLAG WEIMAR KÖLN WIEN
Puschkinstr. 1, 99423 Weimar

BÖHLAU

Michael Gockel / Volker Wahl (Hg.)

THÜRINGISCHE FORSCHUNGEN

Festschrift für Hans Eberhardt zum 85. Geburtstag

1993. XIV, 624 S. 16 Abb. und 1 Frontispiz Gb. mit SU. ISBN 3-412-01993-3

Geschichtliche Landeskunde ist das Forschungsgebiet der Autoren dieser Publikation, die dem thüringischen Archivar und Landeshistoriker Hans Eberhardt als Festschrift zum 85. Geburtstag gewidmet ist. Die Beiträge dieses Bandes umspannen ein Jahrtausend historischer Entwicklung in der Mitte Deutschlands und reichen von archäologischen und namenkundlichen Untersuchungen über kultur- und sozialgeschichtliche Darstellungen bis hin zur politischen Geschichte der jüngsten Vergangenheit.
Mit diesem Band wird an die großen Leistungen in der Erforschung der geschichtlichen Landeskunde, die mit den Namen thüringischer Staatsarchivare wie Armin Tille, Ernst Devrient, Friedrich Schneider, Willy Flach, Friedrich Facius, Ulrich Heß, Ernst Müller und Hans Eberhardt verbunden sind, angeknüpft.
Dieser Festschrift ist ein Geleitwort von Landtagspräsident Dr. Gottfried Müller vorangestellt. Sie enthält Beiträge folgender Autorinnen und Autoren: Friedrich Beck, Hans-Stephan Brather, Werner Coblenz, Wilhelm Alfred Eckhardt, Lutz Fenske, Dietmar Flach, Eckhart G. Franz, Dietrich German, Michael Gockel, Reiner Groß, Rainer Hambrecht, Friedrich Hennig, Hans Herz, Herbert von Hintzenstern, Jürgen John, Niklot Klüßendorf, Peter Langhof, Gerhard Menk, Ernst Müller, Werner Querfeld, Gregor Richter, Walter Scherzer, Hannelore Schneider, Brigitte Streich, Hans Tümmler, Volker Wahl, Hans Walther, Heinz Wießner.

BÖHLAU VERLAG WEIMAR KÖLN WIEN

Puschkinstr. 1, 99423 Weimar

BÖHLAU

Jürgen John (Hg.)

KLEINSTAATEN UND KULTUR IN THÜRINGEN VOM 16. BIS 20. JAHRHUNDERT

1994. LXII, 630 S., 14 s/w Abb. Gb. ISBN 3-412-04492-X

Die thüringischen Kleinstaaten gehören zu den besonders umstrittenen historischen Phänomenen der deutschen Geschichte. Im Urteil der Zeitgenossen haben sie die Kontrasturteile in besonderem Maße auf sich gezogen. Im Pro und Contra der historiographischen Nationalstaats-, Föderalismus-, Erbe - und Sonderwegdebatten schwankte ihr Charakterbild zwischen machtstaatlichen Verdikten und dem "Lob der Kleinstaaten" als Gegengewichten zu den Gefahren der Großstaaten und der Moderne. Hierbei ist die Geschichtsforschung bis zum heutigen Tag eine überzeugende Erklärung schuldig geblieben, warum der machtpolitische Abstieg Thüringens seit der Leipziger Teilung mit einem zeitweise glanzvollen kulturellen und wirtschaftlichen Aufstieg einherging.
Es wird meist übersehen, daß sich der Glanz der Reformation, Aufklärung, Klassik, Romantik, Nachklassik und Moderne keineswegs von sonstiger Tristesse, Provinzialität und allgemeinem Mittelmaß abhob, sondern vielmehr in den spezifischen Bedingungen der Region und ihrer Staatenwelt wurzelte. Thüringen erwies sich als ausgesprochen innovativ, übernahm in vieler Hinsicht - namentlich in der politischen Kultur und im Frühkonstitutionalismus - eine Vorreiterrolle und überschritt die Schwelle zum 20. Jahrhundert als eine moderne und leistungsfähige, von den Deformationen anderer Industrialisierungszentren weitgehend verschonte Region. Vor diesem Gesamthintergrund scheint es durchaus gerechtfertigt, die Leistungskraft der thüringischen Kleinstaatenwelt nicht als Kompensation und Ersatz fehlender, sondern als Ausdruck wirklicher Größe zu werten und im eigenwilligen thüringischen Weg in die Moderne keineswegs einen Irr- und Seitenweg zu sehen.
In 34 Beiträgen werden drei Themenkreise behandelt: Zwischen Reformation und Aufklärung - die klassische Periode, die Umbruchszeit um 1800 und die politische Kultur der Kleinstaaten - Industriekultur, nachklassische Kultur und Kultur der Moderne.

BÖHLAU VERLAG WEIMAR KÖLN WIEN
Puschkinstr. 1, 99423 Weimar

BÖHLAU